公孙龙子文献撮要

（下册）

孙秀昌　黎佳晔◎编著

燕山大学出版社
·秦皇岛·

第四编　20 世纪 80 年代以来公孙龙子文献

一、专著类文献

1. 屈志清著《公孙龙子新注》

(武汉)湖北人民出版社 1981 年 3 月第 1 版。屈志清在《社会科学战线》1979 年第 1 期发表《试论公孙龙的哲学思想》一文,据此推断,著者酝酿、撰写《公孙龙子新注》一书的时间不会迟于 1978 年。

本书包括正文和附录两部分内容。在正文部分,著者依照《道藏》本《公孙龙子》篇目次序排序(即《迹府》《白马论》《指物论》《通变论》《坚白论》《名实论》),每篇篇题下首先说明该篇的题旨及其主要内容,并对该篇的主要观点作了评析。在此基础上,著者采用原文、注释、译文的体例,对各篇的全文逐句进行训释和翻译。

在《迹府》篇说明部分[①],著者指出本篇并非公孙龙所作,而是后人收集其言行事迹为他写的传略。本篇重点记述了公孙龙与孔穿辩论的过程,既有力论证了公孙龙提出"白马非马"说的合理性,又显得生动形象,揭示了公孙龙的善辩才能及其主要论点。当然,本篇也存在某些不足之处,其明显的缺陷就是在语言表达上有前后重复的现象。

在《白马论》说明部分[②],著者首先点明本篇是公孙龙专门阐说"白马非马"论的著作,也是他对后世产生深远影响的作品。著者继而指出,公孙龙在具体论证的过程中从概念的内涵上区分了特殊的"白马"与一般意

① 参见屈志清:《公孙龙子新注》,湖北人民出版社 1981 年版,第 1 页。

② 参见屈志清:《公孙龙子新注》,湖北人民出版社 1981 年版,第 19—20 页。

义上的“马”，并区分了“白马之白”与一般意义上的“白”，不仅强调了名应符实，而且涉及了一般与特殊的关系问题，从而对我国古代辩证法理论有重要的贡献。但是，公孙龙在论证“白马非马”时也存在严重的局限。他只看到了特殊与一般的差异性，并不懂得“个别就是一般”“无个别就无一般”的道理。基于此，他只是强调了“白马异于马”这一面，却未能看到“白马也是马”那一面。正是由于这一局限，《白马论》才常常被后人诟病为违反常识的诡辩论。为了回应前人的诟病，著者特意将“白马非马”中的“非”解为“异于”“不等于”或“区别于”，而不是“不是”的意思。所谓“白马非马”，即“白马异于马”，这样一来，“白马非马”就不再是一个诡辩命题了。

在《指物论》说明部分[①]，著者首先指出《指物论》是公孙龙阐述存在与思维关系的代表作，它集中体现了公孙龙世界观的归属问题。著者认为，厘清这个带有根本性的问题的关键，在于理解“指”“物”二字的含义。这里的“物”，正如《名实论》所说“天地与其所产焉，物也”的意思，而“指”在文中则分别作“概念”或“称号”讲。公孙龙在围绕“物莫非指，而指非指”这一中心论题展开论述时，指明了天地万物属于第一性，其概念则属于第二性。概念作为人用以表示天地万物的工具，皆有其相应的物，因此，概念并不是抽象空洞的虚构。而且，公孙龙还认为世上并没有不可用概念来指称的物。基于此，著者断定公孙龙的世界观基本上属于朴素唯物主义的范畴。不过著者同时指出，由于历史和阶级的局限，公孙龙的这种朴素、直观的唯物论对于如何具体地认识事物并没能作出科学的回答。

在《通变论》说明部分[②]，著者首先指出本篇是公孙龙关于事物变化道理的专论。这篇专论采取假物取譬的方式，迂回曲折地论说了“二无一”的见解。著者从逻辑意义上对“二无一”的含义作了阐析，认为“一”意指全体，“二”则意指组成全体的两个不同部分，就此而言，“二无一”说的就是两个不同的部分不能合成另一个新的全体。著者继而指出，公孙龙在举例论证时对事物的类别作了严格的区分，如羊、牛和马皆属为牲畜，而

① 参见屈志清：《公孙龙子新注》，湖北人民出版社 1981 年版，第 28—29 页。

② 参见屈志清：《公孙龙子新注》，湖北人民出版社 1981 年版，第 34—35 页。

鸡则为家禽，因此，用"羊合牛非马"来推论"二无一"乃是正当的举例（"正举"），若用"牛合羊非鸡"来推论"二无一"则是妄诞无稽的举例（"狂举"）。这种以"类"为前提的推理对于丰富中国古代的逻辑推理，当是有其重要贡献的。著者在肯定公孙龙"类"推理的基础上，进而指出公孙龙固然也谈"变"，但他所谈的"变"是万变不离其宗的，本篇的指归便在于说明君臣应当各安其位，反对"名实无当""争而两明"，这充分反映了公孙龙作为战国末期的地主阶级思想家为巩固封建制所用的苦心，本篇结尾所谓"两明而道丧，其无有以正焉"正是这一苦心的集中体现。著者最后指出本篇仍存在两个不足之处：其一，公孙龙"二无一"理论仅就其所举几例的狭义来看诚然是有一定理由的，不过他否定事物的质变，这不仅是片面的，而且已是错误的了；其二，本篇的某些表述有故弄玄虚之嫌，如"谓鸡足一，数足二，二而一故三"等，就给人以画蛇添足之感。

在《坚白论》说明部分[①]，著者首先指出本篇是公孙龙阐述其"离坚白"见解的作品，也是他影响较大的著名篇目。著者继而指出，公孙龙依据人的目、手等感官的功能不同，从而得出"坚石"与"白石"不能混为一谈、"坚性"与"白色"不可同时而知的结论。公孙龙基于此而对"离坚白"的具体论述应属于唯物主义反映论的识见，他并未将人的神智视为万能的，这就基本上同唯心论的先验论划清了界限。著者进一步强调，公孙龙的论证仅从人的感性认识的角度区分了坚性与白色，认为对于不同的感官来说二者是各自独立、不可俱得的。通观全篇，公孙龙并未否认坚性与白色是石的属性，他所说的"藏"与"离"，其底蕴在于"知与不知相与离，见与不见相与藏"，就此而言，那种认为公孙龙是"要素论"者，认为其喻说的"坚白石"是由独立自存的"坚性""白色""石形"等概念合成的说法，其实并不符合公孙龙的本意。著者最后指出了公孙龙认识论的局限，认为他所喻说的"离坚白"的见解及其"离也者天下，故独而正"的结论诚然可以启发人们具体地考察客观事物，从而使事物各安其位、名实得当，不过他夸大了分析（"离"）的作用，排除了人的思维的综合抽象过程（即神智对诸感官所得感觉的综括能力），这就导致他无从理解感性认识与理性认识的辩证关

---

① 参见屈志清：《公孙龙子新注》，湖北人民出版社1981年版，第50—51页。

系，因而其论证过程难免给人留下牵强之感。

在《名实论》说明部分[①]，著者首先指出本篇是《指物论》的姊妹篇，是公孙龙专门阐说名实关系的篇什。著者继而指出，公孙龙开篇便对“物”下了定义，所谓“天地与其所产焉，物也”，意思是说，天地及其所产生的一切东西，都是客观存在的物体。在确立了“物”的定义后，公孙龙又论述了客观物体存在的时空问题，从而进一步阐明了自己对客观世界的根本看法。在论证过程中，公孙龙用较多的文字阐发了具体事物的称谓（“物指”）问题，就此确立了名实得当的标准，强调事物的称谓要随着事物的变化而变化，否则就会造成名不符实或实不符名之类的混乱。著者认为，公孙龙的这种见解是合理的，更值得注意的是，他还针对如何纠正名实混乱的问题提出了较为深刻的见解。所谓“其正者，正其所实也；正其所实者，正其名也”，揭示了欲正其“名”必先正其“实”的道理。所谓“夫名，实谓也”，意思是说，作为名，本来就只是客观事物的称谓而已。所有这些，都表明公孙龙是一位朴素的唯物论者。著者最后指出，公孙龙虽对名实混乱的时代精神状况深恶痛绝，却只是把匡正时弊的希望寄托在当权者接受自己的主张上，竟至于在无可奈何的情况下发出了追怀古代贤王的感叹，这充分反映出公孙龙所受到的阶级与社会的局限。

本书正文后载有两个附录，其中附录一对历代典籍中有关公孙龙及其学说的记述进行了整理[②]，附录二则对本书之前有代表性的《公孙龙子》注释版本作了较为详审的考释[③]，具有较高的文献参考价值。

本书正文前载有张岱年、辛冠洁分别撰写的“序”。张岱年的“序”撰成于 1979 年 7 月 23 日，其中有言：“屈志清同志钻研公孙龙的哲学，参阅了各家的《公孙龙子》注释以及各家《中国哲学史》书中关于公孙龙的论述，写成《公孙龙子新注》……可以说远胜以前的旧注和《发微》之类的注释。”[④]辛冠洁的“序”撰成于 1980 年 7 月，其中有言：“屈志清同志的《公孙龙子新注》，多与众不同，注释俱有新意，见地颇为别致，诸多发前人所未

---

① 参见屈志清：《公孙龙子新注》，湖北人民出版社 1981 年版，第 65—66 页。

② 参见屈志清：《公孙龙子新注》，湖北人民出版社 1981 年版，第 73—100 页。

③ 参见屈志清：《公孙龙子新注》，湖北人民出版社 1981 年版，第 101—114 页。

④ 屈志清：《公孙龙子新注》，湖北人民出版社 1981 年版，序第 3 页。

发者。特别值得注意的是，著者经过考证与通释，对作为理解《公孙龙子》一书最为关键的几个概念：‘非’、‘指’、‘离’等的用法与寓意，提出了自己的创见，于是使这本《新注》名副其实地以其新姿展现在读者面前。”[①]本书书末载有著者撰写于1981年1月11日的“后记”，其中有言：“公孙龙之书，乃先秦名家代表作之一种。惜世代变更，屡遭浩劫，亡佚甚多。又长期以来，非议者众，索其意者寡。余治其学，博采已有之成果，旨在究其真谛，而穷其意境。”[②]

张岱年、辛冠洁合撰的《读〈公孙龙子新注〉》，刊于《哲学研究》1981年第8期。

2. 栾星著《公孙龙子长笺》

(郑州)中州书画社1982年4月第1版。据栾星1980年1月27日撰写的“跋——兼怀嵇文甫先生”，可知著者“1974年开始查阅文献，76年脱稿，断断续续，历时二年”[③]。

本书以上海涵芬楼影印明正统《道藏》本《公孙龙子》为底本，对原本的篇目次序作了调整，依次为《迹府》《白马论》《坚白论》《通变论》《名实论》《指物论》，这种编排次序是别树一帜的。著者还对原文作了必要的校正，主要参考的版本有《子汇》本、《汇函》本、傅山本、《绎史》本、守山阁本、崇文本、《备要》本和商务印书馆排印《说郛》本。[④]

本书包括正文与附录两个部分。在正文部分，著者首先在每篇篇名下列出题解，而后对每篇的文字分段、加标点、作注、翻译。题解部分主要对每篇的要旨作扼要的提示，起到了画龙点睛的作用；注释部分以释义为主，既疏通了诸家训释，又有自己的择取[⑤]；译文以直译为主，遇有文意晦

① 屈志清：《公孙龙子新注》，湖北人民出版社1981年版，序第5页。

② 屈志清：《公孙龙子新注》，湖北人民出版社1981年版，第115页。

③ 栾星：《公孙龙子长笺》，中州书画社1982年版，第159页。

④ 参见栾星：《公孙龙子长笺》，中州书画社1982年版，叙例第1页。

⑤ 著者在注释部分广泛吸收了宋代以来有代表性的《公孙龙子》校释与研究成果，如谢希深注、傅山注、俞樾《读公孙龙子》、孙诒让《札迻》、陶鸿庆《读诸子札记》、王启湘《公孙龙子校诠》、金受申《公孙龙子释》、王琯《公孙龙子悬解》、谭戒甫《公孙龙子形名发微》、杜国庠《论〈公孙龙子〉》等，资料丰富，爬梳详审。

涩之处，则辅以意译，以明其指归。

在《迹府》篇题解部分[①]，著者认为本篇是记述公孙龙轶事的汇集，从行文口吻看，当为第三者所述，并非公孙龙自撰。仅由篇首“公孙龙，六国时辩士也”一语，便知这里的文字必出于后人手笔。前人如谢希深、俞樾、王琯、金受申都已明确指出这一点，唯谭戒甫认为“文只二段，前段为桓谭所作；后段核由《孔丛子》抄袭而成，或唐人所增。谓之《迹府》，疏略不伦”[②]，此见有待商榷。著者在反驳谭戒甫之见的基础上，认为刘向当年校书时似乎就有此篇，把它置于首篇，乃符合古书编例。如《商君书》以《更法》（记商鞅遗事）为首篇，便与此例相同。[③]

在《白马论》题解部分[④]，著者首先指出这是公孙龙学说的一篇重要论文，其中心论旨是演证“白马非马”，因而题名《白马论》。著者继而指出，“白马非马”固然是公孙龙享誉盛名的主要辩题之一，不过它也是同代人（包括反对派）喜欢称引的辩者命题。诸如“白马”“指物”之类的辩题，早在公孙龙之前就已出现了（《韩非子・外储说左上》《庄子・齐物论》中便有相关记载），公孙龙不过是荟萃众说、集其大成罢了。著者并未就此否定公孙龙的学术史地位，他认为《公孙龙子》一书是先秦诡辩学说中“离坚白”一派的结集，公孙龙应当是这一派的执牛耳者。著者从这一立场出发，指出公孙龙在《白马论》中有意识地拿他的见解与常识之见对立起来，通过主客问答的方式层层辩难，逐步地把这种见解绝对化，在证成“白马非马”之说的同时，也使这种学说陷入了诡辩。著者最后指出，究其实质，

---

① 参见栾星：《公孙龙子长笺》，中州书画社 1982 年版，第 1—2 页。

② 栾星：《公孙龙子长笺》，中州书画社 1982 年版，第 1 页。

③ 栾星就此写道：“谭（戒甫）谓前段为桓谭所作，乃据《太平御览》引《新论》，有一段文字与本文首段略同，但并无旁证足证成其说。如只就文字略同立说，焉知桓谭不是引录龙书？谭又据《孔丛子・公孙龙篇》记孔穿与公孙龙辩难事，论题与本文全同（参阅本书附录），谓后段抄袭《孔丛子》，也同属臆断。《孔丛子》是一部公认的伪书，不见《汉志》著录，两汉也从无一人、一书论述或征引过它，成书必在东汉以后。又焉知《孔丛子》的作伪者非采摘自本文？至于《孔丛子》在文字上多出的枝叶，很明显是出自作伪者回护圣裔、美化孔穿的私心。也正在这里，暴露了作伪者的时代印记。在孔家店未被重重涂上金彩之前，东汉以前人，或不至如此偏袒。孔穿与公孙龙辩于平原君所，其事亦见《吕氏春秋・淫辞篇》（参阅本书附录），为先秦故实，当无可疑处。”见栾星：《公孙龙子长笺》，中州书画社 1982 年版，第 1 页。

④ 参见栾星：《公孙龙子长笺》，中州书画社 1982 年版，第 13—15 页。

"白马"与"马"的问题乃是哲学上的"个别"与"一般"的关系问题。由此观之，公孙龙从"同"中求"异"，看到了"一般"与"个别"的区别，这对中国古代逻辑发展史作出了贡献。然而公孙龙的问题是，他无视"异"中求"同"，把"个别"与"一般"的区别绝对化了，进而认为"一般"不存在于"个别"之中，这就使他最终成为一位绝对主义的唯心主义者。

在《坚白论》题解部分[①]，著者首先强调了"坚白"之辩的重要性，认为它与"白马"之辩一样，是先秦名辩最引人注目的辩题之一，也是最足以代表公孙龙一派学说的一个辩题。相较之下，它固然在命意的通俗性上稍逊于"白马非马"，但就揭示公孙龙理论体系来说，它显然比《白马论》更为深刻。著者继而阐说了本篇的体裁、结构与中心论点，认为本篇同样采取问答体裁，以主客对答的方式展开辩论。全文计有九次对答，按内容大体分成四节，一节紧扣一节，使论辩层层深入，直至把本篇的中心论点"离也者，天下故独而正"凸显出来。著者就此指出，本篇没有错简，也很少夺误，是周秦诸子中颇为难得的一篇性格鲜明、奇诡雄辩的完整作品。著者进而将公孙龙的"坚白"之辩纳入中国古代关于这一命题本有彼此对立的"盈""离"两派的学术史背景下予以考察，认为《墨经》是"盈"派的代表，《公孙龙子》则是"离"派的代表。[②] 与"盈"派的常识之见不同，公孙龙一派辩者认为，"白"与"坚"乃是由人的不同的感官所引出来的不同的共相，二者彼此独立、互不联系。具体来说，人的眼睛只能看到石的白色，手只能感触石的硬度，目不见坚，手不得白，故坚与白"离"。由此推扩开去，"坚"与"白"不仅可以脱离"石"而各自独立存在，而且可以脱离一切有形的物而各自独立存在。"坚""白"之类脱离"物"而各自独立存在的东西，就是公孙龙所说的千千百百互离而自在的共相，亦即《指物论》中脱离宇宙万物而自在的"'指'世界"，这就使他的学说陷入了客观观念论的泥潭。由

---

① 参见栾星：《公孙龙子长笺》，中州书画社 1982 年版，第 30—32 页。

② 栾星就此写道："中国古代讨论坚白这一命题的学人，本有相互对立的'盈'、'离'二派，前者有如'墨经'（包括今《墨子》一书中所收《经上》《经下》《经说上》《经说下》及《大取》《小取》六篇）的作者，后者的代表即公孙龙。这是近半个世纪名墨研究中，由章士钊开始（所著有《名墨訾应论》《名墨訾应考》及《名学他辩》等篇，后作为附录收入他的《逻辑指要》一书），经许多人继续探讨，所共同取得的一项结论，现逐渐为人们所公认，似乎已无须多说了。"见栾星：《公孙龙子长笺》，中州书画社 1982 年版，第 30 页。

于他的"'指'世界"里的"指"是从人的各个分离的感官引出来的，它们又各各互离而自在，因而他的宇宙观又是多元论的。就此而言，《坚白论》正是公孙龙这种多元的客观唯心主义的一个标本。著者最后指出，虽然公孙龙的认识学说是反科学的，人们依然应该运用科学的认识论来逐层探讨他的反科学的认识学说，因为只有"入乎其内，出乎其外"，才能洞悉它的反科学性质。

在《通变论》题解部分[①]，著者首先阐说了本篇的体裁、中心论题和运思理路，认为本篇的体裁同样是对话体，全文由主客间的十四对问答组成，大体分为四节。本篇开宗明义，一开始就提出"二无一"这个中心论题，其他诸如"二无右""二无左"以及牛、羊、马、鸡、青、白、黄、碧等，其实都是为了演证"二无一"这个中心论题所采用的比喻或物相。从运思理路看，本篇的前半部分从正面谈论"二无一"，后半部分则从反面设喻，以拍合正面。这里的设意虽变幻奇诡，字面亦光怪陆离，但终有一个可循的脉络涵贯于其中，这就是"变"，本篇也因此取名为《通变论》。接下来，著者重点阐发了"二无一"辩题的独异性[②]以及《通变论》与《公孙龙子》其他篇什的关系[③]，进而以"坚白""同异"问题为焦点揭示了主张"离""别"的公孙龙与墨辩所代表的"盈"派以及惠施所代表的"别"派之间的对立。[④] 在此

---

① 参见栾星：《公孙龙子长笺》，中州书画社 1982 年版，第 58—60 页。

② 栾星就此指出："'二无一'应是公孙龙一派辩者乐道的另一辩题，就构成形态上来说，和白马、坚白的辩题一样，是违反常识的。使人闻见，莫不骇怪。大凡辩者的命题，无不这样。《庄子·天下篇》所举二十一事，就是明证。'二无一'这个辩题，不载《天下篇》，也不见其他早于公孙龙的书籍记载，或者它产生较晚。据我的判断，是公孙龙的创见。"见栾星：《公孙龙子长笺》，中州书画社 1982 年版，第 58 页。

③ 栾星就此指出："它（《通变论》）与《指物》《名实》二论，呼吸相通。没有《指物论》所展示的公孙龙的宇宙观，及《名实论》所展示的公孙龙的名实观，不可能有这样与之丝丝相扣的辩题。反过来说，尤其明显的，本论是《名实论》的初基。把它和《白马》《坚白》二论相比，归根结蒂不外都是谈的指、物指和物的关系，但角度已自不同。前者是对物做静态的分析，本论是对物作动态的分析。前者属于'坚白'问题的范畴，本论属于'同异'问题的范畴。《白马》《坚白》二论为一组文章，本论与《名实论》为一组文章，《指物论》则贯通诸篇。"见栾星：《公孙龙子长笺》，中州书画社 1982 年版，第 58 页。

④ 栾星就此指出："在坚白问题上，'盈''离'二派如水火，龙（公孙龙）与墨辩为辩敌是明白不过的。在同异问题上则已不同，施（惠施）主'合'，龙主'别'，不仅墨辩与惠施相对，龙与施也是相对的。惠施一派认为，不是个别与一般有异，而是个别与一般浑然无别。公孙龙一派认为，不是个别与一般浑然无别，而是物相各各互离，'天下固独而正'。"见栾星：《公孙龙子长笺》，中州书画社 1982 年版，第 58—59 页。

基础上，著者阐析了“二无一”令人骇怪的原委在于它违反了人们日用常识里的数理逻辑，进而借用今天哲学上的量变、质变范畴对这个辩题给出了一种解释。[①] 著者最后指出本篇是《公孙龙子》一书中难读的篇章。由于设意丰姿诡谲，语言变幻莫测，加以对辩题的正面解说较少（疑有脱简），读者在阅读时往往如堕五里雾中。至于旧日注者如傅山（谓“所贵者一”而比附老子）、谭戒甫（以“白马非马”作静态演证）等，似皆未得本篇大旨；即便偶有所见，也难以会通全文。鉴于此，本篇的命意仍有待进一步探讨，就连著者的上述管见，亦“不敢言必是”。[②]

在《名实论》题解部分[③]，著者认为本篇是公孙龙专门阐说名实问题仅存的篇什，然而这篇只有二百五十字的短文已将其名实观的基本论点和盘托出。这些论点与《通变论》一脉相承，即把“实”的不断变化作为其名实学说的前提。所谓“其正者，正其所实也；正其所实者，正其名也”，道出了公孙龙正名观的基本态度，这种态度使他超越了孔子、孟子的正名理论，“而与同时代先进生产关系的代表——新兴地主阶级相拍合”。在著者看来，正名问题在中国古代哲学史上基本属于“别同异”问题的范围，就基本态度而言，公孙龙与墨辩并无岐异。著者最后指出，本篇基本上没有诡辩意味，它与《墨经》的思辨逻辑亦无抵牾之处。至于公孙龙把“物”的变化视为“指”的离合，这就必然地使他的称说染上了其世界观的色彩。

在《指物论》题解部分[④]，著者首先指出本篇是公孙龙专门阐说其宇宙观的篇什，继而对“物”“指”“物指”“非指”等关键术语作了解释。在著者看来，公孙龙所谓的“物”，与人们一般所说的“物”既无不同又不全同。如

---

① 栾星就此指出：“公孙龙这一学说，如用今天哲学上的命题来解释，那就更容易明了。譬如说数学上的一加一等于二，是就量变言，公孙龙所说‘二无一’是就质变言。自然，受人类认识的局限，哲学与逻辑学在那时还处于幼年阶段，公孙龙还不可能获得二千年后人所具有的认识能力。因而把今天哲学中量与质的命题，完全比附给公孙龙，那是违反历史主义的。但这并不完全否定，公孙龙由他的事物变动不居的观点出发，已开始对量与质的关系（主要指它们的差异性），有所摸索的觉察。……公孙龙对质与量的变化的认识，虽然并非完全自觉的，但他生活在社会大变革的生活浪涛中，由社会事物的新实旧名的矛盾中，觉察到这种质上的变化，则是完全可以设想的。”见栾星：《公孙龙子长笺》，中州书画社1982年版，第60页。

② 参见栾星：《公孙龙子长笺》，中州书画社1982年版，第60页。

③ 参见栾星：《公孙龙子长笺》，中州书画社1982年版，第88页。

④ 参见栾星：《公孙龙子长笺》，中州书画社1982年版，第100—101页。

《名实论》所谓"天地与其所产焉,物也",即意指人们普通所说的宇宙万物。但在著者看来,"物"是第一性的客观存在,而在公孙龙那里,"物"是由第一性的"指"转化而成的。公孙龙所谓的"指",乃是"物"的属性的抽象化,即人们通常所说的共相。共相本来是由物抽取出来的,但公孙龙通过思辨,却把它看成是先于物而独立存在的"理念",属客观唯心主义范畴。本篇中的"指"字多用作名词,有时也以名词用作动词。用作名词的"指"与"物指"相对,意指作为"理念"的指。以名词用作动词"指"意指以指指物,犹"化"。"指"用以指物时,就构成"物指","物"借由"物指"而显现为具体的物,这便是由指化物的过程。公孙龙所谓的"物指",意指物的表征,或称"物德"(章炳麟《国故论衡·辨性下》)。"指"尚不是感觉的对象,"物指"则已成为感觉的对象。"物指"与"物"虽由"指"化成,但二者都已不是原来独立存在的"指",别称"非指"。公孙龙所谓的"非指",意即不是"指",别无深意。本篇题名《指物论》,其指归就是阐说"指"与"物"的关系,这种关系说到底就是心物关系。著者依据杜国庠《惠施公孙龙的逻辑思想》的相关说法[1],认为不管以什么方式否定物的存在的第一性,终究是哲学上的观念论者。著者最后指出,自有宋以来,历代公孙龙研究者对"指"的解释众说纷纭,如以谢希深为代表的"是非说",以俞樾、陶鸿庆为代表的"指目说",以金受申、张怡荪为代表的"代名词说",以谭戒甫、胡适为代表的"物德说"。在著者看来,以杜国庠所代表的"共相说"来解释"指"的含义更符合公孙龙本篇的实际。为了方便读者对比思考,著者在正文注释中还把前人诸说详细记录了下来。

本书正文后载有三个附录,分别为"公孙龙及《公孙龙子》史料汇编"[2]、"《公孙龙子》传世版本目录"[3]、"《公孙龙子》注说书(篇)目(举

① 栾星所引杜国庠《惠施公孙龙的逻辑思想》的这段话是:"总的来说,公孙龙的宇宙观,可以说是一种多元的客观观念论的。他所称为'指'的东西,其实只是事物的共相:由他在思辨上认为它是实在的,所以是观念论的;由他认为它也离开精神而存在,所以是客观观念论的;又由他认为它们各各互离而自藏,所以又是多元的('指'既是物的属性——共相的转化,因而有多少属性便有多少'指')。"见栾星:《公孙龙子长笺》,中州书画社1982年版,第101页。

② 参见栾星:《公孙龙子长笺》,中州书画社1982年版,第116—152页。

③ 参见栾星:《公孙龙子长笺》,中州书画社1982年版,第153—155页。

要)”[①],具有较高的文献参考价值。

本书正文前载有著者撰写于1976年6月的“叙例”[②]。书末载有著者撰写于1980年1月27日的“跋——兼怀嵇文甫先生”[③],从中可以看出,著者治学虽不主一家,然受益于嵇文甫先生者独多。

3.杨俊光著《〈公孙龙子〉蠡测》

(济南)齐鲁书社1986年12月第1版。据杨俊光1984年10月撰写的“后记”,本书成稿于1978年至1982年间。[④]

本书由十二篇文字组成,从体例上看可分为三个部分。第一部分是本书的主体,著者运用马克思主义立场与方法对公孙龙其人其说进行了辨析与阐释。这一部分包括八篇文字,分别为“概论”(成稿于1981年6月)、“《迹府》考略”(成稿于1981年5月)、“《指物论》辨析”(1978年4月初稿,1981年增补)、“论《坚白论》”(成稿于1979年3月)、“论《名实论》的哲学倾向及其正名说的社会政治意义”(1978年6月原作,1980年改作,1983年8月改定)、“《通变论》释疑”(1978年9月初稿,1983年7月增订)、“《白马论》述微”(成稿于1979年4月)、“略论公孙龙的逻辑思想”(成稿于1980年10月)。著者在阐析《迹府》《指物论》《坚白论》《名实论》《通变论》《白马论》的六篇文字中,于每篇文字的末尾均附有与《公孙龙子》原文相对应的校译,这样的做法便于读者直接了解《公孙龙子》的原貌及其思想。

在“概论”[⑤]中,著者主要从三个方面进行了阐说:其一,“公孙龙和《公孙龙子》”[⑥]。著者首先介绍了古代典籍中有关公孙龙其人及其行迹的记载,接着重点分辨了《公孙龙子》一书的真伪问题,然后对《公孙龙子》的版本流传以及注释情况进行了爬梳。其二,“前人对《公孙龙子》思想的研究

---

① 参见栾星:《公孙龙子长笺》,中州书画社1982年版,第156—158页。
② 参见栾星:《公孙龙子长笺》,中州书画社1982年版,叙例第1—2页。
③ 参见栾星:《公孙龙子长笺》,中州书画社1982年版,第159—164页。
④ 参见杨俊光:《〈公孙龙子〉蠡测》,齐鲁书社1986年版,第308—309页。
⑤ 参见杨俊光:《〈公孙龙子〉蠡测》,齐鲁书社1986年版,第1—30页。
⑥ 参见杨俊光:《〈公孙龙子〉蠡测》,齐鲁书社1986年版,第1—13页。

和了解”[1]。著者在梳理历代《公孙龙子》注疏、研究相关文献的基础上，对前人有代表性的说法进行了评骘。其三，“《公孙龙子》思想概要及其在中国哲学史上的地位”[2]。著者首先运用马克思主义方法，针对《公孙龙子》一书的宇宙观、思想方法及其逻辑思想、哲学思想提出了一系列看法。在著者看来，“《公孙龙子》的宇宙观，是多元的客观唯心主义。书中谈宇宙观比较集中的是《坚白论》、《指物论》和《名实论》”[3]。“《公孙龙子》的思想方法，是形而上学。它的形而上学思想的基石，是《坚白论》的绝对分离的观念。对此，在《白马论》与《通变论》中有具体的表述”[4]。“《公孙龙子》的逻辑思想，有很多合理的成份。其卓越，在那个时代，简直是无与伦比的。关于逻辑问题的论述，大部集中在《白马论》和《名实论》里面”[5]。著者判定，“《公孙龙子》的哲学，无疑地属于唯心主义。……这样的唯心主义，它也并不就是胡说，在这个‘暂时的’、‘错误的，但为时代和发展过程本身所不可避免’地决定的唯心主义‘形式’中，确实包含着人类思维长期曲折发展所获得的‘成果’”[6]。在勾勒出《公孙龙子》体系轮廓的基础上，著者就公孙龙思想在中国哲学史上的地位及其历史作用谈了三点看法：一是“抽象思维能力的提高”[7]，二是“对哲学基本问题的自觉意识和尖锐提出”[8]，三是“逻辑科学方面的卓越成就”[9]。

在“《迹府》考略”[10]中，著者重点考辨了两个问题：其一，《迹府》篇的成书时代问题。[11] 著者针对以谭戒甫为代表的“东汉、魏、唐以后”说，通过详审的考辨，认为《迹府》篇的成书“决不会迟至公孙龙及门弟子以后；其年

---

[1] 参见杨俊光：《〈公孙龙子〉蠡测》，齐鲁书社1986年版，第13—19页。
[2] 参见杨俊光：《〈公孙龙子〉蠡测》，齐鲁书社1986年版，第19—30页。
[3] 杨俊光：《〈公孙龙子〉蠡测》，齐鲁书社1986年版，第20页。
[4] 杨俊光：《〈公孙龙子〉蠡测》，齐鲁书社1986年版，第21页。
[5] 杨俊光：《〈公孙龙子〉蠡测》，齐鲁书社1986年版，第22页。
[6] 杨俊光：《〈公孙龙子〉蠡测》，齐鲁书社1986年版，第23页。
[7] 杨俊光：《〈公孙龙子〉蠡测》，齐鲁书社1986年版，第24页。
[8] 杨俊光：《〈公孙龙子〉蠡测》，齐鲁书社1986年版，第26页。
[9] 杨俊光：《〈公孙龙子〉蠡测》，齐鲁书社1986年版，第29页。
[10] 参见杨俊光：《〈公孙龙子〉蠡测》，齐鲁书社1986年版，第31—60页。
[11] 参见杨俊光：《〈公孙龙子〉蠡测》，齐鲁书社1986年版，第31—44页。

代，当在《吕览》成书前后，即秦统一六国前夕”[①]。其二，《迹府》篇相关文句理解中存在的疑义问题。[②] 著者重点对三段话进行了辨析：一是“公孙龙，六国时辩士也。疾名实之散乱，因资材之所长，为守白之论。假物取譬，以守白辩，谓白马为非马也”。著者认为，“六国时”的“时”字，应该是衍文。“守白之论”和“以守白辩”的两个“守”字，亦疑有误，前人如俞樾、王琯、谭戒甫等给出的解释都难通。这里的“守”字作“坚”字，方合于公孙龙学说的宗趣。就此而言，“‘(守)[坚]白之论’、‘以(守)[坚]白辩’的意思是：研究‘坚白’的学说、根据‘坚白’的学说进行辩论”[③]。二是“白马为非马者，言‘白’所以名色，言‘马’所以名形也；色非形，形非色也。夫言色则形不当与，言形则色不宜从；今合以为物，非也”。著者认为，“言白”“言马”的两个“言”字都是衍文，“合以为物，非也”的“物”字，当解为“形”，或者就是“形”字误文。“‘合以为形’，也就是‘以色形为形’，即以白马为马，正是公孙龙所反对的命题，所以说：‘非也’。”[④]三是“子知难白马之非马，不知所以难之说。以此，犹知好士之名，而不知察士之类”。这段话有三个疑点：第一个疑点是，“以此”二字尚存疑窦，“以”字“似衍”(王琯)、“当衍”(王启湘)。第二个疑点是，“段尾似有佚文”(王琯)、“此犹至之类，十四字当作一句读”(王启湘)。第三个疑点是，句首的“故”字没有着落。鉴于上述疑点，著者认为“原文当有错简。应该是：‘子知难白马之非马，不知所以难之说。以此，犹知好士之名，而不知察士之类。故龙以子之言有似齐王。’这样，三个问题，全部可得解决”[⑤]。此外，鉴于“犹……之类”能否连读的疑窦，著者认为，“‘犹知好士之名，而不知察士之类’，应该读作‘犹：知好——士之名——而不知察——士之类’，‘士之类’应该连读”[⑥]。在上述考辨的基础上，著者最后以附录的形式对《迹府》篇进行了

① 杨俊光：《〈公孙龙子〉蠡测》，齐鲁书社1986年版，第44页。
② 参见杨俊光：《〈公孙龙子〉蠡测》，齐鲁书社1986年版，第44—53页。
③ 杨俊光：《〈公孙龙子〉蠡测》，齐鲁书社1986年版，第47页。
④ 杨俊光：《〈公孙龙子〉蠡测》，齐鲁书社1986年版，第50页。
⑤ 杨俊光：《〈公孙龙子〉蠡测》，齐鲁书社1986年版，第51—52页。
⑥ 杨俊光：《〈公孙龙子〉蠡测》，齐鲁书社1986年版，第52页。

“校译”。[①]

在“《指物论》辨析”[②]中，著者首先援引杜国庠的观点，指出“《指物论》是公孙龙‘思想的中心’，是‘他的宇宙观的结论’”[③]。然后，著者针对历代《指物论》疏解中存在的不同意见，重点从四个方面辨析了公孙龙哲学体系的性质问题：其一，关于“物莫非指，而指非指”的理解问题。[④] 著者认为，对这句话是《指物论》的总纲这一点，并世各家已基本达成一致的看法，“可是，对于‘而指非指’一语中明显的文字脱误，各家却都毫无认识”[⑤]。鉴于此，著者认为“只要把它放到马克思经典作家已经充分论述了的哲学上的两条路线、两个阵营的对立和斗争中去看，便可以一清二楚了”[⑥]。基于哲学史上唯物论、唯心论“两条路线、两个阵营的对立和斗争”，著者断定公孙龙的思想体系属于唯心主义阵营，进而断定“‘物莫非指’是公孙龙的思想，而‘指非指’则不是公孙龙的思想，公孙龙的思想只能是‘指非[非]指’”[⑦]。就此而言，“‘物莫非指，而指非指’这句话，明显地是脱去了一个‘非’字，应该是‘物莫非指，而指非[非]指’”[⑧]。其二，关于“物指”的理解问题。[⑨] 著者首先枚举了分别以杜国庠、林振环为代表的两种不同的观点，前者认为“物指”是有别于“物”“指”的一个独立的概念，后者则认为“‘物指’这两个词必须当作‘物’和‘指’来解释才行。它是把‘物’和‘指’这两个基本概念联系起来谈的，并非另外一个基本概念”。著者通过辨析，认为“林振环同志的意见是正确的，杜老的意见则并不正确”[⑩]。其三，关于主客论辩的问题。[⑪] 著者认为，“《白马》、《通变》、《坚

---

① 参见杨俊光：《〈公孙龙子〉蠡测》，齐鲁书社 1986 年版，第 54—60 页。

② 参见杨俊光：《〈公孙龙子〉蠡测》，齐鲁书社 1986 年版，第 61—83 页。另参见杨俊光：《〈指物论〉订误》，收入《中国哲学史文集》，吉林人民出版社 1979 年版，第 176—187 页。

③ 杨俊光：《〈公孙龙子〉蠡测》，齐鲁书社 1986 年版，第 61 页。

④ 参见杨俊光：《〈公孙龙子〉蠡测》，齐鲁书社 1986 年版，第 62—67 页。

⑤ 杨俊光：《〈公孙龙子〉蠡测》，齐鲁书社 1986 年版，第 63 页。

⑥ 杨俊光：《〈公孙龙子〉蠡测》，齐鲁书社 1986 年版，第 63 页。

⑦ 杨俊光：《〈公孙龙子〉蠡测》，齐鲁书社 1986 年版，第 66 页。

⑧ 杨俊光：《〈公孙龙子〉蠡测》，齐鲁书社 1986 年版，第 66 页。

⑨ 参见杨俊光：《〈公孙龙子〉蠡测》，齐鲁书社 1986 年版，第 68—72 页。

⑩ 杨俊光：《〈公孙龙子〉蠡测》，齐鲁书社 1986 年版，第 69 页。

⑪ 参见杨俊光：《〈公孙龙子〉蠡测》，齐鲁书社 1986 年版，第 72—76 页。

白》三论，都是主客双方论辩的体裁，《指物论》虽未标明为论辩的形式，但实在也是主客辩论，只是脱去了作为标识之'曰'字而已"[①]。基于此，著者结合《指物论》全篇的文气划分出全文的段落，一一指出何者是论主提出的问题，何者是公孙龙所设的客难以及主客对答。在此基础上，著者对前人以及时人的相关说法进行了评骘。其四，关于《指物论》中的其他讹误问题。[②] 在上述辨析的基础上，著者总结道："《指物论》全文所表现的，正好是一个十分明显的唯心主义体系。从物的方面看，它认为'物莫非指'，'无物非指'，物都是由指构成的。从指的方面看，它认为'指者天下之所兼'，'不可谓无指'，'指非非指'，'指与物非非指'，一般地说是'非有非指'，指就是指，不再是什么别的东西的表现。从指物关系来说，它认为'无指，物无可以谓物'，'指固自为(非)指，奚待于物'，没有指就没有了物，而指之为指，是自为因原的，是不待于物的。"[③]最后，著者以附录的形式对《指物论》进行了"校译"。[④]

在"论《坚白论》"[⑤]中，著者首先对《坚白论》的文字舛误进行了勘正，然后围绕着"重点何在""是唯物主义吗""是主观唯心主义吗""是不可知主义吗"四个问题，对"离"与"藏"的含义进行了阐析，对前贤以及时彦(如杜国庠、冯友兰、王琯、陈柱、辛从益、杨荣国、杨永志等)的观点进行了分辨，在此基础上，著者断言公孙龙的哲学思想是一种客观唯心主义体系。最后，著者以附录的形式对《坚白论》进行了"校译"。[⑥]

在"论《名实论》的哲学倾向及其正名说的社会政治意义"[⑦]中，著者重点探讨了两个问题：其一，"《名实论》的哲学倾向"[⑧]。著者首先指出，杜国庠、任继愈、杨荣国等人把公孙龙的名实观解释成具有唯物主义性质乃是缺乏根据的，继而通过辨析"物"在公孙龙体系中的含义、《名实论》中的名

① 杨俊光：《〈公孙龙子〉蠡测》，齐鲁书社1986年版，第72页。
② 参见杨俊光：《〈公孙龙子〉蠡测》，齐鲁书社1986年版，第76—80页。
③ 杨俊光：《〈公孙龙子〉蠡测》，齐鲁书社1986年版，第80页。
④ 参见杨俊光：《〈公孙龙子〉蠡测》，齐鲁书社1986年版，第82—83页。
⑤ 参见杨俊光：《〈公孙龙子〉蠡测》，齐鲁书社1986年版，第84—119页。
⑥ 参见杨俊光：《〈公孙龙子〉蠡测》，齐鲁书社1986年版，第115—119页。
⑦ 参见杨俊光：《〈公孙龙子〉蠡测》，齐鲁书社1986年版，第120—141页。
⑧ 参见杨俊光：《〈公孙龙子〉蠡测》，齐鲁书社1986年版，第120—127页。

实关系以及正名实的标准等问题，认定包括《名实论》在内的公孙龙思想体系属于典型的唯心主义，而不属于唯物主义。其二，"'不谓'、'慎其所谓'的社会政治意义"[①]。著者通过辨析"不谓""慎其所谓"的内涵，认为它们意指"用名去称谓实(在公孙龙，也就是用实去充实名，就是对实之为实的认可，已见上述)是有一定条件的，要慎重从事；如果不符合条件，就不能'谓'。……这个条件，也仅仅是一般地分清彼此而已"[②]。基于此，著者认可杜国庠的观点——"正名实是纯站在逻辑的观点立论的"，反对杨荣国的观点——公孙龙关于名实关系的论点"反映了新兴地主阶级肯定社会变革的要求"，进而指出公孙龙本人的思想并不涉及社会政治。为了证明自己的观点，著者根据斯大林《马克思主义与语言学问题》所谈及的词语的变化与社会变革的关系，认为"语言中的词，只是概念的物质外壳，它的内容是作为现实事物的反映的概念。由于事物是不断发展变化的，因此反映事物本质属性的概念也是不断发展变化的。但是，它的语言形式则具有稳固的、历史继承的性质，因此，在历史发展中，词虽然有生也有灭，但更多的则是词的意义的引申与更替，即在改变了的意义上继续使用它的形式"[③]。作为旁证，著者还对孔子所代表的"保守者"的正名说以及荀子所代表的"革新者"的正名说进行了分辨。基于上述辨析，著者断言，"关于公孙龙思想的阶级属性，因无涉及社会政治问题的原始资料而不易判定；但谓为'新兴地主阶级'，则显有诸多不合"[④]。最后，著者以附录的形式对《名实论》进行了"校译"。[⑤]

在"《通变论》释疑"[⑥]中，著者首先指出，《通变论》是《公孙龙子》中素称难读的一篇。关于"二无一""变非不变""与马以鸡宁马""与其碧宁黄"以及"黄其正矣""木贼金者碧""君臣争则两明""牛羊足五，鸡足三"等辩题，历代歧解丛生，莫衷一是。鉴于此，著者通过爬梳《公孙龙子》注解史

① 参见杨俊光：《〈公孙龙子〉蠡测》，齐鲁书社 1986 年版，第 127—137 页。
② 杨俊光：《〈公孙龙子〉蠡测》，齐鲁书社 1986 年版，第 129—130 页。
③ 杨俊光：《〈公孙龙子〉蠡测》，齐鲁书社 1986 年版，第 132—133 页。
④ 杨俊光：《〈公孙龙子〉蠡测》，齐鲁书社 1986 年版，第 137 页。
⑤ 参见杨俊光：《〈公孙龙子〉蠡测》，齐鲁书社 1986 年版，第 139—141 页。
⑥ 参见杨俊光：《〈公孙龙子〉蠡测》，齐鲁书社 1986 年版，第 142—176 页。

上诸多有代表性的观点，对上述辩题一一进行了辨析与解疑。最后，著者以附录的形式对《名实论》进行了“校译”。[①]

在“《白马论》述微”[②]中，著者首先指出，如果说公孙龙以“离坚白”名家，那么使其扬名后世的则是《白马论》。尽管《白马论》是现存《公孙龙子》中被后人研究得最充分的一篇，然而其中的纰缪罅漏亦在在可见。鉴于此，著者结合历代注家有代表性的观点，对其中诸多尚存疑义之处——如“白之非马，何也”中的“白之”以及“白者不异于马也”“白者非马也”中的两个“白者”的意指问题，对“马未与白为马，白未与马为白。合马与白，复名白马。是相与以不相与为名，未可。故曰：白马非马，未可”这一段话的理解问题，“有白马不可谓无马者，离白之谓也；不离者有白马不可谓有马也。故所以为有马者，独以马为有马耳，非有白马为有马。故其为有马也，不可以谓马马也”这一段话究竟是客难还是主论的问题，“白者不定所白，忘之而可也。白马者，言白定所白也，定所白者 非白也。马者，无去取于色，故黄、黑皆所以应；白马者，有去取于色，黄、黑马皆所以色去，故唯白马独可以应耳。无去者非有去也，故曰白马非马”中的“忘”字的含义问题以及这一段话的论旨等问题，均一一进行了分辨。在此基础上，著者最后以附录的形式对《白马论》进行了“校译”。[③]

在“略论公孙龙的逻辑思想”[④]中，著者首先指出，公孙龙是一位以“别同异”为原则“以正名实”的“辩士”。就此而言，“公孙龙的逻辑思想，集中表现在关于‘别同异’（《淮南子·齐俗》）、‘正名实’（《公孙龙子·迹府》）的论述中”[⑤]。就“别同异”而言，“《坚白论》‘离坚白’（应该说是‘坚、白、石’‘相与离’）的‘离’字，本来就是与‘合’相对的‘别’的意思”[⑥]，“《通变论》的‘二无一’、‘羊合牛非马，牛合羊非鸡’和‘青以白非黄，白以青非碧’，用意也即在‘别同异’”[⑦]。《公孙龙子》中表述“别同异”观点最为典型

---

① 参见杨俊光：《〈公孙龙子〉蠡测》，齐鲁书社1986年版，第172—176页。
② 参见杨俊光：《〈公孙龙子〉蠡测》，齐鲁书社1986年版，第177—206页。
③ 参见杨俊光：《〈公孙龙子〉蠡测》，齐鲁书社1986年版，第203—206页。
④ 参见杨俊光：《〈公孙龙子〉蠡测》，齐鲁书社1986年版，第207—224页。
⑤ 杨俊光：《〈公孙龙子〉蠡测》，齐鲁书社1986年版，第207页。
⑥ 杨俊光：《〈公孙龙子〉蠡测》，齐鲁书社1986年版，第209页。
⑦ 杨俊光：《〈公孙龙子〉蠡测》，齐鲁书社1986年版，第209页。

的命题乃是《白马论》的“白马非马”，它的确切意味就是“异”白马于马。公孙龙在论证这个命题的过程中，不仅“接触到概念的两个逻辑特征——内涵和外延的问题”[①]，而且“接触了概念内涵、外延的反比关系以及由它派生的两种明确概念的逻辑方法——限定和概括”[②]，其关于“白马”的定义——“白马者，马与白也，(马)[白]与(白)马也”，“这基本上也就是今天形式逻辑的属加种差的定义”[③]。因此，“《白马论》无异是一篇逻辑的‘概念论’，几乎涉及了形式逻辑‘概念论’的所有基本问题，实为公孙龙逻辑思想的精粹所在”[④]。著者认为，“把‘别同异’的原则应用于思维形式的分析，就是所谓‘唯乎其彼此’的‘正名实’”[⑤]。就“正名实”而言，著者重点辨析了《名实论》“唯乎其彼此”中“唯”的含义，认为这里的“唯”字不能训为“应辞”，只能训为“独”“只”，这样一来，“唯乎其彼此”所在的这段话“说的无疑就是今天形式逻辑同一律以及作为它的反面表述的矛盾律的基本内容”[⑥]。在阐明公孙龙的“别同异”和“正名实”说的是形式逻辑概念论和同一律(也包括矛盾律)的基本内容的基础上，著者对这两个辩题的哲学基础及其哲学路线——唯心主义与形而上学——进行了阐发。[⑦] 最后，著者对公孙龙逻辑思想的学术史地位进行了评价，认为它只标志着中国古代把逻辑当作逻辑来研究的开端，就它所涉及的逻辑这门学科的内容而言，尚不及荀子，更逊色于后期墨家。著者就此指出：“后期墨家是中国第一个粗具规模的逻辑科学体系的创建者，加上它的哲学基础也是明确的唯物主义，公孙龙是无法与之相比拟的。公孙龙的作用，只是作为中国逻辑思想发展史上的一个必要的环节，对荀子、后期墨家逻辑的产生起了不可缺少的思想启迪和资料积累的作用。”[⑧]

第二部分是著者对王煦华所撰《〈指物论〉诠释》《公孙龙〈坚白论〉评

---

① 杨俊光：《〈公孙龙子〉蠡测》，齐鲁书社 1986 年版，第 210 页。
② 杨俊光：《〈公孙龙子〉蠡测》，齐鲁书社 1986 年版，第 210—211 页。
③ 杨俊光：《〈公孙龙子〉蠡测》，齐鲁书社 1986 年版，第 211 页。
④ 杨俊光：《〈公孙龙子〉蠡测》，齐鲁书社 1986 年版，第 211 页。
⑤ 杨俊光：《〈公孙龙子〉蠡测》，齐鲁书社 1986 年版，第 211 页。
⑥ 杨俊光：《〈公孙龙子〉蠡测》，齐鲁书社 1986 年版，第 215 页。
⑦ 参见杨俊光：《〈公孙龙子〉蠡测》，齐鲁书社 1986 年版，第 215—224 页。
⑧ 杨俊光：《〈公孙龙子〉蠡测》，齐鲁书社 1986 年版，第 223 页。

说》两文进行的评论。王煦华的《〈指物论〉诠释》一文刊于《中华文史论丛》1979年第2辑，该文认为《指物论》是"把'物'一分为二，'物'和'指'，认为'物'是实体，'指'是'物'的现象形态"；"以'物莫非指，而指非指'为纲，说明人们所看到的各种'物'体，都是'指'（现象形态）；但'指'不是在'物'之外独立存在的东西，而是从属于'物'，无'物'即无'指'，因此，'指'又是'非指'。坚持了唯'物'论的一元论观点"。[①] 杨俊光反对这种说法，他在1980年2月撰成的"评《指物论》诠释"[②]中，针对王煦华所论的"指物关系""指是什么"分别进行了评说，认为《指物论》的"指"并不是从属于"物"的"现象形态"，而是"可以脱离物而独立存在的、物的本原和本质"；真正的"现象形态"，与其说是"指"，倒不如说是"物"。就此而言，《指物论》并不是"阐述物体（物）及其形态（指）学说的一篇论文"，而是一篇"阐述作为现象形态的物及其精神本体'指'的关系的论文"。[③] 与此相应，《指物论》所遵循的哲学路线既不是唯"物"论，也不是"指""物"二元论，而是唯"指"论，至于"物莫非指"这一命题，"已经是确定的唯心主义一元论"[④]。

王煦华的另一篇文章《公孙龙〈坚白论〉评说》刊于《社会科学》1982年第4期，该文认为《坚白论》是公孙龙论述分析事物属性的一篇哲学论文，这篇论文"发现了坚性和白色是两种绝对不同的属性"[⑤]。杨俊光反对这种说法，他在1982年9月撰成的"《公孙龙〈坚白论〉评说》说评"[⑥]中，就《坚白论》的主题和有关文句提出了自己的看法，认为"所谓'藏'，也就是离，就是既互离又离石、离物、离人的感觉和精神而独立存在的意思"[⑦]，因此《坚白论》并不旨在分析事物的属性，而是在于突出一个"离"字。基于此，他认为《坚白论》在人类认识史上的贡献在于"反映了人类抽象思维能

---

① 杨俊光：《〈公孙龙子〉蠡测》，齐鲁书社1986年版，第225页。

② 参见杨俊光：《〈公孙龙子〉蠡测》，齐鲁书社1986年版，第225—254页。该文初刊于《中华文史论丛》1982年第1辑。

③ 杨俊光：《〈公孙龙子〉蠡测》，齐鲁书社1986年版，第245页。

④ 杨俊光：《〈公孙龙子〉蠡测》，齐鲁书社1986年版，第254页。

⑤ 杨俊光：《〈公孙龙子〉蠡测》，齐鲁书社1986年版，第255页。

⑥ 参见杨俊光：《〈公孙龙子〉蠡测》，齐鲁书社1986年版，第255—276页。

⑦ 杨俊光：《〈公孙龙子〉蠡测》，齐鲁书社1986年版，第257—258页。

力的提高”[1]，它所遵循的哲学路线既不是强调物性的唯物主义，也不是囿于感觉与神智的主观唯心主义，而是一种强调“离”（超离物、感觉、神智而独立存在）的作用的客观唯心主义。

第三部分辑录了两篇文字：一篇是“《公孙龙子》校勘记”（1982 年 2 月初稿，1983 年 7 月增补），另一篇是“‘开元《四库书目》’著录‘《公孙龙子》二卷’说辨非”（成稿于 1981 年 12 月）。在前一篇文字[2]中，著者以民国十四年（1925）商务印书馆据明正统刊本影印的《道藏》本为底本，同时参酌二十个《公孙龙子》版本（如《说郛》本、《十二子》本、杨慎评本、《五子书》本、《诸子汇函》本、《子汇》本、《二十家子书》本、《合刻五家言》本、《诸子奇赏》本、傅山本、《绎史》本、《豫章丛书》本、《二十二子全书》本、《墨海金壶》本、《守山阁丛书》本等），对《公孙龙子》原文的差异之处进行了校勘，对各本异文加以列表统计，认为“《说郛》所本实属《道藏》以外的另一系统；《十二子》以下各本，虽基本上属《道藏》一系，但其中的多数版本，就都是根据《说郛》校正过的。因此，《说郛》是一最值得重视的版本”[3]。在后一篇文字[4]中，著者对《公孙龙子》的存目问题进行了爬梳，重点对“开元《四库书目》”著录“《公孙龙子》二卷”一说进行了分辨。这部分文字对了解《公孙龙子》的版本及其流传具有重要的参考价值。

本书最后载有著者撰写的“后记”[5]，成稿于 1984 年 10 月。著者首先对本书的成书过程做了详细的交代，然后提及对其开展本项研究起到启发作用的前辈学者的著述，主要有杜国庠的《论〈指物论〉》一文和胡道静的《公孙龙子考》一书。

正文前载有匡亚明撰写的“序”[6]（成稿于 1984 年 10 月 13 日），其中有言：“作者运用马克思主义理论，广泛吸取前人考证、注释、研究的成果，对《公孙龙子》全书进行了比较细致的研究，文字的考辨与思想的剖析融

① 杨俊光：《〈公孙龙子〉蠡测》，齐鲁书社 1986 年版，第 268 页。
② 参见杨俊光：《〈公孙龙子〉蠡测》，齐鲁书社 1986 年版，第 277—302 页。
③ 杨俊光：《〈公孙龙子〉蠡测》，齐鲁书社 1986 年版，第 302 页。
④ 参见杨俊光：《〈公孙龙子〉蠡测》，齐鲁书社 1986 年版，第 303—307 页。
⑤ 参见杨俊光：《〈公孙龙子〉蠡测》，齐鲁书社 1986 年版，第 308—310 页。
⑥ 参见杨俊光：《〈公孙龙子〉蠡测》，齐鲁书社 1986 年版，序第 1—4 页。

为一体，评判了各家得失，自成一家之言；特别是对那些长期聚讼不决的问题，都提出了自己的看法，持之有故，言之成理，并且确有一些虽不能必是而可谓'发前人所未发'的新见。"[①]

周云之的《一本考辨甚细研究颇深的学术新著——读杨俊光著〈公孙龙子蠡测〉》，刊于《中国哲学史研究》1988年第3期，收入《周云之文集》，（香港）华夏翰林出版社2005年版，第498—502页。

4. 胡曲园、陈进坤著《公孙龙子论疏》

（上海）复旦大学出版社1987年8月第1版。

本书是胡曲园、陈进坤合撰的一部研究《公孙龙子》的学术专著。正文前载有胡曲园撰成于1985年10月的"前言"，重点阐述了《公孙龙子》在先秦学术史上的重要地位，其中有言："没有公孙龙的理论就不会有后来的刑（形）名法术之学，也就不会有韩非的政治理论和逻辑思想。当然，后期墨家在逻辑上的贡献也起了巨大的作用，但是公孙龙的学说对刑名法术思想的影响，可能更为直接，而且后期墨家的逻辑成就与公孙龙的学说亦不无渊源关系。后来荀子从现实出发，总结了先秦诸子的认识论理论，认为礼仪刑罚是不可少的。这样，先秦诸子的争鸣，遂以老子对礼的否定开始，而以荀子的'隆礼'告终，其间公孙龙子起了重要的环节作用。"[②]

本书正文包括两部分内容：一是"公孙龙子论"，二是"公孙龙子疏"。在"公孙龙子论"部分[③]，著者主要讨论了公孙龙的逻辑思想，包括如下七篇文字："公孙龙逻辑思想概论"[④]、"'白马非马'是名实相应的逻辑命题"[⑤]、"《指物论》的朴素唯物主义与辩证法"[⑥]、"'离坚白、若悬寓'的认识论意义"[⑦]、"《通变论》是公孙龙的逻辑分类理论"[⑧]、"《庄子·天下篇》的

① 杨俊光：《〈公孙龙子〉蠡测》，齐鲁书社1986年版，序第2页。

② 胡曲园、陈进坤：《公孙龙子论疏》，复旦大学出版社1987年版，前言第1—2页。

③ 参见胡曲园、陈进坤：《公孙龙子论疏》，复旦大学出版社1987年版，第1—80页。

④ 参见胡曲园、陈进坤：《公孙龙子论疏》，复旦大学出版社1987年版，第3—18页。

⑤ 参见胡曲园、陈进坤：《公孙龙子论疏》，复旦大学出版社1987年版，第19—29页。

⑥ 参见胡曲园、陈进坤：《公孙龙子论疏》，复旦大学出版社1987年版，第30—37页。

⑦ 参见胡曲园、陈进坤：《公孙龙子论疏》，复旦大学出版社1987年版，第38—46页。

⑧ 参见胡曲园、陈进坤：《公孙龙子论疏》，复旦大学出版社1987年版，第47—57页。

‘辩题’是名家逻辑学说的纲要”[①]、“‘合同异’与‘离坚白’并不是诡辩论”[②]。在这些文字中，著者既对公孙龙的思想进行了整体的评价，又对公孙龙的重要命题进行了逻辑学的分析，认为公孙龙的思想中包含着丰富而深刻的逻辑学智慧，“白马非马”辩题并不是只承认“个别”而否认“一般”的诡辩，而是名实相应的逻辑命题；“物莫非指，而指非指”也不是“唯心主义”的命题，而是秉持了朴素唯物主义的立场。概而观之，“《公孙龙子》全书为一整体，结构谨严，理论精密，具有高度的抽象性与概括性，是古代史上第一部具有纯理论纯逻辑倾向的著作，其篇章结构首尾相衔，环环紧扣、步步深入，每篇各有重点，又环绕一中心而互相联络，纵横交错而条理井然，不愧为先秦诸子名篇，中国古代逻辑学之津梁。公孙龙是一位朴素的唯物论者，先秦的逻辑大师，这份珍贵的历史遗产，深值发掘研究”[③]。从中可以看出，著者是把公孙龙理论当作逻辑科学的专门对象来加以研究的，特别是从形式逻辑的视域对公孙龙的理论进行了阐发，充分肯定了公孙龙作为中国古代逻辑学奠基者的地位，并总结出这位逻辑学家的如下六点贡献：“（一）阐明了形式逻辑的三个基本规律；（二）提出了概念内涵与外延的定义，分析了正确概念必须是外延与内涵的统一；（三）论述了名实相应的思维原则；（四）揭示了事物及其属性、一般概念与特殊概念既联系又差异的辩证关系，并在此立足点上为概念的逻辑分析提供了本体论的理论基础；（五）提出了‘离坚白’的命题，为概念的准确划分提供认识论的根据；（六）阐明了概念的限定（‘二无一’）与概念的概括（‘二者左与右’）的逻辑方法，为概念的分类提供了必要条件，并规定了形式逻辑分类的基本原则。”[④]

在“公孙龙子疏”部分[⑤]，著者依照《迹府》《名实论》《白马论》《指物论》《坚白论》《通变论》的顺序，对《公孙龙子》六篇一一进行了疏释，这种

① 参见胡曲园、陈进坤：《公孙龙子论疏》，复旦大学出版社 1987 年版，第 58—75 页。

② 参见胡曲园、陈进坤：《公孙龙子论疏》，复旦大学出版社 1987 年版，第 76—80 页。

③ 胡曲园、陈进坤：《公孙龙子论疏》，复旦大学出版社 1987 年版，第 18 页。

④ 见马兵为《公孙龙子论疏》一书撰写的“序言”，见胡曲园、陈进坤：《公孙龙子论疏》，复旦大学出版社 1987 年版，序言第 1 页。

⑤ 参见胡曲园、陈进坤：《公孙龙子论疏》，复旦大学出版社 1987 年版，第 83—142 页。

做法“调整了篇章的逻辑顺序,把《名实论》置于《迹府》之后、它篇之前,这对于读通全文也有助益”[①]。按照著者给出的说法,“由于本篇(《名实论》)是公孙龙整个逻辑理论的基石,它规定了一系列逻辑范畴的定义以及思维的基本规律,是阅读全书首先必须弄清楚的,所以特将此篇提前注释”[②]。著者在对每一篇进行疏释的过程中,首先概要说明该篇的相关背景、主要观点、层次划分、段落大意、运思理路等,接着辑录原文,然后对其中的字词、句段进行注释,最后给出译文。这样的疏释体例,便于读者了解《公孙龙子》原文及其主要内容。

本书“附录”部分[③]载有三个附录,分别为“有关《公孙龙子》的著录”[④]、“《公孙龙子》注释目录”[⑤]、“《公孙龙子》研究论文选录(1949年前)”[⑥],便于读者了解历代《公孙龙子》著录、注释及研究概况。

本书正文前载有马兵为该书撰写的“序言”[⑦],成稿于1985年9月27日。马兵认为,“《公孙龙子论疏》对《公孙龙子》的逻辑精髓作了相当充分、深入的探究,力图匡谬,避免陈说且提出新解,这对于发扬我国古代逻辑光辉思想,具有重要意义,也完全符合百家争鸣的学术研究方针”[⑧]。在指出该书总结出的公孙龙逻辑思想的学术史意义的基础上,马兵肯定了该书的学术价值,认为“在《论疏》中把各种逻辑论题看作既有差异又有联系,而非彼此只有矛盾而无融合,这是正确的”[⑨]。这突出表现在两个方面:其一,本书力排一向风靡的“名墨相訾”“扬墨抑名”等观点,认为名墨两家的学说是相通而终趋一致的,墨家逻辑乃是名家逻辑的继承与发展,只有坚持“名墨相应”才符合逻辑历史发展的基本方向。过于夸大名墨之间的对立,既违背了逻辑发展史的事实,又违背了逻辑的人类属性;其二,

---

① 见马兵为《公孙龙子论疏》一书撰写的“序言”,见胡曲园、陈进坤:《公孙龙子论疏》,复旦大学出版社1987年版,序言第2—3页。

② 胡曲园、陈进坤:《公孙龙子论疏》,复旦大学出版社1987年版,第94页。

③ 参见胡曲园、陈进坤:《公孙龙子论疏》,复旦大学出版社1987年版,第143—152页。

④ 参见胡曲园、陈进坤:《公孙龙子论疏》,复旦大学出版社1987年版,第143—148页。

⑤ 参见胡曲园、陈进坤:《公孙龙子论疏》,复旦大学出版社1987年版,第149—150页。

⑥ 参见胡曲园、陈进坤:《公孙龙子论疏》,复旦大学出版社1987年版,第151—152页。

⑦ 参见胡曲园、陈进坤:《公孙龙子论疏》,复旦大学出版社1987年版,序言第1—3页。

⑧ 胡曲园、陈进坤:《公孙龙子论疏》,复旦大学出版社1987年版,序言第1页。

⑨ 胡曲园、陈进坤:《公孙龙子论疏》,复旦大学出版社1987年版,序言第2页。

本书并没有将眼光拘囿于公孙龙一人一说，著者还注意到名家内部各个逻辑思想——惠施的“合同异”与公孙龙的“离坚白”——之间的区别和联系，批驳了那种只看到它们之间的区别而无视其统一的观点。

周云之的《一本颇具新见的新作——读〈公孙龙子论疏〉》，刊于《光明日报》1988 年 4 月 18 日，收入《周云之文集》，（香港）华夏翰林出版社 2005 年版，第 494—497 页；赵民、陈振明合撰的《求实·争鸣·创新——评〈公孙龙子论疏〉》，刊于《厦门大学学报（哲学社会科学版）》1988 年第 3 期。

5. 杨柳桥著《公孙龙子校解译话》

天津古籍出版社 1988 年 12 月第 1 版。据杨柳桥在书末所作的说明，本书 1962 年 8 月完成初稿，1978 年 7 月进行整理。[①]

本书包括正文与附录两部分内容。正文按照《白马论》《指物论》《通变论》《坚白论》《名实论》的顺序辑录了《公孙龙子》原作五篇，著者认为除了《名实论》外，其余四篇都以主客问答论难的形式出现，为了眉目清晰，便采取陈柱《公孙龙子集解》的处理方式，在各段对话之前冠以“主”“客”字样，并用方括号括起，以免与原文相混淆。每一篇原文之后，著者分“校解”与“译话”两部分进行了校释与翻译。

在“校解”部分，著者主要依据陈柱的《公孙龙子集解》，同时广泛吸取伍非百、王琯、陈澧、俞樾、谭戒甫、辛从益、孙诒让、傅山、庞朴等前人的成果，并从《周易》《墨经》《荀子》《国语》《礼记》《公羊传》《淮南子》《春秋繁露》《汉书》《说文解字》《经传释词补》《经词衍释》等众多古籍中寻证援引，对《公孙龙子》原作五篇的字词作了校正与解释。著者认为现行的《公孙龙子》虽经前人多次校订，讹误仍然相当严重，因而进行了较大的更动。著者在注解方面以疏通原文为主，对于前人的见解，同意的则摘要援引，不同意的则弃而不用。鉴于宋人谢希深所作的注大成问题，著者在援引时但称“旧注”。

在“译话”部分，著者尽量照顾原文。为了适应现代汉语习惯，保证语

---

① 参见杨柳桥：《公孙龙子校解译话》，天津古籍出版社 1988 年版，第 62 页。

义通顺畅达，著者对原文作了某些必要的增补，在个别有“弦外之意”的地方略加引申，便于人们更好地理解文意。对这些增补的字句，著者皆用方括号括起，以示区别。

本书正文后载有两个附录，分别为“迹府”“公孙龙子原序”。著者认为，《迹府》篇并非公孙龙所作，而是后人杂辑其他各书有关公孙龙事迹而成，故将之列为附录一，并作了必要的疏证。此外，旧题为“宋谢希深序”的文字是否为谢希深所作，仍然很成问题，因而将这篇序列为附录二，亦作了必要的疏证。

本书正文前载有著者所撰的“关于《公孙龙子》的校订与评价问题”[①]。这篇“代序”性的文字首先爬梳了《公孙龙子》的篇目、注本、校订情况，然后从辩证唯物主义的立场出发对公孙龙的思想体系进行了评价，认为“公孙龙的思想体系应该是属于唯心主义的和形而上学的”[②]。

6. 庞朴著《公孙龙子今译》

本书系《中国古代哲学名著今译丛书》（任继愈主编）之一种，（成都）巴蜀书社1990年6月第1版，1992年6月再版，书名由《公孙龙子今译》改为《公孙龙子全译》。

本书包括三部分内容，分别是“述评”“译文”“原文”。在“述评”部分[③]，著者首先对公孙龙其人其书作了介绍，重点辨析了《公孙龙子》一书的真伪问题，认为今本《公孙龙子》正是古本《公孙龙子》的原貌，既无遗失，也无伪造；接着，著者以“白马和马”“坚白与石”“二有一乎”“唯谓非名”“物莫非指”为题名，对《白马论》《坚白论》《通变论》《名实论》《指物论》的旨趣及其重要论题分别进行了阐析；然后，著者阐说了公孙龙的历史地位，认为他是先秦名辩思潮中“离坚白”派的代表，与惠施的“合同异”派恰好组成彼此对立的一对矛盾，最后在《墨经》那里实现了辩证的综合。这样一来，公孙龙的学说就构成了先秦名辩思想发展史中的一个必要的否

---

① 参见杨柳桥：《公孙龙子校解译话》，天津古籍出版社1988年版，代序第1—10页。

② 杨柳桥：《公孙龙子校解译话》，天津古籍出版社1988年版，代序第8页。

③ 参见庞朴：《公孙龙子今译》，巴蜀书社1990年版，第1—40页。

定环节。

在“译文”部分[①]，著者按照《迹府》《白马论》《指物论》《通变论》《坚白论》《名实论》的顺序，对《公孙龙子》六篇一一进行了疏释。著者在疏释时，首先对各篇作“题解”，意在阐说其旨趣、观点等；然后依照现代汉语的习惯，把各篇原文逐篇翻译成白话文。对某些难解之处，著者以脚注的形式一一加以提示。

在“原文”部分[②]，著者以《道藏》本为底本辑录了《公孙龙子》六篇原文，同时参照《说郛》本、《绎史》本、守山阁本等版本，并广泛吸纳《吕氏春秋》《庄子》《孔丛子》等古籍中的相关载述以及诸多前人（如谢希深、傅山、俞樾、陈澧、王琯、王启湘、金受申等）的相关看法，对《公孙龙子》原文进行了校订。凡校订之处，均以脚注形式予以标明。

本书正文后载有著者撰写的“后记”[③]，成稿于 1987 年 12 月。著者首先对本书的缘起作了说明：“任继愈教授为巴蜀书社主编《中国古代哲学名著今译丛书》，命我承担《公孙龙子》一书的任务。”[④]接着，著者阐说了选编出版《中国古代哲学名著今译丛书》的必要性：“中国古代哲学著作，博大精深，素被誉为世界哲学思想遗产之冠。它们不仅规范了中国的传统文化，且也影响到世界学术的面貌，已为众目所共睹。只是时代演进，文字变迁很大，思想前后异趣，古人著作能以不经注译而为今人读通的，已经不多。为了便于领会前人的深邃哲理，选编出版一套《中国古代哲学名著今译丛书》，实在是一项不可缺少的文化建设事业。”[⑤]最后，著者回顾了自己研究《公孙龙子》的历程，并对本书的相关情况作了说明：“我研究《公孙龙子》和先秦名家，是二十五年前的事；当时随手写了一些心得，都已相继发表和整理出版。近些年来兴趣转移，没有再回到先秦去，也没有新的见解产生，这次领受注译和评述《公孙龙子》工作，已无力重作新的探讨，

---

① 参见庞朴：《公孙龙子今译》，巴蜀书社 1990 年版，第 41—70 页。

② 参见庞朴：《公孙龙子今译》，巴蜀书社 1990 年版，第 71—90 页。

③ 参见庞朴：《公孙龙子今译》，巴蜀书社 1990 年版，第 91—92 页。

④ 庞朴：《公孙龙子今译》，巴蜀书社 1990 年版，第 91 页。

⑤ 庞朴：《公孙龙子今译》，巴蜀书社 1990 年版，第 91 页。

只得缀合旧篇，聊充竽数，谨供参考而已，尚祈读者诸君鉴谅。”[①]

7. 陈宪猷著《公孙龙子求真》

(北京)中华书局1990年6月第1版。

本书按照《指物论》《白马论》《坚白论》《通变论》《名实论》的顺序，对《公孙龙子》原作五篇一一进行了校释。著者认为《迹府》篇系伪作，且不涉及公孙龙的思想体系结构，因而未作校释。

本书依据公孙龙逻辑思想发展的层次，对《公孙龙子》五篇的次第作了调整。著者认为《指物论》重在论述“概念”与“物”的关系，是公孙龙名辩思想的基础，故遵从谭戒甫的做法，将之移作第一篇(《道藏本》原第三)。[②]《白马论》承接《指物论》的运思理路，进一步辨析了“概念”中的“共名”与“别名”的关系。譬如公孙龙以“白马”为例，说明“别名”(“白马”)是“共名”(“马”)中的一部分，二者并非等同。鉴于此，著者将《白马论》列为第二篇(《道藏本》原第二)。[③]《坚白论》在《白马论》的基础上，进一步申明了在同一“物”中，随着认识程度的不同，其属性的表现亦有所差异。譬如，“坚白石”是一个统一的概念，而石之白、石之坚、石之形是石的三个属性，这些相异的属性须依赖不同的认识过程才能得到了解。鉴于《坚白论》是紧承《白马论》展开论证的，著者将之列为第三篇(《道藏本》原第五)。[④]《通变论》认为物的属性之间的差异不仅是客观存在的，而且是不断变化的。因此，人们要承认差异，从万物变化中发现与遵循互相之间的变化规律，借以研究社会的变化以及政治存亡之道，由此推论五行与君臣关系，分辨“乱道”与“正道”。所谓“通变”者，即意指无物不变，而变中必有大道贯通于其间。鉴于《通变论》承接《坚白论》进行推演，从概念、逻辑的论述推论到政治关系，著者将之列为第四篇(《道藏本》原第四)。[⑤] 著者之所以将《名实论》列为最后一篇(《道藏本》原第六)，乃是因为该篇均言

---

① 庞朴:《公孙龙子今译》，巴蜀书社1990年版，第91—92页。

② 参见陈宪猷:《公孙龙子求真》，中华书局1990年版，第1页。

③ 参见陈宪猷:《公孙龙子求真》，中华书局1990年版，第15页。

④ 参见陈宪猷:《公孙龙子求真》，中华书局1990年版，第28页。

⑤ 参见陈宪猷:《公孙龙子求真》，中华书局1990年版，第46页。

概念与概念之间、概念与具体事物之间的关系，它在前面四篇的基础上，把逻辑问题提高到正名的高度去认识，进而指出“循名责实”是天下至为重要的事，是古之明王、盛世之治的必由之道。概而言之，《公孙龙子》五篇的总体结构为：首篇《指物论》乃是立论，位列第二、第三的《白马论》《坚白论》实属例论，位列第四的《通变论》旨在阐明逻辑（正名）与政治关系，居于最后的《名实论》则从正名的高度阐明了公孙龙的理论体系，由此可见《公孙龙子》全书的结构是井然有序的。[①]

就校释体例而言，著者分“校”“意”“释”“按”四个部分对《公孙龙子》五篇原文进行了校释：所谓的“校”，指的是对版本进行校勘，择其善者而从之。本书以《道藏》本为底本，同时参酌了陶宗仪《说郛》本、马骕《绎史》本、钱熙祚《守山阁丛书》本、周子义《子汇》本以及崇文书局《崇文百子》本、《四部备要》本等；所谓的“意”，指的是对所疏解的文句揭示、申述其大意。著者认为《公孙龙子》一书用言简意赅的语言阐说逻辑问题，用直译的办法难以表达清楚原文的意指。此外，原文讹误较多，亦非直译所能胜任。为了更确切、明了地表达原文的意指，著者言“意”而不言“译”，这里的“意”含有意译与申述两层意味；所谓的“释”，即解释原文的意味以及“意”中的文字的含义；所谓的“按”，乃是著者就一定段落所作的总结与评说。[②]

本书正文前载有著者撰写的“前言”[③]，成稿于1985年10月。著者认为《公孙龙子》是我国先秦时期一部颇有影响的名辩著作，这部拥有一套专门的术语、表达方式、思想体系的著作在我国古代逻辑学说史上占有不可替代的重要地位。然而，长期以来该书却没有得到公正的评价。鉴于此，著者对其中的原委作了全面、深入的剖析，具有一定的启发意义。

8. 宋祚胤著《公孙龙子译注和辨析》

（长沙）湖南教育出版社1990年9月第1版。本书原是宋祚胤1988

---

① 参见陈宪猷：《公孙龙子求真》，中华书局1990年版，第67页。

② 参见陈宪猷为《公孙龙子求真》撰写的“代序”，见该书前言第10页。

③ 参见陈宪猷：《公孙龙子求真》，中华书局1990年版，前言第1—10页。

年为湖南师范大学中国语言文学系研究生讲授“先秦诸子”时所拟的讲稿，讲稿出版前，著者又增写《简论〈公孙龙子〉以及当代对它的研究》一文[①]附于正文之后。

本书包括正文与附论两部分内容。正文按照《迹府》《白马论》《指物论》《通变论》《坚白论》《名实论》的顺序，对《公孙龙子》六篇一一进行了疏释与辨析。每篇伊始皆有“题解”，旨在扼要说明本篇的基本内容和主要论点。著者将每篇的原文划分成若干段落，对每个段落均依“注释”“翻译”“辨析”的体例进行解读，其中的翻译和注释是为了疏通文句，辨析则是为了阐发其思想旨趣与实际意义。

在《迹府》题解部分[②]，著者首先辨析了《迹府》篇的年代及其著者：“从第一句‘公孙龙六国时辩士也’看，可见本篇是秦统一六国以后的公孙龙学派中的人为公孙龙写的一篇传记。”[③]接着，著者阐发了本篇的基本内容和主要观点：“文章一开始简要地概括了《白马论》的基本论点。其余大部分篇幅都是通过公孙龙与孔穿的问答，或说‘白马非马’是白马异于马，或批评孔穿对公孙龙《白马论》过于苛求。这些都是弘扬《白马论》的。”[④]

在《白马论》题解部分[⑤]，著者首先将公孙龙的“白马非马”命题判定为诡辩论：“马是种概念，白马是类概念，种概念包含类概念，马包含白马。因此，‘白马非马’这个命题不合逻辑，要进行论证，只有借助于诡辩。在本篇，公孙龙的诡辩手法主要是割断状态与事物的有机联系，使白与马不能结合，于是天下就没有白马，更谈不上白马是马，而只能是白马非马了。”[⑥]接着，著者将公孙龙的《白马论》与庄子的《齐物论》加以比较，认为《白马论》“通过取消马的区别，使凡物皆为浑沌，同样是客观唯心主义，而手法也是抹杀事物赖以相互区别的特征。从这种情况说，名家是道家的支流余裔”[⑦]。然后，著者指出《白马论》与《指物论》《通变论》《坚白论》都

---

① 参见宋祚胤：《公孙龙子译注和辨析》，湖南教育出版社1990年版，第61—71页。

② 参见宋祚胤：《公孙龙子译注和辨析》，湖南教育出版社1990年版，第1页。

③ 宋祚胤：《公孙龙子译注和辨析》，湖南教育出版社1990年版，第1页。

④ 宋祚胤：《公孙龙子译注和辨析》，湖南教育出版社1990年版，第1页。

⑤ 参见宋祚胤：《公孙龙子译注和辨析》，湖南教育出版社1990年版，第10—11页。

⑥ 宋祚胤：《公孙龙子译注和辨析》，湖南教育出版社1990年版，第10页。

⑦ 宋祚胤：《公孙龙子译注和辨析》，湖南教育出版社1990年版，第10页。

是主客问答体："主是公孙龙，客是公孙龙的对立面。双方展开辩论，探讨问题。……客的话无例外都是为公孙龙所拟定，往往正确，可见公孙龙对于正确理论是确有所知的。"[①]

在《指物论》题解部分[②]，著者首先阐明了本篇的主要内容及其哲学史地位："本篇讲的是精神和物质的关系。指同旨，即意旨，也就是精神。物是物质。……《指物论》明确提出了精神与物质的关系，这在先秦是第一次，这在我国哲学发展史上是值得重视的。"[③]接着，著者对本篇哲学性质的复杂性进行了阐析："《指物论》有主观唯心主义，但情况还比较复杂。例如，'使天下无物指，谁迳谓非指？'是说假如天下没有物质和精神，谁还能说有物质？这是认为物质既原于物质，也原于精神，是心物二元论。还例如：'天下有指无物指，谁迳谓非指？'是说假如天下只有精神，而没有物质和精神，谁还能说有物质？这也是心物二元论，但却侧重在物质这一边。再例如：'天下无物，谁迳谓指？'是说假如天下没有物质，谁还能说有精神？这就是唯物一元论了。公孙龙最后是把一切归结于物质，不是归结于精神的。"[④]然后，著者对本篇的"循环论证"进行了评说："公孙龙主要采用了循环论证，……其循环论证的情况是：以论题作为论据，最后仍然回到论题，讲了许多，等于什么也没有讲。……《指物论》号称难读，但只要看破了他的循环论证与非指时而是说不是精神，时而是指物质，也就可以跳出缴绕的圈子而思过半了。至于从主观唯心主义转向朴素唯物主义，也是阅读时难以索解的原因。"[⑤]

在《通变论》题解部分[⑥]，著者从方法论的层面阐发了本篇的基本内容与主要观点："本篇是公孙龙的方法论。文章前面一部分和后面大部分都在讲形而上学，即物质本身不存在矛盾，也无所谓由矛盾的相互联系和渗透产生新物质。于是宇宙间就只有绝对观念，以为《白马论》和《坚白论》

---

① 宋祚胤：《公孙龙子译注和辨析》，湖南教育出版社1990年版，第11页。
② 参见宋祚胤：《公孙龙子译注和辨析》，湖南教育出版社1990年版，第19—20页。
③ 宋祚胤：《公孙龙子译注和辨析》，湖南教育出版社1990年版，第19页。
④ 宋祚胤：《公孙龙子译注和辨析》，湖南教育出版社1990年版，第19—20页。
⑤ 宋祚胤：《公孙龙子译注和辨析》，湖南教育出版社1990年版，第20页。
⑥ 参见宋祚胤：《公孙龙子译注和辨析》，湖南教育出版社1990年版，第26—27页。

的客观唯心主义服务。可是这些话在接近文章前一部分的地方却遭到朴素辩证法的否定，使形而上学因之而解体，并成为朴素辩证法的一种衬托。”[①]“公孙龙在本篇是站在朴素辩证法立场上在大谈形而上学，从而有力地批判了形而上学的。”[②]

在《坚白论》题解部分[③]，著者首先阐说了本篇与《白马论》之间的关联，认为本篇是《白马论》的扩展，因此，“懂得了《白马论》基本上就懂得了《坚白论》”[④]。接着，著者针对“公孙龙既否定坚白石三，又承认坚石、白石二”这一矛盾，认为“从这种矛盾中可以看出，要取消性质、状态与物质之间的联系在事实上决不可能，公孙龙终于用朴素唯物辩证法战胜了唯心论和形而上学”[⑤]。

在《名实论》题解部分[⑥]，著者首先阐说了本篇的基本内容：“从全文内容看，是要求说话或做文章的人一定要名实相符。也就是概念与事实一致。这样就会一切都符合于实际而没有差错。这些都很正确，既是形式逻辑的要求，也是朴素唯物辩证法的要求。”[⑦]接着，著者对本篇在《公孙龙子》一书中的地位进行了辨析：“本篇摆在《公孙龙子》的最后，内容都是发凡起例的性质，按之以先秦人著作，其序言都是列于全书末尾的惯例，应该是一篇序言，起着立纲定向的作用。但是本文所提出的所有正确理论，在《公孙龙子》其余四论中，……一上来却往往不合，要到后来才‘拨乱反正’。……原来公孙龙先提出错误理论是为了辞而辟之，以突出正确理论，从错误来显出正确。本篇由公孙龙一气写成，不再设为客与主的问答。”[⑧]

本书正文前载有著者撰写的“前言”[⑨]。著者首先阐析了《公孙龙子》

---

① 宋祚胤：《公孙龙子译注和辨析》，湖南教育出版社1990年版，第26页。

② 宋祚胤：《公孙龙子译注和辨析》，湖南教育出版社1990年版，第27页。

③ 参见宋祚胤：《公孙龙子译注和辨析》，湖南教育出版社1990年版，第42—43页。

④ 宋祚胤：《公孙龙子译注和辨析》，湖南教育出版社1990年版，第42页。

⑤ 宋祚胤：《公孙龙子译注和辨析》，湖南教育出版社1990年版，第43页。

⑥ 参见宋祚胤：《公孙龙子译注和辨析》，湖南教育出版社1990年版，第55—56页。

⑦ 宋祚胤：《公孙龙子译注和辨析》，湖南教育出版社1990年版，第55页。

⑧ 宋祚胤：《公孙龙子译注和辨析》，湖南教育出版社1990年版，第55—56页。

⑨ 参见宋祚胤：《公孙龙子译注和辨析》，湖南教育出版社1990年版，前言第1—2页。

一书难懂的原因,主要谈了三点:其一,公孙龙有时"割断性质和状态与事物之间的有机联系",有时"在论证过程中大量抽换概念而违反同一律",有时"说不出理由,就反复以论题为论据,进行循环论证",有时"大量运用一些奇怪的比喻"[①],这些都给阅读造成了困难。其二,《公孙龙子》各篇主旨之间存在矛盾,"在全书起序言和纲领作用的《名实论》,所特别强调的是要尊重朴素唯物辩证法和形式逻辑,但《白马论》和《坚白论》却又在讲客观唯心主义,《指物论》又在讲主观唯心主义,《通变论》又在讲形而上学,至于违反形式逻辑的,更比比皆是,导致与《名实论》形成矛盾,难以解决"[②],这些也给理解全书的旨趣带来了困难。其三,"公孙龙以'曲终奏雅'而斥去荒谬,复归于正,很不容易看出来"[③],这更增加了研究《公孙龙子》的难度。接着,著者对《公孙龙子》研究状况作了说明。就已有的成果看,著者提到了几部有代表性的著作,如冯友兰撰写的《中国哲学史新编》、任继愈主编的《中国哲学史》以及庞朴撰写的《公孙龙子研究》、屈志清撰写的《公孙龙子新注》等。最后,著者对本书的相关情况作了简要介绍。从中可以看出,本书所据版本是庞朴的《公孙龙子研究》(中华书局1979年版),对其多有汲取的同时,也时有自己的见解与断制。

附于正文之后的《简论〈公孙龙子〉以及当代对它的研究》一文成稿于1989年仲夏。著者在这篇带有附论性质的文字中,依照《名实论》《白马论》《坚白论》《指物论》《通变论》的次序,对各篇的基本内容、主要观点、运思理路及其哲学性质进行了简明扼要的阐析。在此基础上,著者结合当代学界研究公孙龙的状况,重点评述了冯友兰、任继愈、庞朴、屈志清等学者的相关成果。

本书最后载有王思中撰写的"编后小识"[④],成稿于1990年6月。另外,游唤民的《一部自出机纾[⑤]的专著——评宋祚胤〈公孙龙子译注和辨析〉》,刊于《中国文学研究》1991年第1期。

---

① 宋祚胤:《公孙龙子译注和辨析》,湖南教育出版社1990年版,前言第1页。

② 宋祚胤:《公孙龙子译注和辨析》,湖南教育出版社1990年版,前言第1—2页。

③ 宋祚胤:《公孙龙子译注和辨析》,湖南教育出版社1990年版,前言第2页。

④ 参见宋祚胤:《公孙龙子译注和辨析》,湖南教育出版社1990年版,第72—73页。

⑤ "纾"当作"杼"。

9. 周昌忠著《公孙龙子新论——和西方哲学的比较研究》

上海社会科学院出版社 1991 年 5 月第 1 版。

本书包括两部分内容：第一章至第五章以及结论是第一部分，重在阐说公孙龙的哲学体系及其哲学思想；附录是第二部分，旨在疏解《公孙龙子》六篇。

在第一章“思辨的分析哲学体系”[①]中，著者首先围绕着“《公孙龙子》和中国古代哲学史”这一话题，重点探讨了《公孙龙子》产生的文化背景、历史命运及其在中国古代哲学史上的地位与影响；接着，著者将公孙龙的哲学归结为“思辨的语言分析哲学”，进而从“思辨的哲学”“关于知性的哲学”“语言分析哲学”三个层面阐析了它的特征；然后，著者对《公孙龙子》哲学的体系结构与篇目次序作了说明。[②]

在第二章“本体论：存在包括个体和共相两界”[③]中，著者重点从“本体论”的层面对《公孙龙子》哲学的思维模式及其特征作了深入的阐发。从思维模式看，“《公孙龙子》的本体论是建立在主体即人类认识者和客体即物理自然的对立之上的”[④]。这种以主体—客体的对立为前提的本体论有两个主要特征：一是“它用思辨的、纯粹的哲学范畴构造本体”[⑤]，二是它的论证“紧紧围绕主体和客体结成的认识关系展开”[⑥]。就第二个特征而言，它始终是在“实在—思维—语言”的三元构架中展开的，其中“语言是解开

---

① 参见周昌忠：《公孙龙子新论——和西方哲学的比较研究》，上海社会科学院出版社 1991 年版，第 1—17 页。

② 周昌忠就此写道：“本书根据对《公孙龙子》哲学体系的深层和表层结构的分析，把它们依次排列为：《名实论》，《坚白论》，《指物论》，《通变论》，《白马论》。大致说来，《名实论》建立了包括个体和类两界的本体世界。《坚白论》确立性质之独立自在，完善了共相世界。这两篇又和《指物论》一起建立起依附于这种本体论的认识论。《通变论》进一步规定了存在物。这四篇共同成为一个基础，《白马论》便在其上建立了语言哲学。在这五篇里进行的语言分析中逻辑思想随处可见。”见周昌忠：《公孙龙子新论——和西方哲学的比较研究》，上海社会科学院出版社 1991 年版，第 17 页。

③ 参见周昌忠：《公孙龙子新论——和西方哲学的比较研究》，上海社会科学院出版社 1991 年版，第 18—45 页。

④ 周昌忠：《公孙龙子新论——和西方哲学的比较研究》，上海社会科学院出版社 1991 年版，第 19 页。

⑤ 周昌忠：《公孙龙子新论——和西方哲学的比较研究》，上海社会科学院出版社 1991 年版，第 21 页。

⑥ 周昌忠：《公孙龙子新论——和西方哲学的比较研究》，上海社会科学院出版社 1991 年版，第 21 页。

公孙龙哲学之谜的钥匙”[①]。接着，著者将《公孙龙子》探讨的存在之维分为两个世界：一是由个体构成的“物的世界”（“现象的世界”），二是隐藏在“物的世界”背后的那个由个体的类和纯粹性质构成的“共相世界”（“本质的世界”）。在作出上述区分的基础上，著者对《公孙龙子》本体论中的两个世界分别进行了阐发。

在第三章“认识论：知性水平的认识”[②]中，著者重点从认识论的层面探讨了《公孙龙子》哲学作为一种知性认识理论是如何揭示知性认识原理的。在著者看来，“《公孙龙子》从三个方面揭示了知性认识的原理。其一，知性认识作为思维活动，运用以确定性为表征的知性概念。其二，知性认识的目标是把握共相。其三，知性认识和理性认识不同，不仅包括思维的环节，还包括感性的环节。知性认识就其对象即客体来说，是从现象的个体世界去认识本质的共相世界，而就主体来说，则是从感性认识过渡到知性的理论认识。总之，《公孙龙子》把理智的认识纳入到‘知性概念——现象界——关于现象界的理论知识’这个圈子之中”[③]。基于此，著者从“知性思维的概念”“知性旨在认识共相”“知性认识的感性环节”三个方面，对《公孙龙子》哲学所蕴含的知性认识原理进行了深入的探讨。

在第四章“语言哲学：语言意义理论”[④]中，著者将《公孙龙子》的哲学判定为一种语言哲学，而语言哲学的核心问题是意义问题。在著者看来，“意义是对语言和世界的关系的表征。然而，这个关系是放在‘语言—世界—心智’这个三元架构中来考察的。从这个构架来看，这个关系包括两个方面。一方面是语言符号与世界的对应关系，也就是心智用符号去指谓客体。另一方面是，心智把对客体的认识凝结在语言符号之中。意义的前一成分成为‘指云’，后一成分成为‘意义’（狭义）。这样，语言意义理

① 周昌忠：《公孙龙子新论——和西方哲学的比较研究》，上海社会科学院出版社1991年版，第23页。

② 参见周昌忠：《公孙龙子新论——和西方哲学的比较研究》，上海社会科学院出版社1991年版，第46—64页。

③ 周昌忠：《公孙龙子新论——和西方哲学的比较研究》，上海社会科学院出版社1991年版，第46页。

④ 参见周昌忠：《公孙龙子新论——和西方哲学的比较研究》，上海社会科学院出版社1991年版，第65—94页。

论包括意义理论和指云理论两个部分”[①]。基于此，著者分“意义理论”“指云理论”两个部分对《公孙龙子》的语言哲学学说进行了探察。

在第五章“逻辑学：知性思维的基本原理”[②]中，著者重点从逻辑学的层面探讨了公孙龙哲学中含有的知性思维的基本原理。在著者看来，“公孙龙超越常识水平，通过语言分析在知性水平上建立本体论和认识论，并在‘思维—世界—语言’的三元框架中，也在知性水平上对语言本身作哲学研究。这些决定了他的研究同时是一种逻辑的研究。……需要强调的是，公孙龙以至整个中国古代哲学（主要是墨家）尽管进行了逻辑研究，却没有创造出亚里士多德逻辑那样的形式逻辑”[③]。基于此，著者将公孙龙在知性水平上所作的逻辑推演判定为“朴素知性思维原理”，进而阐发了其中含蕴的逻辑思想，如“同一律思想”“矛盾律思想”“概念逻辑”“系词的逻辑”等。

在“结论”部分[④]，著者依然以西方哲学为参照，将《公孙龙子》的哲学学说归结为如下四点：其一，“《公孙龙子》主张实在论的本体论。它肯定常识经验客体的实在，同时又承认共相的实在。因此，这种实在论既是常识实在论，又是一种朴素的科学实在论”[⑤]。其二，“《公孙龙子》哲学实质是关于知性认识之原理、尤其知性思维之原理的理论。……它是关于知性的哲学，因而其本身和辩证法无直接关系，也就谈不上形而上学。它是相当精致的知性哲学也即分析哲学，因而决不是什么诡辩”[⑥]。其三，“《公孙龙子》哲学的主体是分析的语言哲学和逻辑学。可以说它独步先秦哲

---

① 周昌忠：《公孙龙子新论——和西方哲学的比较研究》，上海社会科学院出版社1991年版，第66页。

② 参见周昌忠：《公孙龙子新论——和西方哲学的比较研究》，上海社会科学院出版社1991年版，第95—111页。

③ 周昌忠：《公孙龙子新论——和西方哲学的比较研究》，上海社会科学院出版社1991年版，第95页。

④ 参见周昌忠：《公孙龙子新论——和西方哲学的比较研究》，上海社会科学院出版社1991年版，第112—113页。

⑤ 周昌忠：《公孙龙子新论——和西方哲学的比较研究》，上海社会科学院出版社1991年版，第112页。

⑥ 周昌忠：《公孙龙子新论——和西方哲学的比较研究》，上海社会科学院出版社1991年版，第112页。

学，致力于从语言分析来突破常识，由此建立起发达的形而上学或本体论，进而构造了一个相当丰富的关于语言本身的哲学理论。这个语言哲学并不比差不多同时代的亚里士多德逊色，并且近现代西方语言哲学的许多学说可以在它之中找到思想胚芽”[1]。其四，“《公孙龙子》哲学放在西方哲学的构架中重建，使得能够把它同西方哲学、主要是西方语言分析哲学加以恰当的对比。这种比较研究极富启示。它表明，中西文化自有其共同的方面，就这里的情形而言，这就是都把语言视作人类知性认识的能力和工具加以哲学的研究，而这种研究的主要特征是分析性的，并力图从中引出逻辑的结论。同时，它还表明，哪怕在这个共同方面，也是同中有异，中西文化顽强地表现出各自的文化特质。《公孙龙子》哲学仍带上缺乏形式性和精密性以及微言大义和文约义丰等中国哲学的鲜明特征。尤其是，《公孙龙子》作为语言哲学和逻辑学还暴露出了不具备语法学这根支柱的严重缺陷”[2]。

在理论探讨的基础上，著者依照“解题”“注释”“疏解”“今译”的体例，对《公孙龙子》六篇进行了注疏，这便是本书的第二部分（“附录”部分）“《公孙龙子》注疏（解题・注释・疏解・今译）”[3]。在这一部分中，著者以《道藏》本为底本，遵循《公孙龙子》哲学展开的逻辑次序，按照《名实论》《坚白论》《指物论》《通变论》《白马论》《迹府》的顺序一一进行了注疏。就校勘与注释两个方面而言，著者主要致力于后一方面，以同本书的目标保持一致：“本书把今天见到的《公孙龙子》作为先秦的一种哲学学说加以研究，撇开围绕这部著作及其作者的考据不论。这里着重于对于《公孙龙子》具有关键意义的词语的解释。对这些词语的解释，迄今大都众说纷纭。我主要以节和句的整体为背景进行解说，力图由此申明其原意。”[4]此

① 周昌忠：《公孙龙子新论——和西方哲学的比较研究》，上海社会科学院出版社 1991 年版，第 112—113 页。

② 周昌忠：《公孙龙子新论——和西方哲学的比较研究》，上海社会科学院出版社 1991 年版，第 113 页。

③ 参见周昌忠：《公孙龙子新论——和西方哲学的比较研究》，上海社会科学院出版社 1991 年版，第 114—159 页。

④ 周昌忠：《公孙龙子新论——和西方哲学的比较研究》，上海社会科学院出版社 1991 年版，第 114—115 页。

外，作为思辨哲学体系的《公孙龙子》对术语多作精确定义，因此，著者在解释这些术语时，“一方面探究其在当下应用中所本的日常用法原义，另一方面又洞明其作为严格术语而发生的涵义变异”①。另需说明的是，著者对《公孙龙子》六篇的注疏，亦是从逻辑学、本体论、分析哲学、认识论和语言哲学这五个角度切入的。

本书正文前载有两篇序文：第一篇是沈剑英撰写的“序”②，成稿于1990年中秋。沈剑英认为，本书“将公孙龙的哲学思想和逻辑学说放在知性哲学和知性逻辑的层面上加以考察剖析，并与西方哲学作深入的比较，认为公孙龙的理论主体是分析的语言哲学和逻辑学”③。这种认识颇富启迪性，“将公孙龙子的研究推向了一个新的境界”④。

第二篇是周昌忠撰写的“自序”⑤，成稿于1989年7月。著者首先回顾了自己的治学经历以及本书成书的轨迹：“这条轨迹的起点是逻辑学。当今逻辑研究的主要方向是在科学方法论的背景中去寻求发展。这样，我转入了科学方法论的研究。科学方法论研究有纵横两个方向。横向，亦即逻辑的维度，这方面的要求促使我对尽可能多的科学方法逐一作比较深入的考察。纵向，则是历史的维度，离开了科学方法论的历史研究，也就无以‘论从史出’。……我发现，西方科学的产生和发展始终离不开哲学对语言的自觉、特别是用分析方法对语言作的研究。这项研究西方语言哲学的工作开始于1986年。我在研究形式逻辑和辩证逻辑时曾对公孙龙的‘白马非马’这一命题发生兴趣，作了一番探究，研读了不少文献，但结果只是留下了一个悬而未决的疑团。当这项工作进行到第二年时，弗雷格这位现代西方语言哲学开创者关于区分语言表达式之指云和

---

① 周昌忠：《公孙龙子新论——和西方哲学的比较研究》，上海社会科学院出版社1991年版，第115页。

② 参见周昌忠：《公孙龙子新论——和西方哲学的比较研究》，上海社会科学院出版社1991年版，序第1—2页。

③ 周昌忠：《公孙龙子新论——和西方哲学的比较研究》，上海社会科学院出版社1991年版，序第2页。

④ 周昌忠：《公孙龙子新论——和西方哲学的比较研究》，上海社会科学院出版社1991年版，序第2页。

⑤ 参见周昌忠：《公孙龙子新论——和西方哲学的比较研究》，上海社会科学院出版社1991年版，自序第1—2页。

意义以及关于语言使用者应用语言作表达意义和谈论(指云)客体两个功能的思想像一道闪光掠过脑际,使我心头一亮。我几乎立即由之找到解开'白马非马'这个难解之谜的钥匙。我兴奋不已,捧起《公孙龙子》废寝忘食地读,绞尽脑汁地苦思。自此,每接触到一个西方语言哲学思想,总要咀嚼一番,与《公孙龙子》作比较。手头的《公孙龙子》书页空白处逐渐被我的手记占满。《公孙龙子》哲学的面目日渐在我的心目中呈现出清晰的轮廓。《公孙龙子》是一个分析的语言哲学,它在相当思辨的形而上学即本体论的基础上或者说构架中建立和展开;这种'分析的'语言哲学天然是一种关于知性的哲学、一种关于知性的认识论和逻辑。及至 1988 年完成现代西方语言哲学的研究之后,一种欲罢不能的激情促使我投入《公孙龙子》的研究。经过将近一年的潜心探索,终于转入案头写作。"[①]接着,著者以中西会通的视野阐说了公孙龙哲学的学术史地位及其意义:"公孙龙的哲学和差不多时代的柏拉图-亚里士多德哲学——西方哲学的历史基础和逻辑生长点——颇多相似之处,而且现代西方语言哲学的不少思想可以在它那里找到胚芽。中国古代哲学的这份遗产值得我们珍视。或许更加重要的是,《公孙龙子》提出了不少新的课题。尤其有必要对中国古代语言哲学、逻辑学和科学哲学作进一步的发掘和研究。这一研究将会给认识中国古代科学史和哲学史提供新的启示,同时也为研究西方科学和哲学,包括研究一些重要理论问题,例如亚里士多德逻辑的产生背景和机制及其实质,提供重要线索。"[②]

本书最后载有著者撰写的"后记"[③](成稿于 1990 年中秋),其中有言:"本书固然是用比较方法研究中国哲学史的一个工作,同时也是对自己学养的一次自我检阅。多年来我对西学很用了些力。似由性情所驱使,近岁却颇钟情于中学。这种情形中国学界所在多有。我以为,这是个很值

① 周昌忠:《公孙龙子新论——和西方哲学的比较研究》,上海社会科学院出版社 1991 年版,自序第 1—2 页。

② 周昌忠:《公孙龙子新论——和西方哲学的比较研究》,上海社会科学院出版社 1991 年版,自序第 2 页。

③ 参见周昌忠:《公孙龙子新论——和西方哲学的比较研究》,上海社会科学院出版社 1991 年版,第 161 页。

得研究者玩味的现象。”[①]

陈克艰的《泉涓涓而始流——读周昌忠〈公孙龙子新论〉》，刊于《学术月刊》1994年第8期。

10. 杨俊光著《惠施 公孙龙评传》

南京大学出版社1992年5月第1版。本书是著者在两部旧稿《〈公孙龙子〉蠡测》(1982年秋间脱稿，齐鲁书社1986年12月第1版)、《惠学锥指》(成稿于1984年初春，南京大学出版社1991年8月第1版)的基础上撰成的。

在附于书末的“后记”[②](成稿于1991年7月)中，著者对本书与旧稿之间的关系进行了说明，认为本书除了“继续发掘资料、加深分析论证以使学术水平略有新的进境”[③]以外，主要根据“评传”体的个性，对旧稿做了如下三个方面的工作：其一，“对于旧稿(其中的《蠡测》实为论文集而非全面系统的著述)中极为简略的时代背景、生平事迹部分，重新全面地搜集、分析资料，予以补充”[④]；其二，“对于旧稿中因本人并无新见而从略的一些传主思想的基本内容以及阶级属性等等，借用了学界成说或提出个人的测度之辞，以力图接近‘全面’性的要求”[⑤]；其三，“对于旧稿中由于个人研究兴趣的专注而产生的结构上肢大于股、资料上或有堆砌等不免枝蔓、烦琐的部分，则不惜割爱或作出适度的剪裁；对于有些比较专门而又非主要的问题则只提出结论而将论证略去，并注明见于旧著的某一篇章以供有兴趣的读者参阅”[⑥]。

本书分为“惠施评传”“公孙龙评传”两大部分，其中“公孙龙评传”包括七章内容，按照“生平”“著作”“学说”的评传体体例布局谋篇。第一章

① 周昌忠：《公孙龙子新论——和西方哲学的比较研究》，上海社会科学院出版社1991年版，第161页。

② 参见杨俊光：《惠施 公孙龙评传》，南京大学出版社1992年，第343—344页。

③ 杨俊光：《惠施 公孙龙评传》，南京大学出版社1992年，第343页。

④ 杨俊光：《惠施 公孙龙评传》，南京大学出版社1992年，第343页。

⑤ 杨俊光：《惠施 公孙龙评传》，南京大学出版社1992年，第343页。

⑥ 杨俊光：《惠施 公孙龙评传》，南京大学出版社1992年，第344页。

“生平”[1]首先对公孙龙的年代与乡里问题进行了考辨，并爬梳了他一生的主要事迹。在此基础上，著者认为公孙龙既是“封建贵族的清客”[2]，也是“名噪一时的辩者”[3]。第二章“著作”[4]首先对《公孙龙子》一书的真伪与存佚问题进行了辨析，然后爬梳了该书的流传版本、注释以及前人对该书的研究和了解情况。

第三章至第六章是对公孙龙学说的阐发。第三章“多元的、客观唯心主义的宇宙观（上）”[5]将公孙龙的宇宙观判定为多元的客观唯心主义，指出公孙龙对宇宙观的谈论集中在《坚白论》《指物论》《名实论》三篇之中，其中《坚白论》是公孙龙哲学思想的基础或出发点。在本章中，著者重点阐析了公孙龙“离坚白”的哲学路线，并对几种有关《坚白论》哲学思想的流行观点进行了考察。第四章“多元的、客观唯心主义的宇宙观（下）”[6]则聚焦于《指物论》《名实论》两篇，重点探讨了《指物论》的“物莫非指”辩题以及《名实论》的名实关系论。第五章“形而上学的思想方法”[7]主要是对《白马论》《通变论》两篇的阐析。著者认为公孙龙的形而上学思想建基于《坚白论》的“相与离”观念，《白马论》《通变论》是对这一观念的具体表述。在本章中，著者重点阐析了《白马论》的“白马非马”以及《通变论》的“二无一”“变非不变”等辩题。第六章“逻辑思想”[8]将公孙龙的逻辑思想的哲学基础判定为唯心主义和形而上学，认为其逻辑论证便是遵循这样一条哲学路线展开的。在本章中，著者重点阐析了“别同异”“正名实”的逻辑学意义，并针对学术史上加于公孙龙的所谓“诡辩”之辞进行了驳议。

在第七章“社会政治作用、阶级属性和历史地位”[9]中，著者认为公孙

---

① 参见杨俊光：《惠施 公孙龙评传》，南京大学出版社 1992 年，第 129—146 页。
② 杨俊光：《惠施 公孙龙评传》，南京大学出版社 1992 年，第 133 页。
③ 杨俊光：《惠施 公孙龙评传》，南京大学出版社 1992 年，第 140 页。
④ 参见杨俊光：《惠施 公孙龙评传》，南京大学出版社 1992 年，第 147—162 页。
⑤ 参见杨俊光：《惠施 公孙龙评传》，南京大学出版社 1992 年，第 163—181 页。
⑥ 参见杨俊光：《惠施 公孙龙评传》，南京大学出版社 1992 年，第 182—198 页。
⑦ 参见杨俊光：《惠施 公孙龙评传》，南京大学出版社 1992 年，第 199—213 页。
⑧ 参见杨俊光：《惠施 公孙龙评传》，南京大学出版社 1992 年，第 214—229 页。
⑨ 参见杨俊光：《惠施 公孙龙评传》，南京大学出版社 1992 年，第 230—250 页。

龙的思想体现的是“没落的奴隶主阶级的意识形态”[1]，对当时社会走向统一的趋势的作用是消极的。围绕着这一问题，著者对几种有关《名实论》正名说的流行观点进行了分辨，并通过与孔子、荀子正名思想的对比，认为公孙龙的正名说“实实在在地不同于荀况而大同于孔丘、不仅不倾向于革新而是倾向于保守”[2]。就公孙龙的学派归属与历史地位而言，著者认为公孙龙并不属于墨家、道家或法家，而是“名家学派的巨擘”[3]。尽管公孙龙的学术因其“属于唯心主义和形而上学”而在总体上是“错误的”[4]，但是它在哲学史、思想史、逻辑史上的意义仍是不容低估的，因而有其重要的历史价值。

本书“附录”包括三部分内容：一是“《庄子·天下》篇的‘辩者’学说”[5]，二是“《公孙龙子》校译”[6]，三是“名家(辩者)诸子、诸书资料辑略”[7]。

本书“索引”包括三部分内容：一是“人名索引”[8]，二是“文献索引”[9]，三是“重要词语索引”[10]。

金眉的《集成与开拓——〈惠施公孙龙评传〉评介》，刊于《南京社会科学》1994年第1期。

11. 周云之著《公孙龙子正名学说研究——校诠、今译、剖析、总论》

(北京)社会科学文献出版社1994年4月第1版。

本书包括五编内容，分别为“《公孙龙子》校诠”“《公孙龙子》今译”“《公孙龙子》剖析”“《公孙龙子》正名学说总论”“附录”。

---

① 杨俊光：《惠施 公孙龙评传》，南京大学出版社1992年，第232页。
② 杨俊光：《惠施 公孙龙评传》，南京大学出版社1992年，第239页。
③ 杨俊光：《惠施 公孙龙评传》，南京大学出版社1992年，第240页。
④ 杨俊光：《惠施 公孙龙评传》，南京大学出版社1992年，第244页。
⑤ 参见杨俊光：《惠施 公孙龙评传》，南京大学出版社1992年，第251—283页。
⑥ 参见杨俊光：《惠施 公孙龙评传》，南京大学出版社1992年，第284—306页。
⑦ 参见杨俊光：《惠施 公孙龙评传》，南京大学出版社1992年，第307—316页。
⑧ 参见杨俊光：《惠施 公孙龙评传》，南京大学出版社1992年，第317—326页。
⑨ 参见杨俊光：《惠施 公孙龙评传》，南京大学出版社1992年，第327—335页。
⑩ 参见杨俊光：《惠施 公孙龙评传》，南京大学出版社1992年，第336—342页。

第一编"《公孙龙子》校诠"[①]包括校注(校改)和诠解两方面的内容。校诠一律采用句注,即每句中不论要校诠几处都只用一个校诠号。校诠凡引用他人之处,皆在校注或诠解内容后用括号注明他人姓名。校诠部分的本文是经校改后的校正文,已不同于《道藏》本原文。经校正后,应删的已删,应补的已补,并在校注中作了说明。《指物论》《坚白论》《白马论》《通变论》四篇均属主、客对话体,为区别主、客对话的内容,分别用(主)、(客)标出。上述四篇的主、客区分及分段主要参照庞朴的《公孙龙子研究》一书,凡属主方或客方的相连之言,不论长短,均合在一起进行校诠。[②]

第二编"《公孙龙子》今译"[③]是著者对《公孙龙子》各篇进行的白话翻译,译笔较为晓畅。

在第三编"《公孙龙子》剖析"[④]中,著者从逻辑学角度对《公孙龙子》六篇的基本内容和主要观点进行了剖析:

《名实论》剖析。[⑤] 著者首先指出:"《名实论》可以说是公孙龙正名学说的纲领性文章。这里集中概括了有关哲学正名(名实关系)和逻辑正名(正名原则和正名方法)的理论学说,而且都是相当精确和相当合理的。应当承认,《名实论》集中了《公孙龙子》全书正名学说的精华,所以有人把《名实论》看作《公孙龙子》全书的绪论,是很有道理的。"[⑥]基于这种看法,著者结合《名实论》的相关论题,对其运思理路作了剖析。在剖析的基础上,著者最后总结道:"公孙龙的《名实论》是中国历史上第一篇正名大作,它不仅从理论上正确揭示了哲学正名的唯物主义原则和朴素辩证法思

---

① 参见周云之:《公孙龙子正名学说研究——校诠、今译、剖析、总论》,社会科学文献出版社1994年版,第1—27页。

② 参见周云之:《公孙龙子正名学说研究——校诠、今译、剖析、总论》,社会科学文献出版社1994年版,述例第6页。

③ 参见周云之:《公孙龙子正名学说研究——校诠、今译、剖析、总论》,社会科学文献出版社1994年版,第29—43页。

④ 参见周云之:《公孙龙子正名学说研究——校诠、今译、剖析、总论》,社会科学文献出版社1994年版,第45—77页。

⑤ 参见周云之:《公孙龙子正名学说研究——校诠、今译、剖析、总论》,社会科学文献出版社1994年版,第45—48页。

⑥ 周云之:《公孙龙子正名学说研究——校诠、今译、剖析、总论》,社会科学文献出版社1994年版,第45页。

想，而且第一次从理论的高度揭示了逻辑正名的原则和方法。他提出的'天地与其所产焉，物也'，'其名正则唯乎其彼此焉'和'夫名，实谓也'等重要命题已经成为中国古代正名理论的精萃，公孙龙也因此成了中国历史上第一个有杰出贡献的正名理论家。尽管历史上一直有人要把公孙龙从政治上、哲学上、逻辑上批判为彻底的、反动的诡辩家，我们也并不否认公孙龙思想中有明显的唯心论倾向和诡辩色彩。但《名实论》一篇的全部内容是无论如何也不可能被完全误解和否定的，它所揭示的唯物主义正名理论和要求名必须具有确定性的逻辑正名原则，实际上都得到了后期墨家与荀子的充分肯定和继承。"[①]

《指物论》剖析。[②] 著者首先指出："文章一开头，公孙龙就提出了'物莫非指，而指非指'的论题，下面的内容都是讨论这两个命题的，足见这两个命题是全文的主题和中心。……究竟应怎样去理解这两个命题的真正含义和准确语义，这决不能仅仅靠单独的语词解释来确定，更不能单靠习惯的常识理解来辨明，最重要、最基本的方法就是从原文原意中找到准确理解的根据，并从全文的语义上去语释每一个语句。"[③]基于这种看法。著者通过对主方(代表公孙龙观点的一方)提出的"物莫非指"这一命题的分析以及对客方(公孙龙构拟的反对方)曲解"物莫非指"的剖析，不仅正确地指出了《指物论》最后所论的"指与物"或"物指"乃是对"物莫非指"这一论点的补充说明(即强调"指"是可以用来指称具体事物的，而指称具体事物的"物指"与不限于指称具体事物的"指"是不等同的)，而且从这些剖析中得出了准确理解古文原义的三点重要启示：其一，"在分析原文原意以作为论证的根据和前提时，要抓住最基本、最本质的思想"[④]；其二，"对古代命题的理解和语释要建立在正确的古汉语语义学的基础上，即首先要

---

① 周云之：《公孙龙子正名学说研究——校诠、今译、剖析、总论》，社会科学文献出版社1994年版，第48页。

② 参见周云之：《公孙龙子正名学说研究——校诠、今译、剖析、总论》，社会科学文献出版社1994年版，第48—55页。

③ 周云之：《公孙龙子正名学说研究——校诠、今译、剖析、总论》，社会科学文献出版社1994年版，第48—49页。

④ 周云之：《公孙龙子正名学说研究——校诠、今译、剖析、总论》，社会科学文献出版社1994年版，第52页。

符合古汉语的词义解释"[1];其三,"要联系上下文来了解每个语句(特别是省略句)的完整语义"[2]。

《坚白论》剖析。[3] 著者认为,《坚白论》是以论证"离坚白"思想为核心的唯心主义和形而上学的哲学名篇,其"离坚白"思想不仅有本体论根源,而且有认识论根源。就本体论根源看,"公孙龙的'离坚白'思想是以坚或白必有一个隐藏着而且是自己隐藏起来(的属性——引者注)作为理论根据的。这就在哲学上更彻底地陷入了形而上学('离')和唯心主义('藏'),而且是一种多元的客观唯心主义(坚、白互相独立'自藏')。这种多元的客观唯心主义正是公孙龙'离坚白'思想的哲学基础和理论根据"[4]。就认识论根源而言,"他开始由形而上学的感觉论陷入了主观唯心主义的感觉论,并由主观唯心主义的感觉论陷入了客观唯心主义的多元论,最后走到了客观唯心主义的不可知论。……总之,公孙龙是在认识论上把自己一步步由朴素唯物主义引向了彻底的唯心主义和不可知论的,《坚白论》就是一篇以论证'离坚白'思想为核心的唯心主义和形而上学的哲学篇"[5]。

《白马论》剖析。[6] 本篇全文以对话问答的形式(公孙龙不仅运用证明法以证成自己的观点,而且运用反证法以反驳别人的观点),层层深入地论证了"白马非马"这个命题所包含的实际的思想内容。需要强调的是,公孙龙从纯粹概念的意义上区分了"白马"与"马"这两个种属概念,辨析了二者在内涵与外延上的差异以及"白马非马"的真正思想和完整内容。

---

① 周云之:《公孙龙子正名学说研究——校诠、今译、剖析、总论》,社会科学文献出版社 1994 年版,第 53 页。

② 周云之:《公孙龙子正名学说研究——校诠、今译、剖析、总论》,社会科学文献出版社 1994 年版,第 54 页。

③ 参见周云之:《公孙龙子正名学说研究——校诠、今译、剖析、总论》,社会科学文献出版社 1994 年版,第 55—59 页。

④ 周云之:《公孙龙子正名学说研究——校诠、今译、剖析、总论》,社会科学文献出版社 1994 年版,第 57 页。

⑤ 周云之:《公孙龙子正名学说研究——校诠、今译、剖析、总论》,社会科学文献出版社 1994 年版,第 58—59 页。

⑥ 参见周云之:《公孙龙子正名学说研究——校诠、今译、剖析、总论》,社会科学文献出版社 1994 年版,第 59—66 页。

"这也充分说明,逻辑上的真命题决不会是哲学上违反辩证法或违反常识的诡辩命题,反之亦然。那种把公孙龙'白马非马'中的'非'字注解为'不是'、'不属于';并把公孙龙的'白马非马'曲解为'白马不属于马'从而与常识中的'白马是(属于)马'对立起来的论点,是完全违反《白马论》的原意的,也是经不起反驳的"[①]。从中可以看出,若准确把握"白马非马"的意味,厘定其中"非"字的含义颇为关键。鉴于此,著者特意提醒读者:"对用自然语言表述的命题,特别是用多义词表述的古汉语命题,不能仅仅根据常识中的习惯用词或主观猜测而把其中关键性的多义词硬性作单一的解释。就拿'非'字来说,'非'不论在古代或现在既可作全异之'不是'、'不属于'解('色非形'、'牛非马');也可作有异之'不等同'解('楚人非人'、'局部非全体')。"[②]这个提醒对解开"白马非马"之谜颇有启发。

《通变论》剖析。[③] 著者认为,"本篇并非全部是讨论变的,甚至可以说主要不是讨论变的。其中具有某些理论价值的地方,一是讨论了部分与整体的关系;二是提出了变的概念;三是论及了分类或划分的原则。但全篇内容缺乏中心,却用了很大的篇幅用诡辩的手法论证了几个诡辩命题。所以,与其说《通变论》是论变篇,宁可说《通变论》是诡辩篇或主要是诡辩篇"[④]。至于如何评价《通变论》使用的诡辩手法,著者给出了如下判断:"应当指出的是,《通变论》具有特殊价值的地方,正是他(公孙龙——引者注)从反面揭示了他在论证这些诡辩命题中所使用的种种违反逻辑的诡辩手法,如偷换概念或论题、违反形式逻辑的同一律和矛盾律、违反划分规则、不相干类比等等。揭露和总结这些诡辩手法将大大有助于我们了解公孙龙和先秦名家的诡辩倾向。"[⑤]

---

① 周云之:《公孙龙子正名学说研究——校诠、今译、剖析、总论》,社会科学文献出版社 1994 年版,第 65 页。

② 周云之:《公孙龙子正名学说研究——校诠、今译、剖析、总论》,社会科学文献出版社 1994 年版,第 65 页。

③ 参见周云之:《公孙龙子正名学说研究——校诠、今译、剖析、总论》,社会科学文献出版社 1994 年版,第 66—73 页。

④ 周云之:《公孙龙子正名学说研究——校诠、今译、剖析、总论》,社会科学文献出版社 1994 年版,第 66 页。

⑤ 周云之:《公孙龙子正名学说研究——校诠、今译、剖析、总论》,社会科学文献出版社 1994 年版,第 73 页。

《迹府》篇剖析。[1] 著者首先指出:"本篇标明'迹府',就是指事迹之汇编。文章一开头就称'公孙龙,六国之[2]辩士也。''六国'是秦统一后对我国战国时期的称呼,'辩士'在此指名家学派。公孙龙是战国时期的名家代表人物,而《迹府》篇乃是公孙龙弟子在秦统一后记述公孙龙事迹的传略。"[3]接着,著者结合《迹府》篇原文对公孙龙的事迹作了剖析。在剖析的基础上,著者最后总结道:"应当指出,《迹府》篇是公孙龙弟子记述之材料,所以其中'先教而后师'之论前后相重,可见此篇非出一人之手。因此,其中某些概念、命题的表述不一定完全合乎公孙龙的原文、原意,也极容易造成误解。……这说明,分析《迹府》篇中的有关命题、语句、概念时,一是要根据《迹府》篇中所记载的思想,二是要根据《公孙龙子》其它几篇的原文、原意。……此外,既然《迹府》篇只是其弟子记述的材料,其中的某些内容,特别是所引尹文与齐王对话的内容,就只能作为研究公孙龙思想的参考,不能直接作为公孙龙思想的依据。判定公孙龙思想的性质和是非,应主要依据于公孙龙自著的其它五篇论著。"[4]

第四编"《公孙龙子》正名学说总论"[5]包括五部分内容。其一,在"《公孙龙子》各篇之间的思想结构和理论体系"[6]中,著者对《公孙龙子》各篇的主要内容以及全书的思想结构作了阐说,认为公孙龙是以"正名"为辐辏构建其理论体系的。其二,在"《公孙龙子》中的哲学正名学说——二元论的名实观"[7]中,著者从本体论和认识论两方面阐析了公孙龙的哲学正名

---

① 参见周云之:《公孙龙子正名学说研究——校诠、今译、剖析、总论》,社会科学文献出版社1994年版,第73—77页。

② "之"当作"时"。

③ 周云之:《公孙龙子正名学说研究——校诠、今译、剖析、总论》,社会科学文献出版社1994年版,第73页。

④ 周云之:《公孙龙子正名学说研究——校诠、今译、剖析、总论》,社会科学文献出版社1994年版,第77页。

⑤ 参见周云之:《公孙龙子正名学说研究——校诠、今译、剖析、总论》,社会科学文献出版社1994年版,第79—107页。

⑥ 参见周云之:《公孙龙子正名学说研究——校诠、今译、剖析、总论》,社会科学文献出版社1994年版,第79—82页。

⑦ 参见周云之:《公孙龙子正名学说研究——校诠、今译、剖析、总论》,社会科学文献出版社1994年版,第82—87页。

学说，认为从本体论上看它是一种唯物主义的名实观，从认识论上看则是一种唯心主义的名实观，因而带有二元论的色彩。其三，在“《公孙龙子》中的逻辑正名学说——唯谓原则”[①]中，著者首先聚焦于“唯乎其彼此”探讨了正名的原则、要求和方法，接着分析了“白马非马”中所揭示的种属之名的逻辑差别，继而对公孙龙有关逻辑分类或划分的正名思想进行了阐发。其四，在“《通变论》中的诡辩命题及逻辑诡辩术”[②]中，著者重点分析了《通变论》使用的四种诡辩术，分别为偷换概念（或论题）、违反划分（分类）规则、“非亦是也”和“不相干类比”。其五，著者在“《公孙龙子》的正名学说在中国思想史上的价值和地位”[③]中认为，“尽管公孙龙在中国哲学史上是名家学派的主要代表，而且被列为唯心主义‘离坚马[④]’学派的首领，然而他在中国哲学上的地位和价值，即使是在唯心主义方面的地位和影响，都是远不及他以前的老子、孔子、孟子、庄子、墨子等许多思想家的。但是，公孙龙在逻辑正名理论上的贡献及其在中国逻辑史上的贡献和地位却远远超过了先于他的所有思想家，堪称是中国逻辑史上的‘先秦第一家’或‘先秦第一人’（与他的前人相比）。……研究《公孙龙子》，如果不能从逻辑上发掘其中的正名学说，甚至简单地用他的哲学唯心主义来批判，否认他的重要逻辑正名学说，将是一个莫大的失误”[⑤]。

第五编是本书的“附录”[⑥]，包括五部分内容：其一，“《道藏》本中的《公

① 参见周云之：《公孙龙子正名学说研究——校诠、今译、剖析、总论》，社会科学文献出版社1994年版，第87—100页。

② 参见周云之：《公孙龙子正名学说研究——校诠、今译、剖析、总论》，社会科学文献出版社1994年版，第100—104页。

③ 参见周云之：《公孙龙子正名学说研究——校诠、今译、剖析、总论》，社会科学文献出版社1994年版，第104—107页。

④ “马”当作“白”。

⑤ 周云之：《公孙龙子正名学说研究——校诠、今译、剖析、总论》，社会科学文献出版社1994年版，第106—107页。

⑥ 参见周云之：《公孙龙子正名学说研究——校诠、今译、剖析、总论》，社会科学文献出版社1994年版，第109—156页。

孙龙子》(六篇原文)”[①];其二,“本书所引各家校诠之书目”[②];其三,“《公孙龙子》研究参考书目”[③];其四,“作者发表过的有关《公孙龙子》研究的论著目录”[④];其五,“作者已发表的三篇最具针对性和论证性的学术论文”[⑤],分别为《评对公孙龙“白马非马”的种种误解》(刊于《天津师院学报》1982 年第 2 期)、《对先秦名家分为两个诡辩学派的异议》(刊于《哲学研究》1983 年第 1 期)、《略论后期墨家对惠施、公孙龙名辩思想的批评和继承》(刊于《南开学报》1983 年第 5 期)。

12. 张吉良著《名家研究》

(南昌)江西人民出版社 1994 年 10 月第 1 版。本书虽然题名为《名家研究》,但其主要内容是对公孙龙名学思想的探讨。

本书包括前言、正文、附录三部分内容。在“前言”部分[⑥],著者首先探讨了先秦名家的思想传承,认为以惠施、公孙龙为代表的名家继承了老子关于“道”的物质性这一传统,“主要从逻辑概念,从逻辑定义的公式研究哲学,从道名到名实,根据《通变论》所论证和接触的哲学根本规律着重搞清了‘一般和个别,概念和感觉,本质和现象等等的辩证法’,乃形成独立的名家学派,补充、丰富、发展了老子学说”[⑦]。接着,著者结合《公孙龙子》五篇(《白马论》《指物论》《通变论》《坚白论》《名实论》)中的相关论题,对名家哲学思想所研究的主要问题进行了剖析。概而言之,“概念来源于感觉,这是认识论的唯物论;而‘目不见’、‘神不见’、‘捶与手知而不知’、

---

① 参见周云之:《公孙龙子正名学说研究——校诠、今译、剖析、总论》,社会科学文献出版社 1994 年版,第 109—114 页。

② 参见周云之:《公孙龙子正名学说研究——校诠、今译、剖析、总论》,社会科学文献出版社 1994 年版,第 114—115 页。

③ 参见周云之:《公孙龙子正名学说研究——校诠、今译、剖析、总论》,社会科学文献出版社 1994 年版,第 115—119 页。

④ 参见周云之:《公孙龙子正名学说研究——校诠、今译、剖析、总论》,社会科学文献出版社 1994 年版,第 119—121 页。

⑤ 参见周云之:《公孙龙子正名学说研究——校诠、今译、剖析、总论》,社会科学文献出版社 1994 年版,第 121—156 页。

⑥ 参见张吉良:《名家研究》,江西人民出版社 1994 年版,第 1—5 页。

⑦ 张吉良:《名家研究》,江西人民出版社 1994 年版,第 1 页。

'神与不知'；而要见知，在于从感觉的基础上进行更高的抽象，从感性认识升高到理性认识。'名'要审慎地反映事物的实质、本质，这是认识论的辩证法。这就是古代辩证唯物论的认识论。这就是名家哲学思想所研究的主要问题"[①]。然后，著者对前人的公孙龙研究进行了评说，尤其针对所谓的"诡辩"之诋吐露了自己撰写本书的隐衷："我认为当把它(《公孙龙子》——引者注)从所谓'诡辩论'中解放出来，恢复它的古代辩证唯物论认识论的本来面目，恢复它在中国哲学史上应有的地位。"[②]

本书正文包括十部分内容，分别为"名家的代表人物和著作""代表著作《公孙龙子》校释""名家主要是从逻辑概念从逻辑定义的公式研究哲学""名家论证的哲学规律和范畴""主要诠释考辨""名家自成体系，非《墨辩》的'祖述'""名家自成一派，不存在施、龙的对立""名家和刑名家的同异""'诡辩论'的秘密""名家学说的政治意义"。

在"名家的代表人物和著作"部分[③]，著者根据《庄子・天下篇》《韩非子・外储说左上》《史记・鲁仲连列传》以及刘向《别录》、司马谈《论六家要旨》、班固《汉书・艺文志》等古代典籍中的相关记载，认为"名家的主要代表人物，有著述和思想可考的，就只有惠施、兒说、田巴、桓团、公孙龙和毛公了"[④]。其中"公孙龙是名家的集大成者；《公孙龙子》是名家的集大成的著作。这一著作，……是保存得最完整，最足为据的，只有个别脱衍"[⑤]。鉴于此，"关于名家的研究，主要就是对于《公孙龙子》的研究和论定是属于同一系统的有关思想"[⑥]。

在"代表著作《公孙龙子》校译"[⑦]部分，著者按照《迹府》《白马论》《指物论》《通变论》《坚白论》《名实论》的顺序，对《公孙龙子》六篇依次进行了注释与翻译。在各篇原文之前，著者对其篇题一一作了题解：

《迹府》题解："《迹府》篇是后人编写的公孙龙的言行录。据谭戒甫考

① 张吉良：《名家研究》，江西人民出版社1994年版，第3页。
② 张吉良：《名家研究》，江西人民出版社1994年版，第4页。
③ 参见张吉良：《名家研究》，江西人民出版社1994年版，第6—8页。
④ 张吉良：《名家研究》，江西人民出版社1994年版，第6页。
⑤ 张吉良：《名家研究》，江西人民出版社1994年版，第7页。
⑥ 张吉良：《名家研究》，江西人民出版社1994年版，第7—8页。
⑦ 参见张吉良：《名家研究》，江西人民出版社1994年版，第9—54页。

证，‘前段为后汉桓谭所作；后段核由《孔丛子》抄袭而成，或唐人所增。’(《公孙龙子形名发微》，第7页)全篇写‘守白论’即《白马论》的旨意，可分三节。”[①]“第一节讲‘守白论’的基本含义，基本论据和基本目的。第二节举‘仲尼异楚人于所谓人’，申言‘白马非马’就是‘异白马于所谓马’。第三节举齐王‘知好士之名而不知察士之类’，进一步申言‘白马非马’的实质，就在于要考察、认识具体事物其‘类’之所以区别于其它事物的特点。这就是《白马论》的哲学意义。”[②]

《白马论》题解：“《白马论》篇不否认‘白马是马’，并从认识论的高度讲清了‘白马’之所以是‘马’。‘马固有色，固有白马。’‘马未与白为马’；‘有白马不可谓无马者，离白之谓也’；‘故所以为有马者，独以马为有马耳，非以白马为有马。’这是一个常识范围内的问题。而通篇的主旨是讲‘白马非马’，讲一个‘万物毕异’的问题。‘命色形，非命形也’，白马这一概念表述了一定颜色的形体，就不是一般的形体了，所以‘求白马，黄、黑马不可致’，是‘合白与马，复名白马’，这是要列入其特点的，叫做‘相与’。公孙龙亦从认识论的高度讲清了‘白马’之所以‘非马’的问题。‘不离者，有白马不可谓有马也’，‘故其为有马也，不可谓马马也’，对于具体事物，要表述其特点，是不能‘马马’其认识的。后世之所谓‘马马虎虎’，大概从此演化而来。”[③]

《指物论》题解：“《指物论》是《白马论》的理论概括，具体言之，曰‘白马’，曰‘马’；泛言之，曰‘物’，曰‘指’。从《白马论》来看，白马是马，而白马不是一般的马。在这里，就是‘物莫非指，而指非指’。这是通篇的主旨。”[④]“公孙龙认为‘物’和‘指’都是客观存在的，唯‘指者，天下之所兼’，这就是‘物’的共性。‘天下无指’，‘物不可谓无指’，是‘物’有‘指’，‘物’包含着‘指’。‘指非非指也，指与物非指也’。‘指’不是说不是‘指’，是‘指与物’这个全体‘非指’也。全面地论证了‘物’‘指’的关系。”[⑤]

---

① 张吉良：《名家研究》，江西人民出版社1994年版，第9页。
② 张吉良：《名家研究》，江西人民出版社1994年版，第9页。
③ 张吉良：《名家研究》，江西人民出版社1994年版，第18—19页。
④ 张吉良：《名家研究》，江西人民出版社1994年版，第29—30页。
⑤ 张吉良：《名家研究》，江西人民出版社1994年版，第30页。

《通变论》题解："《通变论》篇，讲的是两种世界观。'二有一'，认为'万物皆一'，发展只是数量的增减，是重复。'二无一'，认为统一物，是相互排斥而关联的'二'，非'一'的重复。发展是对立统一。然而持'二有一'论者又自相矛盾地认为'二有左，又有右，二者左与右'；不同类的事物可以合而为'二'。公孙龙乃以'牛合羊非马，羊合牛非鸡'；'牛羊足五，鸡足三'的生动的比喻，辛辣地讽刺、嘲笑和批评了'二有一'论的形而上学的见解。"①

《坚白论》题解："《坚白论》篇，就客体言之，公孙龙不否定'盈坚白'。'坚、白石不相外'，'有自藏也'；'于石一也，坚白二也，而在于石。'但通篇的主旨，是讲'离坚白'，讲一个人的认识问题。'视不得坚'，'拊不得白'，'坚'、'白'的概念是分别从客体抽象取得的。概念来源于感觉，感觉也是抽象，而抽象所得是事物的共性。'物白焉，不定其所白；物坚焉，不定其所坚，不定者兼。'人的认识物就是认识物的共性，就在于从物进行抽象，这是认识论的唯物论。"②"其次公孙龙接触到了理性认识。他认为'目不见'，'神不见'，'捶与手知而不知'，这是说的感性认识的不可靠性，而要'见''知'，在于'离'，在于从事物进行抽象。应该说，这是说的理性认识，更高阶段的抽象了。公孙龙的终篇是《名实论》，他说：'名，实谓也。''实'是事物的本质，这是有待于从感性发展到理性的抽象才能取得的。他强调'审其名实，慎其所谓'，足见他对于理性认识的高度重视。这是认识论的辩证法。"③

《名实论》题解："《名实论》篇提出了'物''实'和'位'的概念，核心是'实'，这就是事物的实质，本质的问题。从'名''无'到'名''实'，这是老子唯物论的一个重大发展。基于对'物''实'的深刻观念，提出'正名'的标准，这就是'其正者，正其所实也。'这同按'君君，臣臣，父父，子子'的名义来'正名'，是正相反对的。接着针对混淆彼此的'名实散乱'的现实，举出了'名正'一例。最后指出：'名，实谓也'，'审其名实，慎其所谓'，这就

① 张吉良：《名家研究》，江西人民出版社1994年版，第34页。

② 张吉良：《名家研究》，江西人民出版社1994年版，第42—43页。

③ 张吉良：《名家研究》，江西人民出版社1994年版，第43页。

是名家哲学的最终旨归。”[①]

在“名家主要是从逻辑概念从逻辑定义的公式研究哲学”部分[②]，著者首先断言：“名家，顾名思义，应是研究名学的。名学，就是现在的逻辑学。其实，名家主要是从逻辑学，从逻辑概念，从逻辑定义的公式研究哲学的。”[③]接着，著者结合《公孙龙子》中的相关论题，对上述断言进行了论证。最后，著者总结道：“总之，概念来源于感觉，概念要反映事物的本质、实质，要解决本质和现象的问题，乃最后归结为《名实论》。公孙龙说：‘名，实谓也’，是客观事物实质的反映，要‘审其名实，慎其所谓’(《名实论》)，是不能‘散乱’(《迹府》)的。……这就在名学的基础上唯物地回答了哲学基本问题。而所有这些问题，都是从逻辑概念，从逻辑定义的公式中揭示出来的。这就是‘辩士’之所以为‘名家’吧。”[④]

在“名家论证的哲学规律和范畴”部分[⑤]，著者主要从四个方面作了探讨：其一，结合《白马论》的“马”与“白马”之辩，以及《指物论》的“指”与“物”之辩，探讨了认识论中“一般与个别”的关系问题。[⑥] 其二，结合《通变论》的“二无一”之辩，揭示了“互相排斥而关联的‘二’，非‘一’的重复”这一辩证法的根本规律。[⑦] 其三，结合《坚白论》关于“离”的辩说，对“概念和感觉，抽象的重要性”进行了探讨。[⑧] 其四，结合《名实论》的名实之辩，探讨了“本质和现象”这一理性认识的根本问题。[⑨]

在“主要诠释考辨”部分[⑩]，著者择取前人关于《公孙龙子》五篇——《白马论》《指物论》《通变论》《坚白论》《名实论》——基本命题的代表性诠释，在一一爬梳的基础上进行了考辨与论难，指出公孙龙的这些命题绝非

---

① 张吉良：《名家研究》，江西人民出版社 1994 年版，第 50—51 页。
② 参见张吉良：《名家研究》，江西人民出版社 1994 年版，第 55—59 页。
③ 张吉良：《名家研究》，江西人民出版社 1994 年版，第 55 页。
④ 张吉良：《名家研究》，江西人民出版社 1994 年版，第 58 页。
⑤ 参见张吉良：《名家研究》，江西人民出版社 1994 年版，第 60—78 页。
⑥ 参见张吉良：《名家研究》，江西人民出版社 1994 年版，第 60—65 页。
⑦ 参见张吉良：《名家研究》，江西人民出版社 1994 年版，第 65—68 页。
⑧ 参见张吉良：《名家研究》，江西人民出版社 1994 年版，第 68—73 页。
⑨ 参见张吉良：《名家研究》，江西人民出版社 1994 年版，第 74—78 页。
⑩ 参见张吉良：《名家研究》，江西人民出版社 1994 年版，第 79—104 页。

所谓的“诡辩”之谈。

在“名家自成体系，非《墨辩》的‘祖述’”部分[①]，著者重点探讨了名家的思想渊源，认为“名家是道家的别派，继承的是老子从逻辑概念和从逻辑定义的公式研究哲学的传统，乃补充、丰富、发展了老子思想，而不是《墨辩》的‘祖述’”[②]。

在“名家自为一派，不存在施、龙的对立”部分[③]，著者反对将名家分为相互对立的“合同异”与“离坚白”两派，认为“惠施、公孙龙同属汉人所谓的‘名家’一派的‘辩者之徒’。惠施是前辈，是创始人之一；公孙龙是他的学说的继承发展和集大成的完成者”[④]。在著者看来，“‘离坚白’，实是惠施提出的辩题之一。他的‘历物之意’，‘大同而与小同，异，此之谓小同异，万物毕同毕异，此之谓大同异。’实《通变论》、《指物论》的理论前提和基础”[⑤]。著者另引证《庄子·秋水篇》所谓“公孙龙‘合同异，离坚白’”以及《淮南子·齐俗训》所谓“别同异”，认为二者“实际上是同一个命题的不同提法。从‘小同异’、‘大同异’的‘同’视之，则谓之‘合’，从其‘异’视之，则谓之‘别’，如斯而已也”[⑥]。

在“名家和刑名家的同异”部分[⑦]，著者认为，“名家学说继刑名之学进一步研究古代辩证唯物论认识论的一个局部，形成一个独立的精微的体系，是新兴封建变革已成定局时期的新发展”[⑧]。就二者之间的共同点而言，“‘刑名学’和‘名学’都源于道德，是它们在不同历史时期的新发展和新概括”[⑨]；就它们之间的不同之处而言，“‘刑名学’接触到老子哲学的整个体系，对哲学的基本问题作出了唯物论的回答”[⑩]。相较之下，“‘名学’从逻辑概念，从逻辑定义的公式出发接触到了哲学的根本规律，对逻

---

① 参见张吉良：《名家研究》，江西人民出版社1994年版，第105—107页。
② 张吉良：《名家研究》，江西人民出版社1994年版，第105页。
③ 参见张吉良：《名家研究》，江西人民出版社1994年版，第108—112页。
④ 张吉良：《名家研究》，江西人民出版社1994年版，第111页。
⑤ 张吉良：《名家研究》，江西人民出版社1994年版，第111页。
⑥ 张吉良：《名家研究》，江西人民出版社1994年版，第112页。
⑦ 参见张吉良：《名家研究》，江西人民出版社1994年版，第113—118页。
⑧ 张吉良：《名家研究》，江西人民出版社1994年版，第117页。
⑨ 张吉良：《名家研究》，江西人民出版社1994年版，第117页。
⑩ 张吉良：《名家研究》，江西人民出版社1994年版，第117页。

辑定义所蕴含的认识论范畴作出了古代的规定和精至入微的阐发”[①]。

在“‘诡辩论’的秘密”部分[②]，著者首先指出：“从公孙龙所继承，集成和论证的哲学规律和范畴来看，把它看成诡辩论，是大谬不然的，是将一个活生生的婴儿连同污水倒掉了。《公孙龙子》其体系和学说，本身并无污水。所要清理和倒掉的，是当时与之争辩和后代诠释之污水耳。”[③]接着，著者对名家的思想传承及其超出人的常识范围所讲的辩证法（主要是关于概念的辩证法）进行了辨析，进而揭示了所谓的“诡辩”之诋产生的原因：“人辨于常识，把最简单的、最普遍的、最常见的等等东西的命题，当作绝对真理，而不知只是相对真理，其中已经有认识论，已经有辩证法。辩证法就这样成了‘诡辩’。”[④]

在“名家学说的政治意义”部分[⑤]，著者认为，“名家代表新兴地主阶级，是儒家学派，特别是庄周学派的反对派，这个学派的理论，针对‘散乱’的‘名实’，正是反对诡辩论的，是为巩固新兴封建制呐喊的，是有其深刻的政治意义和进步的历史作用的”[⑥]。

本书正文前载有姚公骞撰写“序”[⑦]，成稿于 1993 年 11 月 20 日。正文后载有三个附录（成稿于 1991 年 10 月 10 日），分别为“公孙龙和名家考”[⑧]、“《公孙龙子》注校释书目举要”[⑨]、“《公孙龙子》本书校引传世版本及有关佳本”[⑩]，对公孙龙以及《公孙龙子》的相关文献进行了分类整理，具有较高的文献参考价值。

本书最后载有著者撰写的“后记”[⑪]，主要回顾了自己的学术研究历程以及所撰著作（含《名家研究》一书）出版过程中的相关遭际。

---

① 张吉良：《名家研究》，江西人民出版社 1994 年版，第 118 页。
② 参见张吉良：《名家研究》，江西人民出版社 1994 年版，第 119—122 页。
③ 张吉良：《名家研究》，江西人民出版社 1994 年版，第 119 页。
④ 张吉良：《名家研究》，江西人民出版社 1994 年版，第 122 页。
⑤ 参见张吉良：《名家研究》，江西人民出版社 1994 年版，第 123—125 页。
⑥ 张吉良：《名家研究》，江西人民出版社 1994 年版，第 125 页。
⑦ 参见张吉良：《名家研究》，江西人民出版社 1994 年版，序第 1—5 页。
⑧ 参见张吉良：《名家研究》，江西人民出版社 1994 年版，第 126—172 页。
⑨ 参见张吉良：《名家研究》，江西人民出版社 1994 年版，第 173—178 页。
⑩ 参见张吉良：《名家研究》，江西人民出版社 1994 年版，第 179—183 页。
⑪ 参见张吉良：《名家研究》，江西人民出版社 1994 年版，第 184—186 页。

需要说明的是，著者出版的另一部著作《中国古典道学与名学》（齐鲁书社 2004 年 1 月第 1 版）分上、下两编，上编为“老子和中国古典道学”[①]，下编为“《公孙龙子》和中国古典名学”[②]。其中的下编是《名家研究》一书的再版，著者在撰成于 2002 年 10 月 22 日的“序”中对相关情况作了交代：“《老子和中国古典道学》即将付梓，考虑到《名家研究》与老子的关系，乃萌发将其易名为《〈公孙龙子〉和中国古典名学》合编出版，概名之曰《中国古典道学和名学》，以便改正其关于老子的叙述及《公孙龙子》译文的不精确部分，特别是《坚白论》‘无坚得白’，‘无白得坚’，‘其举也二’，虽已认识到这是‘抽取特象，赋予一般’，本应表述为由一般到特殊的推理，而译文竟谓‘看不见坚硬而得到白色，（是白石之石），其称谓是二；摸不着白色而得到坚硬，（是坚石之石），其称谓是二。’是仍按由特殊到一般来处理的，把‘举’释为称谓，亦不确切，这就不符合原文的精义了，还有其他一些文字粗糙之处，今一并改写，使成完璧。”[③]

13. 高流水、林恒森著《慎子、尹文子、公孙龙子全译》

（贵阳）贵州人民出版社 1996 年 1 月第 1 版。本书包括三部分内容，分别为“慎子全译”“尹文子全译”“公孙龙子全译”，其中前两部分的译注者是高流水，第三部分的译注者是林恒森。

在“公孙龙子全译”的“前言”[④]中，著者首先介绍了公孙龙的生平及其所处的时代，认为在春秋战国时期出现的名辩思潮中，公孙龙是“离坚白”一派的代表人物。接着，著者对《公孙龙子》一书的真实性问题进行了辨析，认为“《公孙龙子》当为反映先秦时期公孙龙思想的一部较为完整的著作。因此，把该书作为研究公孙龙思想的基本资料，应是妥当的办法”[⑤]。然后，著者就公孙龙的正名实思想体系问题谈了自己的看法：“在相当多

① 参见张吉良：《中国古典道学与名学》，齐鲁书社 2004 年版，第 1—179 页。

② 参见张吉良：《中国古典道学与名学》，齐鲁书社 2004 年版，第 181—332 页。

③ 张吉良：《中国古典道学与名学》，齐鲁书社 2004 年版，第 185 页。

④ 参见高流水、林恒森：《慎子、尹文子、公孙龙子全译》，贵州人民出版社 1996 年版，第 171—175 页。

⑤ 高流水、林恒森：《慎子、尹文子、公孙龙子全译》，贵州人民出版社 1996 年版，第 173 页。

的情况下，总是把公孙龙正名实思想的'名'作为'概念'来看待。这样，也就把他的正名实问题简略地看成了概念和实在对象的关系问题了。这并不符合公孙龙思想的原意，由此也为理解公孙龙思想带来了一些困难。其实，不少人早已注意到，在先秦时期，关于'名'这一词，已有'概念'和'名称'两种不同的用法。……在《公孙龙子》中，'名'这一词不应完全理解为概念，真正作为概念来理解的应是'指'。"[①]相较于"名"与"实"之间存在着一种"称谓关系"，"指"与"物"之间则存在着"指谓关系"。公孙龙聚焦于"名"与"实"、"指"与"物"之间的关系，运用逻辑手段建构起一套正名实的思想体系，这在中国逻辑思想史上当占有一席之地。"当然，其所著正文五篇还相当简略粗糙，也有不少牵强之处，加之所赖以建立其体系的基本思想(如要求名与实绝对一一对应，坚白相分离，'有与则变'的思想以及白马非马的论题等)并不妥当。因而达不到他正名实的目的，最后不能不陷入诡辩之中。然而也表现出不少深邃的思考，特别是在运用逻辑手段来展开他的思想这个方面，当在中国逻辑思想史上占有一定地位"[②]。最后，著者就自己撰写这部分文字所依据的版本以及有关《公孙龙子》六篇的编次排列问题分别作了说明：就前者而言，他"以中华书局《新编诸子集成》中谭戒甫撰《公孙龙子形名发微》为底本，参照1988年3月上海出版的影印《道藏》本，及其它版本写成"[③]；就后者而言，他认为当按"《迹府》、《名实论》、《指物论》、《坚白论》、《通变论》、《白马论》的次序，方能更好地体现出全书的体系结构。今仍按谭本排列，不改其面貌"[④]。

在"公孙龙子全译"的正文中，著者按照"题解""原文""注释""译文"的体例，对《公孙龙子》六篇逐段进行了注与译。这里仅就每篇的"题解"部分撮录如下：

《迹府》题解："本篇为公孙龙的弟子们编纂的公孙龙传略。由'公孙龙，六国时辩士也'一句看，成篇不早于秦统一以前。文中记载了他的一

① 高流水、林恒森：《慎子、尹文子、公孙龙子全译》，贵州人民出版社1996年版，第173—174页。
② 高流水、林恒森：《慎子、尹文子、公孙龙子全译》，贵州人民出版社1996年版，第174页。
③ 高流水、林恒森：《慎子、尹文子、公孙龙子全译》，贵州人民出版社1996年版，第175页。
④ 高流水、林恒森：《慎子、尹文子、公孙龙子全译》，贵州人民出版社1996年版，第175页。

些代表性言论，虽简略，亦可供研究《公孙龙子》其它各篇作参考、印证。”[①]

《指物论》题解：“本篇论述了‘指’和‘物’的关系问题。所谓‘指’，即意之所指，也就是概念或观念对事物的‘指谓’作用。……‘指’作为概念，在公孙龙看来，是一种抽象的实体。……公孙龙还认为‘指’和‘名’不是一回事：‘天下无指者，生于物之各有名，不为指也。’‘指’作为‘物’的‘意之所指’，应是名称所称谓的同名概念。因此也是名称所称谓的对象。于是，名称、‘指’（概念）和‘物’构成了一种三角关系，‘物’和‘指’同是名称所称谓的‘实’。这一点是理解公孙龙正名思想的重要环节。”[②]“本篇围绕着‘指’与‘物’两个概念反复申辩，而‘指’的涵义游移不定，全文意思玄奥。”[③]

《白马论》题解：“（本篇）可以说是公孙龙正名实思想的集中表现和具体运用。然而，由于公孙龙所依据的这些思想并不稳妥，也就注定了他的‘白马非马’论不能不陷入诡辩，名实也就不可正了。不过，在文章的辩难过程中，公孙龙自如地运用逻辑推理形式，以维护其论点，如走龙蛇，亦应为研究中国哲学史和中国逻辑史的重要篇章。”[④]

《通变论》题解：“本篇是在《坚白论》将‘物’分离为‘独而正’之‘实’的基础上，来谈它们的‘相与’、相‘合’的问题。中心的一点是‘有与则变’。……‘有与则变’的思想，在本篇中是通过‘二无一’的论题来展开的。所谓‘二’是指由两个‘独而正’的因素（即‘实’）所构成的整体（即实际事物）；但‘而[⑤]无一’，是说在这个作为整体的事物中，不再有原来那种‘独而正’的‘实’（即‘一’）。因为当两者结合为一体时，双方都已起了变化，‘变非不变’，因此‘二无一’。”[⑥]“所谓变，是既变又不变：‘右苟变，安可谓右？’……公孙龙把观念形态的‘右’看成是本然之‘右’，是‘右本身’；而体现于具体事物的‘右’，则是‘有与’之‘右’，也就不再是‘右本身’了。注

① 高流水、林恒森：《慎子、尹文子、公孙龙子全译》，贵州人民出版社1996年版，第176页。
② 高流水、林恒森：《慎子、尹文子、公孙龙子全译》，贵州人民出版社1996年版，第185页。
③ 高流水、林恒森：《慎子、尹文子、公孙龙子全译》，贵州人民出版社1996年版，第185页。
④ 高流水、林恒森：《慎子、尹文子、公孙龙子全译》，贵州人民出版社1996年版，第190页。
⑤ “而”当作“二”。
⑥ 高流水、林恒森：《慎子、尹文子、公孙龙子全译》，贵州人民出版社1996年版，第196页。

意到这一点，将有利把握公孙龙关于‘实’和‘物’的思想；也有利于揭示本篇的内容。”[①]

《坚白论》题解：“先秦名家分两大派：一为‘合同异’，一为‘离坚白’。本篇为后一派的代表之作。它通过人的不同感觉器官所能感受到物体的属性不同：‘拊不得白’，‘视不得坚’，从而将这些不同的属性一一独立出来，……使‘白’和‘坚’成为单独存在之观念形态的‘实体’。在公孙龙看来，这样的实体也就是‘正’的实体。他把这一思想推广到其它一切事物上，试图将一切都分离为这种单纯的观念形态的实体，这就成为他‘正实’思想的基本原则。”[②]

《名实论》题解：“本篇为公孙龙正名思想的纲领文章。它立足于‘名以谓实’的基本立场，将‘名’作为名称，将‘实’作为所称谓的对象。要求名称和对象绝对一一对应，即‘唯乎其彼此’，从而确立了他正名思想的原则。文中提到的‘物’、‘实’两个概念未经展开，只是说‘物’不超过自身（‘不过’）则为‘实’；‘实’不比自身小（‘不旷’）则为处位正确（‘正’），处位正确就是正当的‘实’（即‘正’）。物和实之‘正’，是贯彻正名原则的前提，因此文中说‘其正者，正其所实也；正其所实者，正其名也’。至于它们如何‘正’，其它各篇从不同角度已有所论述。”[③]

14. 赵绍鸿主编《神奇辩士公孙龙子》

本书系《中国古代十子精华丛书》（徐炳鑫主编）之一种，（北京）中国华侨出版社 1996 年 6 月第 1 版。

本书主编为赵绍鸿，参编者有刘静珠、班道明、白力平、韩秀丽、尹励君。本书正文前载有编者“引言”（成稿于 1996 年 3 月），其中有言：“提出‘白马非马’、‘离坚白’的公孙龙及其留给后人的《公孙龙子》一书，曾经引起历代学者的极大兴趣和广泛研究。不过，传统的观点一般将其归之于近似儿戏的诡辩。但是放在今天的历史条件下重新加以研究，我们就会

---

① 高流水、林恒森：《慎子、尹文子、公孙龙子全译》，贵州人民出版社 1996 年版，第 196—197 页。

② 高流水、林恒森：《慎子、尹文子、公孙龙子全译》，贵州人民出版社 1996 年版，第 205 页。

③ 高流水、林恒森：《慎子、尹文子、公孙龙子全译》，贵州人民出版社 1996 年版，第 212 页。

不难发现，在晦涩难懂的语言背后，蕴藏的是极为丰富的辩证法思想，超常的智慧和耀眼的光采；显示的是古老的中国传统文化的博大精深。”[①]

本书包括六部分内容，分别为“公孙龙生活的时代与生平”“公孙龙的哲学思想”“公孙龙的逻辑思想”“公孙龙与惠施”“历史地位和作用”“对后世的影响与争议”。

在“公孙龙生活的时代与生平”部分[②]，编者从“生活的时代”“所在的国家”“辩士的一生”三个方面，对公孙龙的人生经历进行了爬梳，这样可以让读者更好地理解公孙龙的哲学思想与逻辑思想。

在“公孙龙的哲学思想”部分[③]，编者首先对公孙龙哲学思想的体系性特征进行了阐析，认为现存《公孙龙子》六篇中的第一篇《迹府》“是公孙龙的传略，显然是公孙龙的弟子们编纂的”[④]，其余五篇“文字简练，但是思想十分丰富，而且十分系统，可以说十分完整地表达了公孙龙的哲学思想体系”[⑤]。从根底处看，公孙龙作为先秦时期第一个比较系统地研究名实关系的思想家，他的哲学思想体系的中核问题便是如何处理名实之间的关系。基于此，编者对《公孙龙子》原文五篇各自的旨趣及其相互间的关联进行了阐发与揭示，并就此安排了它们在公孙龙哲学思想体系中的位置：“我们应该把其最后一篇，即《名实论》放在首位，而且认为这一篇最集中地代表了公孙龙本人的哲学基本立场和基本倾向。第三篇《指物论》应该说是《名实论》的姐妹篇，是在名实关系基础上，提出如何具体解决‘正名’任务的理论，也可以说公孙龙在这里提出了其认识论的基本原则和方法。第二篇《白马论》、第五篇《坚白论》应该说是公孙龙哲学思想的旗帜。但是从公孙龙整个哲学思想体系来看，它们不过是具体贯彻《名实论》、《指物论》基本指导思想的一些实例。当然是十分重要的实例，或者说主要的事例。在具体论证过程中也表达了十分丰富的哲学思想，特别是逻辑思想。第四篇《通变论》主要是表达了公孙龙的变化观、运动观。这些观点

① 赵绍鸿主编：《神奇辩士公孙龙子》，中国华侨出版社1996年版，引言第1页。
② 参见赵绍鸿主编：《神奇辩士公孙龙子》，中国华侨出版社1996年版，第1—32页。
③ 参见赵绍鸿主编：《神奇辩士公孙龙子》，中国华侨出版社1996年版，第33—83页。
④ 赵绍鸿主编：《神奇辩士公孙龙子》，中国华侨出版社1996年版，第34页。
⑤ 赵绍鸿主编：《神奇辩士公孙龙子》，中国华侨出版社1996年版，第34页。

同样是围绕名实关系而展开的，如果离开了前面几篇的观点，恐怕就很难理解这一篇的内容。”[①]基于上述看法，编者从五个方面辨析了公孙龙的哲学思想，分别为“《名实论》是枝节之论吗”[②]、“《指物论》是唯心主义的吗”[③]、“‘白马不是马’吗”[④]、“‘离坚白’是‘感觉的复合’吗”[⑤]、“《通变论》是诡辩论的观点吗”[⑥]。

在“公孙龙的逻辑思想”部分[⑦]，编者从四个层面阐析了公孙龙的逻辑思想，分别为“概念的逻辑”[⑧]、“同一律与矛盾律”[⑨]、“关于个性与共性、个别与一般的逻辑”[⑩]、“逻辑的分类思想”[⑪]。在一一阐析的基础上，编者最后总结道：“综上所述，公孙龙的逻辑思想包容了概念、判断、推理三个逻辑学的重要组成部分，而且既有理论上的严密阐述，又有具体实例的验证。尤其是对概念内涵和外延的创造性提出，及同一律、矛盾律的触及和应用，都具有极高的思想价值，对后世极具启发和借鉴作用。而对个性与共性、个别与一般所做的逻辑分析则赋予它们以新的含义，且有助于人们多方位、多角度地理解这些哲学范畴。通过前面的阐述，我们还可以看出公孙龙逻辑体系的安排，有关概念、判断、推理等这些逻辑学的基本问题的概括表述，大多集中在《名实论》，因此《名实论》可视为其逻辑思想的总纲，而《白马论》则是公孙龙逻辑思想的具体应用，《坚白论》则对这些逻辑思想做了进一步的、更深一层的阐发。正名是公孙龙逻辑思想要达到的目的，也是其逻辑思想服务的宗旨。而公孙龙对于名实关系的处理，却处处渗透着重实主义的精神。他的逻辑思想，不仅具有极高的理论价值，且具有广泛而深远的社会意义。一言以蔽之，公孙龙的逻辑思想丰富而精

① 赵绍鸿主编：《神奇辩士公孙龙子》，中国华侨出版社 1996 年版，第 34 页。
② 参见赵绍鸿主编：《神奇辩士公孙龙子》，中国华侨出版社 1996 年版，第 34—39 页。
③ 参见赵绍鸿主编：《神奇辩士公孙龙子》，中国华侨出版社 1996 年版，第 39—46 页。
④ 参见赵绍鸿主编：《神奇辩士公孙龙子》，中国华侨出版社 1996 年版，第 46—59 页。
⑤ 参见赵绍鸿主编：《神奇辩士公孙龙子》，中国华侨出版社 1996 年版，第 59—68 页。
⑥ 参见赵绍鸿主编：《神奇辩士公孙龙子》，中国华侨出版社 1996 年版，第 68—83 页。
⑦ 参见赵绍鸿主编：《神奇辩士公孙龙子》，中国华侨出版社 1996 年版，第 84—93 页。
⑧ 参见赵绍鸿主编：《神奇辩士公孙龙子》，中国华侨出版社 1996 年版，第 84—88 页。
⑨ 参见赵绍鸿主编：《神奇辩士公孙龙子》，中国华侨出版社 1996 年版，第 88—90 页。
⑩ 参见赵绍鸿主编：《神奇辩士公孙龙子》，中国华侨出版社 1996 年版，第 90—92 页。
⑪ 参见赵绍鸿主编：《神奇辩士公孙龙子》，中国华侨出版社 1996 年版，第 92—93 页。

辟，详尽而深刻。”[①]

在“公孙龙与惠施”部分[②]，编者首先爬梳了惠施的生平以及古代典籍中关于惠施的记载，接着围绕《庄子·天下篇》所保留的惠施的十个命题——“历物十事”——阐发了惠施的哲学思想，最后对惠施与公孙龙思想的异同进行了比较。概而言之，这两位名家代表人物的异同主要表现在：“他们虽然生活年代有别，其学术活动的性质与时间也不同，但他们当时都是以擅长辩论而驰名于天下；他们都出入过墨家学派，受墨家的思想影响颇大。然而他们又都跟墨家学派展开过论辩，使自己的哲学朝着名家学派的方向发展；他们的思想都具有‘苟察缴绕，使人不得反其意；专决于名，而失人情’的名家思想的特征。同时，他们虽然同属一家，但惠施与公孙龙两者的思想又有着各自的特点。为此后人分别把惠施归为‘合同异’派，即认为其只承认事物之同（共性）而取消了事物之间的异（个性）的相对主义诡辩论；把公孙龙归为‘离坚白’派，即认为其只承认事物之异（个性）而取消了事物之同（共性）的形而上学诡辩论。以示二者的区别。我们认为这样的划分在一定程度上有助于人们更加准确地把握两学说的各自特点，但并不能说惠施与公孙龙是‘名家’内部相互对立的学派。因为二人的逻辑学说是‘相应’的，即他们的逻辑学的基本观点是一致的，尽管他们从不同的方面阐述了有关的逻辑问题，但是殊途同归，都是朴素唯物主义者，都是朴素唯物地反映着逻辑的客观规律。”[③]

在“历史地位和作用”部分[④]，编者将公孙龙的名实思想及其历史地位放在整个先秦名实观的发展脉络中予以考察，认为“先秦时期名实观的发展，经历了从孔子提出‘正名’原则，到公孙龙的‘以实正名’又到后期墨家、荀况等人的‘名实相应’的合乎逻辑的思想发展过程。公孙龙的哲学是这一思想链条上不可缺少的中间环节”[⑤]。基于这种看法，编者从以下

---

① 赵绍鸿主编：《神奇辩士公孙龙子》，中国华侨出版社1996年版，第93页。

② 参见赵绍鸿主编：《神奇辩士公孙龙子》，中国华侨出版社1996年版，第94—118页。

③ 赵绍鸿主编：《神奇辩士公孙龙子》，中国华侨出版社1996年版，第94—95页。

④ 参见赵绍鸿主编：《神奇辩士公孙龙子》，中国华侨出版社1996年版，第119—141页。

⑤ 赵绍鸿主编：《神奇辩士公孙龙子》，中国华侨出版社1996年版，第119页。

六个方面进行了阐说，分别为“孔子的‘正名说’”[①]、“道家的‘无名论’”[②]、“墨子的‘名实观’”[③]、“名家的‘名实论’”[④]、“后期墨家的发展”[⑤]、“荀子的理论总结”[⑥]。

在“对后世的影响与争议”部分[⑦]，编者首先对历史上关于公孙龙及其思想的争论进行了爬梳，认为“公孙龙与《公孙龙子》被称为中国哲学史上的奇人奇书，之所以称为‘奇’，是因为他与中国古代哲学的正统的、主导的学派格格不入，有着与众不同的特点和风格。人们对它的认识是扑朔迷离，似乎感觉到他的历史价值，但又抓不准其中的思想光辉，因此引起诸多的争议”[⑧]。接着，编者对争论的焦点进行了阐析，认为这些争论主要集中在三个方面，即“公孙龙哲学的派别性问题”[⑨]、“公孙龙哲学的阶级属性”[⑩]、“公孙龙的哲学世界观是唯物论还是唯心论？是辩证法还是形而上学”[⑪]。然后，编者从社会历史的发展状况、公孙龙哲学的特殊风格以及公孙龙哲学本身的缺陷三个方面，对公孙龙哲学的兴衰根源进行了探究。编者最后总结道：“公孙龙作为中国古代杰出的哲学家，长久地退出了历史舞台，但是我们应该看到，公孙龙哲学以名实问题为中心，提出了许多独特的思想，他提出和探讨的问题，可以说是当时思维领域中的尖端课题，其抽象思维水平已达到了当时所能达到的高度，他对后来逻辑学的发展起了先导作用。公孙龙的衰没，并不是他个人的问题，而根本的在于他的学说没有适应社会发展的需要，脱离了现实生活，使人们未能理解、接受和掌握，这是很遗憾的。”[⑫]

---

① 参见赵绍鸿主编：《神奇辩士公孙龙子》，中国华侨出版社 1996 年版，第 119—123 页。
② 参见赵绍鸿主编：《神奇辩士公孙龙子》，中国华侨出版社 1996 年版，第 123—125 页。
③ 参见赵绍鸿主编：《神奇辩士公孙龙子》，中国华侨出版社 1996 年版，第 125—126 页。
④ 参见赵绍鸿主编：《神奇辩士公孙龙子》，中国华侨出版社 1996 年版，第 126—130 页。
⑤ 参见赵绍鸿主编：《神奇辩士公孙龙子》，中国华侨出版社 1996 年版，第 130—136 页。
⑥ 参见赵绍鸿主编：《神奇辩士公孙龙子》，中国华侨出版社 1996 年版，第 136—141 页。
⑦ 参见赵绍鸿主编：《神奇辩士公孙龙子》，中国华侨出版社 1996 年版，第 142—158 页。
⑧ 赵绍鸿主编：《神奇辩士公孙龙子》，中国华侨出版社 1996 年版，第 142 页。
⑨ 参见赵绍鸿主编：《神奇辩士公孙龙子》，中国华侨出版社 1996 年版，第 149—151 页。
⑩ 参见赵绍鸿主编：《神奇辩士公孙龙子》，中国华侨出版社 1996 年版，第 151—152 页。
⑪ 参见赵绍鸿主编：《神奇辩士公孙龙子》，中国华侨出版社 1996 年版，第 152—155 页。
⑫ 赵绍鸿主编：《神奇辩士公孙龙子》，中国华侨出版社 1996 年版，第 158 页。

15. 王宏印著《白话解读公孙龙子》

（西安）三秦出版社 1997 年 9 月第 1 版。

本书包括上、下两编内容，分别为"《公孙龙子》文本注译与疏解""公孙龙的文本与思想研究"。在上编"《公孙龙子》文本注译与疏解"[①]中，著者按照《白马论》《坚白论》《通变论》《指物论》《名实论》《迹府（附录）》的顺序，对《公孙龙子》六篇重新作了编排，借以展示公孙龙的思想演变历程。在此基础上，著者依照"校注""今译""疏解"的体例，并通过图示、关键词释例等多种方式对各篇原文一一进行了解读，借以再现公孙龙的思想图景。

在下编"公孙龙的文本与思想研究"[②]中，著者主要通过逻辑学、哲学和语言哲学三方面的分科研究，对公孙龙的思想体系进行了重建。在进行文本解读与思想重建的过程中，著者综合运用了纵向横向交织、宏观微观兼顾、中西哲学并用的方法。本编包括四章内容，分别为"《公孙龙子》文本研究及公孙龙思想的重建""公孙龙的逻辑学思想研究""公孙龙的哲学思想研究""公孙龙的语言哲学研究"。

在第一章"《公孙龙子》文本研究及公孙龙思想的重建"[③]中，著者首先指出："先秦思想之于中国文化，相当于古希腊思想之于西方文化，具有奠基作用。在儒、墨、道、法、名、农、杂、阴阳、纵横诸子百家之中，名家有感于当时社会变动之危机，关心'名实相怨'之问题，以'审其名实，慎其所谓'为本，以正名实，教化天下为己任，精思好辩，遂成为'辩家'。……在这中间，公孙龙作为一个承上启下的人物，有其独特的多方面的贡献。而《公孙龙子》作为公孙龙思想的体现，也值得从不同的方面运用不同的方法不断进行研究。"[④]基于这种看法，著者以六节的篇幅阐析与重建了公孙龙的思想体系，分别为"透过'史'的迷雾，寻求'思'的本源"[⑤]、"树立以文

① 参见王宏印：《白话解读公孙龙子》，三秦出版社 1997 年版，第 3—126 页。
② 参见王宏印：《白话解读公孙龙子》，三秦出版社 1997 年版，第 129—318 页。
③ 参见王宏印：《白话解读公孙龙子》，三秦出版社 1997 年版，第 129—171 页。
④ 王宏印：《白话解读公孙龙子》，三秦出版社 1997 年版，第 129 页。
⑤ 参见王宏印：《白话解读公孙龙子》，三秦出版社 1997 年版，第 130—139 页。

本为研究之本的思想”[①]、“立足于各篇内容的分析和解释”[②]、“今译与英译作为原作思想的再现”[③]、“从篇目顺序看公孙龙思想的发展”[④]、“连接诸篇要旨，重现公孙龙思想的结构”[⑤]。

在第二章“公孙龙的逻辑学思想研究”[⑥]中，著者首先指出：“公孙龙的逻辑学思想十分丰富而深刻。它体现在《公孙龙子》正文五篇和后人所著《迹府》一篇（作为正文的附录）之中。总的来说，公孙龙的逻辑学思想基本上处于中国逻辑学的草创阶段，和西方大约同一时期的亚里士多德的逻辑学相比，则有某种前科学或潜科学的原初性质。公孙龙继邓析之后与惠施同时都在努力创建中国的逻辑学。但公孙龙与惠施的‘合同异’相反，主张‘离坚白’并向这一方向发展至极端。后来，墨辩时期较为系统的逻辑学吸收了这两派的思想，形成了中国古典逻辑学的大体框架。由此可见，公孙龙是中国逻辑学开创时期两个派别之一的代表。他是一个承上启下的过渡性人物，又是一个颇具学术个性和思想深度的关键性人物。”[⑦]基于这种看法，著者分两节探讨了公孙龙的逻辑学思想：其一，“公孙龙逻辑学思想的特征与基础”[⑧]。首先，著者指出公孙龙逻辑学思想的特征表现在四个方面，即“逻辑学与非逻辑学的思想混杂共处”[⑨]、“分析性与思辨性在逻辑上并行不悖”[⑩]、“论辩逻辑与论证逻辑相互为用”[⑪]、“显逻辑与隐逻辑共处一体”[⑫]。接着，著者阐发了公孙龙逻辑学思想的四个基础，即“物的世界作为一切认识的基础和出发点”[⑬]、“名作为实的对应是指

---

① 参见王宏印：《白话解读公孙龙子》，三秦出版社 1997 年版，第 139—145 页。
② 参见王宏印：《白话解读公孙龙子》，三秦出版社 1997 年版，第 146—150 页。
③ 参见王宏印：《白话解读公孙龙子》，三秦出版社 1997 年版，第 151—157 页。
④ 参见王宏印：《白话解读公孙龙子》，三秦出版社 1997 年版，第 158—165 页。
⑤ 参见王宏印：《白话解读公孙龙子》，三秦出版社 1997 年版，第 166—171 页。
⑥ 参见王宏印：《白话解读公孙龙子》，三秦出版社 1997 年版，第 172—219 页。
⑦ 王宏印：《白话解读公孙龙子》，三秦出版社 1997 年版，第 172 页。
⑧ 参见王宏印：《白话解读公孙龙子》，三秦出版社 1997 年版，第 172—219 页。
⑨ 王宏印：《白话解读公孙龙子》，三秦出版社 1997 年版，第 173 页。
⑩ 王宏印：《白话解读公孙龙子》，三秦出版社 1997 年版，第 174 页。
⑪ 王宏印：《白话解读公孙龙子》，三秦出版社 1997 年版，第 174 页。
⑫ 王宏印：《白话解读公孙龙子》，三秦出版社 1997 年版，第 175 页。
⑬ 王宏印：《白话解读公孙龙子》，三秦出版社 1997 年版，第 178 页。

云与意义的统一体”[①]、“论辩的实质是证明必然联系的判断真值”[②]、“辩谬的关键是挑明无效推理的逻辑谬误”[③]。在此基础上，著者分析了公孙龙逻辑学思想的优势与局限，如“逻辑哲学与逻辑科学尚未分化”[④]、“科学分类体系作为基础不具备”[⑤]、“逻辑分析与语言分析有天然联系”[⑥]、“古汉语形式化与语法学欠发达”[⑦]。其二，“公孙龙逻辑学思想的挖掘与表述”[⑧]。首先，著者认为公孙龙关于概念的逻辑思想颇为丰富。譬如，“概念的建立是一个‘求’的过程”[⑨]，概念可分为“实体概念与属性概念”“单独概念与普遍概念”“正概念与负概念”[⑩]，概念的内涵与外延涉及概念的限定与概括、概念间关系的确定，简单概念构成复合概念主要有“并”“交”“补”三种类型。接着，著者对公孙龙关于判断的逻辑学思想进行了分析，认为公孙龙以形式逻辑的三大规律(同一律、矛盾律、排中律)作为建立概念与进行判断的基础，他的系词逻辑主要体现在“概念的界定”“判断的类型”“判断的涵义”三个方面。最后，著者挖掘了公孙龙关于推理的逻辑学思想。譬如，推理的结构具有“三段论”的逻辑框架，推理的应用分为“类比推理”与“归谬推理”，具体包括类推法、假定法、推谬法、推因法、双推归谬法等。

在第三章“公孙龙的哲学思想研究”[⑪]中，著者首先指出：“公孙龙作为思想家首先是哲学家。在中国先秦哲学诸子争鸣的繁荣时期，公孙龙哲学作为思辨的分析的哲学，与西方同一时期的古希腊哲学具有惊人的相似之处。公孙龙哲学在中国古典哲学中，不仅当时已为‘显学’其后又颇多引起争议，而且今天来看更应有其突出的地位。公孙龙哲学又是知性哲学，即用知性把握事物共相并组织感性经验材料的哲学。这一点又同

---

① 王宏印:《白话解读公孙龙子》，三秦出版社1997年版，第179页。
② 王宏印:《白话解读公孙龙子》，三秦出版社1997年版，第180页。
③ 王宏印:《白话解读公孙龙子》，三秦出版社1997年版，第181页。
④ 王宏印:《白话解读公孙龙子》，三秦出版社1997年版，第183页。
⑤ 王宏印:《白话解读公孙龙子》，三秦出版社1997年版，第183页。
⑥ 王宏印:《白话解读公孙龙子》，三秦出版社1997年版，第184页。
⑦ 王宏印:《白话解读公孙龙子》，三秦出版社1997年版，第184页。
⑧ 参见王宏印:《白话解读公孙龙子》，三秦出版社1997年版，第185—219页。
⑨ 王宏印:《白话解读公孙龙子》，三秦出版社1997年版，第185页。
⑩ 王宏印:《白话解读公孙龙子》，三秦出版社1997年版，第187页。
⑪ 参见王宏印:《白话解读公孙龙子》，三秦出版社1997年版，第220—260页。

中国传统哲学具有基本精神上的相通相合之处。因此可把公孙龙哲学视为中国传统哲学的一个合乎逻辑的发展。”[1]基于这种看法，著者分两节探讨了公孙龙的哲学思想：其一，“公孙龙哲学的一般特征与理论渊源”[2]。首先，著者指出公孙龙的哲学的一般特征表现在五个方面，即“对物的世界的理论关注”[3]、“存在问题是一切思想的起点”[4]、“现象界与观念界的二元同构说”[5]、“共相不变个体可变的有限变化观”[6]、“正名理论的实用倾向与局限性”[7]。接着，著者阐发了公孙龙哲学的四个理论渊源，即“公孙龙对老子的继承和发展”[8]、“公孙龙对孔子的背离与淡化”[9]、“公孙龙对墨子的吸收与创新”[10]、“公孙龙对邹衍的借用与改造”[11]。其二，“公孙龙哲学的本体论与认识论”[12]。首先，著者从五个方面阐说了公孙龙哲学的本体论，即“存在问题：现实与潜在，偶然与必然”[13]、“物的世界：天地万物，各居其位”[14]、“个体可分：形体、性质；数”[15]、“共相世界：类存在，类本质，同位性”[16]、“变非不变：变化观，正名说，局限性”[17]。接着，著者从四个方面阐说了公孙龙哲学的认识论，即“主体意识：寻求共相的知性哲学家”[18]、“感觉分析：视与拊，力与知，工具与条件”[19]、“认识断裂：感性认识与理性认识的

---

① 王宏印：《白话解读公孙龙子》，三秦出版社 1997 年版，第 220 页。
② 参见王宏印：《白话解读公孙龙子》，三秦出版社 1997 年版，第 220—231 页。
③ 王宏印：《白话解读公孙龙子》，三秦出版社 1997 年版，第 221 页。
④ 王宏印：《白话解读公孙龙子》，三秦出版社 1997 年版，第 221 页。
⑤ 王宏印：《白话解读公孙龙子》，三秦出版社 1997 年版，第 222 页。
⑥ 王宏印：《白话解读公孙龙子》，三秦出版社 1997 年版，第 223 页。
⑦ 王宏印：《白话解读公孙龙子》，三秦出版社 1997 年版，第 224 页。
⑧ 王宏印：《白话解读公孙龙子》，三秦出版社 1997 年版，第 225 页。
⑨ 王宏印：《白话解读公孙龙子》，三秦出版社 1997 年版，第 226 页。
⑩ 王宏印：《白话解读公孙龙子》，三秦出版社 1997 年版，第 227 页。
⑪ 王宏印：《白话解读公孙龙子》，三秦出版社 1997 年版，第 229 页。
⑫ 参见王宏印：《白话解读公孙龙子》，三秦出版社 1997 年版，第 231—260 页。
⑬ 王宏印：《白话解读公孙龙子》，三秦出版社 1997 年版，第 232 页。
⑭ 王宏印：《白话解读公孙龙子》，三秦出版社 1997 年版，第 234 页。
⑮ 王宏印：《白话解读公孙龙子》，三秦出版社 1997 年版，第 237 页。
⑯ 王宏印：《白话解读公孙龙子》，三秦出版社 1997 年版，第 240 页。
⑰ 王宏印：《白话解读公孙龙子》，三秦出版社 1997 年版，第 243 页。
⑱ 王宏印：《白话解读公孙龙子》，三秦出版社 1997 年版，第 249 页。
⑲ 王宏印：《白话解读公孙龙子》，三秦出版社 1997 年版，第 252 页。

分离”[1]、“知性错位:并非完全对应的知性观照”[2]。

在第四章“公孙龙的语言哲学研究”[3]中,著者首先指出:“西方哲学在其开端对逻辑学与语言学就比较关注,并将其包容在以本体论为主体结构的哲学总体之中。……同样,在中国先秦哲学家中,公孙龙的哲学思想也同时包含逻辑学问题与语言学问题,或者说逻辑学与语言学是其实在论和知性哲学的一部分。正是在公孙龙语言分析的过程中,其逻辑学思想得以体现,哲学思想得以表达。这同本世纪西方哲学中以逻辑方法分析自然语言以图解决哲学问题的研究思路尚有差异,同从存在主义或人本主义立场上用哲学玄思直接论述语言问题的方法也不尽相同。然而,一个共同的基本框架在西方语言哲学和公孙龙语言哲学思想中却同时可以发现,那就是二者都显示出世界(实在)—语言(言语)—思维(心智)三重框架。公孙龙在实在与语言的关系问题上,基本上是在以语言符号指物中求取指云和意义,而在思想与语言的关系问题上,则力求在论辩与论证中明晰和表达思想。但就语言本身而言,由于中国传统语言(学)缺乏语法形式或形式语法,公孙龙的语言哲学因而也缺少现代语言学中称为语形学的维度,而以语用学和语义学为其主要内容。在基本致思取向上,则可以说公孙龙的语言哲学是思辨的分析的语言哲学。”[4]基于这种看法,著者分两节探讨了公孙龙的语言哲学思想:其一,“公孙龙语言哲学思想的基本特征”[5]。著者认为,公孙龙语言哲学的基本特征表现在四个方面,即“理论的关注与语句的分析二者兼有”[6]、“语用的确定与哲学的思辨相得益彰”[7]、“指云的辨析与意义的探究互为表里”[8]、“命名的意识与正名的

---

① 王宏印:《白话解读公孙龙子》,三秦出版社1997年版,第255页。
② 王宏印:《白话解读公孙龙子》,三秦出版社1997年版,第257页。
③ 参见王宏印:《白话解读公孙龙子》,三秦出版社1997年版,第261—318页。
④ 王宏印:《白话解读公孙龙子》,三秦出版社1997年版,第261—262页。
⑤ 参见王宏印:《白话解读公孙龙子》,三秦出版社1997年版,第262—269页。
⑥ 王宏印:《白话解读公孙龙子》,三秦出版社1997年版,第262页。
⑦ 王宏印:《白话解读公孙龙子》,三秦出版社1997年版,第264页。
⑧ 王宏印:《白话解读公孙龙子》,三秦出版社1997年版,第265页。

目的前后呼应”①。其二,“公孙龙的语言哲学思想分析”②。著者重点分了六个方面的内容,即“物莫非指:‘指’为符号,‘谓’即言说”③、“夫名实谓:专名理论,唯谓原则”④、“慎其所谓:天下而物,可谓指乎”⑤、“而指非指:言有所指,词分等级”⑥、“其异任也:词类相别,言不尽意”⑦、“其相非明:为非乃是,动词不动”⑧。

本书正文后载有三个“附录”,分别为“公孙龙子传略”⑨、“《公孙龙子》六篇英译”⑩、“《公孙龙子》诸篇关键词例释”⑪。

本书正文前载有赵馥洁撰写的“序”⑫,成稿于1996年春节。本书最后载有著者撰写的“后记”⑬,成稿于1996年春节前夕。

另需说明的是,本书经著者修订,以《白马非马:〈公孙龙子〉的智慧——逻辑学、语言学、哲学三维解析》为题名再版,(北京)社会科学文献出版社2018年9月第1版。在“自序”(2018年4月7日初稿,4月16日修订)中,著者对修订之处作了四点说明:其一,“把原本《公孙龙子》六篇英文文本,从附录移到正文,成为古文、注释、今译、英译、疏解等的文本翻译和注释系列,构成《公孙龙子》文本研究的基础和基本样态;把原先属于下编的第一章‘《公孙龙子》文本研究与公孙龙思想的重建’前移到上编,和《公孙龙子》六篇正文及其注释等翻译文本形成一个理论上的呼应,一起构成现在的上编‘《公孙龙子》文本注疏与公孙龙思想的勾连’”⑭。其

---

① 王宏印:《白话解读公孙龙子》,三秦出版社1997年版,第267页。

② 参见王宏印:《白话解读公孙龙子》,三秦出版社1997年版,第269—318页。

③ 王宏印:《白话解读公孙龙子》,三秦出版社1997年版,第269页。

④ 王宏印:《白话解读公孙龙子》,三秦出版社1997年版,第275页。

⑤ 王宏印:《白话解读公孙龙子》,三秦出版社1997年版,第281页。

⑥ 王宏印:《白话解读公孙龙子》,三秦出版社1997年版,第289页。

⑦ 王宏印:《白话解读公孙龙子》,三秦出版社1997年版,第297页。

⑧ 王宏印:《白话解读公孙龙子》,三秦出版社1997年版,第306页。

⑨ 参见王宏印:《白话解读公孙龙子》,三秦出版社1997年版,第319—326页。

⑩ 参见王宏印:《白话解读公孙龙子》,三秦出版社1997年版,第327—345页。

⑪ 参见王宏印:《白话解读公孙龙子》,三秦出版社1997年版,第346—374页。

⑫ 参见王宏印:《白话解读公孙龙子》,三秦出版社1997年版,序第1—4页。

⑬ 参见王宏印:《白话解读公孙龙子》,三秦出版社1997年版,第378—381页。

⑭ 王宏印:《白马非马:〈公孙龙子〉的智慧——逻辑学、语言学、哲学三维解析》,社会科学文献出版社2018年版,自序第6页。

二,“对原书附录中的公孙龙生平来源复杂、资料庞杂的情况,做了一次清理。再结合考察‘士’的概念和战国的历史文化背景,为公孙龙找到了一个合适的回归历史文化语境的恰当机会和理念世界,并将其作为上编第三章‘公孙龙其人其书其思想述要’。这一章与其说从六方面评价了公孙龙的贡献,毋宁说将公孙龙其人一分为六,显示出他的不同面向——作为志士、察士、辩士,他能通变、体道、崇圣——其人格辉煌、学识渊博、智慧超群、光照后世。而对于他晚年的‘见绌’,也做了合理的解释”[1]。其三,“做了以上整理后,下编‘《公孙龙子》的多学科研究与公孙龙的世界’,就集中在了公孙龙子的逻辑学研究、哲学研究和语言哲学研究三大部分。在这三个部分中,改动最大的还是逻辑学部分,包括原始分类和‘类的逻辑’概念,系词‘是’的普遍缺失,《指物论》七大论题的臆说,逻辑框架和逻辑方阵的比较等。这一部分主要参考了中西逻辑学发展史,补充和扩大了与西方逻辑、印度逻辑(因明)的沟通部分和对照研究部分,使其具有更广阔的学术视野和更通达的国际眼光”[2]。其四,“在下编结束的时候,根据现有的研究资料,新增加了第七章‘大风遗响,知音渺茫’。本章较为系统地回顾了辩学传统和公孙龙子研究的历史,从先秦时期的百家争鸣与衰落之势来看,一方面是墨辩逻辑的总结和正统化,一方面则是论辩论题的衰退和庸俗化;至于两汉的评论和魏晋的著录,以鲁胜的《墨辩注序》为代表(有今译英译和疏解),到盛唐和明清时期,以程智的《守白论》为代表(今译英译之外,做了较深入的解读),一直到民国时期古典研究的复兴,以胡适的《先秦名学史》为代表(力争有较全面的评论),最终以郭湛波《先秦辩学史》作为收笔。抚今追昔,我们今天重提古典学的意义,基本上是继承近世以来古典学的复兴传统,并对当下的研究和学风提出批评”[3]。

毛曦的《白话解读〈公孙龙子〉评析》,刊于《华夏文化》2000年第2期。

---

① 王宏印:《白马非马:〈公孙龙子〉的智慧——逻辑学、语言学、哲学三维解析》,社会科学文献出版社2018年版,自序第6—7页。

② 王宏印:《白马非马:〈公孙龙子〉的智慧——逻辑学、语言学、哲学三维解析》,社会科学文献出版社2018年版,自序第7页。

③ 王宏印:《白马非马:〈公孙龙子〉的智慧——逻辑学、语言学、哲学三维解析》,社会科学文献出版社2018年版,自序第7页。

16. 谭业谦撰《公孙龙子译注》

(北京)中华书局 1997 年 12 月第 1 版。本书正文前载有朱祖延、王毅分别撰写的“序”[①],两篇序言均成稿于 1986 年春。据此推断,著者最迟于 1986 年春已完成本书的初稿。

本书包括正文与附录两个部分。正文部分[②]对《道藏》本《公孙龙子》六篇的次序进行了调整,将《迹府》篇移至最末,其他五篇依次为《白马论》《指物论》《通变论》《坚白论》《名实论》。著者在对每篇进行疏解时,首先简要说明其主要内容、以往学者的研究状况以及阐释此篇需要解决的问题等,接着援引傅山、俞樾、王琯、金受申、庞朴等学者的看法,对原文中的关键字词进行注释与校勘。然后,著者对各篇全文作了白话翻译。最后是“释义”部分,著者重点阐发了各篇所蕴含的逻辑学思想,并对文中与《墨经》相似的内容作了对比分析。通过《公孙龙子》与《墨经》的文义互证,本书为名墨相通说提供了新的论据。

在《白马论》(《道藏》本原第二)译注部分[③],著者认为“《白马论》讨论了‘白马’与‘马’两概念的关系。这两个概念的同异是一个逻辑学问题。专门讨论逻辑问题是这篇文章的价值,它标志着逻辑学在先秦时代的发展”[④]。从逻辑学的层面看,“白马非马”是比“白马是马”更带根本性的辩题,理解这一辩题的关键在于,这里的“白马”与“马”分别代表“种名”与“类名”。就此而言,“它们是相异的概念却不是对立的概念。马和非马对立却不和白马对立。按照‘离白’的说法,(白就是差异,)忘掉差异,种名就可以等同类名”[⑤]。著者又以《墨经》中的类似表述为旁证,指出“楚人和人,盗人和人,狗和犬,亲人和人,都存在种名和类名的关系,都可以用《白马论》的理论概括”[⑥]。除了强调逻辑学的研究视域外,著者还就以往某些注释者存在的句读问题及其误用哲学视域问题谈了个人的看法。就句读

---

① 参见谭业谦:《公孙龙子译注》,中华书局 1997 年版,序第 1—3 页。

② 参见谭业谦:《公孙龙子译注》,中华书局 1997 年版,第 1—60 页。

③ 参见谭业谦:《公孙龙子译注》,中华书局 1997 年版,第 1—10 页。

④ 谭业谦:《公孙龙子译注》,中华书局 1997 年版,第 1 页。

⑤ 谭业谦:《公孙龙子译注》,中华书局 1997 年版,第 9 页。

⑥ 谭业谦:《公孙龙子译注》,中华书局 1997 年版,第 9 页。

问题而言，“他们沿袭了旧注的读法，没有完全改正谢希深注的错误句读”[1]，导致他们在《白马论》中发现了一些违背形式逻辑的东西；就误用哲学视域而言，“他们把《白马论》作为哲学论文来注释，把白马和马解释为哲学概念，例如个别与一般、同一与差异、抽象和具体、矛盾的对立面等等”[2]，导致他们误把“白马非马”视为违反辩证法的唯心主义命题。鉴于此，著者认为通释《白马论》需要解决两个问题：一是“根据古代汉语的特点分辨句读的正误”[3]，二是“判断《白马论》能不能列入哲学上的唯心主义或形而上学”[4]。

在《指物论》(《道藏》本原第三)译注部分[5]，著者认为本篇对其中心命题“物莫非指，而指非指”进行了反复论证，“所论的是指称和事物的变化关系，纯粹属于逻辑学范畴”[6]。在先秦诸子文中，像《指物论》这样的纯粹逻辑学论文实属罕见，“《公孙龙子》也许就是因为这种特色而被列于‘名家’”[7]。从逻辑学的层面看，“物莫非指”的“指”乃意指物的指称作用，不能把它解释为共相、意识、物德、概念等。著者将《庄子·齐物论》《庄子·则阳》中文义相关的两节拿来与《指物论》相互印证，认为“指既是指(‘指非非指’)，又是非指(‘指非指’)，这是说，指可以有两义：一是有指称对象的指，一是没有指称对象的指。物既是物，又是非物(‘物无可以谓物’)，正如马既是马，又可以是非马。指称作用有变化，指称的对象也有变化。这与《墨子·小取》中，国有两义之例相似。国既是国中一宅，又不是国中一宅。《小取》称为‘一是而一非’”[8]。在著者看来，《墨子·经下》《庄子·天下》《列子·仲尼》中均有疑似论“指”之文，可惜文义已不可识。

在《通变论》(《道藏》本原第四)译注部分[9]，著者首先对本篇的博辩色

---

① 谭业谦：《公孙龙子译注》，中华书局1997年版，第1页。
② 谭业谦：《公孙龙子译注》，中华书局1997年版，第1页。
③ 谭业谦：《公孙龙子译注》，中华书局1997年版，第1—2页。
④ 谭业谦：《公孙龙子译注》，中华书局1997年版，第2页。
⑤ 参见谭业谦：《公孙龙子译注》，中华书局1997年版，第11—20页。
⑥ 谭业谦：《公孙龙子译注》，中华书局1997年版，第11页。
⑦ 谭业谦：《公孙龙子译注》，中华书局1997年版，第11页。
⑧ 谭业谦：《公孙龙子译注》，中华书局1997年版，第19—20页。
⑨ 参见谭业谦：《公孙龙子译注》，中华书局1997年版，第21—36页。

彩及其探讨的中心问题进行了诠解，认为“《通变论》是一篇构思精密、论证谨严，最能表现公孙龙的博辩无疑的文字。它讨论的是中国古逻辑学中的同异问题和同类异类问题。对同和同类、异和异类的区别进行了逻辑分析。这又是一篇纯粹逻辑学的论文”[①]。接着，著者阐发了《通变论》与《墨经》的内在关联，认为这种关联至少体现在两个方面：其一，“根据《通变论》的理论才可以通解《墨经》中‘狂举不可以知异’和‘牛马之非牛与可之同’这两条”[②]；其二，《通变论》独特的语言风格——“长句可以特长而结构严谨，短句可以特短而意义圆足。用词极力省约而造句仍讲究匀称均衡”[③]——在《墨经》的相关表述中也可得到印证。最后，著者指出《通变论》大量使用逻辑术语（如“二”“一”“左”“右”“牛”“马”“鸡”“青”“白”“黄”“碧”“木”“金”等）与逻辑语言（如“二无一”“二无左”“左与右可谓二”“二者左与右”“右有与”“羊合牛”等），认为“它们的出现是概括性思维的必要，是逻辑学发展的标志”[④]。

在《坚白论》（《道藏》本原第五）译注部分[⑤]，著者首先指出本篇的中心论题是“论‘坚’、‘白’、‘石’三概念的关系”[⑥]，只要紧紧抓住“坚白石三，未可。坚白石二，可”这个核心论点，便可据此论点通解《坚白论》。接着，著者认为本篇已有明显的缺损错乱现象，现有的原文已不能完整显示坚白之辩的全貌，研究者对其中某些存有疑点的字句最好能够采取存疑的态度。尽管如此，从《史记》的两篇列传——《孟子荀卿列传》与《平原君虞卿列传》——重复载述“公孙龙为坚白同异之辩”“公孙龙善为坚白之辩”看，“《坚白论》应该是公孙龙的著名学说”[⑦]。然后，著者对本篇涉及的认识论问题进行了阐析，认为“《坚白论》从目见、手知讨论坚白石的二与三。在篇末还涉及‘神知’，也就是对客观存在作人的主观认识的分析。可以说

---

① 谭业谦：《公孙龙子译注》，中华书局 1997 年版，第 21 页。
② 谭业谦：《公孙龙子译注》，中华书局 1997 年版，第 21 页。
③ 谭业谦：《公孙龙子译注》，中华书局 1997 年版，第 21 页。
④ 谭业谦：《公孙龙子译注》，中华书局 1997 年版，第 21 页。
⑤ 参见谭业谦：《公孙龙子译注》，中华书局 1997 年版，第 37—46 页。
⑥ 谭业谦：《公孙龙子译注》，中华书局 1997 年版，第 37 页。
⑦ 谭业谦：《公孙龙子译注》，中华书局 1997 年版，第 37 页。

它具有认识论的意义”[1]。最后，著者强调了《坚白论》与《墨经》的内在关联，指出“‘白以目’一段文字大体见于《墨经》‘火不热’条。它们的含义可以互释互证。《墨经》‘坚白不相外也’条也与《坚白论》有关”[2]。

在《名实论》(《道藏》本原第六)译注部分[3]，著者首先指出本篇的中心论题是“论述‘名’与‘实’的关系，规定‘物’、‘实’、‘位’、‘正’等概念的含义，完整地表达了公孙龙的正名学说”[4]。接着，著者对“正名”的标准问题进行了探讨，认为“公孙龙给‘实’作出了一个逻辑学的规定。‘名实当’也是一种逻辑关系。‘名’的正与不正决定于‘实’，公孙龙的‘正名’是有客观标准的”[5]。然后，著者关联着“彼”“此”这两个无实义的逻辑符号，阐发了《名实论》所蕴含的形式逻辑的基本规律，如同一律、矛盾律、排中律等。就此而言，“《名实论》自然十分重要，它保留了先秦逻辑学的重要部分”[6]。最后，著者强调了《名实论》与《墨经》的内在关联，认为《墨经》也颇为重视名实问题，《小取》《经说上》中的某些表述就与《名实论》相关甚至同义。[7]

在《迹府》(《道藏》本原第一)译注部分[8]，著者认为本篇并非公孙龙所著，从内容上看实为后人对记有公孙龙言论的材料的缀集，因而这里将其置于《公孙龙子》其他五篇之后。

本书正文后载有两个附录：附录一为“墨经部分篇章条目”[9]，著者选取《墨经》中与《公孙龙子》相关的篇章、条目进行了注解、翻译、释义；附录二为“公孙龙事迹及学术思想之记载”[10]，著者撮录古代典籍(如《史记》《吕氏春秋》《庄子》《战国策》《淮南子》《列子》《孔丛子》以及刘向《别录》、扬雄《法言》、冯衍《与邓禹书》、鲁胜《墨辩注·序》等)中关于公孙龙其人其说

---

① 谭业谦：《公孙龙子译注》，中华书局1997年版，第37页。
② 谭业谦：《公孙龙子译注》，中华书局1997年版，第46页。
③ 参见谭业谦：《公孙龙子译注》，中华书局1997年版，第47—53页。
④ 谭业谦：《公孙龙子译注》，中华书局1997年版，第47页。
⑤ 谭业谦：《公孙龙子译注》，中华书局1997年版，第47页。
⑥ 谭业谦：《公孙龙子译注》，中华书局1997年版，第47页。
⑦ 参见谭业谦：《公孙龙子译注》，中华书局1997年版，第53页。
⑧ 参见谭业谦：《公孙龙子译注》，中华书局1997年版，第54—60页。
⑨ 参见谭业谦：《公孙龙子译注》，中华书局1997年版，第61—108页。
⑩ 参见谭业谦：《公孙龙子译注》，中华书局1997年版，第109—119页。

的记载，并以按语的形式一一进行了点评。

本书正文前载有著者撰写的“前言”[①]，未标署具体时间。著者在这篇文字中主要谈了三个话题。其一，本书的意趣及研究范围是：“本书意在对《公孙龙子》文义作一新的解释，同时也对《墨经》中明显与《公孙龙子》有关的篇章作一较新的解释。以《公孙龙子》之义证《墨经》之义，也以《墨经》之义证《公孙龙子》之义。从两书文义的符同证明两书可能同出一源，或部分同出一源。《墨经》中疑为公孙龙文或可据公孙龙思想通释者，均列入本书释证范围。”[②]其二，需要重视《公孙龙子》与《墨经》的句读与校勘。就句读而言，“《公孙龙子》与《墨经》多有句读之难点。所谓难点，是指其语句构造常容易引起误解。例如，《白马论》有以‘故所以为有马者’领起的四十六字之长句，必须作正确的语法分析始可阐明其为一整句，然后可作正确之语译。先秦文关联词之复杂、语句成分之多所省略，亦均能造成句读之疑难。今所释各篇，对于重要的句读问题，均于注释中酌引异说参互比较”[③]；就校勘而言，“《公孙龙子》以《道藏》本为最善。《墨经》以孙诒让《墨子间诂》定本校勘最著名。兹以二本为主，搜集后来各家校勘之善者。其有不遵用前人成说处均详释于注中。《指物》、《坚白》、《名实》、《小取》诸篇中都有较重要的校勘问题。有的问题甚至与全篇文义有关，一字的误增或误衍可以使全篇文义不可通释。《通变论》之被视为诡辩，就是以错误的句读和错误的校勘为依据，再有意地加上一些偏见酿成的结果”[④]。其三，本书得出的结论是：“公孙龙文中论述了一些古逻辑学学说。这些学说是合理的思维，不需诡辩，也与诡辩学派无关。《墨经》中与《公孙龙子》有关的部分，显然与《公孙龙子》同出一源。这个结论基本上与鲁胜《墨辩注·序》符同。”[⑤]

---

① 参见谭业谦：《公孙龙子译注》，中华书局 1997 年版，前言第 1—3 页。

② 谭业谦：《公孙龙子译注》，中华书局 1997 年版，前言第 1 页。

③ 谭业谦：《公孙龙子译注》，中华书局 1997 年版，前言第 2 页。

④ 谭业谦：《公孙龙子译注》，中华书局 1997 年版，前言第 2—3 页。

⑤ 谭业谦：《公孙龙子译注》，中华书局 1997 年版，前言第 3 页。

17. 周昌忠著《公孙龙子答客问》

本书系《贤哲自述丛书》(郭志坤主编)之一种,上海人民出版社2002年5月第1版。

本书正文前载有郭志坤撰写的“总序”(成稿于1997年5月1日)。在郭志坤看来,要让贤哲的思想深入民众之中,一种适宜而贴切的表述方式就是“让贤哲自己站出来讲话的‘贤哲自述’的形式”[①]。这种“贤哲自述”的形式既有“客问”,又有“贤哲答”。“‘客问’提出的是学术界、社会上关切的诸多问题,有些是常年争讼不休的‘热点’、‘难点’,决非隔靴搔痒。‘贤哲答’,实际上是让贤哲超越时空,站在今天读者面前作面对面的答疑,既解答生平、事迹、思想、理论,也可评判历代研究者的种种评说”[②]。以这种问答体的形式展呈公孙龙的生平、事迹并敞开其思想、理论的著作,既“生动、活泼”,又“可熔学术性、知识性、趣味性于一炉”,可以称得上是一种“浅化了的学术专著”[③]。

本书包括九章内容。第一章是“其人其书其事”[④]。著者首先对史书记载的两个公孙龙作了分辨,认为“善为坚白之辩”的公孙龙是赵国人,“子秉”并不是他的字。至于今本《公孙龙子》一书的真伪问题,著者认为该书论理一贯,文辞奇诡,决非后人伪托之作。该书的传世源流颇为复杂,著者对此作了辨析,并对公孙龙作为名辩辩者的生涯进行了爬梳。

第二章是“名辩思潮主要代表——公孙龙”[⑤]。著者重点辨析了中国古代名家、名学的起源、发展问题,认为最早的名家可以追溯到邓析,后经尹文与惠施,至公孙龙步入极盛时期。作为名辩思潮的主要代表人物,公孙龙为这一思潮的发展作出了巨大的贡献。

第三章至第七章分别是“《公孙龙子》的哲学——思辨的语言分析哲

① 周昌忠:《公孙龙子答客问》,上海人民出版社2002年版,总序第2页。

② 周昌忠:《公孙龙子答客问》,上海人民出版社2002年版,总序第2页。

③ 周昌忠:《公孙龙子答客问》,上海人民出版社2002年版,总序第3页。

④ 参见周昌忠:《公孙龙子答客问》,上海人民出版社2002年版,第1—29页。

⑤ 参见周昌忠:《公孙龙子答客问》,上海人民出版社2002年版,第31—61页。

学体系”[1]、“本体论：存在包括个体和共相两界”[2]、“认识论：知性水平的认识”[3]、“语言哲学：语言意义理论”[4]、“逻辑学：知性思维的基本原理”[5]。著者首先将《公孙龙子》的哲学判定为“思辨的语言分析哲学体系”，接着从本体论、认识论、语言哲学、逻辑学四个层面一一进行了阐发，展现了公孙龙哲学思想的丰富性和多维性。上述五章的内容与周昌忠的《公孙龙子新论——和西方哲学的比较研究》(上海社会科学院出版社 1991 年版)一书大致相同，这里不再赘述。

第八章是“‘二十一事’和‘七说’解读”[6]。著者把辩者“二十一事”和“七说”置于公孙龙的整个知性哲学体系中进行索解，认为这些哲学命题在形式上带有浓厚的中国传统文化色彩，在实质上与西方分析哲学亦有相通之处。鉴于此，著者将这些命题依其命意归为十类：“(一)存在包括共相和个体：‘鸡三足。’‘黄马骊牛三。’(二)共相和个体别异：‘矩不方，规不可以为圆。’(三)个体同属于类：‘郢有天下。’(四)知性概念和客体：‘有意不心。’‘指不至，至不绝。’‘有指不至。’‘有物不尽。’(五)认识依赖知性思维：‘火不热。’‘目不见。’(六)知性思维超越经验：‘轮不碾地。’‘飞鸟之影，未尝动也。’‘镞矢之疾，而有不行不止之时。’‘有景不移。’‘发引千钧。’(七)知性认识推进常识：‘卵有毛。’‘马有卵。’‘蛙有尾。’(八)名是人给予物的称谓：‘犬可以为羊。’‘山出口。’(九)概念词之间的不可比性：‘龟长于蛇。’‘凿不围枘。’‘白狗黑。’(十)概念词之间的不等同关系：‘狗非犬。’”[7]根据上述分类，著者对这些命题进行了解说。

第九章是“《公孙龙子》的历史命运”[8]。以公孙龙为代表的名辩之学当年位居“六家”之列，到了晋人鲁胜时代，当年的这种显学却已成为绝学。著者从“怪”“小”“贱”三个角度概括了公孙龙哲学的特点，并就此探

---

① 参见周昌忠：《公孙龙子答客问》，上海人民出版社 2002 年版，第 63—86 页。
② 参见周昌忠：《公孙龙子答客问》，上海人民出版社 2002 年版，第 87—120 页。
③ 参见周昌忠：《公孙龙子答客问》，上海人民出版社 2002 年版，第 121—142 页。
④ 参见周昌忠：《公孙龙子答客问》，上海人民出版社 2002 年版，第 143—175 页。
⑤ 参见周昌忠：《公孙龙子答客问》，上海人民出版社 2002 年版，第 177—196 页。
⑥ 参见周昌忠：《公孙龙子答客问》，上海人民出版社 2002 年版，第 197—216 页。
⑦ 周昌忠：《公孙龙子答客问》，上海人民出版社 2002 年版，第 199—200 页。
⑧ 参见周昌忠：《公孙龙子答客问》，上海人民出版社 2002 年版，第 217—225 页。

讨了这种名辩学不为中国传统主流哲学所容的原因。在此基础上，著者指出公孙龙留下的“遗产”后来由“小学”（中国古代语言学）传统所继承，其兴微继绝自唐初露出曙光，至近代重现光芒，到了现代又几成显学。探究个中的原委，著者认为科学理性的倡扬以及中国传统文化与西方现代科技文化的“对接”是这种“绝学”复苏的条件与动力，这也是公孙龙的学说对中国文化未来发展的最大启示意义之所在。

本书恪守言之有据的原则，著者借公孙龙之口所答的内容除了学界的定评、定论外，还有自己长年研究的心得。这种“贤哲自述”的形式深入浅出，自然亲切，拉近了公孙龙与读者之间的距离，令读者如闻其声、如见其人，易于读者理解公孙龙其人其说的韵致。

18. 王左立著《〈公孙龙子〉中的意义理论》

本书是著者在其博士学位论文（南开大学博士学位论文，1997年答辩，指导教师温公颐、崔清田教授）的基础上修订而成的，（香港）现代知识出版社2004年10月第1版。原题名为《〈公孙龙子〉的语言意义理论》，正式出版时改为《〈公孙龙子〉中的意义理论》。

本书由“引言”与七章内容组成。在“引言”部分[①]，著者主要评述了近代以来的《公孙龙子》研究状况。从整体上看，“近代以来学者们从哲学、逻辑学、符号学、语义学等不同的角度来研究《公孙龙子》，使《公孙龙子》研究呈现出多元化的局面。但这样的研究至今尚未形成被学术界普遍认可的理论”[②]。基于这种看法，著者首先就《公孙龙子》学术思想的性质及学科归属问题、社会作用及政治态度问题及其在中国文化史或学术史上的地位问题依次作了爬梳，接着就研究《公孙龙子》的工具与方法问题作了回顾。通过上述爬梳与回顾，著者认为“对上述问题的回答关系到中国逻辑史、中国哲学史、中国文化史研究的继续深入”[③]。就此而言，重新研究与评价《公孙龙子》的学术思想具有重要的学术价值与意义。

---

① 参见王左立：《〈公孙龙子〉中的意义理论》，现代知识出版社2004年版，第1—10页。

② 王左立：《〈公孙龙子〉中的意义理论》，现代知识出版社2004年版，第2页。

③ 王左立：《〈公孙龙子〉中的意义理论》，现代知识出版社2004年版，第9页。

在第一章“《公孙龙子》研究的方法论”[1]中，著者首先探讨了“古籍解释的合理性及其评价”问题[2]，如“恢复作者原意的可能性”“古籍解释的客观性”“如何评价古籍解释的合理性”等。就最后一个问题而言，著者认为应该从三个方面评价古籍解释的合理性：“第一，解释本身是否与逻辑相符合；第二，对作品语言的解释是否与古代语言的用法相符合；第三，对作品思想的解释是否与当时社会的思想文化背景相符合。”[3]接着，著者探讨了“理论与方法在古籍解释中的作用”问题[4]，如“解释与前理解”“理论、方法和解释”等。然后，著者就“解释和评价《公孙龙子》学术思想的方法论原则”问题提出了自己的看法[5]，认为“马克思主义的方法论应该是古籍解释的最合理的方法论原则，也是选择解释《公孙龙子》的参照系和使用各种具体方法的指导原则”[6]。至于具体的方法，如“从抽象上升到具体的方法”“逻辑与历史相一致的方法”等。最后，著者以马克思主义的方法论为指导对近代以来的几种解释《公孙龙子》的方法进行了反思[7]，强调了“以西释中”的必然性，并主张把比较与比附区分开来。在总结前人研究的经验与缺陷的基础上，著者认为在《公孙龙子》研究中要特别注意三个问题：一是“对原文的解释应该有训诂的或文献的根据”[8]，二是“对原文思想内容的解释应尽量平实”[9]，三是“对原文中的文字和思想内容都不可强解”[10]。

在第二章“《公孙龙子》史料辨析”[11]中，著者主要辨析了两个方面的问题：(1)“今本《公孙龙子》的真伪”[12]问题。著者首先将近代以来的学者们

---

① 参见王左立：《〈公孙龙子〉中的意义理论》，现代知识出版社 2004 年版，第 11—40 页。
② 参见王左立：《〈公孙龙子〉中的意义理论》，现代知识出版社 2004 年版，第 12—20 页。
③ 王左立：《〈公孙龙子〉中的意义理论》，现代知识出版社 2004 年版，第 17 页。
④ 参见王左立：《〈公孙龙子〉中的意义理论》，现代知识出版社 2004 年版，第 20—25 页。
⑤ 参见王左立：《〈公孙龙子〉中的意义理论》，现代知识出版社 2004 年版，第 25—29 页。
⑥ 王左立：《〈公孙龙子〉中的意义理论》，现代知识出版社 2004 年版，第 25 页。
⑦ 参见王左立：《〈公孙龙子〉中的意义理论》，现代知识出版社 2004 年版，第 29—40 页。
⑧ 王左立：《〈公孙龙子〉中的意义理论》，现代知识出版社 2004 年版，第 35 页。
⑨ 王左立：《〈公孙龙子〉中的意义理论》，现代知识出版社 2004 年版，第 36 页。
⑩ 王左立：《〈公孙龙子〉中的意义理论》，现代知识出版社 2004 年版，第 38 页。
⑪ 参见王左立：《〈公孙龙子〉中的意义理论》，现代知识出版社 2004 年版，第 41—55 页。
⑫ 参见王左立：《〈公孙龙子〉中的意义理论》，现代知识出版社 2004 年版，第 41—52 页。

对今本《公孙龙子》的看法分为三类："第一，今本《公孙龙子》，除《迹府》篇外，是公孙龙的原作，而且是原《公孙龙子》书的全部，亦即除了我们今天所能见到的这几篇外《公孙龙子》原书再无其它内容。这种观点可以简称为真而全。第二，今本《公孙龙子》，除《迹府》篇外，是原本《公孙龙子》书中的内容，但原书的大部分内容已经佚失了。这种观点可以简称为真而残。第三，今本《公孙龙子》不是原本《公孙龙子》，它是由后人附会《庄子》、《列子》等书而成。……(或——引者加)由后人根据残存材料并参照《墨辩》等书编撰而成。"[①]接着，著者对上述三类看法分别进行了评说，认为"庞朴关于今本《公孙龙子》真而全的论证不能成立"[②]，至于众多学者所支持的"真而残"之说也"没有充足的理由"[③]；相较之下，著者所赞同的是第三种看法："今本《公孙龙子》是由后人凭借残存的破旧材料，参照《墨子》、《庄子》等书编纂整理而成的。这种观点由唐钺先生首先提出，被沈有鼎继承和发展。对于这个观点，我是心服的。"[④](2)"今本《公孙龙子》的成书年代"[⑤]问题。在著者看来，"今本《公孙龙子》出现于汉唐之间，而出于晋人之手的可能性最大"[⑥]。为了证成自己的观点，著者给出了两个理由：一是"近代文人注重'名理'"[⑦]，二是"晋代文人喜好论辩"[⑧]。在论证的基础上，著者最后总结道："综上所述，今本《公孙龙子》很可能是在晋代出现的。东晋张湛注《列子·仲尼篇》中的'白马非马'句曰：'此论现存，多有辩之者。辩之者皆不弘通，故阙而不论。'这时的《白马论》很可能已经被后人加工过了。"[⑨]

第三章"《公孙龙子》的语言意义理论"和第四章"《公孙龙子》对其意义理论的展开和论证"是本书的核心部分，著者从语言学的视域出发，对

① 王左立：《〈公孙龙子〉中的意义理论》，现代知识出版社2004年版，第41—42页。
② 王左立：《〈公孙龙子〉中的意义理论》，现代知识出版社2004年版，第43页。
③ 王左立：《〈公孙龙子〉中的意义理论》，现代知识出版社2004年版，第43页。
④ 王左立：《〈公孙龙子〉中的意义理论》，现代知识出版社2004年版，第49页。
⑤ 参见王左立：《〈公孙龙子〉中的意义理论》，现代知识出版社2004年版，第52—55页。
⑥ 王左立：《〈公孙龙子〉中的意义理论》，现代知识出版社2004年版，第52页。
⑦ 王左立：《〈公孙龙子〉中的意义理论》，现代知识出版社2004年版，第52页。"近"当作"晋"。
⑧ 王左立：《〈公孙龙子〉中的意义理论》，现代知识出版社2004年版，第53页。
⑨ 王左立：《〈公孙龙子〉中的意义理论》，现代知识出版社2004年版，第55页。

《公孙龙子》正名学说的性质、目的、关键范畴及其认识论基础、基本原则等问题进行了探讨。其中"《公孙龙子》的语言意义理论"一章[①]包括四节内容，分别为"《公孙龙子》的正名学说是关于语言意义的理论""'物'、'实'、'位'、'正'是《公孙龙子》正名理论的基础""'指'与'物'的关系""由指、物、名、实诸范畴构成的语言意义理论"。

在"《公孙龙子》的正名学说是关于语言意义的理论"一节[②]中，著者从两个方面进行了探讨：其一，"《公孙龙子》所讨论的'名'是语词"[③]。在著者看来，"'名'是《公孙龙子》正名学说最关键的概念，对它的理解决定了整个《公孙龙子》正名学说的性质。要想恰当地解释《公孙龙子》的正名理论必须首先理解《公孙龙子》中'名'的涵意"[④]。基于这种看法，著者对《公孙龙子》中"名"的涵意作了阐析，认为"'名'的最基本意义是名称，属于语言的范围"[⑤]，"《公孙龙子》正是在'名称'这个意义上讨论'名'的，它所谈的'名'是事物的名称，是语词，是一种语言形式"[⑥]。为了厘定"名"在《公孙龙子》中的内涵，著者还对"语词"与"概念"作了区分："语词与概念之间有着密切的联系，但它们毕竟不同。语词是语言形式，属于语言的范围；而概念是思维形式，属于思维的范围。人们在讨论客观事物时，常常可以不考虑语词和概念的差别，但通过把语词作为研究对象，就必须把语词和概念严格地区分开来。语言和思维在《公孙龙子》中是被很清楚地区别开的。《指物论》：'天下无指，生于物各有名，不为指也。'这句话虽然是论客之言，但它也为论主所接受。显然，《公孙龙子》认为，名不是指。"[⑦]在上述区分的基础上，著者进一步强调："《公孙龙子》在讨论语言和语言的对象时所使用的术语是'名'和'实'，而在讨论思维和存在的关系时所使用的术语则是'指'和'物'。《公孙龙子》所讨论的名是语词，明确了这一点才

---

① 参见王左立：《〈公孙龙子〉中的意义理论》，现代知识出版社 2004 年版，第 56—80 页。
② 参见王左立：《〈公孙龙子〉中的意义理论》，现代知识出版社 2004 年版，第 56—64 页。
③ 参见王左立：《〈公孙龙子〉中的意义理论》，现代知识出版社 2004 年版，第 56—58 页。
④ 王左立：《〈公孙龙子〉中的意义理论》，现代知识出版社 2004 年版，第 56 页。
⑤ 王左立：《〈公孙龙子〉中的意义理论》，现代知识出版社 2004 年版，第 56 页。
⑥ 王左立：《〈公孙龙子〉中的意义理论》，现代知识出版社 2004 年版，第 57 页。
⑦ 王左立：《〈公孙龙子〉中的意义理论》，现代知识出版社 2004 年版，第 58 页。

能对《公孙龙子》的正名学说作进一步的讨论。”[①]其二，“《公孙龙子》讨论正名的目的是确定词语的意义”[②]。著者认为，“从《公孙龙子》各篇所叙述的内容上看，《公孙龙子》的学说是关于正名的理论，是从名实关系讨论语言意义的理论”[③]。基于这种看法，著者对《名实论》《指物论》《坚白论》《白马论》诸篇的内容一一作了阐析[④]，进而指出：“《公孙龙子》以名实关系问题为中心。它对指物关系及认识问题的论述都是围绕这个中心展开的。《公孙龙子》对名实关系、指物关系以及坚白关系的论述构成了一个完整的理论。它以实作为名的意义，用指作为联系名与实的中介。人通过感觉获得关于物的指，然后再通过指把名和实联系起来，名、实、指三者构成了一个三角形。这个三角形与传统符号学的语义三角形是基本一致的。”[⑤]为了廓清《公孙龙子》名学理论的指归，著者还将其与西方语言哲学中的指称论、观念论作了比较，认为“《公孙龙子》的名学理论虽然和指称论和观念论有相似的地方，但它既不等同于指称论，也不等同于观念论，它是一种独特的关于语言意义的理论”[⑥]。最后，著者针对众多学者将《公孙龙子》视为逻辑理论的看法，重点结合《白马论》(《白马论》通常被认为是《公孙龙子》中最能反映其逻辑思想的一篇)的相关命题进行了推阐与质疑，进而得出了如下结论：“逻辑学必须研究推理，要研究推理就不能把概念间的联系(如‘白马’与‘马’——引者注)完全割断。逻辑学应该研究推理，而语言的意义理论则不然。若将《公孙龙子》的名学思想解释为语言的意义理论，这样可困难(‘白马非马’割裂了特殊概念‘白马’与一般概念‘马’之间的逻辑联系——引者注)根本就不存在。它所关心的是语词的意义是什么。推理的问题完全不在它的研究范围之内，所以也就不存在什么割裂一般概念与特殊概念之间联系的问

① 王左立：《〈公孙龙子〉中的意义理论》，现代知识出版社2004年版，第58页。

② 参见王左立：《〈公孙龙子〉中的意义理论》，现代知识出版社2004年版，第59—64页。

③ 王左立：《〈公孙龙子〉中的意义理论》，现代知识出版社2004年版，第59页。

④ 王左立认同沈有鼎的看法，认为《通变论》“东拉西扯，毫无道理可言”，“所据材料残缺过甚，……已无法反映公孙龙的学术思想”，因而本书未对《通变论》进行阐析。参见王左立：《〈公孙龙子〉中的意义理论》，现代知识出版社2004年版，第51—52页。

⑤ 王左立：《〈公孙龙子〉中的意义理论》，现代知识出版社2004年版，第61页。

⑥ 王左立：《〈公孙龙子〉中的意义理论》，现代知识出版社2004年版，第61—62页。

题。对于《公孙龙子》的名学理论来说，语词的意义是它所指称的对象。《白马论》用‘白马非马’来说明‘白马’指白马，‘马’指马。至于白马是不是马，‘白马’与‘马’两个概念之间的关系或联系等，根本就不是它所关心的问题。”[①]

在“‘物’、‘实’、‘位’、‘正’是《公孙龙子》正名理论的基础”一节[②]中，著者首先指出：“《名实论》开篇就定义了‘物’、‘实’、‘位’、‘正’四个基本范畴。这里的‘正’就是正名之正。所以，这四个范畴构成了《公孙龙子》正名学说的理论基础。”[③]基于这种看法，著者结合《名实论》开篇的四句话，对公孙龙关于“物”“实”“位”“正”的定义一一作了解读。其一，关于“物”的定义：“《公孙龙子》所说的物是客观存在，它们是‘天地与其所产’，是不依赖于人的。谢希深注云：‘天地之形及天地之所生者，皆谓之物也。’伍非百说：‘言凡天地间一切诸有，可以名实指者，皆得谓之为物也。’对‘物’的这些解释都是合理的。杜国庠、杨俊光、栾星等人认为，《公孙龙子》中所说的‘物’不是客观存在，而是由‘指’转化而成的。……这是对《公孙龙子》所说的‘物’的误解，这种误解是由对‘指’的误解造成的。”[④]其二，关于“实”的定义：“‘物以物其所物而不过焉，实也’中的第一个‘物’字与上一句中的‘物’字意义相同。第二个‘物’字是动词，是‘使成为物’的意思。第三个‘物’字与它前面的‘所’字连用。‘所物’表示‘使成为物’这一动作的接受者。‘不过’是不超过的意思，在这里解作‘恰好’。这句话的意思是，物使某种东西恰好成为某物，这种东西叫做实。换一种说法，其意思是，实是以物为内容的。这句话清楚地表明，《公孙龙子》所说的实，是物，是客观存在的东西，而不是观念，也不是精神实体。”[⑤]其三，关于“位”的定义：“‘实以实其所实而不旷焉，位也’中的第一个‘实’字与上句中的‘实’意义相同。第二个‘实’字是动词，是‘使成为实’的意思。第三个‘实’字与它前面的‘所’字连用。‘所实’表示‘使成为实’这一动作的接

① 王左立：《〈公孙龙子〉中的意义理论》，现代知识出版社 2004 年版，第 64 页。

② 参见王左立：《〈公孙龙子〉中的意义理论》，现代知识出版社 2004 年版，第 64—69 页。

③ 王左立：《〈公孙龙子〉中的意义理论》，现代知识出版社 2004 年版，第 64 页。

④ 王左立：《〈公孙龙子〉中的意义理论》，现代知识出版社 2004 年版，第 64—65 页。

⑤ 王左立：《〈公孙龙子〉中的意义理论》，现代知识出版社 2004 年版，第 65 页。

受者。由上一句知道，实是由物而成的。所以，'所实'表示的是物。'不旷'的意思是不欠缺，与前一句中的'不过'一样，可以解作'恰好'。这句话的字面意思是，实使物成为实，而它恰好就是实，这就是位。因为实也是物，所以，使物成为实就是把物看作实。这句话的意思是，根据实把物作为实，该物与实恰好一致，这就是位。这里虽然没有提到'名'，但因为'实'是'名'的意义，所以，'实'是'位'和'正'的基础。即'正名'必须以'名'的意义作为何者可以成为'名'的称谓对象。"[①]其四，关于"正"的定义："如果实和被作为实的物不一致，就是'出其所位'，就是'非位'；如果它们相互一致，就是'位其所位'，就是'正'。表面上看，'位'所规定的是物与实之间的关系，但是因为实都是某名之实，所以，'位'实际上规定的是名与被看作实的物之间的关系。"[②]在解读"物""实""位""正"四个基本范畴的定义的基础上，著者又结合接下来的"以其所正，正其所不正；以其所不正，疑其所正。其正者，正其所实也；正其所实者，正其名也"一段话对"正名"的定义作了解读："这里的'其'字不是虚词，而是代词。它所指代的乃是上文中所说的'实'。这段话的意思是，用与实相一致的物确定哪些物不属于实的范围，用与实不一致的物确定哪些物应属于实的范围。所谓正，就是确定作为实之物（'正其所实'），确定作为实的物，就是正实之名。《名实论》在定义'正名'的过程中处处以'实'为中心。可见，'实'是四范畴当中最重要的一个。名和实是由使用名的人联系起来的。但是《公孙龙子》在定义正名时却避开了人的因素。它不直接谈名与实的关系，而是谈名之实与物（所实）的关系。它以实为中介，把名和物联系起来，从而避免了在定义'正名'时把观念也牵扯进来。这种做法是很巧妙的。《公孙龙子》认为，正名就是正实之名，正实之名就是正实之所实，即以实为标准，把该作为实的物都包括进来，把不该作为实的物都剔除出去。如果被作为实的物恰好就是名之实，就是名正。正名的过程就是确定什么样的物应该作为某名之实的过程。"[③]

① 王左立：《〈公孙龙子〉中的意义理论》，现代知识出版社2004年版，第66—67页。

② 王左立：《〈公孙龙子〉中的意义理论》，现代知识出版社2004年版，第67页。

③ 王左立：《〈公孙龙子〉中的意义理论》，现代知识出版社2004年版，第68—69页。

在"'指'与'物'的关系"一节[①]中,著者从两个方面进行了探讨:其一,"《指物论》中的'指'表示的是观念"[②]。在著者看来,"《指物论》是在'意'的意义上使用'指'的。……一方面,它表示'意',但不是泛指所有的'意',而是专指与'物'相对应的'意',我们可以用现代汉语中的'观念'或'概念'来表达它。另一方面,它表示'意'的对象,即'观念'、'概念'的对象,也就是'物'。必须注意,这里的'物'不再是与人无关的自在之物,而是作为'观念'、'概念'对象的物。在《指物论》中,'指'的这两重涵意经常交替出现。……伍非百把《指物论》中的'指'区分为'能指'和'所指'。为方便起见,这里借用'能指'和'所指'这两个词分别表示以物为对象的观念和作为观念对象的物"[③]。在厘定"指"的涵意的基础上,著者对近代以来的"物德""共相""一般""概念或观念"等说法一一作了分辨,进而申说了用"观念"来解释"指"的理由:"为了避免引起混乱,我们用'观念'这个词来表示《公孙龙子》中所说的'指'(能指)。观念的对象可以是物,也可以是物德;可以是一般的物,也可以是特殊的或个别的物。人们所能想到的任何事物都有其观念,这就是公孙龙所说的'指'。"[④]其二,"指、物关系为《公孙龙子》的名、实关系提供了根据"[⑤]。著者首先对《指物论》开篇提出的中心论题"物莫非指,而指非指"进行了阐析,认为"'物莫非指'的意思是,物都是所指,即物都是能指的对象。换句话说,任何物在人的头脑中都有与其相对应的观念"[⑥]。"'而指非指'的意思是,能指不是所指。这里的所指有两个涵意,一是作为所指的物,二是作为所指的观念。所以,'而指非指'实际上表达了两个命题。一个是,观念不是它所指的物。另一个是,观念本身不是其它观念的对象。这两层意思在《指物论》中都被明确地表述出来"[⑦]。接着,著者将《指物论》中心论题之后的文句分成四

① 参见王左立:《〈公孙龙子〉中的意义理论》,现代知识出版社 2004 年版,第 69—77 页。
② 参见王左立:《〈公孙龙子〉中的意义理论》,现代知识出版社 2004 年版,第 69—72 页。
③ 王左立:《〈公孙龙子〉中的意义理论》,现代知识出版社 2004 年版,第 70—71 页。
④ 王左立:《〈公孙龙子〉中的意义理论》,现代知识出版社 2004 年版,第 72 页。
⑤ 参见王左立:《〈公孙龙子〉中的意义理论》,现代知识出版社 2004 年版,第 73—77 页。
⑥ 王左立:《〈公孙龙子〉中的意义理论》,现代知识出版社 2004 年版,第 74 页。
⑦ 王左立:《〈公孙龙子〉中的意义理论》,现代知识出版社 2004 年版,第 75 页。

段，并按对话体分为正反两方，“其中的一、三段是反方的问难，二、四段是正方的论证”[①]。著者重点对正方的论证进行了阐析，进而得出了如下结论：“《指物论》对‘物莫非指，而指非指’的论证主要说明了两个问题。第一，对于所有的物来说，都有以其为对象的观念。第二，以物为对象的观念不是作为观念对象的物。由指和物的这种关系可知，指是联系名与被作为其称谓对象的物的中介，人们之所以能够确定名的意义，即名之实，是因为所有的物在人的头脑当中都有其指。《指物论》所讨论的指、物关系为《公孙龙子》的语言意义理论提供了根据。由《指物论》中的指、物关系和《名实论》中所说的名、实关系，我们可以清楚地看出《公孙龙子》名学理论的轮廓。”[②]

在“由指、物、名、实诸范畴构成的语言意义理论”一节[③]中，著者首先指出：“在名、实、指、物四个概念之中，名与实是称谓和被称谓的关系；指以物为对象；而实是被作为名的称谓对象的物，实与物之区别在于是否被名所称谓，被名称谓者为实，而不被名称谓的自在者则为物。由于所有的物无论其是否被名所称谓，皆有其指。所以，什么样的物可以作为某名之实是由指确定的。指是确定何物可以为实的根据。”[④]基于这种看法，著者将《公孙龙子》由“名”“实”“指”“物”及其相互关系构成的关于语词意义的理论用一个三角形表示出来，并将其与传统的符号学语义三角形作了比较：“将二者比较一下，可以看出，在《公孙龙子》的语词意义理论中，‘名’和‘实’是用实线连接的，而在传统的符号学语义三角形中，‘名称’和‘对象’是用虚线连接的。这是因为，《公孙龙子》的语言意义理论把实作为名的意义，而不把指直接作为名的意义。”[⑤]为了进一步说明《公孙龙子》的语言意义理论，著者将其与西方语言哲学中关于语言意义理论的指称论和观念论作了比较：“指称论把语词的指称对象作为语词的意义，而观念论则把人们关于事物的观念作为语词的意义，《公孙龙子》把实作为名的意

① 王左立：《〈公孙龙子〉中的意义理论》，现代知识出版社2004年版，第75页。
② 王左立：《〈公孙龙子〉中的意义理论》，现代知识出版社2004年版，第77页。
③ 参见王左立：《〈公孙龙子〉中的意义理论》，现代知识出版社2004年版，第77—80页。
④ 王左立：《〈公孙龙子〉中的意义理论》，现代知识出版社2004年版，第77页。
⑤ 王左立：《〈公孙龙子〉中的意义理论》，现代知识出版社2004年版，第78页。

义。在这一点上，它和指称论是一致的。虽然公孙龙仍然把实作为名的意义，但他十分看重观念在正名过程中的作用。在这一点上，《公孙龙子》的正名学说与观念论也有相似之处。”[①]通过上述比较，著者得出了如下结论：“公孙龙的正名理论是一种语言意义理论。”[②]

第四章“《公孙龙子》对其意义理论的展开和论证”[③]是著者继前一章所作的进一步探讨。本章包括三节内容，分别为“‘坚白离’是《公孙龙子》语言意义理论的认识论基础”“‘唯乎其彼此’是语言使用的基本原则”“《白马论》对正名学说的说明”。

在“‘坚白离’是《公孙龙子》语言意义理论的认识论基础”一节[④]中，著者首先指出：“《坚白论》所讨论的问题是‘坚白相离’。……《坚白论》与《白马论》一样采用的也是主客对答的形式。论主主张‘坚白离’。难客主张‘坚白盈’。客的‘坚白盈’是从实的角度谈的，意思是，坚和白同时为石的属性。对于这一点，论主并不否认。论主的‘坚白离’是从观念的角度谈的，意思是，关于坚的观念和关于白的观念在人的思维中是彼此分离的。论主从存在、感觉和思维三个方面对自己的主张进行了全面的论证。”[⑤]基于这种看法，著者结合《坚白论》的相关论题，从存在、感觉、思维三个方面阐析了论主论证“坚白离”的过程。在一一阐析的基础上，著者总结道：“《坚白论》从物的属性与物之间的关系，属性与感觉之间的关系以及感觉与思维的关系等几个角度对‘坚白相离’进行了全面的论证。这些论证反映了公孙龙的认识论思想。在《坚白论》中，公孙龙特别强调认识对感觉的依赖性。他认为，离开了感觉人们就无法认识客观事物的属性。这种看法是正确的。然而，公孙龙过分强调认识对感觉的依赖性。在他的思想中，思维只能受感觉的支配，完全处于被动的地位。这导致了他只看到观念与观念的区别，而看不到观念与观念的联系。”[⑥]

---

① 王左立：《〈公孙龙子〉中的意义理论》，现代知识出版社 2004 年版，第 79 页。

② 王左立：《〈公孙龙子〉中的意义理论》，现代知识出版社 2004 年版，第 80 页。

③ 参见王左立：《〈公孙龙子〉中的意义理论》，现代知识出版社 2004 年版，第 81—96 页。

④ 参见王左立：《〈公孙龙子〉中的意义理论》，现代知识出版社 2004 年版，第 81—85 页。

⑤ 王左立：《〈公孙龙子〉中的意义理论》，现代知识出版社 2004 年版，第 81 页。

⑥ 王左立：《〈公孙龙子〉中的意义理论》，现代知识出版社 2004 年版，第 84 页。

在"'唯乎其彼此'是语言使用的基本原则"一节[①]中，著者首先指出："'物'、'实'、'位'、'正'以及'正名'都是在理论上对名实关系问题进行讨论。为了使这种理论具有实用的价值，《公孙龙子》提出了'唯乎其彼此'的正名原则。"[②]接着，著者结合《名实论》的关键文句（从"其名正，则唯乎其彼此焉"至"故彼彼止于彼，此此止于此，可；彼此而彼且此，此彼而此且彼，不可"），对"唯乎其彼此"的正名原则进行了诠释："这段文字从正反两个方面对'唯乎其彼此'原则作了说明。它的最后一句话是对前边所述内容的总结和简述。其大意为，用彼名称谓彼实，而且仅称谓彼实；用此名称谓此实，而且仅称谓此实，这是可以的。用彼名称谓此实，它就既称谓彼实，又称谓此实；用此名称谓彼实，它就既称谓此实，又称谓彼实，这是不可以的。"[③]为了廓清"唯乎其彼此"的含义，著者还对某些误解（譬如有人将这一原则误解为一名只能唯一地称谓一实）进行了质疑，认为"误解'唯乎其彼此'的原因主要是忽视了'谓'字在该原则中的作用"[④]。鉴于此，著者对"谓"字在"唯乎其彼此"原则中的作用进行了阐析："《名实论》在叙述'唯乎其彼此'原则时多次用到了'谓'字，如，'彼谓不行'、'此谓不行'、'其谓行彼'、'其谓行此'等等。可见，'谓'字是一个重要的字眼。所以，'唯乎其彼此'原则有时也被人称为'唯谓'原则。'谓'是指谓、称谓的意思，它表示一种言语行为。因此，'唯乎其彼此'原则强调的是语言的使用，它要求人们在具体的言语交际过程中必须在确定的意义下使用语词。在抽象地谈论语词的意义时可以把'谓'暂时搁置一旁，但在语言的使用过程中讨论'正名'问题时，就不能置'谓'于不顾了。因此，'唯乎其彼此'原则是一条语用原则。把它放到语言的使用中去理解，就不会认为它得[⑤]意义是一名只能称谓一实了。"[⑥]最后，著者指出"唯乎其彼此"的原则反映出了"同一律"的思想："'唯乎其彼此'的原则要求人们在使用语言时，必

① 参见王左立：《〈公孙龙子〉中的意义理论》，现代知识出版社2004年版，第85—87页。

② 王左立：《〈公孙龙子〉中的意义理论》，现代知识出版社2004年版，第85页。

③ 王左立：《〈公孙龙子〉中的意义理论》，现代知识出版社2004年版，第85页。

④ 王左立：《〈公孙龙子〉中的意义理论》，现代知识出版社2004年版，第86页。

⑤ "得"当作"的"。

⑥ 王左立：《〈公孙龙子〉中的意义理论》，现代知识出版社2004年版，第86—87页。

须把语言的称谓对象固定下来，不能既称谓此实，又称谓彼实。这一要求与‘同一律’的要求是一致的。虽然《公孙龙子》没有自觉地把逻辑规律作为研究对象，但是‘唯乎其彼此’的原则反映出，它对‘同一律’有了明确的认识。”[①]

在“《白马论》对正名学说的说明”一节[②]中，著者首先指出：“‘白马非马’是《公孙龙子》假物取譬，用来说明其语言意义理论的。《白马论》对‘白马非马’这一命题的论证，对《名实论》中的名实关系理论及‘唯乎其彼此’的正名原则作了充分的说明。”[③]接着，著者追溯了“白马非马”之说的渊源，认为“在公孙龙之前，‘白马非马’就是辩者中非常流行的命题了。公孙龙对前人的思想做了总结，使它成为自己名学思想中的重要组成部分”[④]。然后，著者针对有人将“白马非马”之说误解为诡辩进行了质疑，强调“‘白马非马’作为公孙龙名学理论的重要内容却是一个严肃的命题，其中不包含任何诡辩的成分。要说明这个问题，应该首先搞清楚‘白马非马’中的‘白马’和‘马’的涵意”[⑤]。基于这种看法，著者结合《白马论》中的“马者，所以命形也；白者，所以命色也。命色者，非命形也。故曰：白马非马”这段文字，对如何理解“马”与“白马”的涵意进行了阐发：“这段文字中的‘命’字是命名、称呼的意思。这段话清楚地表明，《白马论》讨论的是白马之名和马之名之间的关系，而不是白马和马之间的关系。因此‘白马非马’这一命题应该表达为‘“白马”非“马”’。人们用语言讨论各种事物，语言本身也可以成为被讨论的对象。为了避免发生混乱，应该将用于讨论语言的语言和被讨论的语言区分开，前者可称为元语言，后者可称为对象语言。在现代汉语中，对象语言经常是用加引号的方法标识出来的。而古代汉语却不具备这种标识对象语言的手段，讨论实的语言和讨论名的语言具有同样的形态，从形式上无法看出它们的区别。在读《白马论》时，读者只能根据文义仔细辨析才能弄清，‘马’字何时表示马，何时表示马之

① 王左立：《〈公孙龙子〉中的意义理论》，现代知识出版社 2004 年版，第 87 页。

② 参见王左立：《〈公孙龙子〉中的意义理论》，现代知识出版社 2004 年版，第 87—96 页。

③ 王左立：《〈公孙龙子〉中的意义理论》，现代知识出版社 2004 年版，第 87 页。

④ 王左立：《〈公孙龙子〉中的意义理论》，现代知识出版社 2004 年版，第 87 页。

⑤ 王左立：《〈公孙龙子〉中的意义理论》，现代知识出版社 2004 年版，第 88 页。

名,'白马'二字何时表示白马,何时表示白马之名。这种情况是由古汉语的局限性造成的,它也是《白马论》被误解,被认为是诡辩的重要原因之一。"[①]在厘定"马"与"白马"的涵意以及"白马非马"命题的语言意义的基础上,著者结合《白马论》所采取的主客问答的形式[②],从四个方面阐析了公孙龙论证"白马非马"这一中心论题的运思智慧:一是"讨论实"[③],二是"分析名"[④],三是"察实辨名"[⑤],四是"察名辨实,再辨名"[⑥]。在一一阐析的基础上,著者最后总结道:"《白马论》利用'白马非马'这一命题对《名实论》中的名实关系理论作了详细的说明。在论证中,它处处以实为根据,把'唯乎其彼此'的正名原则发挥得淋漓尽致。不读《白马论》就不知'唯乎其彼此'这样简单的原则还有这么丰富的内容。难怪公孙龙把'白马非马'看作自己学说的精髓。《白马论》还进一步说明,《公孙龙子》的正名学说把实作为名的意义,其所谓正名就是根据名来确定名所指称的实。"[⑦]

在"对《公孙龙子》语言意义理论的评价"一章[⑧]中,著者从两个方面进行了评说:(1)"《公孙龙子》的名学思想在先秦名学中的地位"[⑨]。著者首先以先秦名学思想的几个主要倾向为线索,按时间顺序对先秦名学的发展过程进行了爬梳。概而言之,"先秦名学是按照'正名分'、'正刑名'和'察名实之理'三条线索发展的。其中'正名分'和'正刑名'同属于'正名以正政'的范围。而'正名以正政'的思想贯穿于先秦名辩思潮的始终,是先秦名学的主要内容。'察名实之理'的思想最初是依附于'正名以正政'的。战国中后期,在名辩之风的推动下,经过各个学派的努力,'察名实之

① 王左立:《〈公孙龙子〉中的意义理论》,现代知识出版社2004年版,第89页。

② 王左立指出:"《白马论》采用的是主、客问答的形式。论客主张'白马,马也',而论主则主张'白马非马'。论客谈的是实与实的关系,而论主谈的却是名与名的关系。《白马论》的主、客之言都是出自同一作者,不存在争胜的问题。所以,《公孙龙子》的《白马论》不是为了自己和自己辩论,而是借助这种形式说明他的正名学说。"见王左立:《〈公孙龙子〉中的意义理论》,现代知识出版社2004年版,第90页。

③ 参见王左立:《〈公孙龙子〉中的意义理论》,现代知识出版社2004年版,第90—91页。

④ 参见王左立:《〈公孙龙子〉中的意义理论》,现代知识出版社2004年版,第91—92页。

⑤ 参见王左立:《〈公孙龙子〉中的意义理论》,现代知识出版社2004年版,第92—95页。

⑥ 参见王左立:《〈公孙龙子〉中的意义理论》,现代知识出版社2004年版,第95—96页。

⑦ 王左立:《〈公孙龙子〉中的意义理论》,现代知识出版社2004年版,第95—96页。

⑧ 参见王左立:《〈公孙龙子〉中的意义理论》,现代知识出版社2004年版,第97—124页。

⑨ 参见王左立:《〈公孙龙子〉中的意义理论》,现代知识出版社2004年版,第97—117页。

理'成为了先秦名学中一个独立的部分"[1]。接着，著者将《公孙龙子》置于"察名实之理"一脉中作了探讨，重点对《公孙龙子》的名学思想与后期墨家以及荀况的名学思想进行了比较，认为"《公孙龙子》专务名，而后期墨家重视辩"[2]，"《公孙龙子》'专决于名'，而荀况的'正名'学说则带有浓厚的政治伦理色彩"[3]。通过对比分析，著者最后总结道："'察名实之理'的思想是在战国中后期从'正名以正政'的思想中逐渐分离出来的。在'察名实之理'方面，成就最著者有公孙龙、荀况和后期墨家。在这三者之中，荀况与后期墨家的思想更加接近，而公孙龙的名学思想却较为独特。所以，公孙龙的名学理论是'察名实之理'一脉中的自成一家之学。"[4]（2）"《公孙龙子》的名学思想在中国思想史上的地位及影响"[5]。著者首先阐说了《公孙龙子》的名学思想在中国思想史上的重要地位，认为"《公孙龙子》的确是一部奇书。它的奇特之处在于它处理问题的方法与众不同。《公孙龙子》不象'正名以正政'的思想那样从政治伦理的角度讨论名，也不象荀况和后期墨家那样从辩的角度研究名，而是从语言的意义角度对名实关系问题做了深入的研究，即所谓的'专决于名'。……《公孙龙子》的名学理论不仅在先秦名学中独树一帜，即使是在中国思想史上，以《公孙龙子》的方式来处理语言意义的问题也是前无古人，后无来者"[6]。接着，著者阐析了《公孙龙子》的名学思想在中国思想史上的影响。在著者看来，"《公孙龙子》的名学思想只是先秦名辩思潮的产物。公孙龙虽然名噪一时，但很快就销声匿迹了。这其中除了有政治文化等方面的原因外，缺乏思想基础恐怕也是一个重要的原因"[7]。从《公孙龙子》的思想史遭际看，它在儒、道、释思想占主导地位的中国古代屡遭诟病与曲解。即便在考据、训诂之风大盛的清代，《公孙龙子》得到了校注与整理，但其名学思

① 王左立：《〈公孙龙子〉中的意义理论》，现代知识出版社 2004 年版，第 111 页。

② 王左立：《〈公孙龙子〉中的意义理论》，现代知识出版社 2004 年版，第 111 页。

③ 王左立：《〈公孙龙子〉中的意义理论》，现代知识出版社 2004 年版，第 114 页。

④ 王左立：《〈公孙龙子〉中的意义理论》，现代知识出版社 2004 年版，第 117 页。

⑤ 参见王左立：《〈公孙龙子〉中的意义理论》，现代知识出版社 2004 年版，第 117—124 页。

⑥ 王左立：《〈公孙龙子〉中的意义理论》，现代知识出版社 2004 年版，第 118—119 页。

⑦ 王左立：《〈公孙龙子〉中的意义理论》，现代知识出版社 2004 年版，第 121 页。

想并未得到继承与发扬。因此,“《公孙龙子》的名学思想在中国古代思想的发展过程中始终未能产生实际的影响”[①]。

在第六章“《公孙龙子》校注”[②]、第七章“《公孙龙子》今译”[③]中,著者按照《白马论》《指物论》《坚白论》《名实论》的顺序,对《公孙龙子》四篇(不含《通变论》与《迹府》)分别作了校注和今译。

19. 陈国勇主编《中华古典文学丛书(63):公孙龙子》

广州出版社2004年12月第1版。

本书收录《公孙龙子》原文三篇[④],分别为《迹府》《白马论》《指物论》;另收录《逸周书》十卷。

20. 曹冈主编《中华大方略全书·名家舌辩智谋全书》

(呼和浩特)内蒙古人民出版社2005年5月第1版(谋略智略图文版),2006年3月第1版(谋略智略精华版),2006年9月第1版(智慧宝鉴版)。

本书按照《迹府》《白马论》《指物论》《通变论》《坚白论》《名实论》的顺序,对《公孙龙子》六篇的舌辩智谋作了疏释。在疏释时,编者首先对各篇的篇题及大旨作了“题解”,接着列出各篇原文并解释其中的重要字句,继而把各篇一一翻译成现代汉语,然后对各篇的运思理路一一进行解读,最后枚举相关事典深化读者的理解。这里仅把各篇篇题及大旨说明撮录如下:

《迹府》章旨:“本篇是后人收集有关他(公孙龙)的言行事迹,编纂的公孙龙传略。王琯说:‘原文非龙自著,似由后人割裂群书,荟萃而成。’‘迹’是事迹,‘府’是聚藏;‘迹府’就是事迹汇编或传略。文中先对公孙龙做了简要介绍,然后通过叙述他与孔子后代孔穿的辩论过程,揭示出他的

① 王左立:《〈公孙龙子〉中的意义理论》,现代知识出版社2004年版,第124页。
② 参见王左立:《〈公孙龙子〉中的意义理论》,现代知识出版社2004年版,第125—137页。
③ 参见王左立:《〈公孙龙子〉中的意义理论》,现代知识出版社2004年版,第138—145页。
④ 参见陈国勇主编:《中华古典文学丛书(63):公孙龙子》,广州出版社2004年版,第1—6页。

善辩才能及其主要论点。开篇第一句说:'公孙龙,六国时辩士也。'这'六国'两字,是秦以后人对'战国时期'的称呼,庞朴说:'它的编成年代,不早于秦的统一。'可证它的编成年代,当是秦的统一之后。作为一篇传略,它重在记言,所记的当然是最主要的言论。无疑,这是一篇重要史料,它有助于我们了解公孙龙哲学在他的时代所产生的影响和所处的地位。因而,《迹府》篇虽非公孙龙手笔,文章也有明显的重复等缺陷,但它既是后人辑录的文字,仍值得重视。"[①]

《白马论》题解:"'白马非马'为公孙龙的代表性论题,《白马论》是公孙龙专门论证自己'白马非马'这一观点的著作,也是其最有影响的作品。……公孙龙哲学的主体是语言哲学,它[②]的语言哲学理论正是在《白马论》中提出来的。公孙龙在具体论证过程中,从概念的内涵上区分了'白马'与'马',这不仅强调了名应符实,而且涉及到特殊与一般的关系问题。这种语言哲学基本上是关于语言的逻辑,亦即是分析性的语言哲学。也就是说,公孙龙看到了特殊与一般的差异性,从而对我国古代辩证法理论,有其重要的贡献。理解了'白马论'之作为语言哲学理论的本质,所谓'"白马非马"是诡辩,反辩证法,违背常识',也就一一不攻自破了。有的书上透露,公孙龙以前已经有人提出'白马非马'说,……白马非马说由谁首倡,已难考实。但是,公孙龙充分论证了白马非马,并以此闻名,则是可以肯定的。"[③]

《指物论》题解:"《指物论》是《公孙龙子》全书中最重要的一篇,也是历来被认为是《公孙龙子》中最难读的一篇。它是公孙龙学说的理论基础,是公孙龙论述存在与思维关系的代表作,它集中地反映了公孙龙世界观的归属问题。所谓'物',就是物质或存在;所谓'指',就是意识或思维。作者在行文中,始终围绕'物莫非指,而指非指'这一中心论题,展开论述。即认为天地万物是第一性的,其概念属于第二性,只是人们用以表示天地万物的工具。因此,概念无不有其所相应的物,并不是抽象空洞的虚构。

① 曹冈主编:《中华大方略全书·名家舌辩智谋全书》,内蒙古人民出版社2005年版,第2页。

② "它"当作"他"。

③ 曹冈主编:《中华大方略全书·名家舌辩智谋全书》,内蒙古人民出版社2005年版,第62页。

而且，他还坚持了没有不可用概念来表示的物。本篇也就是论述概念和'物'的联系，同时阐明两者的对立和相互独立性。"①

《通变论》题解："公孙龙在《通变论》中建立了自己的方法论原则，表述了他的变化观，顾名思义，它是公孙龙关于事物变化道理的专论。通，达也，察也；通变论，即通达变化之论，其目的在于弄通变化的道理。文中，作者仍以主客答辩的体裁，并采取了假物取譬的方式，迂回曲折，较为详细地论证了他的'二无一'的见解。所谓'二无一'，包含两个意思：一是说，两个东西'二'不能合成一个东西'一'，第三者，新的'一'；一是说，由两个要素合成的东西'二'不再含有其所由形成的要素'一'。值得注意的是，在举例论证时，作者对事物的类别做了严格区分。如他所举'羊合牛非马'与'牛合羊非鸡'两例，都在于论证'二无一'的道理，但同时不仅指出了牛羊的异同之点，且从类别上论述了牛、羊和马属于同类；而牛、羊与鸡并非一类。'二无一'命题的另一种说法，是'一与一为二'，它由'二无一'换质换位后得来。'一与一为二'，并非用来证明一加一得二的常识，而是用来否认对立统一规律的。"②

《坚白论》题解："《坚白论》是公孙龙阐述其'离坚白'见解的作品，也是他影响较大的一篇著作。'合同异'、'离坚白'，是先秦名家中的两大学派。就时间顺序说，'合'派在先，'离'派在后；所以'离'派也谈'同异'问题，即所谓的'别同异'。在具体论述过程中，作者不只肯定了人们对坚白石的坚性与白色的认识，只有分别借助手和目这两个不同的感官，值得注意的是，他还申述了人们要了解坚性，必须动手摸石；要知道白色，目须有光才行。如果徒有双手，不去摸石，便无从知其坚性；仅有双目，而在暗中，或是盲人，也无法看到石的白色。这些议论，应该说是属于唯物论的反映论的见解。而且，他把人们神智的作用，也未视为万能，这就基本上同唯心论的先验论划清了界限。个别和一般分离，物自体不可知，理性认识不可靠，以及概念的内涵和外延绝对对立等；而在'坚白石'问题上，则进而认为色、性、质互不相关，人的各种感觉一一分离，现象也不可知，感

① 曹冈主编：《中华大方略全书·名家舌辩智谋全书》，内蒙古人民出版社2005年版，第118页。
② 曹冈主编：《中华大方略全书·名家舌辩智谋全书》，内蒙古人民出版社2005年版，第160页。

性认识也不可靠,一切事物均各自独立而且离开现象世界藏于彼岸。"[①]

《名实论》题解:"《名实论》是公孙龙哲学的纲领性文章。在这里,作者开宗明义,首先给'物'下了定义:'天地与其所产者,物也。'就是说,他认为天地及其所产的一切东西,都是客观存在的物体。接着,他又论述了客观物体存在的形式——时空问题,从而进一步阐明了自己对客观世界的根本看法。在当时,这叫作'正名'的工夫。当时各家各派都主张正名,使名和实、实和名一致起来;只是由于政治利益的不同,大家所谓的正与不正的标准颇不一样,因而'正名'的内容与方法也互有差异,甚至根本对立。更值得注意的是:作者对于纠正名实混乱的问题,也有较深刻的见解。他指出:'其正者,正其所实也;正其所实者,正其名也。'欲正其'名',必先正其'实'。因为,在他看来,'夫名,实谓也',作为'名',本来就只是客观事物的称谓而已。所有这些,都证明公孙龙坚持了朴素的唯物论。名家是从哲学上来解决'正名'问题、研究名实关系的,这是他们同其它学派的最大区别。"[②]

21. 杨俊光著《廿七年公孙龙研究之评议》

南京大学出版社 2009 年 7 月第 1 版。

本书是《〈公孙龙子〉蠡测》(齐鲁书社 1986 年版)的续篇,是著者对 1981 年以后读到的二十二种有关公孙龙研究论著(包括专书、论文及有关专著的章节)的评议。

正文前载有著者撰写的"前言"[③](2004 年 6 月—8 月成篇,其后历经增补,2009 年 1 月补定),在回顾自己撰写本书的大致过程以及遇到的主要问题的基础上,著者将本书的主要内容归结为两个方面:其一,"继续《蠡测》所做的工作——对公孙龙思想的实质的剖析以及与之密切相关的重要文字的考释:既肯定了所评议各论著中校、释、考证、评析各方面的胜义不下五六十处,其中可以纠正拙作《蠡测》中不妥、不足或可重新加以详

---

① 曹冈主编:《中华大方略全书·名家舌辩智谋全书》,内蒙古人民出版社 2005 年版,第 220 页。

② 曹冈主编:《中华大方略全书·名家舌辩智谋全书》,内蒙古人民出版社 2005 年版,第 286 页。

③ 参见杨俊光:《廿七年公孙龙研究之评议》,南京大学出版社 2009 年版,前言第 1—33 页。

细研究的亦不下十四五处；又对二十七年来各种异说分别作出了回答，指出了各该论著具体解释的不确"[①]；其二，"发现并指出了近年来公孙龙研究仍然歧见纷纭局面的造成，很大程度上是由于学人基本功不如人意（亦与粗疏草率有关）的情况：一是各种基本知识积累的不足，二是古籍原文释读和自己思想表达能力（文字理解表达的能力，也是逻辑思维的能力）的不足，尤以后者为特别严重"[②]。著者在撮举近年来某些公孙龙研究论著在各科基本知识（如哲学、逻辑学、历史学方面的基本知识）、释读古籍、思想表达等方面出现的严重舛误的同时，还从另外的二十九种论著中，举出了公孙龙研究以外的人文社会科学各学科同样存在而且严重程度亦相差无几的事实。

本书主体包括六部分内容：一是"十一种著述撷英"（2003年1月—2004年5月1日初稿，2004年5月—6月7日修订），二是"论著十四种举正"（2003年1月—2004年5月16日初稿，2004年6月15日修订，关于《公孙龙子译注》的举正增补于2007年9月—10月6日），三是"《公孙龙子求真》纠谬"（2002年6月—2003年1月5日初稿，2004年6月19日修订），四是"《〈公孙龙子〉译注和辨析》辨讹"（2003年8月—11月初旬初稿，2004年6月21日修订），五是"《解读〈指物论〉》质疑"（2002年9月13日撰，2004年6月24日校阅），六是"《〈公孙龙子〉和中国古典名学》评说"（2005年9月—11月22日撰）。

在"十一种著述撷英"部分[③]，著者对十一种有关公孙龙研究的论著择其精华进行了评议，其中专著计八种，它们是屈志清的《公孙龙子新注》（湖北人民出版社1981年3月版），栾星的《公孙龙子长笺》（中州书画社1982年4月版），许抗生的《先秦名家研究》（湖南人民出版社1986年7月版），周山的《中国逻辑史论》（辽宁教育出版社1988年3月版）和《绝学复苏》（辽宁教育出版社1997年12月版），杨柳桥的《公孙龙子校解译话》（天津古籍出版社1988年12月版），谭业谦的《公孙龙子译注》（中华书局

---

① 杨俊光：《廿七年公孙龙研究之评议》，南京大学出版社2009年版，前言第4页。

② 杨俊光：《廿七年公孙龙研究之评议》，南京大学出版社2009年版，前言第4页。

③ 参见杨俊光：《廿七年公孙龙研究之评议》，南京大学出版社2009年版，第1—24页。

1997年12月版），王永祥、潘志峰、惠吉兴合著的《燕赵先秦思想家公孙龙、慎到、荀况研究》（河北大学出版社2002年8月版）；论文与有关专著章节计三种，它们是吕艺的《“藏三牙”探故》（刊于《中国哲学》第十五辑，岳麓书社1992年5月版），刘文英主编的《中国哲学史料学》（高等教育出版社2002年6月版）和《中国哲学史（上卷）》（南开大学出版社2002年12月版）。

在“论著十四种举正”部分[①]，著者对十四种有关公孙龙研究的论著指出其谬误并加以纠正，其中专著八种与第一部分所评议的八种专著完全相同，有关专著章节、论文或其节段六种包括赵绍鸿的《公孙龙唯物主义的‘名实观’》（刊于《孔子研究》1988年第2期），吕艺的《“藏三牙”探故》，李振纲的《名家思想再探》（刊于《哲学研究》2001年第8期），段景莲的《公孙龙〈指物论〉再析简说》（刊于《哲学研究》2002年第3期），刘文英主编的《中国哲学史（上卷）》，赖功鸥主编的《东方哲学经典命题》（江西人民出版社2007年5月版）。

在“《公孙龙子求真》纠谬”部分[②]，著者针对“问题颇多”的《公孙龙子求真》（陈宪猷著，中华书局1990年版）一书，分“关于‘前言’”“关于《指物论》”“关于《白马论》”“关于《坚白论》”“关于《通变论》”“关于《名实论》”六个部分，一一指出其存在的错谬并加以纠正。最后，著者在“余论”中认为，“《求真》竟是这样的一本书：对《公孙龙子》的‘译’‘释’，根本不顾原文字句，即为什么是这样那样的意思，更不顾原文前后（篇甚至词和句之间）的逻辑联系，如果将其各条‘意译’连读下去，《公孙龙子》全书简直就是不知所云，完全不成意思；书作者自己所说的，前言和后语或论证（姑且承认其有论证）和结论之间亦不顾应有的逻辑联系；表述上则意思甚多重复（各段的分析语之间尤甚）；行文又烦琐不堪，甚至随处可见大段大段不知所云的文字，还滥用引号（个别该用的则不用）；语病和使用标点符号的不规范，更可以说是触目皆是；对于在‘前言’中特别提出来的必须‘了解’的‘逻辑学的一些基本原理’（第9页），理解亦多有误。还有十分突出的一

① 参见杨俊光：《廿七年公孙龙研究之评议》，南京大学出版社2009年版，第25—265页。

② 参见杨俊光：《廿七年公孙龙研究之评议》，南京大学出版社2009年版，第266—363页。

例——在'前言'与正文之间不足一页的注明所用'主要参考书目'和'主要版本'的文字，篇幅虽极短小而却错误丛集"[①]。

在"《〈公孙龙子〉译注和辨析》辨讹"部分[②]，著者首先指出《〈公孙龙子〉译注和辨析》（宋祚胤著，湖南教育出版社 1990 年 9 月版）"是一部有点奇特的书：不仅对原文的释读颇多无根之说，书作者表述自己思想的文字错误累累；而且在许多文字中所表现的思维逻辑，特别是所作的许多哲学分析，亦多不可理解"[③]。鉴于此，著者分"关于'前言'""关于《迹府》""关于《白马论》""关于《指物论》""关于《通变论》""关于《坚白论》""关于《名实论》""关于'简论《公孙龙子》以及当代对它的研究'"八个部分，一一指出其存在的错讹并加以辨正。最后，著者在"附记"中对该书责任编辑所撰的《编辑小识》亦作了辨讹工作。

在"《解读〈指物论〉》质疑"部分[④]，著者针对《解读〈指物论〉》（周山撰，刊于《哲学研究》2002 年第 6 期）一文中存在的诸多问题，分"关于原文诠释""关于运用史料""关于哲学观点、思维逻辑与文字表达"三个部分进行了质疑。

在"《〈公孙龙子〉和中国古典名学》评说"部分[⑤]，著者针对《〈公孙龙子〉和中国古典名学》（这部分文字是张吉良所著《中国古典道学与名学》一书的下编，该书 2004 年 1 月由齐鲁书社出版）中存在的问题，分"关于原文诠释""关于常识、文字表达及其他"两部分进行了评说。

本书"附录"包括三篇文字：一是"评关于公孙龙哲学的两篇文章——与屈志清同志商榷"[⑥]（1980 年 2 月撰，2004 年 6 月 25 日校阅）。著者针对屈志清的两篇文章——《试论公孙龙的哲学思想》（刊于《社会科学战线》1979 年第 1 期）、《读公孙龙的〈指物论〉》［刊于《中山大学学报（哲学社会科学版）》1976 年第 3 期］——中的相关观点，分"关于《指物论》""关

① 杨俊光：《廿七年公孙龙研究之评议》，南京大学出版社 2009 年版，第 361—362 页。
② 参见杨俊光：《廿七年公孙龙研究之评议》，南京大学出版社 2009 年版，第 364—423 页。
③ 杨俊光：《廿七年公孙龙研究之评议》，南京大学出版社 2009 年版，第 364 页。
④ 参见杨俊光：《廿七年公孙龙研究之评议》，南京大学出版社 2009 年版，第 424—434 页。
⑤ 参见杨俊光：《廿七年公孙龙研究之评议》，南京大学出版社 2009 年版，第 435—460 页。
⑥ 参见杨俊光：《廿七年公孙龙研究之评议》，南京大学出版社 2009 年版，第 461—483 页。

于《名实论》”“关于《坚白论》”“关于《白马论》和《通变论》”“关于近年来的公孙龙学研究”五部分提出了不同的看法；二是“《读〈公孙龙子〉札记》的商榷”[①]（1985 年 6 月 8 日撰，2004 年 6 月 25 日校阅）。著者认为黄森所撰的《读〈公孙龙子〉札记》（刊于《求索》1985 年第 2 期）一文，“完全正确地指出了为公孙龙摘‘诡辩论者的帽子’的同志们对‘白马非马’的‘非’字的解释的弱点亦即双方意见分歧的关键所在，又对‘坚白石’论作出了独特的解释，读后深受启发”[②]。尽管如此，著者仍有不同的看法，于是针对《白马论》中“非”字的理解问题以及《坚白论》的主题和“藏”字的理解问题等提出了商榷意见；三是“《公孙龙子》研究回顾之随想”[③]（1988 年 4 月 25 日撰，2004 年 6 月 26 日校阅。这部分文字刊于《南京大学学报》1988 年第 4 期，当时编辑部作过少量删节）。著者就自己多年来研读《公孙龙子》的心得，从“义理与考据”“《公孙龙子》书与校勘、训诂”“对前人研究成果的态度”三个方面总结了自己的经验。

本书最后载有著者撰写的“后记”[④]，成稿于 2008 年 12 月 18 日。在这篇简短的文字中，著者主要坦陈了自己在市场经济大潮下所遭遇的出书难、发表期刊论文难的处境，行文间对这种尴尬的处境多有慨叹之辞。

22. 黄克剑著《公孙龙子（外三种）》

（北京）中华书局 2012 年 10 月第 1 版。本书是著者继《名家琦辞疏解——惠施公孙龙研究》（中华书局 2010 年版）之后出版的又一部专门研究名家学说的力作。

著者在撰成于 2012 年 3 月 18 日的“引言”中写道：“此次注、译名家著述，以《公孙龙子》、《惠施‘历物之意’》、《尹文子》、《邓析子》为次，从历时的先后看，似乎全然为一种倒序，然而，会心的读者也许可以看出，注、译者所以如此，原是出于对相关史料可信程度的一种裁别。”[⑤]

---

① 参见杨俊光：《廿七年公孙龙研究之评议》，南京大学出版社 2009 年版，第 484—491 页。
② 杨俊光：《廿七年公孙龙研究之评议》，南京大学出版社 2009 年版，第 484 页。
③ 参见杨俊光：《廿七年公孙龙研究之评议》，南京大学出版社 2009 年版，第 492—506 页。
④ 参见杨俊光：《廿七年公孙龙研究之评议》，南京大学出版社 2009 年版，第 507—508 页。
⑤ 黄克剑：《公孙龙子（外三种）》，中华书局 2012 年版，引言第 2 页。

本书包括四个相对独立的单元，其中关于《公孙龙子》的文字构成本书的主体部分，对惠施“历物之意”十题、《尹文子》之《大道上》《大道下》《逸文》以及《邓析子》之《无厚篇》《转辞篇》的注、译与导读则构成本书的“外三种”。

关于《公孙龙子》的文字分为两大部分：第一部分是“前言”[①]，著者从“公孙龙其人”“《公孙龙子》旨趣述要”“结语”三个方面，对公孙龙其人其说作了全面、深入的阐发。其中的“《公孙龙子》旨趣述要”[②]尤其值得关注，著者由所谓“离也者天下”之“离”切入公孙龙的运思，对《公孙龙子》六篇——《迹府》《白马论》《坚白论》《通变论》《指物论》《名实论》——中所蕴含的“离坚白”以“正名实”的旨趣作了一种纵贯式的抉示。这部分文字分为如下五个方面：

其一，“‘白马非马’中‘离’的消息”[③]，这是关联着“白马非马”论题对《迹府》篇、《白马论》的旨趣所作的一种纵贯式的解读。著者首先指出：“‘白马非马’是公孙龙《白马论》的中心论题，《迹府》篇所谓‘守白’之论即是就此而言。”[④]接着，著者结合《白马论》的论证过程，对其中所透露出的“离”的消息作了掘发：“在《白马论》中，公孙龙还没有明确说到‘离’，但‘离’的消息从‘命形’、‘命色’、‘命色形’之‘命’（命名）中已经透露出来。就概念而论，‘马’是对一种形体的命名，‘白’是对一种颜色的命名，‘白马’则是既对某种形体而又对这形体的颜色的命名，既对形体而又对这形体的颜色的命名不同于仅仅对形体的命名，所以‘白马’不同于‘马’或‘白马非马’。公孙龙对‘白马非马’作如此论证，是以概念——‘马’、‘白’、‘白马’——对于以之命名的实存事物的相对独立因而得以运用逻辑推理为前提的，而概念对于以之命名的实际事物的相对独立，亦即是它对以之命名的实存事物的‘离’。”[⑤]

---

① 参见黄克剑：《公孙龙子（外三种）》，中华书局2012年版，第3—26页。

② 参见黄克剑：《公孙龙子（外三种）》，中华书局2012年版，第7—24页。

③ 参见黄克剑：《公孙龙子（外三种）》，中华书局2012年版，第8—11页。

④ 黄克剑：《公孙龙子（外三种）》，中华书局2012年版，第8页。

⑤ 黄克剑：《公孙龙子（外三种）》，中华书局2012年版，第8页。

其二,"'离也者,藏也'"[①],这是对《坚白论》之旨趣所作的一种解读,其中写道:"沿着'定所白者,非白也'的说法作一种思路的延伸,必然会从《白马论》引出《坚白论》。《坚白论》的主题在于'离坚白',即'白'、'坚'对'定所白者'、'定所坚者'的相离;这'离'是公孙龙学说的根柢所在,它以与儒、道全然不同的方式吐露了'名家者流'对语言的自觉。依然是设譬而论,指归则在于经由称'石'而'离坚白'的辩难,把'离'的意蕴喻示于对言辞日用而不察的人们。"[②]

其三,"'离'与'变'"[③],这是关联着"离"的消息对《通变论》之旨趣所作的一种解读,其中写道:"《公孙龙子》的《通变论》通篇贯穿着'变',称述这'变'的点睛之语是可视为一典型论式的'二无一'。它提示并深化着某种与《白马论》、《坚白论》共有的旨趣,把初始概念与定在化了的同名概念的相异而相'离'以通则的方式确定了下来。"[④]

其四,"'指非指'的'离'的契机"[⑤],这是关联着"离"的契机对《指物论》之旨趣所作的一种解读,其中写道:"《指物论》是《公孙龙子》中理致最晦涩的篇章,其所论在于'物'、'指'、'指物'、'物指'间愈益抉发而愈见其诡奇的理趣。对指认'物'('与物')时所用概念与未指认物时'自藏'着的同名概念之差异的分辨是这里的焦点话题,而差异本身即意味着此概念('与物'之'指')与同名的彼概念(未'与物'之'指')的相'离'。'离'是'指物'之思路推绎的底蕴所在,公孙龙道破这一点已不再借重假物取譬的言喻方式。"[⑥]"从《白马论》、《坚白论》以'白马'、'坚白'设譬相喻,到《通变论》以'二无一'的论式提示某种通则,再到《指物论》凭着纯粹的逻辑运思推演所谓'物莫非指,而指非指',公孙龙辩谘之神趣无不在于概念对于物、概念对于概念在'相与'中的相'离'。其实,这'指物'中的'指'和'物'、'指'和'物指'的'相与'而相'离'、'离'而'相与',正是语言由连缀

---

① 参见黄克剑:《公孙龙子(外三种)》,中华书局2012年版,第11—14页。

② 黄克剑:《公孙龙子(外三种)》,中华书局2012年版,第11页。

③ 参见黄克剑:《公孙龙子(外三种)》,中华书局2012年版,第14—18页。

④ 黄克剑:《公孙龙子(外三种)》,中华书局2012年版,第14页。

⑤ 参见黄克剑:《公孙龙子(外三种)》,中华书局2012年版,第18—21页。

⑥ 黄克剑:《公孙龙子(外三种)》,中华书局2012年版,第18页。

词符、概念成一自洽系统的慧命所在，也恰是语言终究指向语言之外的契机所由。它规定了语言的可能限度，也因此养润了语言的勃勃生意。”[①]

其五，“由‘离’而‘正’”[②]，这是关联着“离”的意味对《名实论》之旨趣所作的一种解读，其中写道：“如果说‘离’——‘白’与‘定所白者’（‘白马’、‘白石’等）相离、‘坚’同‘定所坚者’相离、‘指’与‘与物’之‘指’或‘物指’相离——是《公孙龙子》中一以贯之的逻辑主脉，那么，这逻辑主脉中的价值神经则可谓‘离也者天下，故独而正’（《公孙龙子·坚白论》）所指示的在公孙龙看来可以‘化天下’的‘正名’。明确说出‘正名’之名并以一种独异思路和用语阐绎了这‘正名’之意谓的，是《公孙龙子》中被置于压轴位置的《名实论》。”[③]“如此所说的‘实’是一类事物的共相，而共相总是由某一概念或‘名’称说的。于是，问题进于复杂。称呼某一个别事物所用的‘名’往往与表述它所属种类之事物的共相所用的‘名’是同一个，这便有了同一个‘名’在意谓上可能发生的扞格。如果某事物体现了某一类事物的共相或实质，用指称其共相或实质的‘名’称呼此事物可谓‘名’‘实’相副，‘名’的意谓在对个体事物的称呼和对一类事物的共相或实质的指称上没有抵牾；如果某事物不能或不再体现某一类事物的共相或实质，用指称其共相或实质的‘名’称呼此物便是‘名’、‘实’不相副，这时，‘名’的意谓在对个体事物的称呼和对一类事物的共相或实质的指称上就大异其致了。这里重要的在于以指称事物之共相（‘实’）的‘名’校雠那被同样的‘名’称呼的某事物，而‘离’——对指称共相（‘实’）的‘名’与称谓某事物的‘名’‘离’而视之——是如此‘正名’得以成为可能的契机所在。”[④]

在作了上述纵贯式的抉示后，著者在“结语”部分[⑤]又对《公孙龙子》的旨趣作了三点补正性的评说，其中第一点依然与公孙龙“离”的措思智慧密切相关：“对‘名’所涉及的语言与逻辑的深层问题，我们也许可以比公

---

① 黄克剑：《公孙龙子（外三种）》，中华书局2012年版，第21页。

② 参见黄克剑：《公孙龙子（外三种）》，中华书局2012年版，第21—24页。

③ 黄克剑：《公孙龙子（外三种）》，中华书局2012年版，第21页。

④ 黄克剑：《公孙龙子（外三种）》，中华书局2012年版，第22—23页。

⑤ 参见黄克剑：《公孙龙子（外三种）》，中华书局2012年版，第24—26页。

孙龙作更缜密的理会和更贴切的阐述，但重要的是，约两千三百年前，这位睿智的辩者已经觉悟到语言作为概念的排列组合在命名或描摹事物时其与经验事物相'离'的固有本性，这'离'使人在试图如其所是地谈论或认知事物时陷于被动，这'离'又使人在校勘而厘正事物的践履中得以心存应然而身处主动。用以命名、摹状的语言与天下实存的森然万象并不存在一一对应的关系，人却又不能不借助它辨识人生存于其中因而总会打上人的或此或彼烙印的世界，人是携带着语言与世界相遇相依的，但人运用语言走近世界时也由于语言的'离'的特征而与世界拉开距离。语言靠了'离'的性状而自成一个独立于经验实存的系统；人处在语言系统中，人也处在与其生存际遇的践履性关系中。同时处在这系统和关系中的人是受动而能动的，他只能因着这受动而能动的机缘赢得生命之自由。如何赢得更大程度的自由，这须得人对自己既处其中的境域达到相当的自觉，其中当然包括人对语言的自觉，而公孙龙'离坚白'之辩的意义正在于他从一个独特的运思向度上把这一重自觉启示给了人们。"①

关于《公孙龙子》的第二部分文字，依照"题解""原文""注释""译文"的体例，对《公孙龙子》六篇——《迹府》《白马论》《坚白论》《通变论》《指物论》《名实论》——依次进行了疏解，其中的"题解"部分对每篇的篇题及其运思理路进行了点拨与阐发，有助于读者从整体上把握各篇的要旨。

在《迹府》篇题解部分，著者首先对该篇的篇题作了点拨："'迹府'，即事迹的汇聚。《迹府》作为流传至今的《公孙龙子》中的一篇，显然非公孙龙本人亲撰。作者已不可考，其或为《公孙龙子》诸篇的编录者，当是秦之后而西汉刘向校勘群籍之前时人。《道藏》本《公孙龙子》列《迹府》为首篇，今一仍其旧。"②接着，著者对该篇的运思理路作了阐发。在著者看来，本篇由三节文字构成：其一，"首节概述了公孙龙的志业、学尚，其要点有二：（一）公孙龙学说可一言以蔽之为'"守白"之论'，其言说的主要方法可归结为'假物取譬'，其典型的论点则是所谓'白马为非马'。（二）公孙龙不是那种为辩难而辩难的巧辩之徒，他固然有善于言辞的天赋之长，但他

① 黄克剑：《公孙龙子（外三种）》，中华书局 2012 年版，第 24—25 页。

② 黄克剑：《公孙龙子（外三种）》，中华书局 2012 年版，第 27 页。

终于成为当时人们所称的‘辩士’是由于他对现实中‘名实之散乱’的忧患，而他的真正追求则在于把‘白马为非马’这类论题所蕴含的道理推广开来，以端正名实关系，并就此教化天下的人”[①]；其二，“第二节文字称述公孙龙与孔子六世孙孔穿的一次论辩，展示了公孙龙运思的缜密和言语应答的机敏。对话中，孔穿提出，如果公孙龙能摈弃‘白马非马’之说，他愿意拜公孙龙为师。公孙龙回答他说，他自己之所以为人所知，只在于所持‘白马非马’，放弃了这个说法便不再有可以施教于人的东西；失去了这赖以教人的东西，自己教人而为师或孔穿请教而做弟子就失去了凭借或依据。此外，公孙龙正告孔穿，一个人想拜他人为师，原在于才智或学识不如他人，但孔穿既然已经断定‘白马非马’的道理不可取，并转而指点他想拜其为师的人鄙弃这一见解，这是先施教于人而后再以被他所教的人为师，如此则显然有背于师所以为师、弟子所以为弟子的常理。接着，公孙龙引用‘楚人遗弓’的故事，以孔子‘异“楚人”于所谓人’这一不容置疑的见地，印证了他依循同一思路提出的‘白马非马’的论断”[②]；其三，“第三节文字记述了公孙龙辩驳孔穿的另一则轶事，在这则轶事中公孙龙援引了尹文与齐湣王的对话，借尹文对齐王‘不知察士之类’（不懂得明辨‘士’成其为一类人的原由所在）的贬责，讥评孔穿并不知晓他所反对的‘白马非马’论的真实意趣。《迹府》载述公孙龙对尹文的引证，显然在一定程度上隐示了公孙龙与尹文间那种或深或浅的学术渊源”[③]。

在《白马论》题解部分，著者首先对该篇的篇题作了点拨：“《白马论》的篇名取自论题‘白马非马’的‘白马’。‘白马非马’之说并非创始于公孙龙，但正像公孙龙以‘白马非马’之说著称于世，‘白马非马’之说也因公孙龙而闻名于天下。《道藏》本《公孙龙子》序列《白马论》于《迹府》之后，其实即是将此论列于公孙龙所撰文字之首。”[④]接着，著者将这篇对话体论文分为五节，并对其运思理路一一进行了阐发：其一，“第一节在由拟托的客方提出‘“白马非马”，可乎’这一问题后，公孙龙以主方的身份作了肯定的

① 黄克剑：《公孙龙子（外三种）》，中华书局2012年版，第27页。
② 黄克剑：《公孙龙子（外三种）》，中华书局2012年版，第27—28页。
③ 黄克剑：《公孙龙子（外三种）》，中华书局2012年版，第28页。
④ 黄克剑：《公孙龙子（外三种）》，中华书局2012年版，第40页。

回答。其思路为:'马'这一概念只有'形'(形体)的内涵,'白马'这一概念除了有'形'(形体)的内涵外,尚有'色'(颜色)的内涵;不同内涵的概念不相等同,所以说'白马非马'"[①];其二,"在第二节里,客方凭着'有白马不可谓无马'(有白马就不能说没有马)这一常识性判断,对'白马非马'的说法提出了'白之非马也'(为什么说白马不就是马呢)的质疑,主方以有黄马、黑马'可以应(说)有马,不可以应(说)有白马'为例作了分辩。与上一节重在概念内涵的揭示构成互补,这里的逻辑在于:只有'形'的内涵的'马'这一概念外延大,它包括了白马,却也包括了黄马、黑马及其他毛色的马;有'色'、'形'两种内涵的'白马'这一概念外延小,它不能包括白色以外的其他种种毛色的马。'白马'与'马'是外延不同的两个概念,因此,当然可以说'白马'不就是'马'"[②];其三,"第三节中,客方把'白马非马'的命题转换为'马之有色为非马'(马有了颜色就不再是马)后,诘难主方说:天下的马都有颜色,说马有了颜色就不再是马,岂不等于说天下没有马了吗?主方就此指出:马原本有颜色,所以才有'白马'可言,并且恰恰因为这个缘故,才分外要强调'白马'不同于撇开毛色不论而只用来称呼一种牲畜形体的'马'。他把'白马'(概念)解释为'马'(的概念)和'白'(的概念)的结合('马与白'),并反诘客方说,难道'马'和'白'结合后还只是'马'吗('马与白,马也')?从而再次论证了自己的命题'白马非马'"[③];其四,"在接下来的第四节里,主方转守为攻,对客方用了归谬法。他说:姑且对你所谓有白马就是有马的看法存而不论,现在我问你,如果把'有马'说成是'有黄马',行吗?客方显然意识到了'有马'和'有黄马'不是一回事,因此他只能回答不可以。这时,主方话锋一转,让客方自己驳斥自己:既然承认'有马'与'有黄马'不同('以有马为异有黄马'),这就无异于把'黄马'和'马'区别开了,而把'黄马'区别于'马'不正表明'黄马'不即是'马'或不等同于'马'吗?以为'黄马'不即是'马',却又以为'白马'即是'马',这简直就像是说飞鸟飞进了水池、棺椁埋在了两地一样,真可谓有背天下常理

① 黄克剑:《公孙龙子(外三种)》,中华书局2012年版,第40页。
② 黄克剑:《公孙龙子(外三种)》,中华书局2012年版,第40页。
③ 黄克剑:《公孙龙子(外三种)》,中华书局2012年版,第41页。

的胡言乱语了”[1]；其五，“最后，主方提出了两个看似对立而其实却是意味错落的命题：一是‘白者不定所白’，一是‘白定所白’。前者是说，白色不限定在某个或某种白色事物上，因而不限定在任何白色事物上；后者是说，某个或某种白色事物上的白色总是相对地被规定了的白色。他把所谓‘白者不定所白’的讨论留给了后面的‘坚白论’，而在这里只是以‘白定所白’对他的‘白马非马’说作了推理：‘白马’之‘白’是和马‘相与’（相结合）因而被‘马’规定了的‘白’（这样被规定了的‘白马’的白色，不同于其他被规定的白色——例如‘白雪’、‘白玉’等被‘雪’、‘玉’规定了的白色）；同样的道理，‘白马’之‘马’是和白‘相与’而被‘白’规定了的‘马’。被白色规定了的‘白马’不同于未被白色规定了的‘马’；换一种说法，‘白马’对颜色有取此（白）去彼（白之外其他颜色）的选择，而‘马’却没有。于是由对颜色有取此去彼的‘白马’不同于对颜色没有取此去彼选择的‘马’，主方又一次论证了自己笃信的命题：‘白马’不就是‘马’”[2]。

在《坚白论》题解部分，著者首先对该篇的篇题作了点拨：“《坚白论》的篇名取自该篇首句‘坚、白、石三’之‘坚白’，其主题在于‘离坚白’。‘离坚白’，即‘坚’对于‘定所坚者’、‘白’对于‘定所白者’的相‘离’；这由设譬而喻说的‘离’为公孙龙学说之命脉所系，它以迥然有别于儒、道、墨的方式宣示了名家人物在语言自觉上所达到的境界。《道藏》本《公孙龙子》序列《坚白论》于第五，今与原编次为第三的《指物论》对调。”[3]接着，著者对这篇对话体论文的答问层次进行了阐发。在著者看来，本篇的主客答问分四个层次展开：其一，“第一个回合的答问对‘坚白’作了初步探讨：一块石头有坚硬、白色、形状三种属性，眼可以看见白色、形状而看不见坚硬，手可以触摸到坚硬、形状却触摸不到白色。无论是眼还是手，都只能感知三种属性中的二者，而不能感知其第三者。由于触觉和视觉不是同一种感觉，所以分别相应于触觉和视觉的‘坚’与‘白’的相‘离’而不相合便就

---

① 黄克剑：《公孙龙子（外三种）》，中华书局2012年版，第41页。

② 黄克剑：《公孙龙子（外三种）》，中华书局2012年版，第41—42页。

③ 黄克剑：《公孙龙子（外三种）》，中华书局2012年版，第50页。

此埋下了伏笔”[①]；其二，“在第二回合中，客方以坚性、白色、形状在同一块石头上因而其相互含纳为理由，对主方所说的只可能见(看见或摸见)其中二者、不可能见(看不见或摸不见)第三者的看法提出质疑，认为那是有意把其中的坚性或白色作为第三者‘藏’起来了。主方接过客方的话说，称这种情形为‘藏’未尝不可，不过那不是人存心要‘藏’(‘非藏而藏’)，而是坚性或白色自己‘藏’(‘自藏’)了起来。于是他指出，既然‘白’看得见而摸不着，‘坚’摸得着而看不见，那么在看或摸的过程中就总会有一个因为‘不见’而‘藏’起来。这‘坚’或‘白’不相含容于同一感官的感知过程在主方看来即是‘离’，他遂就此说：‘离也者，藏也’”[②]；其三，“客方执著于实际存在的某一又白又坚的石头，认定白色和坚性在石头中的不可分离就像任何物品的宽和长那样相互含纳(‘若广修而相盈’)，于是便有了第三回合的答疑。针对客方的偏执，主方提出了这样的看法：某物是白色的，白色却并不为这一物所限定而只‘白’这一物(‘物白焉，不定其所白’)；某物是坚硬的，坚硬也并不为这一物所限定而只‘坚’这一物(‘物坚焉，不定其所坚’)。既然‘白’、‘坚’都不限定于某一物而只‘白’或只‘坚’这一物，那么‘白’就必定为所有白色的物所兼有，‘坚’也必定为所有坚硬的物质所兼有(‘不定者兼’)。其言下之意，兼有白色的诸多品物不一定皆有坚性，兼有坚性的诸多品物不一定皆为白色，单是这一点也足以说明‘坚’与‘白’的彼此相‘离’。当客方再一次回到‘石’上而由‘石’把‘坚’、‘白’关联起来以说明坚性与白色‘不相离’时，主方强调说，‘坚’与‘白’终究有可触知与不可触知、可看见与不可看见的区别，这一点决定了可触知者(‘坚’)与不可触知者(‘白’)在触觉中的相互分离，决定了可看见者(‘白’)与不可看见者(‘坚’)在视觉中的相互隐藏。这一轮的辩难仍停留在经验层次上，但对‘不定者兼’的指出则使‘坚’与‘白’相‘离’互‘藏’的说法不限于石而趋于普遍化了”[③]；其四，“上承‘物白焉，不定其所白；物坚焉，不定其所坚’而‘不定者兼’的思路，主方在应对客方诘难的第四个回

① 黄克剑:《公孙龙子(外三种)》，中华书局 2012 年版，第 50 页。
② 黄克剑:《公孙龙子(外三种)》，中华书局 2012 年版，第 50—51 页。
③ 黄克剑:《公孙龙子(外三种)》，中华书局 2012 年版，第 51 页。

合中不再在视觉、触觉的感知上盘桓，而从'坚'、'白'诸'名'(概念)对任何个别实物或实物的某一性状既称谓又超离这一'兼'的属性，顺理成章地推演到了'藏'：坚硬不只是与石结合而成为石那样的坚硬，而且也为其他坚硬的物所兼有('坚未与石为坚而物坚')，这'兼'意味着'坚'不限定在'石'上，也不限定在具有'坚'性的任何一物上；既然'坚'性不限定在任何一物上，那也就意味着不限定在一切经验之物上，就是说，这'坚'必定自在地使自己成其为'坚'('未与物为坚而坚必坚')。'坚'作为一个概念的独立自在，意味着它对于由它指示其坚硬性状的一切实存事物的相'离'。事实上，'坚'的概念是这样，其他所有的概念无不是这样"[1]。"最后主方宣称：这煞似神奇的'离'乃天下之通则，正是由于'离'，各各独立自藏的诸'名'(概念)才可以用来厘正与名不相副的实存事物('神乎！是之谓离焉。离也者天下，故独而正')。这所谓'离也者天下，故独而正'是《坚白论》所论'离坚白'的点睛之笔，它所晓示的论主的祈愿只在于由如此的'独而正'以控名责实而'化天下'"[2]。

在《通变论》题解部分，著者首先对该篇的篇题作了点拨："《通变论》在于论说两概念('名')相与(相结合)成一复合概念后其内涵变化的某种通则。'通变'，变化之通例之谓，本篇篇名即由此而来。'白马'、'坚白'皆设譬式论题，'通变'则在于使这类设譬式论题之所论形式化，尽管为了喻示其普遍适用仍不免列举另一些相关例证。《道藏》本《公孙龙子》序列《通变论》于第四，今依然以第四编其次。"[3]接着，著者将"通变"之说的焦点归结为"二无一"这个论题，其意味是："在一个概念与另一个概念结合而成的概念('二')中，不再有原来的这一概念('一')或那一概念('一')；两个概念在所构成的新概念中是相互规定的，相互规定了的概念已经有所'变'，因而不再是原来的各自独立的概念。"[4]然后，著者围绕着"二无一"这个命题的展开路径，将这篇对话体论文分为四节：其一，"首节，客方开门见山提出问题：'二有一乎'(当两个概念相与而构成一个复合概念

---

① 黄克剑：《公孙龙子(外三种)》，中华书局2012年版，第51—52页。

② 黄克剑：《公孙龙子(外三种)》，中华书局2012年版，第52页。

③ 黄克剑：《公孙龙子(外三种)》，中华书局2012年版，第60页。

④ 黄克剑：《公孙龙子(外三种)》，中华书局2012年版，第60页。

‘二’后,其中还存在先前各自独立的某一概念‘一’吗?)主方回答说:‘二无一’(由两个概念相与而构成的复合概念‘二’中不再有先前作为独立概念存在的此一概念‘一’或彼一概念‘一’)。往下,客与主之间的‘有右’与‘无右’、‘有左’与‘无左’、‘不可’与‘可’等一系列问答,其实只是对‘二无一’这一论题从不同角度所作的阐释”[①];其二,“第二节中,客方在按预设的伏笔连续发问而得到主方简要的肯定性回答后,把一个似乎置主方于难以自圆其说境地的问题提了出来:概念‘右’——在与另一概念(概念‘左’)结合而构成一个新概念后——如果已经变了,怎么还可以称其为‘右’呢(右苟变,安可谓右)?主方没有正面作答,他反倒以问对问:‘若是以‘右’相称的概念是不变的,那又怎么可以说这概念‘右’变了呢(苟不变,安可谓变)?这里,暗示了主方以为不屑赘释的一层理趣,此即:用以指示概念的字符(能指)虽然前后并没有变,但这字符(能指)所指示的概念在与另一概念结合而构成一个复合概念后,其内涵(所指)已经有所变化。犹如‘白马’之‘白’——这一由‘马’规定了的‘白’——不再是先前未与‘马’结合因而不曾被‘马’规定的‘白’一样,‘右’这一指示概念的字符未变,而为它所指示的‘右’这一概念在与另一概念结合后其内涵却已变得不再与先前相同了”[②];其三,“第三节,主方为解客方之疑,以‘羊合牛非马,牛合羊非鸡’为辩题对‘二无一’作了阐说。在主方看来,‘羊’和‘牛’的概念相合为‘二’可得到有角牲畜的概念,而有角牲畜这一概念不同于‘羊’的概念,不同于‘牛’的概念,也不是‘牛’、‘羊’概念的简单相加,所以主方着意要说‘羊不二,牛不二,而羊牛二’,事实上,‘羊不二’、‘牛不二’也正可以说是‘二不羊’、‘二不牛’,而这‘二不羊’、‘二不牛’换一种表述即是所谓‘二无一’。当然,如果要合成有角牲畜这一‘二’的概念,只能是‘羊’和‘牛’,不能是无角牲畜‘马’,更不能是属于家禽类的‘鸡’。主方在此就‘羊合牛非马,牛合羊非鸡’这一辩题所作的解释繁冗而颇令人费解,但说到底,却只是要告诉人们:比勘于‘鸡’的‘牛合羊’为‘二’的概念只是‘牲畜’概念,比勘于‘马’的‘羊合牛’为‘二’的概念则不只是‘牲畜’而且

---

① 黄克剑:《公孙龙子(外三种)》,中华书局2012年版,第60页。

② 黄克剑:《公孙龙子(外三种)》,中华书局2012年版,第60—61页。

是'有角牲畜'(严格地说,是'反刍牲畜')的概念。由此,论主强调说,与其以'鸡'为比勘对象来说'牛合羊'为'二'而'羊不二,牛不二'('二无一')的道理,不如以'马'为比勘对象来说'羊合牛'为'二'而'羊不二,牛不二'('二无一')的道理"[①];其四,"最后一节,主方以'青以白非黄,白以青非碧'为辩例再度诠说了'二无一'的论题。'青'、'白'、'黄'属'正色','碧'为'间色',其可比性的范围与程度不同,而分别以其相互关系为譬来说明'二无一'论题之意谓的效果也相异。在主方看来,'白以青非碧'是说白色概念和青色概念结合而成的'正色'概念不同于碧色所属的'间色'概念,而'青以白非黄'则是说青色概念和白色概念结合而成的'正色'概念不同于也属'正色'之一的黄色概念,以'白以青非碧'为譬语说明'二无一'的道理不如以'青以白非黄'为譬语说明'二无一'的道理更恰切、更相宜"[②]。

在《指物论》题解部分,著者首先对该篇的篇题作了点拨:"《指物论》是《公孙龙子》中语义最艰深的一篇,其论旨在于'物莫非指,而指非指'。文中设问与答难的层递推绎,所探究的是'物'、'指'、'指物'、'物指'间错综而耐人寻味的关系。其篇名'指物',即由此而来。《道藏》本《公孙龙子》序列《指物论》于第三,今与原编次为第五的《坚白论》对调。"[③]接着,著者依据本篇的运思理路将其分为如下三个层次:其一,"《指物论》开篇即由主方立论:'物莫非指,而指非指。'其前一'指',指人的命名、指认活动;次一'指',指进入命名、指认活动而被用来命名、指认某一或某种事物的名或概念,亦即后文所谓'与物'之指或'物指';后一'指',指未参与到具体指认情境中的名或概念,亦即所谓'自藏'着的名或概念。综摄主方之意,无非是要申明:为人所认知的事物没有不是被名或概念指认的,而用以指认事物的名或概念一旦出现在具体指认活动中而成为'与物'之指或'物指',就不再是原初的名或概念——亦即所谓'自藏'之'指'了"[④];其二,"依客方的看法,天下并不存在主方所说的用以指认事物的名或概念

① 黄克剑:《公孙龙子(外三种)》,中华书局2012年版,第61页。

② 黄克剑:《公孙龙子(外三种)》,中华书局2012年版,第61—62页。

③ 黄克剑:《公孙龙子(外三种)》,中华书局2012年版,第75页。

④ 黄克剑:《公孙龙子(外三种)》,中华书局2012年版,第75页。

(‘指也者,天下之所无也’),天下所有的只是事物(‘物也者,天下之所有也’),以天下所没有的名或概念指认天下实际存在的事物是不可以的。主方没有否认实际事物与名或概念一者实存于天下一者非实存于天下的区别,但并不认为后者不可以用来指称前者。于是他这样应答客方的质疑:只要你说‘物’不可‘指’或这‘物’那‘物’如何如何与‘指’没有关系,你就是在‘指’着‘物’而谈‘物’,换句话说,不‘指’物——以名或概念指认物——就无从说物,而这则正表明了,在人的认知视野中的物没有不是被人以名或概念命名或指认的物(‘物莫非指’)。并且,他进而指出,既然没有什么物不是被名或概念指认的,那么名或概念一旦因指认物而被指认对象所规定(‘与物’而为‘物指’),它也就不再是原来意义上(‘自藏’)的名或概念了(‘而指非指也’)”[①];其三,“在又一轮的答问中,客方把问题归结到这一点:天下不存在概念那样的‘指’,人们所以能够称‘物’而谈是因为‘物’原本各有其名,而这名并不就是概念之类的‘指’(‘天下无指者,生于物之各有名,不为指也’)。其实,‘物’不能自有其名,‘物之各有名’原是人为物命名的结果,而人为物命名则无论如何也离不开被称作‘指’的名或概念。对于主方说来,‘物之各有名’是不值一驳的,重要的只在于,当以‘指’(名或概念)命名或指认事物时,必然会引出的‘与物’之‘指’与‘自藏’之‘指’同名相牵又意谓相离的问题。就此,他把所谓‘物’与‘指’、‘指’与‘指物’、‘指’与‘物指’等的关系的思考以富于启迪性的问题提示给了人们,并着意分辩说:名或概念,不是不可以用来命名或指认事物(‘指,非非指也’),不过,名或概念只要出现在具体指认情境中而成为‘与物’之‘指’或‘物指’,就不再是‘自藏’——不曾‘与物’因而不受所指认对象规定——之‘指’了(‘指与物,非指也’)”[②]。

在《名实论》题解部分,著者首先对该篇的篇题作了点拨:“《名实论》不再沿用主客答问的言说体例,篇中所有文字都用于正面立论。其对‘名’、‘实’的分辩,是对‘白马’、‘坚白’、‘通变’、‘指物’等篇所论之指归的道破,是公孙龙著书立说的初衷的吐露。本篇是《道藏》本《公孙龙子》

① 黄克剑:《公孙龙子(外三种)》,中华书局2012年版,第75—76页。

② 黄克剑:《公孙龙子(外三种)》,中华书局2012年版,第76页。

的最后一篇，如此编次恰与战国之后古人著述将序或绪论置于卷末的惯例相合。今一仍其旧。”[①]接着，著者依据本篇的运思理路将其分为如下三个层次：其一，“公孙龙这样界说他所指称的‘实’：‘物以物其所物而不过焉，实也。’‘实’是从‘物’说起的，但这‘实’并不就是事物的实际存在。在公孙龙看来，某一事物（‘物’）如果（‘以’）体现了（‘物’）这类（‘其’）事物的实质（‘所物’）而没有偏差（‘不过’），这种情形才可以称得上‘实’。就是说，‘实’关涉一类事物的实质，关涉各别存在的实际事物对其所属种类事物的实质的体现，而这体现按要求是不可能有偏差或失误的。由‘实’，公孙龙提出了‘位’的概念：‘实以实其所实而不旷焉，位也。’其意思是说，某一事物对其所属种类事物实质的体现如果完满到它应有程度而没有缺陷，这时即可称之为‘位’或当位。进而，公孙龙又由‘位’推论出他所谓‘正’：‘位其所位焉，正也’——一事物完满无缺地体现其所属种类事物的实质因而处在它所应当处的状态，这种境地可称之为‘正’。这当位而‘正’指示了一个标准，用这个标准检验实际事物与其所属种类事物的实质是否相符，公孙龙称其为‘正其名’或所谓‘正名’”[②]；其二，“一般说来，‘名’是对实际事物的称谓，公孙龙并未否定或忽略这一常识。但他也注意到‘名’的另一深层意味：‘夫名，实谓也。’就是说，‘名’是用来指称事物对其所属种类事物的实质的体现的。为公孙龙所把握的‘名’关联着事物的实质，关联着事物对其所属种类事物实质的体现，而且也因此而关联着‘位’和‘当位’而‘正’的那个标准。在一定意义上，也可以把公孙龙所说的‘实’理解为一类事物由其可推想的那种完满状态所指示的共相，而共相总是由某一概念或‘名’称谓的。于是，通常人们以‘名’称呼物这件看似简单而习焉不察的事，在公孙龙这里变得复杂起来。称呼各别实际事物所用的名与表述其所属种类之事物的共相的‘名’往往是同一个，这就有了由同一个‘名’的不同指称引出的问题：若是某事物体现了其所属种类事物的共相，用指称这共相的名称呼这一事物就可以说是‘名’、‘实’相副，否则，便是‘名’、‘实’不副。这里重要的在于以指称事物之共相

---

① 黄克剑：《公孙龙子（外三种）》，中华书局 2012 年版，第 83 页。

② 黄克剑：《公孙龙子（外三种）》，中华书局 2012 年版，第 83—84 页。

(‘实’)的‘名’校雠那被同样的‘名’称呼的某事物，而‘离’——对指称共相(‘实’)的‘名’与称呼某事物的‘名’的‘离’而视之——是如此‘正名’得以成为可能的契机所在”[1]；其三，“公孙龙处于战国乱世而‘疾名实之散乱’，其‘“守白”之论’的全部灵韵都激发于如此的‘正名’，而这‘正名’——与孔子之‘正名’遥相呼应却又通而不同——也正是《名实论》曲尽其致的运思的焦点所在”[2]。

23. 陈永革注释《公孙龙子诵读本》

本书由“中华诵·经典诵读行动”读本编委会编，陈永革注释，中华书局2013年10月第1版。

本书正文前载有陈永革撰写的内容导读“《公孙龙子》的作者史考与思想解析”[3]。撰者在引言“公孙龙与先秦名家思想”中指出：“春秋战国时期是中国历史诸子竞出、百家争鸣的第一次思想高潮时期，出现了儒、道、墨、法、兵、农、医、名、杂诸家，各擅其场，各竞其芳，影响深远。其中，公孙龙以其‘离坚白’思想，成为当时‘名家’(或称‘名学’)的代表人物。其弟子所编集的《公孙龙子》(题周代公孙龙或公孙龙子撰)一书，也成为先秦名家思想的代表性著作。《公孙龙子》一书，不仅在中国思想文化史上具有重要地位，而且在世界哲学文化史上同样占有一席之地。”[4]基于这种看法，撰者依次介绍了“公孙龙其人其书”“《公孙龙子》其学”“关于《公孙龙子》的研究”。最后，撰者对本书参酌的版本作了交代：“本书以中华书局出版的庞朴著《公孙龙子研究》(中华书局1979年12月第1版)为主要参考文献，同时参阅栾星《公孙龙子长笺》(河南，中州书画社1982年4月第1版)，吴毓江校释、吴兴宇标点《公孙龙子校释》(上海古籍出版社2001年11月第1版)等书。同时参考北京大学哲学系选辑的《中国哲学史资料》。”[5]

本书正文前另载有李洪岩撰写的诵读指导“《公孙龙子》诵读中的绝

---

① 黄克剑：《公孙龙子(外三种)》，中华书局2012年版，第84页。
② 黄克剑：《公孙龙子(外三种)》，中华书局2012年版，第84页。
③ 参见陈永革：《公孙龙子诵读本》，中华书局2013年版，内容导读第1—9页。
④ 陈永革：《公孙龙子诵读本》，中华书局2013年版，内容导读第1页。
⑤ 陈永革：《公孙龙子诵读本》，中华书局2013年版，内容导读第9页。

对之辞与逻辑之思”[1]。撰者首先指出:“《公孙龙子》作为诸子百家中名家的代表作,不仅在先秦诸子百家中独具特色,甚至在中国古代思想文化史中也颇显另类。该书并不是以所谓的哲学观点取胜,哪怕是其中众所周知的‘白马非马’、‘离坚白’等观点在今人看来也并不周延。而真正应该为后人所重视的是其中蕴含的思辩力和逻辑性。客观说,该书内容传达出了不少诡辩论的色彩,但其相较于众多观点鲜明而论证欠丰的其他诸子著作而言,却独具逻辑潜力,因此诵读该著作应特别关注到这一点。”[2]基于这种看法,撰者从内容、形式、表达等方面对诵读《公孙龙子》提出了三点建议:其一,“应全面了解公孙龙所代表的名家主张,客观分析其贡献与局限,明其所是,辨其所非。这对诵读者而言有助于把握总的观点态度,避免陷入客观唯心主义漩涡,也避免走上形而上的诡辩之路”[3]。其二,“珍视中国古代难得的逻辑之思,诵读时注重层次的划分和逻辑的推演。可以说,理解和诵读《公孙龙子》的过程基本上是逻辑体操的训练过程”[4]。其三,“从诵读的技术性角度看,《公孙龙子》的诵读是颇有些难度的,尤其是其文句总是给人绕来绕去之感。因此,对于不同的诵读者,应该有不同的要求”[5]。最后,撰者总结道:“总之,《公孙龙子》一书在诸子百家中独树一帜,其鲜明的态度、严密的逻辑、精巧的文句支撑着异乎常识的观点,既有其诡辩色彩,又有其针对现实的主张,的确给人以耳目一新之感。诵读的难度和乐趣相伴而生,相信通过反复揣摩吟诵,定能在有声语言中体现出辩论的机锋和逻辑的力量。”[6]

本书的正文按照《迹府》《白马论》《指物论》《通变论》《坚白论》《名实论》的顺序,对《公孙龙子》六篇依次作了注音与注释:“正文原文采用三号楷体大字,符合学生阅读习惯,保护学生视力;字上用现代汉语拼音注音,拼音标注以《汉语大字典》注音为准,在语流中发生变调的,一律标注本来

---

① 参见陈永革:《公孙龙子诵读本》,中华书局2013年版,诵读指导第1—3页。

② 陈永革:《公孙龙子诵读本》,中华书局2013年版,诵读指导第1页。

③ 陈永革:《公孙龙子诵读本》,中华书局2013年版,诵读指导第1页。

④ 陈永革:《公孙龙子诵读本》,中华书局2013年版,诵读指导第2页。

⑤ 陈永革:《公孙龙子诵读本》,中华书局2013年版,诵读指导第3页。

⑥ 陈永革:《公孙龙子诵读本》,中华书局2013年版,诵读指导第3页。

的声调；页下附有难字、难词、难句注释，注释尽量参照最新研究成果，语言简洁通俗，表述精准易懂。”[①]

24. 孙启勤译《〈公孙龙子〉英译本》

(杭州)浙江工商大学出版社 2014 年 8 月第 1 版。

本书正文前载有孙启勤撰写的“卷首语”，成稿于 2013 年 9 月。撰者充分肯定了公孙龙的学术史贡献和地位：“从哲学与逻辑学的角度来讲，公孙龙对中国哲学和逻辑学的重要贡献是他创立的逻辑学理论，因此，公孙龙是一位哲学家和逻辑学家，他被学界公认为中国逻辑学之父。从中国汉语术语学发展史的角度讲，公孙龙对中国汉语术语学的重要贡献是他创立的中国汉语术语学理论，因此，公孙龙又是一位汉语术语学家，笔者以为公孙龙可算是中国汉语术语学的奠基人。而从中国符号学的角度讲，公孙龙对中国符号学的重要贡献是他创立的符号学理论，因此，公孙龙还是一位中国符号学家，他亦被视为中国符号学的奠基人。”[②]此外，撰者还谈及本书的意义：“从中国学科发展史的视角来讲，该译本在向国外学界推荐中国学科史起源时提供了《公孙龙子》的英文范本，有助于提高中国国学及其思想在世界上的地位和影响力。从对外文化交流的角度来讲，本书为公孙龙与《公孙龙子》的研究提供了英文版的《公孙龙子》，有助于他们全面、准确地理解《公孙龙子》的内容，使他(她)们的学术研究成果更具学术价值。从中国文化‘走出去’的国家战略工程角度来讲，本译本为中国文化‘走出去’战略工程做出了自己的贡献。”[③]

本书按照《迹府》《白马论》《指物论》《通变论》《坚白论》《名实论》的顺序，对《公孙龙子》六篇依次进行了翻译。在翻译时，译者首先逐段列出原文，接着译成现代汉语，然后译成英文。文末附有《术语表》，以汉英对照的方式列出本书的关键术语。

本书原文取自台湾新文丰出版公司 1977 年出版的明版《正统道藏》

---

① 陈永革：《公孙龙子诵读本》，中华书局 2013 年版，出版说明第 1—2 页。

② 孙启勤：《〈公孙龙子〉英译本》，浙江工商大学出版社 2014 年版，卷首语第 1—2 页。

③ 孙启勤：《〈公孙龙子〉英译本》，浙江工商大学出版社 2014 年版，卷首语第 3 页。

本；句读参考了谭戒甫的《公孙龙子形名发微》、庞朴的《公孙龙子译注》和《公孙龙子研究》、周云之的《公孙龙子正名学说研究：校诠 今译 剖析 总论》、黄克剑的《名家琦辞疏解——惠施公孙龙研究》等文献；英译部分参考了中国哲学书电子化计划和美国斯坦福大学网站中有关《公孙龙子》介绍的内容；汉译部分主要参考了明版《正统道藏》本、谭戒甫的《公孙龙子形名发微》、庞朴的《公孙龙子译注》和《公孙龙子研究》、周云之的《公孙龙子正名学说研究：校诠 今译 剖析 总论》、黄克剑的《名家琦辞疏解——惠施公孙龙研究》以及冯友兰的《中国哲学简史》、胡适的《先秦名家史》等文献。①

25. 刘利民著《〈公孙龙子〉重释与重译》

（成都）四川大学出版社 2015 年 11 月第 1 版。

本书是一部从语言哲学的角度研究《公孙龙子》的学术专著，其指归在于“以语言哲学反思的‘意脉’来构建名家话语的‘连贯性’”②。正文前载有钱冠连撰写的“序——兼论古代哲学的重新双译”（成稿于 2012 年 4 月 12 日）和李贤中撰写的“《〈公孙龙子〉重释与重译》读后感”（成稿于 2012 年 9 月 25 日）。

在“引言”部分③，著者重点阐说了重译与重释《公孙龙子》的四个理由：其一，“公孙龙的文章在历史上背负着‘诡辩’的错误标签，没有得到严肃认真的解读；即使在今天，虽然他已经得到‘正名’，被承认为中国先秦的哲学家，或逻辑学家，或理论科学家，或语言学家等，但这么多‘家’也至少说明，《公孙龙子》古文今译各种版本对他的思想众说纷纭，理解很不一致，甚至相互冲突。……至于国外学者的理解，更是错得离谱，让人不知所云”④；其二，“对于公孙龙思想的再探讨，很可能有助于我们重新认识中国古代哲学的理性主义思想，从一个角度为‘中国哲学’正名，促进中西方思想文化交流”⑤；其三，“译者陋闻，所见的《公孙龙子》完整译文（汉、英译

① 参见孙启勤：《〈公孙龙子〉英译本》，浙江工商大学出版社 2014 年版，例言第 1—2 页。
② 刘利民：《〈公孙龙子〉重释与重译》，四川大学出版社 2015 年版，第 98 页。
③ 参见刘利民：《〈公孙龙子〉重释与重译》，四川大学出版社 2015 年版，第 1—6 页。
④ 刘利民：《〈公孙龙子〉重释与重译》，四川大学出版社 2015 年版，第 3 页。
⑤ 刘利民：《〈公孙龙子〉重释与重译》，四川大学出版社 2015 年版，第 3 页。

文)仅有王宏印所著的《白话解读公孙龙子》(西安:三秦出版社,1997)和刘玉俊所著的《浅论先秦名家》(台北:正谊出版社,2002)。[①] 其中刘玉俊并未完成《公孙龙子》全部五篇关键论文的翻译,没有拿出《通变论》的现代汉语和英语译文。从英文表达看,……他们的译文还未能充分展示出公孙龙理性主义语言哲学的基本精神:以纯粹概念思辨的方式追问语义规定性本质是什么,人用语言到底把握了什么样的知识。因而他们的译文中还有不少值得商榷之处”[②];其四,“由于公孙龙等名家思想家‘专决于名’,即一门心思专注于语言问题的反思,他们的思想在语言学理论中也独树一帜。这对于我们语言学理论形成自己的学术流派具有重要的启发意义。……但是,即使在汉语界也还没有诞生在世界上独具特色的语言学理论学派,而其中重要的原因就是我们对自己的语言哲学传统挖掘不深,没能从中汲取足够养分。对《公孙龙子》的研究极有可能给予我们以思想的启发”[③]。鉴于上述原因,著者把公孙龙视为一位理性主义的语言哲学家,努力使自己对某个语句的理解与其所属的该篇的全文乃至《公孙龙子》全书的其他语句所表达的命题意义具有思想理解的一致性。此外,著者还对本书的结构安排作了必要的说明。具体说来,本书包括如下四部分内容(含附录):

第一部分是“《公孙龙子》古译今”[④],著者以王琯所撰《新编诸子集成·公孙龙子悬解》为底本,按照《名实论》《白马论》《坚白论》《通变论》《指物论》《迹府》的顺序,把《公孙龙子》古文六篇一一翻译成现代汉语。在尽可能照顾原文的情况下,著者结合自己平时的专题研究成果多处采用意译的办法,避免了一味地直译所造成的阅读困难和隐含思想无法展现的问题;更重要的是,这种做法有助于从整体上把握《公孙龙子》一书的旨趣,进而对该书中关键的词语概念作出融贯的理解与全新的翻译,依著者自己的介绍主要体现在如下四点:“(1)重新解释《名实论》中的‘名’‘实’‘位’等关键概念,并区分出文中极易导致误解的‘此’‘彼’等

① 刘利民在这里没有提及孙启勤所译的《〈公孙龙子〉英译本》,浙江工商大学出版社2014年版。

② 刘利民:《〈公孙龙子〉重释与重译》,四川大学出版社2015年版,第4页。

③ 刘利民:《〈公孙龙子〉重释与重译》,四川大学出版社2015年版,第4—5页。

④ 参见刘利民:《〈公孙龙子〉重释与重译》,四川大学出版社2015年版,第7—25页。

语词的不同语义层面；(2)首次将《坚白论》中'藏''自藏'理解为'独立存在性'并将同文中的关键概念'离'译为'分析'，更完好地解释公孙龙等名家思想家的哲学立场与视角；(3)以语言概念反思的视角全新翻译《通变论》，尤其是以'使用'和'提及'的分析技术重新标示文章的引号，使整篇文章具有很好的思想融贯性；(4)对最困难的《指物论》的核心概念'指'进行语言哲学的理解，区分出'指称'与'实指'的层面，以此为线索对《指物论》的核心思想进行新解读，凸显出公孙龙子思想的理性主义语言哲学实质。"[①]

第二部分是"《公孙龙子》翻译说明"[②]。这一部分仍按照《名实论》《白马论》《坚白论》《通变论》《指物论》《迹府》的顺序，一来"就具体翻译中涉及的概念、理论性质及其相关的技术处理进行详细说明和解释"，同时"对于翻译中涉及的关于先秦时代汉语及名家思想的争议问题做出回应或分析。例如，关于'自藏'为何具有柏拉图式理念的性质之类的问题"。[③] 这样做的目的在于，"尽可能在公孙龙的文章之间寻找某种内在的能说明问题的联系，尽量使译文具有意义的融贯性"。这里的翻译说明"极有可能已经融入了已读过的译本"以及相关学者的运思智慧，但其基本思路仍是有别于他人的。"为了尽量保证译文思想表达的融贯性，译者只按照自己的思路进行解释，以贡献一家之言"。[④]

第三部分是"重新理解《公孙龙子》"[⑤]。著者以语言哲学、比较语言学为理论根据，从四个方面探讨了重新翻译《公孙龙子》的原因以及重新解释公孙龙哲学的理解框架问题：

其一，"对《公孙龙子》思想的种种解读"[⑥]。著者首先辨析了关于先秦名家的传统误解以及现代的种种相互并不一致的解释，既涉及先秦时期墨、道、儒诸家对名家的批判，又涉及现代人对公孙龙思想的种种阐释（主

① 刘利民：《〈"公孙龙子"重释与重译〉简介》，《外语学刊》2019年第6期。
② 参见刘利民：《〈公孙龙子〉重释与重译》，四川大学出版社2015年版，第27—49页。
③ 刘利民：《〈"公孙龙子"重释与重译〉简介》，《外语学刊》2019年第6期。
④ 刘利民：《〈公孙龙子〉重释与重译》，四川大学出版社2015年版，第49页。
⑤ 参见刘利民：《〈公孙龙子〉重释与重译》，四川大学出版社2015年版，第51—98页。
⑥ 参见刘利民：《〈公孙龙子〉重释与重译》，四川大学出版社2015年版，第53—69页。

要有意识形态批判及“诡辩说”，唯物论或者唯心说，逻辑学理论说，理论科学说等）。此外，著者还辨析了国外学者（如陈汉生、葛瑞汉等）对公孙龙思想的误解。在对上述误解进行辨析的基础上，著者对20世纪90年代以来国内学界出现的语言哲学解读情况进行了评述，认为“由于解释者在他们的分析中没有充分注意汉语语言特性的问题，而采用西方语言哲学的现成概念或理论来考察先秦名家，就不免提出说服力不那么强，或者不能得到证据支持的理论解释。这么看来，语言哲学的理论框架并没有问题，但我们还必须考虑汉语语言本身的特性”[①]。

其二，“中西语言与中西哲学的关系问题”[②]。著者基于“哲学产生于对语言意义的元范畴化反思”[③]这一观点，通过对比分析“西方哲学与西方语言特征”“汉语言与中国哲学的思辨之路”，认为古汉语标点符号的缺失致使先秦名家无法运用语言哲学分析技术对“使用”（use）与“提及”（mention）作出区分，就此而言，“名家的命题很可能就是在‘使用’与‘提及’无法区分的语言条件下，从汉语语言特点出发所进行的语言哲学思辨”[④]。如果从这一角度来理解的话，“先秦名家的语言哲学思想昭然若揭，他们的理性主义精神一下子就呈现在我们面前”[⑤]。

其三，“名家的理性主义思想出现的缘由”[⑥]。“先秦名家对语言意义本身的反思是先秦‘名实之辨’的深入发展”[⑦]，鉴于此，著者将先秦名家置于先秦“名实之辨”的脉络——孔子的“正名”论、荀子的“正名”论、老子的“无名”论、庄子的“言不尽意”论、墨家的经验主义“正名”立场——中进行了考察，意在“通过他们在语言问题上所持的基本立场和观点，看看先秦名家为什么要提出‘名本身’的问题来，由此反衬先秦名家的语言哲学特质”[⑧]。通过考察，著者阐发了“专决于名”的名家思想得以产生的缘由与

① 刘利民：《〈公孙龙子〉重释与重译》，四川大学出版社2015年版，第69页。

② 参见刘利民：《〈公孙龙子〉重释与重译》，四川大学出版社2015年版，第69—82页。

③ 刘利民：《〈公孙龙子〉重释与重译》，四川大学出版社2015年版，第71页。

④ 刘利民：《〈公孙龙子〉重释与重译》，四川大学出版社2015年版，第77—78页。

⑤ 刘利民：《〈公孙龙子〉重释与重译》，四川大学出版社2015年版，第79页。

⑥ 参见刘利民：《〈公孙龙子〉重释与重译》，四川大学出版社2015年版，第82—91页。

⑦ 刘利民：《〈公孙龙子〉重释与重译》，四川大学出版社2015年版，第82页。

⑧ 刘利民：《〈公孙龙子〉重释与重译》，四川大学出版社2015年版，第82页。

必然性:“先秦‘名实之辨’中,各家各派对‘名’‘实’问题都提出了自己的关于语言及其意义的理论,各执一词,争论激烈”。“由于他们各自的‘名’‘实’意义并不完全同一,那么要达成一致或者争论出个结果是不可能的。辩论涉及的关键概念如此不一致,只可能导致无所谓的争论,更糟糕的是导致思想的进一步混乱。于是在这种局面中,名家才会出现,提出‘专决于名’,盯住名而追问名的意义本身,走上了理性主义思辨的语言哲学之路,尽管他们在中国历史上是昙花一现”。[①]

其四,“先秦名家是理性主义语言哲学家的依据”[②]。就理论依据而言,这里用“理性主义”一词来讨论名家,“其含义是名家那种力图通过诉诸理性而不是通过实践经验或某种神秘感悟来确定语言意义的思想倾向”[③]。至于用“语言哲学家”一词来言说公孙龙与先秦名家,乃是从其广义上来讲的:“一个思想家如果是从语言和语言的意义方面进行反思,进而涉及人与世界的关系、人的认识,他所提出的问题是语言意义是哪儿来的、依据是什么、意义的本质是什么、如何保证语义的正确性、人用语言所把握的知识到底具有什么性质等根本问题,那么这个思想家应当算作语言哲学家。”[④]就此而言,先秦名家当然配得上“语言哲学家”这个名号了。除了上述的理据之外,著者认为把名家视为“理性主义语言学家”还有三个文本依据:依据之一是《墨经》所载后期墨家的经验主义哲学立场,恰好是公孙龙论辩的真正对手;依据之二是名家的另一代表人物惠施也是一位理性主义者,他的一些著名的言论保存在了《庄子》一书中;依据之三是保存至今的《公孙龙子》原文五篇,“其中的《名实论》和《指物论》两篇正是公孙龙的理论纲领性文件,宣示了公孙龙的语言哲学立场、原则和方法”[⑤]。至于《坚白论》《白马论》《通变论》,则以“坚”与“白”、“白马”与“马”、“二”与“一”等概念作为分析对象,从不同的侧面阐述了公孙龙在《名实论》中提出的“唯乎其彼此”原则。著者据此得出如下结论:“这些思

① 刘利民:《〈公孙龙子〉重释与重译》,四川大学出版社2015年版,第89、90页。
② 参见刘利民:《〈公孙龙子〉重释与重译》,四川大学出版社2015年版,第91—98页。
③ 刘利民:《〈公孙龙子〉重释与重译》,四川大学出版社2015年版,第91页。
④ 刘利民:《〈公孙龙子〉重释与重译》,四川大学出版社2015年版,第91页。
⑤ 刘利民:《〈公孙龙子〉重释与重译》,四川大学出版社2015年版,第95页。

想,只有货真价实的理性主义者才会提出,才能提出,因为只有他们才具有这样的思想高度和角度。公孙龙等先秦名家的确是在通过语言和语言意义问题的形而上学反思而思考人把握世界的内涵及方式等哲学问题,因此他们是中国古代思想史上罕见的、独树一帜的理性主义语言哲学家。"[①]

通过上述阐析,著者在"结束语"中总结道:"本书以此为框架对公孙龙子和名家命题做了新的解释,即以语言哲学反思的'意脉'来构建名家话语的'连贯性'(coherence)。这当然可以说是一种有条件的解释,但这不是机会主义的,而是在特定语言框架下的融贯性理解。……我们对名家思想的解释应当与名家的思想气质相吻合,即我们所解释的名家至少应当是历史文献中记录的生平、佚事所反映出来的名家,而不能与之矛盾。前面提出了几个证据,说明名家是理性主义的思想家,而且当代学术界也多承认他们的确是先秦罕见的理性主义思想代表,那么为什么我们不应该重新审视名家的作品和命题,从而更具融贯性地展现他们的理性主义哲学思想呢?我以为本书所做的正是这样一件工作。"[②]

附录部分是"先秦名家'诡辩'命题古译今及解说"[③]。著者把惠施的"历物十事"和其他辩者的"二十一事"(记载于《庄子》一书)一一翻译成现代汉语并附有解说,最后在"译后说明"中补充道:"除了这里译出的记载于庄子著作中的三十一个命题外,先秦名家的一些命题还散见于其他文献,如荀子的文章等。但那些命题也都没有离开'历物十事'和'辩者二十一事'的范围,故不必再收入。"[④]

以上内容均为中文。在中文部分之后,本书载有著者对上述内容的英文翻译。[⑤]

著者撰有《〈"公孙龙子"重释与重译〉简介》一文,刊于《外语学刊》2019 年第 6 期。

---

① 刘利民:《〈公孙龙子〉重释与重译》,四川大学出版社 2015 年版,第 97 页。

② 刘利民:《〈公孙龙子〉重释与重译》,四川大学出版社 2015 年版,第 98 页。

③ 参见刘利民:《〈公孙龙子〉重释与重译》,四川大学出版社 2015 年版,第 99—119 页。

④ 刘利民:《〈公孙龙子〉重释与重译》,四川大学出版社 2015 年版,第 118 页。

⑤ 参见刘利民:《〈公孙龙子〉重释与重译》,四川大学出版社 2015 年版,第 121—294 页。

26. 方勇编纂《子藏·名家部·公孙龙子卷(附惠子)》

(北京)国家图书馆出版社2016年11月第1版。[①]

本书凡六册,依据《子藏》"求全且精"的原则,收录先秦至民国时期(原则上截止到1949年)目前所知有关《公孙龙子》白文本、注释本、节选本、校勘本、批校本、稿抄本及各类研究著作等,共六十六种,集《公孙龙子》各种版本及研究文献之大成,并附有与《惠子》相关的文献资料十一种。

本书注重《公孙龙子》不同传本的收录。白文本收录明刘禋刊本、明绵眇阁刊《先秦诸子合编》本、明刊《且且庵初笺十六子》本、明刊《十二子》本、明刊《杨升庵先生评注先秦五子全书》本等多种明刊本;署名宋谢希深注本,收录明至民国不同刻本、抄本十八种。此外,本书还收录了海内外孤本以及各种抄写本,如中山图书馆藏《二十一家子书摘抄》所收《公孙龙子》、上海图书馆藏明抄本《说郛》、华东师范大学图书馆藏清嘉庆七年(1802)严可均抄本《子书六种》等。这些版本的收入,较为完整地体现了《公孙龙子》的流传过程,并为《公孙龙子》研究提供了更为广阔的空间。

本书关注名人批校本,因内容多寡不一,见识高低不齐,故择其精者予以收录。如上海图书馆藏江藩校《公孙龙子》一卷,华东师范大学图书馆藏严可均跋、沈宗畸校《公孙龙子》三卷,中国国家图书馆藏傅增湘校并跋《公孙龙子》一卷,严可均跋《公孙龙子》一卷,这些批校者均为文献大家,其校跋之文均有颇高的学术价值。

本书注重收录民国时期各种专著中的有关论述,如高维昌《周秦诸子概论》、钱基博《名家四子校读记》、陈柱《诸子概论》等,均论及《公孙龙子》,且成一家之言,故截取此类著作中相关章节,一并收录。

本书所收各书,略以著者生年先后为序,然自晚清以来,出书年代间隔不断缩小,晚辈所著或在长辈之前,所以于"略以著者生年先后为序"原则外,亦不乏视实际情况作适当调整者。

每种书原则上收录最初刊印者,但如有后出转精的刊本,则视其具体

---

① 以下简介主要依据本书"凡例"与叶蓓卿撰写的"前言"(成稿于2016年6月)之第五部分。

情况而定。如有刊本与稿本或抄本并传者，原则上皆予收录，以便读者窥其全貌。

本书所收著作，原则上都采用原书全称。如所收仅为某书中的一部分，不便于使用原书全称者，则作适当处理。如《锲九我李先生续选诸子玄言评苑》《诸子奇赏》《周秦十一子评选》等所收《公孙龙子》，酌情分别名为《锲九我李先生续选公孙龙子玄言评苑》《公孙龙子奇赏》《公孙龙子评选》。

本书采用原书影印的呈现方式，原书若有破损、错漏之处，均未作修补或修订，从而真实地呈现了这些资料的原初样貌。

二、其他著作类文献

1. 北京大学哲学系中国哲学史教研室编《中国哲学史》(上册)(北京)中华书局1980年3月第1版。

本书包括三编内容，分别为“奴隶制时期唯物主义和唯心主义的斗争(商周——春秋)”“封建制形成和确立时期唯物主义和唯心主义的斗争(战国)”“封建制前期唯物主义和唯心主义的斗争(汉——唐)”。其中第二编分为十章，分别为“前期法家的进步社会历史观和告子思想”“孟轲的‘人性论’和唯心主义先验论”“老子的客观唯心主义体系和朴素的辩证法因素”“《管子》书中《心术》等四篇的唯物主义思想”“庄周的唯心主义和相对主义”“惠施、公孙龙的名辩思想”“后期墨家唯物主义的认识论”“《易传》的唯心主义和辩证法因素”“荀况的唯物主义哲学基础”“韩非的进步社会历史观和唯物主义无神论思想”。

第二编第六章“惠施、公孙龙的名辩思想”包括两节内容，分别为“惠施的‘合同异’说”“公孙龙的‘离坚白’说”。在第二节“公孙龙的‘离坚白’说”[①]中，编者首先简要介绍了公孙龙其人其书，接着谈及公孙龙的思想，认为“他与惠施‘合同异’的思想是有区别的。惠施通过事物相对性的分

① 参见北京大学哲学系中国哲学史教研室编：《中国哲学史》(上册)，中华书局1980年版，第127—131页。

析，强调事物的‘毕同’‘毕异’。公孙龙则通过对事物的性质和概念的分析，强调它们之间的差别和独立性。他的主要思想就是‘离坚白’”[①]。基于这种看法，编者以“离坚白”为辐辏，对公孙龙《坚白论》《指物论》《白马论》的相关论说进行了阐析。

在阐析《坚白论》时，编者首先指出：“公孙龙所谓的‘离坚白’，就是说‘坚’和‘白’两种属性不能同时联系在一个具体事物之中，‘坚’和‘白’是两个各自独立的性质或概念。他在《坚白论》一文中，举了具有‘白’和‘坚’两种属性的‘石’为例，专门论述了这个观点。”[②]接着，编者对《坚白论》论证“离坚白”的过程进行了分析，认为“公孙龙在这里片面夸大了事物的差别，终于把具体事物各属性之间的联系绝对割裂开来。而且把一般与个别，也就是把共性和个性截然割裂开来，进而又把一般说成是脱离个别而存在的独立实体。……本来，就一般人的常识而言，如果离开任何具体的事物，就无所谓‘白’和‘坚’。作为一般属性的‘白’和‘坚’，或‘白’、‘坚’的概念，是从一切具有‘白’或‘坚’属性的具体事物中概括出来的，是一种理性思维的抽象。公孙龙只看到一般和个别的差别，看不到二者的联系，结果得出了一般先于个别而存在，一般能脱离个别而独立自存的结论，这样，便陷入了客观唯心主义”[③]。

在阐析《指物论》时，编者首先指出：“公孙龙还把‘离坚白’的命题，上升到哲学一般原理上来加以论证。这就是他在《指物论》中所做的工作。”[④]接着，编者对“指”的含义以及《指物论》的中心命题“物莫非指，而指非指”进行了阐析，认为“公孙龙所谓的‘指’就是指事物的共性或概念、名称。这句话是说，事物都有共性或概念（指），而每一共性或概念则不必依赖于别的共性或概念”[⑤]。然后，编者探讨了“指”与“物”的关系问题，并关联着“指”的含义阐说了“物指”的含义：“公孙龙承认有尚未表现为任

① 北京大学哲学系中国哲学史教研室编：《中国哲学史》（上册），中华书局1980年版，第127页。

② 北京大学哲学系中国哲学史教研室编：《中国哲学史》（上册），中华书局1980年版，第127页。

③ 北京大学哲学系中国哲学史教研室编：《中国哲学史》（上册），中华书局1980年版，第128—129页。

④ 北京大学哲学系中国哲学史教研室编：《中国哲学史》（上册），中华书局1980年版，第129页。

⑤ 北京大学哲学系中国哲学史教研室编：《中国哲学史》（上册），中华书局1980年版，第129页。

何具体事物的属性，或尚未与任何事物结合在一起的属性，即纯粹抽象的独立自存的属性，他称为‘指’，而把那些已表现为具体事物的一个个属性，叫做‘物指’。‘物指’又称为‘非指’。他说：‘且夫指固自为非指，奚待于物，而乃与为指’？意思是说，由‘指’到‘非指’完全是‘指’的自我转化，‘指’绝不需要依赖于具体的物而才成为一种共性。这里，‘指’不仅是独立自存的，而且是独自转化的，它不但不依赖于物，相反，物只是它的自我表现。所以，公孙龙的结论是，由各个独立自存的‘指’组成一个‘概念世界’，然后又自我转化为各个具体的‘物指’和‘物’。公孙龙的这个结论，当然是客观唯心主义的。”[①]

在阐析《白马论》时，编者认为公孙龙“通过论证‘白马非马’这个命题，专门论述了概念与概念之间的关系”[②]。对公孙龙来说，“事物和概念都是有差别的，所以概念与概念之间是绝对没有相联系之处的。在他看来，‘白马’与‘马’这两个概念是不同的，因此它们之间是毫无联系的，所以，‘白马’不是‘马’”[③]。基于这种看法，编者对《白马论》论证“白马非马”的两个论据——“马者，所以命形也；白者，所以命色也。命色者非命形也”与“求马，黄黑马皆可致；求白马，黄黑马不可致”——分别进行了分析。在分析的基础上，编者最后评说道：“公孙龙的‘白马非马’这个命题，就其指出一般和个别的差别，指出由于内涵和外延的不同，应当区别概念的不同，这在逻辑上对明确概念这点来讲是有意义的。但就其排斥概念之间的联系来讲，则是违背客观实际的。他的思想方法没有摆脱形而上学的局限。”[④]

在阐析《名实论》时，编者首先指出该篇旨在“讨论名实关系”，继而对其中的某些重要论说进行了解释。譬如，所谓“名，实谓也”，意思是说，“名是实的称谓”[⑤]。再如，所谓“知此之非此也，知此之不在此也，则不谓

① 北京大学哲学系中国哲学史教研室编：《中国哲学史》（上册），中华书局 1980 年版，第 129—130 页。

② 北京大学哲学系中国哲学史教研室编：《中国哲学史》（上册），中华书局 1980 年版，第 130 页。

③ 北京大学哲学系中国哲学史教研室编：《中国哲学史》（上册），中华书局 1980 年版，第 130 页。

④ 北京大学哲学系中国哲学史教研室编：《中国哲学史》（上册），中华书局 1980 年版，第 131 页。

⑤ 北京大学哲学系中国哲学史教研室编：《中国哲学史》（上册），中华书局 1980 年版，第 131 页。

也”，意思是说，“如果知道这个名称不是指这个事物，这个事物不应当用这个名称，那就不应当用这个名称去称谓这个事物”[①]。编者就此评说道：“从这点说，公孙龙强调名与实必须一致的思想，是有其合理的成分的。但公孙龙过分强调概念（名）的独立自存，夸大事物与事物、概念与概念之间的差别，他的思想最终陷于唯心主义和形而上学诡辩论。这样，他在如何达到名实一致的问题上，就走上了以‘名’正‘实’的唯心主义道路。”[②]鉴于此，编者又对“其正者，正其所实也，正其所实，正其名也”这句话进行了解说：“所谓‘正’，就是正客观实际存在的事物，正了实，名也就正了。这种以名正实的观点，在当时的现实斗争中是属于维护旧事物，反对变革的保守思想。因此，公孙龙的思想在当时代表了没落奴隶主贵族的守旧立场。”[③]

最后，编者对《庄子·天下篇》所载公孙龙一派的“辩者”所提出的某些“离坚白”一类的命题进行了解说，认为“其中有些命题富有辩证法的思想。如‘飞鸟之景未尝动也’。这是说，动中有静，又动又不动。但这一命题的缺点是又片面地夸大了静止的一面。又如‘一尺之棰，日取其半，万世不竭’。这是说，一尺长的棍子，每天取其一半，万世也取不完。这是认为物质是可以无限分割的。其中也有些命题，属于诡辩，如‘鸡三足’等”[④]。

2.《学术研究》编辑部编《广东哲学学会一九七八年年会论文选》

（广州）广东人民出版社 1980 年 3 月第 1 版。

本书根据 1978 年广东省哲学学会年会收到的论文选编而成，其中收有章沛的《〈公孙龙子〉今解》一文。

---

① 北京大学哲学系中国哲学史教研室编：《中国哲学史》（上册），中华书局 1980 年版，第 131 页。
② 北京大学哲学系中国哲学史教研室编：《中国哲学史》（上册），中华书局 1980 年版，第 131 页。
③ 北京大学哲学系中国哲学史教研室编：《中国哲学史》（上册），中华书局 1980 年版，第 131 页。
④ 北京大学哲学系中国哲学史教研室编：《中国哲学史》（上册），中华书局 1980 年版，第 131 页。

章沛在《〈公孙龙子〉今解》一文[①]的引言中，首先交代了撰写本文的初衷和把握公孙龙思想的出发点："本文所提出的'今解'，以对《公孙龙子》的五论的逻辑分析为根据，仅属于初步的尝试。这一分析的总的理由和出发点是：公孙龙是逻辑家。这种逻辑分析，借用了类似形式化的方法，以突出公孙龙的逻辑论证、推演过程，并参考了现代逻辑的成果。分析的结果证明，这才是理解《公孙龙子》的最好锁匙。"[②]接着，章沛交代了本文以逻辑分析解读《公孙龙子》五篇所得出的基本结论："公孙龙创造了一种以感觉印象为基础的、可以称之为'指物推演'的逻辑方法和体系。《白马论》是这一'指物推演'的典型示例，《指物论》为其提供客观基础，《通变论》为其提供逻辑基础，《坚白论》为其提供认识论基础，而《名实论》则提供其整个逻辑思想系统的轮廓。"[③]基于这种看法，章沛按照《白马论》《指物论》《通变论》《坚白论》《名实论》的顺序，对《公孙龙子》五篇依次进行了逻辑分析。

3. 孙叔平著《中国哲学史稿》(上)

上海人民出版社 1980 年 8 月第 1 版。本书正文前载有著者撰写的"序言"[④]，初稿写于 1977 年 6 月 2 日，1979 年 1 月 1 日修订。

本书正文包括四编内容，分别为"先秦哲学""两汉哲学""魏晋南北朝哲学""隋唐哲学"。第一编"先秦哲学"又包括十三章内容，分别为"殷周时代的一些传统观念""先秦诸子哲学概观""孔丘""墨翟""老聃""《礼记》""孟轲""庄周""兵家""名辩""阴阳五行""荀况""韩非"，其中第十章"名辩"探讨了惠施、公孙龙、后期墨家的名辩思想。

在"名辩"一章[⑤]，著者首先指出："在春秋，特别是战国时代，由于社会

---

① 参见《学术研究》编辑部编：《广东哲学学会一九七八年年会论文选》，广东人民出版社 1980 年版，第 178—232 页。

② 《学术研究》编辑部编：《广东哲学学会一九七八年年会论文选》，广东人民出版社 1980 年版，第 178 页。

③ 《学术研究》编辑部编：《广东哲学学会一九七八年年会论文选》，广东人民出版社 1980 年版，第 178 页。

④ 参见孙叔平：《中国哲学史稿》(上)，上海人民出版社 1980 年版，序第 1—19 页。

⑤ 参见孙叔平：《中国哲学史稿》(上)，上海人民出版社 1980 年版，第 157—167 页。

大变动，'名实相怨'的情形十分严重。一方面有许多新生事物有实无名；另一方面，又有许多衰朽的事物有名无实。名实关系问题于是便成了一个争论的问题。这个争论有两条路线：'正名求实'，这是按旧事物之名复旧事物之实。'取实与名'，这是对有其实的新事物给以正式的名义。这是政治斗争中的大问题，也是哲学斗争中的大问题。这个斗争，各个学派都参加了。其中有几派特别以名实之辩出名，汉人统称为'名家'，代表人物是惠施和公孙龙。另有墨子的后学，也以另一种观点参加了争论。他们的主要著作为《墨子》中的《经》上、下和《经说》上、下以及《大取》、《小取》。这一派后来被称为墨辩。本章所称的'名辩'，就是统括'名家'与'墨辩'而言的。"[①]接着，著者分三节探讨了先秦时期的名辩思想：一是"惠施"，二是"公孙龙"，三是"墨辩"。

在"公孙龙"一节[②]，著者首先对公孙龙其人其事其书作了介绍，认为"公孙龙的基本观点散见在《名实论》、《指物论》两篇"[③]。著者肯定了《名实论》有关"名""实"及二者关系的论述，但认为《指物论》的"物莫非指，而指非指"之说不仅费解，而且有错误之处："公孙龙所谓'指'，很费解。作为动词，有指认之意。在这个意义上，说'物莫非指'，凡物皆可以指认，当然是对的。作为名词，有旨意之意，相当于我们所谓观念。在这个意义上，说'物莫非指'，凡物都是观念，就完全错了。这和他自己的'夫名，实谓也'的命题是矛盾的。公孙龙的错误在于把'物可指'弄成了'物是指'。物一是指，'指'就不是物的映象，而物之为物，倒是由于符合于'指'了。物必须符合于'指'，'指'就成了脱离物而独立的存在了。……这不能不说是颠倒名实关系的唯心主义。公孙龙的一切论点都是由此推出的。"[④]

著者基于"唯物/唯心"的二元思维框架，认为公孙龙在《通变论》《坚白论》《白马论》中的相关论说也是错误的。在著者看来，《通变论》的"牛羊足五，鸡足三"之说，其错误在于，公孙龙将"观念上的存在变成了离具

① 孙叔平：《中国哲学史稿》(上)，上海人民出版社1980年版，第157页。
② 参见孙叔平：《中国哲学史稿》(上)，上海人民出版社1980年版，第160—164页。
③ 孙叔平：《中国哲学史稿》(上)，上海人民出版社1980年版，第161页。
④ 孙叔平：《中国哲学史稿》(上)，上海人民出版社1980年版，第162页。

体事物而独立的存在”[①]；《坚白论》的“坚白石二”“见与不见，离”“离也者，藏也”等说法，其错误在于，“他把物的属性看成依于人的感觉而存在，而不是自己存在；同时又否认了知觉对于五官感觉的综合能力”[②]；《白马论》的“白马非马”之说，其错误在于“割裂了一般与特殊、共性与个性的辩证统一”[③]。此外，著者把《庄子·天下》篇所载辩者的一些辩题（如“矩不方，规不可以为圆”“火不热”“一尺之棰，日取其半，万世不竭”“飞鸟之景未尝动也”等）归入公孙龙名下一并予以了批判。

著者认为，公孙龙出于“疾名实之散乱”而进行的论辩，其用心固然可取，“但照他这样办法，恐怕是越辩越散乱，越辩越糊涂，达不到‘审其名实，慎其所谓’的目的。假如说他还有所贡献的话，那就是他提出了名与实，共性与个性的关系问题。可是，他并没有正确解决这些问题”[④]。

4.《中国逻辑思想论文选(1949—1978)》

（北京）生活·读书·新知三联书店 1981 年 2 月第 1 版。

本书收录了 1949—1978 年三十年间在报刊上、论文集中发表的和在第一、二次全国逻辑讨论会上收到的关于中国逻辑史方面的比较重要的论文，其中收有五篇关于公孙龙的文章，分别是：温公颐的《惠施、公孙龙子的逻辑思想》[⑤]，选自《全国逻辑讨论会论文选(1979)》[⑥]；林振环的《关于公孙龙子的逻辑思想在我国古代逻辑思想史中的地位》[⑦]，选自《学术研究》1964 年第 6 期，这里辑录的是《〈指物论〉译释与批判》的最后一节；沈有鼎的《谈公孙龙——兼论〈墨辩〉三派》[⑧]，选自《全国逻辑讨论会论文选

---

① 孙叔平：《中国哲学史稿》(上)，上海人民出版社 1980 年版，第 162 页。

② 孙叔平：《中国哲学史稿》(上)，上海人民出版社 1980 年版，第 163 页。

③ 孙叔平：《中国哲学史稿》(上)，上海人民出版社 1980 年版，第 163 页。

④ 孙叔平：《中国哲学史稿》(上)，上海人民出版社 1980 年版，第 164 页。

⑤ 参见《中国逻辑思想论文选(1949—1978)》，生活·读书·新知三联书店 1981 年版，第 165—182 页。

⑥《全国逻辑讨论会论文选(1979)》，中国社会科学出版社 1981 年 5 月第 1 版。

⑦ 参见《中国逻辑思想论文选(1949—1978)》，生活·读书·新知三联书店 1981 年版，第 190—192 页。

⑧ 参见《中国逻辑思想论文选(1949—1978)》，生活·读书·新知三联书店 1981 年版，第 193—199 页。

(1979)》;冷冉的《公孙龙的〈白马论〉和〈指物论〉——为公孙龙翻案》[①],选自《光明日报》1963年11月8日,这里节选的是原文的总论部分;周云之的《公孙龙关于名(概念)的逻辑思想——“白马非马”纯属诡辩吗?》[②],选自《逻辑学文集》,吉林人民出版社1979年版(第340—349页)。

5. 伍非百著《中国古名家言》

伍非百所著《中国古名家言》一书,1962年书稿交付中华书局,当时未能出版。本书(北京)中国社会科学出版社1983年1月第1版,(成都)四川大学出版社2009年11月第1版。

本书收入著者毕生研究中国古代名家之学的著述八种,分别为《墨辩解故》《大小取章句》《尹文子略注》《公孙龙子发微》《齐物论新义》《荀子正名解》《形名杂篇》《邓析子辩伪》。这些著述成稿时间不一,著者在1962年12月撰成的“《中国古名家言》总序”中,对自己校释古名家言的初稿出版及修正的经过作了说明:“整理校释‘古名家言’,着手于1914年,脱稿于1932年,中间时有辍续,虽不专意此书,而大部分精力实多灌注于此。校释墨子《辩经》,经五年而成,凡七易其稿,名曰《墨辩解故》。此书曾于1922年在北京中国大学晨光社出版[③],其体例大致与今本同,唯将校勘按语附注于《经》《说》正文之下。……其次是《公孙龙子发微》。《公孙龙子》书本与墨子《辩经》为论敌,昔注《墨辩解故》时已多所征引。《墨辩解故》脱稿,而《公孙龙子发微》初稿亦大体完成。因为成书太速,中间颇多缺漏,藏在箧中,预备随时自己修正,没有打算出版。不料为一友人借去,而这位朋友又转借给他另一位朋友陈尊柱。陈氏正著《公孙龙子集解》,遂将初稿采录过半,未定稿遂这样与国内读者见面了。本稿这次刊出,除内容已经修订外,尚补有序例及公孙龙和《公孙龙子》书的考证部分。除上

① 参见《中国逻辑思想论文选(1949—1978)》,生活·读书·新知三联书店1981年版,第200—204页。

② 参见《中国逻辑思想论文选(1949—1978)》,生活·读书·新知三联书店1981年版,第205—214页。

③ 据核查,该书版权页所写的出版时间是“民国十二年(1923年)七月”。伍非百在此所说的“1922年”,可能是他把书稿交付出版社的时间。

述两稿外，余稿如《大小取章句》、《尹文子略注》、《齐物论新义》、《荀子正名解》、《形名杂篇》、《邓析子辩伪》六种，虽成稿已多年，实未正式出版，可谓新著。但应该补叙声明者，全稿八种，著书曾于1948年在南充用土纸付印，初拟石印五百部发行，后因乏纸，减为百部。自取二十部备赠送友人及各大图书馆和自己随时修改之用。今国内合公私存书不到十部，余均散失，拉杂摧烧尽矣。故此稿虽印而未行，而近十年来又续有补正。"[1]

本书于1932年脱稿后，著者撰写的"序"先期发表于《归纳》1933年第2期(第14—22页)、《建国月刊》1933年第8卷第6期(第1—6页)。徐英撰写的《中国古名家言序》，刊于《三民主义半月刊》1945年第7卷第8期(第29—31页)。

6. 温公颐著《先秦逻辑史》

上海人民出版社1983年5月第1版。

本书包括"前言"与两编内容。"前言"主要谈及先秦逻辑史的地位、写法、体系以及先秦伪书等四个问题。第一编"辩者的逻辑思想"计五章，分别为"邓析""墨翟""惠施、公孙龙、兒说、田巴""墨辩逻辑(上)""墨辩逻辑(下)"；第二编"正名的逻辑思想"计五章，分别为"孔子的逻辑思想""孟子的逻辑思想""稷下唯物派的正名逻辑""荀子的逻辑思想""韩非的逻辑思想"。在上编第三章第二节"公孙龙"[2]中，著者从三个方面对公孙龙的生平事迹及其逻辑思想进行了阐析：

(1)"公孙龙的生平"[3]。著者主要阐析了四个问题：其一，关于公孙龙的生卒及其籍贯问题。著者综合前人诸说，认为"公孙龙是战国时赵人，约生于公元前325年，卒于前256年"[4]。其二，关于公孙龙的思想渊源问题。著者赞同鲁胜提出的公孙龙祖述墨学之说，认为"从公孙龙的逻辑思想看，它和墨翟有历史渊源关系。再从他所著《坚白》《通变》和《名实》诸

---

① 伍非百：《中国古名家言》，中国社会科学出版社1983年版，上册序录第18—19页。此外，沈有鼎在为该书撰写的"序"(成稿于1980年12月)中对此亦作了说明，参见该书上册序录第3页。

② 参见温公颐：《先秦逻辑史》，上海人民出版社1983年版，第37—52页。

③ 参见温公颐：《先秦逻辑史》，上海人民出版社1983年版，第37—40页。

④ 温公颐：《先秦逻辑史》，上海人民出版社1983年版，第37页。

篇的内容看，又和《墨子·经下》有相通的地方”[①]。其三，关于公孙龙的“好辩”问题。著者列举了公孙龙与孔穿、邹衍辩论的典故，并对过去的研究者往往因其标榜“正名实而化天下”便“认为他的辩是为统治阶级服务的”之类的看法提出了质疑，进而断定“公孙龙的逻辑思想已走向纯逻辑化，和正名主义的政治逻辑有所不同”。[②] 其四，关于战国时两个公孙龙的问题。著者根据近人的考证，认为“著书的公孙龙为战国末年的公孙龙。……他比惠施、庄周等略晚”[③]。

(2)“公孙龙的逻辑思想和他的客观唯心主义”[④]。著者认为，公孙龙提出的“指”“物”“名”“谓”等重要概念以及“白马非马”“坚白石二”等著名命题虽然并非出自他的独创，但是他对逻辑科学的独特的贡献仍是不可抹杀的：“公孙龙的独创在于他用了多元的客观唯心主义思想予这些概念以新的系统的解释。公孙龙的《指物论》即是他的客观唯心主义的中心。至于《白马论》、《坚白论》、《名实论》和《通变论》不过是《指物论》的应用说明。因此，阐述公孙龙的逻辑思想必须从他的《指物论》开始。”[⑤]鉴于此，著者以《指物论》为辐辏阐明了他的逻辑思想与其“多元的客观唯心主义”的关系。首先，著者剖析了《指物论》中“指”的含义：“公孙龙认为‘指’是超出感觉的物质世界之上，独立自藏的抽象实在。这一客观的抽象实在，即是现象世界的本体。现象世界中能被人们感觉到的万物，只是本体界中的‘指’的化身，它本身并非独立自存，须依靠于‘指’而存在。如果没有‘指’，就没有‘物’，‘物’不过是‘指’的集合体的体现者。……一句话，天下的物都由物指构成，没有指就无所谓物了。所以他说：‘物莫非指’。”[⑥]在此基础上，著者对“指”与“物指”这两个概念作了区分：“构成万物之实的‘指’，公孙龙称为‘物指’或‘与物之指’。这对本体界的‘指’说，它即是‘非指’。他说：‘指与物，非指也’。因‘指’是超越时空而自藏，所以它不

① 温公颐：《先秦逻辑史》，上海人民出版社1983年版，第38页。
② 温公颐：《先秦逻辑史》，上海人民出版社1983年版，第39页。
③ 温公颐：《先秦逻辑史》，上海人民出版社1983年版，第40页。
④ 参见温公颐：《先秦逻辑史》，上海人民出版社1983年版，第40—45页。
⑤ 温公颐：《先秦逻辑史》，上海人民出版社1983年版，第41页。
⑥ 温公颐：《先秦逻辑史》，上海人民出版社1983年版，第41页。

能出现在时空之内的具体的个体上。"[①]著者就此把公孙龙看成是"客观唯心主义者",继而通过阐析《名实论》《坚白论》《白马论》《通变论》中的相关范畴及其运思理路对自己的观点进行了论证,并进一步揭示了公孙龙的多元客观唯心主义立场。著者认为,公孙龙虽然在《名实论》中对"物"作出了"天地与其所产焉物也"之类的界定,"但这一表面的唯物命题,却被他的唯心主义哲学所窒息。因为天地间的物,不是自存的实在,而要依于本体界的'指'而存在。没有指就没有物,没有本体界,就没有现象界。公孙龙这样釜底抽薪,结果把物质变为抽象的存在,和唯物论者的物,正处于对立的地位"[②]。至于《坚白论》,公孙龙虽然也是从感觉的认识出发谈论目能视白、手能触坚的,"可是他强调坚白的物性依于主观认识而有,不承认物性本身的客观实在,因而导致唯心主义"[③]。这种唯心主义的立场致使公孙龙遵循从一般推出个别的认识方法,"没有一般的坚和白,就不会有个别的坚和白。这是由一般到个别,由抽象到具体——由心到物——的唯心论的认识方法"[④]。再看《白马论》,公孙龙虽然看出了抽象的一般和具体的个别的矛盾,但他"看不到一般的马和具体的马的对立统一,把对立绝对化,否定了它们的统一,因而得出'白马非马'的命题。再进一步他由客观唯心主义观点出发,把脱离具体个别的一般看作超时空而自藏的东西"[⑤]。也就是说,"白马"是一个"自藏"的概念("指""物性"),"马"是另一个"自藏"的概念,这两个概念各各相离,因而"白马非马"。从公孙龙的论证过程可以看出,他所遵循的唯心主义认识方法既使他把抽象的一般和具体的个别对立起来,又使他割裂本体界与现象界的联系进而悬设了一个"自藏"且各各相离的概念世界,这便是他倡扬"离坚白"与"白马非马"的指归所在:"公孙龙从他的'离'的绝对立场出发,认为物性各各分离不能结合在一起。所以,'坚白石'离,只有'坚石'和'白石',而不能有'坚白石'。这即因见白不见坚,抚坚不抚白。坚白只能为二,不能

---

① 温公颐:《先秦逻辑史》,上海人民出版社 1983 年版,第 41 页。
② 温公颐:《先秦逻辑史》,上海人民出版社 1983 年版,第 42 页。
③ 温公颐:《先秦逻辑史》,上海人民出版社 1983 年版,第 42 页。
④ 温公颐:《先秦逻辑史》,上海人民出版社 1983 年版,第 44 页。
⑤ 温公颐:《先秦逻辑史》,上海人民出版社 1983 年版,第 43 页。

为一。白和马不同,白马也和马不同,所以只能说'白马非马',而不能说'白马是马'。"[①]循着"离"的绝对立场推演下去,公孙龙逻辑思想便呈现出一种"多元的客观唯心主义"的色调来:"个别具体的物可分为众多的抽象一般的物性,但抽象一般的物性却不能再进行分析。因此,在本体界中的'指'是各各分离的。坚、白、马、白马等等各自有它们的自性,不能再分化为其它自性。这样,公孙龙的客观唯心主义就成为多元的客观唯心主义,颇有莱布尼茨单子论的意味。"[②]基于上述看法,著者最后对《通变论》的题旨及其运思理路进行了阐析:"本体界的'指'是不变不动的,但现象界的指却跟着具体个体事物的变动而变动。例如本体界的右,始终是右而不能变为左。但现象界的'右',即'有与的右'却可依具体事物的位置的变动,而易其位置。在右边的东西可以转移为左边的东西,所以实际上,右是可变的。公孙龙用'无与的右'(本体界的)和'有与的右'(现象界的)解决变与不变的矛盾。在《通变论》中曾提及'右苟变,安可谓右?苟不变,安可谓变?'公孙龙为解决这个两难,运用本体的不变的右,和现象界的可变的右区别。这样'有与的右'变了,'无与的右'仍不变。右还是永久存在的。但是不变的本体怎能使现象界的东西发生变动?公孙龙并未作出明确的论证。"[③]

(3)"公孙龙逻辑思想的要点"[④]。著者按照《指物论》《白马论》《坚白论》《名实论》《通变论》的顺序,对《公孙龙子》五篇的逻辑思想进行了阐析。其一,就《指物论》而言,"公孙龙根据他的'指'为独立自藏、各各分离的观点,论证每一概念的内涵(物指)也是各自分离而独立存在。内涵不但有质的差异,如马的内涵的质和石的内涵的质各各不同,而且还有数量上的差异,不得混而为一。如言'马'只指具有马的质,公孙龙称之为'马马',意即指具有马的质的内涵之马,也即是他所谓'有马如(而)已耳'之马"[⑤]。其二,就《白马论》而言,"'白马'的内涵却具有'马'和'白'的两个

---

① 温公颐:《先秦逻辑史》,上海人民出版社1983年版,第45页。

② 温公颐:《先秦逻辑史》,上海人民出版社1983年版,第45页。

③ 温公颐:《先秦逻辑史》,上海人民出版社1983年版,第45页。

④ 参见温公颐:《先秦逻辑史》,上海人民出版社1983年版,第45—48页。

⑤ 温公颐:《先秦逻辑史》,上海人民出版社1983年版,第45—46页。

成分，它和‘马’仅是‘马’的本质‘不同’。因而‘白马’这一概念就跟‘马’的概念不一。所以他说‘白马非马’。……在公孙龙看来，‘白马’固有异于‘黄马’和‘黑马’，同时也有异于‘马’，这是他的《白马论》的要点”[①]。其三，就《通变论》而言，“‘二’的概念的内涵不同于‘一’的内涵，不能把不同内涵的‘二’和‘一’等同起来”[②]，因此公孙龙主张“二无一”。其四，就《坚白论》而言，“‘坚’的概念的内涵反映客观事物的质，‘白’的概念内涵反映客观事物的色。因而这两个不同内涵的概念是不能结合在一起的，而是互相分离的。因此，公孙龙说，一块坚白石，只能说它是二，而不能说它是三，这是因为我们只能认识到‘坚石’(二)和‘白石’(二)，而认识不到‘坚白石’(三)”[③]。其五，就《名实论》而言，公孙龙“发挥了他的‘唯谓’的判断观”[④]。按照这种“唯谓”的判断观，“‘白马’之名只能谓‘白马’之实，‘马’之名也只能谓‘马’之实。‘白马’既不能谓‘马’，也不能谓‘白’”[⑤]。

在上述阐析的基础上，著者最后对公孙龙的逻辑思想进行了评说[⑥]，指出了其正确与错误之处。(1)就其正确之处而言，“公孙龙从内涵方面分析概念和命题自有其正确的一面。西方逻辑侧重于外延方面的分析(即类的推衍)，从量的方面入手，推论的准确度较高。为求推论更精确，他们又逐渐把逻辑转到数理方面，就产生了数理逻辑。这是西方形式逻辑的一个重要发展。中国逻辑较侧重于概念、判断、推理等的实质性的研究，较少注意形式方面的分析。……公孙龙正发挥了中国逻辑的特点，从内涵方面分析研究概念和判断。这样的逻辑，我们也可称之为‘内涵的逻辑’，以别于西方的‘外延的逻辑’”[⑦]。(2)就其错误之处而言，主要表现在如下两个方面：其一，“概念的内涵和外延是密切结合着的，它是整个概念的不可缺的元素。……因此，完全排斥外延而单讲内涵，或是排斥内涵而单讲外延都是错误的。公孙龙只谈概念的内涵(指)，而忽视它的外延。

---

① 温公颐：《先秦逻辑史》，上海人民出版社 1983 年版，第 46 页。
② 温公颐：《先秦逻辑史》，上海人民出版社 1983 年版，第 46 页。
③ 温公颐：《先秦逻辑史》，上海人民出版社 1983 年版，第 46 页。
④ 温公颐：《先秦逻辑史》，上海人民出版社 1983 年版，第 46 页。
⑤ 温公颐：《先秦逻辑史》，上海人民出版社 1983 年版，第 47—48 页。
⑥ 参见温公颐：《先秦逻辑史》，上海人民出版社 1983 年版，第 48—52 页。
⑦ 温公颐：《先秦逻辑史》，上海人民出版社 1983 年版，第 48 页。

他把'白马'和'马'分离开来,但'白马'和'马'不但有内涵关系,还有外延关系。……公孙龙故意说:'求"马","黄"、"黑"马皆可致'(《白马论》),而独不提'白马'也可致。他又转移论点,说求'白马','黄'、'黑'马不可致,再由'黄'、'黑'马之不可应'白马',证明'白马'之'非马',陷入诡辩的论证"①。其二,"把'白马'和'马'并列,只承认二概念外延的互相排斥,而忽视二概念外延的相合处,只强调二概念内涵的多少分别,而忽视二概念外延之有大小。公孙龙这样就把种属关系打乱,既打乱了种属关系,又使类的区别发生困难。公孙龙在《通变论》中以有齿无齿分别羊和牛,又以角和尾之有无,分别牛羊和马的不同,这类的区别,是没有什么科学意义的。他更进而把当时五行家以五色配五行的说法,引来作取譬论证。拿青、白、黄、碧等颜色关系,进行'二无一'的命题类比,说'青以白非黄,白以青非碧'证明'黄'为'正举','碧'为'暴举',更使人迷乱,坠入五里雾中"②。

7. 任继愈主编《中国哲学发展史(先秦)》

(北京)人民出版社1983年10月第1版。

本书除"导言"外,另包括十六章内容,分别为"中国原始社会思维的发展和世界观的早期形态""殷周之际宗教思想的变革""春秋时期的思想""孔子的哲学思想""墨子思想体系的内在矛盾""老子的哲学思想""孔孟之间的儒家传承""孟子对孔子思想的继承和发展""管仲学派""庄周的唯物主义哲学""后期庄学的相对主义和唯心主义""战国时期的名辩思潮和惠施、公孙龙等人的辩学""后期墨家的哲学与辩学""《易经》和《易传》""荀子唯物主义哲学思想""韩非的法治和哲学思想"。

第十二章"战国时期的名辩思潮和惠施、公孙龙等人的辩学"分为四节,分别为"名辩思潮的高涨和辩学的出现""惠施的哲学和辩学""辩者二十一事""公孙龙的哲学和辩学"。在第三节"辩者二十一事"③中,编者认为,"从'二十一事'的内容看,当时的辩者按学术观点可分为两大派:一派

---

① 温公颐:《先秦逻辑史》,上海人民出版社1983年版,第48—49页。

② 温公颐:《先秦逻辑史》,上海人民出版社1983年版,第49页。

③ 参见任继愈主编:《中国哲学发展史(先秦)》,人民出版社1983年版,第489—496页。

拥护惠施的学说，又有诸多补充；另一派不赞成惠施的学说，提出许多观点相异的命题，这些命题同后来公孙龙的观点相一致。无论从逻辑的角度还是从历史的角度，把辩者二十一事放在惠施之后和公孙龙之前加以论述是恰当的"[①]。基于这种看法，编者从内容上对二十一事作了分组并依次进行了阐析。

在第四节"公孙龙的哲学和辩学"[②]中，编者首先根据典籍记载介绍了公孙龙的生平、事迹、著作及其思想来源，认为"公孙龙的学说从辩者中的一个学派演化而来，……兒说的辩学可能是公孙龙学说的直接来源"[③]。接着，编者对公孙龙的主要论题、《公孙龙子》五篇的顺序问题作了疏说，认为"公孙龙以'白马非马'和'坚白石离'两大论题而自成一家、名闻于世。……他是从分析典型的形象化的命题入手，来揭露种种思维中的矛盾，展开自己的理论体系的。我们论述公孙龙的学说也应当从《白马论》和《坚白论》开始。《通变论》、《指物论》和《名实论》，则是从不同角度在理论上作进一步的分析和综合，总结出普遍的原则。所以对这三篇的论述可放在后面"[④]。基于这种看法，编者按照《白马论》《坚白论》《通变论》《指物论》《名实论》的顺序，对《公孙龙子》五篇所蕴含的哲学与辩学思想依次进行了阐析。

(1)《白马论》阐析。在编者看来，"《白马论》的中心论题是'白马非马'，这是当时名辩思潮中得到广泛讨论的一个问题，……而对这一论题留下系统论证的，只有公孙龙一家"[⑤]。"按一般常识，'白马是马'应无疑义，而公孙龙偏说'白马非马'，他是从逻辑学的角度上来研究问题的。他的论证共有五层，层层深入，间有转折"[⑥]。鉴于此，编者结合《白马论》的相关论题，对公孙龙的五层论证一一进行了阐析：

其一，"马者，所以命形也；白者所以命色也。命色者非命形也。故曰

① 任继愈主编：《中国哲学发展史（先秦）》，人民出版社 1983 年版，第 489 页。
② 参见任继愈主编：《中国哲学发展史（先秦）》，人民出版社 1983 年版，第 497—515 页。
③ 任继愈主编：《中国哲学发展史（先秦）》，人民出版社 1983 年版，第 497—498 页。
④ 任继愈主编：《中国哲学发展史（先秦）》，人民出版社 1983 年版，第 498 页。
⑤ 任继愈主编：《中国哲学发展史（先秦）》，人民出版社 1983 年版，第 498 页。
⑥ 任继愈主编：《中国哲学发展史（先秦）》，人民出版社 1983 年版，第 498 页。

白马非马”，这是公孙龙的第一层论证：“此处的‘马’和‘白’都指马的概念和白的概念，并非指对象本身。这里公孙龙指出‘马’与‘白’两个概念在内涵上不同，‘马’只含有形体的规定性，而‘白马’又包含有颜色（白）的规定性，所以‘白马’的概念不是‘马’的概念。”①

其二，“求马，黄、黑马皆可致；求白马，黄、黑马不可致”，这是公孙龙的第二层论证：“这是从概念的外延上对‘白马’与‘马’加以区别。‘马’的外延广，既包括白马，也包括黄马、黑马等；‘白马’的外延狭，它与黄马、黑马的外延互相排斥，所以‘白马’不等于‘马’。这就揭示了属概念和种概念外延上的差异。”②

其三，“马固有色，故有白马。使马无色，有马如已耳，安取白马？故白马者非马也。白马者，马与白也。马与白，马也？故曰白马非马也”，这是公孙龙的第三层论证：“公孙龙承认现实的马都有颜色，可是‘马’作为一种抽象的属性可以独立自存：‘有马如已耳’，它同作为另一种抽象属性的‘白’不同，而白马是由马和白两种属性结合成的，把两种属性相结合的物，等同于它的一种抽象属性是不可以的，故曰白马非马。这里是讲物与属性的差别，已具有了《指物论》的观点。”③

其四，“以有马为异有黄马，是异黄马于马也；异黄马于马，是以黄马为非马。以黄马为非马，而以白马为有马，此飞者入池而棺椁异处，此天下之悖言乱辞也”，这是公孙龙的第四层论证：“第四层论证使用了逻辑上的反证法，即指出‘白马非马’的反命题‘有白马为有马’在逻辑上不能成立。公孙龙提出白马非黄马的论断，使问方易于接受下来，然后他作出推理：既然白马非黄马，那么黄马则非马，因为如黄马等于马，白马也等于马，势必得出白马是黄马的论断，而这与‘白马非黄马’相矛盾，故黄马非马。‘以黄马为非马，而以白马为有马’便是自相矛盾，是‘悖言乱辞’，造成逻辑混乱。”④

---

① 任继愈主编：《中国哲学发展史（先秦）》，人民出版社1983年版，第499页。
② 任继愈主编：《中国哲学发展史（先秦）》，人民出版社1983年版，第499页。
③ 任继愈主编：《中国哲学发展史（先秦）》，人民出版社1983年版，第499页。
④ 任继愈主编：《中国哲学发展史（先秦）》，人民出版社1983年版，第499—500页。

其五，“白者不定所白，忘之而可也。白马者，言白定所白也，定所白者非白也”，这是公孙龙的第五层论证：“他认为‘白’有两种，一种是‘不定所白’之白，即‘白’的属性一般，它不固定在某种物体上；另一种是‘定所白’之白，即表现为某种物体的白颜色。白作为一种抽象属性可以暂时忘却，但白马中具体的白色，已同马结合在一起，形成一个整体，不能再将其中白色分离出来了，这显然是针对客问的‘离白’说而发的。白马作为一个整体不再含有其部分，所以白马非马。这就是《通变论》‘二无一’的思想。总之，《白马论》已具有《通变论》和《指物论》的初步思想，但未能展开。”[①]

在阐述公孙龙论证“白马非马”命题的层次的基础上，编者将《白马论》的辩学对于我国古代逻辑学的贡献归结为如下四点：“（一）它第一次比较自觉地把概念作为研究对象，从内涵和外延上分别进行逻辑分析，使得人们对于概念在质和量两个方面的规定性，有了更深刻的认识；（二）概念之间有多种关系，《白马论》着重研究了其中的种属关系，指出属概念和种概念在内涵上有简繁之别，在外延上有广狭之异，为探讨概念的关系和分类，提供了有益的启示；（三）它以否定判断的形式揭示了个别和一般之间的对立。‘白马非马’是一个最简单、最普遍、最常见的命题，其中却包含着使思想家们感到头痛的个别和一般的关系问题。公孙龙把这一问题明确提出来，这本身就意味着思维能力的提高。同时他对于个别与一般之间的差异，有深刻的认识。（四）从判断的主词与宾词的关系来说，《白马论》认为两者若不相等，判断的系词便不能用‘是’的肯定形式。这个看法有片面性，但不能全予否定，因为判断若是定义，主词与宾词所表达的概念在外延上必需相等。一般的定义是属加种差，而‘白马非马’只揭露了白马的一般属性，并没有揭示白马自身的特殊性，所以按定义要求，这个判断便不适用，《白马论》在这一点上是有所见的。”[②]

最后，编者批评了《白马论》的错误之处：“当然《白马论》的错误也显而易见，它在强调个别与一般、属概念与种概念的差别时，否定两者之间

---

① 任继愈主编：《中国哲学发展史（先秦）》，人民出版社 1983 年版，第 500—501 页。

② 任继愈主编：《中国哲学发展史（先秦）》，人民出版社 1983 年版，第 501 页。

的一致性，把差异与同一对立起来，并认为一般可以脱离个体而存在。……当我们说'白马是马'的时候，既指明了白马属于马类这个个别与一般的同一性，同时又包含白马不等于马这个个别与一般的差异性，所以它是一个辩证的判断。在一定意义上宾词要重复主词，主词就是宾词；在另一个意义上宾词不等同于主词，宾词又必须提出某种不同于主词的东西，否则会陷于同语反复。《白马论》不懂得这一点，所以它要取消'白马是马'这个正确的命题。"[①]

(2)《坚白论》阐析。编者首先指出："《坚白论》的中心论题是：坚白石相离而自藏。这个论题在理论上是探讨物体和属性之间，以及属性和属性之间的相互关系问题。"[②]基于这种看法，编者结合《坚白石》的相关论题，对公孙龙论证"坚白石相离而自藏"的过程进行了阐析：

其一，"视不得其所坚而得其所白者，无坚也；拊不得其所白而得其所坚者，无白也"。意思是说，"视觉只能看到是块白石，触觉只能感到是块坚石，这是两种在质上不同的印象，人们的感官无法证明坚与白之间存在着不可分离的联系。公孙龙在这里用了感觉分析方法，抓住感官的局限性来否定事物各属性之间的内在联系，给人们出了个难题"[③]。公孙龙在这里通过"视""拊"异任论证了"坚""白"相离的观点。

其二，"物白焉，不定其所白；物坚焉，不定其所坚。不定者兼，恶乎其石也"？意思是说，"某物是白色的，这个白色并不限定在它所白的此物上；某物是坚的，这个坚性也并不限定在它所坚的此物上，白性和坚性可以为万物所兼有，怎么能说它们仅仅为这块石头所独有呢"[④]？公孙龙在这里强调"坚"与"白"是独立于"石"而存在的两种属性。

其三，"坚未与石为坚而物兼，未与物为坚，而坚必坚。其不坚石、物而坚，天下未有若坚，而坚藏"。意思是说，"这个独立的坚性本身在现实世界上是找不到的，那就是它自己藏起来了"[⑤]。公孙龙在这里强调了

---

① 任继愈主编：《中国哲学发展史(先秦)》，人民出版社1983年版，第501—502页。
② 任继愈主编：《中国哲学发展史(先秦)》，人民出版社1983年版，第502页。
③ 任继愈主编：《中国哲学发展史(先秦)》，人民出版社1983年版，第502页。
④ 任继愈主编：《中国哲学发展史(先秦)》，人民出版社1983年版，第503页。
⑤ 任继愈主编：《中国哲学发展史(先秦)》，人民出版社1983年版，第503页。

“坚”与“白”作为一般属性的先在性与潜在性，他的逻辑是：“坚性本来就存在，白性本来就存在，假如它们没有自性，又怎能使物体具有自己那样的性质呢？所以他又说：‘白固不能自白，恶能白石物乎？若白者必白，则不白物而白焉。黄、黑与之然。’这样，不仅坚与白相离，坚、白与石三者本来都相离而自存，推而广之，天下万物，它们的各种属性都相离而自存，公孙龙认为这是世界本来的正常状态：‘离也者，天下固（据伍非百校）独而正。’《坚白论》认为事物属性本身是抽象之物，它所谓的‘自藏’，用今天的哲学术语来说，就是‘潜在’，存在着，但没有表现出来。这些抽象属性既非感觉的对象，亦非理智所能把握：‘且犹白以目以火见，而火不见；则火与目不见而神见；神不见而见离。’这样，所谓坚、白等属性本身就成为超自然的不可知的神秘之物了。”[①]

在阐述公孙龙论证“坚白石相离而自藏”的过程的基础上，编者对《坚白论》合理性的一面作了总结：“《坚白论》对于事物的共性有所认识。……公孙龙能够认识到共性和一般的东西，虽然感觉不到，却真实存在着，而且与具体的个别事物相比较，具有稳定的性质，不受个别的偶然的因素的局限和影响，这是合理的。”[②]

最后，编者将《坚白论》的错误归结为如下三点：“（一）它夸大了共性和一般的相对独立性，使共性脱离了个性，一般脱离了个别，认为它们能完全独立自存，不懂得共性寓于个性之中、一般只能在个别中存在、只能通过个别而存在。（二）它把共性、一般凝固化、绝对化，使之成为僵死的概念，不了解在它们的稳定性中包含着可变性，在它们的同一性中包含着差异性，不懂得共性、一般要容纳个性、个别的多样性，并随着后者的改变而变化。（三）它以感官局限性为由，否认事物各种属性之间客观存在的内部联系，并怀疑整个人的认识掌握这种联系的能力。这些错误使得公孙龙的学说带有明显的唯心论和形而上学的特征。”[③]

（3）《通变论》阐析。在编者看来，“如果说《白马论》和《坚白论》是从

---

① 任继愈主编：《中国哲学发展史（先秦）》，人民出版社 1983 年版，第 503—504 页。

② 任继愈主编：《中国哲学发展史（先秦）》，人民出版社 1983 年版，第 504 页。

③ 任继愈主编：《中国哲学发展史（先秦）》，人民出版社 1983 年版，第 504—505 页。

静态角度对事物性质作逻辑分析，那么《通变论》则是从动态角度对事物性质作逻辑分析，具体地说，就是考察统一体能否分解为两部分、对立面能否结合成统一体的问题”[①]。基于这种看法，编者对《通变论》的“二无一”“二无左”“二无右”等重要命题进行了阐析，并对“右有与，可谓变乎”这一问题进行了探讨。

对“二无一”“二无左”“二无右”等重要命题所作的阐析：“‘二’指两个要素形成的复合体，这种复合体又分成两类，一类是两个要素紧密结合而成的统一体，原来的两要素皆称为‘一’；另一类是两个要素拼凑而成的混合体，原来的两要素各称为‘右’与‘左’。‘二无一’是指结合而成的统一体中不再包含独立的原有要素，‘白马非马’、‘白马非白’即是其例。‘二无右’、‘二无左’是指拼凑而成的混合体中，也不再含有独立的原有成分，因为它们已是新的混合体的一部分，文中所举的‘羊合牛’、‘青合白’即属此类。部分不等于全体，所以右不可谓二，左也不可谓二；但两个部分相加则等于全体，如羊加牛等于‘羊合牛’，青加白等于‘青合白’。”[②]

对“右有与，可谓变乎”问题所作的探讨：“从两种各自独立的不同要素，到形成一个混合体，是不是一种变化呢？公孙龙认为是变化。‘右有与’是说当右与左为邻时，原来独立的右的概念，如今成了混合体中的右，失去了它的独立性，所以是变，但‘右’本身的规定性却保持不变，故仍可称为右。”[③]为了探讨“右”与“左”相合（“相与”）的复杂情况，编者列举了《通变论》所谈的三个的例子（“羊合牛非马，牛合羊非鸡”“青以白非黄，白以青非碧”“暴则君臣争而两明也”），继而一一进行了阐析。

最后，编者对《通变论》的可取之处与不足之处作了评说：“《通变论》分析了两物相合的种种复杂情况，指出有的能融为一体，有的只能混而不化，有的互相对立，甚至引起争斗，这些见解之中不无可取之处，但《通变论》中形而上学的观点是占主导地位的。它认为部分一旦形成整体便不再有部分，不能再行分解，把整体理解成单一不变的概念，把整体与部分

① 任继愈主编：《中国哲学发展史（先秦）》，人民出版社1983年版，第505页。
② 任继愈主编：《中国哲学发展史（先秦）》，人民出版社1983年版，第505页。
③ 任继愈主编：《中国哲学发展史（先秦）》，人民出版社1983年版，第505页。

完全对立起来。它企图举例说明,在多数情况下,对立物不能结合成为有机整体,认为对立物的结合,往往引起两物之间的相互排斥和争斗,而这不是值得欢迎的。这说明《通变论》害怕矛盾,追求平静,以彼此和谐一致为事物的理想状态。但有一点要指出,《通变论》提出了'二'和'一'这一对相互对立的哲学范畴,使后来关于矛盾统一体及矛盾对立面的概念,有了概括而简洁的表述形式,后世所用的'一分为二'、'合二为一'等哲学用语,大约与此有关。"①

(4)《指物论》阐析。编者认为,"《指物论》是公孙龙的物性观,它用'指'、'物指'、'物'这三个高度抽象的范畴来回答'万物的本质是什么'这样一个根本性的哲学问题"②。鉴于此,编者首先对"物""指""物指"三个范畴的含义作了探究:"'物'即万物之物,这与人们常识所谓'物'并无不同。'指'是什么?历来无定诂,弄清'指'的确切含义,对于把握全篇宗旨具有关键意义。'指'最早起于以手指指物而谓之的动作,后来经过演化,又表示物的属性,公孙龙的'指'即为后者。他认为属性分为抽象属性和具体属性两种,所以他使用的'指'便有双重含义,有时表示独立于物体之外的属性一般,如白性、坚性等,有时表示具体事物的属性,如白马之白、坚白石之坚,后者有的地方也称为'物指',意即'定于物'的指。同一个'指'字,两种含义交替使用,使《指物论》读起来感到一定困难,若能细加区别,遇到的困难便会迎刃而解了。"③

接着,编者将《指物论》的基本思想归结为如下五点:"(一)'物莫非指',万物没有不是属性的,或者说物等于它各种属性的总和,这就是公孙龙对'物'的本质所下的定义。例如'马'这个东西,就是一定的形体、颜色、性情等的组合,'石头'这个东西,就是一定的颜色、硬度、形状等等的组合。假如没有了这些属性,也就不存在可以称之为物的东西:'天下无指,物无可以谓物'。《指物论》认为'物'和'物指'是一回事。(二)'而指非指',定于物的属性不等于不定于物的属性自身。'天下无指者,物不可

① 任继愈主编:《中国哲学发展史(先秦)》,人民出版社1983年版,第506页。

② 任继愈主编:《中国哲学发展史(先秦)》,人民出版社1983年版,第506—507页。

③ 任继愈主编:《中国哲学发展史(先秦)》,人民出版社1983年版,第507页。

谓无指也’,这一句前一个‘指’是属性自身,是抽象的指,后一个‘指’是物指,是具体的指。(三)‘指也者,天下之所无也;物也者,天下之所有也。’‘指’作为某种属性的抽象规定性不能被感知,它潜藏着,所以说‘天下之所无’,而物则是实实在在可以感觉得到的,所以是‘天下之所有’。指是抽象的,是无;物是具体的,是有,在这个意义上物与指不同,故‘物不可谓指’。(四)‘指者天下之所兼’。抽象的属性能够转变为具体的物指,从而为万物所兼有。例如‘白色’可以表现为白马之白,白石之白,白雪之白等等,这是指自身固有的本领,并不需要凭借物才能形成物指,因为物指也就是物:‘指固自为非指,奚待于物而乃与为指?’(五)‘使天下无物指,谁径谓非指?天下无物,谁径谓指?天下有指无物指,谁径谓非指、径谓无物非指?’指虽然高于物和物指,可指也离不开物和物指,因为没有了物和物指,也便没有了人,还有谁会来说明指与物的同与异呢?归结以上五点,第一点讲物就是指,第二点讲指不是物指,第三点讲物不是指,第四点讲指决定物,第五点讲指离不开物。”[①]

最后,编者对《指物论》的可取之处与错误之处作了评说:“《指物论》涉及到两对哲学范畴,一是事物与属性的关系,二是个别与一般的关系。《指物论》指出事物表现为属性,世界上没有无属性的事物,这是对的。可是它把事物归结为属性的总和,这却是倒因为果了。……属性相对于事物来说,是第二位的。倘若把事物归结为各种属性相加的结果,会导致否定事物有自己固有的本质,进而否定物的客观实在性。后来佛教哲学把万物看成因缘和合而成,就是用的这种手法。关于个别和一般的关系,《指物论》说的物指是个别,指是一般,它强调一般高于个别并且决定个别,割裂了两者之间的辩证关系,把在《白马论》和《坚白论》中就已经出现的重一般轻个别的错误倾向,又向前发展了一步。它把物质世界归结为属性,又把具体属性归结为抽象的不变的属性。实际上这些抽象的不变的属性不过是客观化了的存在于人的头脑中的空洞的概念。所谓‘指固自为非指’,就是认为世界万物都是由一系列属性的一般概念中演化出来

---

① 任继愈主编:《中国哲学发展史(先秦)》,人民出版社 1983 年版,第 507—508 页。

的，这就陷入了客观唯心主义的泥坑。”[①]

(5)《名实论》阐析。编者认为，“《名实论》讲概念与事物的关系和正名问题，它从概念论的角度，对前四论中的逻辑思想作了一个总结”[②]。基于这种看法，编者首先对“物”“实”“位”“正”四个概念的含义进行了阐析：“(一)‘物’：‘天地与其所产焉，物也。’物即指宇宙间一切事物，在这里没有上帝鬼神的位置。(二)‘实’：‘物以物其所物而不过焉，实也。’实是使该物成为该物而不成为他物的东西，就是指每一事物的本质属性或叫做质的规定性，超越了质的规定性，叫做‘过’，该物之实就要发生变化。(三)‘位’：‘实以实其所实而不旷焉，位也。’位就是物的本质在它所应有的范围内得到充分表现，没有欠缺。(四)‘正’：‘位其所位焉，正也。’事物处于它本来所在的地位上叫‘正’。这四个基本概念构成这样一个世界图式：万物都有自己固定的本质，彼此各不相同，界限分明。如有本质不清、变化过渡、彼此混杂的情况，那就是‘过’、‘旷’、‘不正’的反常现象，应予纠正。”[③]

接着，编者对公孙龙的“正名”思想进行了阐析：“在这种多元的和不变的世界观支配下，公孙龙提出了自己的‘正名’主张：‘其正者，正其所实也；正其所实者，正其名也。’‘正其所实’，就是对一物的称谓要能够使该物的本质得到准确的表达，使名与实相当，这就是正名。根据这一原则，正名的具体要求是‘唯乎其彼此’，做到‘彼彼止于彼，此此止于此’，用‘彼’来称呼那个东西，只能限定在那个东西上，用‘此’来称呼这个东西，只能限定在这个东西上。若‘谓彼而彼不唯乎彼’，‘谓此而此不唯乎此’，那么‘彼’和‘此’的称呼便不能使用，因为名与实不相当。‘彼此而彼且此，此彼而此且彼，不可。’用彼来称呼此使得彼也是此，或用此来称呼彼使得此也是彼，这是绝不允许的。遇到与实不符、含义已经改变的名，就要舍弃不用，以免发生误解。总之，一个事物只能有一个与之相应的名称，一个名称只能有一个与之相当的事物，名与实之间不许可有毫爽差

---

① 任继愈主编：《中国哲学发展史(先秦)》，人民出版社 1983 年版，第 508—509 页。

② 任继愈主编：《中国哲学发展史(先秦)》，人民出版社 1983 年版，第 509 页。

③ 任继愈主编：《中国哲学发展史(先秦)》，人民出版社 1983 年版，第 509 页。

异。例如对于白马，不能呼之以‘马’，只能呼之以‘白马’，才算符合公孙龙正名的要求。《白马论》、《坚白论》是‘假物取譬’，《通变论》、《指物论》是析言剖辞，究其根本目的都是为了正名：‘审其名实，慎其所谓’（《名实论》），‘欲推是辩，以正名实，而化天下焉。’（《迹府》）通过在名实问题上的拨乱反正，达到稳定和巩固封建社会制度的目的。”[①]

最后，编者对《名实论》的可取之处与错误之处作了评说：“《名实论》在概念问题上主要阐述了初级思维规律中的同一律：A＝A，概念的含义要确定、一贯，不能含混游移，不能亦此亦彼，在这一点上，它是对的。可是，它用形而上学的观点来对待同一律，把概念看成孤立的、僵硬的、一成不变的东西，不承认概念自身的矛盾和多样性，不承认概念之间的联系和转化，它所理解的同一性，是一种极空洞的抽象同一性，这种同一性在实际上并不存在。……《名实论》并不是没有看到事物的矛盾和变化，所谓的‘过’、‘旷’，就是事物变动性的表现；它也不是没有看到名与实之间的不一致，所谓‘不正’，所谓‘此之非此’、‘此之不在此’就是两者不一致的表现；它的错误在于认定矛盾和运动是坏事，要通过‘正名’来纠正和排除矛盾和运动，把多元化的无矛盾无变化的状态看成世界本来固有的本性和理想的目标。”[②]

在对《公孙龙子》五篇分别作了分析评价之后，编者围绕着如下三个问题对公孙龙的学说作了总体评价：

第一，关于“公孙龙是否属于‘离’派”的问题。编者首先指出：“学术界有一种很流行的看法，认为惠施‘合同异’，是‘合’派，公孙龙‘离坚白’，是‘离’派。这种说法有一定道理，惠施确实注重‘合’、‘同’，而公孙龙则注重‘离’、‘异’。可是‘合’派、‘离’派的提法也有片面性，容易被人误解为惠施只讲‘合’，公孙龙只讲‘离’。其实惠施也讲‘离’、‘异’，公孙龙也讲‘合’、‘同’，只是讲法不同而已。”[③]接着，编者结合《淮南子·齐俗训》的相关记载（“公孙龙析辨抗辞，别异同，离坚白”）以及《公孙龙子》五篇的相

① 任继愈主编：《中国哲学发展史（先秦）》，人民出版社1983年版，第509—510页。
② 任继愈主编：《中国哲学发展史（先秦）》，人民出版社1983年版，第510页。
③ 任继愈主编：《中国哲学发展史（先秦）》，人民出版社1983年版，第511页。

关论证,认为“公孙龙的同异观和离合观的特点,并不是只讲异讲离,不讲同讲合,而是把同与异、离与合看成外在的相互依存的关系”[①]。

第二,关于“公孙龙的辩学是否是诡辞”的问题。编者首先指出:“在人们中有一种误解,一提到公孙龙,就认为他是通常意义上的诡辩家,一提到‘白马非马’,就认为是通常意义上的诡辩论。以这样的眼光来看待公孙龙是极不公平的。”[②]接着,编者从三个方面作了申说:其一,“公孙龙的辩学同反动阶级玩弄的政治诡辩术,以及有意识地为某种谬论弫作辩解,有根本的不同;公孙龙之学是学术性的理论研究,是在探索真理,而后者则纯粹是在进行欺骗和狡辩,与真理背道而驰”[③]。其二,“公孙龙的辩学也不是毫无意义的概念游戏。他把辩学作为一门学问对待,态度严肃认真,理论上有相当深度。他自设宾主,层层问难,层层答辩,步步深入,反复论证,提出和分析了哲学上和逻辑上一系列重要范畴,很多都是前人乃至同时代人未曾思考过的新鲜东西。……我们应当承认他是个深思熟虑的哲学家,他思考过的问题和他思考问题的方法,足以启人智慧、发人深省,这就很够了”[④]。其三,“公孙龙是先秦少数几位把哲学、逻辑学从宗教及道德说教的羁绊中解脱出来的学者之一。……可以说,没有惠施、公孙龙的辩学,便没有后期墨家的逻辑学。从惠施到公孙龙再到后期墨家,是人的认识掌握一片面真理到掌握另一片面真理再到掌握较为全面真理的辩证发展过程,其中每一家都是认识过程必不可少的环节”[⑤]。

第三,关于“公孙龙的哲学和辩学是否是为没落奴隶主阶级服务”的问题。编者反对“公孙龙的哲学和辩学是为没落奴隶主阶级服务”的观点,认为“公孙龙之学是当时封建地主阶级诸多学术中的一种”[⑥]。其理由主要有三:其一,“公孙龙长期作为平原君的客卿,受到赵国君臣的厚待,而赵国已是封建化了的国家。假若公孙龙的学说与地主阶级利益正相反

---

① 任继愈主编:《中国哲学发展史(先秦)》,人民出版社 1983 年版,第 512 页。

② 任继愈主编:《中国哲学发展史(先秦)》,人民出版社 1983 年版,第 512 页。

③ 任继愈主编:《中国哲学发展史(先秦)》,人民出版社 1983 年版,第 512 页。

④ 任继愈主编:《中国哲学发展史(先秦)》,人民出版社 1983 年版,第 512—513 页。

⑤ 任继愈主编:《中国哲学发展史(先秦)》,人民出版社 1983 年版,第 513—514 页。

⑥ 任继愈主编:《中国哲学发展史(先秦)》,人民出版社 1983 年版,第 514 页。

对，他便不会得到封建统治者如此重用”[①]。其二，“公孙龙的哲学和辩学，特点是多元主义，强调差别的不变性和‘一般’的完美性。……其社会意义是巩固封建社会制度和封建等级名分，具体地说，主要是为了加强赵国的政权”[②]。其三，“从公孙龙哲学和辩学的批判精神和理性主义倾向来看，它是一种前进的向上的富有科学精神的学术，是百家争鸣的思想文化解放运动的组成部分，它在客观上适应了上升时期地主阶级开创新时代的需要，而与没落奴隶主阶级的蒙昧主义和开倒车的立场是格格不入的”[③]。

8. 冯契著《中国古代哲学的逻辑发展》（上册）

上海人民出版社1983年10月第1版。

本书包括四章内容，分别为“中国古代哲学的诞生”“儒、墨、道、法诸子的兴起”“百家争鸣的高潮”“先秦哲学的总结阶段”。第三章“百家争鸣的高潮”又分成五节，分别为“《管子》和黄老之学”“儒法之争与孟子性善说”“庄子：‘万物一齐，孰短孰长’——相对主义反对独断论”“名家‘坚白’、‘同异’之辨”“后期墨家论名实关系”。

在“名家‘坚白’、‘同异’之辨”一节[④]，著者首先指出：“随着百家争鸣的展开和科学的发展，在战国时期出现了‘名辩’思潮。有一些思想家被称为‘名家’、‘辩者’，其主要代表是惠施和公孙龙。他们特别注意对逻辑问题的研究。”[⑤]接着，著者把惠施、公孙龙分别作为“合同异”派、“离坚白”派的代表进行了阐析，认为两派间的对立在逻辑上折射出“相对主义和绝对主义的对立”[⑥]。

在阐析公孙龙“离坚白”的学说时，著者首先指出：“大约在惠施之前，已有一个叫兒说的辩者，提出了‘白马非马’的命题（见《韩非子・外储说

---

① 任继愈主编：《中国哲学发展史（先秦）》，人民出版社1983年版，第514—515页。

② 任继愈主编：《中国哲学发展史（先秦）》，人民出版社1983年版，第515页。

③ 任继愈主编：《中国哲学发展史（先秦）》，人民出版社1983年版，第515页。

④ 参见冯契：《中国古代哲学的逻辑发展》（上册），上海人民出版社1983年版，第222—232页。

⑤ 冯契：《中国古代哲学的逻辑发展》（上册），上海人民出版社1983年版，第222页。

⑥ 参见冯契：《中国古代哲学的逻辑发展》（上册），上海人民出版社1983年版，第230—232页。

左上》)。比惠施稍后的公孙龙也反复论证'白马非马',还提出了'离坚白'的学说。"[①]接着,著者主要结合《白马论》《坚白论》《指物论》的相关命题对公孙龙的思想进行了阐析与评说。

关于《白马论》的"白马非马"命题,著者评说道:"我们平常讲'白马是马',这个简单命题就包含着个别和一般的互相联结而又互相排斥的辩证关系。……公孙龙强调'马'和'白马'这两个概念在内涵和外延上有区别,指出了个别和一般的互相排斥关系,这在逻辑发展史上是有贡献的。但他片面夸大了这一点,认为一般的抽象的马可以脱离具体的马而独立存在,就割裂了一般与个别的辩证关系,成了诡辩。"[②]

关于《坚白论》,著者主要对公孙龙论证"离坚白"命题的过程与层次进行了阐析。著者指出:"公孙龙的'离坚白'是认为'坚'与'白'这两种属性不能同时是石头的属性,'坚'与'白'是分离的。"[③]所谓"见与不见离。……离也者,藏也",意思是说,"有见(白),有不见(白),是彼此分离的;分离,就是自己藏起来了。他认为一般属性(坚、白)可以脱离具体事物(石)而独立存在,不仅坚、白这些属性是分离的,而且一切属性都是相互分离的"[④]。《坚白论》篇末所谓"离也者,天下故独而正",意思是说,"天下的一切属性,各各相离,各自独立存在,各有其相当之名,这就是正名"[⑤]。

最后,著者关联着公孙龙"离坚白"的运思方式对《指物论》的旨趣进行了阐说:"公孙龙认为概念(一般属性或共相)都是独立自存的,这就是他所谓的'指'。他说:'物莫非指,而指非指。'(《指物论》)意思是,所谓'物'是'指'(共相)的表现,它的属性是可以指认的;而'指'(共相)本身却不能指认,它藏在另一个世界。'指'与'物'的关系,在公孙龙的哲学里,就是概念与实物、一般和个别的关系。他说:'天下无指,物无可以谓物。'(同上)他认为事物是由概念(共相)产生的,如果没有概念,事物也就无法

---

① 冯契:《中国古代哲学的逻辑发展》(上册),上海人民出版社 1983 年版,第 227 页。

② 冯契:《中国古代哲学的逻辑发展》(上册),上海人民出版社 1983 年版,第 227—228 页。

③ 冯契:《中国古代哲学的逻辑发展》(上册),上海人民出版社 1983 年版,第 228 页。

④ 冯契:《中国古代哲学的逻辑发展》(上册),上海人民出版社 1983 年版,第 228—229 页。

⑤ 冯契:《中国古代哲学的逻辑发展》(上册),上海人民出版社 1983 年版,第 229 页。

称其为事物了。这是唯心主义的观点，和西方哲学史上的柏拉图相似，即认为在具体的世界之外，还有个概念的世界，任何具体的事物，都是概念的表现。”[①]

9. 周云之、刘培育著《先秦逻辑史》

(北京)中国社会科学出版社 1984 年 12 月第 1 版。

本书是周云之和刘培育合撰的一部研究先秦逻辑史的专著，其中第一章到第五章由周云之撰写，分别为“绪论”“先秦逻辑思想的主要启蒙者——邓析、孔子、墨子”“惠施和辩者的逻辑思想”“公孙龙的逻辑学说”“后期墨家的逻辑学”；第六章到第九章由刘培育撰写，分别为“荀子的正名学说和逻辑体系”“韩非的逻辑学说”“《吕氏春秋》的逻辑思想”“对先秦逻辑史的几点认识”。

在第四章“公孙龙的逻辑学说”[②]中，著者首先扼要介绍了公孙龙的生平、学说及其著作，认为“公孙龙的时代，论辩之风盛行，察辩之士众多。他总结了当时‘辩者’关于‘辩’的思想和技术，尤其是对‘名’(概念)作了比较深刻的逻辑分析，提出了关于‘正名’的逻辑学说，对中国逻辑思想的发展作出了重要的贡献。但公孙龙也接受了当时某些诡辩思想的影响，因而在哲学上和逻辑上也都犯有较严重的诡辩错误”[③]。接着，著者分六节对公孙龙的逻辑学说进行了阐析：

在第一节“公孙龙的名实观”[④]中，著者阐析了公孙龙的三个命题：(1)“名，实谓也”[⑤]。著者首先指出：“公孙龙在《名实论》一文中，从朴素唯物主义的本体论出发，认为‘物’是具有内容、形式和空间位置的客观实体，而‘名’则是用来称谓实的。”[⑥]接着，著者结合《名实论》中的两段话展开了论证：第一段话是：“天地与其所产焉，物也。物以物其所物而不过焉，实

① 冯契：《中国古代哲学的逻辑发展》(上册)，上海人民出版社 1983 年版，第 229—230 页。
② 参见周云之、刘培育：《先秦逻辑史》，中国社会科学出版社 1984 年版，第 75—102 页。
③ 周云之、刘培育：《先秦逻辑史》，中国社会科学出版社 1984 年版，第 75 页。
④ 参见周云之、刘培育：《先秦逻辑史》，中国社会科学出版社 1984 年版，第 76—81 页。
⑤ 参见周云之、刘培育：《先秦逻辑史》，中国社会科学出版社 1984 年版，第 76—77 页。
⑥ 周云之、刘培育：《先秦逻辑史》，中国社会科学出版社 1984 年版，第 76 页。

也。实以实其所实[而]不旷焉，位也。”第二段话是：“夫名，实谓也。知此之非此也，知此之不在此也，则不谓也；知彼之非彼也，知彼之不在彼也，则不谓也。”著者认为，“公孙龙在这里是坚持了‘以实正名’的唯物主义观点的。正如《名实论》所指出的：‘其正者，正其所实也；正其所实者，正其名也。’这就是说，所谓‘正’者，首先就是指正其所实也，即明确‘实’的范围和内容，也就是指物之‘不过’‘不旷’并‘位其所位也’，其实‘正’了，其名自然就可以‘正’了。‘名’之‘不过’与‘不旷’正是对‘实’之‘不过’和‘不旷’的反映。这些都是对名实关系的唯物主义解释”[1]。(2)“物莫非指也”[2]。著者首先指出：“公孙龙的《指物论》一文，主要就是为了论证‘物莫非指，而指非指’这一命题的。在这里，公孙龙又进一步从本体论上阐发了他的唯物主义名实观。”[3]接着，著者结合《指物论》的“天下无指而物不可谓指者，非有非指也。非有非指者，物莫非指也。物莫非指者，而指非指也”之说展开了论证。在著者看来，“‘物莫非指’包括两个方面的思想：一是承认‘天下无指而物不可谓指’。这就充分肯定了客方所提出的论点：‘指也者，天下之所无也；物也者，天下之所有也。以天下之所有，为天下之所无，未可’。这就是说，‘物’是‘有’，‘指’是‘无’，而‘物’不是‘指’，决不能把‘指’看作是客观独立存在的‘有’，也决不能把‘物’归结为‘指’。再一点是‘非有非指也’，即下文所说的‘天下无指者，物不可谓无指也；不可谓无指者，非有非指也。’这就是说，天下虽没有客观独立存在的‘指’，而‘物’却不可以说无‘指’。一句话，‘指’不是客观独立存在的，又不是无物不可以具有的。根据‘指’所具有的这两种性质以及‘物’与‘指’的相互关系，把‘指’理解为‘物’的称谓即‘名’是比较恰当的。因为只有‘名’才是既非客观独立存在，又是无物不可以具有的。公孙龙还说：‘天下无物，谁径谓指。’即如果天下没有‘物’的存在，也就无‘指’的称谓，‘指’就是用来称谓‘物’的‘名’。所以，‘非’在这里应作‘不具有’或‘不可以’讲，‘物莫非指’即是说‘物’没有不具有‘指’(名)的，或没有不可以称谓的，也即

① 周云之、刘培育：《先秦逻辑史》，中国社会科学出版社 1984 年版，第 76—77 页。
② 参见周云之、刘培育：《先秦逻辑史》，中国社会科学出版社 1984 年版，第 77—79 页。
③ 周云之、刘培育：《先秦逻辑史》，中国社会科学出版社 1984 年版，第 77 页。

‘物’都是可以具有‘名’的，所以说‘物’乃‘非有非指也’。‘而指非指’即是说，‘指’(名)却不需要再用‘指’(名)来称谓它。这是对‘名’的本质和名实关系进一步作的唯物主义论证”[①]。(3)“坚、白、石离也”[②]。著者对公孙龙论证“坚、白、石离”的过程进行了层层深入的阐说，大体分为三个层次：其一，“视”“拊”异任与主观唯心主义感觉论：“《坚白论》的开头虽然讲到了坚、白之‘名’是由感官而得的，但他不能正确理解不同感觉之间的联系，不懂得理性对感性材料具有分析、综合即概括的作用，而把感官的功能相分离并加以绝对化，还把主观的感觉(视和拊)作为客观(坚、白之属性)是否存在的标准。……‘坚’与‘白’因有‘见与不见’之别而分离着，这就在认识论上陷入了主观唯心主义的感觉论。”[③]其二，“相离”“自藏”与客观唯心主义：“公孙龙认为，‘坚’未与石物结合时，‘坚’必定独立是‘坚’但隐藏着；‘白’未与石物结合时，‘白’自己就必定是‘白’但也隐藏着。这样，不仅‘坚’和‘白’相离，而且‘坚’和‘白’又都和‘石’(物)相离。因此‘离也者天下，故独而正。’一切皆互相分离并各自独立在自己的位置上。这就是公孙龙提出的‘坚白石相离’的基本思想。”[④]在著者看来，“公孙龙由于不能坚持理性依赖于感性的唯物论观点，因而在对待个别与一般的关系(即具体物之属性与抽象之共性)上，更加陷入了片面性和神秘性”[⑤]。这种片面性和神秘性在《坚白论》的“离也者，藏也”以及“有自藏也，非藏而藏也”等论说中表现得尤为显豁，这类的说法“进一步提出了‘坚’和‘白’本来就是离物而独立自藏着的。不过，这种离物而自藏着的‘坚’和‘白’，实际上只能是一些抽象的‘名’(观念或概念)而已。公孙龙把抽象的‘名’形而上学地夸大为独立于物而自身隐藏着的存在，从而使自己深深地陷入了客观唯心主义”[⑥]。其三，“神不见而见离”与不可知论。在著者看来，《坚白论》结尾处的几句话，表明公孙龙“由客观唯心论发展到了

① 周云之、刘培育：《先秦逻辑史》，中国社会科学出版社1984年版，第77—78页。
② 参见周云之、刘培育：《先秦逻辑史》，中国社会科学出版社1984年版，第79—81页。
③ 周云之、刘培育：《先秦逻辑史》，中国社会科学出版社1984年版，第79页。
④ 周云之、刘培育：《先秦逻辑史》，中国社会科学出版社1984年版，第80页。
⑤ 周云之、刘培育：《先秦逻辑史》，中国社会科学出版社1984年版，第79页。
⑥ 周云之、刘培育：《先秦逻辑史》，中国社会科学出版社1984年版，第80页。

更加神秘的不可知论。‘且犹白以目以火见，而火不见，则火与目不见而神见；神不见而见离。’结果无论是感官和理性（神）都成了不可知（见）的了。同样，‘坚以手而手以捶，是捶与手知而不知，而神与不知。’也反映了不可知论的倾向。‘坚’本来是通过手，手又依靠棍来感知的，棍与手似乎是能知而实在也是不能知的，神也无法知，最后只留下知其‘离’和‘藏’了”[①]。在作了上述阐析的基础上，著者最后总结道：“总起来说，公孙龙的名实观虽然在本体论上具有朴素唯物主义的倾向，但他在认识论上却深深地陷入了‘离坚白’的客观唯心主义，所以在历史上被称为‘离坚白’学派的主要代表。他的名实观是二元论的，但又具有唯心主义多元论的特征，因为这些离物而存在的‘名’又都是互相分离和独立自藏的。这就是公孙龙复杂的名实观。”[②]

在第二节“‘唯乎其彼此’的正名学说”[③]中，著者肯定了公孙龙“正名”学说的历史贡献：“公孙龙第一次从逻辑理论的高度明确提出了正名的原则和要求，这在中国逻辑思想发展史上是有重要贡献的。”[④]基于此，著者以《名实论》的“唯乎其彼此”之说为辐辏，对公孙龙的正名原则、正名要求与正名方法进行了阐析：(1)“‘唯乎其彼此’的正名原则”[⑤]。著者认为，“公孙龙在《名实论》一文中，不仅对名实关系作了某种合乎唯物观点的论述，而且提出了‘名正’（即‘正名’）的原则和规律，也就是要求‘名’具有确定性”[⑥]。公孙龙的正名原则集中体现在如下两个论断中：一是“其名正则唯乎其彼此焉”，二是“故彼彼当乎彼，则唯乎彼，其谓行彼；此此当乎此，则唯乎此，其谓行此。其以当而当也，以当而当，正也”。“这就要求‘彼’之名必须专指‘彼’之实；‘此’之名必须专指‘此’之实，这样才是名实相当，名实相当才算是‘名正’。反之，如果‘谓彼而彼不唯乎彼，则彼谓不行；谓此而此不唯乎此，则此谓不行。以其不当而当也，不当而当，乱也。’

---

① 周云之、刘培育：《先秦逻辑史》，中国社会科学出版社1984年版，第80页。

② 周云之、刘培育：《先秦逻辑史》，中国社会科学出版社1984年版，第80—81页。

③ 参见周云之、刘培育：《先秦逻辑史》，中国社会科学出版社1984年版，第81—84页。

④ 周云之、刘培育：《先秦逻辑史》，中国社会科学出版社1984年版，第81页。

⑤ 参见周云之、刘培育：《先秦逻辑史》，中国社会科学出版社1984年版，第81—82页。

⑥ 周云之、刘培育：《先秦逻辑史》，中国社会科学出版社1984年版，第81页。

即如果'彼'之名不是专指'彼'之实;'此'之名不是专指'此'之实,则'彼'或'此'之名就不能成立。如果以不当之名谓之当,其名则乱也。……公孙龙提出的关于'名'必须具有确定性的原则,也就是形式逻辑中同一律和不矛盾律所要求的思想原则。这是对逻辑正名思想的重要理论概括"[①]。(2)"'唯乎其彼此'的正名要求——'不过'和'不旷'"[②]。著者首先指出:"公孙龙在《名实论》中所提出的'不过'和'不旷'的思想,不仅反映了名实观上的唯物主义观点,而且从物类的内容(属性)和范围(对象)两个方面为确定'名'的内涵和外延提供了客观依据,也为'唯乎其彼此'的逻辑正名提出了明确要求。而《白马论》一文则相当深刻地运用了这一思想,揭示了'白马'与'马'这两个种属之名的内涵差别和外延之异。这说明公孙龙对逻辑正名的具体要求——明确'名'的内涵和外延已经有了初步认识,因此有必要在这里作进一步的分析。"[③]基于此,著者结合《名实论》的"不过"与"不旷"之论与《白马论》的"马"与"白马"之辨,对公孙龙的正名要求进行了阐析。在阐析的基础上,著者最后总结道:"虽然这些思想还是非常朴素的,但公孙龙讲物之'不过'和'不旷',就是要求明确物类的范围和内容,这就使他在《白马论》中能够具体地区分白马与马这两个种属之类所指的不同范围和内容,这实际上也就为明确'白马'与'马'这两个种属之'类名'的外延和内涵提供了客观依据,也为形式逻辑的同一律和矛盾律的思想原则提供了客观基础和具体要求。这些都体现了逻辑正名的具体内容和要求。"[④](3)"'唯乎其彼此'的正名方法"[⑤]。著者认为,《名实论》中提出了一些如何达到"唯乎其彼此"的逻辑正名的方法,主要有如下四种:一是"以其所正,正其所不正",二是"以其所不正,疑其所正",三是"其正者,正其所实也;正其所实者,正其名也",四是"知此之不在此也,则不谓也;知彼之不在彼也,则不谓也"。著者对上述正名方法一一进行了阐析,并在阐析的基础上总结道:"公孙龙认为,这些都是'正名'

① 周云之、刘培育:《先秦逻辑史》,中国社会科学出版社1984年版,第81—82页。
② 参见周云之、刘培育:《先秦逻辑史》,中国社会科学出版社1984年版,第82—83页。
③ 周云之、刘培育:《先秦逻辑史》,中国社会科学出版社1984年版,第82页。
④ 周云之、刘培育:《先秦逻辑史》,中国社会科学出版社1984年版,第83页。
⑤ 参见周云之、刘培育:《先秦逻辑史》,中国社会科学出版社1984年版,第83—84页。

所不可缺少的原则和方法。这些原则和方法充分体现了‘名’必须具有确定性的逻辑要求，因而确实是比较合理和有效的逻辑正名方法。”[①]

在第三节“关于逻辑分类的思想”[②]中，著者首先指出：“公孙龙在《通变论》一文中还从‘正名’的要求出发明确提出了‘类’的概念和分类原则，这就使公孙龙的‘正名’理论更加充实和完备，在逻辑史上也具有重要的意义。”[③]接着，著者结合《通变论》的相关论说，对公孙龙的逻辑分类思想进行了阐析，主要包括如下两条分类原则：其一，“必须根据对同一特性之‘偏有’或‘偏无’，以区分类的同异”[④]。譬如，《通变论》的“羊牛有角，马无角；马有尾，羊牛无尾，故曰羊合牛非马也”，说的就是第一条分类原则。其二，“人们不能简单地根据任一表面特征之‘偏有偏无’，作为它们是否为同类或异类的标准，而必须依据于类之所以为类的特有属性（或本质属性）之偏有偏无，才能作为类之同异的标准”[⑤]。譬如，《通变论》的“羊与牛唯异，羊有齿，牛无齿，而牛之非羊也，羊之非牛也，未可。是不俱有而或类焉”以及“羊有角，牛有角，牛之而羊也，未可。是俱有而类之不同也”，说的就是第二条分类原则。

在第四节“‘白马非马’所揭示的‘名’的种属差别”[⑥]中，著者首先指出：“长期以来，有些人由于不理解公孙龙对‘白马非马’这一命题所阐明的逻辑思想内容，仅以常识中的‘白马是马’作为唯一的正确命题，或者将‘白马非马’的‘非’字仅从语词上绝对地解释为‘不属于’的意思，因而把公孙龙关于‘白马非马’的逻辑命题简单地斥之为违反逻辑、违反常识的诡辩，斥之为割裂个别与一般的形而上学谬论。我们认为，这些论点是不符合公孙龙在《白马论》一文中所阐明的基本思想的。公孙龙提出的‘白马非马’这一命题恰恰是一个从内涵和外延方面揭示‘名’的种属差别的逻辑命题，是一个在中国逻辑史上有重要影响和特殊贡献的重要命题，应

---

① 周云之、刘培育：《先秦逻辑史》，中国社会科学出版社 1984 年版，第 84 页。
② 参见周云之、刘培育：《先秦逻辑史》，中国社会科学出版社 1984 年版，第 85—86 页。
③ 周云之、刘培育：《先秦逻辑史》，中国社会科学出版社 1984 年版，第 85 页。
④ 周云之、刘培育：《先秦逻辑史》，中国社会科学出版社 1984 年版，第 85 页。
⑤ 周云之、刘培育：《先秦逻辑史》，中国社会科学出版社 1984 年版，第 86 页。
⑥ 参见周云之、刘培育：《先秦逻辑史》，中国社会科学出版社 1984 年版，第 86—95 页。

该加以充分的肯定。”[①]基于此，著者从如下四个方面辨析了“白马非马”命题所阐明的逻辑思想：一是“‘白马非马’揭示了‘白马’与‘马’的外延（范围）是不等同的”[②]，二是“‘白马非马’揭示了‘白马’与‘马’的内涵也是不等同的”[③]，三是“‘白马非马’并不否认‘白马是（属于）马’中的逻辑包含关系”[④]，四是“‘白马非马’中的‘非’字只表示‘有异’，不表示‘全异’”[⑤]。在作了上述辨析的基础上，著者最后总结道：“应当肯定，《白马论》一文所提出的‘白马非马’这一命题，确实从外延和内涵两个方面反映了一般与特殊的逻辑关系，即共性的‘名’（属名）与特殊的‘名’（种名）所指的对象（范围）和属性（内容）是不相等的。它也揭示了一条带有普遍意义的逻辑规律，即两个具有不同的内涵和外延的‘名’，是不能简单等同或混淆的，它所要求的正是不同概念的确定性和不矛盾性，这是完全符合形式逻辑基本规律对概念的要求的。还应当指出，公孙龙承认‘白马非（异于）马’，又承认‘白马是（属于）马’，也正是从不同角度反映了局部与全体、个别与一般的辩证关系的。事实上，‘白马是马’这一命题无论在日常语言中或在逻辑上，都只是肯定了‘马’对‘白马’的包含关系，并不是肯定‘白马’与‘马’的等同关系。否则，就成了一个真正的诡辩命题了。而‘白马非（异于）马’这一命题也同样包含了对‘白马是马’中逻辑关系的深刻揭示。承认‘白马非（异于）马’并不等于否定了‘白马是（属于）马’；肯定‘白马是（属于）马’也不等于要否定‘白马非（异于）马’。一句话，公孙龙提出的‘白马非马’这一命题只是一个承认个别异于一般、即种名异于属名的逻辑命题，决不是一个割裂个别与一般的形而上学的哲学诡辩命题。”[⑥]

在第五节“《通变论》中的诡辩逻辑”[⑦]中，著者首先指出：“如果说公孙龙的《坚白论》一文是他的哲学唯心论的理论基础，那么公孙龙的《通变

① 周云之、刘培育：《先秦逻辑史》，中国社会科学出版社 1984 年版，第 86—87 页。

② 参见周云之、刘培育：《先秦逻辑史》，中国社会科学出版社 1984 年版，第 87—88 页。

③ 参见周云之、刘培育：《先秦逻辑史》，中国社会科学出版社 1984 年版，第 88—89 页。

④ 参见周云之、刘培育：《先秦逻辑史》，中国社会科学出版社 1984 年版，第 89—91 页。

⑤ 参见周云之、刘培育：《先秦逻辑史》，中国社会科学出版社 1984 年版，第 91—94 页。

⑥ 周云之、刘培育：《先秦逻辑史》，中国社会科学出版社 1984 年版，第 94—95 页。

⑦ 参见周云之、刘培育：《先秦逻辑史》，中国社会科学出版社 1984 年版，第 95—100 页。

论》一文则进一步发挥了他在逻辑上的诡辩术。(我们这里所分析的诡辩逻辑,仅是指狭义的违反形式逻辑规律和规则的诡辩术,而不是指广义的哲学上的诡辩理论。)不可否认,《通变论》中确实也提出了一些有价值的哲学和逻辑思想(包括整体与部分的关系以及关于'变'和'类'的思想等)。然而,《通变论》中所提出的一些主要命题,却是属于违反常识的诡辩,而且是用诡辩的手法来论证的。这些命题不但在哲学上反映了'离坚白'的唯心主义和形而上学观点,而且在逻辑上常常陷于自相矛盾之中。公孙龙在《通变论》中所提出的这些诡辩命题和运用的诡辩手法,显然是出于当时辩论的需要,但也集中地反映了当时'辩者'中流行的一些诡辩术。因此,剖析这些诡辩中的逻辑错误,对于了解当时逻辑思维的能力和逻辑思想发展的规律,都是很有价值的。"[①]接着,著者从四个方面剖析了《通变论》中的诡辩逻辑:一是"偷换概念(或论题)的诡辩术"[②],二是"违反划分(分类)规则的诡辩术"[③],三是"'非亦是也'的诡辩术"[④],四是"'不相干类比'的诡辩术"[⑤]。

在第六节"公孙龙逻辑学说小结"[⑥]中,著者从四个方面对公孙龙的逻辑思想进行了总结:其一,"公孙龙是中国逻辑史上争论最多的一个人物。由于儒家传统观点的影响,公孙龙更多地被指责为哲学上的唯心论和形而上学者,因而在逻辑上也被斥责为典型的诡辩论者,被列为古代诡辩学派的主要代表。近年来不断有人对这一传统观点提出了异议和反驳。我们认为,只有通过《公孙龙子》一书的具体分析,实事求是地总结其哲学思想(名实观)和逻辑思想,才能对公孙龙在中国逻辑史上的地位和贡献作出正确的评价,还历史的本来面目"[⑦]。其二,"公孙龙在《坚白论》中贯彻的'离坚白'客观唯心主义名实观是多数人容易识别的,把'坚'与'白'看作是离物而独立自藏的存在,无论如何不会是唯物主义的名实观。但《名

---

① 周云之、刘培育:《先秦逻辑史》,中国社会科学出版社 1984 年版,第 95—96 页。

② 参见周云之、刘培育:《先秦逻辑史》,中国社会科学出版社 1984 年版,第 96—97 页。

③ 参见周云之、刘培育:《先秦逻辑史》,中国社会科学出版社 1984 年版,第 97—98 页。

④ 参见周云之、刘培育:《先秦逻辑史》,中国社会科学出版社 1984 年版,第 98—99 页。

⑤ 参见周云之、刘培育:《先秦逻辑史》,中国社会科学出版社 1984 年版,第 99—100 页。

⑥ 参见周云之、刘培育:《先秦逻辑史》,中国社会科学出版社 1984 年版,第 100—102 页。

⑦ 周云之、刘培育:《先秦逻辑史》,中国社会科学出版社 1984 年版,第 100—101 页。

实论》中又明确讲‘物’就是指天地万物(‘天地与其所产者，物也’)，而‘名’则是对实的称谓(‘夫名，实谓也’)。《指物论》也明确肯定了‘指也者，天下之所无；物也者，天下之所有也’。根据史料，我们就可以作出具体的分析，公孙龙的名实观不仅具有朴素唯物主义的内容，也包含有严重的唯心主义错误，这证明他在哲学上是一个二元论者。我们决不能光根据《坚白论》就武断公孙龙是一个彻底的唯心论者，也不能光根据《名实论》就武断公孙龙是一个完全的唯物论者”[①]。其三，“我们通过对公孙龙《名实论》和《白马论》等的分析，可以清楚地断定，正是公孙龙在中国逻辑史上第一次明确地提出了‘唯乎其彼此’的逻辑正名学说，深刻地揭示了逻辑正名的要求和同一律的思想原则。公孙龙提出的‘白马非(有异于)马’这一命题，根本不是跟常识上的‘白马是(属于)马’这一命题相对立、相排斥的，‘白马非马’恰恰是一个深刻揭示了‘名’的种属差别的重要逻辑命题，是对逻辑正名理论的充分发挥和具体运用。《通变论》中提出的分类思想也具有一定的理论意义。在先秦逻辑史上，第一个比较自觉地把名实问题从逻辑理论的高度作了研究和概括的，就是公孙龙。所有这些都有力地证明，公孙龙在中国逻辑史上是一个有重要理论创见和贡献的逻辑思想家”[②]。其四，“公孙龙作为名家学派的主要代表，也喜欢抽象地谈论名实问题，喜欢故意用一些违反常识的‘诡辩’以求取胜，这就不能不受到辩者中一般诡辩思潮的影响。他在《通变论》中提出的‘二无一’、‘鸡足三’、‘羊合牛非马’、‘青以白非黄’等命题，都是他运用违反逻辑的诡辩手法提出的一些诡辩命题。对这些诡辩命题进行揭露和批判，不仅有助于我们了解当时逻辑诡辩的一些特点，也是了解和总结先秦逻辑思想发展的必要环节”[③]。

另需说明的是，周云之此后又陆续出版了两部逻辑学著作，一部是其编著的《先秦名辩逻辑指要》(四川教育出版社1993年5月第1版)，另一部是其撰著的《名辩学论》(辽宁教育出版社1996年9月第1版)。这两

① 周云之、刘培育：《先秦逻辑史》，中国社会科学出版社1984年版，第101页。

② 周云之、刘培育：《先秦逻辑史》，中国社会科学出版社1984年版，第101页。

③ 周云之、刘培育：《先秦逻辑史》，中国社会科学出版社1984年版，第102页。

部著作均谈及公孙龙的逻辑思想，其观点与《先秦逻辑史》大致相同。鉴于此，下面仅列出两书谈及公孙龙逻辑思想的具体章节，以供参阅。

《先秦名辩逻辑指要》一书是以逻辑问题为依据布局谋篇的，因此关于公孙龙逻辑思想的论述分散在全书的不同章节之中。第一章“总论部分”之第一节“关于名辩的客观基础——名实关系”有三部分涉及公孙龙，分别为“公孙龙论‘夫名，实谓也’”[①]、“公孙龙论‘物莫非指’”[②]、“公孙龙的‘离坚白’思想”[③]。第二章“概念(名词)部分”之第二节“关于‘名’的内涵、外延和定义方法”有两部分涉及公孙龙，分别为“公孙龙论‘名’之‘不过’(外延)和‘不旷’(内涵)”[④]、“公孙龙在《白马论》中揭示的内涵和外延思想”[⑤]。第三节“关于‘名’的限制和概括(种名和属名)”有一部分涉及公孙龙，即“公孙龙论种名(‘白马’)与属名(‘马’)的限制和概括”[⑥]。第四节“关于类(名)的划分原则”有一处涉及公孙龙，即“公孙龙论‘羊合牛非马’的划分标准”[⑦]。第五章“逻辑的基本规律和违反逻辑规律的诡辩命题”之第一节“关于‘唯乎其彼此’的同一律原则”有一部分涉及公孙龙，即“公孙龙论‘唯乎其彼此’的正名原则”[⑧]。第二节“关于‘必或不当’的矛盾律原则”有一部分涉及公孙龙，即“公孙龙论‘以其所正，正其所不正’”[⑨]。第三节“关于‘必或是或非’的排中律原则”有一处涉及公孙龙，即“公孙龙论‘以其所不正，疑其所正’”[⑩]。第四节“关于违反逻辑规律的一些诡辩命题”有一部分涉及公孙龙，即“公孙龙的‘二无一’、‘羊合牛非马’‘鸡三足’和‘青以白非黄’”[⑪]。

《名辩学论》一书包括三编内容，分别为“绪论”“正名学(名学)”“论辩

---

① 参见周云之编著：《先秦名辩逻辑指要》，四川教育出版社 1993 年版，第 22—24 页。
② 参见周云之编著：《先秦名辩逻辑指要》，四川教育出版社 1993 年版，第 24—26 页。
③ 参见周云之编著：《先秦名辩逻辑指要》，四川教育出版社 1993 年版，第 26—28 页。
④ 参见周云之编著：《先秦名辩逻辑指要》，四川教育出版社 1993 年版，第 95—96 页。
⑤ 参见周云之编著：《先秦名辩逻辑指要》，四川教育出版社 1993 年版，第 96—105 页。
⑥ 参见周云之编著：《先秦名辩逻辑指要》，四川教育出版社 1993 年版，第 110—111 页。
⑦ 参见周云之编著：《先秦名辩逻辑指要》，四川教育出版社 1993 年版，第 117—118 页。
⑧ 参见周云之编著：《先秦名辩逻辑指要》，四川教育出版社 1993 年版，第 224—225 页。
⑨ 参见周云之编著：《先秦名辩逻辑指要》，四川教育出版社 1993 年版，第 234—235 页。
⑩ 参见周云之编著：《先秦名辩逻辑指要》，四川教育出版社 1993 年版，第 242 页。
⑪ 参见周云之编著：《先秦名辩逻辑指要》，四川教育出版社 1993 年版，第 252—257 页。

学(辩学)”。第一编第二章“从名辩代表作看名辩学的对象、性质和体系”有一节涉及公孙龙,即“《公孙龙子·名实论》所揭示的正名学说”(包括三部分内容,分别为“《名实论》原文及校诠”“《名实论》今译”“《名实论》揭示了哲学正名和逻辑正名的基本原则”)[①]。第二编第一章“正名哲学总论”之第四节“夫名,实谓也——正名的客观标准”,其中第二部分“用名以指实”有两处涉及公孙龙,分别为“夫名,实谓也”[②]、“物莫非指也”[③]。第二章“制名之枢要”之第一节“名实一致的哲学正名原则”,其中第二部分“正实以正名”有一处涉及公孙龙,即“正其所实者,正其名也”[④]。第二节“唯乎其彼此的逻辑正名原则”之第一部分“‘彼彼止于彼,此此止于此’乃名的确定性之基本原则”有两处涉及公孙龙,分别为“唯乎其彼此也”[⑤]、“‘以其所正,正其所不正’和‘以其所不正,疑其所正’”[⑥]。第二部分“‘不过’与‘不旷’乃是名的确定性之基本依据”有两处涉及公孙龙,分别为“实之‘不过’和‘不旷’与名之‘不过’和‘不旷’”[⑦]、“‘白马非马’所论名之‘不过’与‘不旷’”[⑧]。第三章“破三惑——违反正名原则之乱名及制止办法”之第四节“对几个典型诡辩命题违反三条正名原则[⑨]的剖析”有两部分涉及公孙龙,即“关于‘羊合牛非马’”[⑩]、“关于‘鸡三足’”[⑪]。

10. 中国逻辑史研究会资料编选组编选《中国逻辑史资料选·先秦卷》

(兰州)甘肃人民出版社1985年2月第1版。

---

① 参见周云之:《名辩学论》,辽宁教育出版社1996年版,第57—66页。
② 参见周云之:《名辩学论》,辽宁教育出版社1996年版,第169—170页。
③ 参见周云之:《名辩学论》,辽宁教育出版社1996年版,第170—172页。
④ 参见周云之:《名辩学论》,辽宁教育出版社1996年版,第183页。
⑤ 参见周云之:《名辩学论》,辽宁教育出版社1996年版,第193—194页。
⑥ 参见周云之:《名辩学论》,辽宁教育出版社1996年版,第194—195页。
⑦ 参见周云之:《名辩学论》,辽宁教育出版社1996年版,第199—200页。
⑧ 参见周云之:《名辩学论》,辽宁教育出版社1996年版,第200—203页。
⑨ 这里的“三条正名原则”,指的是本书所说的“名实一致的哲学正名原则”“唯乎其彼此的逻辑正名原则”“约定俗成的语词正名原则”。
⑩ 参见周云之:《名辩学论》,辽宁教育出版社1996年版,第247—248页。
⑪ 参见周云之:《名辩学论》,辽宁教育出版社1996年版,第249—250页。

本书包括先秦名、法、儒、道、墨、杂、纵横诸家有关形式逻辑的思想资料，分为十六部分，分别为“邓析”“尹文”“老子”“商鞅”“孔子”“子思”“惠施”“公孙龙”“墨家”“庄子”“孟轲”“荀子”“韩非”“管子”“纵横家”“吕不韦”，其中第八部分“公孙龙”[①]由周云之编注。

编注者首先对公孙龙其人其说其书作了简要介绍，并对学界关于他的逻辑思想存在的不同看法进行了爬梳：“公孙龙是中国逻辑史上的重要代表人物，这是大家都承认的，但对公孙龙的逻辑思想评价历来存在着很大的分歧。关于公孙龙的名实观，有人认为公孙龙是一个彻底的客观唯心论者，有人认为是二元论者；还有人认为基本上是唯物论者。关于公孙龙的逻辑思想，主要有三种不同的看法：一种认为公孙龙是一个彻底割裂个别与一般的形而上学诡辩论者，他在历史上只是一个反面教员，没有提出过什么合理的逻辑思想；另一种认为公孙龙提出的‘白马非马’既有割裂个别与一般或过分强调个别异于一般的错误，又从逻辑上分析了概念之间的差别，反映了合理的逻辑思想；再一种认为公孙龙的‘唯乎其彼此’是科学的正名理论，‘白马非马’则深刻地揭示了种名和属名在逻辑上的差别，但在《通变论》中则突出地反映了其诡辩术。总之，关于公孙龙的哲学思想（名实观）和逻辑思想都有待于进一步的研究和讨论。”[②]

接着，编注者按照《迹府》《白马论》《指物论》《通变论》《坚白论》《名实论》的顺序，对《公孙龙子》六篇依次进行了注释。所录《公孙龙子》原文均引自庞朴的《公孙龙子研究》（中华书局 1979 年版）一书，其注释“按照尽量多用引注、少用自注的原则”[③]，参引了诸多学人（如谢希深、傅山、辛从益、陈澧、俞樾、孙诒让、金受申、王琯、陈柱、伍非百、王启湘、章士钊、冯友兰、谭戒甫、杜国庠、庞朴、屈志清等）的成果。

---

① 参见中国逻辑史研究会资料编选组：《中国逻辑史资料选·先秦卷》，甘肃人民出版社 1985 年版，第 72—105 页。

② 中国逻辑史研究会资料编选组：《中国逻辑史资料选·先秦卷》，甘肃人民出版社 1985 年版，第 72—73 页。

③ 中国逻辑史研究会资料编选组：《中国逻辑史资料选·先秦卷》，甘肃人民出版社 1985 年版，例言第 2 页。

最后，编注者撮录了“其它（各家）有关公孙龙逻辑思想的论述”[①]，包括《孔丛子·公孙龙》与《吕氏春秋·淫辞》两篇，撮录的原文均依庞朴的《公孙龙子研究》分段和标点，其注释主要参引谭戒甫的《公孙龙子形名发微》（中华书局1963年版）一书。

11. 许抗生著《先秦名家研究》

（长沙）湖南人民出版社1986年7月第1版。

本书正文前载有张岱年撰写的“序”，其中有言：“许抗生同志留心钻研名家学说，历有年数，近写成《先秦名家研究》，运用马克思主义辩证唯物论与历史唯物论的观点，对于惠施、公孙龙及其他辩者的学说，进行比较细密的剖析；对于儒、墨、道、法、阴阳诸家与名家的争论，也作了比较详备的叙述，取材丰富，论断允当，有独到之处，是一部有价值的哲学史著作。”[②]本书正文后载有著者撰写的“后记”[③]，其中有言：“这本书的初稿是我在总结多年来的教学和科研经验的基础上，于1977—1978年间写成的。”[④]

本书正文包括两编内容，分别为“名家学派研究”“《公孙龙子》新解”。第一编“名家学派研究”[⑤]又分成九节，分别为“名家是怎样一个学派”“春秋末年名家思想的萌芽与先驱者邓析的思想”“战国中期名家学派的勃兴”“惠施‘合同异’的哲学思想”“以公孙龙为代表的‘离坚白’派的哲学思想”“《庄子·天下篇》所载其他‘辩者’二十一事哲学思想”“名家尹文的思想”“战国时期名家与墨、道、阴阳、儒、法诸家之间的论辩”“魏晋时期名家的复兴”。在“以公孙龙为代表的‘离坚白’派的哲学思想”一节[⑥]，著者从两个方面对公孙龙的哲学思想作了阐析：

---

① 参见中国逻辑史研究会资料编选组：《中国逻辑史资料选·先秦卷》，甘肃人民出版社1985年版，第99—104页。

② 许抗生：《先秦名家研究》，湖南人民出版社1986年版，序第1页。

③ 参见许抗生：《先秦名家研究》，湖南人民出版社1986年版，第150页。

④ 许抗生：《先秦名家研究》，湖南人民出版社1986年版，第150页。

⑤ 参见许抗生：《先秦名家研究》，湖南人民出版社1986年版，第1—95页。

⑥ 参见许抗生：《先秦名家研究》，湖南人民出版社1986年版，第34—57页。

(1)“以公孙龙为代表的‘离坚白’派的概况”[①]。著者首先指出:“公孙龙这一派是名家的一个重要学派,人们通常把他们称为‘离坚白’派。这不仅是因为他们提出了‘离坚白’的命题,而且这一命题确实反映了他们哲学思想的方法论特点。所谓‘离坚白’,就是认为事物(这里以石头作比喻)的坚质和白色这两种属性,是孤立地分离地存在的。公孙龙一派的哲学思想强调事物之间或概念之间的差异性,但常常否定事物或概念之间的同一性。这是公孙龙一派哲学思想的一大特点。‘离坚白’这一命题就是割裂事物属性之间的同一性的典型表现。所以人们一般称他们为‘离坚白’派。‘离坚白’派亦称为‘形名’之家。”[②]接着,著者对先秦的形名家作了考察,认为“兒说讲白马非马略早于公孙龙。兒说很可能是形名之家的先驱人物”[③]。“与公孙龙同时期的形名家有桓团、毛公、魏牟(属道家,‘悦公孙龙之学’)等,还有其弟子‘綦母子之属’”[④]。

(2)“公孙龙的哲学思想”[⑤]。主要包括三个方面的内容:其一,“‘以正名实而化天下’的政治思想”[⑥]。著者认为,战国中期各诸侯国相继兴起了变法运动,伴随着剧烈的变革与新旧交替,社会上出现了日趋严重的“名实散乱”的现象。“面对这种名实混乱的情况,公孙龙‘疾名实之散乱’,主张用‘正名实’的办法来治理天下。他的口号是:‘以(正)名实而化天下。’”[⑦]公孙龙主张名实应当相符,尤其维护当时已经建立起来的封建君权以及君臣间的等级名位,避免出现“君臣争而两明”(《通变论》)的情况。其二,“‘名应当实’的唯物主义逻辑学说”[⑧]。著者首先指出:“公孙龙为了实现他‘正名实而化天下’的政治主张,首先着重研究了逻辑学上的名(名称、概念)与实(内容、实际)的关系问题。……公孙龙思想的根本宗旨在于‘正名实’,因而《名实论》是公孙龙学说的理论基础。《白马论》则只是

---

① 参见许抗生:《先秦名家研究》,湖南人民出版社 1986 年版,第 34—38 页。

② 许抗生:《先秦名家研究》,湖南人民出版社 1986 年版,第 34—35 页。

③ 许抗生:《先秦名家研究》,湖南人民出版社 1986 年版,第 36 页。

④ 许抗生:《先秦名家研究》,湖南人民出版社 1986 年版,第 36 页。

⑤ 参见许抗生:《先秦名家研究》,湖南人民出版社 1986 年版,第 39—57 页。

⑥ 参见许抗生:《先秦名家研究》,湖南人民出版社 1986 年版,第 40—42 页。

⑦ 许抗生:《先秦名家研究》,湖南人民出版社 1986 年版,第 40 页。

⑧ 参见许抗生:《先秦名家研究》,湖南人民出版社 1986 年版,第 42—46 页。

《名实论》思想的具体运用，《通变论》不过是对《名实论》的补充，是讨论在事物发生变化的情况下，名实关系有无变化的问题，《坚白论》与《指物论》也只是从抽象的意义上，讨论一般概念与事物的关系问题。由此可见，《名实论》是公孙龙整个思想体系的重心。”[①]接着，著者对“名”与“实”的含义以及二者间的关系、如何“正名实”等问题进行了阐析，认为“公孙龙所强调的不是实应当符合名，而是名应当符合实。因为在公孙龙看来，名只是实的称谓，是从属于实的，实变了，名也就要随着变”[②]。就此而言，“实”在公孙龙这里是第一性的东西，这体现了公孙龙的唯物主义倾向。其三，“‘白马非马’、‘离坚白’、‘物莫非指’的形而上学与唯心主义的哲学学说”[③]。主要包括两个方面的内容：一是“‘白马非马’学说的形而上学诡辩论与合理的辩证法思想因素”[④]，二是“‘离坚白’与‘物莫非指’的客观唯物主义学说”[⑤]。在详细阐析的基础上，著者对公孙龙的哲学思想作了整体评价：“从整个公孙龙的哲学思想来看，他的哲学具有两重性，一方面坚持了名实关系上的正确思想，坚持了以实定名的唯物主义原则，从而有利于维护新建立起来的封建秩序；但另一方面，他哲学思想的保守性又很大，缺乏当时法家和墨家所具有的重视现实的精神。他的哲学远离现实，专重概念的分析，富有思辨性，虽说猜测到了一些个别与一般的辩证关系，然而又夸大了一般与个别之间的差异，形而上学地否认了它们之间的同一性，从而陷入了诡辩与唯心论的泥坑。公孙龙的这些哲学思想在当时只是反映了地主阶级中一部分既得利益者封建贵族的要求，只是企图维护这一部分人的统治和已经取得的利益，维持战国中期那种封建割据的局面。公孙龙那种所谓事物的属性都是各自分离存在的，‘离也者天下，故独而正’的多元的客观唯心论，正是他安于封建割裂状态这一政治要求的反映。”[⑥]

---

① 许抗生：《先秦名家研究》，湖南人民出版社1986年版，第43页。

② 许抗生：《先秦名家研究》，湖南人民出版社1986年版，第44—45页。

③ 参见许抗生：《先秦名家研究》，湖南人民出版社1986年版，第46—56页。

④ 参见许抗生：《先秦名家研究》，湖南人民出版社1986年版，第47—51页。

⑤ 参见许抗生：《先秦名家研究》，湖南人民出版社1986年版，第51—56页。

⑥ 许抗生：《先秦名家研究》，湖南人民出版社1986年版，第56—57页。

在第二编“《公孙龙子》新解”[①]中，著者按照《名实论》《白马论》《通变论》《坚白论》《指物论》《迹府》的顺序，并采用“题解”“解义”“注释”的体例，对现存《公孙龙子》六篇一一进行了疏解。在疏解过程中，著者参考了谢希深注、辛从益注、陈澧注、俞樾的《诸子评议》、王琯的《公孙龙子悬解》、谭戒甫的《公孙龙子形名发微》、伍非百的《公孙龙子发微》、陈柱的《公孙龙子集解》、庞朴的《公孙龙子研究》等文献。这里仅将各篇的题解撮录如下：

《名实论》题解：“公孙龙思想的宗旨，在于‘正名实而化天下’（《迹府篇》）。《名实论》就是他这一思想的代表作，原列为卷末，现在我们把它列为第一篇。在《名实论》中，公孙龙明确提出了自己的政治主张，认为治理社会的最好办法就是‘审其名实，慎其所谓’。为了给予这一政治主张以理论论证，公孙龙着重从逻辑学上研究了名实关系问题，提出了以名当实的名实学说，名实学说是他整个思想的出发点和理论基础。”[②]

《白马论》题解：“《白马论》是一篇主客对话的论文，采取客问主答的形式。它是公孙龙名实理论的具体运用，是他‘正名实’的一个实例，所以我们把它列为第二篇。公孙龙从名是实的称谓、名应当实的理论出发，考察了白马之名与白马之实，马之名与马之实之间的名实关系，看到了白马与马之间的差异，涉及到了特殊与一般之间的矛盾关系，但是他忽略了概念之间的类属关系，即共名与别名之间的内包关系，否定了白马与马这两个概念之间的统一性，从而得出了‘白马非马’的诡辩结论。这一理论思维的教训，值得我们认真研究和记取。”[③]

《通变论》题解：“《通变论》亦是公孙龙名实论思想的具体运用和进一步发挥，所以我们把它列为第三篇。它研究的是在事物之间的关系或位置发生变化的情况下，名实关系是否变化的问题。公孙龙认为，两个具体事物相互结合，在事物之间的关系有所改变的情况下，名实关系仍然是不能混乱的。他举例说，牛与羊结合在一起的时候，牛仍是牛，羊仍是羊，牛

---

① 参见许抗生：《先秦名家研究》，湖南人民出版社 1986 年版，第 96—149 页。

② 许抗生：《先秦名家研究》，湖南人民出版社 1986 年版，第 97 页。

③ 许抗生：《先秦名家研究》，湖南人民出版社 1986 年版，第 104 页。

与羊结合在一起决不会就变成马或鸡。他又举出青、白两种颜色，本来青是青，白是白，青白结合的时候也决不会变成黄。公孙龙也看到了青白结合与牛羊结合的情况有所不同，青白两种颜色互杂，在各不相胜的时候，就会产生非青非白的碧色。但是，公孙龙认为碧色是一种杂色，并不是正色，这犹如君臣两明，名位不正，互相争明，出现混乱，是名实不当所造成的原故。所以，公孙龙认为，要使国家强大，国运长久，就必须名以当实，名实不乱。很明显，公孙龙的这种名实理论是为巩固当时新建立起来的封建秩序和维护封建君权服务的。”①

《坚白论》题解："《名实论》、《白马论》、《通变论》三论，基本上是研究名实关系问题，《坚白论》与《指物论》两论，主要是研究名所称谓的实即客体的问题。《坚白论》研究了一个具体的物体(石头)的两种属性，即坚质与白色的关系问题，《指物论》则在更抽象的高度上研究了物自身是什么的问题。所以，我们把《坚白论》列为第四篇，把《指物论》列为第五篇。在《坚白论》中，公孙龙所讨论的问题实质上仍然是一般与个别、概念与实际事物的关系问题。公孙龙一方面强调了一般的白与具体事物的白、一般的坚与具体事物的坚的差异性，另一方面又形而上学地夸大了这一差异，否定了个别与一般之间的同一性，从而得出了一般的坚与白可以离开具体事物的坚与白而独立存在的错误结论。按公孙龙的说法，一般的坚与白是处于'自藏'的状态，即'潜在'的存在状态。这种脱离个别的一般，其实是人脑的抽象物。公孙龙把这一抽象概念当作客观独立存在的事物，是完全错误的。”②

《指物论》题解："《坚白论》讨论了物质(即石头)属性之间的关系，提出了'离坚白'的命题。本篇《指物论》是对《坚白论》的思想作理论上的概括，它从更抽象的意义上，提出了具体事物与共相概念之间的关系问题。与《坚白论》一样，公孙龙在《指物论》中，也首先把事物的共相属性(即所谓'指')，如石头的坚、白等属性，看成是离开具体事物而普遍存在的东西(即所谓'指者天下之所兼')，然后，他又认为这些独立的共相属性在现实

① 许抗生:《先秦名家研究》，湖南人民出版社1986年版，第111—112页。

② 许抗生:《先秦名家研究》，湖南人民出版社1986年版，第124—125页。

世界中是没有的（‘指也者，天下之所无也’），只是藏着的。但是，它们能组合成现实世界中的一切事物（‘物莫非指’）。这样，公孙龙就完全背离了唯物主义，走上了客观唯心主义的道路。其唯心主义的特点是：把一般（共相）与个别加以割裂，使一般成为独立于个别之外的存在物，这样的存在只能是抽象的概念，然而，公孙龙认为这些独立的概念却能构成现实的物。”[①]

《迹府》题解：“《迹府》篇是后人记载公孙龙事迹的著作。‘迹’就是指言行事迹，‘府’即汇聚的意思。《迹府》就是关于公孙龙言行事迹的汇编。它记述了公孙龙的名实理论、白马非马的学说，以及他的‘以正名实而化天下’的政治主张。同时，还介绍了公孙龙与儒徒孔穿的论辩经过。这些史料，对于我们研究公孙龙的哲学思想是不可多得的参考资料。”[②]

12. 孙中原著《中国逻辑史（先秦）》

（北京）中国人民大学出版社，1987 年 10 月第 1 版。

本书正文前载有著者撰写的“前言”[③]（成稿于 1987 年 5 月 28 日）。正文包括八章内容，分别为“春秋末期中国逻辑学的开端”“战国初期中国逻辑学的奠基者墨翟”“战国中期中国逻辑思想的争鸣”“公孙龙和名家学派的终结”“中国古代逻辑学的建立——后期墨家的逻辑学说”“荀况的逻辑学说”“吕不韦及其门客的逻辑观”“韩非的逻辑论和辩论观”。

在第四章“公孙龙和名家学派的终结”[④]中，著者分“关于‘白马非马’的辩论”“关于‘离坚白’的辩论”“关于‘二无一’的辩论”“关于指与物关系的辩论”“关于名与实关系辩论”五节，对《白马论》《坚白论》《通变论》《指物论》《名实论》各篇的旨趣依次进行了阐说。

在“关于‘白马非马’的辩论”一节[⑤]，著者首先对公孙龙辩论“白马非马”的目的作了揭示：“公孙龙辩论‘白马非马’的目的，是通过这个辩论，

① 许抗生：《先秦名家研究》，湖南人民出版社 1986 年版，第 136—137 页。

② 许抗生：《先秦名家研究》，湖南人民出版社 1986 年版，第 142 页。

③ 参见孙中原：《中国逻辑史（先秦）》，中国人民大学出版社 1987 年版，前言第 1—2 页。

④ 参见孙中原：《中国逻辑史（先秦）》，中国人民大学出版社 1987 年版，第 147—191 页。

⑤ 参见孙中原：《中国逻辑史（先秦）》，中国人民大学出版社 1987 年版，第 147—162 页。

使他的门徒受到谈辩的训练，获得逻辑思维和诡辩的技巧。在公孙龙及其学派的议论中，逻辑与诡辩并存。有时诡辩占主要地位，但其中也包含逻辑学的因素。有些议论，则不是诡辩，而是符合逻辑的。因为他们的主要经历是充当平原君的门客，为赵国统治者出谋划策。如果办任何事情都讲诡辩，就可能行不通。《迹府》说公孙龙辩论'白马非马'的问题是'假物取譬'，'欲推是辩，以正名实，而化天下焉'。这正道出了公孙龙精心雕琢'白马非马'辩论的学术与政治目的。"[①]接着，著者阐说了《白马论》的论说方式及其体裁，认为"《白马论》以设问的方式，用主、客对话的体裁写成。客代表问难者一方从常识观点出发所提出的质疑，主代表公孙龙一派所进行的答辩，论证公孙龙的主要论题'白马非马'"[②]。然后，著者对公孙龙论证"白马非马"论题的过程特别是他提供的如下六个论据分别进行了分析：一是"马者，所以命形也；白者，所以命色也"，二是"求马，黄、黑马皆可致，求白马，黄、黑马不可致"，三是"白马者，马与白也"，四是"以黄马为非马，而以白马为有马，此飞者入池而棺椁异处，此天下之悖言乱辞也"，五是"不离者，有白马不可谓有马也"，六是"马者，无去取于色，……白马者，有去取于色"。在一一分析的基础上，著者把上述六个论据分成两组并进行了评说："总而言之，以上公孙龙提出的六个论据中，一、三、五这三条可以合为第一组，这一组论据是与公孙龙的唯心主义世界观和形而上学方法论有关的。在关于这一组论据的论证中，合理因素较少。而论据二、四、六可以合为第二组。这一组论据主要是关于逻辑方面的，基本上是就概念的属种关系在外延上的差异来立论的。这一组论据逻辑上的合理因素较多。但不管是第一组还是第二组，其论证方式、方法、形式都是诡辩式的、不合逻辑的。第一组是从错误的论据推出错误的论题；第二组是从正确的论据推出错误的论题。因此我们说，从整体来看，《白马论》的论证是诡辩式的，诡辩的成分大大超过逻辑的成分，不合理的成分超过合理的成分。这是一篇不可多得的诡辩奇文。细心研读这篇奇文，可以从反面学会运用正确的思维形式和逻辑规律，并汲取理论思维的经

---

① 孙中原：《中国逻辑史（先秦）》，中国人民大学出版社1987年版，第147—148页。

② 孙中原：《中国逻辑史（先秦）》，中国人民大学出版社1987年版，第149页。

验与教训。”[①]当然，著者也肯定了《白马论》以及公孙龙关于“白马非马”的整个辩论在逻辑上的贡献，认为其贡献主要体现在两个方面：其一，“自觉地以概念为研究对象，从概念的内涵和外延、质和量两方面进行了分析。如‘马’的内涵是指形体，‘白马’的内涵是指色和形；‘马’的外延除白马外，还包括其他颜色的马，‘白马’的外延仅指白马。公孙龙还研究了属种概念内涵和外延的关系。内涵有繁简之不同，外延有广狭之区分。如‘马’的内涵仅指形体，较少，外延包括各种马，较大；‘白马’的内涵指色、形，较多，外延只包括白马，较小。这是中国古代逻辑理论研究的一个进展。不过，公孙龙在这方面的理论多限于对具体例证的分析，没有更多地从理论上加以阐发。这是他囿于唯心主义世界观和形而上学方法论的结果。况且《白马论》的主旨是歪曲地运用逻辑来进行诡辩，而不是专门来讲逻辑学理论的”[②]；其二，“揭示了肯定判断中主、谓项的矛盾和对象中个别与一般的差异、对立。‘白马是马’揭示了个别与一般的联系、同一，‘白马非马’揭示了个别与一般的差异、对立，‘白马是马’要以‘白马非马’作为补充。……公孙龙有见于肯定判断中主、谓项的矛盾一面，有见于在判断中所反映的对象个别和一般的差异、对立，发现了判断辩证法的否定一面的意义，这应该说有其正确的一面，这是中国古代辩证思维理论中具有特色的一枝花朵。不过应该指出，夸大个别和一般的差异，否认个别和一般的同一；夸大个别和一般对立的绝对性，抹煞个别和一般的相对性，这是公孙龙的谬误和失足之处”[③]。

在“关于‘离坚白’的辩论”一节[④]，著者首先对《坚白论》的体裁进行了阐析，认为“《坚白论》以设问、对话的体裁写成。设问的、客方的论点与《墨经》相似。答问的、主方的论点代表公孙龙及其派别”[⑤]。接着，著者分别列出了客方与主方的观点，客方的观点是：“一块坚白石中，坚白这两种性质是不依赖于人们的意识而客观地存在着的，并且坚白二者相互包含、

---

① 孙中原：《中国逻辑史（先秦）》，中国人民大学出版社 1987 年版，第 159—160 页。

② 孙中原：《中国逻辑史（先秦）》，中国人民大学出版社 1987 年版，第 161 页。

③ 孙中原：《中国逻辑史（先秦）》，中国人民大学出版社 1987 年版，第 161—162 页。

④ 参见孙中原：《中国逻辑史（先秦）》，中国人民大学出版社 1987 年版，第 162—169 页。

⑤ 孙中原：《中国逻辑史（先秦）》，中国人民大学出版社 1987 年版，第 163 页。

相互渗透。它们分别通过视、触二觉被人认识，通过心智的综合作用而把握其联系。”[①]主方的观点是：“坚、白、石三个概念互相分离、各自独立地存在着，当它们一一转化为具体物时，也是互相分离，不能同时被把握的。”[②]然后，著者从如下四点逐一分析了《坚白论》的主要论点及其论证过程：一是“视不得其所坚，无坚也，拊[③]不得其所白，无白也”，二是“离也者，藏也”，三是“不定者兼”，四是“离也者天下故独而正”。在一一分析的基础上，著者对《坚白论》的运思方式进行了评说：“《坚白论》对于事物的一般性质的特点有所认识。一般是许多个别中共同的东西，它把许多个别联系为一类。人的思维能够从个别的多样性中抽取其统一性，由感性上升为理性，由现象到本质。公孙龙认识到一般性质是存在的，本身有其规定性、稳定性，这有其合理的一面。……公孙龙的错误在于认为一般可以脱离个别而单独存在，自离自藏，并自动化成万物，由强调一般与个别的差异而走向唯心主义，这是公孙龙的失足之处。公孙龙的论证由‘白马非马’到‘离坚白’，其逻辑一脉相承，而其唯心主义、形而上学和诡辩论也益加深化、细致。”[④]

在“关于‘二无一’的辩论”一节[⑤]，著者首先对《通变论》的题旨进行了阐说：“在《通变论》中，公孙龙把他对‘白马非马’、‘离坚白’的诡辩概括为‘二无一’的公式。关于‘二无一’的辩论，是从整体和部分关系的角度来为‘白马非马’和‘离坚白’的诡辩作论证。关于‘二无一’的整个论证是形而上学的、诡辩式的，但其中也透露了公孙龙的某些正确的逻辑思想，这主要是关于整体和部分的区别以及类概念的认识。”[⑥]接着，著者对公孙龙论证“二无一”论题的过程特别是他举出的如下四个例子分别进行了分析：一是“羊合牛非马”，二是“牛合羊非鸡”，三是“青以白非黄”，四是“白以青非碧”。在一一分析的基础上，著者对“二无一”命题及其论证方式进

① 孙中原：《中国逻辑史（先秦）》，中国人民大学出版社1987年版，第163页。
② 孙中原：《中国逻辑史（先秦）》，中国人民大学出版社1987年版，第163页。
③ “抚”当作“拊”。
④ 孙中原：《中国逻辑史（先秦）》，中国人民大学出版社1987年版，第168—169页。
⑤ 参见孙中原：《中国逻辑史（先秦）》，中国人民大学出版社1987年版，第169—174页。
⑥ 孙中原：《中国逻辑史（先秦）》，中国人民大学出版社1987年版，第169页。

行了评说："整个看，公孙龙'二无一'的公式及其论证是形而上学的，但其中包含辩证法因素。如果公孙龙'二无一'的公式出现在《墨经》之前的话，那么他使用的'二'、'一'这一对范畴是被《墨经》继承了，并且辩证地阐明了一与二即部分与整体的关系。公孙龙关于一与二即部分与整体关系的思考，是人类辩证思维发展链条上的一环。在他的错误思维和错误论证中，包含着积极的内容和因素，这可以说是比较符合实际的结论。"[①]

在"关于指与物关系的辩论"一节[②]，著者首先点明了《指物论》的题旨，认为"《公孙龙子·指物论》讨论的是概念和事物的关系问题"[③]，理解这一题旨的关键是厘清"指"与"物"的含义。就"指"的含义而言，"'指'是由名词手指的指和动词指认的指发展而来，又写作'恉'或'旨'。'指'即一般概念(普遍概念)，即《墨经》所谓'类名'，荀况所谓'共名'，公孙龙叫作'兼名'。兼名的'兼'，即《指物论》中'且指者天下之所兼'的'兼'，和《坚白论》中'物白焉，不定其所白，物坚焉，不定其所坚，不定者兼'、'坚未与石为坚，而物兼'的'兼'。如《白马论》中'白未与马为白'、'离白之谓也'、'白者不定所白'的'白'，'马未与白为马'、'独以马为有马耳'的'马'，《坚白论》中'其不坚石、物而坚，天下未有若坚而坚藏'的'坚'，'不白物而白焉'的'白'，'石其无有，恶取坚白石乎'的'石'等等都是'指'。在公孙龙那里，'指'除了具有一般概念的意义以外，还是一种独立存在的实体，并且具有聚合为物的特殊能动作用，这自然是公孙龙的唯心主义杜撰，是其思想中的非科学内容"[④]。就"物"的含义而言，"公孙龙所谓的'物'，即万物之物，与人们常识所谓'物'并无不同"[⑤]。在作了上述概说与提点之后，著者分五段分析了《指物论》的思想和逻辑：第一段是本篇的中心论题，即"物莫非指，而指非指"；第二段是设客难一，即"天下无指，物无可以谓物。……以天下之所有，为天下之所无，未可"；第三段是主答一，即"天下无指，而物不可谓指也。……物莫非指者，而指非指也"；第四段

① 孙中原：《中国逻辑史(先秦)》，中国人民大学出版社 1987 年版，第 174 页。
② 参见孙中原：《中国逻辑史(先秦)》，中国人民大学出版社 1987 年版，第 174—182 页。
③ 孙中原：《中国逻辑史(先秦)》，中国人民大学出版社 1987 年版，第 174 页。
④ 孙中原：《中国逻辑史(先秦)》，中国人民大学出版社 1987 年版，第 174—175 页。
⑤ 孙中原：《中国逻辑史(先秦)》，中国人民大学出版社 1987 年版，第 175 页。

是设客难二，即“天下无指者，生于物之各有名，……以有不为指之无不为指，未可”；第五段是主答二，即“且指者天下之所兼。……且夫指固自为非指，奚待于物而乃与为指？”在一一分析的基础上，著者对《指物论》的论证方式进行了评说：“总而言之，《指物论》的论证方式是运用演绎式的连锁推理。其前提的转换、过渡，是运用‘偷换概念’和‘窃取论点’的手法。他的论证表面上看来环环相扣，实际上是武断、跳跃，丝毫也没有说服力。《指物论》通篇是在物、指、物指、非指这几个概念上兜圈子，再加上多用否定词‘莫’、‘非’、‘无’、‘不’、‘未’等和疑问词‘乎’、‘也’、‘奚’等，读来令人如堕云雾，莫名其妙，其实不过是作者卖弄机智、故弄玄虚而已。可以说，公孙龙把名家‘苛察缴绕’（司马迁语）、‘钩釽析乱’（班固语）和‘务曲折之言’（王充语）的特点发挥到了登峰造极的地步。”[①]

在“关于名与实关系辩论”一节[②]，著者认为“《名实论》表达了公孙龙的概念论和他对思维规律的见解”[③]，进而从如下五个方面对《名实论》进行了分析：(1)“‘正名’的理论基础——对物、实、位、正诸范畴的规定”[④]，这主要体现在《名实论》开篇所作的论说中，即“天地与其所产焉，物也。物以物其所物而不过焉，实也。实以实其所实而不旷焉，位也。出其所位，非位。位其所位焉，正也。以其所正，正其所不正。以其所不正，疑其所正。其正者，正其所实也。正其所实者，正其名也”。在著者看来，“公孙龙对于‘正名’的理论基础，即物、实、位、正诸范畴的定义和‘正名’实质的分析，不仅是他的先辈们所没有作出的，也是在他后边的《墨经》作者、荀况、韩非和《吕氏春秋》的作者都没有明确论述的”[⑤]。(2)“关于名的实质”[⑥]，这主要体现在《名实论》所说的“夫名，实谓也”“审其名实，慎其所谓”两个论断中。著者认为，“关于名的实质，公孙龙指出：‘夫名，实谓也。’即名是对实的称谓。这同《墨经》说的‘所以谓，名也。所谓，实也’并

① 孙中原：《中国逻辑史（先秦）》，中国人民大学出版社1987年版，第181—182页。
② 参见孙中原：《中国逻辑史（先秦）》，中国人民大学出版社1987年版，第182—191页。
③ 孙中原：《中国逻辑史（先秦）》，中国人民大学出版社1987年版，第182页。
④ 参见孙中原：《中国逻辑史（先秦）》，中国人民大学出版社1987年版，第182—183页。
⑤ 孙中原：《中国逻辑史（先秦）》，中国人民大学出版社1987年版，第183页。
⑥ 参见孙中原：《中国逻辑史（先秦）》，中国人民大学出版社1987年版，第183—184页。

没有两样。正因为名是对实的称谓,所以公孙龙提出'审其名实,慎其所谓'的'正名'原则,即仔细审查名实关系是否摆正了,谨慎地对待自己所称谓陈述的内容。……至于公孙龙把'审其名实,慎其所谓'这一要求的前后贴上'至矣哉,古之明王'的标签,那不过是古人写文章时的一种套语。比较起来,名家,尤其是公孙龙的著作中关于政治伦理的说教最少,而对逻辑学的专门研究最多(后期墨家除外)。在正名的问题上,公孙龙与绝大多数古代思想家站在同一立场,他在《名实论》中的议论上承孔丘、墨翟、尹文,下接《墨经》作者、荀况、《吕氏春秋》作者,形成中国古代逻辑的重要组成部分概念论、即正名理论中独具特色的一环"[①]。(3)"'正名'和思维规律"[②],这主要体现在《名实论》关于"其名正,则唯乎其彼此焉"的论说中。著者认为,公孙龙的论说从三个方面体现了"正名"与思维规律的联系:一是"主张概念、判断(即名和谓)要有明确性、确定性、特指性,不允许随意混淆、偷换概念"[③],二是"表述了类似形式逻辑同一律、矛盾律的思想"[④],三是"指出了逻辑规律的强制性和规范性的基本性质"[⑤]。(4)"'正名'与概念的运动变化"[⑥],这主要体现在《名实论》所说的"知此之非此也,知此之不在此也,则不谓也。知彼之非彼也,知彼之不在彼也,则不谓也"一段话中。著者认为,"《名实论》揭示的这条规律涉及到概念、判断的运动变化问题。思考对象及其属性改变了,我们的概念、判断也应该跟着改变,否则也是名谓'不当'、'不正'('乱'),因而也是'不行'的"[⑦]。(5)"《名实论》在公孙龙思想体系中的地位和协调问题"[⑧]。关于"《名实论》在公孙龙思想体系中的地位"问题,著者认为"《名实论》所阐述的思想在公孙龙的思维体系中,无疑是占有重要地位的。公孙龙做为名家著名的也是最后一位代表人物,也可以说是集大成式的人物,不谈名实问题,或者

---

① 孙中原:《中国逻辑史(先秦)》,中国人民大学出版社 1987 年版,第 183—184 页。

② 参见孙中原:《中国逻辑史(先秦)》,中国人民大学出版社 1987 年版,第 184—186 页。

③ 孙中原:《中国逻辑史(先秦)》,中国人民大学出版社 1987 年版,第 185 页。

④ 孙中原:《中国逻辑史(先秦)》,中国人民大学出版社 1987 年版,第 185 页。

⑤ 孙中原:《中国逻辑史(先秦)》,中国人民大学出版社 1987 年版,第 185 页。

⑥ 参见孙中原:《中国逻辑史(先秦)》,中国人民大学出版社 1987 年版,第 186—187 页。

⑦ 孙中原:《中国逻辑史(先秦)》,中国人民大学出版社 1987 年版,第 186—187 页。

⑧ 参见孙中原:《中国逻辑史(先秦)》,中国人民大学出版社 1987 年版,第 187—191 页。

说'正名'的问题，是不可能的"[1]。另需注意的是，"在《公孙龙子·名实论》中，作者完全是以正统逻辑学家的面貌出现的，而不是以一个玩弄词藻、炫耀机智的诡辩家的姿态来表演的。他在其中所定义的逻辑概念、范畴和他所阐述的逻辑规律本身，很难说就是唯心主义、形而上学或诡辩论。这在中国古代也是一篇不可多得的逻辑专论，是中国古代逻辑的重要组成部分"[2]。这就带来了一个棘手的问题：如果说"《名实论》表现出唯物主义和形式逻辑思想"，那么"《名实论》中的思想与其他各篇表现出的多元客观唯心主义、形而上学和诡辩论可以谐调起来吗？"著者认为，"从某个角度来看，是可以谐调的。人的一切概念、判断、思想都是具有条件的、相对的。……公孙龙的'白马非马'、'离坚白'、'二无一'的诡辩以及他的多元客观唯心主义都可以从《名实论》中找到其方法论和认识论根源"[3]。譬如，在《白马论》中，"白马之名只能专指白马之实，马之名只能专指马之实，所以'白马非马'。他说：'所以为有马者，独以马为有马耳，非以白马为有马。'这是他的'唯乎其彼此焉'的'唯谓'说的一种超越限度的应用"[4]。在《坚白论》中，"坚之名指坚之实，不能指坚白石；白之名只能指白之实，不能指坚白石；石之名只能指石之实，不能指坚白石。故坚白石非坚、非白、非石，即'坚白离'，这也是'唯谓'说的超限度的应用"[5]。在《通变论》中，"二之名只能指二之实，不能指一之实，故'二无一'（二非一）"，这同样是"唯谓"说的一种超越限度的应用。《指物论》也是如此："'物指'是'指'与'物'的结合，是各各自离的独立存在的指的物化。物化的指，即物，或物指，不是原来独立存在的指，即'物指非指'。物指是物指，指是指，这也是'唯谓'说的超越限度的应用"[6]。总而言之，《名实论》的主张与《公孙龙子》其他各篇"是一致的、可以合拍的。这正是公孙龙这

---

① 孙中原：《中国逻辑史（先秦）》，中国人民大学出版社1987年版，第187页。
② 孙中原：《中国逻辑史（先秦）》，中国人民大学出版社1987年版，第188页。
③ 孙中原：《中国逻辑史（先秦）》，中国人民大学出版社1987年版，第189页。
④ 孙中原：《中国逻辑史（先秦）》，中国人民大学出版社1987年版，第189页。
⑤ 孙中原：《中国逻辑史（先秦）》，中国人民大学出版社1987年版，第189页。
⑥ 孙中原：《中国逻辑史（先秦）》，中国人民大学出版社1987年版，第189页。

位杰出的‘辩者’的多方面智慧、才能和性格的反映”[①]。

13. 赵吉惠著《中国先秦思想史》

(西安)陕西人民教育出版社 1988 年 8 月第 1 版。

本书正文前载有张岱年撰写的“序”(成稿于 1987 年 5 月),其中有言:“赵吉惠同志从事中国思想史的教学与研究已经多年,依据自己的研究心得和教学经验,撰成《中国先秦思想史》一书,以学派为纲,论述了先秦时代儒、墨、道、名、法、阴阳等六家的思想,对于许多问题都提出了自己的见解,堪称一家之言。全书提要探微,深入浅出,繁简适中,便于教学与阅读。应该肯定,这是一部关于先秦思想史的具有明显特点的新教材。”[②]

正文前另载有著者撰写的“前言”(成稿于 1987 年 12 月),其中有言:“余自 50 年代中期在高等学校由讲授哲学进而研究中国哲学史和中国思想史,埋头于经、史、子、集,与闻于圣哲微言,遇有大义启思,便录之以卡片,经年累月,积蓄资料,形成系统。时应教学之需,遂生撰写《中国先秦思想史》之念,先进行专题研究,继而构思辩惑,70 至 80 年代便先后撰成《中国哲学史纲要》与《中国先秦思想研究》讲义,在西北师范学院(原甘肃师范大学)与陕西师范大学内部印刷,并曾以此讲学于上海师范大学、宁夏大学等学校,征集意见。本书则在此二稿基础上,复经修润而成。”[③]

本书正文除引论“中国思想史的概念与方法、发展源流与研究资料”外,主体部分包括十五章内容,分别为“中国古代思想之产生,殷周奴隶社会的哲学与政治思想”“春秋战国时期的社会变革与思想文化领域的‘百家争鸣’”“孔子思想之深层结构及其理论的过渡性与二重性”“儒家学派之分化与孟子的仁政学说、民本主义”“荀子思想的开放性及其划时代的历史意义”“墨子思想及早期墨学的理论体系”“墨家学派之分化以及后期墨家的认识论与逻辑学说”“道家学派与《道德经》所反映的早期道家思想”“黄老思想是对道家、儒家、法家思想的综合”“庄子思想的富于哲理性

① 孙中原:《中国逻辑史(先秦)》,中国人民大学出版社 1987 年版,第 189 页。

② 赵吉惠:《中国先秦思想史》,陕西人民教育出版社 1988 年版,序第 1 页。

③ 赵吉惠:《中国先秦思想史》,陕西人民教育出版社 1988 年版,前言第 1 页。

与避世超俗的人生观”“名辩思潮之兴起与惠施思想的辩析”“公孙龙思想的辨正及其在中国思想史上的价值”“前期法家代表人物及其法治思想”“韩非子思想与法家理论体系的最后完成”“战国时期的阴阳五行学说及其政治化”。

在第十二章“公孙龙思想的辨正及其在中国思想史上的价值”[①]中，著者首先对公孙龙思想及《公孙龙子》一书的研究现状进行了评述：“关于公孙龙思想及《公孙龙子》一书之研究，向者，众说纷纭，莫衷一是。近年来有的同志撰文提出，‘今本《公孙龙子》大部分材料可疑’，‘举“正名”旗帜的公孙龙似乎是经过后人（魏晋人）打扮的’，因而又提出历史上有‘两个公孙龙的假说’之说。认为《名实论》和战国时期的公孙龙无关，《白马论》可能是后人发挥的，《指物论》的观点不应该是公孙龙的，云云。如是，则不但从根本上否定了《公孙龙子》一书，而且使公孙龙的思想研究工作遇到了很大的困难。另外，又有同志提出今本《公孙龙子》一书，正是古本，而《汉书·艺文志》所载‘十四篇’是六篇之误。因此，认为公孙龙子‘除六篇之外，别无值得论辩的诡辞。’关于公孙龙的思想，很多人都认为是诡辩论，是唯心主义等等。我认为上述观点颇值得商榷，姑且提出不同认识，以展开讨论，就教于同道。”[②]接着，著者从五个方面对公孙龙其人其书其学其论进行了辨正[③]，分别为“公孙龙学派是战国时期的‘显学’”“关于今本《公孙龙子》一书”“公孙龙的哲学思想体系与逻辑分析方法”“《公孙龙子》外，其它散见辩题之试析”“公孙龙是古代发展分析逻辑的巨匠”。

在“公孙龙学派是战国时期的‘显学’”部分[④]，著者主要对胡适当年提出的“古无‘名学’之家，故‘名家’不能成为一家之言”（《诸子不出于王官》）之说进行了质疑，认为“从古代思想史家对公孙龙的评述，从历史文献对公孙龙思想的记载，从其活动及组织状况看，公孙龙学派在战国时期百家争鸣中确实居于‘显学’地位。胡适认为‘名家’不成为一家之言之说

① 参见赵吉惠：《中国先秦思想史》，陕西人民教育出版社1988年版，第217—240页。

② 赵吉惠：《中国先秦思想史》，陕西人民教育出版社1988年版，第217页。

③ 关于公孙龙的评价问题，赵吉惠早在1979年第3期《甘肃师范大学学报》上就发表了《论公孙龙的哲学思想》一文，提出“不应将公孙龙的思想归结为诡辩论”。

④ 参见赵吉惠：《中国先秦思想史》，陕西人民教育出版社1988年版，第217—221页。

是不能成立的。就一般规律而言，历史上的公孙龙应该比今日所见者面貌更为生动具体。只是由于文献资料的散佚，被湮没，而使我们不能对他知道得更多”[1]。

在“关于今本《公孙龙子》一书”部分[2]，著者根据现存散见于先秦及汉晋古文献中所载有关公孙龙的大量事迹与思想资料，认为“今本《公孙龙子》六篇，大概只是古本十四篇的残篇，不可能是古本的全部。所以，研究公孙龙思想，除依据《公孙龙子》一书外，必须重视参考其他散见佚存资料”[3]。此外，著者还探讨了古籍所载《公孙龙子》一书的别名问题，认为“关于《公孙龙子》书的名称，文献历代所记殊异。或名《守白论》或名《白马论》，或名《坚白论》，然均为《公孙龙子》之别名耳”[4]。最后，著者总结道：“今本《公孙龙子》六篇，虽经后人编辑、整理，文字可能有所变动（如其他古籍一样），但它仍是《汉志》所载十四篇的残卷（大部亡佚），其文大体可信，尚能看出公孙龙的思想概貌。”[5]

在“公孙龙的哲学思想体系与逻辑分析方法”部分[6]，著者首先指出：“今本《公孙龙子》六篇，除《迹府》为后人撮录其生平事迹之作而外，其余五篇当为公孙龙本人之作品，保存了他最主要的辩论题目、哲学观点及其思想体系。《指物论》、《名实论》系全书之纲，乃其世界观和认识论的理论基础；《白马论》、《坚白论》为体现上述两篇思想的具体逻辑公式和逻辑命题的论证；《通变论》则是结合逻辑命题阐述方法论的短文。”[7]接着，著者结合《名实论》中的相关论说，对公孙龙以“物”“实”“位”诸概念建构的世界观及其本体论思想进行了阐析，认为“公孙龙通过阐述‘物’、‘实’、‘位’的概念，特别是揭示了‘物’、‘实’、‘位’三者之间的联系，表明了他对整个世界的看法，从而初步建立了他的世界观的理论基础。他认为世界是个客观的物质实在，这个物质实在，又表现为复杂的各种物质形态（‘天地与

① 赵吉惠：《中国先秦思想史》，陕西人民教育出版社1988年版，第220页。
② 参见赵吉惠：《中国先秦思想史》，陕西人民教育出版社1988年版，第221—224页。
③ 赵吉惠：《中国先秦思想史》，陕西人民教育出版社1988年版，第223页。
④ 赵吉惠：《中国先秦思想史》，陕西人民教育出版社1988年版，第223页。
⑤ 赵吉惠：《中国先秦思想史》，陕西人民教育出版社1988年版，第224页。
⑥ 参见赵吉惠：《中国先秦思想史》，陕西人民教育出版社1988年版，第224—230页。
⑦ 赵吉惠：《中国先秦思想史》，陕西人民教育出版社1988年版，第224页。

其所产者，物也。'），它占有一定的世界空间，是可以看得见，摸得到的客观的真实存在，并非什么神妙莫测，不可琢磨的超物质、超感观[①]的精神本体。这就从本体论和实体论两方面论证了物质世界的存在。这是公孙龙对古代中国朴素唯物论哲学的重大贡献"[②]。然后，著者从公孙龙的本体论出发，通过分析《名实论》《指物论》关于"名"与"实"、"指"与"物"的论说，认为"公孙龙唯物主义地解决了哲学的根本问题。他不仅研究了'名'与'实'、'指'与'物'的差别，而且分析了二者的同一关系，二者的转化，其中包含朴素的辩证法思想，这对古代哲学、逻辑学的发展，对本体论、认识论的研究都做出了应有的贡献"[③]。此外，著者还通过分析《白马论》《坚白论》关于"白马非马""离坚白"命题的论证过程，对公孙龙的逻辑分析方法进行了阐释与评说："如果说《白马论》强调'物指'与'指'的差别，则《坚白论》注重此一'物指'与彼一'物指'的相对界限；如果说《白马论》强调分析概念在认识事物过程中的作用，则《坚白论》注意不同感官在认识不同属性过程中的不同作用。由此可知，《白马论》、《坚白论》都不愧为中国古代逻辑学的概念论和哲学思维的珍品。"[④]另需注意的是，"《坚白论》除有哲学、逻辑学的意义外，尚有心理学之价值。《指物论》、《白马论》、《坚白论》，是中国古代思想文化史上提倡逻辑分析、心理分析的重要方法论文献，过去不但很少有人从这方面深入研究，而且产生过许多误解与歪曲的意见，今后应当加强这方面的研究，在理论上应当有所突破"[⑤]。

在"《公孙龙子》外，其它散见辩题之试析"部分[⑥]，著者对散见于《庄子·天下》篇中的"二十一事"、《列子·仲尼》篇中的"七事"进行了阐析，认为"以上辩题对于研究公孙龙的思想体系都很重要，并非没有论辩的意义"[⑦]。在著者看来，"公孙龙本来就是一位正'名实'的辩士，并非什么'魏晋人打扮起来的'。他还是一个思想解放，敢于冲破旧的传统观念、制造

---

① "观"当作"官"。

② 赵吉惠：《中国先秦思想史》，陕西人民教育出版社1988年版，第225页。

③ 赵吉惠：《中国先秦思想史》，陕西人民教育出版社1988年版，第228页。

④ 赵吉惠：《中国先秦思想史》，陕西人民教育出版社1988年版，第230页。

⑤ 赵吉惠：《中国先秦思想史》，陕西人民教育出版社1988年版，第230页。

⑥ 参见赵吉惠：《中国先秦思想史》，陕西人民教育出版社1988年版，第230—236页。

⑦ 赵吉惠：《中国先秦思想史》，陕西人民教育出版社1988年版，第235页。

‘怪说’,‘妄诞不经’的斗士。扬雄说他有‘诡辞数万’是完全可能的。《公孙龙子》从《隋志》、《唐志》所著录的书名殊异和文字脱漏看,今本六篇很可能是从断残的汉简中整理出来的残卷。……既不能任意否定今本六篇,也不能轻易否定《汉志》著录的十四篇。今存散见它书中的有关公孙龙辩题和事迹正是今本以外的散佚材料。除了《庄子》、《列子》的若干辩题之外,还有《吕氏春秋》、《淮南子》的一些辩题,此外还有《战国策》、《吕氏春秋》、《史记》所载公孙龙说燕昭王、赵惠文王‘偃兵’和劝止平原君受封之说,对于研究公孙龙的思想均有价值”[①]。

在“公孙龙是古代发展分析逻辑的巨匠”部分[②],著者首先肯定了公孙龙的逻辑分析方法的价值,认为“公孙龙通过他的命题和逻辑论证过程,给我们以如下的启发:对任何事物都应该采取分析的态度,应该从分析事物的属性的差别入手,去研究概念的规定性,分析概念的运动,揭示概念的矛盾。公孙龙子的逻辑分析方法,对于我们今天的科学研究,认识事物,仍有指导意义”[③]。接着,著者对多年来流行的所谓“公孙龙的思想是唯心主义、形而上学体系,是典型的‘诡辩论’”之类的说辞进行了质疑,认为“‘白马非马’论、‘离坚白’说有形而上学的错误,不能归结为形而上学;有唯心主义的错误,不能归结为唯心主义体系;有走向诡辩的思想危险的错误,不能归结为诡辩论”[④]。最后,著者对公孙龙的思想作了整体评说:“总之,公孙龙的全部思想,有精华的部分有糟粕的部分,我们应当通过具体的分析,取其精华(特别是他的逻辑分析方法和论辩问题的思维模式),弃其糟粕,承继这一份中华民族的思想文化遗产。他那种大胆揭露概念矛盾,发展逆向思维,提出富于想象力、启发人智、诱导深思的命题,以及不是礼义的精神,必将成为我们建设社会主义新文化,研究新问题,开拓新领域,探求新的思维方式的智慧源泉。公孙龙既长于分析概念,又善于创造思维,他是中国古代倡导分析逻辑的巨匠。”[⑤]

① 赵吉惠:《中国先秦思想史》,陕西人民教育出版社1988年版,第235—236页。

② 参见赵吉惠:《中国先秦思想史》,陕西人民教育出版社1988年版,第236—240页。

③ 赵吉惠:《中国先秦思想史》,陕西人民教育出版社1988年版,第236页。

④ 赵吉惠:《中国先秦思想史》,陕西人民教育出版社1988年版,第239—240页。

⑤ 赵吉惠:《中国先秦思想史》,陕西人民教育出版社1988年版,第240页。

14. 周山著《中国逻辑史论》

(沈阳)辽宁教育出版社1988年3月第1版。

本书正文前载有严北溟撰写的“序”(成稿于1986年12月30日),其中有言:“周山同志钻研中国逻辑史有年,造诣颇深。他博稽古籍名著,广采诸家各派,而又不囿成见、推陈出新地写出了《中国逻辑史论》一书。《史论》对目前争论较多、歧义不少的古代逻辑思想提出了自己的看法,高度评价了古代思想家在这方面的贡献;认为古代逻辑思想造端于邓析,终结于王夫之,着重对逻辑思想史上这两个重要时期,先秦、明末清初的学派、学者和主要著作进行比较全面系统的论述;取材准确,释义精当,冲破了某些传统偏见,不吝为古人翻案。比如考证《邓析子》、《尹文子》两书的并非伪作,断定名家不是诡辩学派;否定后期墨家批判公孙龙的陈旧说法,因墨《经》先于《公孙龙子》而存在;而释‘非’为‘异’,一字之正,也就使公孙龙的‘白马非马’免于诡辩命题之称。余如《坚白论》、《通变论》等也同样训释字义而摘掉诡辩论帽子,同时还认为名家内部并不存在‘离’‘合’两派,因惠施、公孙龙都既有‘离’的分析,也有‘合’的研究。此外,对墨《经》和荀子《正名》篇中的逻辑思想,以至宋代理学家朱熹关于归纳、演绎的思想等等,都进行了精细的考察分析。例子不胜枚举。要皆持之有故,言之成理,不乏独到之见。更由于采用了‘以经注经’和上下左右的参照分析,不仅有助于对所治学派逻辑思想的认识,同时也可帮助读者看到我国逻辑思想前后相承的历史发展线索。”[①]

本书包括十九部分内容,分别为“关于‘名家’的若干问题”“邓析及其《邓析子》”“惠施及其‘历物十事’”“‘辩者二十一事’索解”“《尹文子》非伪析”“《尹文子》名理探”“重新认识公孙龙”“《名实论》解析”“《白马论》辨析”“《指物论》辨析”“《坚白论》非诡辩”“《通变论》非诡辩”“墨《经》逻辑思想初探”“荀子的‘正名’逻辑”“韩非的‘矛盾之说’”“朱熹逻辑思想初探”“西方演绎逻辑的首次传入”“程智《守白论》‘十六目’初探”“明清之际科学研究中的逻辑方法”。其中第七部分“重新认识公孙龙”至第十一部分

---

① 周山:《中国逻辑史论》,辽宁教育出版社1988年版,序第1—2页。

“《坚白论》非诡辩”是对公孙龙其人其说所作的系统研究与辨正。

在“重新认识公孙龙”部分[1]，著者首先针对学界关于公孙龙的两种褒贬截然不同的观点提出了自己的看法：“公孙龙其人，历来是引起学术界论争的对象。总起来看，褒他的人少，贬他的人多。褒者认为，公孙龙是一位杰出的唯物辩证法大师；贬者认为，公孙龙是一个欺世惑众的唯心主义诡辩家。我认为，上述两种观点都不符合公孙龙留给后人的那些著作的原意。其实，公孙龙既非辩证法大师，更不是唯心主义诡辩家，而是一位‘离形而言名’的形式逻辑学家。”[2]接着，著者从“‘非’的异议”“‘合’与‘离’”“‘唯心’与‘离形’”三个方面，对作为“离形而言名”的形式逻辑学家的公孙龙形象进行了廓清并提出了一些独到的见解：“公孙龙的‘非’字，决不是一般所释的‘不是’的意思，而是对两类事物即属概念与种概念之间加以区别的‘不等于’、‘不同于’、‘异于’之类意思”[3]；“公孙龙讲的‘合’与‘离’，都是根据客观事物质的多样性和质的规定性进行的‘察类’分析。他的一‘合’一‘离’，恰恰排除了诡的可能性”[4]；“公孙龙这种尽量‘离形而言名’的抽象思维，发生在二千多年前，确实不可多得。‘四人帮’横行时期，‘离形而言名’的逻辑学研究曾被扣上过‘唯心主义’的帽子。而今，在对那些‘离形而言名’的古代逻辑学家的逻辑思想进行分析研究时，我们应该吸取刚刚过去的这一历史教训，要弄懂和分清‘离形而言名’与‘唯心主义’之间的区别，准确地分析研究古代人留下的文化遗产。”[5]在深入分析与辨正的基础上，著者最后总结道：“公孙龙的‘白马非马’、‘而指非指’等，乃是对具体概念与抽象概念、种概念与属概念的区别分析；这种分析，是在形式逻辑范围内进行‘离形而言名’的逻辑问题讨论，它并未涉及形式逻辑以外的辩证思维形式的研究。况且，在《迹府》所收集的许多史料中，也可以看到：公孙龙是一个形式逻辑学家。”[6]

---

① 参见周山：《中国逻辑史论》，辽宁教育出版社 1988 年版，第 124—132 页。

② 周山：《中国逻辑史论》，辽宁教育出版社 1988 年版，第 124 页。

③ 周山：《中国逻辑史论》，辽宁教育出版社 1988 年版，第 125 页。

④ 周山：《中国逻辑史论》，辽宁教育出版社 1988 年版，第 127 页。

⑤ 周山：《中国逻辑史论》，辽宁教育出版社 1988 年版，第 131 页。

⑥ 周山：《中国逻辑史论》，辽宁教育出版社 1988 年版，第 131 页。

在"《名实论》解析"部分[①]，著者从五个方面对《名实论》进行了解析：(1)"《名实论》在《公孙龙子》中的地位"[②]。著者认为，"在幸存的《公孙龙子》数篇著作中，《名实论》可以说是打开其余数篇的玄奥之门的一把钥匙；它在《公孙龙子》中具有基础性、指导性的地位，要想准确地认识和理解《公孙龙子》的逻辑思想体系，就必须首先研究《名实论》"[③]。(2)"'正名实'的三条原则"[④]。著者首先指出："《名实论》一开始便对'正名实'的几个基本概念：'物'、'实'、'位'、'正'，作了明确的解说，提出了三条'正名实'的规则。"[⑤]接着，著者通过阐析"物""实""位""正"的含义，认为"'物其所物而不过'、'实其所实而不旷'、'位其所位'，这是公孙龙在总结名辩思潮的成果基础上，所提出来的确保概念准确性的三条逻辑规则"[⑥]。(3)"'正名实'的基本方法"[⑦]。著者首先指出："'以其所正，正其所不正；以其所不正，疑其所正'。这是公孙龙所一贯奉行的'正名实'基本方法。"[⑧]接着，著者对"以其所正，正其所不正"与"以其所不正，疑其所正"的含义分别作了阐析，认为二者分别从正面与反面道出了公孙龙"正名实"的基本方法。(4)"'正名实'的具体标准"[⑨]。著者认为，对公孙龙来说，"判断一个概念的正确与否，具体的标准就是看它是否'唯乎其彼此'"[⑩]。(5)"结论"[⑪]。著者认为，"'审其名实，慎其所谓'，既是《名实论》篇的结论，也是《公孙龙子》其余诸篇的作文宗旨"[⑫]。

在"《白马论》辨析"部分[⑬]，著者从三个方面对《白马论》进行了辨析：

① 参见周山：《中国逻辑史论》，辽宁教育出版社1988年版，第133—143页。
② 参见周山：《中国逻辑史论》，辽宁教育出版社1988年版，第133—134页。
③ 周山：《中国逻辑史论》，辽宁教育出版社1988年版，第134页。
④ 参见周山：《中国逻辑史论》，辽宁教育出版社1988年版，第134—138页。
⑤ 周山：《中国逻辑史论》，辽宁教育出版社1988年版，第134页。
⑥ 周山：《中国逻辑史论》，辽宁教育出版社1988年版，第138页。
⑦ 参见周山：《中国逻辑史论》，辽宁教育出版社1988年版，第139—140页。
⑧ 周山：《中国逻辑史论》，辽宁教育出版社1988年版，第139页。
⑨ 参见周山：《中国逻辑史论》，辽宁教育出版社1988年版，第140—142页。
⑩ 周山：《中国逻辑史论》，辽宁教育出版社1988年版，第140页。
⑪ 参见周山：《中国逻辑史论》，辽宁教育出版社1988年版，第142—143页。
⑫ 周山：《中国逻辑史论》，辽宁教育出版社1988年版，第142—143页。
⑬ 参见周山：《中国逻辑史论》，辽宁教育出版社1988年版，第144—152页。

(1)"'白马非马'在'正名实'中的地位"①。著者认为,"'白马非马',是公孙龙'正名实'的一个最典型的命题;它具体地展现了《名实论》中'实其所实而不过'、'位其所位而不旷'、'出其所位非位而位其所位'这三条逻辑规则"②。(2)"命'色形'非命'形'"③。著者认为,"公孙龙对'白马'、'马'这两个具有种属关系的概念进行了详细的内涵分析,并从抽象与具体、一般与个别角度进行了异同分析,然后得出'白马非马'的结论,应该是令人信服的"④。(3)"求白马,黄、黑马不可致"⑤。著者认为,这是公孙龙对"马"与"白马"的外延所作的比较分析,具体而言,"'马'这个概念的外延,不仅包括白马,也包括黄马、黑马等各种颜色的马;而'白马'这个概念的外延,只包括白马这个反映对象。'求'字,正是对概念外延的形象刻画"⑥。"通过对'白马'与'马'两个概念在外延方面的比较,公孙龙又从另一个角度指出了'白马'与'马'之间的不相等,再次论证了'白马非马'的合理性"⑦。在作了上述三个方面的辨析后,著者最后总结道:"综上所析,公孙龙对'白马'与'马'这两个具有种属关系的概念,不仅作了内涵方面的比较,也作了外延方面的比较,从而使这两个概念的差异性得到了多方面的、充分的揭示。这样,《白马论》的中心命题'白马非马'的正确性、合理性,也就得到了有力的论证。'白马非马'的论证,既是《名实论》中的'正名实'诸规则、诸方法、标准的具体实施,也是《指物论》、《通变论》诸篇的基础。《指物论》的中心命题'物指非指'、《通变论》的中心命题'二无一',均是'白马非马'命题的不同程度的抽象。'白马非马'命题的论证,较尹文的'察士之类'的分析,无疑有了长足的进步,标志着先前名辩思潮到了公孙龙时代,已经达到了一个新的高度。"⑧

---

① 参见周山:《中国逻辑史论》,辽宁教育出版社 1988 年版,第 144—146 页。
② 周山:《中国逻辑史论》,辽宁教育出版社 1988 年版,第 144 页。
③ 参见周山:《中国逻辑史论》,辽宁教育出版社 1988 年版,第 146—149 页。
④ 周山:《中国逻辑史论》,辽宁教育出版社 1988 年版,第 149 页。
⑤ 参见周山:《中国逻辑史论》,辽宁教育出版社 1988 年版,第 149—152 页。
⑥ 周山:《中国逻辑史论》,辽宁教育出版社 1988 年版,第 149—150 页。
⑦ 周山:《中国逻辑史论》,辽宁教育出版社 1988 年版,第 151 页。
⑧ 周山:《中国逻辑史论》,辽宁教育出版社 1988 年版,第 151—152 页。

在"《指物论》辨析"部分[1]，著者首先指出："二千年来，《公孙龙子》因列为诡辩论而被贬低，尤其《指物论》一篇，议论最多。我认为：《指物论》所要说明的乃是'物指'与'指'的关系问题，它是一篇建立在'天地与其所产焉，物也'这一唯物主义基石上的分析具体概念'物指'与抽象概念'指'的逻辑学专著"[2]。接着，著者从两个方面对《指物论》进行了辨析：(1)"'指'与'非'义释"[3]。《指物论》的中心命意是开篇首句"物莫非指，而指非指"，理解这句话的关键在于厘清"指"与"非"两字的含义。在深入辨析的基础上，著者指出："'指'是'物'的对立面，即具体事物的抽象形式——'名'，'概念'。……'非'字作何解，需视文章各部分的具体内涵而定。在'物莫非指，而指非指'中，前后两个'非'字，就各有不同的解释。前一'非'字，当作'不可以'解；后一'非'字，当作'不同于'解。此外，尚需指出的还有：'而指非指'乃承上启下之句，是整个句子的后半句，因而前一'指'字，与后一'指'字，在含义上又有不同。'而指'，即是'这个指'，亦即上半句中说的那个指谓具体事物的'指'，后一'指'，则是一般而言的、未附之于物的'指'。连起来疏通，'物莫非指，而指非指'的意思便是：客观存在着的万物莫不可以指谓，但是这种附之于物的具体指谓不同于一般而言的抽象指谓。"[4](2)"'物指'与'指'的区别"[5]。著者认为，《指物论》分三个部分对其中心命意"物莫非指，而指非指"进行了申述论证：第一部分讲的是，"'指'天下之所无，'物'天下之所有，'指'与'物'相对立，因'指'非'物'，故'物'可'指'"[6]；第二部分讲的是，"'指'可以转化为'物指'，'物指'因附之于'物'而是'非指'，但'物指'也不是'物'；'指'虽非实有，'物'却不能说不可以指谓"[7]；第三部分讲的是，"'指'就是'指'，'物指'不同于'指'。因为天下有'物'，才有'指'和'物指'，才能指谓任何事物"[8]。在结

① 参见周山：《中国逻辑史论》，辽宁教育出版社1988年版，第153—162页。
② 周山：《中国逻辑史论》，辽宁教育出版社1988年版，第153页。
③ 参见周山：《中国逻辑史论》，辽宁教育出版社1988年版，第153—157页。
④ 周山：《中国逻辑史论》，辽宁教育出版社1988年版，第156—157页。
⑤ 参见周山：《中国逻辑史论》，辽宁教育出版社1988年版，第157—162页。
⑥ 周山：《中国逻辑史论》，辽宁教育出版社1988年版，第157页。
⑦ 周山：《中国逻辑史论》，辽宁教育出版社1988年版，第159页。
⑧ 周山：《中国逻辑史论》，辽宁教育出版社1988年版，第160页。

合“物莫非指，而指非指”的论证过程辨析“物指”与“指”之区别的基础上，著者对《指物论》末句“且夫指固自为非指，奚待于物而乃与为指”进行了解释：“何况，如果‘指’真的能够自己产生出不同于自身的另一种‘指’（‘物指’、‘非指’），那么，又何必需要依赖于‘物’才能成其为指呢？这句话的意思，与上面几句紧紧相关。在整篇文章中，也是早就通过不同的语言形式表达过的。如‘天下无物，谁径谓指’等等。它总括全篇，意在说明‘指’对于‘物’的从属、依赖性。这是一束‘物质第一性’思想火花的闪现，发生在二千几百年前，当然是令人吃惊、难以置信的。然而，这是事实。它与《名实论》篇的首句‘天地与其所产焉，物也’遥相呼应，相映生辉，从而使‘物指非指’这一中心命题牢固地建立在唯物主义这块坚硬的基石上面，使人们更加清晰地看到了‘物指’与‘指’这两类概念之间的区别所在。”[①]

在“《坚白论》非诡辩”部分[②]，著者首先考察了《坚白论》的写作背景，认为“‘坚白’之争贯穿着名辩思潮的整个发展过程。在名辩思潮的最后那个阶段，即公孙龙的那个时代，仍未止息。于是，公孙龙便在征集总结前人的分析论辩的思想材料的基础上，撰写了《坚白论》，对‘坚白’问题作了比较细致的总结分析。自从公孙龙《坚白论》出，除了儒、道诸家依然骂不绝口以外，名、墨学者内部似乎不再有什么争论了”[③]。接着，著者从三个方面对《坚白论》的中心命题及其论证过程进行了阐析：(1)“‘视’、‘拊’异任”[④]。著者认为，《坚白论》一开始就提出了“坚白石二”这一中心命题，进而从“视”“拊”异任的角度对此作了论证。就此而言，“公孙龙坚持‘坚石’、‘白石’，即‘坚白石二’，是为了强调人的感觉器官的不同司职，说明人对事物的认识，对同一对象所形成的概念，可以因为条件的不同而存在着区别，他对于事物的多种属性，对于由此而形成的综合性概念，并没有采取否认的态度，或者采取避而不谈的态度。恰恰相反，在论述他的‘坚白石二’时，他首先提到了这一问题，并正面解释了这一问题。……通过

---

① 周山：《中国逻辑史论》，辽宁教育出版社 1988 年版，第 161—162 页。

② 参见周山：《中国逻辑史论》，辽宁教育出版社 1988 年版，第 163—170 页。

③ 周山：《中国逻辑史论》，辽宁教育出版社 1988 年版，第 164 页。

④ 参见周山：《中国逻辑史论》，辽宁教育出版社 1988 年版，第 164—166 页。

分析，他告诉人们，'坚石'、'白石'是人通过不同的感官分别获得的，是两个不相同的概念。'坚石'概念是反映石头的'坚硬'，因而'坚石'概念之中并不包含'白'的属性。'白石'概念是反映石头的'白色'，因而这一概念之中同样不包含'坚'的属性"[①]。(2)"'坚'、'白'相离"[②]。对公孙龙来说，"除了人的感觉器官的功用不同之外，'坚白石二'的另一原因，是坚硬、白色之间并不存在必然的联系"[③]。基于此，著者通过辨析"兼""离""藏"三个范畴的含义，对公孙龙的"坚白石二"命题作了层层深入的阐释。其一，关于"兼"的含义："公孙龙将'白'、'坚'两个'不定'的事物属性，称之为许多事物都可以具有的、普遍性的'兼'"。"正由于坚、白都不固定于某一具体事物，所以，坚、白两者之间也就谈不上有什么必然性的联系。"[④]其二，关于"离"的含义："客观事物的诸属性之间并不存在必然性联系，公孙龙称之为'离'。他认为，人们不能因'白'而推知'坚'、或不能因'坚'而推知'白'，就是因为'坚'、'白'之间存在着客观的'离'。"[⑤]其三，关于"藏"的含义。"这种'藏'('离也者，藏也')不是人为的，即不是在人对事物诸属性有了全面的认识之后，故意地只反映其中一个属性而将另一属性'藏'起来。这种'藏'，乃是由于事物各属性本身的质的规定所致，是由于事物各属性之间缺乏必然性的联系所致。"[⑥]"'自藏'的坚、白，相互之间同样不存在必然性联系，因而'坚'、'白'相离之论，也就完全成立了。这便是公孙龙在坚、白相离的前提下推导出'坚白石二'的又一论证过程。"[⑦](3)"独而正"[⑧]。著者认为，这里的"独"与《名实论》的"唯乎其彼此"意味相通，这里的"正"则与《通变论》的"正举"以及《名实论》的"位其所位"意味相通。就"独"与"正"的关系而言，"《名实论》中有这样一句话：'其名正，则唯乎其彼此焉'。'独而正'也正反映了这一思想，表明了'独'与

---

① 周山：《中国逻辑史论》，辽宁教育出版社1988年版，第165—166页。
② 参见周山：《中国逻辑史论》，辽宁教育出版社1988年版，第166—169页。
③ 周山：《中国逻辑史论》，辽宁教育出版社1988年版，第166页。
④ 周山：《中国逻辑史论》，辽宁教育出版社1988年版，第167页。
⑤ 周山：《中国逻辑史论》，辽宁教育出版社1988年版，第167页。
⑥ 周山：《中国逻辑史论》，辽宁教育出版社1988年版，第167页。
⑦ 周山：《中国逻辑史论》，辽宁教育出版社1988年版，第169页。
⑧ 参见周山：《中国逻辑史论》，辽宁教育出版社1988年版，第169—170页。

‘正’之间所具有的一种既充分又必要的条件关系。‘独’则必‘正’，‘正’则必‘独’”[①]。在作了上述辨析后，著者总结道：“总之，由于人的不同的感官功能，由于事物诸属性之间缺乏必然性联系（‘离也者天下’）的缘故，人们只能采取‘独’的办法，以保证思维的准确性（‘正’）。这便是《坚白论》所论述的主要内容。无疑地，《坚白论》乃是一篇以《名实论》为宗旨的文字，它具体地阐述了《名实论》中‘出其所位非位而位其所位’、‘其名正，则唯乎其彼此’这一‘正名实’思想。《坚白论》并不是唯心主义、形而上学的诡辩论。”[②]

在“《通变论》非诡辩”部分[③]，著者首先对传统的看法提出了质疑[④]，认为“只要敢于跳出荀子、庄子等辈划下的圈圈，实事求是地分析原著，对公孙龙其人，包括对那篇‘臭名昭著’的《通变论》，我们就有可能产生新的认识”[⑤]。接着，著者从四个方面对《通变论》的中心命题及其论证过程进行了辨析：(1)“中心命题：‘二无一’”[⑥]。著者认为，《通变论》的中心命题是“二无一”，这个命题猝然读之似乎违反常情，“但是，逐篇加以分析深思，并把它放到公孙龙的整个逻辑思想系统中去仔细嚼味，就不难发现它的逻辑含义与‘白马非马’、‘物指非指’是一样的”[⑦]。“‘二无一’中的这个‘无’字，当作不完全内动词用，其义乃‘非’”[⑧]。“与此相应，‘二有一乎’中的‘有’字，也应同样作不完全内动词用，以‘为’字义解”[⑨]。(2)“‘变奚’？‘右有与’”[⑩]。著者认为，公孙龙是从“位”的概念出发阐说其“通变”的理趣的。至于如何变，《通变论》有“右有与”与“变奚”之类的说法，其意味可作如下理解：“‘与’字之义，‘同类’的意思。《说文》云：‘与，党与也’。右的同类是什么呢？是左。左、右异位，但它们都是相反相存的位置概念，

---

① 周山：《中国逻辑史论》，辽宁教育出版社 1988 年版，第 170 页。

② 周山：《中国逻辑史论》，辽宁教育出版社 1988 年版，第 170 页。

③ 参见周山：《中国逻辑史论》，辽宁教育出版社 1988 年版，第 171—180 页。

④ 参见周山：《中国逻辑史论》，辽宁教育出版社 1988 年版，第 171—172 页。

⑤ 周山：《中国逻辑史论》，辽宁教育出版社 1988 年版，第 172 页。

⑥ 参见周山：《中国逻辑史论》，辽宁教育出版社 1988 年版，第 172—174 页。

⑦ 周山：《中国逻辑史论》，辽宁教育出版社 1988 年版，第 172—173 页。

⑧ 周山：《中国逻辑史论》，辽宁教育出版社 1988 年版，第 173 页。

⑨ 周山：《中国逻辑史论》，辽宁教育出版社 1988 年版，第 174 页。

⑩ 参见周山：《中国逻辑史论》，辽宁教育出版社 1988 年版，第 174—175 页。

是同类。‘右’之所以变到‘左右’的‘二’中去，正是有其同类‘左’的缘故。‘右’有了‘与’(‘左’)，便转化为一个新的概念‘左右’。有什么东西在发生变化呢？是右：‘变奚?’‘右’。”[①](3)“‘非马’、‘宁马’”[②]。著者认为，“羊合牛非马”乃是一个假“形”取譬的命题，“当看作‘羊一’、‘牛一’、‘马一’，‘羊合牛二’；‘羊合牛非马’，犹‘白马非马’，‘二非(无)一’”[③]。至于“与马以鸡，宁马”，其意味可作如下理解：“‘宁’者，不得已而为之。‘宁马’二字，既表示了作者对‘牛合羊非鸡’命题的否定，也暴露了对‘羊合牛非马’命题的不满意。在公孙龙看来，对概念进行‘位其所位’、‘唯乎其彼此’的比较分析，被比较的这两个概念越接近越好。”[④](4)“‘反而对’和‘不害其方’”[⑤]。著者认为，“青以白非黄，白以青非碧”乃是一个假“色”取譬的命题。“黄”与“青”“白”皆属“正色”，“在稍高一个分类层次上，它(黄——引者注)与‘青白’之色也可归为一类。所以，对‘青、白’与黄之间的关系作比较分析，仍可达到‘正名’目的：‘黄其正矣，是正举也’”[⑥]。相较之下，“碧”则属于“间色”，“它与‘青白’的距离更远。如果说黄与青、白的关系如同马与牛、羊的关系，那么，碧与青、白的关系则如同鸡与羊、牛的关系：‘黄，其马也，其与类乎！碧，其鸡也，其与暴乎’！所以，‘白以青非碧’亦非正举，与‘君臣之于国’的举例一样，属于强为比类性质的‘狂举’”[⑦]。就此而言，“整段假‘色’取譬，前一命题从正面说明新类形成过程中‘反而对’、‘不害其方’的重要；后一命题从反面拍合‘反而对’、‘不害其方’于‘正名’的重要。一正一反的阐述，目的只此一个”[⑧]。在作了上述辨析后，著者最后得出了三点结论：其一，“《通变论》是《公孙龙子》中一篇，其中心命题，以及文章脉理，与《指物论》、《白马论》等篇相通；其文字汪洋恣肆、

---

① 周山：《中国逻辑史论》，辽宁教育出版社1988年版，第175页。
② 参见周山：《中国逻辑史论》，辽宁教育出版社1988年版，第175—178页。
③ 周山：《中国逻辑史论》，辽宁教育出版社1988年版，第175页。
④ 周山：《中国逻辑史论》，辽宁教育出版社1988年版，第177页。
⑤ 参见周山：《中国逻辑史论》，辽宁教育出版社1988年版，第178—179页。
⑥ 周山：《中国逻辑史论》，辽宁教育出版社1988年版，第178页。
⑦ 周山：《中国逻辑史论》，辽宁教育出版社1988年版，第178页。
⑧ 周山：《中国逻辑史论》，辽宁教育出版社1988年版，第179页。

条理井然、结构严谨，尤见作者用心良苦，决非后人拼凑可成”[①]。其二，“《通变论》经过三个‘回合’的通变譬喻，目的只是为了论证中心命题‘二无一’。在论证中，坚持类概念的内涵分析，揭示类概念所反映的对象之间的同、异性等等，都比《白马论》等篇细致、深入。从而使《名实论》的‘位其所位’、‘唯乎其彼此’等正名思想更加具体而微，使‘白马非马’等命题的合理性得到了进一步的论证。通观全篇，除形式逻辑的概念分析，没有一点诡辩内容”[②]。其三，“《通变论》的假物取譬，也反映了公孙龙的某些时代局限性。如：在生物分类方面，把有无上齿、尾巴长短、足数多少等作为分类标准；在颜色方面，承袭阴阳五行之说，作正、间色区分等等。但是，这些不足处，并未产生诡辩，也不是胡言乱语。它们对于公孙龙‘离形而言名’的概念分析，还是起了一定作用的”[③]。

15. 温公颐主编《中国逻辑史教程》

上海人民出版社 1988 年 4 月第 1 版。

本书包括十二章内容，分别为“名家的逻辑思想（上）”“名家的逻辑思想（下）”“墨家的逻辑思想（上）”“墨家的逻辑思想（下）”“儒家正名逻辑思想的提出”“儒家正名逻辑学说的形成和发展”“秦汉时期的逻辑思想”“魏晋南北朝时期的逻辑思想”“唐代印度因明的传入”“宋代理学盛行时期的逻辑思想”“明末清初的逻辑思想”“近代中国逻辑科学的发展”。

第二章“名家的逻辑思想（下）”[④]的副标题为“公孙龙的逻辑思想”，由李元庆负责撰写。本章又分成五节，分别为“公孙龙其人其书”“《名实论》——‘唯乎其彼此’”“《白马论》——‘白马非马’”“《坚白论》——‘坚白石二’”“《通变论》——‘二无一’”。

在“公孙龙其人其书”一节[⑤]，撰者首先对公孙龙其人作了简要介绍，认为“公孙龙，复姓公孙，名龙，字子秉，战国末年赵国人。约生于公元前

① 周山：《中国逻辑史论》，辽宁教育出版社 1988 年版，第 179 页。

② 周山：《中国逻辑史论》，辽宁教育出版社 1988 年版，第 179—180 页。

③ 周山：《中国逻辑史论》，辽宁教育出版社 1988 年版，第 180 页。

④ 参见温公颐主编：《中国逻辑史教程》，上海人民出版社 1988 年版，第 33—66 页。

⑤ 参见温公颐主编：《中国逻辑史教程》，上海人民出版社 1988 年版，第 34—35 页。

325年，卒于前250年。其生活年代晚于惠施、庄周，略早于荀子，大抵与《墨经》作者同时”[①]。“公孙龙是战国末年活跃于政治舞台上的一位游士、谋士和辩士”[②]。“在学术上，公孙龙是名家‘离坚白’派的领袖”[③]。接着，撰者扼要介绍了公孙龙的著作，认为现存《公孙龙子》六篇“除《迹府》篇属于传略性的记录外，其余五篇包括了公孙龙最重要的论题和论据，是一个完整的不可或缺的体系，足以代表公孙龙的思想和学说，不应当视作伪书”[④]。“如果把《公孙龙子》五篇看作是一个完整的体系，这就是公孙龙的逻辑思想体系，包含了相当于我们今天所说的普通逻辑的一些内容”[⑤]。基于这种看法，撰者在后面的四节中，依次阐析了《名实论》《白马论》《坚白论》《通变论》中的关键命题及其逻辑思想。

在“《名实论》——‘唯乎其彼此’”一节[⑥]，撰者主要探讨了两个方面的问题：其一，“‘夫名，实谓也’的名实观”[⑦]。撰者首先对“物”“实”“位”“正”四个基本范畴的含义进行了阐析，从而为进一步探讨公孙龙的名实观及其正名理论提供了前提。在撰者看来，“‘物’就是天地万物。《指物论》云：‘物也者，天下之所有也。’可见，物就是客观存在的事物。‘实’就是使该物成为该物而不成为他物的东西，即事物本身的质的规定性。超出这个规定性就叫做‘过’，就会使该物之实发生变化。‘位’就是物之实用来充实它自己而不空旷的那个范围，也就是物的本质在它所应有的范围内得到充分表现而没有欠缺。‘正’就是事物处在它应在的正当位置，也就是《名实论》所谓‘以当而当，正也’的‘正’，《坚白论》所谓‘离也者天下，故独而正’的‘正’。总之，在公孙龙看来，天地间一切事物，各有自己确定的范围（位置）和固定的内容（本质），各各独立自存，各当其位，既不超越其范围（不过），也不空旷其内容（不旷），这才是天下的正常状态，也即‘物’、

① 温公颐主编：《中国逻辑史教程》，上海人民出版社1988年版，第34页。
② 温公颐主编：《中国逻辑史教程》，上海人民出版社1988年版，第34页。
③ 温公颐主编：《中国逻辑史教程》，上海人民出版社1988年版，第34页。
④ 温公颐主编：《中国逻辑史教程》，上海人民出版社1988年版，第35页。
⑤ 温公颐主编：《中国逻辑史教程》，上海人民出版社1988年版，第35页。
⑥ 参见温公颐主编：《中国逻辑史教程》，上海人民出版社1988年版，第36—40页。
⑦ 参见温公颐主编：《中国逻辑史教程》，上海人民出版社1988年版，第36—37页。

'实'、'位'、'正'四个基本范畴所描绘的世界图式"[①]。接着，著者对"夫名，实谓也"这一命题所体现的名实观作了阐发："这里明确指出，名是对于实的一种称谓。既然是称谓，那末，名必须与实相符，也必须随实而变。如果这个名不是指这个实，或者现在已经不再指这个实，就不要再用这个名去称谓了。这就是公孙龙提出的'以名谓实'的名实观。"[②]其二，"'唯乎其彼此'的正名理论"[③]。撰者依次阐析了公孙龙正名理论的目的、立论基础、基本原则与方法，认为其目的在于"正名实而化天下"，意思是说，"力图纠正名实混乱的现象，达到教化天下，稳定和巩固封建社会制度的目的"[④]；其立论的基础是"正其所实者，正其名也"，意思是说，"明确实的范围和内容，努力使它的位置摆正，作到'位其所位'，'不过'、'不旷'。物之实'正'了，称谓物之实的名才能正确表达物之实，名实混乱的现象才能得以纠正，这便是所谓的'正名'"[⑤]；其基本原则是"其名正则唯乎其彼此焉"，这就是说，"凡属正当的名称，必须符合'唯乎其彼此'的原则。所谓'唯乎其彼此'，就是要求名和实彼此一一对应，'彼'之名专指彼之实，'此'之名专指此之实，这样才叫做名实相当，名副其实，这样的名称才行得通，才是正当的名称"[⑥]；其基本方法是"以其所正，正其所不正；以其所不正，疑其所正"，"这一基本要求是从两方面提出来的：一方面，要求用已经'正'了的名(即名实相当之名)去检查、纠正那些'不正'之名；另方面，又要求用已经确认了的'不正'之名(即名实不当之名)去对那些被认为是已经'正'了的名提出质疑，检验其是否合乎正名原则。只有经过这样正反两个方面的检查、验证，才能使'唯乎其彼此'的正名原则得以贯彻，'正名实而化天下'的目的得以实现"[⑦]。在上述阐析的基础上，撰者最后对《名实论》的逻辑思想作了评说："通过分析，我们知道，'夫名，实谓也'的

---

① 温公颐主编：《中国逻辑史教程》，上海人民出版社 1988 年版，第 36 页。

② 温公颐主编：《中国逻辑史教程》，上海人民出版社 1988 年版，第 37 页。

③ 参见温公颐主编：《中国逻辑史教程》，上海人民出版社 1988 年版，第 37—40 页。

④ 温公颐主编：《中国逻辑史教程》，上海人民出版社 1988 年版，第 37 页。

⑤ 温公颐主编：《中国逻辑史教程》，上海人民出版社 1988 年版，第 38 页。

⑥ 温公颐主编：《中国逻辑史教程》，上海人民出版社 1988 年版，第 38 页。

⑦ 温公颐主编：《中国逻辑史教程》，上海人民出版社 1988 年版，第 39 页。

名实观具有朴素反映论的性质，是公孙龙逻辑思想的认识论基础。‘唯乎其彼此’的正名理论，不仅是《名实论》的核心，而且是贯穿公孙龙全部逻辑思想的基本原则。这一提法强调的是概念的自身同一，否定的是概念的含混游移，明确地揭示了形式逻辑同一律的内容和要求。这是从概念论角度对公孙龙逻辑思想的总结，也是《名实论》的成就和贡献。但是，《名实论》所描绘的万物彼此绝对独立和分离的世界模式，否定了事物的相互联系和转化；它所主张的名与实必须一一对应（一名只能与一实相当，一实也只能与一名相当），是名实关系的凝固化和对概念同一性的形而上学理解。这是《名实论》的严重缺陷，也是整个公孙龙逻辑思想的致命弱点。”[①]

在“《白马论》——‘白马非马’”一节[②]，撰者结合《白马论》的中心论题“白马非马”，主要探讨了如下三个问题：其一，“‘白马非马’是一个纯逻辑命题”[③]。撰者认为，在先秦名辩思潮中，尽管有人已先于公孙龙持论“白马非马”，“但是，把‘白马非马’作为一个纯逻辑命题加以讨论并作出系统论证的，只有公孙龙”[④]。需要注意的是，“公孙龙谈论抽象的逻辑问题，也喜欢从分析形象化的命题入手，以揭露思维中的种种矛盾，展开自己的理论体系。这就是《迹府》篇所谓‘假物取譬’。‘白马非马’命题即采取了‘假物取譬’的表述方式，它把高度抽象艰涩的逻辑理论思维贯穿于人们的普通生活常识之中，显得奇特新颖，引人入胜，很容易激发人们的兴致和好奇心理”[⑤]。另需注意的是，由于“假物取譬”的表述方式为“白马非马”命题穿上了一层“感官表象的外衣”（黑格尔语），“这一本属纯逻辑的命题，却往往不被人们从逻辑学角度去理解，而多是在生活常识范围内被认识，并在此基础上展开争论。……一般人们受生活常识的局限，并不理解公孙龙‘白马非马’说的逻辑深旨，以至于象邹衍那样把它视作‘烦文以

① 温公颐主编：《中国逻辑史教程》，上海人民出版社1988年版，第40页。
② 参见温公颐主编：《中国逻辑史教程》，上海人民出版社1988年版，第40—48页。
③ 参见温公颐主编：《中国逻辑史教程》，上海人民出版社1988年版，第40—41页。
④ 温公颐主编：《中国逻辑史教程》，上海人民出版社1988年版，第40页。
⑤ 温公颐主编：《中国逻辑史教程》，上海人民出版社1988年版，第41页。

相假，饰辞以相悖，巧譬以相移'的怪说谬论"[①]。其二，"'白马非马'命题主要是从内涵和外延上揭示种属概念的差异性"[②]。撰者首先指出："'白马非马'作为一个纯逻辑命题，其主旨在于从内涵和外延上揭示概念的种属差异关系，说明种概念和属概念在质和量的方面各有自身的规定性(确定性)。命题中的'白'、'马'和'白马'，是分别指白的概念、马的概念和白马的概念。"[③]接着，撰者将《白马论》中的主与客围绕着"白马非马"命题所展开的论证分为五个层次，在此基础上一一进行了阐析。其三，"《白马论》对古代逻辑学的积极贡献及其形而上学错误"[④]。就《白马论》对古代逻辑学的贡献而言，其贡献主要有四点，分别为"《白马论》是中国逻辑史上第一部研究逻辑思维问题的论著"[⑤]、"《白马论》着重讨论概念论的问题"[⑥]、"《白马论》讨论了个别和一般的关系问题"[⑦]、"《白马论》中的同一律思想"[⑧]。就《白马论》的形而上学错误而言，其错误主要是指："公孙龙在强调概念保持自身同一性的同时，却否定了'同一性自身包含着差异性'的一面；在揭示概念之间、判断主宾词之间的对立和分离性的同时，却排斥了它们的一致性和联系。"[⑨]

在"《坚白论》——'坚白石二'"一节[⑩]，撰者结合《坚白论》的中心论题"坚白石二"，主要探讨了如下三个问题：其一，"'坚白石二'命题主要是从逻辑学角度论证事物个性与共性的对立关系"[⑪]。撰者就此指出："事物与其属性的关系实质上是个性与共性的关系。……所谓'坚白石二'的'二'，根据《坚白论》全文的论述，它主要含有'彼此离而为二'的意思，旨在强调事物之间的绝对分离和对立，说明作为个性存在的具体物体'坚白

① 温公颐主编：《中国逻辑史教程》，上海人民出版社1988年版，第41页。
② 参见温公颐主编：《中国逻辑史教程》，上海人民出版社1988年版，第42—46页。
③ 温公颐主编：《中国逻辑史教程》，上海人民出版社1988年版，第42页。
④ 参见温公颐主编：《中国逻辑史教程》，上海人民出版社1988年版，第46—48页。
⑤ 温公颐主编：《中国逻辑史教程》，上海人民出版社1988年版，第46页。
⑥ 温公颐主编：《中国逻辑史教程》，上海人民出版社1988年版，第46—47页。
⑦ 温公颐主编：《中国逻辑史教程》，上海人民出版社1988年版，第47页。
⑧ 温公颐主编：《中国逻辑史教程》，上海人民出版社1988年版，第47页。
⑨ 温公颐主编：《中国逻辑史教程》，上海人民出版社1988年版，第48页。
⑩ 参见温公颐主编：《中国逻辑史教程》，上海人民出版社1988年版，第48—57页。
⑪ 参见温公颐主编：《中国逻辑史教程》，上海人民出版社1988年版，第48—50页。

石'与作为共性存在的'坚性'、'白色'、'石形'这些属性之间，以及反映事物个性与共性的逻辑概念之间，是彼此离而为二的绝对对立关系。由此看来，《坚白论》提出'坚白石二'命题的主旨就在于从逻辑概念的角度去论证事物个性与共性的绝对对立关系。"[①]其二，"'坚白石二'命题主要采取了感觉分析的论证方法"[②]。在撰者看来，"《坚白论》虽然是着重从逻辑学角度讨论问题的，但它对于'坚白石二'命题的具体论证并未局限于纯逻辑领域，也和《白马论》式的'假物取譬'有所不同。它不仅进一步发挥了《白马论》关于事物与其属性相互关系的理论，而且主要采取了感觉分析的论证方法，即根据人们认识过程中各种感觉器官（主要是视觉和触觉）的不同认识功能及其局限性，以论证事物与其属性以及属性与属性的彼此分离，进而从逻辑上论证事物个性与共性的绝对对立，并最终导出'离也者天下，故独而正'的世界观结论，认为万物各各独立自存，彼此绝对分离，是天下的正当状态"[③]。基于这种看法，撰者将《坚白论》中的主与客围绕着"坚白石二"命题所展开的论证分为四个层次，在此基础上一一进行了阐析。其三，"《坚白论》逻辑思想的合理因素及其严重的唯心主义形而上学倾向"[④]。就《坚白论》逻辑思想的合理因素而言，其合理性主要表现在："《坚白论》对于事物及其属性进行了深入分析，从众多'坚白石'和各种质坚色白的具体事物中概括出'坚性'、'白色'、'石形'这些共同的属性，表现了很高的抽象思维水平。《坚白论》强调事物与其属性以及属性与属性的区别和差异，从逻辑学上论证事物个性与共性的对立关系，并主要采取感觉分析的论证方法，深入揭示了人类认识过程中各种感觉功能的局限性，这些思想有其合理的方面。人类认识史表明，把握事物的差异性，把不同的事物加以区别，是深入揭示事物本质，获得对事物正确认识的基本途径。在这方面，《坚白论》无疑作出了积极贡献，应当予以肯定。"[⑤]就《坚白论》中具有的严重的唯心主义形而上学倾向而言，"这集中

---

① 温公颐主编：《中国逻辑史教程》，上海人民出版社1988年版，第49—50页。

② 参见温公颐主编：《中国逻辑史教程》，上海人民出版社1988年版，第50—55页。

③ 温公颐主编：《中国逻辑史教程》，上海人民出版社1988年版，第50页。

④ 参见温公颐主编：《中国逻辑史教程》，上海人民出版社1988年版，第55—57页。

⑤ 温公颐主编：《中国逻辑史教程》，上海人民出版社1988年版，第55页。

表现在所谓‘离而藏’的理论和所谓‘感觉分析’的方法两个基本方面”[①]。

在“《通变论》——‘二无一’”一节[②]，撰者结合《通变论》的中心论题“二无一”，主要探讨了如下三个问题：其一，“‘二无一’命题主要是从概念上分析整体与部分的分离性”[③]。撰者认为，“所谓‘通变论’，顾名思义，旨在论述通达变化的道理。……相对于《白马》、《坚白》二论，《通变论》似乎是着眼于从‘变’的角度讨论逻辑问题的”[④]。“《通变论》的中心论题是‘二无一’。‘二无一’命题主要是从概念上分析整体与部分的分离性。‘二’指的整体，‘一’是指构成整体的各个部分。‘二无一’的‘无’，比之‘白马非马’的‘非’，‘坚白石二’的‘二’，具有更明显的绝对排斥、绝对对立、绝对分离的形而上学色彩。所谓‘二无一’，就是说，整体与部分之间是一种绝对排斥和相持不变的关系；或者说，作为部分的东西一旦构成整体，即变化了其原来作为部分存在的性质，也就是整体中不再包含原有的部分了。《通变论》主要是在这种意义上谈论所谓‘变’的问题的”[⑤]。基于上述看法，撰者将《通变论》中主与客围绕着“二无一”命题所展开的“假物取譬”式的论证分为三种类型的逻辑论题（“二无一”“二无左”为第一类论题，“羊合牛非马，牛合羊非鸡”为第二类论题，“青以白非黄，白以青非碧”为第三类论题），在此基础上一一进行了阐析。其二，“《通变论》明确提出了关于‘类’的概念以及逻辑分类的思想”[⑥]。撰者首先指出：“为反复阐明‘二无一’的道理，深入分析整体与部分的差异关系，在上述第二、三类论题的具体论证过程中，公孙龙还从‘正名’的要求出发，明确提出了关于‘类’的概念和逻辑分类的思想，诸如类同类异问题，分类标准问题等等。这使公孙龙的‘正名’理论更加充实和完备。在先秦逻辑史上具有重要意义，曾对《墨辩》逻辑产生了积极影响。”[⑦]基于上述看法，撰者继而对《通变

① 温公颐主编：《中国逻辑史教程》，上海人民出版社 1988 年版，第 55 页。
② 参见温公颐主编：《中国逻辑史教程》，上海人民出版社 1988 年版，第 57—66 页。
③ 参见温公颐主编：《中国逻辑史教程》，上海人民出版社 1988 年版，第 57—60 页。
④ 温公颐主编：《中国逻辑史教程》，上海人民出版社 1988 年版，第 57 页。
⑤ 温公颐主编：《中国逻辑史教程》，上海人民出版社 1988 年版，第 57 页。
⑥ 参见温公颐主编：《中国逻辑史教程》，上海人民出版社 1988 年版，第 60—63 页。
⑦ 温公颐主编：《中国逻辑史教程》，上海人民出版社 1988 年版，第 60—61 页。

论》提出的关于"类同、类异和分类标准"问题、"'正举'和'狂举','与类'和'与暴'"问题分别进行了阐析。其三,"《通变论》逻辑思想的形而上学诡辩色彩"[①]。撰者认为,其形而上学诡辩色彩主要表现在四个方面,分别为"片面夸大整体与部分的差异性"[②]、"违反分类原则,混乱类的界限"[③]、"名实相乱,割裂共性个性关系"[④]、"牵强附会,不相干类比"[⑤]。

需要说明的是,撰者虽然没有设专节探讨《指物论》,不过在第二章结尾处对该篇的哲学思想也作了阐析与评介:"《指物论》主要讨论事物与属性的关系。它实质上是围绕'指'、'物'、'物指'这三个高度抽象的范畴展开的。所谓'物','物也者,天下之所有也。'可见就是《名实论》所谓'天地与其所产者,物也'的'物',即客观存在的天地万物。所谓'指',历来解释不同,据全篇文意,以解作'属性'为宜。……《指物论》的中心论题是'物莫非指,而指非指'。前半句是说万物莫不由属性所构成。后半句的第一个'指',即不定于物的属性自身或抽象意义的指;第二个'指',即定于物的属性或具体意义的指。是说定于物的属性不同于不定于物的属性自身。这种所谓具体意义的指就叫做'物指',其实也就是具体的物。为了与抽象意义的'指'相区别,故又称'非指'。……所谓'指与物',也就是指'定于物'或结合于物,都是说的'物指'或'非指'。由此可见,《指物论》提出'指'、'物指'、'物'这样三个高度抽象的范畴,主要在于回答'万物的本质是什么'或'万物是怎样构成的'这样一个根本性的哲学问题。在公孙龙看来,先存在众多抽象意义的'指',它们处于彼自独立自藏的分离状态,进而各种不同的'指'分别结合起来成为'物指',于是就产生了天地万物。这显然是一种多元化的客观唯心主义理论,并具有明显的形而上学性质。通过对《名实》、《白马》、《坚白》、《通变》等篇的系统分析,不难看出,它实际上是支配公孙龙逻辑思想的世界观和方法论,因而是造成公孙龙逻辑思想一系列严重缺陷的基本理论根源。但鉴于它的思想内容主要

① 参见温公颐主编:《中国逻辑史教程》,上海人民出版社1988年版,第63—66页。
② 温公颐主编:《中国逻辑史教程》,上海人民出版社1988年版,第63页。
③ 温公颐主编:《中国逻辑史教程》,上海人民出版社1988年版,第63页。
④ 温公颐主编:《中国逻辑史教程》,上海人民出版社1988年版,第64页。
⑤ 温公颐主编:《中国逻辑史教程》,上海人民出版社1988年版,第64页。

属于哲学范畴,而非逻辑学问题,故不予专节论述,只作简略评介,以资参考。”[①]

另需说明的是,李匡武主编的《中国逻辑史(先秦卷)》(甘肃人民出版社 1989 年 11 月第 1 版),其中第三章“战国时期逻辑思想的争鸣(下)——公孙龙的逻辑思想”[②]亦由李元庆负责撰写。除了章节的顺序有所不同[③],其基本内容与温公颐主编《中国逻辑史教程》的第二章“名家的逻辑思想(下)——公孙龙的逻辑思想”大致相同,这里不再赘述。

16. 张岂之主编《中国思想史》

本书系教育部研究生工作办公室推荐研究生教学用书,张岂之主编,张岂之、刘宝才、龚杰、任大援、李晓东分撰,西北大学出版社 1989 年 6 月第 1 版。此后,本书经修订被列入国家教育部审定高等学校统编教材,西北大学出版社 1993 年 3 月第 1 版。

本书包括七编内容,分别为“先秦编”“两汉编”“魏晋南北朝编”“隋唐编”“宋元编”“明清编”“近代编”。第一编“先秦编”除“概述”外,主体部分包括十二章内容,分别为“西周宗教思想”“春秋时代的思想”“孔子对古代思想的继承和发展”“墨子思想”“《老子》的理论思维”“孟子思想”“庄子思想与道家别派”“名辩思潮”“《易传》与阴阳五行学说的神秘化”“战国百家之学的总结——荀子思想”“法家及其总结者韩非”“先秦时期思想史料介绍”。

第一编第八章“名辩思潮”又分为四节,分别为“名辩思潮的形成”“惠施的辩学”“公孙龙的辩学”“后期墨家的科学知识与辩学”。在“公孙龙的辩学”一节[④],撰者首先对公孙龙的生平与著作作了简要介绍,认为“在学术上,公孙龙反对惠施一派的观点,成为‘离坚白’派的著名代表人物。

---

① 温公颐主编:《中国逻辑史教程》,上海人民出版社 1988 年版,第 65—66 页。

② 参见李匡武主编:《中国逻辑史(先秦卷)》,甘肃人民出版社 1989 年版,第 144—179 页。

③ 李匡武主编《中国逻辑史(先秦卷)》第三章包括五节内容,依次为“公孙龙其人和《公孙龙子》其书”“《白马论》——‘白马非马’的逻辑思想”“《坚白论》——‘坚白石二’的名实观”“《通变论》的逻辑思想和诡辩命题”“《名实论》——‘唯乎其彼此’的正名学说”。

④ 参见张岂之主编:《中国思想史》,西北大学出版社 1989 年版,第 143—148 页。

《公孙龙子》一书是流传至今的惟一的名家著作,全书六篇,《迹府》一篇是其弟子编纂的公孙龙传略,《白马论》、《指物论》、《通变论》、《坚白论》、《名实论》五篇都是公孙龙自著”[①]。接着,撰者按照《指物论》《白马论》《坚白论》《通变论》《名实论》的顺序,对各篇的题旨及其要点一一进行了阐说。

《指物论》题旨及其要点。撰者首先阐说了《指物论》的题旨以及“物”与“指”的含义:“《指物论》研究事物和意识的关系,奠定了公孙龙辩学的理论基础,是全书中最重要的一篇。篇中有‘物’、‘指’两个基本范畴。‘物’就是万物之物,含义与通常所谓的‘物’没有不同。‘指’的本义是手指,是一个具体名词。因为人总是用手指来指指画画,‘指’具有‘指使’、‘指示’的含义,又成了动词。如‘千夫所指’的指。又引申为抽象名词,具有‘旨’、‘旨意’的含义。《指物论》中基本是在‘旨’、‘旨意’这一引申意义上使用‘指’这个范畴的。作为‘旨意’的‘指’又有两种含义,有时表示独立于物体之外的属性,如白色、坚硬等;有时表示具体事物的属性,如白马之白色,石头之坚硬等。后一含义的‘指’也称为‘物指’,就是‘定于物’的‘指’。”[②]接着,撰者把《指物论》的要点归结为四个,继而一一进行了阐析:其一,“物莫非指,而指非指”的意思是:“万物都是某些属性的总和,而定于万物的属性(‘物指’)并不是这些属性自身。”[③]其二,“指也者,天下之所无也。物也者,天下之所有也”的意思是:“抽象的属性(‘指’)是不能被感知的(‘无’),而物是可以感知的(‘有’)。在这个意义上说,物与指不同,物不等于指。”[④]其三,“指者天下之所兼”的意思是:“抽象的属性(‘指’)能够自己转变为具体的物的属性(‘物指’),为万物所兼有。”[⑤]其四,“使天下无物指,谁径谓非指?天下无物,谁径谓指?天下有指无物指,谁径谓非指,径谓无物非指?”旨在说明:“要认识‘指’是离不开‘物’和‘物指’的。‘指’‘自藏’而不显现,如果没有‘物’和‘物指’,就不能认识‘指’。人作为万物之一也是包括在‘物’与‘物指’之内的,没有‘物’和‘物指’也就没有

---

① 张岂之主编:《中国思想史》,西北大学出版社1989年版,第143页。
② 张岂之主编:《中国思想史》,西北大学出版社1989年版,第143—144页。
③ 张岂之主编:《中国思想史》,西北大学出版社1989年版,第144页。
④ 张岂之主编:《中国思想史》,西北大学出版社1989年版,第144页。
⑤ 张岂之主编:《中国思想史》,西北大学出版社1989年版,第144—145页。

人，那么谁来认识‘指’与‘物’的同异呢？”[①]归纳上述诸要点，撰者认为《指物论》的基本观点是：“事物的本质是‘指’。‘指’不是‘物’和‘物指’，而决定‘物’和‘物指’。离开‘物’和‘物指’就不能认识‘指’。”[②]最后，撰者认为《指物论》涉及了两个哲学问题：“一是事物和属性的关系。它认为世上没有无属性的事物，但又认为事物只是属性的总和。一是个别和一般的关系。它所说的‘物指’是个别，‘指’是一般。它认为一般脱离个别而存在，并且决定个别。”[③]

《白马论》题旨及其要点：“《白马论》通过‘白马非马’的命题进一步讨论个别和一般的关系。其论证共有五点：(1)‘白马’与‘马’的内涵不同。‘马’这个概念指的是形状，‘白’这个概念指的是颜色。‘马’只有形状一种规定性，‘白马’有形状与颜色两种规定性，所以‘白马非马’。(2)‘白马’与‘马’的外延不同。要求‘马’，黄马、黑马皆可，要求‘白马’，黄马、黑马皆不可，证明白马非马。(3)本体是独立存在的。公孙龙认为‘马’、‘白’都是独立于事物存在的，两种属性结合而为‘白马’。他说：‘白马者，马与白也。’‘马’只是一种抽象的属性，而没有与颜色结合，这时只能说‘有马而已耳’。不能把两种属性的结合(‘白马’)看成一种属性(‘马’)，所以‘白马非马’。(4)反证。如果‘白马是马’为正确，那么‘黄马是马’同样正确。依照形式逻辑，白马是马，黄马是马，那么白马就是黄马，这显然是错误的，所以‘白马非马’。(5)反驳‘离白’论。有人不同意公孙龙‘白马非马’的命题，说‘白马’既然有‘白’与‘马’两个内涵，如果暂且把‘白’这个内涵抛开(‘离白’)，就剩下‘马’这个内涵，说明‘白马是马’。这一观点是指出‘白马’与‘马’的概念在内涵上有重合部分，是符合实际的。公孙龙的反驳是这样的：‘白’有两种，一种是‘不定所白’的白，即作为抽象概念的白(作为‘指’的白)；一种是‘定所白’的白，即表现为某物的白颜色的白(作为‘物指’的白)。‘白马’的白色已经与马结合，不能将其与马分离。‘白马’作为一个整体已不再包含抽象的‘白’和‘马’。‘白马’的‘白’

---

① 张岂之主编：《中国思想史》，西北大学出版社 1989 年版，第 145 页。

② 张岂之主编：《中国思想史》，西北大学出版社 1989 年版，第 145 页。

③ 张岂之主编：《中国思想史》，西北大学出版社 1989 年版，第 145 页。

是不能从'白马'这一整体中分离出去的。所以'离白'是错误的。"[①]

《坚白论》题旨及其要点："《坚白论》对'坚白石'的讨论进一步探讨了事物与属性的关系。在这个问题上，公孙龙有两个观点：(1)'坚白石'的'坚'与'白'两种属性不能同时存在。理由是：'视不得其所坚而得其所白者，无坚也；拊不得其所白而得其所坚者，无白也。'公孙龙认为，人的不同感官各有局限，视觉不能辨别坚硬，触觉不能辨别颜色，所以只能说'白石'或'坚石'，否认坚、白二者在物体上的统一。(2)事物的各种属性可以脱离事物独立存在。理由是：'物白焉，不定其所白；物坚焉，不定其所坚。'某物为白色，但白色不限于此物的白色；某物坚硬，但坚硬也不限于此物的坚硬。又说：'坚未与石为坚，而物坚，未与物为坚，而坚必坚。''坚'这种属性不体现于石的时候，可以体现于他物，即使不体现于任何物体上，坚本身一定就是坚硬的。人们之所以找不到这种抽象的'坚'是因为这时'坚'处于潜藏状态存在着('坚藏')。公孙龙把这种存在叫做'自藏'。'自藏'着的属性是感觉与理智都不能把握的。"[②]

《通变论》题旨及其要点："《通变论》即通达变化之论，也就是对变化的研究。它的中心命题是'二无一'。什么叫做'二'？公孙龙说：'一与一为二。'意思是一种属性与另一种属性(也就是两个'指')相加为'二'。在他看来，'二'只是不同事物加在一起的一种复合物，不承认不同事物结合可以产生出新事物；他又认为这种复合物('二')之中不再包含组成它的独立的原有属性('一')，所以说'二无一'。公孙龙还认为，复合物中的某一属性虽然不同于独立存在的原有属性本身，却不能影响独立存在的原有属性本身，后者还是没有变化、不可能变化的。作为独立存在的属性的'一'永远是'一'，不能分解变化。《通变论》实质是不变论。不过应该肯定，《通变论》在分析复合物的不同类型时指出种种复杂情况，其见解不无可取之处。"[③]

《名实论》题旨及其要点："《名实论》着重讨论'正名'问题，对前四论

---

① 张岂之主编：《中国思想史》，西北大学出版社1989年版，第145—146页。

② 张岂之主编：《中国思想史》，西北大学出版社1989年版，第146—147页。

③ 张岂之主编：《中国思想史》，西北大学出版社1989年版，第147页。

作了逻辑学的总结。主要内容是：(1)确定‘名’、‘实’等基本逻辑概念。文中说：‘物其所物而不过焉，实也。’这是说，每一事物都有使它成为该事物而不成为它事物的质的规定性。超越了质的规定性叫‘过’，未充分表现出质的规定性叫‘旷’。不‘过’不‘旷’叫‘位’、‘正’。‘夫名，实谓也。’名是对实的称呼。(2)提出了‘正名’的标准。文中说：‘其名正则唯乎其彼此。’‘彼彼止于彼，此此止于此。’名怎样才算正确呢？只能用彼一名称称呼彼一事物，用此一名称称呼此一事物。以彼名称呼彼物，必须专限于称呼彼物；以此名称呼此物，必须专限于称呼此物。反过来，一事物也只能有一个名称，而不能既以彼为名，又以此为名。一个事物只能有一个与之相应的名称，一个名称只能有一个与之相应的事物；否则在推论中就会发生误解混乱。(3)指出他的辩学的基本任务是‘正名’，即‘审其名实，慎其所谓。’”[1]

最后，撰者对公孙龙辩学思想的历史地位进行了评说：“当时各学派都讨论‘正名’问题，各有自己的角度。公孙龙是专门从逻辑学角度研究名实关系，提出其‘正名’理论的。他的《名实论》注意到概念的确定性和一贯性，阐述了逻辑的同一律，这无疑是中国逻辑思想史上的贡献。但他不承认概念自身的矛盾性和多样性，不承认概念之间的联系和转化。而他本人却把他的辩学当成完美的世界观，‘欲推是辩。以正名实，而化天下焉。’这显然是‘过’了。公孙龙得平原君‘厚待’多年，‘及邹衍过赵，言至道，乃绌公孙龙。’(《史记·平原君列传》)这是一个意味深长的结局。”[2]

另需说明的是，张岂之主编的《中国思想学说史·先秦卷》(刘宝才、方光华分卷主编，广西师范大学出版社 2007 年 8 月第 1 版)包括八篇内容，分别为“前诸子时代的思想和学说”“儒学篇”“墨学篇”“道家篇”“法家篇”“名学篇”“纵横家篇”“兵学篇”。第六篇“名学篇”又包括四章内容，分别为“名学和名家概述”“惠施和尹文的思想学说”“公孙龙的思想和学说”

① 张岂之主编：《中国思想史》，西北大学出版社 1989 年版，第 147—148 页。

② 张岂之主编：《中国思想史》，西北大学出版社 1989 年版，第 148 页。

"《墨经》的思想和学说"。其中第三章"公孙龙的思想和学说"[1]分三节阐说了公孙龙的名学思想，分别为"公孙龙的生平和著作""公孙龙的学术思想观点""公孙龙思想和学说的历史地位"。撰者所谈的内容较前书（张岂之主编《中国思想史》）稍丰富些，不过两书的基本观点大体一致，这里不再赘述。

17. 李延贵、李延良编著《中国哲学史纲》

（北京）中央民族学院出版社1990年2月第1版。

本书包括八章内容，分别为"奴隶制时期的哲学思想（商、周）""封建制形成和确立时期的哲学思想（春秋、战国）""中央集权制封建国家确立时期的哲学思想（秦、汉）""封建门阀地主阶级统治时期的哲学思想（魏晋、南北朝）""封建制度发展时期的哲学思想（隋、唐）""封建制后期的哲学思想（宋、明）""封建制没落时期的哲学思想（清）""旧民主主义革命时期的哲学思想（鸦片战争——五四运动前）"。

在第二章第二节"'百家争鸣'中的各派学说"中，编著者阐析了"惠施和公孙龙的'名辩'学"[2]。在阐析公孙龙的"名辩"之学时，编著者首先介绍了公孙龙学说的概况："他适应社会变化的情况，提出要'审其名实，慎其所谓'，即根据新的'实'来慎重地重新定'名'。他认为：'名，实谓也'，即'名'是用来称呼'实'的，概念是具体事物的反映。公孙龙对当时'名实散乱'很不满意，想'正名实以化天下'。这些都属于进步的主张。"[3]接着，编著者对公孙龙最有名的"白马非马"论题进行了分析与评说："'马'的概念表示马的形体，'白'的概念表示马的颜色，表示颜色的不等于表示形体的，所以白马不等于马，又因'白马'包括了'白'和'马'两个概念，而'马'则只表示形体，所以'白马'和'马'不能等同。从特殊和一般的关系说，'白马'是属概念（个别），'马'是种概念（一般），'白马'和'马'存在着特殊

---

① 参见张岂之主编：《中国思想学说史·先秦卷》，广西师范大学出版社2008年版，上册第761—789页。

② 参见李延贵、李延良编著：《中国哲学史纲》，中央民族学院出版社1990年版，第36—37页。

③ 李延贵、李延良编著：《中国哲学史纲》，中央民族学院出版社1990年版，第36—37页。

和一般的差别，是不同的概念，不能混淆。在这里，公孙龙着重分析了概念的规定性和差别性，对古代逻辑学有一定的贡献。但他不懂得个别和一般的辩证关系，不懂得'个别一定与一般相联系而存在'和'一般只能在个别中存在，只能通过个别而存在'的道理，只强调个性和差别性，所以，得出的结论往往是'违反常识'的自相矛盾的诡辩。"[①]

18. 中国逻辑史研究会资料编选组编选《中国逻辑史资料选·现代卷》

(兰州)甘肃人民出版社 1991 年 11 第 1 版。

本书选辑了自五四至新中国建立前这一时期(1919 年 5 月至 1949 年 9 月)的名辩逻辑资料和因明资料，其中节录了研究公孙龙名辩思想的七部著作和三篇论文：七部著作分别为金受申的《公孙龙子释》[②](商务印书馆 1928 年版)，王琯的《公孙龙子悬解》[③](中华书局 1928 年版)，钱穆的《惠施公孙龙》[④](商务印书馆 1930 年版)，陈柱的《公孙龙子集解》[⑤](商务印书馆 1937 年版)，张怀民的《公孙龙子斠释》[⑥](商务印书馆 1937 年版)，谭戒甫的《形名发微》[⑦](选录自陈柱的《公孙龙子集解》，全书 1956 年由科学出版社出版)，顾惕生的《公孙龙子通诂》[⑧](该书未正式出版，选录自张怀民的《公孙龙子斠释》)；三篇论文分别为纪玄冰的《离坚白学派的诡辩

① 李延贵、李延良编著：《中国哲学史纲》，中央民族学院出版社 1990 年版，第 37 页。

② 参见中国逻辑史研究会资料编选组编选：《中国逻辑史资料选·现代卷》，甘肃人民出版社 1991 年版，下册第 86—94 页。

③ 参见中国逻辑史研究会资料编选组编选：《中国逻辑史资料选·现代卷》，甘肃人民出版社 1991 年版，下册第 95—108 页。

④ 参见中国逻辑史研究会资料编选组编选：《中国逻辑史资料选·现代卷》，甘肃人民出版社 1991 年版，下册第 109—120 页。

⑤ 参见中国逻辑史研究会资料编选组编选：《中国逻辑史资料选·现代卷》，甘肃人民出版社 1991 年版，下册第 258—266 页。

⑥ 参见中国逻辑史研究会资料编选组编选：《中国逻辑史资料选·现代卷》，甘肃人民出版社 1991 年版，下册第 267—272 页。

⑦ 参见中国逻辑史研究会资料编选组编选：《中国逻辑史资料选·现代卷》，甘肃人民出版社 1991 年版，下册第 273—277 页。

⑧ 参见中国逻辑史研究会资料编选组编选：《中国逻辑史资料选·现代卷》，甘肃人民出版社 1991 年版，下册第 278—282 页。

逻辑》[①]（初刊于《中山文化季刊》1943 年 10 月第 1 卷第 3 号），杜守素的《论〈公孙龙子〉》[②]（初刊于《说文月刊》1944 年第 4 卷合订本），景昌极的《惠施公孙龙名理阐微》[③]（初刊于《学原》1948 年 9 月第 2 卷第 5 期）。

19. 孙中原编著《诡辩和逻辑名篇赏析》

（北京）中国人民大学出版社 1992 年 7 月第 1 版。

本书正文前载有张岱年撰写的“序”（成稿于 1992 年 1 月），其中有言：“孙中原同志钻研中国逻辑史，著有关于中国逻辑史的专著，对于中国古代的名辩之学有较深的研究。近又将先秦至魏晋的关于名辩的著名篇章辑为一编，加以诠释剖析，题为《诡辩和逻辑名篇赏析》，这对于人们了解中国古代逻辑思想的发展将大有裨益。”[④]正文前另载有著者撰写的“前言”（成稿于 1992 年 1 月），其中有言：“本书从丰富的中国古代诡辩和逻辑篇章中剔精抉要，在悉心校勘、订正文字的基础上，给以简明通俗的分析解说，使具有中等文化水平的人能够读懂，以便弘扬祖国优秀文化遗产，继承古代逻辑的合理思想。”[⑤]

本书包括两编内容：第一编为“诡辩名篇”，又分成四节，分别为“千古诡辩第一人——邓析的诡辩论”“好治怪说，玩奇词——惠施的诡辩论”“荒唐之言，无端崖之词——庄子诡辩论”“词胜于理，终必受黜——公孙龙的诡辩论”；第二编为“逻辑名篇”，又分成九节，分别为“墨家逻辑的经典——《墨经》”“智者正名的技巧——荀子的逻辑”“绝色女子为何无人敢娶——尹文子的《名书》”“一字千金话名辩——吕不韦的逻辑”“以子之矛攻子之盾——韩非子的逻辑”“淮河之滨探心术——刘安的思维方法”“权衡真假以一杆称——王充的论证逻辑”“语言能否充分表达思想——欧阳

---

① 参见中国逻辑史研究会资料编选组编选：《中国逻辑史资料选·现代卷》，甘肃人民出版社 1991 年版，下册第 497—506 页。

② 参见中国逻辑史研究会资料编选组编选：《中国逻辑史资料选·现代卷》，甘肃人民出版社 1991 年版，下册第 507—510 页。

③ 参见中国逻辑史研究会资料编选组编选：《中国逻辑史资料选·现代卷》，甘肃人民出版社 1991 年版，下册第 525—527 页。

④ 孙中原编著：《诡辩和逻辑名篇赏析》，中国人民大学出版社 1992 年版，序第 1—2 页。

⑤ 孙中原编著：《诡辩和逻辑名篇赏析》，中国人民大学出版社 1992 年版，前言第 4 页。

建的《言尽意论》”“兴微继绝谱新篇——鲁胜的《墨辩注序》”。

在第一编第四节“词胜于理，终必受黜——公孙龙的诡辩论”[①]中，著者分别以“轰动一时的诡辩——白马非马”“一块石头所引起的辩论——‘离坚白’的诡辩”“诡辩的公式——‘二无一’”“唯心主义诡辩的奇文”“也可以为诡辩服务的逻辑学”为标题，对《白马论》《坚白论》《通变论》《指物论》《名实论》的哲学与逻辑学思想依次进行了阐析。在阐析各篇之前，著者先录其原文，以便于读者阅读理解原文的内容。

在“轰动一时的诡辩——白马非马”部分[②]，著者将《白马论》与《迹府》两篇结合起来[③]，首先对公孙龙其人其事及其诡辩术作了介绍，认为“从《迹府》和《白马论》二篇来看，公孙龙议论的整体和主流是诡辩，自然其中也夹杂了少量合乎逻辑的论证，不过这种论证在他的整个议论中只是属于局部和支流”[④]。“诡辩是语言的诈骗。诡辩者善于玩弄名词，设置语言陷阱，使人如坠五里云雾之中，听者如果没有清醒的头脑和敏锐的洞察力，就会于不知不觉之中上当受骗”[⑤]。接着，著者结合《白马论》“白马非马”辩题的论证过程，对公孙龙的诡辩术进行了阐析。最后，著者进一步强调：“不过，在公孙龙‘白马非马’的诡辩中，也部分地运用了逻辑。如就《迹府》篇所记，公孙龙同孔穿辩论中，就熟练地运用了形式逻辑的矛盾律进行归谬推理，不断从对方的议论中引出矛盾（悖），驳得对方‘无以应焉’（答不出话来）。这给公孙龙的诡辩拌上了逻辑的佐料，披上了逻辑的漂亮外衣。这也是他的诡辩能够得势于一时，能‘胜人之口’的一个原因。”[⑥]

在“一块石头所引起的辩论——‘离坚白’的诡辩”部分[⑦]，著者首先将辩者分为“盈坚白”与“离坚白”两派，前者以墨子后学为代表，后者以公孙龙为代表。著者认为，“他（公孙龙——引者注）坚持客观唯心主义的立

---

① 参见孙中原编著：《诡辩和逻辑名篇赏析》，中国人民大学出版社 1992 年版，第 29—52 页。

② 参见孙中原编著：《诡辩和逻辑名篇赏析》，中国人民大学出版社 1992 年版，第 29—36 页。

③ 编著者认为，“《迹府》一篇，是秦以后人纂辑的公孙龙子事迹，可以跟公孙龙诡辩名篇《白马论》一起参看”。见孙中原编著：《诡辩和逻辑名篇赏析》，中国人民大学出版社 1992 年版，第 33 页。

④ 孙中原编著：《诡辩和逻辑名篇赏析》，中国人民大学出版社 1992 年版，第 34 页。

⑤ 孙中原编著：《诡辩和逻辑名篇赏析》，中国人民大学出版社 1992 年版，第 34 页。

⑥ 孙中原编著：《诡辩和逻辑名篇赏析》，中国人民大学出版社 1992 年版，第 36 页。

⑦ 参见孙中原编著：《诡辩和逻辑名篇赏析》，中国人民大学出版社 1992 年版，第 36—41 页。

场,认为坚白石的实体是由离开具体事物与人的认识过程而独立存在(自藏)的'坚'、'白'、'石'等抽象概念转化而成的。又坚持形而上学的观点,认为坚和白这两种性质是互相分离、互相排斥、互不包涵的。就是说,只对立而不统一。这种观点被概称为'离坚白',或简单说'离'派的观点。这派观点即《坚白论》中主方的观点。有的论者把公孙龙的观点曲折论证为'唯物论'和'辩证法',他们所用的方法近似于公孙龙,也就是诡辩"[①]。接着,著者从"'未被感知就是不存在'——主观唯心主义的诡辩""通向客观唯心主义的诡辩"两个方面,对涵淹于《坚白论》中的诡辩进行了阐析。最后,著者总结道:"通过《坚白论》中形而上学的诡辩,公孙龙论证了他的多元客观唯心主义世界观的基本观点,并且通过'离坚白'的诡辩,为他自己的多元客观唯心主义世界观派上了一个用场。也就是说,'离坚白'是公孙龙客观唯心主义和形而上学诡辩论的一个实例或例证。"[②]

在"诡辩的公式——'二无一'"部分[③],著者首先指出:"'二无一'是公孙龙的一个诡辩公式。它涉及元素和集合的关系。'一'表示元素,'二'表示集合。公孙龙承认一和一相加可以构成二,即元素可以构成集合。这同常识的观点一致。但他认为'一'组成'二'后,'一'即失掉原来的独立地位和资格,于是他提出'二无一'(或'二非一')的公式。"[④]接着,著者揭示了"二无一"公式与"白马非马""离坚白"诡辩的内在关联,认为"公孙龙的'二无一'(二非一)是他'白马非马'和'离坚白'诡辩在方法论上的抽象,也是他多元客观唯心主义世界观的表现"[⑤]。然后,著者对插入《通变论》中的"鸡三足""牛羊足五"诡辩进行了分析,认为它们与《庄子·天下》记载的"黄马骊牛三"、《孔丛子·公孙龙篇》记载的"臧三耳"等辩题,其实都是"二无一"公式的变体,具体而言它们"都是同类性质的诡辩:混淆集合和因素,搅乱不同层次的语言"[⑥]。最后,著者并没有忘记指出《通变论》

① 孙中原编著:《诡辩和逻辑名篇赏析》,中国人民大学出版社1992年版,第38—39页。
② 孙中原编著:《诡辩和逻辑名篇赏析》,中国人民大学出版社1992年版,第41页。
③ 参见孙中原编著:《诡辩和逻辑名篇赏析》,中国人民大学出版社1992年版,第41—46页。
④ 孙中原编著:《诡辩和逻辑名篇赏析》,中国人民大学出版社1992年版,第43页。
⑤ 孙中原编著:《诡辩和逻辑名篇赏析》,中国人民大学出版社1992年版,第43页。
⑥ 孙中原编著:《诡辩和逻辑名篇赏析》,中国人民大学出版社1992年版,第45页。

中的合理因素，认为其合理因素主要在于“公孙龙对类概念的分析和认识。公孙龙意识到事物的类别是多角度、多层次的，根据不同的性质标准可以把事物分为不同范围和等级的类”[①]。

在“唯心主义诡辩的奇文”部分[②]，著者首先指出：“公孙龙的《指物论》用诡辩手法论证其客观唯心主义世界观的基本命题，是一篇不可多得的唯心主义诡辩论的奇文。”[③]接着，著者对《指物论》的基本命题及其诡辩方式进行了阐析，认为“本篇开宗明义摆出公孙龙客观唯心主义的基本命题：‘物莫非指，而指非指。’这里的‘物’，即事物，如‘白马’、‘坚白石’。‘指’即一般概念，如‘白’、‘马’、‘坚’、‘石’等。公孙龙命题的意思是：事物都是由一般概念构成的，而一般概念是第一性的本体，它不再由别的一般概念构成”[④]。在著者看来，公孙龙的这一唯心主义命题在《白马论》《坚白论》的诡辩中都有所表现。就《指物论》本身的论辩过程来看，“公孙龙在这里所使用的推理形式，主要是形式逻辑的连锁推理。尽管这种推理形式是一种有效的推理式，但由于公孙龙所使用的前提内容不真实，是唯心主义的武断和杜撰，经不起事实和已知真理的检验，因而据以演绎出的结论是有问题的。从根本上来说，唯心主义者在论证其谬说时不可能真正做到摆事实、讲道理，而必然要借助于诡辩。在本篇，公孙龙所使用的诡辩主要是巧辩加强辩”[⑤]。鉴于此，著者结合《指物论》中的相关论说，对公孙龙所使用的“巧辩”与“强辩”这两种诡辩方式进行了分析与评骘。

在“也可以为诡辩服务的逻辑学”部分[⑥]，著者对《名实论》中逻辑与诡辩并存的复杂情况进行了阐析与评说。就《名实论》作为一篇相当不错的逻辑论文而言，“其主旨是讲形式逻辑的同一律和矛盾律。彼之名专指彼之实，此之名专指此之实。如牛名指牛，马名指马，不可混淆。这是同一律。而彼此之名不能专指彼，也不能专指此。如牛马这一集合名词不能

① 孙中原编著：《诡辩和逻辑名篇赏析》，中国人民大学出版社 1992 年版，第 46 页。

② 参见孙中原编著：《诡辩和逻辑名篇赏析》，中国人民大学出版社 1992 年版，第 46—50 页。

③ 孙中原编著：《诡辩和逻辑名篇赏析》，中国人民大学出版社 1992 年版，第 47 页。

④ 孙中原编著：《诡辩和逻辑名篇赏析》，中国人民大学出版社 1992 年版，第 47 页。

⑤ 孙中原编著：《诡辩和逻辑名篇赏析》，中国人民大学出版社 1992 年版，第 49 页。

⑥ 参见孙中原编著：《诡辩和逻辑名篇赏析》，中国人民大学出版社 1992 年版，第 50—52 页。

专指牛,也不能专指马。这是矛盾律。如果这样解释,就跟后期墨家即《墨经》的观点一致。这是逻辑学的解释。要公孙龙讲逻辑,他也会讲得很好。我们从史书中所载公孙龙的事迹看,他为统治者出谋划策时主要还是运用逻辑的工具”[①]。就这种逻辑被错误地用来为其诡辩服务而言,“他认为白马之名只能专指白马之实,马之名只能专指马之实,所以他说‘白马非马’。同理,坚白石非坚、非白、非石。二之名专指二之实,一之名专指一之实,所以‘二无一’(二非一)。物指是物指,指是指,所以说‘物指非指’。这都是《名实论》中‘彼是彼’、‘此是此’、‘彼此非彼’、‘彼此非此’公式的错误运用。这说明形式逻辑规律可以为论证真理服务,也可以为论证诡辩服务。前者是逻辑的正当运用,后者是逻辑的歪曲运用。在《公孙龙子》著作中,既有逻辑概念和规律的表述,也有歪曲利用逻辑来为诡辩所作的论证。这也并不奇怪。因为以公孙龙为代表的一批职业‘辩者’,正是集逻辑学家与诡辩论者于一身的,他们是适应当时时代和社会需要而产生与存在的”[②]。

20. 沈有鼎著《沈有鼎文集》

(北京)人民出版社 1992 年 10 月第 1 版。

本书收有沈有鼎研究公孙龙的七篇文章,分别是《〈指物论〉句解》[③],初刊于《光明日报》1963 年 1 月 18 日;《〈公孙龙子〉的评价问题》[④],初刊于《哲学研究》1978 年第 6 期;《公孙龙考(一)——先秦是否有两个有名的公孙龙,还是只有一个?》[⑤],初刊于《哲学研究》编辑部编《哲学研究丛刊·中国哲学史论文集》(第一辑),山东人民出版社 1979 年版;《谈公孙龙——兼论〈墨辩〉三派》[⑥],初刊于北京市逻辑学会编辑组编《全国逻辑讨论会论文选集》(1979),中国社会科学出版社 1981 年版;《〈公孙龙子〉

① 孙中原编著:《诡辩和逻辑名篇赏析》,中国人民大学出版社 1992 年版,第 51 页。

② 孙中原编著:《诡辩和逻辑名篇赏析》,中国人民大学出版社 1992 年版,第 51—52 页。

③ 参见沈有鼎:《沈有鼎文集》,人民出版社 1992 年版,第 265—269 页。

④ 参见沈有鼎:《沈有鼎文集》,人民出版社 1992 年版,第 270—275 页。

⑤ 参见沈有鼎:《沈有鼎文集》,人民出版社 1992 年版,第 276—283 页。

⑥ 参见沈有鼎:《沈有鼎文集》,人民出版社 1992 年版,第 392—398 页。

考——从较早的文献考察辩者公孙龙的学说的倾向性》[①]，初刊于《中国哲学史研究》1989 年第 3 期；《公孙龙‘二无一’诡论原文和今译对照》[②]；《现行〈公孙龙子〉六篇的时代和作者考》[③]。此外，本书还收录了一篇关于公孙龙研究的书评：《评庞朴〈公孙龙子研究〉的〈考辨〉部分》[④]，初刊于《中国哲学史研究集刊》，上海人民出版社 1982 年版。

另外，《沈有鼎集》(中国社会科学出版社 2006 年 12 月第 1 版）收录了沈有鼎研究公孙龙的五篇文章，分别是《〈公孙龙子〉的评价问题》[⑤]、《公孙龙考(一)——先秦是否有两个有名的公孙龙，还是只有一个？》[⑥]、《谈公孙龙——兼论〈墨辩〉三派》[⑦]、《〈公孙龙子〉考——从较早的文献考察辩者公孙龙的学说的倾向性》[⑧]、《现行〈公孙龙子〉六篇的时代和作者考》[⑨]。

张家龙的《论沈有鼎的“两个公孙龙”假说——纪念沈有鼎先生诞辰 90 周年》，刊于《哲学研究》1998 年第 9 期；王丽娟的《论沈有鼎对〈公孙龙子〉研究的贡献——对公孙龙其人其书的考证》，刊于《哲学研究》1998 年增刊(“中国名辩学与方法论研讨会、道家与西方研讨会、冯友兰哲学思想研讨会”优秀论文精选)；卜卫军的《沈有鼎对古代名辩学的研究》，河南大学逻辑学专业硕士学位论文，2008 年 5 月通过答辩，其中第二章、第三章分别阐析了沈有鼎“关于公孙龙的研究”“关于今本《公孙龙子》的考证”。

21. 徐仁甫著《诸子辨正》

徐仁甫(1901—1988)，名永孝，字仁甫。本书是其遗著，四川省文史研究馆编，成都出版社 1993 年 10 月第 1 版。

本书正文前载有著者撰写的“自序”(成稿于 1980 年 10 月)，其中有

① 参见沈有鼎：《沈有鼎文集》，人民出版社 1992 年版，第 443—462 页。
② 参见沈有鼎：《沈有鼎文集》，人民出版社 1992 年版，第 483—485 页。
③ 参见沈有鼎：《沈有鼎文集》，人民出版社 1992 年版，第 486—509 页。
④ 参见沈有鼎：《沈有鼎文集》，人民出版社 1992 年版，第 399—412 页。
⑤ 参见沈有鼎：《沈有鼎集》，中国社会科学出版社 2006 年版，第 155—160 页。
⑥ 参见沈有鼎：《沈有鼎集》，中国社会科学出版社 2006 年版，第 161—168 页。
⑦ 参见沈有鼎：《沈有鼎集》，中国社会科学出版社 2006 年版，第 169—175 页。
⑧ 参见沈有鼎：《沈有鼎集》，中国社会科学出版社 2006 年版，第 204—224 页。
⑨ 参见沈有鼎：《沈有鼎集》，中国社会科学出版社 2006 年版，第 245—268 页。

言："余读诸子书，对于文辞艰深者，辄加校释。或纠正误字，或解释深词，或参考别籍，或对正本书，莫不实事以求是，虽一虚字，亦未放过。窃谓一书有一书之体例，一家有一家之语言，掌握其客观现象，然后予以适当解释，虽不中不远矣。数十年来，先秦竟积十家，汉魏积八家。惟《墨子》、《淮南子》仅解数篇，其余皆解全书。"[①]

本书"《公孙龙子》辨正"部分[②]共有五条解释（按语），其中《迹府》三条，《白马论》一条，《通变论》一条，现一一撮录如下：

《迹府》第一条，著者对"且欲师之者，以智与学不如也。今使龙去之，此先教而后师之也，先教而后师之者悖"这段话加按语云："'先教后师'，于文不通。'先'当为'失'之误，'失'又为'无'之误，'后'当作'复'，因已误'先'而改'复'为'后'。原文本是'此无教而复师之也，无教而复师之者悖'。'无教'即上文所谓'今使龙去之，则无以教焉'。此'无教'承'无以教'来。今误为'先教而后师'，既背上文，亦不合事理。下文'今教龙去白马非马，是先教而后师之也，先教而后师之不可'，先、后字误与此同。"[③]

《迹府》第二条，著者就"尹文曰：'见侵侮而终不敢斗，王将以为臣乎？'王曰：'钜。士也见侮而不斗，辱也。辱则寡人不以为臣矣'"这段话，首先参引孙诒让所说"钜，士也。钜与讵通。《荀子·正论篇》：'是岂钜知见侮之为不辱哉？'杨注云：'钜与遽同。'此与《荀子》同"，然后加按语云："孙说'钜'同'讵'，是，然读则非。讵，岂也，训见《广雅》。岂者，怪拒之词，见《礼记·曾子问》'周公曰：岂，不可'孔颖达疏。此'讵'亦拒词。上文曰：'王将以为臣乎？'王曰：'钜。'即否定之不以为臣也。先言'讵'以拒之，下文'士也……'云云，乃言不以为臣之故。《吕氏春秋·正名篇》载此文，'钜'作'否'。可见'钜'字当独为一句。孙从旧读连下文，非也。"[④]

《迹府》第三条，著者就"子知难白马之非马，不知所以难之，说以此，犹知好士之名，而不知察士之类"这段话，首先参引辛从益所说"'不知所以难之，说以此'，言子所以难吾之说得不以此乎"、王琯所说"'以此'之

---

① 徐仁甫：《诸子辨正》，成都出版社1993年版，自序第1页。
② 参见徐仁甫：《诸子辨正》，成都出版社1993年版，第164—166页。
③ 徐仁甫：《诸子辨正》，成都出版社1993年版，第164页。
④ 徐仁甫：《诸子辨正》，成都出版社1993年版，第165页。

‘以’似衍”以及俞樾所说“‘以’字乃‘如’字之误”，然后加按语云：“‘以’，犹如。训见《古书虚字集释》及《广释词》。上文‘以齐国无士何也?’谓如齐国无士何也？即奈齐国无士何邪？‘说以此’，即说如此。其说如此，此指犹知好士之名，而不知察士之类。‘说如此’三字连下文，文自通顺。旧连上为句，则毫无意义。或以为反语，或衍‘以’字，皆无当也。”[1]

《白马论》一条，著者就“有白马不可谓无马也，不可谓无马者非马也”这段话，首先参引谢希深所说“既有白马，不可谓之无马，则白马岂非马乎”和陈澧、俞樾“皆读‘非马也’之‘也’为‘邪’”以及金受申“又以‘非马也’之‘非’为衍文”，然后加按语云：“诸说皆非。‘不可谓无马者非马也’，原文‘非’下脱一‘无’字耳。诸公不知有脱文而牵强说之，宁有当乎！”[2]

《通变论》一条，著者就“其有君臣之于国焉，故强寿矣”这句话，首先参引王琯所说“‘其有’二字无解，疑涉上文‘其有黄矣’而误。究为何字之讹，已不可考”、金受申所说“疑‘有’为‘若’字之讹”、伍非百所说“‘若’，举喻之词。‘其若君臣之于国焉’（‘若’旧作‘有’形讹），谓若国之有君臣也。‘故’读若‘姑’。寿，通俦，类也。虽类而有不类者在，非绝对的同也，故言‘强寿’”以及陈柱所说“‘其有’，疑‘其犹’，声近之误”，然后加按语云：“有，犹若也。《鲁语》：‘季桓子穿井获如土缶，其中有羊焉。’《史记·孔子世家》作‘中若羊’。是‘有’犹‘若’也（李笠谓‘若’疑当作‘有’。与此疑‘有’当作‘若’，同一拘泥）。《列子·力命篇》：‘北宫子既归，衣其裋褐，有狐貉之温；进其茂菽，有稻粱之味；庇其蓬室，若广厦之荫；乘其筚辂，若文轩之饰。’‘有’与‘若’互文，是‘有’、‘若’同义。‘其有君臣之于国焉’，即‘其若君臣之于国焉’。‘有’即举喻之词。诸家谓字讹、声误者皆非。‘故强寿’，伍说是。”[3]

22. 李养正著《道教与诸子百家》

本书系《道教文化丛书》之一种，北京燕山出版社 1993 年 11 月第

[1] 徐仁甫：《诸子辨正》，成都出版社 1993 年版，第 165 页。

[2] 徐仁甫：《诸子辨正》，成都出版社 1993 年版，第 165—166 页。

[3] 徐仁甫：《诸子辨正》，成都出版社 1993 年版，第 166 页。

1版。

本书包括十七章内容，其中第九章为“道教与名家”[①]。在著者看来，“‘名家’著名人物有惠施、宋钘、公孙龙、尹文。其中惠施、公孙龙、尹文的一些哲学思想，为后世道教建立义理体系所吸取”[②]。基于这种看法，著者从三个方面阐析了名家的思想及其与道家之间的关联，分别为“惠施的‘天地一体’思想”“公孙龙的‘离坚白、别同异’思想”“尹文的‘见侮不辱’、‘情欲寡浅’之说”。

在阐析“公孙龙的‘离坚白、别同异’思想”[③]时，著者首先结合古籍所载简要介绍了公孙龙其人其书，接着对公孙龙的主要论点作了诠解：

其一，《公孙龙子·白马论》所载的“白马非马”之说：“‘白’是颜色，‘马’是形状，‘白’和‘马’只不过是两个概念，各自是独立不涉的，是分离的，经这样一抽象化，就不存在具体的马了。”[④]

其二，《公孙龙子·坚白论》所载的“坚白石三”之说：“‘坚’是性，‘白’是色，‘石’是形，是三样相分离的概念，色、性、质互不关联，不可同时被感知，见‘白’就没有了‘坚’和‘石’，拊摸到‘坚’就没有了‘白’、‘石’……人的感觉一分离，现象也就不可知，感性认识也就不可靠。最后就否定了‘坚白石’的存在，只承认事物是观念的组合，只承认精神观念的存在，不承认具体的、现实的、物质的事物的存在。”[⑤]

其三，《孔丛子·公孙龙》所载的“臧三耳”之说：“‘臧’，即仆人。公孙龙说仆人有三只耳朵。意思是：仆人长了两只耳朵，但仆人还有一只是只听主人命令的无形的、精神性质的耳朵，故曰‘臧三耳’。这里虽然承认了两只耳朵（实），但他的用意主要是虚构还有一只无形的、抽象概念的耳朵，也就是论证精神实体的存在。”[⑥]

其四，《庄子·天下》所载的“辩者二十一事”。著者认为，“其中以公

① 参见李养正：《道教与诸子百家》，北京燕山出版社1993年版，第154—164页。

② 李养正：《道教与诸子百家》，北京燕山出版社1993年版，第154页。

③ 参见李养正：《道教与诸子百家》，北京燕山出版社1993年版，第156—160页。

④ 李养正：《道教与诸子百家》，北京燕山出版社1993年版，第157页。

⑤ 李养正：《道教与诸子百家》，北京燕山出版社1993年版，第157页。

⑥ 李养正：《道教与诸子百家》，北京燕山出版社1993年版，第157—158页。

孙龙一派辩者的观点立论的有十三事"①。著者枚列了这"十三事"("鸡三足""火不热""轮不碾地""目不见""指不至,至不绝""矩不方,规不可以为圆""凿不围枘""飞鸟之影,未尝动也""镞矢之疾而有不行不止之时""狗非犬""黄马骊牛三""孤驹未尝有母""一尺之棰,日取其半,万世不竭"),并一一作了阐析。

在上述阐析的基础上,著者继而指出:"以上都是论证宇宙间精神实体的存在,而且认为精神作用是最关键的,甚而认为宇宙万物只是精神概念的组合,否定了世界的物质性,否定了具体事物的存在。宇宙最根本的本原是精神实体,就是'道',也就是'一',只有'道'才是'实',才是最根本的存在。'道'无处不在,无时不存,是宇宙本原,是永恒的,可聚可散。这是一种神秘的精神实体,使人的思想进入神秘的思想境界。"②

最后,著者对公孙龙与惠施作了比较并揭示了名家与道教之间的密切关联:"公孙龙(持共相论)与惠施(持相对论)的观点是相反的,惠施学派从宇宙论角度着眼,即所谓'历物',完全抛弃人的感性认识的真实性;公孙龙学派从认识论角度出发入手,'析辩抗辞',完全抛弃理性认识的真实性。而两者却又是殊途同归,最后皆是只承认'道'为宇宙本体。两者实质上是从貌似对立的角度,把老庄学派'道'的思想以逻辑化、神秘化、绝对化。因而'名家'与'道家'在学术思想上有密切关系,从而后世道教也便据此而把《公孙龙子》纳入道教经籍之系列,明《正统道藏》太清部'颠'字号内便收有《公孙龙子》。"③

23. 庞朴著《白马非马·中国名辩思潮》

本书系《神州文化继承丛书》之一种,(北京)新华出版社 1993 年 12 月第 1 版。庞朴出版的另一部著作《中国的名家》,(北京)中国国际广播出版社 2010 年 1 月第 1 版,其内容与本书相同。

---

① 李养正:《道教与诸子百家》,北京燕山出版社 1993 年版,第 158 页。
② 李养正:《道教与诸子百家》,北京燕山出版社 1993 年版,第 159 页。
③ 李养正:《道教与诸子百家》,北京燕山出版社 1993 年版,第 159—160 页。

本书包括“引子”与五章内容。在“引子”部分[1]，著者首先从“白马不是马”这句话谈起，带出了一个严肃的哲学问题，即思想与语言的关系问题：“思想从娘胎起便注定了要受制于语言，因为思想只有借助于语言，才能发生，才能活动，才能传递，才能存在，……在一种语言文字内部，如果不存在某个语词，竟根本无法形成某种思想。”[2]基于语言对思想的过滤、规范作用，著者继而谈及哲学上“名”的问题：“我们只好用通用的语言来传递所思所想，指认事事物物。在哲学上，这叫做赋予思想和事物以‘名’。”[3]著者认为，“名”在中国哲学史上至少有两种情况：其一，“以名为教”，“就是把适合某种需要的观念和规范立为名分，定为名目，号为名节，制为功名，以此来进行教化。实质上就是一种以名为神的现世的宗教”[4]。汉儒董仲舒《春秋繁露·深察名号》所说的“受命之君，天意之所予也。故号为天子者，宜视天如父，事天以孝道也。号为诸侯者，宜谨视所候奉之天子也。号为大夫者，宜厚其忠信，敦其礼义，使善大于匹夫之义，足以化也。士者，事也。民者，瞑也”，就是“以名为教”早期的一例；其二，“以名为学”，这种情况出现在“以名为教”之前，那时，“名还没有成‘教’，停留在‘学’，则显得理性化。我们这本小册子，就把兴趣放在汉以前的名学上”[5]。

第一章为“名辩思潮”[6]。著者首先对孔子的“正名”论、老庄的“无名”论、名家的“控名”论一一进行了阐说，认为“春秋末年，由孔子提出的‘正名’问题，便是我们所要说的中国第一场名辩思潮的开端，它在整个中国历史上，都留下了深远影响”[7]。此后，老庄提出“无名”论，试图将任何名实之争一笔勾销。这种运思理路虽然含有一种辩证思维方式，“但是他们的无名论，是没有太多正面价值的。作为正名论的对立面，无名论的出

---

① 参见庞朴：《白马非马·中国名辩思潮》，新华出版社1993年版，第1—6页。
② 庞朴：《白马非马·中国名辩思潮》，新华出版社1993年版，第3—4页。
③ 庞朴：《白马非马·中国名辩思潮》，新华出版社1993年版，第4页。
④ 庞朴：《白马非马·中国名辩思潮》，新华出版社1993年版，第5页。
⑤ 庞朴：《白马非马·中国名辩思潮》，新华出版社1993年版，第5页。
⑥ 参见庞朴：《白马非马·中国名辩思潮》，新华出版社1993年版，第7—22页。
⑦ 庞朴：《白马非马·中国名辩思潮》，新华出版社1993年版，第9页。

现,是必然的;从认识发展史来说,甚至是必要的"[①]。换言之,从先秦名辩思潮发展史的整体脉络与总体趋势看,孔子的"正名"论、老庄的"无名"论都是为名家"控名"论的出现所作的一种准备。"正名、无名之在孔子、老庄思想体系中,都并不占主导地位,只是主导思想所派生出的一个侧面,一个关于名实问题的观点。我们之所以要谈到它,实因为它是中国名辩思潮的开端,或者叫序曲,有不容忽视的地位。真正的名辩大潮,是由所谓的名家人物组成并推动的,他们才是本书的主角"[②]。从中可以看出,围绕着名实问题,先秦思想发展呈现出一种渐次超越、环环相扣的嬗演节奏来:"正名的结果必然导致无名,无名把正名说得一无是处;正因为极端否定别人和极端肯定自己,无名论也不免将自己的短处暴露于众,而让位于冷眼旁观的后来人。"[③]这里所谓的"冷眼旁观的后来人",指的便是以"控名"为务而"专决于名"的先秦名家。基于此,著者立足于自己观照中国哲学史的独特思维方式——"一分为三",勾勒出了先秦思想发展史上的两个螺旋上升的圆圈:其一,"从儒家的正名,到道家的无名,再到名家的控名,这是名实问题领域中,中国先秦时期思想发展的轨迹,它构成了一个螺旋上升的圆圈"[④];其二,从惠施一派的"别同异",到公孙龙一派的"离坚白",再到墨家辩者一派的"离同异,合坚白",同样循着黑格尔所谓正—反—合的逻辑节奏,构成了先秦名辩思潮内部的一个螺旋上升的圆圈。"如果进而说成墨家辩者是上两派的逻辑发展,是那一'正'一'反'之后必然的'合',或许更能深刻揭示哲学思想自身变化的一些规律;要是更考虑到务实的正名和玄思的无名的传统,则我们对名家三派的离合同异,就会理解得更多了"[⑤]。鉴于先秦名辩思潮是本书的主角,著者在此后的三章中,按照"合同异派""离坚白派""墨家辩者"的顺序分别进行了阐说。

第二章为"合同异派"[⑥]。本章重点阐说了"合同异派"代表人物惠施

① 庞朴:《白马非马·中国名辩思潮》,新华出版社1993年版,第16页。
② 庞朴:《白马非马·中国名辩思潮》,新华出版社1993年版,第16页。
③ 庞朴:《白马非马·中国名辩思潮》,新华出版社1993年版,第19页。
④ 庞朴:《白马非马·中国名辩思潮》,新华出版社1993年版,第19页。
⑤ 庞朴:《白马非马·中国名辩思潮》,新华出版社1993年版,第22页。
⑥ 参见庞朴:《白马非马·中国名辩思潮》,新华出版社1993年版,第23—53页。

的思想。著者首先依据《庄子》中的相关记载，对惠施的生平事迹作了介绍，认为“弱于德、强于物”的惠施“其实也应该称做自然哲学家。人们把他归入名家，看来有点误会，或者说失之浅视。当然这种误会或浅视也事出有因，因为惠施所论大大动摇了人们的许多常规观念，而观念是‘名’范围里的事”[①]。接着，著者依据《战国策》《庄子》《韩非子》《吕氏春秋》等古籍中的相关载述，对惠施的思想作了介绍，认为“最能表示惠施名辩才华的，当属《庄子·天下》篇中所记的‘历物之意’的十大论题，后人称之为‘惠施十事’”[②]。鉴于此，著者对“惠施十事”进行了详细的阐析。

第三章为“离坚白派”[③]。本章首先对公孙龙其人其书作了介绍，接着以“白马和马”“坚白与石”“二有一乎”“唯谓非名”“物莫非指”为标题分别阐析了《白马论》《坚白论》《通变论》《名实论》《指物论》的旨趣及其重要论题，然后阐说了公孙龙的历史地位。本章内容与著者此前出版的《公孙龙子今译》(巴蜀书社1990年版)一书的“述评”部分大致相同，在此不再赘述。

第四章为“墨家辩者”[④]。本章从七个方面阐说了墨家辩者的思想，分别为“同异交得”“彼亦且此”“以名举实”“以辞抒意”“以说出故”“知识论”“语经”。

第五章为“余论”[⑤]。著者首先对先秦名家在汉代的遭遇作了说明：“中国先秦的名辩思潮到《墨经》完成了一个圆圈，也就从此结束了。名家们提出的那许多稀奇古怪的问题，在两汉四百多年间，几乎不再有人重新提起。思想家们的兴趣，似乎一下子都转到了别的方面，转到了对自然、对社会进行新一轮的重新认识方面。至于认识‘认识本身’的任务，终因离开国计民生太远，被放在一边，无暇过问了。”[⑥]接着，著者对先秦名家在汉代以后至晚近的流传情况作了爬梳：“如此放了差不多五个世纪，魏晋

---

① 庞朴：《白马非马·中国名辩思潮》，新华出版社1993年版，第26页。
② 庞朴：《白马非马·中国名辩思潮》，新华出版社1993年版，第27—28页。
③ 参见庞朴：《白马非马·中国名辩思潮》，新华出版社1993年版，第56—80页。
④ 参见庞朴：《白马非马·中国名辩思潮》，新华出版社1993年版，第81—110页。
⑤ 参见庞朴：《白马非马·中国名辩思潮》，新华出版社1993年版，第111—112页。
⑥ 庞朴：《白马非马·中国名辩思潮》，新华出版社1993年版，第111页。

玄风大炽时，不汲汲于事功的世家大族子弟们，才有心思拣起以前名家论题的一鳞半爪，作为谈资，衔杯挥麈，论难起来。接着遂有鲁胜于元康年间注《墨辩》，其《注叙》……如此不分青红皂白，溶惠施、公孙龙、墨家辩者于一炉，其理解名辩的程度，可想而知。唐·咸亨间，有王师政作《拟公孙龙子论》六篇，'篇卷字数，皆不逾公孙之作，人物义理，皆反取公孙之意'，竟完全是文字游戏了。后遂无问津者；直至晚近。"[①]

24. 周山著《智慧的欢歌——先秦名辩思潮》

本书是著者继《中国逻辑史论》(辽宁教育出版社 1988 年版)之后出版的又一部专门研究先秦名辩思潮的学术专著，(北京)生活·读书·新知三联书店 1994 年 11 月第 1 版。

本书中的主要观点与前书大体一致，不过在结构布局方面更为系统化、专题化了。本书正文前载有著者撰写的"序"，成稿于 1991 年 9 月 10 日。在这篇序文中，著者首先介绍了"名"的本义及其作用，接着分析了先秦名辩思潮兴起的历史文化背景，然后对名辩思潮中最重要的名、墨、儒三大学派作了扼要的说明。

本书包括九章内容：第一章为"两可之论"[②]，旨在阐说名家先驱者邓析的生平事迹及其名辩思想；第二章为"百家争鸣"[③]，旨在阐说稷下学宫的辩士们(如邹衍、淳于髡、孟子、宋钘、彭蒙、田骈、慎到等)所提出的名辩思想；第三章为"见侮不斗"[④]，旨在阐说尹文的生平事迹及其名辩思想；第四章为"濠上观鱼"[⑤]，旨在阐说惠施的生平事迹及其名辩思想；第五章为

① 庞朴：《白马非马·中国名辩思潮》，新华出版社 1993 年版，第 111—112 页。

② 参见周山：《智慧的欢歌——先秦名辩思潮》，生活·读书·新知三联书店 1994 年版，第 1—17 页。

③ 参见周山：《智慧的欢歌——先秦名辩思潮》，生活·读书·新知三联书店 1994 年版，第 19—47 页。

④ 参见周山：《智慧的欢歌——先秦名辩思潮》，生活·读书·新知三联书店 1994 年版，第 49—65 页。

⑤ 参见周山：《智慧的欢歌——先秦名辩思潮》，生活·读书·新知三联书店 1994 年版，第 67—100 页。

“杀盗非杀人”[1]，旨在阐说墨家学派的名辩思想；第六章为“白马非马”[2]，旨在阐说公孙龙的名辩思想；第七章为“制名枢要”[3]，旨在阐说荀子的名辩思想；第八章为“为名不可两立”[4]，旨在阐说韩非的名辩思想；第九章为“始于‘两可’止于‘不两立’”[5]，旨在揭示先秦名辩思潮衰落的原因。在第六章“白马非马”[6]中，著者从六个方面阐说了公孙龙的名辩思想：

(1)“正名实，化天下”[7]，该部分是对公孙龙其人其事其书的介绍。著者首先指出：“公孙龙是战国末年的赵国人，大约生活在公元前325年至公元前251年，与儒家的后起之秀荀子是同一国籍、同一时代的名辩弄潮儿。他曾在赵惠文王的弟弟、战国四公子之一的平原君赵胜家里作客卿。他一方面帮助执政的平原君出谋划策，析疑解难，一方面利用食客三千、游士盈门的平原君相国府，倡说‘白马非马’等命题，创建具有名家独特风格的名学理论体系。”[8]接着，著者从“倡教相府”“孔穿拜师”“臧三耳”“辞胜于理”“毁誉之论”五个方面，对公孙龙的生平事迹以及发生在他身上的论辩故事作了介绍。最后，著者总结道：“公孙龙旨在以正名实教化天下的离形言名的名辩研究，因为博采众长，取得了不同凡响的成就。从邹衍对公孙龙的辞胜之辩的评论中，以及后世的扬雄在《法言·吾子篇》关于公孙龙‘诡辞数万以为法’的评论，我们约略可以知道公孙龙所著的十四篇名辩文章，包括有系统研究语言形式的内容。而流传至今仅存的《名实

① 参见周山：《智慧的欢歌——先秦名辩思潮》，生活·读书·新知三联书店1994年版，第101—131页。

② 参见周山：《智慧的欢歌——先秦名辩思潮》，生活·读书·新知三联书店1994年版，第133—158页。

③ 参见周山：《智慧的欢歌——先秦名辩思潮》，生活·读书·新知三联书店1994年版，第159—181页。

④ 参见周山：《智慧的欢歌——先秦名辩思潮》，生活·读书·新知三联书店1994年版，第183—205页。

⑤ 参见周山：《智慧的欢歌——先秦名辩思潮》，生活·读书·新知三联书店1994年版，第207—218页。

⑥ 参见周山：《智慧的欢歌——先秦名辩思潮》，生活·读书·新知三联书店1994年版，第135—158页。

⑦ 参见周山：《智慧的欢歌——先秦名辩思潮》，生活·读书·新知三联书店1994年版，第135—141页。

⑧ 周山：《智慧的欢歌——先秦名辩思潮》，生活·读书·新知三联书店1994年版，第135页。

论》、《白马论》、《指物论》、《坚白论》、《通变论》五篇文章，则都是关于概念名称的研究，关于种概念与属概念之间的差异性的分析。”[①]

(2)“唯乎其彼此”[②]，该部分是对《名实论》的阐析。著者首先指出：“《名实论》是一篇专门解释分析名实问题的文章，对其中的‘实’、‘位’、‘正’等概念一旦有了准确的理解和把握，那么，对公孙龙的其它几篇文章的中心命题，如‘白马非马’、‘物指非指’、‘坚白石离’、‘二无一’等玄奥难解的命题，也就比较容易理解了。在幸存的五篇文章中，《名实论》无疑是打开其它四篇的玄奥之门的一把钥匙。”[③]接着，著者从三个方面阐析了《名实论》提出的名实思想：其一，“正名实的三条原则”[④]：一是“物其所物而不过”，二是“实其所实而不旷”，三是“位其所位”；其二，“正名实的基本方法”[⑤]，即“以其所正，正其所不正；以其所不正，疑其所正”；其三，“正名实的具体标准”[⑥]，即“其名正，则唯乎其彼此”。此外，著者注意到《名实论》末句“审其名实，慎其所谓”的深意，在于“提醒人们在思维活动中务必谨慎地分析和准确地把握所使用的每一个概念的名称”[⑦]。

(3)“白马非马”[⑧]，该部分是对《白马论》的阐析。著者首先指出：“‘白马非马’的真实含义，即是：白马异于马。它是《白马论》的中心命题，具体地展现了《名实论》中的‘不过’、‘不旷’、‘位其所位’这三条逻辑原则。”[⑨]“公孙龙对‘白马非马’命题的论证，是从概念的内涵与外延两个方面着手的。用他的正名术语讲，就是从名、实之间的‘旷’、‘过’两个方面加以分

---

① 周山：《智慧的欢歌——先秦名辩思潮》，生活·读书·新知三联书店1994年版，第141页。

② 参见周山：《智慧的欢歌——先秦名辩思潮》，生活·读书·新知三联书店1994年版，第141—145页。

③ 周山：《智慧的欢歌——先秦名辩思潮》，生活·读书·新知三联书店1994年版，第141页。

④ 参见周山：《智慧的欢歌——先秦名辩思潮》，生活·读书·新知三联书店1994年版，第141—143页。

⑤ 参见周山：《智慧的欢歌——先秦名辩思潮》，生活·读书·新知三联书店1994年版，第143—144页。

⑥ 参见周山：《智慧的欢歌——先秦名辩思潮》，生活·读书·新知三联书店1994年版，第144—145页。

⑦ 周山：《智慧的欢歌——先秦名辩思潮》，生活·读书·新知三联书店1994年版，第145页。

⑧ 参见周山：《智慧的欢歌——先秦名辩思潮》，生活·读书·新知三联书店1994年版，第145—148页。

⑨ 周山：《智慧的欢歌——先秦名辩思潮》，生活·读书·新知三联书店1994年版，第145页。

析的。"[①]接着，著者从两个方面对"白马非马"命题进行了阐析：其一，"命色形非命形"[②]，这是从内涵方面进行的辨析。具体言之，"从正名实的立场出发，'白马'是一个既反映颜色属性又反映形态属性的概念名称，'马'是一个只反映形态属性的概念名称。因此，'白马'与'马'是在内涵方面有着明显差异的两个概念名称：白马非马"[③]。在著者看来，"公孙龙对'白马'、'马'这两个具有种属关系的概念，从内涵方面进行的上述分析，是他的前辈名辩学者所没有从事过的工作；这种对'白马非马'进行严格的科学论证，比兒说等人的论证，当然更具有说服力"[④]；其二，"求白马，黄、黑马不可致"[⑤]，这是从外延方面进行的辨析。具体言之，"由于'马'的内涵比'白马'的内涵少，因此，'马'的外延比较大：'马'既没有颜色方面的规定，所以除了白马以外，黄、黑马也都可以应选。'白马'的内涵比'马'的内涵多，因而'白马'的外延就比较小：'白马'之名既有颜色方面的规定，所以除了白马以外，黄、黑马都可以应选"[⑥]。进而言之，"由外延上的大、小之别，正面说明：'白马'有异于'马'这个命题是可以成立的"[⑦]。最后，著者阐说了《白马论》的"白马非马"命题与《公孙龙子》其他篇什之间的关联："关于'白马非马'命题的论证，既是《名实论》中的正名实诸原则、方法、标准的具体运用，也是《指物论》、《通变论》各篇的基础。《指物论》的中心命题'物指非指'、《通变论》的中心命题'二无一'，即是'白马非马'命题的不同层次的抽象。"[⑧]

(4)"物指非指"[⑨]，该部分是对《指物论》的分析。著者首先指出："'物

① 周山：《智慧的欢歌——先秦名辩思潮》，生活·读书·新知三联书店1994年版，第145页。

② 参见周山：《智慧的欢歌——先秦名辩思潮》，生活·读书·新知三联书店1994年版，第145—147页。

③ 周山：《智慧的欢歌——先秦名辩思潮》，生活·读书·新知三联书店1994年版，第146页。

④ 周山：《智慧的欢歌——先秦名辩思潮》，生活·读书·新知三联书店1994年版，第147页。

⑤ 参见周山：《智慧的欢歌——先秦名辩思潮》，生活·读书·新知三联书店1994年版，第147—148页。

⑥ 周山：《智慧的欢歌——先秦名辩思潮》，生活·读书·新知三联书店1994年版，第147页。

⑦ 周山：《智慧的欢歌——先秦名辩思潮》，生活·读书·新知三联书店1994年版，第147页。

⑧ 周山：《智慧的欢歌——先秦名辩思潮》，生活·读书·新知三联书店1994年版，第148页。

⑨ 参见周山：《智慧的欢歌——先秦名辩思潮》，生活·读书·新知三联书店1994年版，第148—150页。

指’,是对物的指谓,‘指’,是未附之于物的抽象指谓。‘物指’是具体概念,‘指’是抽象概念。‘物指’与‘指’,分别是‘白马’与‘马’的抽象。由此,‘物指’与‘指’的关系,亦即‘白马’与‘马’的关系。”[①]“‘物指非指’,即‘白马非马’的抽象表述,是《指物论》篇的中心命题。”[②]接着,著者从“物莫非指”“物指非物”“物指非指”三个方面,对“物莫非指,而指非指”命题进行了阐析。最后,著者把公孙龙关于“物指非指”的论述与战国中期名辩思潮中关于“指”的论争关联起来进行考察,特别是通过与庄子所谓“以指喻指之非指,不若以非指喻指之非指也,以马喻马之非马,不若以非马喻马之非马”之说的比较,认为“庄子的活动时间早于公孙龙数十年。他的这一番议论,说明在公孙龙之前的战国中期,曾经有过与‘物指非指’一样的名辩论争。公孙龙作‘物指非指’之辩,显然有比他的前辈学者更高明、更能说清楚道理的地方。他所幸运的,是能够将《指物论》流传下来,使后人通过颇为玄奥的文字,看到了公孙龙为首的名辩学者关于‘物指非指’的分析,其实就是关于具体概念与抽象概念之间的关系的研究,是‘白马非马’这一具体命题的抽象分析”[③]。

(5)“坚白相离”[④],该部分是对《坚白论》的阐析。著者首先指出:“关于‘坚白’的名辩之争,始于战国初期,在墨家的经典著作《墨经》中,保留有‘坚白’问题的许多分析文字,如‘坚白不相外’、‘离坚则无白,离白则无坚’,等等。墨家后学因此产生不同的理解,造成同室操戈、相谓别墨的局面。于是,作为名家后起之秀的公孙龙,也必然对‘坚白’之论十分关注。他在总结前人的思辩材料之基础上,运用其独特的名、实、位等名学研究方法,对‘坚白’问题进行了颇有独立见解的分析论证。”[⑤]接着,著者从“视、拊异任”“坚、白相离”“独而正”三个方面,对《坚白论》的中心命题及其论证过程进行了阐析。最后,著者总结道:“公孙龙从以上三个方面,对

---

① 周山:《智慧的欢歌——先秦名辩思潮》,生活·读书·新知三联书店1994年版,第148页。

② 周山:《智慧的欢歌——先秦名辩思潮》,生活·读书·新知三联书店1994年版,第148页。

③ 周山:《智慧的欢歌——先秦名辩思潮》,生活·读书·新知三联书店1994年版,第150页。

④ 参见周山:《智慧的欢歌——先秦名辩思潮》,生活·读书·新知三联书店1994年版,第150—153页。

⑤ 周山:《智慧的欢歌——先秦名辩思潮》,生活·读书·新知三联书店1994年版,第150—151页。

建筑在坚、白相离基础上的‘坚、白、石，二’的命题作了详细分析论证，再一次具体展现了在《名实论》中提出的‘唯乎其彼此’的正名原则。”[①]

(6)“二无一”[②]，该部分是对《通变论》的阐析。著者首先对《通变论》的中心命题“二无一”作了阐发：“在‘二无一’命题中，二与一都不是一般意义上的数量词，它们在名辩研究中具有特殊的含义：‘二’表示由两个小类组成的一个大类，‘一’表示组成一个大类的某一小类。在正名实研究中，‘二’也相当于一个名所相应的‘实’应占居的二个位置，‘一’则相当于其中的一个位置。以‘白马’与‘马’两名为例，‘白马’占居有白和马两个位，‘马’则仅占居有其中的马这个位置。因此，‘二无一’命题实际上就是‘白马非马’命题用‘位’的观念进行的抽象表述。”[③]接着，著者从“二无右”“羊合牛非马”“青以白非黄”三个方面，对《通变论》的主要观点及其论证过程进行了阐析。最后，著者对公孙龙的名辩思想作了总体评价：“公孙龙从具体到抽象，从个别到一般的离形言名的分析，使名家的正名研究从不成熟的散论成为成熟的理论系统，与墨家的《小取》篇相映成辉。公孙龙的一生，虽无显官高爵，然而因为坚持了‘白马非马’的正名研究而名满当时，流传千古。”[④]

另需说明的是，著者出版的另一部著作《中国学术思潮史（卷一）：子学思潮》（上海社会科学院出版社2006年5月第1版）包括十五章内容，其中第四章“邓析操‘两可’——乡校议政与名辩风气的开创”[⑤]、第八章“名辩弄潮——惠施及其辩者”[⑥]、第十章“后期墨家论辩说”[⑦]、第十一章

① 周山：《智慧的欢歌——先秦名辩思潮》，生活·读书·新知三联书店1994年版，第153页。

② 参见周山：《智慧的欢歌——先秦名辩思潮》，生活·读书·新知三联书店1994年版，第154—158页。

③ 周山：《智慧的欢歌——先秦名辩思潮》，生活·读书·新知三联书店1994年版，第154页。

④ 周山：《智慧的欢歌——先秦名辩思潮》，生活·读书·新知三联书店1994年版，第157—158页。

⑤ 参见周山：《中国学术思潮史（卷一）：子学思潮》，上海社会科学院出版社2006年版，第113—134页。

⑥ 参见周山：《中国学术思潮史（卷一）：子学思潮》，上海社会科学院出版社2006年版，第278—313页。

⑦ 参见周山：《中国学术思潮史（卷一）：子学思潮》，上海社会科学院出版社2006年版，第357—399页。

“公孙龙:正名实,化天下”[1]、第十二章“荀况:抨击百家,独尊孔家”中的第五节“制名之枢要”[2]、第十三章“韩非:子学思潮的终结者”中的第五节“矛盾之说的逻辑意义”[3]等章节专门阐说了先秦名辩思潮的代表人物及其主要观点,内容与《智慧的欢歌——先秦名辩思潮》大致相同。当然,跨越十余载,著者的看法也有了某些变化,就公孙龙论而言,其变化主要表现在两个方面:其一,著者增加了一节文字——“从尹文的形名研究转向名实研究”[4],强调了公孙龙的名实学说与尹文的形名学说之间的承续关系。其二,改变了阐说《公孙龙子》五篇的顺序:前书的阐说顺序是《名实论》《白马论》《指物论》《坚白论》《通变论》,后书则调整为《名实论》《白马论》《坚白论》《通变论》《指物论》,著者在阐说过程中也完善了自己的某些看法。

25. 朱浩、王冬炽著《别开生面的名家思想》

本书1995年5月由辽宁古籍出版社出版,书名题为《别开生面的名家思想》,著者署为朱浩、王冬炽;2012年4月由辽海出版社再版,书名题为《中国名家思想的兴衰》,著者署为朱浩,内容与前书一致。

本书包括八章内容,分别为“引言:社会大变革中的名辩思潮”“‘设无穷之辞,操两可之说’——名家先驱者邓析”“‘天与地卑,山与泽平’——惠施的‘历物十事’”“‘飞鸟之景,未尝动也’——辩者二十一事”“山雉与凤凰——尹文的形名思想”“‘白马非马’——公孙龙的名学思想”“名家的衰落与先秦名实之辩的总结”“结语”。在第六章“‘白马非马’——公孙龙的名学思想”[5]中,著者从六个方面阐说了公孙龙的名学思想:

---

① 参见周山:《中国学术思潮史(卷一):子学思潮》,上海社会科学院出版社2006年版,第400—437页。

② 参见周山:《中国学术思潮史(卷一):子学思潮》,上海社会科学院出版社2006年版,第463—474页。

③ 参见周山:《中国学术思潮史(卷一):子学思潮》,上海社会科学院出版社2006年版,第512—515页。

④ 参见周山:《中国学术思潮史(卷一):子学思潮》,上海社会科学院出版社2006年版,第404—411页。

⑤ 参见朱浩、王冬炽:《别开生面的名家思想》,辽宁古籍出版社1995年版,第90—147页。

(1)“正名实而化天下”[①]。著者依据《公孙龙子·迹府》以及《庄子·秋水》《吕氏春秋·应言》等典籍中的相关载述，对公孙龙的生平事迹及其主张作了介绍，认为“公孙龙不单纯是一位逻辑学家，可以说他是战国末年活跃于政治舞台上的一位游士、谋士和辩士。他有着鲜明的政治主张和系统的学术观点，并为此积极地进行游说和论辩”[②]。著者将公孙龙的政治主张归结为“正名实而化天下”以及“兼爱”“偃兵”，特别是第一点“不仅是他的政治观点，也是他的学术观点”[③]。为了实现“正名实而化天下”的主张，公孙龙着重探讨了逻辑学上的名实关系问题，《名实论》便是集中反映其名实观的代表作，因而在现存《公孙龙子》五篇中居于基础与核心地位：“《名实论》是公孙龙学说的理论基础，《白马论》则只是《名实论》思想的具体运用，《通变论》不过是对《名实论》的补充，是讨论在事物关系发生变化的情况下，名实关系有无变化的问题，《坚白论》与《指物论》也是从抽象的意义上，讨论一般概念与事物的关系问题。由此可见《名实论》是公孙龙整个思想体系的核心。”[④]

(2)“‘白马非马’——《白马论》解析”[⑤]。著者首先指出：“‘白马非马’，是公孙龙的主要辩题之一，也是同时代学人（包括反对派）喜欢称引的辩者命题，公孙龙正由于这一辩题而享盛名。”[⑥]接着，著者从“‘白马非马’之含义”“关于‘白马非马’的六层论证”“‘白马非马’所揭示的逻辑关系”三个方面，对《白马论》进行了全面的解析。最后，著者阐说了“《白马论》在逻辑学上的贡献和局限”[⑦]。其贡献主要有三：其一，“《白马论》是中国逻辑史上第一部研究逻辑思想问题的专著”[⑧]；其二，“《白马论》以及关于‘白马非马’的辩论自觉地以概念为研究对象，从概念的内涵和外延、质

① 参见朱浩、王冬炽：《别开生面的名家思想》，辽宁古籍出版社1995年版，第90—94页。
② 朱浩、王冬炽：《别开生面的名家思想》，辽宁古籍出版社1995年版，第91页。
③ 朱浩、王冬炽：《别开生面的名家思想》，辽宁古籍出版社1995年版，第93页。
④ 朱浩、王冬炽：《别开生面的名家思想》，辽宁古籍出版社1995年版，第94页。
⑤ 参见朱浩、王冬炽：《别开生面的名家思想》，辽宁古籍出版社1995年版，第94—109页。
⑥ 朱浩、王冬炽：《别开生面的名家思想》，辽宁古籍出版社1995年版，第94页。
⑦ 参见朱浩、王冬炽：《别开生面的名家思想》，辽宁古籍出版社1995年版，第107—109页。
⑧ 朱浩、王冬炽：《别开生面的名家思想》，辽宁古籍出版社1995年版，第108页。

和量两方面进行了分析"[①];其三,"'白马非马'论揭示了肯定判断中主、谓项的矛盾和对象中个别与一般的差异和对立"[②]。其局限性主要表现在:"'白马是马'与'白马非马'反映了'白马'与'马'这个判断中有个不同的方面,只有互为补充,相得益彰,才全面地反映白马与马的关系,而公孙龙看见了前一个命题的片面性,虽然他也承认'白马是马',但在通篇《白马论》中过分强调'白马非马',也不可避免地犯了片面性的错误,这也是'白马非马'论被人误解的一个重要原因。"[③]

(3)"'物莫非指,而指非指'——《指物论》剖析"[④]。著者首先指出:"在先秦诸子中,《公孙龙子》是最难读的一本书,而《指物论》又是《公孙龙子》中最难懂的一篇,它的论辩过程一波三折,层出不穷。在语言的使用上,往往是一字多义,在这一句中用的是这个意思,在另一句中用的是另一个意思,稍不注意,就会觉得不知所云,若坠云山雾里,看不清方向。正由于这样的特点,使得后人对《指物论》的解释颇有争议,对它的评价也各不相同。"[⑤]鉴于此,著者从如下三个方面对《指物论》作了全面的剖析:其一,关于篇题。著者认为,"《指物论》实际上就是'论指物',即讨论'指'与'物'的关系"[⑥]。就"指"的含义而言,"指,一字多义,在《指物论》中,指除了没有'手指'这个含义外,其他几种含义都有,其中用得最多,最基本的含义是'概念(也叫共相)',篇名中的指就是概念的意思"[⑦]。就"物"的含义而言,"在《指物论》中,物只有一个含义,即天地万物"[⑧]。在著者看来,"明白了指与物的含义,就弄懂了题目的意思,《指物论》就是讨论概念与万物关系的论文。概念总是抽象地反映了事物的属性,因而,《指物论》也在某种程度上讨论了物的属性与物的关系问题。再引申开来,概念是人的意识活动的形式,讨论概念与万物的关系,也就是在讨论意识和物质的

---

① 朱浩、王冬炽:《别开生面的名家思想》,辽宁古籍出版社 1995 年版,第 108 页。
② 朱浩、王冬炽:《别开生面的名家思想》,辽宁古籍出版社 1995 年版,第 108 页。
③ 朱浩、王冬炽:《别开生面的名家思想》,辽宁古籍出版社 1995 年版,第 109 页。
④ 参见朱浩、王冬炽:《别开生面的名家思想》,辽宁古籍出版社 1995 年版,第 109—119 页。
⑤ 朱浩、王冬炽:《别开生面的名家思想》,辽宁古籍出版社 1995 年版,第 109 页。
⑥ 朱浩、王冬炽:《别开生面的名家思想》,辽宁古籍出版社 1995 年版,第 110 页。
⑦ 朱浩、王冬炽:《别开生面的名家思想》,辽宁古籍出版社 1995 年版,第 110 页。
⑧ 朱浩、王冬炽:《别开生面的名家思想》,辽宁古籍出版社 1995 年版,第 111 页。

关系，意识与物质的关系正是哲学的基本问题。由此可见，《指物论》这篇论文在公孙龙思想中的地位，它代表了公孙龙哲学的基本立场”[①]。其二，关于公孙龙哲学的基本立场。著者认为，“公孙龙哲学的基本立场是朴素唯物主义的，在物质和意识的关系问题上，他是主张物质第一性、意识第二性的”[②]。其三，《指物论》所讨论的“指”与“物”的关系。其关系主要有三：一是“从指与物之间的反映与被反映的关系，揭示了概念与外物的矛盾关系”[③]，二是“通过指物关系着重说明了人的认识的有限性与物质世界的无限性的关系”[④]，三是“从指与物的关系进一步阐明了一般(共性)与个别(个性)的区别与联系”[⑤]。在对上述重大问题的解答上，“他继承了先秦朴素唯物主义与朴素辩证法的优良传统，为后人进一步研究逻辑思维形式，探讨形式逻辑原理奠定了基础”[⑥]。

(4)“‘二无一’——《通变论》剖析”[⑦]。著者首先对《通变论》的篇题及其探讨的中心命题进行了解析：“所谓‘通变论’，就是讨论通达变化的道理，相对于《白马论》、《坚白论》，《通变论》更侧重于从‘变’的角度来探讨哲学和逻辑学问题。《通变论》的中心命题是‘二无一’，‘二’指整体，‘一’指部分，‘二无一’是说，整体不再等同于它所构成的部分，或者说，作为部分的东西一旦被结合成一个整体，就变化了它们自己，失去了原来独立存在时的性质。《通变论》可以说是公孙龙哲学和逻辑学的方法论基础，他的‘白马非马’、‘坚白石二’等命题都可由‘二无一’推导出来。”[⑧]接着，著者从“公孙龙对‘二无一’的阐述”[⑨]、“‘二无一’的例证”[⑩]两个方面，对《通变论》的中心命题“二无一”的含义进行了具体的剖析。然后，著者剖析了

① 朱浩、王冬炽：《别开生面的名家思想》，辽宁古籍出版社1995年版，第111页。
② 朱浩、王冬炽：《别开生面的名家思想》，辽宁古籍出版社1995年版，第112页。
③ 朱浩、王冬炽：《别开生面的名家思想》，辽宁古籍出版社1995年版，第113页。
④ 朱浩、王冬炽：《别开生面的名家思想》，辽宁古籍出版社1995年版，第115页。
⑤ 朱浩、王冬炽：《别开生面的名家思想》，辽宁古籍出版社1995年版，第118页。
⑥ 朱浩、王冬炽：《别开生面的名家思想》，辽宁古籍出版社1995年版，第119页。
⑦ 参见朱浩、王冬炽：《别开生面的名家思想》，辽宁古籍出版社1995年版，第119—125页。
⑧ 朱浩、王冬炽：《别开生面的名家思想》，辽宁古籍出版社1995年版，第119页。
⑨ 参见朱浩、王冬炽：《别开生面的名家思想》，辽宁古籍出版社1995年版，第119—121页。
⑩ 参见朱浩、王冬炽：《别开生面的名家思想》，辽宁古籍出版社1995年版，第121—123页。

"《通变论》中的'类'观念和分类思想"[①],认为"在论证'二无一'中,公孙龙明确提出了'类'观念,触及到了逻辑分类的思想,这在先秦逻辑史上具有重大意义"[②]。最后,著者分析了"《通变论》中的诡辩色彩"[③],认为"《通变论》提出了一些很有创见的思想,但也有一些诡辩色彩,表现出公孙龙思维的混乱,这也许是走在时代前列,有创见的思想家所不可避免的,我们在这里不去苛求他,但指出他的一些错误则是必要的"[④]。其诡辩色彩主要表现在三个方面:一是"违反分类原则,混淆类的界限"[⑤],二是"名实相乱,混淆了共性与个性"[⑥],三是"牵强附会的比附"[⑦]。

(5)"'坚白石二'——《坚白论》解析"[⑧]。著者首先指出:"'坚白石二'这一辩题,和'白马非马'的辩题一样,是先秦名辩思潮中另一最引人注目,也最足以代表公孙龙一派学说的一个辩题。就揭示公孙龙的理论体系来说,它比'白马非马'深刻许多。正因为公孙龙在辩论中强调'离坚白',所以他被后人称为名家中的'离坚白'派,与另一名家惠施的'合同异'派对立。因此可以说,公孙龙以'白马说'成名,却以'离坚白'成家。"[⑨]接着,著者从"'坚白石二'的含义""关于'坚白石二'的四层论证"两个方面,对《坚白论》的中心辩题"坚白石二"的含义及其论证层次进行了具体的解析。最后,著者阐析了"'坚白石二'的认识论意义和逻辑学意义"[⑩]。其认识论意义主要有五点:其一,"他指出认识来源于感性认识,是从感觉开始、离不开感觉的,而感觉又依赖于感官与客观对象。这就把认识论建立在朴素的唯物主义基础上"[⑪];其二,"他阐明感官各有分工而不能互相代替,而且人们不能同时产生不同的感觉。如'见'白而不能见'坚','触'

① 参见朱浩、王冬炽:《别开生面的名家思想》,辽宁古籍出版社1995年版,第123—124页。
② 朱浩、王冬炽:《别开生面的名家思想》,辽宁古籍出版社1995年版,第123页。
③ 参见朱浩、王冬炽:《别开生面的名家思想》,辽宁古籍出版社1995年版,第124—125页。
④ 朱浩、王冬炽:《别开生面的名家思想》,辽宁古籍出版社1995年版,第124页。
⑤ 朱浩、王冬炽:《别开生面的名家思想》,辽宁古籍出版社1995年版,第124页。
⑥ 朱浩、王冬炽:《别开生面的名家思想》,辽宁古籍出版社1995年版,第125页。
⑦ 朱浩、王冬炽:《别开生面的名家思想》,辽宁古籍出版社1995年版,第125页。
⑧ 参见朱浩、王冬炽:《别开生面的名家思想》,辽宁古籍出版社1995年版,第126—137页。
⑨ 朱浩、王冬炽:《别开生面的名家思想》,辽宁古籍出版社1995年版,第126页。
⑩ 参见朱浩、王冬炽:《别开生面的名家思想》,辽宁古籍出版社1995年版,第135—137页。
⑪ 朱浩、王冬炽:《别开生面的名家思想》,辽宁古籍出版社1995年版,第136页。

坚而不知‘白’，这正是人们认识可能产生片面性的客观原因之一”[①]；其三，“他指出由于感官不能互相替代而产生各自不同感觉，事物的各种属性才能被正确地分辨出来，所以说‘离也者，天下故独而正’”[②]；其四，“感觉不是孤立的、无条件的，感觉离不开外部条件（如光线），亦离不开思维器官的作用”[③]；其五，“他指出感觉有其局限性，只是认识的低级阶段，只能感知事物的不同侧面而不能认识全体，不能对事物有完整的认识，故必须在感觉的基础上上升到理性认识，依靠抽象思维的力量，对某事物有一个初步整体的认识”[④]。其逻辑学意义主要有两点：其一，“它阐发了逻辑概念区分产生的认识论根源”[⑤]；其二，“公孙龙的‘坚白石二’，又涉及到逻辑学的复合判断问题”[⑥]。在著者看来，“关于‘坚白石二’论的缺点也是较明显的，过分强调‘离’，强调感觉的分析作用，就必然轻视理智的综合作用，而分析和综合是人类认识过程中缺一不可的，轻视任何一个都将对正确认识产生巨大危害。另外，公孙龙过分夸大感觉功能的局限性，否定了感性认识在思维指导下的协调一致作用，不能看到人的各种感觉功能都是在人类理性支配下从事活动的。这一切，都应是我们从事认识活动的分析时引以为戒的”[⑦]。

（6）“‘审其名实，慎其所谓’——《名实论》解析”[⑧]。著者首先在概说部分谈论了三个话题：其一，《名实论》的主旨及其在《公孙龙子》中的重要地位：“公孙龙之所以要从事于‘正名’的逻辑研究，是因为‘疾名实之散乱’的缘故，……是为了‘正名实而化天下’。《名实论》就是以‘名’、‘实’的解释分析为唯一内容，以‘审其名实，慎其所谓’为其归结的一篇文字。对《名实论》中‘实’、‘位’、‘正’等概念一旦有了准确的理解和把握，那么，对于《公孙龙子》中其余数篇的中心命题，如‘白马非马’、‘物指非指’、‘二

① 朱浩、王冬炽：《别开生面的名家思想》，辽宁古籍出版社1995年版，第136页。
② 朱浩、王冬炽：《别开生面的名家思想》，辽宁古籍出版社1995年版，第136页。
③ 朱浩、王冬炽：《别开生面的名家思想》，辽宁古籍出版社1995年版，第136页。
④ 朱浩、王冬炽：《别开生面的名家思想》，辽宁古籍出版社1995年版，第136页。
⑤ 朱浩、王冬炽：《别开生面的名家思想》，辽宁古籍出版社1995年版，第136页。
⑥ 朱浩、王冬炽：《别开生面的名家思想》，辽宁古籍出版社1995年版，第137页。
⑦ 朱浩、王冬炽：《别开生面的名家思想》，辽宁古籍出版社1995年版，第137页。
⑧ 参见朱浩、王冬炽：《别开生面的名家思想》，辽宁古籍出版社1995年版，第137—147页。

无一’、‘坚白石二’等历来玄奥难辨的论题，也就比较容易理解了。所以，在幸存的《公孙龙子》著作中，《名实论》可以说是打开其余数篇的玄奥之门的关键所在；它在《公孙龙子》中具有基础性、指导性的地位。要准确领会公孙龙的逻辑思想体系，研究《名实论》是必需的。”①其二，《名实论》作为一篇带有指导性、纲领性、序言性的文章被置于《公孙龙子》诸篇之末的原委在于：“因为先秦以至汉人写书喜欢把序放在最后，这一篇因而也被编在末尾。另外《公孙龙子》全书本着先事实后理论，先具体后抽象的认识途径，把这篇带有‘序言’性质的文章殿于全书之后，也不失为表述理论的较好形式。”②其三，《名实论》与《公孙龙子》其他几篇的不同之处在于：“前几篇都有一个中心的辩题，主、客双方围绕此命题进行反复争辩，如‘白马非马’‘二无一’等等，本篇却没有一个中心命题，也没有主、客双方的争辩，完全是由公孙龙在阐述自己关于名、实的观点。由此也可见《名实论》与其他几篇是有着不同的。”③在作了上述概说的基础上，著者从“‘夫名，实谓也’的名实观”“‘唯乎其彼此’的正名思想”两个方面，对《名实论》所提出的“物”“实”“位”“正”等范畴以及“正名”的实质、要求、标准、方法等内容进行了全面的解析。最后，著者总结道：“通过分析，我们知道：‘夫名，实谓也’的名实观具有朴素唯物主义反映论的性质，是公孙龙逻辑思想的认识论基础。‘唯乎其彼此’的正名理论，不仅是《名实论》的核心，而且是贯穿公孙龙全部逻辑思想的基本原则。这一提法强调的是概念的自身同一，否定了概念的含混游移，明确揭示了形式逻辑同一律和矛盾律的内容和要求。这是从概念论角度对公孙龙逻辑思想的总结，也是《名实论》的成就和贡献。但它所主张的名与实必须一一对应（一名只能与一实相当，一实也只能与一名相当），是对名实关系的凝固化和对概念同一性的形而上学理解，这不能不说是《名实论》的一大缺憾。”④

① 朱浩、王冬炽：《别开生面的名家思想》，辽宁古籍出版社 1995 年版，第 137—138 页。
② 朱浩、王冬炽：《别开生面的名家思想》，辽宁古籍出版社 1995 年版，第 138 页。
③ 朱浩、王冬炽：《别开生面的名家思想》，辽宁古籍出版社 1995 年版，第 138—139 页。
④ 朱浩、王冬炽：《别开生面的名家思想》，辽宁古籍出版社 1995 年版，第 147 页。

26. 张晓芒著《先秦辩学法则史论》

本书是著者在其博士学位论文(南开大学博士学位论文,1993年答辩,指导教师温公颐、崔清田教授)的基础上修改而成的,(北京)中国人民大学出版社1996年8月第1版。

本书包括五章内容,分别为"导论""先秦辩学法则思想的准备期""先秦辩学法则思想的萌芽期""先秦辩学法则思想的发展""先秦辩学法则体系的形成与总结"。第四章"先秦辩学法则思想的发展"又分为五节,分别为"墨子的辩学法则思想""孟子的辩学法则思想""庄子的'辩无胜'""惠施的辩学法则思想""公孙龙的辩学法则思想"。

在"公孙龙的辩学法则思想"一节[①],著者首先对公孙龙其人其说其书作了简要介绍,认为从现存《公孙龙子》一书来看,公孙龙谈辩的根本宗旨"在于'正名实',并以此论证了正名实中正确思维所必须遵守的思维法则的重要作用和操行方法"[②]。鉴于此,著者从四个方面阐析了公孙龙的辩学法则思想:

(1)"思维法则的社会背景及客观基础"[③]。就其"社会背景"而言,著者认为,"战国中后期,各国相继进行变法,社会仍处在一个新旧交替、剧烈变革的过程中,名实散乱的情况仍很严重。对此,公孙龙'疾名实之散乱',提出'正名实而化天下'(《迹府》)的口号"[④]。"由于名实问题的政治伦理意义,'好形名之学'的公孙龙,将自己的研究归结在纯粹名实关系的问题取向上,以期为世人提供正确认识名实关系的思维方法,以及规范这种思维进程的思维法则,以保证正名实时的思维确定性。统观《公孙龙子》,他的研究主要就是以此为宗旨而展开的。其中,《名实论》是他整个思维法则体系的重心"[⑤]。再从其"客观基础"来看,"公孙龙所论证的思维法则思想有其客观基础,是从客观事物的同异中抽象而成的。其基本的

① 参见张晓芒:《先秦辩学法则史论》,中国人民大学出版社1996年版,第211—224页。
② 张晓芒:《先秦辩学法则史论》,中国人民大学出版社1996年版,第212页。
③ 参见张晓芒:《先秦辩学法则史论》,中国人民大学出版社1996年版,第212—213页。
④ 张晓芒:《先秦辩学法则史论》,中国人民大学出版社1996年版,第212页。
⑤ 张晓芒:《先秦辩学法则史论》,中国人民大学出版社1996年版,第212页。

运思过程体现在《名实论》开篇即对'物'、'实'、'位'、'正'的基本规定上"[①]。"'物'指天地万物,即客观存在的事物。'实'就是使一个事物确实成为它自己而不是它物的东西,是这个事物的实际存在,它所表现的是事物自身存在的质的规定性,超出这个规定性就是'过',事物即不再保持自我同一。'位'是指一个事物用来充实它自己而不空旷的那个范围,在这个范围内,'物'在量上的规定性得到充分体现。超出这个范围则为'旷',事物即不再保持自我同一。'正'是指事物处在它应有的位置上,是事物质的规定性和量的规定性的统一,在这个'正''位'上,事物的自我同一性在确定的内容和确定的范围上得到了完美的统一"[②]。"事物的自我同一性及其反面——相互差异性,是事物本身所具有的客观存在,因此,思维要想正确地认识客观事物,就必须如实地反映这些客观存在的同异,在认识过程中,分辨、把握、反映事物的同异,并对这些同异用'名'进行处理,使之凝固在'名'上。基于此,思维与客观事物发生联系的最直接环节就是概念(名)了。公孙龙认识到了这一点,他以'正其所实者,正其名也','夫名,实谓也,知此之非此也,知此之不在此也,则不谓也。知彼之非彼也,知彼之不在彼也,则不谓也'(《名实论》),表明了思维的自我同一性对于客观事物的自我同一性的依赖。在这种主观反映客观的过程中,客观事物质与量的稳定性决定着主观思维'名'的确定性。正是在此基础上,公孙龙提出了保证思维过程自我同一的思维法则思想的具体内容"[③]。

(2)"思维法则的具体论述"[④]。著者首先指出:"客观事物的'不过'、'不旷',表明了自身的稳定性和唯一性,'其正者,正其所实也,正其所实者,正其名也'(《名实论》)则表明作为反映事物'不过'、'不旷'的'名',要明确'实'的范围和内容,以保证'名'的确定性和唯一性。为此,公孙龙提出了规范这一主观反映客观的运思途径的思维法则。"[⑤]著者将公孙龙的思维法则归结为"唯乎其彼此",并从正面要求"彼彼止于彼,此此止于此,

---

① 张晓芒:《先秦辩学法则史论》,中国人民大学出版社 1996 年版,第 213 页。
② 张晓芒:《先秦辩学法则史论》,中国人民大学出版社 1996 年版,第 213 页。
③ 张晓芒:《先秦辩学法则史论》,中国人民大学出版社 1996 年版,第 213 页。
④ 参见张晓芒:《先秦辩学法则史论》,中国人民大学出版社 1996 年版,第 214—216 页。
⑤ 张晓芒:《先秦辩学法则史论》,中国人民大学出版社 1996 年版,第 214 页。

可”以及反面要求“彼此而彼且此，此彼而此且彼，不可”两个方面进行了阐述。在此基础上，著者最后总结道：“总之，公孙龙按照‘唯乎其彼此’的总要求，认为一个事物的实际存在，有其质与量的确切规定性，因而思维在反映这个事物时也只能有一个与之对应的名称。一个名对于它所反映的实必须是‘唯乎其谓’，名实之间不允许有丝毫差异，否则就是名实不当。公孙龙还用‘可’与‘不可’具体表明了同一法则和矛盾法则的实质内容，并以‘当’、‘正’、‘行’与‘不当’、‘乱’、‘不行’的对立，明确表明了在保证思维自我同一与相互差异的过程中，思维法则对于正确思维的强制规范作用，具体要求了思维过程中苛守概念、判断的确定性、恰当性和有效性，反对概念、判断的混乱、不恰当和无效。”①

(3)“思维法则的具体论证及应用”②。著者首先指出：“为了‘正名实而化天下’，公孙龙‘假物取譬’，以实证主义的态度，借取辩之物，调整名实关系，进一步论证了‘唯乎其彼此’的思维法则思想，……从《公孙龙子》诸篇看，‘白马非马’、‘离坚白’等命题不仅是公孙龙的思维法则思想的进一步论证，同时也是他的思维法则思想的实际运用。”③鉴于此，著者从四个方面阐析了公孙龙对“唯乎其彼此”这一思维法则的具体论证及应用：其一，“白马非马”④。著者认为，“在‘白马非马’的论证中，公孙龙从概念之间的差异性分析入手，具体展现了‘唯乎其彼此’的内容，揭示了概念在内涵、外延上所存在的种属差异关系”⑤。具体体现在两个方面：一是“‘白马非马’表明了概念之间内涵上所存在的质的差异”⑥，二是“‘白马非马’表明了概念外延上存在着量的差异”⑦。综上，“由于‘白马’与‘马’在内涵与外延上的差异，‘白马’只能称谓白马之实，‘马’只能称谓马之实。两者之间的差异，决定了‘白马’所代表的个别与‘马’所代表的一般之间的差异和对立，思维必须严格区别这种差异和对立，才能在‘唯乎其彼此’中保

---

① 张晓芒：《先秦辩学法则史论》，中国人民大学出版社1996年版，第215—216页。

② 参见张晓芒：《先秦辩学法则史论》，中国人民大学出版社1996年版，第216—221页。

③ 张晓芒：《先秦辩学法则史论》，中国人民大学出版社1996年版，第216页。

④ 参见张晓芒：《先秦辩学法则史论》，中国人民大学出版社1996年版，第216—217页。

⑤ 张晓芒：《先秦辩学法则史论》，中国人民大学出版社1996年版，第216页。

⑥ 参见张晓芒：《先秦辩学法则史论》，中国人民大学出版社1996年版，第216—217页。

⑦ 参见张晓芒：《先秦辩学法则史论》，中国人民大学出版社1996年版，第217页。

证思维自身的同一性”[①]。其二，“坚白石二”[②]。在著者看来，“《白马论》中的‘白马非马’是以简单判断的形式论证了‘唯乎其彼此’，《坚白论》中的‘坚白石二’则是以复合判断的形式论证了‘唯乎其彼此’”[③]。在对“坚白石二”命题的论证过程进行阐析的基础上，著者指出：“坚白石二的辩学意义在于，对于‘石是坚的’和‘石是白的’这两个简单判断，既然其主词是同一的，能否将它们组成一个复合判断，形成一个‘坚白石三’的常识判断？公孙龙认为不可，因为按照‘彼彼止于彼，此此止于此，可；彼此而彼且此，此彼而此且彼，不可’的思维原则，既然我们不能同时认识石头中的‘坚’、‘白’两种属性，那么就表明这两种属性之间存在着差异、区别、对立，因此，‘坚石’和‘白石’这两个概念的差异性特点就决定了它们不能必然地结合在一起，在‘唯乎此’时，就不能再谓彼，反之亦然。故以‘无坚得白，其举也二，无白得坚，其举也二’反对了那种‘既是……又是’的思维方式，以‘离也者天下，故独而正’的离散分析手段，强调了在认识‘坚白石’的过程中，思维必须遵循‘唯乎其彼此’的重要性。”[④]其三，“二无一”[⑤]。著者认为，“‘二无一’是《通变论》的中心命题，其主旨仍是从概念上分析事物整体与部分的差异性和分离性入手，论证两个具体事物相互结合，在事物关系有所改变的情况下，名实关系仍然不能混乱”[⑥]。在对“二无一”命题的论证过程进行阐析的基础上，著者总结道：“总之，通过‘二无一’论证名实关系在事物相互关系有所改变后仍不能混乱，这种‘正名实’仍是对‘唯乎其彼此’的说明，并且最终仍要从辩学意义归结至其政治伦理主张上的。”[⑦]其四，“悖”[⑧]。在著者看来，“自孔子提出‘惑’辞：‘既欲其生，又欲其死，是惑也。’(《论语·颜渊》)借以反对两相矛盾之辞不能同时确立，表达了矛盾法则的思想，墨子以‘悖’取代‘惑’，也表达了他的矛盾法则思想。

---

① 张晓芒：《先秦辩学法则史论》，中国人民大学出版社 1996 年版，第 217 页。
② 参见张晓芒：《先秦辩学法则史论》，中国人民大学出版社 1996 年版，第 217—218 页。
③ 张晓芒：《先秦辩学法则史论》，中国人民大学出版社 1996 年版，第 217 页。
④ 张晓芒：《先秦辩学法则史论》，中国人民大学出版社 1996 年版，第 218 页。
⑤ 参见张晓芒：《先秦辩学法则史论》，中国人民大学出版社 1996 年版，第 218—220 页。
⑥ 张晓芒：《先秦辩学法则史论》，中国人民大学出版社 1996 年版，第 218 页。
⑦ 张晓芒：《先秦辩学法则史论》，中国人民大学出版社 1996 年版，第 219—220 页。
⑧ 参见张晓芒：《先秦辩学法则史论》，中国人民大学出版社 1996 年版，第 220—221 页。

公孙龙在其名辩讨论中，直接采用了墨子对‘悖’辞的分析方法，也表达了他的‘彼此而彼且此，此彼而此且彼，不可’的矛盾法则思想”[①]。著者具体分析了《迹府》篇所载公孙龙与孔穿辩论的过程，认为“这种通过辩论揭示对方思维矛盾之处，从而从反面要求在认识上必须坚持‘唯乎其彼此’，所论其‘名’必须有其‘实’、‘位’、‘正’的规定性”[②]。就此而言，“公孙龙对‘悖’辞的反驳方法，表明了他对‘悖’辞的剖析超于墨子、孟子等人，也表明了利用矛盾法则对思维的规范作用以进行反驳，在当时确是辩论的一大有力武器”[③]。

(4)“公孙龙思维法则思想的特点、不足及意义”[④]。著者首先以惠施的命题“天与地卑，山与泽平”以及庄子的命题“是亦彼也，彼亦是也”作参照，通过对比揭示了公孙龙思维法则思想的特点：“公孙龙所强调的辩学法则是确定型思维法则，主要是对概念自我同一性的规定，并且以否定的思维形式，着重强调了同一性和差异性之间的对立，以获取由概念‘独而正’的唯一性所带来的凝固的、隔离的内容，把关于认识对象抽象普遍性的认识，加以了绝对化。”[⑤]接着，著者指出了公孙龙思维法则思想的不足：“正如惠施、庄子的辩学法则思想片面地夸大了事物对立属性之间的相对性，片面夸大了事物连续运动的绝对性，抹煞了事物在相对静止状态下的质的规定性，从而否认了事物属性之间的确定界限，反映在思维认识中，就由此取消了是非矛盾，公孙龙的辩学法则思想也有其绝对化的一面。它片面夸大了事物对立属性之间的绝对性，片面夸大了事物运动间断的绝对性，片面夸大了整体与部分之间判若两明的界限，把静止绝对化，从而凝固了事物相对静止状态下的质的规定性，凝固了事物属性之间的确定界限，因而反映在思维中，就是只强调了概念的自我同一性，否认了同一性自身包含着差异性；只强调个别与一般的对立，否认个别就是一般；

① 张晓芒：《先秦辩学法则史论》，中国人民大学出版社1996年版，第220页。
② 张晓芒：《先秦辩学法则史论》，中国人民大学出版社1996年版，第220页。
③ 张晓芒：《先秦辩学法则史论》，中国人民大学出版社1996年版，第221页。
④ 参见张晓芒：《先秦辩学法则史论》，中国人民大学出版社1996年版，第221—224页。
⑤ 张晓芒：《先秦辩学法则史论》，中国人民大学出版社1996年版，第221页。

只强调部分与整体的区别,否认它们之间的相盈。"[①]最后,著者将公孙龙的思维法则思想纳入中国古代辩学发展史的语境下进行了评价并肯定了它的意义:"正名问题是古代辩学史上一个关于名实的重要问题,自孔子首提'正名'以后,诸思想家围绕这一问题展开了激烈的辩论。但真正从辩学法则角度对'正名'系统进行理论研究的,却首推公孙龙。是他率先从理论上揭示了正名中的思维法则思想的具体内容,并通过具体的例证论证了概念所具有的内涵与外延上的确定性要求,使思维保持自我同一性。公孙龙的这种对思维法则的分析结果,比只从事物的表面现象就企图抓住事物的规定的认识途径(如孔子),比只靠笼统直观就从正面规定中找出它的反面规定的认识途径(如老子),显然是一个进步。其对事物的离散分析手段虽忽视了事物中一般与个别的联系、事物的整体性和联属性,却也以极高的思维艺术启发人深入地分析、观察、认识事物,并在思维中规定了名所具有的确定性。后期墨家正是对此进行了扬弃,汲取了其合理的部分,改造了其错误的部分,从而对思维法则思想进行了系统的合理的阐述,创立了系统的、完整合理的辩学法则体系。基于此,尽管公孙龙对于思维法则的分析并非白玉无瑕,他的'白马非马'等命题也一直受到世人的非议,称其'玩琦辞',但他对于思维法则思想的理论阐述及论证,对中国古代辩学体系的建立却有着不可磨灭的推动作用,其思维法则思想无疑是中国辩学发展史上的不可或缺的重要一环。"[②]

潘宇的《研究中国逻辑史的新思路——评〈先秦辩学法则史论〉》,刊于《哲学动态》1997 年第 12 期。

27. 张新著《中国名家》

本书系《十家九流丛书》(陈志良、徐兆仁主编)之一种,(北京)宗教文化出版社 1996 年 11 月第 1 版。

本书正文前载有张新撰写的"序言:先秦名家及其三流"[③],其中有言:

① 张晓芒:《先秦辩学法则史论》,中国人民大学出版社 1996 年版,第 221—222 页。

② 张晓芒:《先秦辩学法则史论》,中国人民大学出版社 1996 年版,第 223—224 页。

③ 参见张新:《中国名家》,宗教文化出版社 1996 年版,序言第 1—3 页。

“所谓‘名家’，就是指以探讨名家[①]关系为核心，注重对名词概念进行深入细致地分析，提倡‘控名责实’学说为其基本特征的学术思想流派。”[②]在对“名家”作了上述界定的基础上，著者将名家学派的创始人认定为春秋末期的邓析，此后形成的三个分支学派分别是：以宋钘、尹文为代表的人文主义学派，以惠施为代表的科学主义学派，以公孙龙为代表的逻辑主义学派。

本书包括六章内容，分别为“命运多舛——名家的兴衰”“邓析——开名辩思潮之先河”“宋尹学派——唯物认识的哲学先驱”“惠施——名家一代宗师”“‘奇辞怪说’——辩者‘二十一事’”“公孙龙——神奇的辩士”。在第六章“公孙龙——神奇的辩士”[③]中，著者认为“公孙龙是继惠施之后名家的又一个杰出代表人物，是名家三派中逻辑主义一派的创立者，他在中国古代思想中的地位就表现在他对逻辑学的重大贡献上”[④]。流传至今的《公孙龙子》一书较为完整地保存了公孙龙的学说和思想，作为一部历来褒贬不一的奇书，它的奇特之处“就在于其阐述的思想与中国古代占主导地位的正统观念是格格不入的，提出了一系列诸如‘白马非马’此类看似诡辩的奇谈怪论”[⑤]。如何对这些“奇谈怪论”作出相对公正的评价，便成为横亘在中国思想史上的一道难题。鉴于此，本章从十二个方面对公孙龙其人其说作了探究：

(1)“相府清客”[⑥]。在这部分文字中，著者主要依据古代典籍中的相关记载，对公孙龙的生平事迹作了爬梳。

(2)“雄辩奇书：《公孙龙子》”[⑦]。在这部分文字中，著者首先对《公孙龙子》一书的篇目及其佚失真伪问题进行了分辨，认为“《公孙龙子》现存本是真本，而非伪书，这是学术界比较一致的看法。至于它是全本，还是

---

① “名家”当作“名实”。

② 张新：《中国名家》，宗教文化出版社1996年版，序言第1页。

③ 参见张新：《中国名家》，宗教文化出版社1996年版，第214—285页。

④ 张新：《中国名家》，宗教文化出版社1996年版，第215页。

⑤ 张新：《中国名家》，宗教文化出版社1996年版，第215页。

⑥ 参见张新：《中国名家》，宗教文化出版社1996年版，第215—226页。

⑦ 参见张新：《中国名家》，宗教文化出版社1996年版，第226—234页。

残本，仍是一个充满歧见的问题，一时很难达到一致的见解”[①]。接着，著者对《公孙龙子》一书所表述思想的性质及其特点进行了阐析，认为公孙龙的哲学是“一种关于知性的学说”[②]，其区别于其他诸子学说的最突出的特点是偏重于知性的分析。就此而言，“我们又说公孙龙哲学是一种分析哲学；但这种分析哲学又不是一般意义上的分析哲学，而是一种对语言进行逻辑分析，并通过这种分析来建立自己的哲学本体论和认识论的哲学学说。既然要进行对语言的逻辑分析，首先就必须要确立一种关于逻辑形式和规律的理论，所以我们又可以说公孙龙的学说是一种逻辑学说，而且对语言的逻辑分析，本身也属于逻辑学的范围”[③]。“但必须注意的是，公孙龙的逻辑在本质上是形式逻辑，而不是辩证逻辑”[④]。

(3)“个体与共相”[⑤]。从这一部分开始，著者以亚里士多德为参照，把重心转向对公孙龙本体论思想的阐析。在这部分文字中，著者重点结合《名实论》《指物论》《通变论》阐析了公孙龙的本体论思想，认为公孙龙的相关看法与亚氏有着诸多相通之处。譬如，公孙龙在《名实论》中探讨名实之间的关系时所说的“物”乃是构成世界本体的客观实在，这种客观实在指的是个体的事物，类似于亚氏所谓的“第一本体”。又如，公孙龙在《指物论》中讨论“物”与“指”的关系时所说的“指”，则类似于亚氏所谓的“第二本体”，即作为具体事物的本质规定的共相。又如，公孙龙在《通变论》中探讨变与不变的关系时，“就明确说明了作为本体存在的具体事物中的变与不变的因素及其对具体事物的作用和意义”[⑥]，其运思理路与亚氏在《范畴篇》《形而上学》中对于本体本身变化的讨论颇为类似。

(4)“存在与本体”[⑦]。著者认为，“公孙龙在对本体作出具体规定的基础上，进一步论证了存在和本体的相互关系，明确区分了本体和存在的不

---

① 张新：《中国名家》，宗教文化出版社 1996 年版，第 229 页。

② 张新：《中国名家》，宗教文化出版社 1996 年版，第 233 页。

③ 张新：《中国名家》，宗教文化出版社 1996 年版，第 233—234 页。

④ 张新：《中国名家》，宗教文化出版社 1996 年版，第 234 页。

⑤ 参见张新：《中国名家》，宗教文化出版社 1996 年版，第 234—246 页。

⑥ 张新：《中国名家》，宗教文化出版社 1996 年版，第 242 页。

⑦ 参见张新：《中国名家》，宗教文化出版社 1996 年版，第 246—252 页。

同含义。公孙龙在这方面的观点与亚里士多德也有着许多共同点”[①]。在著者看来，公孙龙像亚氏一样区分了“存在”的四种含义，即“偶性的存在”与“本质的存在”，“潜在的存在”与“现实的存在”。譬如，公孙龙在《坚白论》中就“从对‘石’之‘形’和‘坚’之性以及‘白’之色三者关系的分析着手，具体揭示了上述四种意义的存在”[②]。通过以上对比分析，著者廓清了公孙龙本体论思想的大致轮廓，并为进一步阐析他的认识论思想奠定了基础。

(5)“色白与坚实”[③]。从这一部分开始，著者继续以亚里士多德为参照，把重心转向对公孙龙认识论思想的阐析。在这部分文字中，著者重点结合《坚白论》阐析了公孙龙建基于其本体论之上的认识论思想，认为就感性认识来说，当人们凭借视觉、触觉等感官去认识“坚白石”这一具体事物(第一本体)的不同性质(“坚”与“白”)时，“由于各种感官功能的不同，因而人们对感性具体事物各种性质的认识并不是一次就能完成的，某一感知活动只能获得具体事物某一方面的感性认识”[④]。就此而言，“坚白石二”这一命题得以成立。然而，就知性认识来说，人的精神或心智(“神”)则可以把握超离(“离”)“石”的坚性与白色。“这样，公孙龙就从对感官和感性存在的关系的分析进到了心智或精神与本体和性质等范畴相互关系的分析，通过这种分析，他又将本体(第二本体——引者注)与共性确立为知性认识的对象”[⑤]。

(6)“感性与知性”[⑥]。著者从认识过程本身进一步探讨了公孙龙关于感性与知性的看法，认为感觉是主体认识的第一个阶段，它所获得的是对具体事物现象的认识，“至于具体事物的本体、本质以及‘共性’，人们是无法通过感官去感知的，而必须依靠精神或心智的作用去把握它们”[⑦]，这就

① 张新：《中国名家》，宗教文化出版社1996年版，第246页。

② 张新：《中国名家》，宗教文化出版社1996年版，第248页。

③ 参见张新：《中国名家》，宗教文化出版社1996年版，第252—254页。

④ 张新：《中国名家》，宗教文化出版社1996年版，第253页。

⑤ 张新：《中国名家》，宗教文化出版社1996年版，第254页。

⑥ 参见张新：《中国名家》，宗教文化出版社1996年版，第254—257页。

⑦ 张新：《中国名家》，宗教文化出版社1996年版，第255—256页。

进入了主体认识的第二个阶段，即知性认识（“神遇”）阶段。就此而言，公孙龙与亚氏同样有着可作比较之处：“亚氏所说的‘心灵’就是公孙龙所说的‘神’即精神或心智；他所说的具体事物的本质，就是共相，即公孙龙所说的‘指’。但公孙龙并没有像亚氏那样，将心灵中积极的、能动的方面看作是不依赖于人而独立在的东西，是永恒的和不死的东西。在这一点上，公孙龙的唯物主义立场要比亚氏彻底得多。”[①]

（7）“‘名，实谓也’”[②]。著者将公孙龙的认识论归结为“知性认识论”，并对照亚氏对于作为本体存在的具体事物的知识的基本特征，揭示了公孙龙知性认识论的四个特征：其一，“由知性认识所获得的关于作为本体而存在的具体事物的知识，是普遍必然的知识，由感觉器官所获得的关于具体事物的知识只是一种特殊的知识”[③]；其二，“作为知性认识对象的具体事物及其本质规定是相对稳定的、确定的”[④]；其三，“知性认识要比感性认识深刻和优越”[⑤]；其四，“知性认识最基本的特征就在于它的确定性”[⑥]。就《名实论》“名，实谓也”这一命题而言，“‘名’的实质就是知性认识对具体事物（实）的认识成果——概念”[⑦]。作为知性概念的“名”的确定性“是由它所反映的对象——本体或本质的相对稳定性所决定的”[⑧]。通过以上对比分析，著者厘清了公孙龙知性认识论的本质及其特征，为进一步阐说公孙龙的逻辑思想奠定了基础。

（8）“白马＝马＋白色”[⑨]。从这一部分开始，著者仍然以亚里士多德为参照，把重心转向对公孙龙逻辑思想的阐析。在这部分文字中，著者将《公孙龙子》视为中国古代思想史上第一部系统阐述知性逻辑理论的逻辑学专著，并通过与亚里士多德的对比，凸显了公孙龙逻辑理论的独特之

① 张新：《中国名家》，宗教文化出版社 1996 年版，第 257 页。
② 参见张新：《中国名家》，宗教文化出版社 1996 年版，第 257—261 页。
③ 张新：《中国名家》，宗教文化出版社 1996 年版，第 259 页。
④ 张新：《中国名家》，宗教文化出版社 1996 年版，第 260 页。
⑤ 张新：《中国名家》，宗教文化出版社 1996 年版，第 260 页。
⑥ 张新：《中国名家》，宗教文化出版社 1996 年版，第 260 页。
⑦ 张新：《中国名家》，宗教文化出版社 1996 年版，第 260 页。
⑧ 张新：《中国名家》，宗教文化出版社 1996 年版，第 260 页。
⑨ 参见张新：《中国名家》，宗教文化出版社 1996 年版，第 261—267 页。

处。在著者看来，“公孙龙的逻辑理论是一种侧重‘概念’的逻辑，而不是亚氏创立的侧重‘推理’的逻辑，这是公孙龙逻辑理论的一个突出特点。此外，公孙龙的逻辑理论注重对概念、判断、推理的实质性研究，而不象亚氏那样注重对概念、判断、推理的量和形式方面的研究，因此公孙龙没能创立起象亚氏那样的以‘三段论’推理为核心的形式逻辑”[①]。尽管如此，“他毕竟是中国古代系统阐述知性逻辑的第一人，他的知性逻辑与中国古代占主导地位的辩证逻辑又有着很大的差异。从这个意义上说，公孙龙的逻辑理论又是与亚里士多德逻辑很相近的”[②]。鉴于概念是思维的细胞和最基本的逻辑形式，加之春秋战国时期的名辩思潮主要聚焦于名实关系的争论而展开，著者认为公孙龙首先对“名”（即概念）的本质及其逻辑意义展开了阐析，主要包括四个方面：其一，“公孙龙揭示了‘名’即概念的本质”[③]，他将概念进一步区分为“抽象概念”与“具体概念”、“实体概念”与“属性概念”；其二，“公孙龙对概念的内涵和外延的分析”[④]，尤其是提出了“不过”和“不旷”的思想；其三，“公孙龙对概念限制和概括这两种逻辑方法的阐述和运用”[⑤]；其四，“公孙龙对定义方法的运用”[⑥]。就《白马论》为“白马”所下的“白马者，马与白也”这个定义而言，“这显然是运用了知性逻辑关于种概念实质定义的方法，即种概念（白马）＝属概念（马）＋种差（白色）的逻辑方法”[⑦]。

（9）“羊＋牛≠马”[⑧]。在这部分文字中，著者重点结合《通变论》阐析了公孙龙知性逻辑的“类”概念及其分类原则。这里有两点值得注意：一是“大类的属性必然为小类所具有”[⑨]，二是“类概念的外延只能限制在同类事物”[⑩]。譬如，“牛”“羊”“马”都具有“兽”的本质属性，因此它们都属于

① 张新：《中国名家》，宗教文化出版社1996年版，第261页。
② 张新：《中国名家》，宗教文化出版社1996年版，第261页。
③ 参见张新：《中国名家》，宗教文化出版社1996年版，第262—263页。
④ 参见张新：《中国名家》，宗教文化出版社1996年版，第263—265页。
⑤ 参见张新：《中国名家》，宗教文化出版社1996年版，第265—266页。
⑥ 参见张新：《中国名家》，宗教文化出版社1996年版，第266—267页。
⑦ 张新：《中国名家》，宗教文化出版社1996年版，第267页。
⑧ 参见张新：《中国名家》，宗教文化出版社1996年版，第267—270页。
⑨ 张新：《中国名家》，宗教文化出版社1996年版，第267页。
⑩ 张新：《中国名家》，宗教文化出版社1996年版，第267页。

“兽”类；相比之下，“鸡”则具有“禽”的本质属性，属于“禽”类的“鸡”与属于“兽”类的“牛”“羊”“马”没有共同之处，就此而言，“牛合羊非鸡”这一命题得以成立。如对“兽”类内部作进一步的区分，可以看到“羊”与“牛”都“有角”“无尾”，“马”则“有尾”“无角”。若从“有角”与否或“有尾”与否来作区分，“马”与“牛”“羊”之间显然又有着不同的属性，就此而言，“羊合牛非马”这一命题得以成立。如对同样有角的兽类“牛”与“羊”再作进一步的区分，可以看到“羊有齿，牛无齿”，若以是否“有齿”为区分的标准，“牛”与“羊”之间的不同之处也就显现出来了。“在这里，公孙龙明确地提出了分类的基本原则，即只有根据某类事物是否具有某种特有属性或本质属性才能作为区分同类或异类的根本标准”[①]。公孙龙关于逻辑分类与概念划分的思想，对中国逻辑思想的发展做出了重要贡献。当然，公孙龙的这一思想也有其局限性。譬如，公孙龙对划分标准的运用有较大的可变性(时而根据“有尾”与否，时而根据“有齿”与否)，这就致使他在区分“马”“牛”“羊”之类的概念时未能对这些概念的全部外延都加以明确归类，从而“违背了知性逻辑关于划分要与属概念外延相称的规则，犯了‘不完全划分’的逻辑错误”[②]。又如，公孙龙往往依据事物的一些表面特征(而非特有属性或本质属性)进行分类(“有尾”与否并不是“马”与“牛”“羊”的本质区别)，这就致使他未能在根底处将那些不同的事物彻底区分开来。特别是公孙龙用“鸡三足”“羊牛五足”来作为区分“鸡”与“牛羊”的标准，“这无疑具有了诡辩的性质”[③]。

(10)“有白马就是有马”[④]。在这部分文字中，著者重点阐析了公孙龙知性逻辑的四个重要思想：其一，“关于‘正名’的原则”[⑤]。著者结合《名实论》中的“唯乎其彼此”辩题探讨了公孙龙的“正名”原则，认为“这一正名原则的基本要求就是要使‘名’具有精确性和稳定性”[⑥]，进而实现名实相

① 张新：《中国名家》，宗教文化出版社 1996 年版，第 268—269 页。

② 张新：《中国名家》，宗教文化出版社 1996 年版，第 270 页。

③ 张新：《中国名家》，宗教文化出版社 1996 年版，第 270 页。

④ 参见张新：《中国名家》，宗教文化出版社 1996 年版，第 270—274 页。

⑤ 参见张新：《中国名家》，宗教文化出版社 1996 年版，第 271 页。

⑥ 张新：《中国名家》，宗教文化出版社 1996 年版，第 271 页。

符(相当)。"名实相符或相当,也就是意味着概念的内涵与外延与它所反映的事物的本质和范围要对应。要做到这种对应,也就是要使概念'不过'与'不旷'"[①]。其二,"关于同一律的思想"[②]。著者结合《名实论》所谓"彼彼止于彼,此此止于此,可;彼此而彼且此,此彼而此且彼,不可"辨析了公孙龙的同一律思想,认为"一个概念只能称谓它所反映的那个实,而不能既称谓此实同时又称谓彼实。之所以不能,就是因为它违背了同一律的根本要求。这种同一律的思想是贯彻于他整个思想体系中的一个最根本的思想,如果不由此出发去看《公孙龙子》,是根本无法正确理解和把握它的基本思想的"[③]。其三,"关于不矛盾律的思想"[④]。著者认为,公孙龙在《白马论》中反驳"有白马即是有马"这一论点时,就遵循了不矛盾律的基本原则:"同一个概念不能既是这一事物的称谓,又不是这一事物的称谓,否则就会造成自相矛盾。"[⑤]其四,"对排中律的运用"[⑥]。著者认为,公孙龙在《通变论》中针对客方提出的两个相互矛盾的命题"二苟无左,又无右,二者左与右,奈何"[⑦],就运用排中律予以了回应,指出这两个矛盾的命题中有一个是真的,另一个则必定为假。在著者看来,"公孙龙虽没有明确阐述知性逻辑排中律的基本原则,但却自觉地运用了这一规律,这是因为排中律和不矛盾律都是同一律的具体表现形式"[⑧]。

(11)"白马非马"[⑨]。著者认为,"白马非马"是公孙龙最著名的一个命题,自提出之日起引致的争议也最大,有人力图为之正名,迄今仍有人斥之为诡辩,对两种截然不同的观点进行分辨关系到对公孙龙乃至整个名家学说的理解。鉴于此,著者将历代争议不休的原因归结为三点:其一,"由于对公孙龙哲学性质的认识不同,导致了对'白马非马'命题理解的分

① 张新:《中国名家》,宗教文化出版社1996年版,第271页。
② 参见张新:《中国名家》,宗教文化出版社1996年版,第271—272页。
③ 张新:《中国名家》,宗教文化出版社1996年版,第272页。
④ 参见张新:《中国名家》,宗教文化出版社1996年版,第272—273页。
⑤ 张新:《中国名家》,宗教文化出版社1996年版,第273页。
⑥ 参见张新:《中国名家》,宗教文化出版社1996年版,第273—274页。
⑦ 张新:《中国名家》,宗教文化出版社1996年版,第274页。
⑧ 张新:《中国名家》,宗教文化出版社1996年版,第274页。
⑨ 参见张新:《中国名家》,宗教文化出版社1996年版,第274—282页。

歧，这种分歧反过来又影响着对公孙龙哲学性质的认识”[①]；其二，“就对这一命题本身来说，存在分歧的根本焦点在于对‘白马非马’中的‘非’的理解”[②]；其三，“从本体论的角度来说，强调‘白马非马’是公孙龙本体学说所必然得出的一个结论”[③]。著者在对上述三点一一分辨的基础上，又从论证方法的角度对“白马非马”这一命题作了辨析，认为公孙龙在这里“并没有采用诡辩手法，而是进行了严密的逻辑论证，更进一步说是采取了语言分析和逻辑分析相结合的论证方法”[④]。著者认同周昌忠《公孙龙子新论》中的相关看法，指出“公孙龙正是通过对‘白马非马’这一命题的语义学和语用意义的分析，建立了一套相对完整的语言哲学理论”[⑤]。鉴于周昌忠对此已有深入的阐析，著者在这里主要针对前人指责“白马非马”为“诡辩”命题的三种情况——“一是割裂个别与一般，否认个别是一般；二是偷换概念，三是推理违反逻辑规则”[⑥]，就公孙龙论证“白马非马”过程中使用的逻辑方法进行了辨析，“以说明公孙龙并非采用诡辩手法来论证这一命题的”[⑦]。通过条分缕析的分辨，著者认为“白马非马”之论“十分深刻地揭示了属种概念之间、各种概念处延之间的关系，揭示了属种概念在内涵上的差别，因而可以说是一个具有十分重大的逻辑意义的命题。它尽管仍有其局限，但绝非诡辩”[⑧]。

(12)“独特贡献”[⑨]。在这部分文字中，著者主要从本体论、认识论、逻辑学三个方面肯定了公孙龙对中国哲学、逻辑思想史作出的巨大贡献：其一，“从公孙龙的本体理论来说，他基本坚持了物质第一性的唯物主义立场，提出了类似于古希腊伟大思想家亚里士多德的本体理论”[⑩]；其二，“公

---

① 张新：《中国名家》，宗教文化出版社 1996 年版，第 274—275 页。

② 张新：《中国名家》，宗教文化出版社 1996 年版，第 275 页。

③ 张新：《中国名家》，宗教文化出版社 1996 年版，第 276 页。

④ 张新：《中国名家》，宗教文化出版社 1996 年版，第 279 页。

⑤ 张新：《中国名家》，宗教文化出版社 1996 年版，第 279 页。

⑥ 张新：《中国名家》，宗教文化出版社 1996 年版，第 280 页。

⑦ 张新：《中国名家》，宗教文化出版社 1996 年版，第 280 页。

⑧ 张新：《中国名家》，宗教文化出版社 1996 年版，第 282 页。

⑨ 参见张新：《中国名家》，宗教文化出版社 1996 年版，第 283—285 页。

⑩ 张新：《中国名家》，宗教文化出版社 1996 年版，第 283 页。

孙龙提出了一套相对完整的知性认识理论和知性思维方式”[①]；其三，“公孙龙所创立的知性逻辑学可以说是他对中国古代思想史的最伟大的贡献。正是公孙龙在中国思想[②]上第一个提出了相对完整和系统的知性逻辑学说，论证了知性逻辑的概念理论和基本的思维规律。……也正是公孙龙在总结自邓析所开创的名实之辩的基础上，将名实问题作为真正意义上的逻辑问题来加以研究，从而使逻辑学成为一门独立的学科。从这个意义上来说，公孙龙既是中国先秦名家学说的集大成者，又是中国逻辑学理论大厦的真正奠基者。正是在他逻辑学理论的基础上产[③]了与西方形式逻辑、印度因明逻辑平起平坐的中国逻辑系统”[④]。

28. 周山著《绝学复苏——近现代的先秦名家研究》

本书系《近现代先秦诸子研究丛书》（周山主编）之一种，（沈阳）辽宁教育出版社 1997 年 12 月第 1 版。

本书正文前载有著者撰写的序文“百家争鸣又一春——《近现代先秦诸子研究丛书》序”[⑤]，成稿于 1997 年 5 月 1 日。本书注重史论结合，对近现代先秦名家的研究状况进行了爬梳和反思。著者以胡适在 1917 年撰写的《先秦名学史》为近现代名家研究的起点，探讨了 80 年来近现代学者关于名家范围与传承的争论，对围绕名家著作的真伪展开的论争进行了评述。在此基础上，著者分专章对近现代学者的邓析研究、惠施研究、尹文研究和公孙龙研究的状况进行了阐说。在阐说过程中，著者不仅指出这些名家代表人物的思想之间存在着传承关系，还以西方哲学、逻辑学为参照对名家思想进行了比较分析。

本书除绪论“绝学复苏——近现代名家研究概述”、结语“回顾与展望——关于近现代名家研究的若干思考”外，主体部分包括六章内容，分

---

① 张新：《中国名家》，宗教文化出版社 1996 年版，第 283 页。

② 此处补“史”字。

③ 此处补“生”字。

④ 张新：《中国名家》，宗教文化出版社 1996 年版，第 284—285 页。

⑤ 参见周山：《绝学复苏——近现代的先秦名家研究》，辽宁教育出版社 1997 年版，序第 1—4 页。

别为“汉书一锤定音——近现代关于‘名家’的争论”“真真假假费猜疑——名家著作真伪考”“见智见仁辨‘无厚’——关于邓析的‘两可’思想研究”“寻寻觅觅解命题——关于惠施‘历物之意’的研究”“名道两家争尹文——近现代关于尹文的研究”“洗去污垢见真身——近现代关于公孙龙的研究”。

在第六章“洗去污垢见真身——近现代关于公孙龙的研究”[①]中，著者对近现代的公孙龙研究进行了阐说。著者首先指出，近现代关于公孙龙思想的研究有两个特点：其一，“关于公孙龙思想研究的著作、论文数量，大大超过对其他名家人物的研究。……对《公孙龙子》一书单独进行阐释研究的专著就有十几种，对公孙龙思想研究的论文更是不胜其数。有的学者一人发表的有关公孙龙思想研究的论文就多达二十余篇”[②]；其二，“对公孙龙思想的评判的分歧最大，争论最为激烈。有人认为公孙龙的哲学是一种形而上学和客观唯心主义的体系，其体系本身就是荒谬的、违背真理的。有人认为公孙龙的思想包括哲学与逻辑两个方面。即在哲学思想，在本体论上是唯物的，而在认识论上陷入了唯心论；他在逻辑正名理论上的贡献远远超过了先于他的所有思想家。也有人认为，《公孙龙子》是一个分析的语言哲学，它在本体论的基础上建立和展开；这种分析的语言哲学天然是一种关于知性的哲学，一种关于知性的认识论和逻辑”[③]。在著者看来，近现代学者对公孙龙表现出特别的关注，其根本的原因在于：“公孙龙的五篇文章与《邓析子》、《尹文子》有着明显的区别，这五篇文章都是极具论证性的学术著作，并且相互联系，形成为一个理论体系。其理论研究之深，即便是在现代，人们倚仗着哲学、逻辑学方面的‘最新武器’，也很难一一解剖清楚。”[④]鉴于此，“本章对近现代学者关于公孙龙正名思想的研究的介绍和分析，也要比前几章更为丰富一些”[⑤]。

---

① 参见周山：《绝学复苏——近现代的先秦名家研究》，辽宁教育出版社 1997 年版，第 188—265 页。

② 周山：《绝学复苏——近现代的先秦名家研究》，辽宁教育出版社 1997 年版，第 188 页。

③ 周山：《绝学复苏——近现代的先秦名家研究》，辽宁教育出版社 1997 年版，第 188—189 页。

④ 周山：《绝学复苏——近现代的先秦名家研究》，辽宁教育出版社 1997 年版，第 189 页。

⑤ 周山：《绝学复苏——近现代的先秦名家研究》，辽宁教育出版社 1997 年版，第 189 页。

第六章重点探讨了六个问题：一是"总体评价及《公孙龙子》篇秩分析"[①]，二是"《名实论》：唯心还是唯物"[②]，三是"《白马论》：逻辑还是诡辩"[③]，四是"《指物论》：一根难啃的'骨头'"[④]，五是"《坚白论》：没有句号的论争"[⑤]，六是"《通变论》：'荒谬绝伦'还是'条理井然'"[⑥]。最后，著者在"本章结语"[⑦]中总结了近现代公孙龙思想研究的总体趋势及其取得突破性进展的关键，认为"近现代关于公孙龙名辩思想的研究，虽然没有取得完全一致的结论，但是从逻辑学角度对公孙龙名辩思想中的合理性加以明确和肯定这一点总趋势是比较清楚的。在这一时期的研究中，人们尽可能地运用西方哲学尤其西方逻辑以及古印度因明学作为比较对象和解剖工具，对公孙龙名辩思想进行分析研究的努力，是近现代公孙龙思想研究取得前无古人的突破性进展的关键"[⑧]。此外，著者还注意到，"如何准确把握公孙龙的政治倾向，是近现代的公孙龙思想研究中一度成为热点的问题"[⑨]。特别是"从20世纪40年代开始，尤其50、60年代，由于特定的政治氛围，不少学者开始用政治眼光看待公孙龙及其名辩理论"[⑩]。令人可喜的是，"这种曾经风行一时的政治评判，随着80年代以来整个社会政治色彩的趋淡而渐渐地退出学术界。尤其随着年轻一代学者运用符号学、语言哲学等新的哲学、逻辑学理论剖析公孙龙的名理思想，以平和的

① 参见周山：《绝学复苏——近现代的先秦名家研究》，辽宁教育出版社1997年版，第189—203页。

② 参见周山：《绝学复苏——近现代的先秦名家研究》，辽宁教育出版社1997年版，第203—216页。

③ 参见周山：《绝学复苏——近现代的先秦名家研究》，辽宁教育出版社1997年版，第216—233页。

④ 参见周山：《绝学复苏——近现代的先秦名家研究》，辽宁教育出版社1997年版，第234—244页。

⑤ 参见周山：《绝学复苏——近现代的先秦名家研究》，辽宁教育出版社1997年版，第244—255页。

⑥ 参见周山：《绝学复苏——近现代的先秦名家研究》，辽宁教育出版社1997年版，第255—263页。

⑦ 参见周山：《绝学复苏——近现代的先秦名家研究》，辽宁教育出版社1997年版，第263—265页。

⑧ 周山：《绝学复苏——近现代的先秦名家研究》，辽宁教育出版社1997年版，第263页。

⑨ 周山：《绝学复苏——近现代的先秦名家研究》，辽宁教育出版社1997年版，第264页。

⑩ 周山：《绝学复苏——近现代的先秦名家研究》，辽宁教育出版社1997年版，第264页。

心态理智地对公孙龙的得失加以评判时，政治性的评判也就更显得淡漠和无关紧要了”[①]。

翟廷晋的《高屋建瓴探绝学——读周山〈绝学复苏〉》，刊于《社会科学》1998年第11期。

29. 张新编文、李海勇等绘《画说名家》

（北京）华夏出版社1998年3月第1版。

本书以连环画的形式呈现了先秦名家的大致面貌，编文者张新，绘图者李海勇等。除了“中国名家概说”外，主体部分包括六章内容，分别为“名家学派的源起”[②]、“名家鼻祖——邓析”[③]、“名家巨匠——宋钘、尹文”[④]、“名家一代宗师——惠施”[⑤]、“辩者‘二十一事’”[⑥]、“神奇的辩士——公孙龙”[⑦]。

本书编文中的相关内容，与张新所著《中国名家》(宗教文化出版社1996年版）一书基本一致，这里不再赘述。

30. 董志铁著《名辩艺术与思维逻辑》

本书系《诸子百家与现代文化丛书》(朱耀廷主编）之一种，（北京）中国广播电视出版社1998年9月第1版。

本书正文前载有张岱年撰写的“总序”[⑧]，成稿于1997年8月；正文后载有丛书主编朱耀廷撰写的“编者的话”[⑨]，成稿于1997年8月。

本书正文由“序言”与八章文字组成。从内容上看，这八章文字又可分成两大部分：第一章至第四章为第一大部分，著者对“名辩思想的发端”

① 周山：《绝学复苏——近现代的先秦名家研究》，辽宁教育出版社1997年版，第264—265页。

② 参见张新编文、李海勇等绘：《画说名家》，华夏出版社1998年版，第1—29页。

③ 参见张新编文、李海勇等绘：《画说名家》，华夏出版社1998年版，第30—68页。

④ 参见张新编文、李海勇等绘：《画说名家》，华夏出版社1998年版，第69—140页。

⑤ 参见张新编文、李海勇等绘：《画说名家》，华夏出版社1998年版，第141—266页。

⑥ 参见张新编文、李海勇等绘：《画说名家》，华夏出版社1998年版，第267—311页。

⑦ 参见张新编文、李海勇等绘：《画说名家》，华夏出版社1998年版，第312—396页。

⑧ 参见董志铁：《名辩艺术与思维逻辑》，中国广播电视出版社1998年版，总序第1—2页。

⑨ 参见董志铁：《名辩艺术与思维逻辑》，中国广播电视出版社1998年版，第264—267页。

（以孔子、邓析的名辩思想为代表）、“名辩思想的发展”（以惠施、尹文、公孙龙的名辩思想为代表）以及“辩学的建立”（墨子的名辩思想与后墨的辩学体系）、“名学的建立”（荀子的名学体系）进行了纵向的考察；第五章至第八章为第二大部分，著者分别以“名”“辞”“说”“辩”为关键词，对“名辩之名与逻辑学概念理论”“名辩学之辞与逻辑学判断理论”“名辩学之说与逻辑学推理理论”“名辩之辩与逻辑学论证理论”四个话题进行了横向的剖析。

在第二章“名辩思想的发展”[①]中，著者首先指出：“到了战国初年及中期，由孔子、邓析发端的名辩思想随着时代的前进，百家争鸣的沃土又孕育了一批辩察之士，名辩思潮已由原来的涓涓细流而至汹涌澎湃。在名辩大潮中，站在潮头的弄潮儿当数惠施、尹文、公孙龙等人。以惠施、尹文、公孙龙等为代表的战国名辩家们以他们犀利的目光、睿智的大脑，引喻设譬，‘遍为万物说’，提出了数不清的辩题，使名辩内容更具思辨性、抽象性，总之更具理性思维的特点，为名辩学最终由后期墨家的建立迈出了决定性的一步，奠定了坚实的基础。”[②]接着，著者分“惠施的辩题及其名辩贡献”“尹文子名的理论”“公孙龙的思想体系及其名辩贡献”三节，对发展期的名辩思想进行了阐说。

“公孙龙的思想体系及其名辩贡献”一节[③]专门阐说了公孙龙的名辩思想及其贡献。著者首先指出：“与惠施并称‘辩者之囿（尤）’的公孙龙是中国古代名辩思想发展阶段的一个中坚分子。他在名辩理论的发展过程中是一位里程碑式的人物。他的思想理论自成体系。他与其他辩者提出的诸多辩题，特别是他对‘白马非马’这一命题的论证极大地刺激了名辩思想的发展。毫不夸张地说，从先秦至今仍引起人们的浓厚兴趣，足见其中所蕴涵的名辩艺术的魅力。”[④]接着，著者主要依据现存《公孙龙子》五篇（不含《迹府》），从两个方面阐析了公孙龙的思想体系及其名辩贡献：

① 参见董志铁：《名辩艺术与思维逻辑》，中国广播电视出版社1998年版，第24—44页。
② 董志铁：《名辩艺术与思维逻辑》，中国广播电视出版社1998年版，第24页。
③ 参见董志铁：《名辩艺术与思维逻辑》，中国广播电视出版社1998年版，第35—44页。
④ 董志铁：《名辩艺术与思维逻辑》，中国广播电视出版社1998年版，第35页。

其一,“公孙龙的思想体系”[1]。从《公孙龙子》五篇的内容看,该书存在着一个内在贯通的体系:“全书内容涉及了本体论、认识论、方法论。五篇之间存在着内在联系。《名实论》可视为公孙龙哲学体系的本体论。……《名实论》中公孙龙开宗明义即指出‘天地与其所产焉,物也’。即构成世界本原的是‘物’。物的具体化是‘实’。而‘实’的‘不旷’、‘不过’谓之位。《指物论》是公孙龙哲学体系的认识论,着重介绍了人的认识形式之一概念及其与被反映、指称的物的关系。这种认识关系用公孙龙的话说就是‘物莫非指,而指非指’。即天下之物没有不是通过概念来反映、指称的。但反映、指称物的概念并不等同于概念所反映、指称的物。《坚白论》作为对《名实论》、《指物论》的进一步论证与补充,对认识论问题提出见解。人的认识始于感性认识。感官各有分工,不能互相替代。在感性认识基础上的认识,经过分析作用可以抽象出事物的‘共性’。这种‘共性’与具体事物的属性是不同的。《通变论》、《白马论》则是以具体例证证明《名实论》、《指物论》中以极其抽象的范畴所叙述的哲学本体论、认识论。……可以说,《公孙龙子》一书中所体现的哲学体系在我国先秦独树一帜。它以高度的思辨性、抽象性,对思维的反思而成为中国哲学史、思想史、名辩学发展过程中必不可少的一环。”[2]

其二,“《公孙龙子》的名辩贡献”[3]。著者在对《公孙龙子》五篇的内容进行具体分析的基础上,阐明了《公孙龙子》在名辩思想史上的突出贡献:“一是在论证‘白马非马’过程中对概念的内容与范围的清楚认识;二是‘唯乎其彼此’的正名实的原则所体现的同一律思想;三是《通变论》中所论述的‘正举’、‘狂举’所体现的分类思想。这些不但是名家思想的科学总结,而且对于后期墨家及当时的其他思想家也是个极大的刺激。在不断的辩论过程中,终于迎来了中国古代名辩研究的高峰,最终导致了我国古代名辩学的建立。”[4]

---

① 参见董志铁:《名辩艺术与思维逻辑》,中国广播电视出版社 1998 年版,第 36—37 页。

② 董志铁:《名辩艺术与思维逻辑》,中国广播电视出版社 1998 年版,第 36—37 页。

③ 参见董志铁:《名辩艺术与思维逻辑》,中国广播电视出版社 1998 年版,第 37—44 页。

④ 董志铁:《名辩艺术与思维逻辑》,中国广播电视出版社 1998 年版,第 44 页。

31. 葛兆光著《中国思想史》(第一卷)

葛兆光所著的《中国思想史》(第一卷)单行本,(上海)复旦大学出版社1998年4月第1版;《中国思想史》三卷本,复旦大学出版社2001年12月第1版、2013年6月第2版。

本书第一卷旨在阐说"七世纪前中国的知识、思想与信仰世界",除导论"思想史的写法"外,主体部分包括四编内容。在第二编第十节"语言与世界:战国时代的名辩之学"[①]中,著者关联着语言世界与现象世界的分离(语言与事实的分离)探讨了惠施、公孙龙的名辩思想。[②]

在探讨公孙龙的名辩思想时,著者首先指出:"如果说惠施的立场尚近乎所谓道家,其思路还是以'齐物'来瓦解语言的差异,偏向于'合同异',那么公孙龙则似乎重在'离坚白',以对事实、感觉、性质的描述语言的分离为特色,就更接近纯粹的语言分析。"[③]基于这种看法,著者重点对公孙龙的"白马论"与"坚白论"进行了阐析。

在阐析"白马论"时,著者首先指出:"'白马论'论述的是'白马非马',据《公孙龙子·迹府》,公孙龙之所以赢得大名,就是因为这一论题。"[④]接着,著者对"白马非马"论题进行了解析:"所谓'白马非马',是说'马'是规定'形'的语词,而'白'是规定'色'的语词,说'马'可以循名责实地找到黄马、黑马,但找到白马却不能把黄马黑马都算上,所以说'白马'与'马'不同,这就是'白马非马'。"[⑤]在解析的基础上,著者对公孙龙的"白马非马"命题进行了评说:"在一般的知识、思想系统中,这一命题显然既不符合经验也不符合逻辑,首先,用墨辩者的说法,'马'是类名,'白马'是私名,类

① 参见葛兆光:《中国思想史》(第一卷),复旦大学出版社1998年版,第290—312页。

② 葛兆光就此指出:"在惠施与公孙龙等辨者那里,'辩'已经成了职业与兴趣,'辩'的内容渐渐在这种辩论中淡化或退出,而'辩'的技巧则凸显成思索的对象,于是便导致了一个思想史意味上的变化:首先,语言与事实发生了分离,成了纯碎运思的符号,进而,辩者把这些符号任意挪移,并有意识地违反语言约定俗成的内涵与外延,使变异的语言本身成为哲理思辨的内容。……这些辩者已经不再把语言当做思辨的工具,而已经把语言当做思辨的对象,为了在语言中显现他们的特殊想法,于是在他们那里,语言本身发生了倾斜、扭曲和变异。"见葛兆光:《中国思想史》(第一卷),复旦大学出版社1998年版,第295—296页。

③ 葛兆光:《中国思想史》(第一卷),复旦大学出版社1998年版,第300页。

④ 葛兆光:《中国思想史》(第一卷),复旦大学出版社1998年版,第300页。

⑤ 葛兆光:《中国思想史》(第一卷),复旦大学出版社1998年版,第300页。

名包含私名，是包容的关系，正如‘人’与‘公孙龙’一样，总不能说‘公孙龙不是人’；其次，‘马’这一语词并不是只对‘形’而言，而是对各种不同颜色、不同大小、具有生命的这种四足动物的命名，‘马’这一词语是视、听、触、嗅、味各种感觉的综合意象，‘白马’的‘白’只是对‘马’的一种限定和修饰，并不能说‘白’的‘色’与‘马’的‘形’或‘性’互相排斥，在汉语中，‘白’只是形容词而‘马’是名词。……他的命题仿佛一个纯粹语言的实验或游戏，与现象世界中的具体事物是分离的。”①

在阐析“坚白论”时，著者首先指出：“所谓‘坚白论’与‘白马论’相似而又有些差异，这也是公孙龙的擅长。”②接着，著者结合《坚白论》开篇的问答“坚，白，石，三，可乎？曰：不可。曰：二，可乎？曰：可”，对公孙龙认为“二可”（坚、白相离）的原因进行了探究：“因为公孙龙把坚实的、白色的石头这一具体事物首先转化成一个抽象的语词，其次把这个语词的内涵转化成人的感知，再次又把人的感知依据感官不同而分离成视觉与触觉，所以说‘视不得其所坚，而得其所白者，无坚也。拊不得其所白，而得其所坚，得其坚也，无白也’，按照公孙龙的想法，‘坚’这种触觉与‘白’这种视觉，是可以独立于具体世界而存在于语言世界的，‘坚’不止是石之坚，‘白’不止是石之白，所以‘坚’与‘白’是可以分离的。”③然后，著者循着公孙龙的运思理路，对感觉（“视”“拊”）、意识（“神”）以及语言之于“离坚白”的意义作了进一步的阐析：“看来，公孙龙是试图将现象世界的万事万物分离成不同的感觉要素，种种感觉要素可以离开事物而独立存在于人的感知之中，一切都由不同的感觉要素组合才呈现出其实存来，而组合各种感觉要素的是‘神’，‘白’是眼的感觉，它要靠火光来照才能看见，没有光，它也不能看见，火光本身也不能见，所以既不是眼睛，也不是火光，而是人心中的灵明，‘坚’是手的感觉，但它又依赖杖击才能判断，那么应当是手的感觉还是杖的感觉？但如果没有‘神’即人的意识，坚也是不能被感知的，所以说‘神不见，而见离’。但是，神明灵智本身又不能见，又不能触，

---

① 葛兆光：《中国思想史》第一卷，复旦大学出版社 1998 年版，第 300—301 页。

② 葛兆光：《中国思想史》第一卷，复旦大学出版社 1998 年版，第 301 页。

③ 葛兆光：《中国思想史》第一卷，复旦大学出版社 1998 年版，第 301 页。

于是它还是与具体的知见分离，与具体的事物距离更远，所以说是‘离’，他的结论是‘离也者，天下，故独而正’，被分离在各种感觉中的形、色、性，在语言世界中分别成为各种不同指向的语词，而各种语词的呈现，才有了真实的实在，至于现象世界中的万物，却都是虚幻，所以说‘天下无指，物无可以谓物’。”①

此外，著者还关联着《墨子・经说上》的“所以谓，名也，所谓，实也”这一说法，进一步探讨了公孙龙《指物论》的相关论题：“所用来指称（事实）的是语词，被指称的是事实本身，显然‘名’与‘实’并不是一回事，这一思路看上去与辩者相同，《公孙龙子・指物论》就说，‘指也者，天下之所无也，物也者，天下之所有也’，现象与事物的世界是存在的，而‘指’（语词）却不是一个真实的存在。但是，接下来的问题是，既然名称只是命名的符号，而事实则是真实的实在，那么语词的意义又在哪里？公孙龙的说法则偏向于纯粹的语言哲理，他把现象世界与语言世界更细分成‘物’、‘名’、‘指’，即事实存在的‘物’、先天命名不可移易的形色性的‘名’和任意性符号‘指’，《指物论》一开头就说：‘物莫非指，而指非指，天下无指，物无可以谓物。’也就是说，现象世界无一不是由语言指称的，但指称的语言却并非实存的东西，但是，尽管指称的语言是‘天下之所无’，而被指称的世界是‘天下之所有’，但是没有‘指’，一切都不能在思想中显现，‘指’正如《尔雅・释言》所说，‘指，示也’，邢疏：‘示，谓显现于人也’，《说文解字》解释‘示’字时又说，‘示，天垂象，见吉凶，所以示也’。天下本来没有‘指’，因为它并非实有的东西，现象世界本身也不是语言，可是这些‘名’给现象世界命名，而‘指’使它在语言中彰明和显示出来。”②

32. 李耽著《先秦形名之家考察》

（长沙）湖南大学出版社1998年10月第1版。

本书由“引言”、十五节文字、“评论”三部分组成。从内容上看，其中的十五节文字可分成五个单元：第一节至第四节为第一单元，旨在解释

① 葛兆光：《中国思想史》第一卷，复旦大学出版社1998年版，第302页。

② 葛兆光：《中国思想史》第一卷，复旦大学出版社1998年版，第303—304页。

“名”“形”“形名”的含义，进而对所谓的“形名之学”“形名之家”“名家”作出界定；第五、六节为第二单元，旨在阐析儒家的“正名”学说，包括“孔子‘正名’解”“《荀子》正名篇解说”两节内容；第七、八节为第三单元，旨在阐析公孙龙的语言学理论，包括“公孙龙《名实论》解说”“公孙龙《指物论》解说”两节内容；第九节至第十二节为第四单元，旨在阐析墨家的形名之学，包括“墨家的认识论和方法论”“《墨经》的语言学理论”“《墨经》的自然哲学理论”“《墨经》的命题方法和证题方法”四节内容；第十三节至第十五节为第五单元，旨在探讨形名之家的“起源”“极盛时期”及其“衰亡”的过程，其中极盛时期又分为“《墨经》时期”“惠施时期”“公孙龙时期”三个阶段。

在第七节“公孙龙《名实论》解说”[①]中，著者首先对公孙龙其人其书及其在历史上备受攻讦的遭际作了简要介绍，认为“公孙龙的五篇论文学术价值很高，在抽象思维方面的成就，公孙龙大大超过古希腊同时代学者”[②]。鉴于本书着重研究公孙龙的语言学理论，著者对体现公孙龙逻辑学思想的《白马论》《坚白论》《通变论》未作专题研究，仅选择体现其语言学思想的《名实论》《指物论》分别进行了解说。在解说《名实论》时，著者把该篇原文分成六个小节：

其一，从“天地与其所产焉，物也”至“正其所实者，正其名也”为第一小节，重在界说“物”“实”“位”三个术语的定义：“天地及天地间所有的一切，皆叫作‘物’。这里定义的‘物’，不限于有形有色的实物”[③]；“‘实’为‘名’即‘字’所代表的‘物’的概念，为‘名’即‘字’的涵义”[④]；“‘位’为概念的‘定义域’”[⑤]，“‘位其所位，正也’，是说你用的‘字’的概念的定义域与你要表达的‘物’的概念重合。这就叫作‘正’”[⑥]。

其二，从“其名正，则唯乎其彼此焉”至“不当而乱也”为第二小节，重在探讨“‘名’即‘字’与其代表的事物的概念的定义域应当具有唯一性的

① 参见李耽：《先秦形名之家考察》，湖南大学出版社1998年版，第36—46页。
② 李耽：《先秦形名之家考察》，湖南大学出版社1998年版，第37页。
③ 李耽：《先秦形名之家考察》，湖南大学出版社1998年版，第38页。
④ 李耽：《先秦形名之家考察》，湖南大学出版社1998年版，第38页。
⑤ 李耽：《先秦形名之家考察》，湖南大学出版社1998年版，第39页。
⑥ 李耽：《先秦形名之家考察》，湖南大学出版社1998年版，第40页。

问题"[1]。所谓"唯乎其彼此",乃意指"'名'即'字'与其代表的事物的概念一一互相呼应"[2],就此而言,"其名正",说的即是"'名'即'字'所代表的'物'的'概念'的'定义域'与人所要表达的'物'或'事'对应,则'名'即'字'与'物'此呼彼应,即一一互相对应"[3]。

其三,从"故彼:彼当乎彼,则唯乎彼"到"以当而当,正也"为第三小节,"此节重复'彼,此',表示多数,以说明第2节所论内容的普遍性意义"[4]。就本小节的普遍性意义而言,"A'名'当乎A'实',则A'名'('彼')表达A'实',可为公众接受,从而A'名'即A'字'或A'言'可以流行于世;而B'名'('此')当乎B'实',则B'名'表达B'实',可为公众接受,从而B'名'即B'字'或B'言',可以流行于世。这叫作'其以当而当也'。'以当而当'则叫作'正'。'正'即'正名'。这就回答了'正其所实者,正其名也'这个问题"[5]。

其四,"故彼:彼止于彼,此:此止于此,可;彼此而彼且此,此彼而此且彼,不可"为第四小节,其中前一句话的意思是:"彼'名'代表彼'实',且止代表此[6]'实';此'名'代表此'实',且止代表此'实',即'名'与'实'的关系是唯一性的,则'可'。"[7]后一句话的意思是:"彼(A)'名'代表此(B)'实',而彼'名'既代表彼'实',又代表此'实';此'名'代表彼'实',而此'名'既代表此'实'又代表彼'实',则'名'与'实'的关系是非唯一性的,而且是交叉的,荀子称此种情况为'名实玄纽'。则'名'与'实'的关系混乱,如此则'不可'。"[8]

其五,第五小节包括两句话,第一句"夫名,实谓也"的意思是:"'名'即'字'是'实'的称呼或说明,或者说'名'即'字'是'实'的记号(signal)或符号(symbol),即'名'('字'或'言')是表示'实'的。"[9]至于后面的一句

---

① 李耽:《先秦形名之家考察》,湖南大学出版社1998年版,第41页。
② 李耽:《先秦形名之家考察》,湖南大学出版社1998年版,第41页。
③ 李耽:《先秦形名之家考察》,湖南大学出版社1998年版,第41页。
④ 李耽:《先秦形名之家考察》,湖南大学出版社1998年版,第42页。
⑤ 李耽:《先秦形名之家考察》,湖南大学出版社1998年版,第42—43页。
⑥ "此"当作"彼"。
⑦ 李耽:《先秦形名之家考察》,湖南大学出版社1998年版,第43页。
⑧ 李耽:《先秦形名之家考察》,湖南大学出版社1998年版,第43页。
⑨ 李耽:《先秦形名之家考察》,湖南大学出版社1998年版,第44页。

"知此之非此也,知此之不在此也,则不谓也;知彼之非彼也,知彼之不在彼也,则不谓也",则旨在"解说'名、实、位'的关系"[①]。

其六,"至矣哉,古之明王!审其名实,慎其所谓。至矣哉,古之明王"为第六小节,其意思是:"'古之明王',对'名实'问题皆极重视,说话写文章总是慎重从事。"[②]

在第八节"公孙龙《指物论》解说"[③]中,著者首先指出:"《指物论》研究的是'指'与'物'关系的理论,即'指'与人的外在事物关系的理论。因此,读《指物论》的首要的或先决的条件,是弄清'指'的定义。《指物论》中有'指'的定义,那就是:'物莫非指,而指非指。'"[④]接着,著者借鉴皮尔斯、莫里斯的"指号理论",将《指物论》的"指"解为"指号"(sign),进而将"物莫非指,而指非指"诠解为:"'物莫非指',是说世界所有事物皆是指号,即'物'皆可用作指号。'而指非指',是说指号相对自身来说却是'非指号',因为指号有'不自返性',不能指称自己。"[⑤]然后,著者依据主客问难的体裁对《指物论》作了分段与标点,在此基础上对全篇进行了意译。最后,著者总结道:"如此,《指物论》可读通读懂,而仍有未安之处。《指物论》讨论的是指号学的基本理论,'名'即'字'是'指'即'指号'之一种,即'名'是'语言指号',这个总体见解是正确的。剩下的未解决的问题,是小问题。"[⑥]另需说明的是,著者在解说《名实论》《指物论》时,注重将《墨经》的相关内容同公孙龙所论进行对照,认为二者具有相通之处。

33. 屠友祥著《言境释四章》

上海人民出版社 1998 年 12 月第 1 版,上海古籍出版社 2004 年 12 月第 1 版。

---

① 李耽:《先秦形名之家考察》,湖南大学出版社 1998 年版,第 44 页。
② 李耽:《先秦形名之家考察》,湖南大学出版社 1998 年版,第 46 页。
③ 参见李耽:《先秦形名之家考察》,湖南大学出版社 1998 年版,第 47—57 页。
④ 李耽:《先秦形名之家考察》,湖南大学出版社 1998 年版,第 48 页。
⑤ 李耽:《先秦形名之家考察》,湖南大学出版社 1998 年版,第 51 页。
⑥ 李耽:《先秦形名之家考察》,湖南大学出版社 1998 年版,第 57 页。

本书除“导言”与“结论”外，主体部分包括四章内容，分别为“《老子》‘道可道也，非恒道也’释”“《论语》‘辞达而已矣’释”“《庄子》‘类与不类相与为类’释”“《公孙龙子》‘物莫非指，而指非指’释”。

在“《公孙龙子》‘物莫非指，而指非指’释”一章[①]，著者首先指出：“《指物论》一篇，为《公孙龙子》核心之作，探求语言指谓与天下万物的关系，及指谓本身所特具的自我消解的性状。此论素称难解，其要在‘指固自为非指，奚待于物而乃与为指’一语。虽一向被视为名学杰作，然对于艺术语言问题的启示，亦不可低估。”[②]基于这种看法，著者从《指物论》首句“物莫非指，而指非指”谈起，对公孙龙的语言指谓思想进行了层层深入的阐析，主要有如下三个方面：

(1)“物”与“指”两个术语的含义。其一，“物”的含义：“物，概指具声色象貌者，《公孙龙子·名实论》云：‘天地与其所产者，物也。’略括而尽，因此是一个达名，一个大共名。”[③]其二，“指”的含义。著者认为，“指”有数义（如“手指”“手之示”“示”“语”“谓”“指谓”“所之（往）”等，“就究竟义而言，‘指’意为‘指向’，表‘指而谓之’这一生成运动所欲抵达某处的方向。自然，指向永远是指向，不会真正抵达，所谓‘指不至’，即为此义。而意识活动渗入指谓之中，则是意义之赋予、产生的过程的必要条件。……因而此‘指向’乃‘意’之指向，即‘意指’。凡涉‘指’之处，常是上述数义并纳，亦总为动词、名词诸用同呈”[④]。

(2)“指”与“名”的张力以及“正名”的意味。著者首先指出，《指物论》的“物莫非指”犹如《庄子·齐物论》的“物谓之而然”，揭示了“指”转变为“名”的过程以及二者之间恒具的张力：“谓此为鹿，谓彼为马，有着极大的任意性，最初若是鹿名未立，则指鹿为马，亦可成立。然而指谓一旦出现，得到集体的认同，便约定俗成了，转为定名，不可轻易更改，语言的束缚也就此产生。这是‘指’转变成‘名’（所以谓，名也）的过程。一般说来，‘名’

---

① 参见屠友祥：《言境释四章》，上海人民出版社1998年版，第318—381页。

② 屠友祥：《言境释四章》，上海人民出版社1998年版，第318页。

③ 屠友祥：《言境释四章》，上海人民出版社1998年版，第318页。

④ 屠友祥：《言境释四章》，上海人民出版社1998年版，第319页。

就具有固定、非生成、重复诸类特性，而意识形态也具有同样的完成、固著、重复自身这种种性状（意识形态经由定型才成其为意识形态），所以‘名’与‘意识形态’由于结构性而同一而密合无分。如此，欲挣脱名言之束缚与囚禁（挣脱定型化的规则，乃是艺术语言觅取鲜活的生命的唯一途径），以及祛除意识形态的阴霾，往往需要重新命名。重新命名的过程，或者说在此重新命名确立之前的运作，实际上又是一种新的指谓，是旧‘名’转变成新‘指’的过程。自然，新‘指’会再转变为另一新‘名’，另一新‘名’又成旧‘名’，如此不已。因而种种‘正名’之举，实际上有着截然的分别。”[①]接着，著者对公孙龙的“正名”说与孔子的“正名”说作了对比，认为孔子强调“旧名的固定意义，以正此名来变彼实，意在恢复原先与此名相合的意识形态”[②]，而公孙龙则主张“以正此实来变彼名，……变的过程即指谓的过程，所以他走‘唯谓非名’的路子”[③]。然后，著者对公孙龙以“实”变“名”的指谓过程所蕴含的幽趣作了提示：“究竟而言，名具有外在法规性，弥漫于普通语言之中；谓（指）则蕴有着内在自明性，自成一己的规则，愈异于已有者，即愈富创造性，这是艺术语言的鲜明面目，或者说，谓（指）在艺术语言内显发得最为强劲，时时调节着，尽力不使谓（指）转化为名，即若转化了，也生产出新谓新指来。”[④]

（3）关于“如何指、如何谓”的问题。著者首先结合自己对《名实论》原文的理解进行了阐析：“某物适成就其为某物，无附丽成分来混淆，其真实性遂透发了出来，此真实性适完全透发为此真实性，无欠缺部分待显明。如此，天下万物，各居其位，各现其真，在在分离，各各独立，互为区分，故白马非马，坚白石二。正，就是离而独。欲正，就要正物之真实性，使之离而独。欲使物之真实性离而独，就要令名离而独。名一旦离而独，则其旷、过就显现出来了，因为名以其固定性、完成性，总是落后于真实性的生成发展——所以要正名。物之真实性的生成发展，呈未济的情状，指谓亦呈此情状，故旧名往往转化为

---

① 屠友祥：《言境释四章》，上海人民出版社 1998 年版，第 319 页。

② 屠友祥：《言境释四章》，上海人民出版社 1998 年版，第 319 页。

③ 屠友祥：《言境释四章》，上海人民出版社 1998 年版，第 320 页。

④ 屠友祥：《言境释四章》，上海人民出版社 1998 年版，第 321 页。

或让位于新指谓。即在此转化或让位之际，名得以正。指谓所居的生成之位，它特具的离而独，使之异常地灵动：指谓彼，彼相应，则指谓，不应，则不指谓；指谓离而独，彼亦离而独，则指谓，不然，则不指谓。尽现了指谓的生成过程。随顺此一生成过程，物之真实性莫不是因由指谓而透发出来。"[①]接着，著者对公孙龙所谈的"谓"与《墨经》所谈的"谓"作了比照，认为《墨经》强调"指谓必须参合，无法分离，无法唯乎其谓"[②]，而公孙龙则意在"保持'谓'的离而独，即唯乎彼此"[③]。在对照分析的基础上，著者对公孙龙的"物莫非指"作了反观："反观公孙龙的'物莫非指'，物与指之间的相应（唯乎其指谓），实质上强调了物各自的多样性、独立性，此物之真实性的不旷不过，切断了与彼物之真实性的关联，一切都是无法纳入秩序的。指谓的无序、变化、任意、离散、未定型，呼唤着天下万物，得到了它们的响应，乃至于万物之固然被唤发了出来，一切遂皆为谓之而然。对此，公孙龙作了精严的辩证，几原极指与物的奥赜。"[④]在探究"指"与"物"之奥赜的过程中，著者强调"指"所具有的"第一因的力量"。"既为第一因，岂有尚待另外的第一因来予以显现之理。或者说，既为指，则每一个指都是平等的，没有一个可凌驾于其他之上，来行其'指'的功能，亦即不存在元指。这种'指非指'的状况也是'指'的离而独的本质决定的——因其为生成过程的展显，此指与彼指必为离而独的"[⑤]。基于这种看法，著者结合《坚白论》《通变论》《白马论》《指物论》的相关论说进一步阐析了"离而独"的意味。

在上述阐析的基础上，著者最后对"指固自为非指，奚待于物而乃与为指"的意味作了诠解，并揭示了这句话对于语言指谓特别是艺术语言问题的启示："《指物论》的'且夫指固自为非指，奚待于物而乃与为指'，意即谓指必为指，指必可指，不必待于物同其相与相待方成为指。亦缘此，可以以指喻指之非指，与庄子大异。而能达到这一点。根本原因在于指固自为非指，因由这股自我消解的力量，使得无法予以指谓的'指'成其为

① 屠友祥：《言境释四章》，上海人民出版社1998年版，第321—322页。

② 屠友祥：《言境释四章》，上海人民出版社1998年版，第323页。

③ 屠友祥：《言境释四章》，上海人民出版社1998年版，第322页。

④ 屠友祥：《言境释四章》，上海人民出版社1998年版，第323页。

⑤ 屠友祥：《言境释四章》，上海人民出版社1998年版，第326页。

指，使其显现出来，得以指谓。——语言指谓正因其无法指谓自身，指谓之际无时无刻不荡激着自我消解的内力，此内力令指谓愈益强劲而多方，上升为纯粹的指谓。故，人类的语言指谓充满着固著之力，囚禁之力，也运行着自我解放之力，圆融之力。语言压迫、规定人类，人类因由此压迫、规定之力而实现语言之道。”[①]

在诠解性文字之后，著者附有“《公孙龙子》‘物莫非指，而指非指’集释”[②]，撮录了历代学人解说《公孙龙子·指物论》题旨及相关句段的代表性观点（如谢希深、傅山、辛从益、陈澧、陈柱、俞樾、章太炎、胡适、陶鸿庆、王琯、金受申、谭戒甫、钱穆、冯友兰、徐复观、吕思勉、伍非百、张怀民、沈有鼎、杜国庠、庞朴、任继愈、王熙华等学人的观点），是一份值得参阅的资料。

34. 曾祥云、刘志生著《中国名学——从符号学的观点看》

（福州）海风出版社 2000 年 4 月第 1 版。本书从符号学的角度对中国古代名学进行了阐释，提出了一些不同于过去将名学看作逻辑学的新见解。

本书正文前载有两篇序文：第一篇“序”由李先焜撰写（成稿于 1999 年 4 月 1 日），其中有言：“该书从一个新的角度，即符号学的角度来研究中国名学。这会不会产生一种印象，即这又是一种新形式的生搬硬套？我认为不会。因为‘名’本身就是一种‘符号’，是人们用以认识与交际的最重要的工具。……从符号学的角度来研究名学，实际上就是从名的本性上研究名学，这里丝毫没有离经叛道的地方，更不会有生搬硬套之嫌。”[③]“正是从符号学的角度观察，作者不同意将中国古代的‘名’直接等同于传统逻辑中所说‘概念’。……将‘名’直接称为‘概念’，而忽略‘名’的作为‘能指’的一面，就会造成对古代文本的许多误解。例如，过去不少

① 屠友祥：《言境释四章》，上海人民出版社 1998 年版，第 328—329 页。

② 参见屠友祥：《言境释四章》，上海人民出版社 1998 年版，第 330—381 页。

③ 曾祥云、刘志生：《中国名学——从符号学的观点看》，海风出版社 2000 年版，李先焜序第 2 页。

人将公孙龙的'白马非马'命题斥之为诡辩，就是这种简单化解释的结果。殊不知公孙龙并非直接讨论'白马'与'马'这两个所指的关系，而是讨论其两个能指结构的区别。"[①]"作者在本书中着力创立名学的体系。这种体系显然有别于过去将名学看作是逻辑学的体系。名学体系是以'正名'（规范名实关系）为核心内容。在此体系中作者阐述了名的本质、特点和作用；名实关系；命名的原则和方法；正名的原则和方法；用名的原则；名的分类；兼名的构成原则；名与名之间的关系等等。由于古代汉语的文字构形上的特点，作者还探索了[②]名相关的问题，如：名的'依类象形'的特点；名与古文字的关系；名的认识作用、指谓功能、交际功能、构词功能及治世作用等等。这些都是本书颇具特色的地方。"[③]

第二篇"序"由崔清田撰写（成稿于1999年4月21日），其中有言："事实表明，对中国古代名学的符号学解释——'名'是用以代表、标记客观事物的符号、名称，'名实关系'是名称与指称对象之间的关系，所言成理，所论有据，令人信服，引人深思。可以说，《中国名学——从符号学的观点看》一书与近年发表的同类成果一道，使中国名学的研究工作获得了新的思路。"[④]"《中国名学——从符号学的观点看》不仅论证了中国古代名学是一种语词符号理论，而且对名学进行了全面深入的探讨。无论是名学演化历程及衰落原因的考察、名学研究体系的重构、传统研究模式中未能涉及的名学问题的探索，以及对一些重要问题所存学术歧见的分析，该书作者均对之提出了有根有据且极富新意的见解。这些成果必将有助于中国名学研究的深化和发展。"[⑤]

本书除了"关于'名学'的界说（代绪论）"外，主体部分包括八章内容，

---

① 曾祥云、刘志生：《中国名学——从符号学的观点看》，海风出版社2000年版，李先焜序第3页。

② 此处补"与"字。

③ 曾祥云、刘志生：《中国名学——从符号学的观点看》，海风出版社2000年版，李先焜序第3—4页。

④ 曾祥云、刘志生：《中国名学——从符号学的观点看》，海风出版社2000年版，崔清田序第3页。

⑤ 曾祥云、刘志生：《中国名学——从符号学的观点看》，海风出版社2000年版，崔清田序第3页。

分别为“历史的反思——对名学研究范式的再认识”“名学与符号学”“名学的发端”“《尹文子》和《管子》的名学”“《墨经》的名学”“公孙龙的名学”“荀子的命名理论”“先秦名学余风”。第六章“公孙龙的名学”[①]又分为六节，分别为“为公孙龙正名——泛论公孙龙的名学”“《名实论》释”“《指物论》释”“《坚白论》解”“《白马论》探”“《通变论》索解”。

在“为公孙龙正名——泛论公孙龙的名学”一节[②]，著者首先针对学界长期以来关于公孙龙及其学说的争论提出了自己的看法：“公孙龙及其学说，是我国学术界长期以来争论不休的对象；对公孙龙及其学说的评价，众说纷纭，褒贬不一。持否定态度的研究者认为，公孙龙是‘负类反伦’、‘辞胜于理’的诡辩家，是与柏拉图、康德、贝克莱同流的唯心论者；持肯定态度的研究者则认为，公孙龙是正确揭示传统逻辑类种属关系的逻辑学家。总之，不管公孙龙本人愿意与否，各种各样的帽子都给他戴上了。我们看来，给公孙龙戴的这些‘帽子’，不论是站在消极的否定立场，还是立足于积极的肯定立场，都因为未得公孙龙名学的要领、思想实质，而将‘帽子’戴歪了、戴反了。实际上，公孙龙能言善辩，他的著作的字里行间也无不显现出他卓越的辩才，但他决不是卖弄机智、故弄玄虚、强辞夺理的诡辩家；公孙龙于名学有其独到的见解，并有他独特的风格，但他并不是揭示类种属关系的传统逻辑学家。因此，在对公孙龙名学进行具体探讨之前，对学术界有关公孙龙学说评价中的是是非非，给予辩正和澄清，是很有必要的。”[③]鉴于此，著者从四个方面为公孙龙及其学说作了正名：(1)“关于龙之学与墨学”[④]。著者认为，“龙之学出于墨，虽不为无稽，但也不是定论。一般认为，《墨经》是后期墨家学者所著，而非墨子本人作品。由于《墨经》作者以及生卒年代以及公孙龙的生卒均不能确考，孰先孰后拟或是同一时期，亦无法确断，因此，说龙之学出于墨，实也带有某种

① 参见曾祥云、刘志生：《中国名学——从符号学的观点看》，海风出版社 2000 年版，第 155—259 页。

② 参见曾祥云、刘志生：《中国名学——从符号学的观点看》，海风出版社 2000 年版，第 155—176 页。

③ 曾祥云、刘志生：《中国名学——从符号学的观点看》，海风出版社 2000 年版，第 155—156 页。

④ 参见曾祥云、刘志生：《中国名学——从符号学的观点看》，海风出版社 2000 年版，第 156—159 页。

猜测成分。不过，从《公孙龙子》与《墨经》内容的比较来看，二者有相訾相应之处，却极为显然。因而，说公孙龙名学之思想素材与墨学相关，当属无疑”[①]。基于此，著者对公孙龙的《名实论》《指物论》《白马论》《坚白论》《通变论》与《墨经》的内容一一作了比较，指出了它们之间的相訾相应之处。在此基础上，著者断言：“说公孙龙之思想素材与《墨经》内容有关，当属无疑，应可确断。”[②](2)“公孙龙不‘诡辩’”[③]。著者针对指控公孙龙玩弄诡辩的三个罪证(《白马论》的“白马非马”命题、《坚白论》的“坚白石二”命题与《通变论》的“二无一”命题)一一进行了分辨，并在分辨的基础上指出：“公孙龙的上述立论，都不是什么‘饰人之心，易人之意，能胜人之口，不能服人之心’的奸言诡辞，公孙龙从来就不是什么‘以非为是，以是为非，是非无度’的诡辩徒，而是一个对中国名学作出卓越贡献的名学家、符号学家。”[④](3)“公孙龙非‘唯心’”[⑤]。著者针对指控公孙龙宣扬唯心论的两大罪证(《指物论》的“物莫非指”之说与《坚白论》的“视不得其所坚而得其所白者，无坚也；拊不得其所白而得其所坚者，无白也”之论)一一进行了分辨，并在分辨的基础上指出：“不无讽刺意味的是，被指控为彻头彻尾的唯心论者的公孙龙，竟然会说出这样再‘唯物’不过的话来：‘天地与其所产焉，物也’。在这里，如果我们套用列宁评价黑格尔《逻辑学》的话来评价《公孙龙子》，那是再也合适不过的了：‘这是纯粹的唯物主义！’”[⑥](4)“公孙龙名学的特征”[⑦]。著者认为，公孙龙的名学具体如下三个特征：其一，“‘专决于名’，这是公孙龙名学在研究内容上的一个突出特征”[⑧]；其

① 曾祥云、刘志生：《中国名学——从符号学的观点看》，海风出版社2000年版，第157页。

② 曾祥云、刘志生：《中国名学——从符号学的观点看》，海风出版社2000年版，第159页。

③ 参见曾祥云、刘志生：《中国名学——从符号学的观点看》，海风出版社2000年版，第159—163页。

④ 曾祥云、刘志生：《中国名学——从符号学的观点看》，海风出版社2000年版，第163页。

⑤ 参见曾祥云、刘志生：《中国名学——从符号学的观点看》，海风出版社2000年版，第163—166页。

⑥ 曾祥云、刘志生：《中国名学——从符号学的观点看》，海风出版社2000年版，第166页。

⑦ 参见曾祥云、刘志生：《中国名学——从符号学的观点看》，海风出版社2000年版，第166—176页。

⑧ 参见曾祥云、刘志生：《中国名学——从符号学的观点看》，海风出版社2000年版，第166—168页。

二,“超越常识,这是公孙龙名学立论的一个显著特点”[①];其三,“‘假物取譬’,这是公孙龙名学在论说方式上的一个显著特征”[②]。在阐析上述三个特征的基础上,著者最后总结道:“‘专决于名’,超越常识和‘假物取譬’,是公孙龙名学理论的三个基本特征,准确把握这三个特征,乃是我们正确认识和客观评价公孙龙名学的前提和条件。”[③]

在“《名实论》释”一节[④],著者首先指出:“《名实论》是公孙龙名学体系的理论基础,是《公孙龙子》其它诸篇立论的基本依据。……因此,读《公孙龙子》,当先读《名实论》;研究公孙龙名学,应首先考察《名实论》。”[⑤]接着,著者从四个方面对《名实论》进行了阐释:(1)“几个重要术语的提出”[⑥]。著者对公孙龙关于“物”“实”“位”“正”“名”等术语的界说作了阐释:其一,关于“物”:“公孙龙所说的‘物’,是世界上形形色色的万事万物的总称,天地间的一切都统归于‘物’,都可以‘物’称之。……世上万事万物都是依其自身规律而产生、存在的,而并不是依人们的主观意志为转移的,因此,其唯物论倾向,还是十分明显的。指责公孙龙宣扬、鼓吹唯心主义,是没有什么根据的。”[⑦]其二,关于“实”:“用‘物’这个名来指称而又没有超出其指称范围的,就是‘实’。”[⑧]其三,关于“位”:“用具体事物来充实名所指称的对象而不使之出现空缺,这就是‘位’。显然,公孙龙的‘位’不是什么‘概念的内涵’,也不是什么事物的‘位置’、‘界限’,更不是什么人的职位、职责,而是指名与实之间的一种对应关系。在公孙龙看来,每一个名都有其确定的指称对象,名与实之间是一一对应的。……‘位’是公

① 参见曾祥云、刘志生:《中国名学——从符号学的观点看》,海风出版社 2000 年版,第 168—174 页。

② 参见曾祥云、刘志生:《中国名学——从符号学的观点看》,海风出版社 2000 年版,第 174—176 页。

③ 曾祥云、刘志生:《中国名学——从符号学的观点看》,海风出版社 2000 年版,第 176 页。

④ 参见曾祥云、刘志生:《中国名学——从符号学的观点看》,海风出版社 2000 年版,第 176—186 页。

⑤ 曾祥云、刘志生:《中国名学——从符号学的观点看》,海风出版社 2000 年版,第 176 页。

⑥ 参见曾祥云、刘志生:《中国名学——从符号学的观点看》,海风出版社 2000 年版,第 176—180 页。

⑦ 曾祥云、刘志生:《中国名学——从符号学的观点看》,海风出版社 2000 年版,第 177 页。

⑧ 曾祥云、刘志生:《中国名学——从符号学的观点看》,海风出版社 2000 年版,第 178 页。

孙龙名学的一个重要概念，也是其名学的重要理论根据。他的‘正名’原则，即是对‘位’的思想的具体展开。”[①]其四，关于“正”：“‘正名’问题，实质上是名实关系即符号名称与其所指对象的关系问题。一个名有其确定的指称对象，名与实相当、一致，那么，这个‘名’就正了；如果一个名没有其确定的指称对象，名与实不相当、不一致，则这个名就是‘不正’。公孙龙的‘正’就是讲的这个道理。”[②]其五，关于“名”：“‘名’是对事物的称谓，即事物的名称符号；名与具体事物的关系，是一种指称或者说代表关系。”[③]（2）“正名的方法”[④]。著者认为，“《名实论》云：‘以其所正，正其所不正’。这是公孙龙提出的正名方法，也是他在《白马论》、《坚白论》诸篇中惯用的对名的分析方法。此句中的第二个‘正’，作动词用，可解作纠正、矫正之义。由于这一句是承上文而出，因此，句中的‘其’字不能看作虚词，而是对上句中的‘位’的指代。公孙龙提出的这种正名方法的意思是：用规范化的名实相当的名，去纠正那些不规范的名实不相当的名”[⑤]。至于《名实论》所云“其正者，正其所实也；正其所实者，正其名也”的意味，著者进一步解释说：“所谓‘正名’，归根到底，就是规范名所指称的对象，名与所指称对象之间的关系规范化了，使一个名有了其确定的所指，那么，这个‘名’也就‘正’了。因此，正名的目的就在于使名实关系规范化，具有一种确定性，即，使不同的名有不同的指称对象，使不同的事物应不同的名，名与实一一对应，不互相侵扰。”[⑥]（3）“正名的标准”[⑦]。著者首先指出：“‘唯乎其彼此’，这是公孙龙对于正名标准的一个概括性陈述，也可把它看作是公孙龙有关正名的一条基本原则。其中的‘唯’，即唯独、专一之意；‘谓’，即称谓、命名；‘彼’、‘此’，分别代表两种不同的事物或两个不同的

---

① 曾祥云、刘志生：《中国名学——从符号学的观点看》，海风出版社2000年版，第179页。

② 曾祥云、刘志生：《中国名学——从符号学的观点看》，海风出版社2000年版，第180页。

③ 曾祥云、刘志生：《中国名学——从符号学的观点看》，海风出版社2000年版，第180页。

④ 参见曾祥云、刘志生：《中国名学——从符号学的观点看》，海风出版社2000年版，第181—182页。

⑤ 曾祥云、刘志生：《中国名学——从符号学的观点看》，海风出版社2000年版，第181页。

⑥ 曾祥云、刘志生：《中国名学——从符号学的观点看》，海风出版社2000年版，第182页。

⑦ 参见曾祥云、刘志生：《中国名学——从符号学的观点看》，海风出版社2000年版，第182—184页。

事物名称。这条原则的含义是：彼名只能称谓彼实，此名只能称谓此实。”[①]接着，著者依循公孙龙的运思理路，分别从反面（“不当而当”）与正面（“以当而当”）阐述了“唯谓”原则的合理性，进而对归结之语“故彼彼止于彼，此此止于此，可。彼此而彼且此，此彼而此且彼，不可”作了解释，认为这段话的意思是：“用以称谓彼物的‘彼’名，只限于称谓彼物；用以称谓此物的‘此’名，只限于称谓此物，这样的名是可以的。如果用‘彼’名去称谓此物，使得‘彼’名称谓彼物又称谓此物；或者用‘此’名去称谓彼物，使得‘此’名称谓此物又称谓彼物，这样的名是不可以的。”[②]在上述阐释的基础上，著者对“唯谓”原则的意味及其在公孙龙名学体系中的地位进行了总结：“总之，在公孙龙看来，一个事物只能有一个与之相应的名称，一个名称也只能用来称谓一个与之相应的事物；不同的名，称谓不同的事物；对于不同的事物，用以称谓它的名亦有别。这是《名实论》阐述的最主要的思想，也是公孙龙名学体系的一个重要思想和基本原则，公孙龙的《坚白论》、《白马论》、《通变论》诸篇，都是遵循这一原则来展开对名的具体分析的。因此，可以说，‘唯乎其彼此’的正名原则，是整个公孙龙名学的理论基石。”[③]最后，著者基于现代语言符号学的视角，认为“唯乎其彼此”的正名原则“揭示了语词符号（名）与所指谓对象之间的确定性原则”[④]。（4）“审其名实，慎其所谓”[⑤]。著者首先对“夫名，实谓也。知此之非此也，知此之不在此也，则不谓也；知彼之非彼也，知彼之不在彼也，则不谓也”进行了解释：“《名实论》的这一段话是紧承上文而来的，其基本思想仍是名与实的关系问题。只不过在这里，公孙龙强调的是，人们应当如何按照‘唯乎其彼此’的原则，去使用事物的名称。在公孙龙看来，名是对具体物类的称谓，如果知道‘此’名所称谓的对象不是此物，或者‘此’名所称谓的对象不限于此物，那么，就不能用‘此’名去称谓此物；如果知道‘彼’名所

---

① 曾祥云、刘志生：《中国名学——从符号学的观点看》，海风出版社 2000 年版，第 182 页。

② 曾祥云、刘志生：《中国名学——从符号学的观点看》，海风出版社 2000 年版，第 183—184 页。

③ 曾祥云、刘志生：《中国名学——从符号学的观点看》，海风出版社 2000 年版，第 184 页。

④ 曾祥云、刘志生：《中国名学——从符号学的观点看》，海风出版社 2000 年版，第 184 页。

⑤ 参见曾祥云、刘志生：《中国名学——从符号学的观点看》，海风出版社 2000 年版，第 184—186 页。

称谓的对象不是彼物，或者'彼'名所称谓的对象不限于彼物，那么，也不能用'彼'名去称谓彼物。也就是说，如果一个名与它所指称的实不相符合，就不能用这个名去谓述这个实；只有当一个名与它所指称的实相符合，才能用这个名去谓述这个实。从公孙龙的这一段话可明显看出，《名实论》所探讨的名实关系，已不限于名与对象之间的语义关系，而且涉及到了名的使用者使用名去谓述实这样的语用问题。"[①]鉴于此，著者将《名实论》结尾处的"审其名实，慎其所谓"解释为："当一个人在使用事物的名称符号来表达自己思想时，必须仔细审察名称符号与它所代表的具体事物之间的对应关系，要谨慎地使用名称符号去称谓某一具体事物。换言之，在使用名称符号交流思想的过程中，应当遵守'唯乎其彼此'的正名原则，不能随意地使用某一名称符号去称谓某一具体事物。只有这样，才能使自己所表达的思想准确地传达给别人，为别人所理解，实现成功交际。"[②]

在"《指物论》辩"一节[③]，著者首先指出："在先秦诸子书中，《公孙龙子》素称难读，而《指物论》又被推为《公孙龙子》中最难读的一篇。《指物论》本身的难读，使之成了先秦哲学史上的一个难解之谜，并因此带来了研究者对于它的各种各样的推测、解释和评价，以至今日仍难找到某种足以令人信服的结论。实际上，《指物论》是一篇专门探讨语言符号'名'与其所指称对象之间关系的符号学论文。它在《名实论》'夫名，实谓也'的认识基础上，进一步阐述了'名物'关系，提出和论证了事物都可指称的主张，并严格区分了指称和指认这两种不同的指物形式。"[④]接着，著者从四个方面对《指物论》进行了分辨：(1)"《指物论》不是对辩体"[⑤]。著者认为，"在《指物论》原文中，并没有使用'曰'字来标识主客双方的界限，这是人所共知的事实，换言之，所谓的主客界限，只不过是明清两代以来的杨慎、

① 曾祥云、刘志生：《中国名学——从符号学的观点看》，海风出版社2000年版，第185—186页。

② 曾祥云、刘志生：《中国名学——从符号学的观点看》，海风出版社2000年版，第186页。

③ 参见曾祥云、刘志生：《中国名学——从符号学的观点看》，海风出版社2000年版，第186—204页。

④ 曾祥云、刘志生：《中国名学——从符号学的观点看》，海风出版社2000年版，第186—187页。

⑤ 参见曾祥云、刘志生：《中国名学——从符号学的观点看》，海风出版社2000年版，第187—191页。

傅山、陈澧等《公孙龙子》研究者所增补，而提出和划分这种界限的唯一依据，又完全在于这些研究者个人对于《指物论》的理解和认识。在我们看来，既然《指物论》为对辩体之说，并不是以《指物论》原文某种固有标志为据，而仅是以某些研究者对于《指物论》的个人理解为断，那末，《指物论》在事实上是否为客难主答式对辩体，本就是一个值得深究和需要讨论、审明的问题"[①]。鉴于此，著者从三个方面探究了这个问题：其一，"公孙龙的《指物论》与他以对辩体写成的《坚白论》、《白马论》和《通变论》三篇，写作风格迥异，有着十分明显的差别"[②]。其二，"从《指物论》的思想内容看，按照对辩体论者所划定的界限，下面两段文字代表客方的观点：'天下无指，物无可以谓物。非指者天下，而物可谓指乎？指也者，天下之所无也；物也者，天下之所有也。以天下之所有，为天下之所无，未可。''天下无指者，生于物之各有名，不为指也。不为指而谓之指，是无不为指，以有不为指之无不为指，未可。'既为客难，与论主之立论当形成对立、冲突。然而，实际情形并非如此"[③]。其三，"我们从《公孙龙子》诸篇的论证方式上作些对比分析。……《坚白论》、《白马论》和《通变论》三篇，是对一些具体名称之间关系的讨论，《名实论》和《指物论》则是名实关系、名物关系的一般论述。……公孙龙'假物取譬'，用对辩体来写作《坚白论》、《白马论》和《通变论》，而不以对辩体、也不采'假物取譬'方式来写作《名实论》和《指物论》，不仅是可以理解的，而且可能正是公孙龙的一种刻意安排"[④]。(2)"关于'指'的涵义"[⑤]。著者对学界有关"指"的释义进行了爬梳，认为这些释义仍未揭示出《指物论》的奥义。"要揭开《指物论》之谜，求得'指'的真实义项，只能从公孙龙所处先秦时代的文化典籍中，去寻找历史的根据或启迪。其中，《墨经》的指物观，就是帮助我们解开《指物论》谜底的一把钥匙"[⑥]。鉴于此，著者基于公孙龙的《指物论》与《墨经》的指物观所存在的

---

① 曾祥云、刘志生：《中国名学——从符号学的观点看》，海风出版社 2000 年版，第 187—188 页。

② 曾祥云、刘志生：《中国名学——从符号学的观点看》，海风出版社 2000 年版，第 188 页。

③ 曾祥云、刘志生：《中国名学——从符号学的观点看》，海风出版社 2000 年版，第 190 页。

④ 曾祥云、刘志生：《中国名学——从符号学的观点看》，海风出版社 2000 年版，第 191 页。

⑤ 参见曾祥云、刘志生：《中国名学——从符号学的观点看》，海风出版社 2000 年版，第 191—196 页。

⑥ 曾祥云、刘志生：《中国名学——从符号学的观点看》，海风出版社 2000 年版，第 192—193 页。

素材上相应、观点上相訾的关系，认为《指物论》中的“指”有三种不同的用法：其一，“指认，即以手指指物。这是《墨经》及人们常识中‘指’的涵义，或者说‘指’的本义，它也是公孙龙《指物论》中排斥、批驳的一种义项。如‘非指者天下’、‘指也者，天下之所无也’、‘天下无指者，生于物之各有名’等句中的‘指’，以及‘指非指’、‘指与物，非指也’等句中的前一个‘指’，都是在指认的意义上使用的”[①]。其二，“指称，即以名指物意义上的指。这是‘指’的引申义，也是公孙龙本人所理解的‘指’。如‘物莫非指’之‘指’，以及‘指非指’、‘指于[②]物，非指也’、‘指固自为非指’等句中的后一个‘指’，都是在对事物的指称意义上使用的。许多研究者将这种对事物的‘指’即‘物指’，简单地理解为‘构成事物的指’，是不符合公孙龙原意的。《指物论》的‘物指’是一种名物关系，即名对事物的指称关系”[③]。其三，“提及‘指’这一名称本身。用现代符号学的话来说，就是使用‘指’这个符号去提及‘指’这个名称，这种特殊用法，缘于公孙龙对‘指’的不同理解、认识、如‘指固自为非指’、‘不可谓指者，非指也’中的前一个‘指’，‘不为指而谓之指’、‘奚待于物而乃与为指’中的后一个‘指’，即是在‘指’这一名称自身的意义上使用的。这种提及一个名称自身的用法，在《公孙龙子》一书中可谓普遍。有些研究者对公孙龙名学思想的误解，其重要原因之一，就是没有将《公孙龙子》一书有关‘名’的提及与使用这两种用法，严格区别开来”[④]。(3)“物莫非指，而指非指”[⑤]。著者立足于“指称”与“指认”的区分，将《指物论》的中心论题“物莫非指，而指非指”解释为“事物都可指称，但对事物的指认不是对事物的指称”[⑥]，进而断言：“《指物论》全篇，就是围绕‘物莫非指，而指非指’这一中心论题展开分析论证的。其论证的方式，采取的是先破后立、立破相间的驳论形式；在内容上则是前后衔

---

① 曾祥云、刘志生：《中国名学——从符号学的观点看》，海风出版社 2000 年版，第 195 页。

② “于”当作“与”。

③ 曾祥云、刘志生：《中国名学——从符号学的观点看》，海风出版社 2000 年版，第 195 页。

④ 曾祥云、刘志生：《中国名学——从符号学的观点看》，海风出版社 2000 年版，第 195—196 页。

⑤ 参见曾祥云、刘志生：《中国名学——从符号学的观点看》，海风出版社 2000 年版，第 196—201 页。

⑥ 曾祥云、刘志生：《中国名学——从符号学的观点看》，海风出版社 2000 年版，第 196 页。

接，一气呵成。”[①]基于这种看法，著者对公孙龙论证“物莫非指，而指非指”的过程进行了阐析。在阐析的基础上，著者进一步指出：“综观全文，不难看出，公孙龙的《指物论》完全是针对《墨经》的指物观而作的，其思想脉络是清楚的。它对中心论题‘物莫非指，而指非指’的论证，主要是分两个层次来展开的。首先，从世上存在不能用手指指认的事物这一事实出发，否定了《墨经》的以手指指物为指的常识性认识；以不称之为指的‘非指’即以名指物也是指为前提，推出‘物莫非指’，否定了《墨经》的‘所知而弗能指’，并进而推断‘指非指’。其次，从分析《墨经》‘所知而弗能指’的原因出发，肯定‘指’是一种兼称，以此为前提，逐步推导出‘物莫非指’和‘指非指’。”[②]最后，著者对《指物论》的题意作了归结：“《指物论》是一篇探讨名物关系的理论符号学专论，其题意是：‘论指称事物’或‘论对事物的指称’。由于《指物论》探讨的不是什么哲学本体论问题，因而不能把它看作是公孙龙的物性观。”[③]（4）“《指物论》的符号学思想”[④]。著者将《指物论》的符号学成就归结为如下三点：其一，“肯定名的指称功能、符号性质”[⑤]；其二，“对‘指称’与‘指认’的明确区分”[⑥]；其三，“提出事物都可指称的主张”[⑦]。

在“《坚白论》解”一节[⑧]，著者首先指出：“‘坚白’问题是先秦名辩思潮中的重要辩题之一。公孙龙因力主‘坚白石二’，而被人们看作是‘离坚白’一派的重要代表人物。在《公孙龙子》一书中，《坚白论》占有很重要的地

① 曾祥云、刘志生：《中国名学——从符号学的观点看》，海风出版社 2000 年版，第 196 页。

② 曾祥云、刘志生：《中国名学——从符号学的观点看》，海风出版社 2000 年版，第 200—201 页。

③ 曾祥云、刘志生：《中国名学——从符号学的观点看》，海风出版社 2000 年版，第 201 页。

④ 参见曾祥云、刘志生：《中国名学——从符号学的观点看》，海风出版社 2000 年版，第 201—204 页。

⑤ 参见曾祥云、刘志生：《中国名学——从符号学的观点看》，海风出版社 2000 年版，第 201—202 页。

⑥ 参见曾祥云、刘志生：《中国名学——从符号学的观点看》，海风出版社 2000 年版，第 202—203 页。

⑦ 参见曾祥云、刘志生：《中国名学——从符号学的观点看》，海风出版社 2000 年版，第 203—204 页。

⑧ 参见曾祥云、刘志生：《中国名学——从符号学的观点看》，海风出版社 2000 年版，第 204—220 页。

位。……《坚白论》是一篇探讨兼名合成规律的名学专论，它是公孙龙名学思想体系中的一个重要组成部分。”[①]接着，著者从五个方面对《坚白论》进行了诠解：(1)“‘坚白石二’题解”[②]。著者认为，“《坚白论》是围绕‘坚白石二’在这一中心论题来展开其分析论证的，这在学术界似乎早已成为共识，并无异议。但是，在对‘坚白石二’命题的理解上，许多研究者的认识实际上是很模糊的，并没有反映公孙龙的本意，也因此而导致了对《坚白论》思想内容似是而非的解释”[③]。鉴于此，著者对学术界关于“坚白石二”论题的相关歧见作了爬梳，继而对推断“坚白石二”的重要依据“无坚得白，其举也二；无白得坚，其举也二”进行了辨析，进而断言：“所谓‘坚白石二’，是指在‘坚’、‘白’、‘石’这三个单名中，只能选取其中两者组成两个不同的兼名，即取‘坚’与‘石’合成‘坚石’，取‘白’与‘石’合成‘白石’。如果简而言之，‘坚白石二’，是说由‘坚’、‘白’、‘石’三个单名只能生成两个不同的兼名。在公孙龙看来，不能取‘坚’、‘白’、‘石’三名中的‘坚’与‘白’合成‘坚白’，因为‘坚’、‘白’两名所表征的事物坚、白两种性征是相互分离的。”[④]此外，著者还对“坚白石三”进行了辨析，认为这是主张坚、白两性相盈的客方的观点，就此指出：“《坚白论》全篇，都是以主、客双方针对可否合成‘坚白’这一问题而展开其分析论证的。公孙龙之以‘坚白论’作篇名，原因也即在此。”[⑤](2)“‘视不得其所坚’、‘拊不得其所白’”[⑥]。著者认为，公孙龙为申明其“坚白石二”的主张所提出的第一个重要理由是“视不得其所坚而得其所白者，无坚也；拊不得其所白而得其所坚者，无白也”，其基本点是“强调视、拊‘异任’”[⑦]。进而言之，“由于‘坚’名的所指是物之质坚，在‘坚’名的所指中，没有物之白色；‘白’名的所指是物之色白，在‘白’名的所指中，没有物之质坚，

① 曾祥云、刘志生：《中国名学——从符号学的观点看》，海风出版社2000年版，第204页。

② 参见曾祥云、刘志生：《中国名学——从符号学的观点看》，海风出版社2000年版，第204—208页。

③ 曾祥云、刘志生：《中国名学——从符号学的观点看》，海风出版社2000年版，第205页。

④ 曾祥云、刘志生：《中国名学——从符号学的观点看》，海风出版社2000年版，第206页。

⑤ 曾祥云、刘志生：《中国名学——从符号学的观点看》，海风出版社2000年版，第208页。

⑥ 参见曾祥云、刘志生：《中国名学——从符号学的观点看》，海风出版社2000年版，第208—211页。

⑦ 曾祥云、刘志生：《中国名学——从符号学的观点看》，海风出版社2000年版，第208页。

因此，对于客观存在的具体事物石而言，以目视石，人们所感知的只是石之色白；石之色白为'白石'名的所指，因而，'白'与'石'相结合，可生成新的兼名'白石'；'白石'指称客观存在的白石，不指称客观存在的坚石。以手抚（拊）石，人们所感知的只是石之质坚；石之质坚为'坚石'名的所指，因而，'坚'与'石'相结合，可生成新的兼名'坚石'；'坚石'指称客观存在的坚石，不指称客观存在的白石"[①]。(3)"坚、白'相离'"[②]。著者首先将坚、白"相离"看作是公孙龙用以论证其"坚白石二"的又一重要论据，其意为"坚、白两种性征是相互分离的"[③]。接着，著者结合《坚白论》的论证过程，重点对"坚与不见谓之离""不定者，兼""知与不知相与离""离也者，藏也""有自藏也，非藏而藏也"等语句进行了阐析。在阐析的基础上，著者最后指出："在公孙龙那里，'相离'的实质，就是事物性征在具体事物中的独立存在，它们互不影响，互不依存，坚不决定白，白亦不决定坚，坚、白各有自身的规定性。"[④](4)"独而正"[⑤]。著者首先将"坚未与石为坚而物兼，未与物为坚，而坚必坚。……故离也"视为公孙龙回应前句客难的答辞，进而将"离也者，因是"视为公孙龙"对上文所论'坚白'相离原因所作的一个概括性陈述"[⑥]。在此基础上，著者对《坚白论》末句"离也者天下，故独而正"的意味进行了阐析："《坚白论》中的这最后一句话，不仅指明了《坚白论》的思想实质是名学问题，而且指出了'离'与'名正'之间的关系。……公孙龙认为，世界上表征事物性征的如'坚'、'白'这一类名称，都是各自分离的，这些名称之间不能彼此结合生成'坚白'这种形式的兼名。否则，就会导致名实关系混乱。换言之，只有保持'坚'、'白'这类表征事物性征的名称彼此之间的独立性，才能使之与其所指称的实相一致，成为正名。"[⑦](5)"以语言符号看《坚

---

① 曾祥云、刘志生：《中国名学——从符号学的观点看》，海风出版社 2000 年版，第 209 页。

② 参见曾祥云、刘志生：《中国名学——从符号学的观点看》，海风出版社 2000 年版，第 211—213 页。

③ 曾祥云、刘志生：《中国名学——从符号学的观点看》，海风出版社 2000 年版，第 211 页。

④ 曾祥云、刘志生：《中国名学——从符号学的观点看》，海风出版社 2000 年版，第 213 页。

⑤ 参见曾祥云、刘志生：《中国名学——从符号学的观点看》，海风出版社 2000 年版，第 214—216 页。

⑥ 曾祥云、刘志生：《中国名学——从符号学的观点看》，海风出版社 2000 年版，第 215 页。

⑦ 曾祥云、刘志生：《中国名学——从符号学的观点看》，海风出版社 2000 年版，第 215—216 页。

白论》”[1]。著者从语言符号的角度，将《坚白论》的名学成就归结为如下三个方面：其一，“《坚白论》从认识论角度阐明了表征事物性征的名称的生成依据”[2]；其二，“《坚白论》肯定了表征事物性征的诸名称之间的相离性、独立性”[3]；其三，“《坚白论》揭示了‘以通称随定形’这一兼名合成法则”[4]。

在“《白马论》探”一节[5]，著者首先指出：“《白马论》乃公孙龙的成名杰作，这正如他本人所说，‘龙之所以为名者，乃以白马之论尔’。在该篇中，公孙龙以《名实论》提出的‘唯乎其彼此’的正名原则为理论依据，‘假物取譬’，详细论证了兼名与构成它的单名之间的相非、相离关系，指出了名与名之间的相对独立性，并严格区分了名称的提及与使用，为中国古代名学理论再添光辉篇章。”[6]接着，著者从四个方面对《白马论》进行了探察：(1)“‘非’议”[7]。著者认为，“学术界有关‘白马非马’褒贬之争的焦点，集中在对同一个‘非’字的不同解释上”[8]。“当前，解‘非’为‘不等于’，已成为学术界的一种时尚。不过，在我们看来，这种所谓新的解释，其实是不符合公孙龙原意的，它所存在的问题，较之传统解释更多”[9]。解“非”为“不等于”所存在的问题主要有如下三个：其一，“解‘非’为‘不等于’，对于历史上记载的有关公孙龙的言行，不能给出合理的说明”[10]；其二，“以‘不等于’

① 参见曾祥云、刘志生：《中国名学——从符号学的观点看》，海风出版社2000年版，第216—220页。

② 参见曾祥云、刘志生：《中国名学——从符号学的观点看》，海风出版社2000年版，第216—217页。

③ 参见曾祥云、刘志生：《中国名学——从符号学的观点看》，海风出版社2000年版，第217—218页。

④ 参见曾祥云、刘志生：《中国名学——从符号学的观点看》，海风出版社2000年版，第218—220页。

⑤ 参见曾祥云、刘志生：《中国名学——从符号学的观点看》，海风出版社2000年版，第221—239页。

⑥ 曾祥云、刘志生：《中国名学——从符号学的观点看》，海风出版社2000年版，第221页。

⑦ 参见曾祥云、刘志生：《中国名学——从符号学的观点看》，海风出版社2000年版，第221—226页。

⑧ 曾祥云、刘志生：《中国名学——从符号学的观点看》，海风出版社2000年版，第221页。

⑨ 曾祥云、刘志生：《中国名学——从符号学的观点看》，海风出版社2000年版，第222页。

⑩ 参见曾祥云、刘志生：《中国名学——从符号学的观点看》，海风出版社2000年版，第222—223页。

释‘非’，与公孙龙名学的研究风格不相一致”[①]；其三，“以‘不等于’释‘非’，将导致《白马论》义理混乱，无法解读”[②]。鉴于上述情况，著者认为，“以‘不等于’释‘非’，不是公孙龙的原意。在这一点上，我们维护传统的解释，‘非’即‘不是’或‘不属于’”[③]。接着，著者基于《说文》与段注训“非”为“违”“相背”，并通过对“非”与“无”、“非”与“异”、“不等于”与“异于”的词义辨析，最后断言“公孙龙‘白马非马’之‘非’，就是‘不是’或‘不等于’之意”[④]。(2)“‘白马非马’题解”[⑤]。著者从名称的“提及”与“使用”的区分入手，认为“公孙龙之论‘白马非马’，完全是在‘名称的提及’意义上，来使用‘白马’和‘马’这两个名称的，《白马论》中的‘命’、‘名’等文字，正是公孙龙用以限定上述诸名在提及名称的意义上使用的显著标志。换言之，‘白马非马’所探讨的，是‘白马’与‘马’这两个名称之间的相‘非’关系，而不是‘白马’与‘马’这两个名称分别指称的白马类动物与马类动物之间的相‘非’关系。公孙龙的《白马论》就是围绕‘“白马”不是“马”’这一中心论题而展开论证的。由于‘“白马”不是“马”’是一个不违反常识，但显然超越了人们常识的命题，因而，我们不能在‘白马不是马’或‘白马不等于马’这样的常识和传统习惯范围内来理解它”[⑥]。(3)“‘白马’非‘马’之辩”[⑦]。著者认为，《白马论》是从如下五个方面对“‘白马’不是‘马’”这一中心命题进行论证的：其一，“‘命色’非‘命’形”[⑧]；其二，“所求一者，白马不异马

① 参见曾祥云、刘志生：《中国名学——从符号学的观点看》，海风出版社 2000 年版，第 223 页。

② 参见曾祥云、刘志生：《中国名学——从符号学的观点看》，海风出版社 2000 年版，第 223—224 页。

③ 曾祥云、刘志生：《中国名学——从符号学的观点看》，海风出版社 2000 年版，第 224 页。

④ 曾祥云、刘志生：《中国名学——从符号学的观点看》，海风出版社 2000 年版，第 226 页。

⑤ 参见曾祥云、刘志生：《中国名学——从符号学的观点看》，海风出版社 2000 年版，第 226—231 页。

⑥ 曾祥云、刘志生：《中国名学——从符号学的观点看》，海风出版社 2000 年版，第 230—231 页。

⑦ 参见曾祥云、刘志生：《中国名学——从符号学的观点看》，海风出版社 2000 年版，第 231—237 页。

⑧ 参见曾祥云、刘志生：《中国名学——从符号学的观点看》，海风出版社 2000 年版，第 231—232 页。

也"[1];其三,"白马者,马与白也"[2];其四,"不离者,有白马不可谓有马也"[3];其五,"无去者非有去者"[4]。在一一阐析的基础上,著者最后总结道:"上述分析表明,公孙龙对'白马非马'的论证,主要是基于'唯乎其彼此'的正名原则,强调命名的依据不同,名所指称的对象亦相区别,其分析论证的层次是很清楚的,充分显示了他的'辨者'才能。"[5](4)"从符号学的观点看《白马论》"[6]。著者从现代语言符号学的角度,将《白马论》的名学贡献归结为如下三个方面:其一,"揭示了名与指称对象间的对应关系"[7];其二,"肯定名与名之间的相对独立性"[8];其三,"区分名的使用与提及"[9]。

在"《通变论》索解"[10]一节,著者首先指出:"在《公孙龙子》一书中,《通变论》被一些研究者看作是'最拙劣'的一篇,说它是'一派胡言',甚至有人因之而怀疑它为后人的'伪作'。实际上,如果我们从中国名学思想的实质和公孙龙名学的个性特征去理解,那末,《通变论》之所论,就绝对不是什么'不伦不类,荒谬绝伦'、'玩弄诡辩实质的说辞',而是揭举兼名的合成原则和兼名与单名之间关系的符号学专论,它是对《白马论》之论'白马非马'及《坚白论》之论'坚白石二'的更深入的讨论。《通变论》无疑是公孙龙名学体系中的一篇重要著作,是公孙龙名学思想的一个有机组成

① 参见曾祥云、刘志生:《中国名学——从符号学的观点看》,海风出版社2000年版,第232—233页。

② 参见曾祥云、刘志生:《中国名学——从符号学的观点看》,海风出版社2000年版,第233—234页。

③ 参见曾祥云、刘志生:《中国名学——从符号学的观点看》,海风出版社2000年版,第234—236页。

④ 参见曾祥云、刘志生:《中国名学——从符号学的观点看》,海风出版社2000年版,第236—237页。

⑤ 曾祥云、刘志生:《中国名学——从符号学的观点看》,海风出版社2000年版,第237页。

⑥ 参见曾祥云、刘志生:《中国名学——从符号学的观点看》,海风出版社2000年版,第237—239页。

⑦ 参见曾祥云、刘志生:《中国名学——从符号学的观点看》,海风出版社2000年版,第237—238页。

⑧ 参见曾祥云、刘志生:《中国名学——从符号学的观点看》,海风出版社2000年版,第238—239页。

⑨ 参见曾祥云、刘志生:《中国名学——从符号学的观点看》,海风出版社2000年版,第239页。

⑩ 参见曾祥云、刘志生:《中国名学——从符号学的观点看》,海风出版社2000年版,第239—259页。

部分。”[①]接着，著者从四个方面对《通变论》进行了探究：(1)“二无一”[②]。著者首先对学术界关于“二无一”论题的歧见进行了爬梳与辨析，认为“《通变论》中的‘一’即单名之喻，两个不同的‘一’或者说‘左’、‘右’，就是两个不同的单名，如‘白’、‘马’、‘羊’、‘牛’等。‘左与右’，则是指两个不同的单名相结合，生成一个新的名即兼名，在《白马论》中即有‘合“马”与“白”，复名“白马”’之说。在本篇中，公孙龙又说，‘左与右’可谓之‘二’。因此，‘二’即指兼名而言，为兼名之喻”[③]。接着，著者立足于“二无一”与《通变论》篇题之间的内在联系，进一步指出：“所谓‘二无一’，就是指在一个兼名中，不存在任何具有独立符号性质的单名。这是公孙龙对于兼名与单名之间关系的更一般概括，也是对《白马论》之论‘白马非马’的更进一步的认识。”[④](2)“羊合牛非马，牛合羊非鸡”[⑤]。著者认为，“《通变论》的中心论题是‘二无一’，但公孙龙对‘二无一’的具体论证，则是通过对‘羊合牛非马，牛合羊非鸡’等辅助命题的分析来展开的”[⑥]。“这‘羊牛’之类的东西，纯粹是公孙龙本人所虚拟的，借此以喻兼名。‘羊合牛’、‘牛合羊’，是喻示两个不同的单名相结合组成一个新的兼名；题中的‘马’、‘鸡’，则是喻指任意一个单名。因此，从‘羊合牛非马’和‘牛合羊非鸡’这两个命题的最一般、最基本的含义来说，它们都是对兼名与任一单名之间关系的一种描述”[⑦]。基于此，著者对“羊合牛非马”与“牛合羊非鸡”分别进行了阐析，认为公孙龙对这两个命题的论证方式及评价态度迥然不同，前者属于“正举”，后者则属于“狂举”。(3)“青以白非黄，白以青非碧”[⑧]。在著者看来，“‘青以白’，即‘青与白’；‘白以青’，即‘白与青’。同上述‘羊

---

① 曾祥云、刘志生：《中国名学——从符号学的观点看》，海风出版社2000年版，第239—240页。

② 参见曾祥云、刘志生：《中国名学——从符号学的观点看》，海风出版社2000年版，第240—245页。

③ 曾祥云、刘志生：《中国名学——从符号学的观点看》，海风出版社2000年版，第242—243页。

④ 曾祥云、刘志生：《中国名学——从符号学的观点看》，海风出版社2000年版，第245页。

⑤ 参见曾祥云、刘志生：《中国名学——从符号学的观点看》，海风出版社2000年版，第245—252页。

⑥ 曾祥云、刘志生：《中国名学——从符号学的观点看》，海风出版社2000年版，第246页。

⑦ 曾祥云、刘志生：《中国名学——从符号学的观点看》，海风出版社2000年版，第246—247页。

⑧ 参见曾祥云、刘志生：《中国名学——从符号学的观点看》，海风出版社2000年版，第252—254页。

合牛'、'牛合羊'一样,'青以白'和'白以青'也是喻指由两个不同的单名相结合组成的一个兼名。'黄'、'碧'是表征任意的单名。由于这两个命题是公孙龙针对客方的'他辩'而提出的,因而其思想与上述的'羊合牛非马,牛合羊非鸡',并没有什么根本性的区别"[①]。基于此,著者对"青以白非黄"与"白以青非碧"分别进行了阐析,并在阐析的基础上总结道:"同上述'羊合牛非马'与'牛合羊非鸡'一样,对'青以白非黄'与'白以青非碧',公孙龙也采取了两种不同的态度,作出了两种不同的评价。……在公孙龙那里,'羊合牛'和'青以白'都是属于'正举'的名,而'牛合羊'和'白以青'都是指'非正举'即'狂举'的名。不难理解,公孙龙的'正举'、'狂举'之说,实则是有关兼名合成规律的认识。"[②](4)"从符号学的观点看《通变论》"[③]。著者从现代语言符号理论的角度,将《通变论》的名学贡献归结为如下两点:其一,"深刻阐明了兼名的独立性"[④];其二,"正确揭示了兼名的合成规律、特点"[⑤]。

本书正文后载有著者撰写的"后记",成稿于1999年5月,其中有言:"从语言符号学角度来探讨名学,无疑是对传统的名学逻辑化研究范式的一种否定。显然,要改变历经百余年之久积淀而成的'名学即是逻辑'的传统学术观念,决不是一件很容易的事情,出现某些阻力是十分正常的。这些年来,我们也确实遇到了这样或那样的压力,甚至某种无端的指责。幸运的是,这些阻力变成了促进我们工作的一种动力,它坚定了我们把这项研究工作进行下去的决心。"[⑥]

35. 林铭钧、曾祥云著《名辩学新探》

① 曾祥云、刘志生:《中国名学——从符号学的观点看》,海风出版社2000年版,第252页。

② 曾祥云、刘志生:《中国名学——从符号学的观点看》,海风出版社2000年版,第254页。

③ 参见曾祥云、刘志生:《中国名学——从符号学的观点看》,海风出版社2000年版,第254—259页。

④ 参见曾祥云、刘志生:《中国名学——从符号学的观点看》,海风出版社2000年版,第254—256页。

⑤ 参见曾祥云、刘志生:《中国名学——从符号学的观点看》,海风出版社2000年版,第256—259页。

⑥ 曾祥云、刘志生:《中国名学——从符号学的观点看》,海风出版社2000年版,第302页。

(广州)中山大学出版社2000年10月第1版。

本书正文后载有林铭均撰写的“跋”,成稿于1999年10月,其中有言:“本书是国家教委人文、社会科学‘八五’规划项目的最终研究成果。这一项目由我主持,……经历5年时间才完成。……曾祥云是这一研究项目的主要参加者,他承担了本书大部分的写作任务,本书能够出版,是和他的努力分不开的。”[①]

本书分上、中、下三篇,计十二章。上篇为“总论”,包括第一章至第三章,分别为“中国名辩学研究的对象和方法”“名学概论”“辩学概论”;中篇为“中国名学”,包括第四章至第八章,分别为“名学的发端”“《尹文子》和《管子》的名学”“公孙龙的名学”“《墨经》的名学”“荀子的名学”;下篇为“中国辩学”,包括第九章至第十二章,分别为“辩学的发端”“《墨经》的辩学”“战国末期的辩学思想”“汉魏时期的辩学思想”。

在中篇第六章“公孙龙的名学”[②]中,著者从语言符号学的角度,对公孙龙的名学思想进行了阐释与辨析。本章又分为六节,分别为“为公孙龙正名——泛论公孙龙的名学”[③]、“《名实论》析”[④]、“《指物论》探”[⑤]、“《坚白论》阐释”[⑥]、“《白马论》辨正”[⑦]、“《通变论》索解”[⑧]。这里的内容与曾祥云、刘志生合著《中国名学——从符号学的观点看》(海风出版社2000年版)第六章“公孙龙的名学”大致相同,不再赘述。

36. 刘玉俊著《浅论先秦名家》

刘玉俊(1940—),陕西师范大学外语学院教授。所著《浅论先秦名家》一书,(台北)正谊出版社2002年5月西安第1版。

---

① 林铭钧、曾祥云:《名辩学新探》,中山大学出版社2000年版,第361—362页。
② 参见林铭钧、曾祥云:《名辩学新探》,中山大学出版社2000年版,第154—230页。
③ 参见林铭钧、曾祥云:《名辩学新探》,中山大学出版社2000年版,第154—166页。
④ 参见林铭钧、曾祥云:《名辩学新探》,中山大学出版社2000年版,第166—173页。
⑤ 参见林铭钧、曾祥云:《名辩学新探》,中山大学出版社2000年版,第174—189页。
⑥ 参见林铭钧、曾祥云:《名辩学新探》,中山大学出版社2000年版,第189—201页。
⑦ 参见林铭钧、曾祥云:《名辩学新探》,中山大学出版社2000年版,第201—218页。
⑧ 参见林铭钧、曾祥云:《名辩学新探》,中山大学出版社2000年版,第218—230页。

本书正文前载有著者撰写的“前言”[①]，成稿于1995年5月。著者首先称说了先秦名家的基本情况及其历史遭际：“先秦名家是一批基本哲学观点和理论相同的哲学家，是同一个学派。他们对名刑(形)关系的论述就是对精神与物质关系的论述。他们的名理论还涉及到认识论，涉及到对立统一规律和哲学的其他方面。他们在哲学理论上的成就是巨大的。应当说先秦名家的哲学思想是先秦时代世界上最高水平的哲学理论。但两千多年来，名家却遭到了严苛的批判，特别是权威们的批判，致使他们被戴上了诡辩家的帽子载入了史册。”[②]接着，著者对本书的内容与指归作了说明：“本书评论了名家几个代表人物(特别是公孙龙和惠施)的观点和理论，旨在参与对名家学术观点的讨论。我相信，通过大家都参与的广泛讨论，终能取得对名家理论的一个准确理解和对名家代表人物一个实事求是的结论。”[③]然后，著者对本书体例上的一些情况作了说明。

本书包括八章内容，可分为两大部分：第一部分是公孙龙专论，包括第一章至第五章，著者按照《白马论》《指物论》《坚白论》《名实论》《通变论》的顺序，对《公孙龙子》五篇(不含《迹府》篇)的哲学思想一一进行了探讨。在每篇探讨性的文字之前，著者均附有该篇的原文(以屈志清《公孙龙子新注》所载的原文为底本)。尤为重要的是，著者把《白马论》《指物论》《坚白论》《名实论》四篇的原文一一译成了现代汉语与英语(可惜的是，著者没有完成《通变论》的古译今、中译英工作)；第二部分是先秦名家综论，包括第六章至第八章，标题分别为“试评对先秦名家的批判”“中西先秦名家之比较”“当代学者对先秦名家的研究”。

第一章第四节题为“《白马论》哲学思想之我见”[④]，其基本观点是：“公孙龙在《白马论》一文中既论证了白马有异于马，又指出白马也是马，从而揭示了‘个别’和‘一般’之间所存在着的既对立又统一的辩证关系；他还既肯定了黄马、黑马都是马，又指出不能把包括黄马、黑马在内的任何一

① 参见刘玉俊：《浅论先秦名家》，正谊出版社2002年版，前言第1—2页。

② 刘玉俊：《浅论先秦名家》，正谊出版社2002年版，前言第1页。

③ 刘玉俊：《浅论先秦名家》，正谊出版社2002年版，前言第1页。

④ 参见刘玉俊：《浅论先秦名家》，正谊出版社2002年版，第9—18页。这篇文字原载《陕西师范大学学报(哲学社会科学版)》1993年第3期。

个‘个别’意义上的马和‘一般’意义上的马完全相等同,从而也同样揭示出了‘个别’和‘一般’之间存在的对立统一关系。当公孙龙揭示出了‘个别’意义上的马和‘一般’意义上的马之间所存在的对立统一关系时,他也就揭示出了对立统一这个普遍规律。”[①]

第二章第四节题为“论《指物论》的哲学思想”[②],其基本观点是:“‘物莫非指,而指非指’中的‘指’与‘精神’、‘理念’、‘意志’等在含义上毫无共同之处,把它们相联系是错误的。物的名字只是物在人头脑中的一个映象,要把物和指代物的名字严格区别开来。《指物论》的中心思想是物质第一,精神第二。”[③]基于这种看法,著者认为,“说公孙龙是一位唯物主义哲学家更符合他的实际,说《指物论》宣扬的是唯心主义的宇宙观似乎还不能使人信服”[④]。

第三章第四节题为“评《坚白论》的哲学思想”[⑤],其基本观点是:“公孙龙的《坚白论》提出,人在生活实践活动中通过感觉器官所获得的感性认识和直接经验是正确认识的源头,并须经过‘神见’这个认识阶段方可能变成人的正确认识。这是把感性认识上升到理性认识的雏形理论。但文章同时也指出,‘神见’并不是万能的,因为人的认识无法穷尽外部世界,事物总会有尚未被人认识的属性。事物已被人认识的属性和尚未被人认识的属性使人对客体的认识不完整。因此,就人的主体认识而言,物已被人认识的属性和其未被人认识的属性在人的认识领域中就彼此分离开了。但是,人认识领域里的‘彼此分离开了’并不是说客体中的不同客观属性彼此分离开来。”[⑥]

第四章第四节题为“唯物主义宇宙观的哲学宣言书——《名实论》”[⑦]。

---

① 刘玉俊:《浅论先秦名家》,正谊出版社 2002 年版,第 9 页。

② 参见刘玉俊:《浅论先秦名家》,正谊出版社 2002 年版,第 23—33 页。这篇文字原载《陕西师范大学学报(哲学社会科学版)》1994 年第 3 期。

③ 刘玉俊:《浅论先秦名家》,正谊出版社 2002 年版,第 23—24 页。

④ 刘玉俊:《浅论先秦名家》,正谊出版社 2002 年版,第 33 页。

⑤ 参见刘玉俊:《浅论先秦名家》,正谊出版社 2002 年版,第 45—53 页。这篇文字原载《宝鸡文理学院学报(哲学社会科学版)》1993 年第 4 期。

⑥ 刘玉俊:《浅论先秦名家》,正谊出版社 2002 年版,第 45 页。

⑦ 参见刘玉俊:《浅论先秦名家》,正谊出版社 2002 年版,第 59—64 页。

著者认为，“《名实论》是先秦哲学家公孙龙整个哲学思想体系中的一篇纲领性的哲学专论，它不仅代表了公孙龙整个宇宙观的归属，也是龙哲学思想体系中唯物主义认识论的理论基石。该文第一句话就开卷明宗地给物下了一个定义：‘天地与其所产者，物也。’这个言简意赅的定义直截了当地把天地万物都看成是物质，从而表明了作者的基本哲学观点：整个世界乃是物质的世界”[①]。从整体运思上看，《名实论》“实际上是自觉的唯物主义者公孙龙唯物主义宇宙观的哲学宣言书”[②]。“当然，公孙龙的唯物主义宇宙观本质上是唯物主义的自然观。由于受历史时代和社会形态二者的局限，公孙龙没有把他的唯物主义应用到对人性、人类社会和人类历史的分析上”[③]。

第五章第二节题为“‘鸡三足’与先秦名辩学派”[④]，其基本观点是：“先秦名家是一个有学术成就的学派。他们提出了彻底的唯物主义自然观，论证了对立统一规律，确立了朴素的辩证唯物主义的认识论，这是该学派在学术上的主要贡献。”[⑤]从论证过程看，著者首先以“鸡足三”和“目不见”为例，说明公孙龙的某些“诡辩”命题乃是他人抽离语境、断章取义造成的结果：所谓的“鸡足三”，其原初语境当是《通变论》的“谓鸡足一，数足二，二而一故三”；所谓的“目不见”，其原初语境当是《坚白论》的“且犹白以目，而目以火见，而火不见，则火与目不见而神见，神不见而见离”。著者就此指出：“‘鸡足三’和‘目不见’两个命题的产生过程确实发人深省并使人们知道：所谓公孙龙的某些诡辩命题原来竟是别人刻意割舍他原话的结果。”[⑥]此外，著者还对庄子《天下篇》所载辩者“二十一事”和惠施“历物十事”逐一进行了分析，对宋钘和尹文的名学观点进行了简要介绍。

① 刘玉俊：《浅论先秦名家》，正谊出版社2002年版，第59页。

② 刘玉俊：《浅论先秦名家》，正谊出版社2002年版，第64页。

③ 刘玉俊：《浅论先秦名家》，正谊出版社2002年版，第64页。

④ 参见刘玉俊：《浅论先秦名家》，正谊出版社2002年版，第67—82页。这篇文字原载《陕西师范大学学报(哲学社会科学版)》1995年第2期。

⑤ 刘玉俊：《浅论先秦名家》，正谊出版社2002年版，第67页。

⑥ 刘玉俊：《浅论先秦名家》，正谊出版社2002年版，第70页。

第六章为“试评对先秦名家的批判”[①]，其基本观点是：“为辨清先秦名家的学术思想之本质，必须重新探讨荀子、墨家、郭沫若、侯外庐对先秦名家的批判。荀子的批判是辱骂而不是说理，因而不值一评，墨家则是用一个正确的理论去批判更高层次上的一个正确理论，而郭沫若、侯外庐根本就没有弄懂公孙龙等名家原作的本义，因而他们的批判是不正确的。”[②]

第七章为“中西先秦名家之比较”[③]。著者将中国先秦名家的学说同西方的赫拉克利特、德谟克利特、亚里士多德等哲学家对“名”的论说进行了对比分析，首先指出二者之间存在诸多相似之处：二者在本质上都关注精神与物质的关系，而且都肯定先有物质后有精神；二者都提出了“正名”理论，而且都对名字的正确性作了唯物主义的解释；二者提出的“名”理在当时都引起了理论界的激烈论争，并且都产生了巨大而深远的历史影响。当然，二者之间也存在诸多差异之处：在唯物观方面，公孙龙明确提出“天地与其所产者，物也”，迄今这个命题仍然是真理，就此而言，中国先秦名家的唯物主义更为彻底；在辩证法方面，公孙龙对对立统一规律作了朴素意义上的科学论证，而赫拉克利特的说法只是一种猜想；在认识论方面，中国先秦名家朴素的辩证唯物主义的认识论也高出西方的认识理论，代表了当时人类在认识论方面的最高水平。

第八章为“当代学者对先秦名家的研究”[④]。著者认为，当代潜心研究名家理论以索其真义的学者中，陈献猷和屈志清是很突出的两位。鉴于此，著者首先对陈献猷所著的《公孙龙子求真》(中华书局 1990 年版)一书进行了评说，认为该书提出了诸多新见解，譬如：“所谓‘指非指’者，是说指并不完全等于其所指之物”[⑤]；“在分析‘物’与‘指’的关系时，公孙龙思想的思维层次是细致的，他是从唯物论的立场上，正确地区分了这两者之

① 参见刘玉俊：《浅论先秦名家》，正谊出版社 2002 年版，第 83—97 页。这篇文字原载《陕西师范大学学报(哲学社会科学版)》1996 年第 3 期。

② 刘玉俊：《浅论先秦名家》，正谊出版社 2002 年版，第 97 页。

③ 参见刘玉俊：《浅论先秦名家》，正谊出版社 2002 年版，第 98—108 页。

④ 参见刘玉俊：《浅论先秦名家》，正谊出版社 2002 年版，第 109—114 页。

⑤ 刘玉俊：《浅论先秦名家》，正谊出版社 2002 年版，第 109 页。

间的关系”[①];“公孙龙肯定的说:‘白马者,马与白也’,‘白马’也是‘马’,但又不全等于‘马’”[②];“于是他强调了实践之对于认识的重要性,只有通过具体的实践,如‘拊’、‘视’等,才能达到一定的认识程度”[③]。当然,陈献猷的研究也存在不足之处,主要表现在两个方面:其一,“他把自己的正确观点说得不够透彻”[④];其二,“陈先生把公孙龙的著作主要视为是逻辑学方面的著述,……这就忽略了公孙龙著作的主旨是讲唯物主义、辩证法和朴素的辩证唯物主义认识论,同时也把陈先生自己限定在逻辑学的框子内来考虑公孙龙的学术思想,致使自己的某些正确看法起始而止步,没有进一步拓展”[⑤]。接下来,著者对屈志清所著的《公孙龙子新注》(湖北人民出版社1981年版)进行了评说,同样辨析了该书的优缺点之所在。另外,著者对倡导自由争辩的民主学术空气并为该书撰写序言以支持屈志清阐发自己新见的张岱年、辛冠洁两位学界前辈表达了敬意,认为“他们和屈志清、陈献猷一样,都是把对公孙龙学说的研究推向一个新的高潮的人”[⑥]。

本书“附录”部分包括三篇文字:附录一为“四千方块字抵上十万蝌蚪文——汉语与英语之比较”[⑦],该文原载美国《世界日报》“世界周刊”。通过比较,著者认为“我们不仅应该强调汉语和英语二者并无优劣之分,还应当强调,二者之间的相互影响是无法避免的。而这种影响是好事,不是坏事”[⑧];附录二为“老子哲学与先秦名家”[⑨],该文原载加拿大《文化中国》季刊1998年3月号第10期。在阐析老子哲学理论建树的基础上,著者认为“先秦名家从老子著作中不仅接过‘名’、‘物’、‘象’等术语,借以阐明他们的哲学见解,而且接受了老子哲学中唯物主义观点和辩证法思想,并创造性地发展了老子的学说,青出于蓝胜于蓝地提出了更完整、更系统和

① 刘玉俊:《浅论先秦名家》,正谊出版社2002年版,第109页。
② 刘玉俊:《浅论先秦名家》,正谊出版社2002年版,第109—110页。
③ 刘玉俊:《浅论先秦名家》,正谊出版社2002年版,第110页。
④ 刘玉俊:《浅论先秦名家》,正谊出版社2002年版,第110页。
⑤ 刘玉俊:《浅论先秦名家》,正谊出版社2002年版,第110页。
⑥ 刘玉俊:《浅论先秦名家》,正谊出版社2002年版,第114页。
⑦ 参见刘玉俊:《浅论先秦名家》,正谊出版社2002年版,第115—142页。
⑧ 刘玉俊:《浅论先秦名家》,正谊出版社2002年版,第141页。
⑨ 参见刘玉俊:《浅论先秦名家》,正谊出版社2002年版,第143—151页。

更高水平的哲学见解”[1]；附录三为“英语讲稿”[2]。

本书最后载有著者撰写的“后记”[3]，成稿于1995年6月。在这篇文字中，著者主要对自己研究公孙龙等先秦名家的历程作了回顾。

37. 王永祥、潘志锋、惠吉兴著《燕赵先秦思想家公孙龙、慎到、荀况研究》

（保定）河北大学出版社2002年8月第1版。本书由三个相对独立的专题组成，其中“公孙龙研究”专题由王永祥撰写，“慎到研究”专题由潘志锋撰写，“荀况研究”专题由惠吉兴撰写。

“公孙龙研究”专题[4]包括“引言”与三章内容。在“引言”部分[5]，著者主要就如何评价公孙龙的问题谈了自己的看法。在著者看来，“原来的全盘否定论确实值得推敲，所加于公孙龙的‘保守派’、‘唯心论’、‘诡辩论’的罪名及其论据，大多恐难于成立。我以为，说公孙龙在政治上是新兴封建主阶级的思想家，在世界观或哲学本体论上是一个形而上学的唯物主义者，在逻辑发展史上是中国古代逻辑的创始人之一，似乎理由更充分、也更符合实际些”[6]。“当然，这绝不是说公孙龙在哲学和逻辑上就没有什么错误和问题了。现在有的人不仅把公孙龙说成是一个一般的唯物主义者，而且还认为他是一个辨证论者，这就走到了另一个极端。事实上，公孙龙在哲学上和逻辑上都不是完美无瑕的。他割裂人的感觉和感性，割裂事物与属性、属性与属性的联系，以及在普遍性与特殊性、一般与个别的关系上所表现的混乱，都造成了他在哲学和逻辑上的失误，也是不可否

---

① 刘玉俊：《浅论先秦名家》，正谊出版社2002年版，第148页。

② 参见刘玉俊：《浅论先秦名家》，正谊出版社2002年版，第152—162页。

③ 参见刘玉俊：《浅论先秦名家》，正谊出版社2002年版，第164—167页。

④ 参见王永祥、潘志锋、惠吉兴：《燕赵先秦思想家公孙龙、慎到、荀况研究》，河北大学出版社2002年版，第3—72页。

⑤ 参见王永祥、潘志锋、惠吉兴：《燕赵先秦思想家公孙龙、慎到、荀况研究》，河北大学出版社2002年版，第3—4页。

⑥ 王永祥、潘志锋、惠吉兴：《燕赵先秦思想家公孙龙、慎到、荀况研究》，河北大学出版社2002年版，第3页。

定或抹煞的事实”[①]。

在“公孙龙生活的时代及其人、其书”一章[②]中，著者首先对公孙龙的生活时代与思想背景作了介绍，认为公孙龙“大约生活于赵武灵王、赵惠文王至赵孝成王之间，与庄周、惠施、邹衍大体同时”，这个时代“正是我国社会从奴隶制向封建制转变的时代”。[③] 就其思想背景而言，“在先秦，一方面是时代使然，一方面亦是百家争鸣的需要”[④]，包括公孙龙在内的一种名辩思潮以及专治名辩的学派悄然兴起。接着，著者结合古代典籍（如《吕氏春秋》《史记》《战国策》《公孙龙子·迹府》《孔丛子》《列子》《庄子》《淮南子》以及刘向《荀子叙录》、扬雄《法言》、王充《论衡》等）中的相关记载，对公孙龙其人、其事作了爬梳。最后，著者就今本《公孙龙子》真伪问题存在的三种观点——“全真说”“残真说”“伪作说”——作了分辨，认为“尽管上述各种观点都可以找到一些佐证材料，以反驳对方而利于本身观点的论证，但最终却又不能完全驳倒对方，确证自身的观点。所以，我以为与其勉强用一种观点来排斥其他观点，不如大家共同存疑，以待发掘更新、更有权威的资料，再来判定其真伪或残真”[⑤]。

在“形而上学唯物主义的哲学思想”一章[⑥]，著者首先对公孙龙哲学思想的性质进行了探讨。著者既反对将其判定为“绝对主义”的唯心论，也不主张将其论定为唯物主义，而是认为“公孙龙的哲学思想中虽有一些辩证法的因子，但主要的却不是一个辩证论者，应是一个形而上学的唯物主

---

① 王永祥、潘志锋、惠吉兴：《燕赵先秦思想家公孙龙、慎到、荀况研究》，河北大学出版社2002年版，第3—4页。

② 参见王永祥、潘志锋、惠吉兴：《燕赵先秦思想家公孙龙、慎到、荀况研究》，河北大学出版社2002年版，第5—26页。

③ 王永祥、潘志锋、惠吉兴：《燕赵先秦思想家公孙龙、慎到、荀况研究》，河北大学出版社2002年版，第5页。

④ 王永祥、潘志锋、惠吉兴：《燕赵先秦思想家公孙龙、慎到、荀况研究》，河北大学出版社2002年版，第8页。

⑤ 王永祥、潘志锋、惠吉兴：《燕赵先秦思想家公孙龙、慎到、荀况研究》，河北大学出版社2002年版，第25—26页。

⑥ 参见王永祥、潘志锋、惠吉兴：《燕赵先秦思想家公孙龙、慎到、荀况研究》，河北大学出版社2002年版，第27—47页。

义者”[1]。基于此，著者结合《名实论》《坚白论》《通变论》中的相关论题，从三个方面阐发了公孙龙的哲学思想，分别为“‘唯乎其彼此’的唯物主义‘名实论’”[2]、“坚白相与离藏的认识论”[3]、“‘二无一’的形而上学变化观和方法论”[4]。

在“中国古代逻辑学的奠基人和创造者”一章[5]，著者充分肯定了公孙龙为中国古代逻辑学的发展所作出的贡献，认为其贡献主要体现在四个“首次”上：其一，“首次揭示了正名的原则和标准”[6]；其二，“首次以实例形式阐述了分类规则”[7]；其三，“首次以实例形式揭示了种属概念内涵、外延的差别”[8]；其四，“首次阐述了逻辑思维的基本规律”[9]。就此而言，公孙龙无愧为中国古代逻辑学的奠基人和创造者。在著者看来，公孙龙得以扬名的“白马非马”论并不是诡辩，这个辩题其实已涉及个别与一般的关系，它与“个别就是一般”的命题并非不相容。另需注意的是，公孙龙在论辩过程中善于运用多种推理方式以确证自身的观点，如“援”式推理、“辟”式推理、“假”式推理、“效”式推理、类比归谬推理等。当然，公孙龙的逻辑思想也是有其缺陷的，他所犯的逻辑错误主要体现在三个方面：一是“在个

① 王永祥、潘志锋、惠吉兴：《燕赵先秦思想家公孙龙、慎到、荀况研究》，河北大学出版社 2002 年版，第 27 页。

② 参见王永祥、潘志锋、惠吉兴：《燕赵先秦思想家公孙龙、慎到、荀况研究》，河北大学出版社 2002 年版，第 27—35 页。

③ 参见王永祥、潘志锋、惠吉兴：《燕赵先秦思想家公孙龙、慎到、荀况研究》，河北大学出版社 2002 年版，第 35—41 页。

④ 参见王永祥、潘志锋、惠吉兴：《燕赵先秦思想家公孙龙、慎到、荀况研究》，河北大学出版社 2002 年版，第 41—47 页。

⑤ 参见王永祥、潘志锋、惠吉兴：《燕赵先秦思想家公孙龙、慎到、荀况研究》，河北大学出版社 2002 年版，第 48—70 页。

⑥ 参见王永祥、潘志锋、惠吉兴：《燕赵先秦思想家公孙龙、慎到、荀况研究》，河北大学出版社 2002 年版，第 48—51 页。

⑦ 参见王永祥、潘志锋、惠吉兴：《燕赵先秦思想家公孙龙、慎到、荀况研究》，河北大学出版社 2002 年版，第 51—53 页。

⑧ 参见王永祥、潘志锋、惠吉兴：《燕赵先秦思想家公孙龙、慎到、荀况研究》，河北大学出版社 2002 年版，第 53—56 页。

⑨ 参见王永祥、潘志锋、惠吉兴：《燕赵先秦思想家公孙龙、慎到、荀况研究》，河北大学出版社 2002 年版，第 59—62 页。

别与一般关系问题上的错误”[①]，二是“犯了‘乱名’、‘狂举’和推不出的错误”[②]，三是“论据与其论题发生了矛盾”[③]。

何石斌的《深思明辨 显隐发微——读〈燕赵先秦思想家公孙龙、慎到、荀况研究〉》，刊于《燕山大学学报(哲学社会科学版)》2003 年第 3 期。

38. 孙以楷、陆建华、刘慕方著《道家与中国哲学(先秦卷)》

(北京)人民出版社 2004 年 6 月第 1 版。

本书除“前言”“引论:先秦道家的产生与发展”外，另有二十一章内容，分别为“道家学说的创立——老子及其哲学思想”“老子与孔子”“老子的弟子——文子”“杨朱”“老子与孙子”“老子与范蠡”“老子与列子”“老子与墨子”“老子与《易传》”“黄老道学的奠基之作——《黄帝四经》”“老子与稷下学宫道家学派”“南方道家学说的兴盛——庄子”“道家与孟子”“道家与《大学》、《中庸》”“道家与商鞅”“道家与阴阳家”“道家与名家”“南方黄老道学的发展——《鹖冠子》”“道家与荀子”“道家与韩非”“《吕氏春秋》——先秦诸子的集大成”。第十七章“道家与名家”又分为三节，分别为“先秦名辩思潮述略”“老庄与惠施”“老子与公孙龙”。在“老子与公孙龙”一节[④]，著者从三个方面阐说了公孙龙其人其说及其与老子思想之间的联系:

(1)“公孙龙其人及其著作”[⑤]。著者根据史料记载，对公孙龙的生平以及《公孙龙子》一书的篇目、真伪等情况作了简要介绍，认为“《迹府》系公孙龙弟子为其编纂的传略，其他五篇为公孙龙所作，是研究其思想的基

① 王永祥、潘志锋、惠吉兴:《燕赵先秦思想家公孙龙、慎到、荀况研究》，河北大学出版社 2002 年版，第 67 页。

② 王永祥、潘志锋、惠吉兴:《燕赵先秦思想家公孙龙、慎到、荀况研究》，河北大学出版社 2002 年版，第 68 页。

③ 王永祥、潘志锋、惠吉兴:《燕赵先秦思想家公孙龙、慎到、荀况研究》，河北大学出版社 2002 年版，第 69 页。

④ 参见孙以楷、陆建华、刘慕方:《道家与中国哲学(先秦卷)》，人民出版社 2004 年版，第 397—402 页。

⑤ 参见孙以楷、陆建华、刘慕方:《道家与中国哲学(先秦卷)》，人民出版社 2004 年版，第 397—398 页。

本材料”[①]。

(2)“公孙龙思想述要”[②]。著者按照《白马论》《指物论》《坚白论》《名实论》的顺序，对各篇的题旨及思想要点进行了阐说（没有阐说《通变论》）：

《白马论》的题旨及思想要点：“‘白马非马’是先秦名辩的中心命题之一。据《韩非子·外储说左上》载，兒儿说即主张此说：‘兒说，宋人，善辩者也。持“白马非马也”，服齐稷下之辩者’。公孙龙‘白马非马’论或源于此。《白马论》中，公孙龙‘马者，所以命形也；白者，所以命色也。命色者非命形也，故曰白马非马’，指出白马规定色形，马规定形，从概念内涵的差异性证明己意；‘求马，黄、黑马皆可致；求白马，黄、黑马不可致’，指出马的外延包括黄马、黑马，黄、黑马与白马所规定的色分别为黄、黑、白，又从马和白马内涵的外延不同，黄、黑马和白马内涵的不同两方面证明己意；‘白者不定所白，忘之而可也。白马者，言白定所白也，定所白者非白也’，则指出观念的白可以离开具体物体独立存在，体现于形下物质中的白异于独立的白自身，企图进一步从纯粹思辨的角度证明观念中的白马亦非马。”[③]

《指物论》的题旨及思想要点：“关于概念、观念与物的关系，公孙龙《指物论》作了详细的分析。‘物莫非指，而指非指’。‘天下无指，物无可以谓物’；‘指也者，天下之所无也；物也者，天下之所有也’；‘天下无指，而物不可谓指也’；‘无物非指。且夫指固自为指，奚待于物，而乃与为指’。这是说，概念是抽象不可感知的存在（无）。物是具体而可感知的存在（有）；概念的功能是表达物，任何事物都有其被表达的概念；没有概念，物就不能被表达，也就不能称为物；表达事物的概念不是概念自身，概念自身能够离开物而独立存在。”[④]

---

① 孙以楷、陆建华、刘慕方：《道家与中国哲学（先秦卷）》，人民出版社 2004 年版，第 398 页。

② 参见孙以楷、陆建华、刘慕方：《道家与中国哲学（先秦卷）》，人民出版社 2004 年版，第 398—400 页。

③ 孙以楷、陆建华、刘慕方：《道家与中国哲学（先秦卷）》，人民出版社 2004 年版，第 398—399 页。

④ 孙以楷、陆建华、刘慕方：《道家与中国哲学（先秦卷）》，人民出版社 2004 年版，第 399 页。

《坚白论》的题旨及思想要点："坚白之辨属名辩思潮的主要辩题，据《庄子·天地》载，孔子问学于老子曾引用名辩者的论题'离坚白，若县寓'；据《庄子·骈拇》载，墨子'游心于坚白同异之间'；据《庄子·天下》载，墨家后学居然'以坚白同异之辩相訾'，而墨家著作《墨经》即存有谈论坚白的资料。公孙龙《坚白论》的主题'离坚白'应有其源头。'视不得其所坚而得其所白者，无坚也；拊不得其所白而得其所坚者，无白也'；'物白焉，不定其所白。物坚焉，不定其所坚。不定者，兼，恶乎其石也'；'坚未与石为坚而物兼，未与物为坚而坚必坚，其不坚石物而坚。天下未有若坚，而坚藏。白固不能自白，恶能白石物乎？若白者必白，则不白物而白焉……'。这是说，视觉只能感觉到白，触觉只能感觉到坚，石的坚、白两种属性虽同存于石中，但无内在联系；白、坚作为物的属性普遍存在于白的物体、坚的物体中，不为坚白石所独有；坚、白自身可以离开有形之物而独立存在，如果认为没有坚、白，那是因为坚、白不为人们所感知，相对于人而言'藏'而不见。"①

《名实论》的题旨及思想要点："名实之辩为诸子所共有，公孙龙的《名实论》是名实问题的专著。'天地与其所产焉，物也。物以物其所物而不过焉，实也'，说明天、地同是自然之物，不是神秘的主宰者，而且又都是天地间所存的众多事物的本原，实则是事物的本质规定性；'以其所正，正其所不正，……其正者，正其所实也；正其所实者，正其名也'，言明'正名'就是以正确标准审定物的规定性，从而最终审定名的准确性，其原则为'彼彼止于彼，此此止于此'，使实与其相应的名对应。"②

总而言之，"公孙龙的上述思想致力于抽象分析，注重于概念的逻辑推演，夸大概念的相对独立性。这种重名轻物的倾向，导致了他的学说的晦涩难懂和唯心主义基调"③。

---

① 孙以楷、陆建华、刘慕方：《道家与中国哲学（先秦卷）》，人民出版社2004年版，第399—400页。

② 孙以楷、陆建华、刘慕方：《道家与中国哲学（先秦卷）》，人民出版社2004年版，第400页。

③ 孙以楷、陆建华、刘慕方：《道家与中国哲学（先秦卷）》，人民出版社2004年版，第400页。

(3)"老子与公孙龙"[①]。著者认为,公孙龙的思想与老子的思想有着密切的联系,主要表现在如下四个方面:其一,"公孙龙'天地与其所产焉,物也',提取老子的本原论模式,又将老子中的天地降甘露、成风雨扩张为天地生万物,把天地提升至本原高度"[②]。其二,"公孙龙'指也者,天下之所无也;物也者,天下之所有也',分别用无、有标识指、物的属性,意在说明指的超验性和物的经验性,其所言无、有与老子一样是从感觉的角度述说的"[③]。其三,"公孙龙'无物非指。且夫指固自为指,奚待于物而乃与为指',由概念与物关系的曲折分析,推论概念的绝对性;公孙龙'白马非马'、'离坚白'等著名论题中,偏离马、石而抽象地谈论白、坚的独立性。尽管老子的道既有本体的一般性品质,更有生天地育万物的本原品格,而'指'却是脱离具体物的抽象概念,但公孙龙关于指物关系的论述却多少有着老子言道、言道物关系的思路的影响"[④]。其四,"公孙龙'夫名,实谓也'(《名实论》),指出名是对实的称谓,老子名物之间的关系实质上是名与物的本质规定性之间的联系。公孙龙'彼彼止于彼,此此止于此',指出具体的名实间的对应性,也即有其实即有其名,一实一名,能够准确表达某一实的只有一名。这意味着公孙龙认为老子所云的名物关系的动态性不是指一物多名、一名多物,应指名物(实)的一致性,这种一致性是动态中的一致。公孙龙'其正者,正其所实也 ;正其所实者,正其名也',把正名作为最后的目的,并强调正实以正名,以实定名,追求名的精确性,也是老子的名物关系非固定性使然。因此,我们可以说,公孙龙的名实论,既以老子名物关系论点为理论前提,又是老子名物关系论的合乎逻辑的发展"[⑤]。

39. 冯达文、郭齐勇主编《新编中国哲学史》(上册)

(北京)人民出版社 2004 年 7 月第 1 版。

---

① 参见孙以楷、陆建华、刘慕方:《道家与中国哲学(先秦卷)》,人民出版社 2004 年版,第 400—402 页。

② 孙以楷、陆建华、刘慕方:《道家与中国哲学(先秦卷)》,人民出版社 2004 年版,第 401 页。

③ 孙以楷、陆建华、刘慕方:《道家与中国哲学(先秦卷)》,人民出版社 2004 年版,第 401 页。

④ 孙以楷、陆建华、刘慕方:《道家与中国哲学(先秦卷)》,人民出版社 2004 年版,第 401—402 页。

⑤ 孙以楷、陆建华、刘慕方:《道家与中国哲学(先秦卷)》,人民出版社 2004 年版,第 402 页。

本书包括两编内容，分别为“先秦时期的哲学”“汉唐时期的哲学”。第一编“先秦时期的哲学”除“绪论”外，另有九章内容，分别为“孔子创立的儒家哲学”“老子奠基的道家哲学”“墨子建构的墨家哲学”“早期儒家的性命说与孟子对儒家的深化”“道家思想的弘扬与庄子的精神追求”“阴阳五行说的发展与《易传》的气化流行论”“名辩思潮与后期墨家”“荀子对儒家‘外王学’的拓展”“法家集成者韩非子的哲学”。

在“名辩思潮与后期墨家”一章[①]，编者首先对“辩士”与“名家”的由来作了说明：“战国中期，各家各派除了致力于建构宇宙论以便从客观存在的向度说明自己的政治主张、价值信念的正当性之外，也渐次关切知识论的问题，包括认识的来源与认识如何可能，用名言（名词概念、命题与论说）指称对象是否可靠，认识与论辩应该遵循什么形式规则等问题。由战国中期转入后期，环绕这些问题的论争，甚至发展为一种有广泛影响的思潮。从这一思潮中涌现了一批专门探寻这类问题的专家。这些专家们热衷于论争，当时被称为‘辩士’，汉代则称为‘名家’。”[②]接着，编者阐说了先秦名辩思潮产生的主要原因，认为春秋晚期开始的“名实之争”与战国时期的“百家争鸣”是其产生的两大主因。然后，编者对先秦名辩之学的代表人物及其派别作了介绍：“参与名辩论争的学派与人物很多，但把‘名辩’本身作为一种专门的学问来对待，并在逻辑学领域作出了独特建树的，主要是名家的惠施、公孙龙和后期墨家。其中，惠施是名家‘合同异’派的代表，公孙龙是‘离坚白’派的代表。”[③]基于这种看法，本章分三节阐析了先秦的名辩之学，即“惠施的‘合同异’辨析”“公孙龙的‘离坚白’论难”“后期墨家的知识论与逻辑学”。

在“公孙龙的‘离坚白’论难”一节[④]，编者首先介绍了公孙龙其人其书，接着阐析了公孙龙与惠施之间的差异：“公孙龙的学说是作为惠施思想的对立面出现的。在许多问题上，两人的看法都刚好相反。惠施重视事物的同一性，强调事物之间是相互联系、相互转化的，公孙龙则重视事

① 参见冯达文、郭齐勇主编：《新编中国哲学史》（上册），人民出版社2004年版，第144—170页。

② 冯达文、郭齐勇主编：《新编中国哲学史》（上册），人民出版社2004年版，第144页。

③ 冯达文、郭齐勇主编：《新编中国哲学史》（上册），人民出版社2004年版，第145页。

④ 参见冯达文、郭齐勇主编：《新编中国哲学史》（上册），人民出版社2004年版，第152—157页。

物的差异性，坚持认为事物及其属性是静止不变的。惠施对名言的世界不太信任，处处强调概念和范畴的相对性，公孙龙对辩言正辞则抱有浓厚的兴趣，并一直致力于分析概念间的细微差异。惠施的学说以'合'为主，公孙龙的学说则以'离'为主。'合同异'、'离坚白'准确地把两家的精神实质勾勒了出来。"[①]在编者看来，公孙龙这种"离坚白"的思想特征在《白马论》与《坚白论》中表现得最为典型。鉴于此，编者重点对这两篇的中心论题分别作了阐析。

在阐析《白马论》的"白马非马"之说时，编者首先指出："'白马非马'是《白马论》的中心思想，也是公孙龙的成名之作。据《迹府》记载，公孙龙在同孔穿辩论时曾自称：'龙之学，以白马为非马者也'。足见这一论题在公孙龙心目中的地位。"[②]接着，编者从概念的内涵与外延两个方面分析了公孙龙论证"白马非马"的过程。在分析的基础上，编者从概念与事实两个层面对公孙龙的"白马非马"命题进行了评说：其一，"如果把'白马'、'马'作为两个概念来看，由于它们在内涵与外延上均有不同，说'白马非马'是可以成立的。'白马'这一概念当然不是'马'这一概念。公孙龙注意到概念在内涵与外延的区别问题，这在逻辑发展史上是甚有贡献的"[③]；其二，"问题出在事实的层面。在事实的层面上，'白马'与'马'构成为个别与一般的关系。个别不同于一般，然又为一般所包含。'白马是马'，在日常话语里正是用以表述个别为一般所包含的这种关系的。反之，'白马非马'因为有违于事实的存在状况，就难以为常识所接受。公孙龙的《白马论》之所以会引发许多争论，就在于该文对概念的辨析与对事实的辨明并未作明确的区分"[④]。

在阐析《坚白论》的"离坚白"之论时，编者首先指出："'离坚白'是公孙龙的另一重要观点，也是他整个学说的基石。"[⑤]接着，编者结合《坚白论》的相关论题，层层深入地分析了公孙龙论证"离坚白"的过程，认为

---

① 冯达文、郭齐勇主编：《新编中国哲学史》(上册)，人民出版社 2004 年版，第 152 页。

② 冯达文、郭齐勇主编：《新编中国哲学史》(上册)，人民出版社 2004 年版，第 153 页。

③ 冯达文、郭齐勇主编：《新编中国哲学史》(上册)，人民出版社 2004 年版，第 154 页。

④ 冯达文、郭齐勇主编：《新编中国哲学史》(上册)，人民出版社 2004 年版，第 154 页。

⑤ 冯达文、郭齐勇主编：《新编中国哲学史》(上册)，人民出版社 2004 年版，第 154 页。

"'白'可无石而自白,'坚'可无石而自坚,推而广之,黄、黑等一切属性皆可离物而自存,这就是公孙龙'离坚白'命题所要表达的意思"[①]。就运思方式而言,"公孙龙这里仍在讨论概念与事实(存在物)、概念与概念之间的关系。依公孙龙子的看法,概念是借人的认识而形成的,有特定与确定的内涵,它与杂处的实在物并不具有完全对应的关系;不同的认知通道形成的不同概念,也有非常不同的含义,不能将它们混同在一起"[②]。

关联着概念的确定性问题以及概念(名)与事实(实)的关系问题,编者还对《名实论》的"夫名,实谓也。知此之非此也,知此之不在此也,则不谓也;知彼之不在彼也,则不谓也"一句进行了解析,认为"所谓'知此之非此,知此之不在此',即指这一内涵并不在这一概念中,并不为这一概念所包含,'则不谓也',即不可使用这一概念"[③]。在解析的基础上,编者对公孙龙的名实观进行了评说:"无疑,追求概念内涵的确定性与精确性,这是公孙龙子的独到处。"[④]"然而,公孙龙子毕竟还是颠倒了名言与存在的关系。事实上,由认知给出的名称概念的确定性与存在界复杂多变的事物不具对应性,这不是存在界的错误,而是认知的局限。惠施是借存在物的相对性、复杂多变性,怀疑讲求确定性的名词概念把握存在界的可靠性。公孙龙子却走向了另一极端,为求名词概念的确定不变性而拒斥复杂多变的实存物,怀疑起它们的存在性来了"[⑤]。

40. 翟锦程著《先秦名学研究》

本书是著者在其博士学位论文(南开大学博士学位论文,指导教师温公颐、崔清田教授)的基础上修改而成的,天津古籍出版社 2005 年 1 月第 1 版,(台北)四章堂文化事业有限公司 2007 年繁体版。

本书正文前载有崔清田撰写的"逻辑与文化(代序言)"[⑥]。正文部分

---

① 冯达文、郭齐勇主编:《新编中国哲学史》(上册),人民出版社 2004 年版,第 156 页。

② 冯达文、郭齐勇主编:《新编中国哲学史》(上册),人民出版社 2004 年版,第 156 页。

③ 冯达文、郭齐勇主编:《新编中国哲学史》(上册),人民出版社 2004 年版,第 156 页。

④ 冯达文、郭齐勇主编:《新编中国哲学史》(上册),人民出版社 2004 年版,第 157 页。

⑤ 冯达文、郭齐勇主编:《新编中国哲学史》(上册),人民出版社 2004 年版,第 157 页。

⑥ 参见翟锦程:《先秦名学研究》,天津古籍出版社 2005 年版,代序言第 1—9 页。

包括七章内容，分别为“导论”“‘正名’与‘制名’——孔子、孟子与荀子的名学思想”“‘综核名实’——韩非的名学思想”“‘无名’——《老子》、庄子的名学思想”“‘形名相应’、‘历物之意’与‘夫名实谓’——宋钘、尹文、惠施、公孙龙的名学思想”“‘以名举实’——墨子及其后学的名学思想”“近代先秦名家研究的反思”。

在第五章“‘形名相应’、‘历物之意’与‘夫名实谓’——宋钘、尹文、惠施、公孙龙的名学思想”[①]中，著者首先指出，名家代表人物的学说虽然在内容上各不相同，但却具有一个共同的特征，“就是注重对‘物’进行考察和分析，尹文主‘别彼此’，惠施行‘历物’，公孙龙则强调‘物、实、位、正’。这一特征与儒、墨、法诸家‘治世’的思想取向相反，与道家‘避世’的主张相异，而是‘治物’以求知，构成了先秦文化的一个有机组成部分”[②]。接着，著者用三节的篇幅，分别探讨了“宋钘、尹文‘形名相应’的名学思想”“惠施‘历物’的名学思想”“公孙龙‘唯谓’的名学思想”。在“公孙龙‘唯谓’的名学思想”一节[③]，著者从四方面探讨了公孙龙的名学思想：

(1)“公孙龙名学主张的思想根源”[④]。著者认为，“名实关系问题的讨论到公孙龙时，并没有得到彻底解决，而是愈演愈烈，形成了‘百家异说’的局面”[⑤]。直面这一时代精神处境，公孙龙“疾名实之散乱”，采取“假物取譬”(《迹府》)的方式系统阐述了不同于其他诸子的名学理论。

(2)“公孙龙‘唯谓’的名实关系论”[⑥]。公孙龙的名学思想“始终没有脱离开先秦名学‘正名’的理论核心，而且也把‘正名’作为其名学的首要任务——‘以正名实，而化天下’(《迹府》)”[⑦]。不过，公孙龙是从名辩的角度来论说“正名”问题的，就其论证过程而言，主要有如下三个层次：其一，“公孙龙首先详细地论述了‘正名’的基础，提出了‘物’、‘实’、‘位’、‘正’的关系问题。……‘物’就是天地及其衍生出来的所有的存在；‘实’则是

① 参见翟锦程：《先秦名学研究》，天津古籍出版社2005年版，第119—169页。

② 翟锦程：《先秦名学研究》，天津古籍出版社2005年版，第119页。

③ 参见翟锦程：《先秦名学研究》，天津古籍出版社2005年版，第150—168页。

④ 参见翟锦程：《先秦名学研究》，天津古籍出版社2005年版，第150—152页。

⑤ 翟锦程：《先秦名学研究》，天津古籍出版社2005年版，第151页。

⑥ 参见翟锦程：《先秦名学研究》，天津古籍出版社2005年版，第152—158页。

⑦ 翟锦程：《先秦名学研究》，天津古籍出版社2005年版，第152页。

物之所以成为该物而非他物的具体存在，其特点是‘不过’；‘位’则为这个实成为这个实的时空位置，它的特点是‘不旷’；‘正’则是实‘位其所位’，不出其位，即‘不过’他物与‘不旷’本实。从名实关系角度来讲，所谓正名就是要先匡正处位之实后，才能正名”[①]。其二，“从公孙龙讨论的物指关系来看，指是物所固有的可感觉的形态和要素，如形色、数目、大小等，这些形态和要素相互分离、彼此不相兼，但却都藏于物。……从名学角度来说，物指关系是讨论名实关系的基础，是对实进行具体分析和分别的根据”[②]。其三，在对“名”作了“夫名，实谓也”的界定后，公孙龙提出了“唯乎其彼此”(《名实论》)的正名原则。

(3)“公孙龙‘唯谓’之论的具体说明”[③]。著者从“唯乎其彼此”的正名原则出发，结合“白马非马”论题中的“定名”“察实”“别色”“析名辨实”思想，以及“坚白石二”论题中的“离”“藏”“不相盈”之说，对公孙龙的“唯谓”之论进行了解释与说明。

(4)“‘正举’与‘狂举’”[④]。如果说“正举”指的是合乎“唯乎其彼此”的正名原则的“名实当”这种情形的话，那么“‘狂举’就是在‘名实无当’时出现的‘非正举’，也就是‘乱名’”[⑤]。需要注意的是，“公孙龙在论述‘正举’与‘狂举’的过程中，对‘类’的问题也进行了深入的考察”[⑥]。

在对上述话题一一探讨的基础上，著者认为“公孙龙的名学理论虽然在先秦名学的发展链条之中，而其学说本身却表现出了与先秦名学的所谓主流相异的思想特质”[⑦]，主要有如下两点：其一，“虽然公孙龙十分讲究对正名问题的探察，主张‘夫名，实谓’，但关于名的生成则与其他诸子不同。如后期墨家认为名是经过‘通约’(《墨辩・经说上》)而来的，一个与实相应的名，如‘君’，是‘以约名者也’(《墨辩・经说上》)，而且名一经约定，便不可随意改变，否则就是‘非名’(《墨辩・经说下》)。荀子则提出

---

① 翟锦程：《先秦名学研究》，天津古籍出版社2005年版，第152页。

② 翟锦程：《先秦名学研究》，天津古籍出版社2005年版，第156页。

③ 参见翟锦程：《先秦名学研究》，天津古籍出版社2005年版，第158—164页。

④ 参见翟锦程：《先秦名学研究》，天津古籍出版社2005年版，第164—168页。

⑤ 翟锦程：《先秦名学研究》，天津古籍出版社2005年版，第165页。

⑥ 翟锦程：《先秦名学研究》，天津古籍出版社2005年版，第165页。

⑦ 翟锦程：《先秦名学研究》，天津古籍出版社2005年版，第167页。

‘名无固宜，约之以命，约定俗成谓之宜，异于约则谓之不宜’（《荀子·正名》）。……与诸子的观点不同，公孙龙则认为，名与实之间在一开始就有内在的必然联系，名是在物指关系基础上而形成的对实的称谓，不存在人对名的约定”[①]。其二，“公孙龙对正名问题的把握是紧贴‘唯乎其彼此’的原则，通过正实而达到正名。从物——实——位的角度来看，就是物‘不过’其实，而实也‘不旷’其位，彼就是彼，此就是此，决不可能相混而乱，‘故独而正’（《坚白论》）。因此，不存在诸如‘二名一实’（《墨辩·经说上》）或者‘一名多实’（参见《墨辩·小取》）的情况，也可以避免‘惟吾谓’而有‘非名’（《墨辩·经说上》）的情况发生。公孙龙将一幅名与实确定而相应的图画清晰地展现在人们面前，以期达到正名的效果”[②]。公孙龙的学说独树一帜，其思想特质充分表明“先秦名学本身是一个具有多元化取向、多层面表现形式的文化整合体的特征”[③]。

本书正文后载有著者撰写的“后记”[④]，成稿于 2004 年 1 月。

另需说明的是，崔清田主编的《名学与辩学》（山西教育出版社 1997 年 11 月第 1 版）一书中，翟锦程撰写了其中的“名学篇”第一章“‘正名’与‘制名’——孔丘、荀况的名学思想”[⑤]、第二章“‘综核名实’——韩非的名学思想”[⑥]、第三章“‘无名’——《老子》、庄周的名学思想”[⑦]、第五章“‘以名举实’——墨翟及其后学的名学思想”[⑧]以及“辩学篇”第二章“‘进说’与‘息辩’——韩非的说与辩”[⑨]，对孔子、荀子、韩非、老子、庄子、墨家的名学思想进行了论说。这些文字在章节设置以及主要观点上与翟锦程《先秦名学研究》一书中的相关篇章多有重合。值得注意的是，《先秦名学研究》第五章“‘形名相应’、‘历物之意’与‘夫名实谓’——宋钘、尹文、惠施、公

---

① 翟锦程：《先秦名学研究》，天津古籍出版社 2005 年版，第 167—168 页。
② 翟锦程：《先秦名学研究》，天津古籍出版社 2005 年版，第 168 页。
③ 翟锦程：《先秦名学研究》，天津古籍出版社 2005 年版，第 168 页。
④ 参见翟锦程：《先秦名学研究》，天津古籍出版社 2005 年版，第 227—228 页。
⑤ 参见崔清田主编：《名学与辩学》，山西教育出版社 1997 年版，第 37—69 页。
⑥ 参见崔清田主编：《名学与辩学》，山西教育出版社 1997 年版，第 70—80 页。
⑦ 参见崔清田主编：《名学与辩学》，山西教育出版社 1997 年版，第 81—100 页。
⑧ 参见崔清田主编：《名学与辩学》，山西教育出版社 1997 年版，第 171—200 页。
⑨ 参见崔清田主编：《名学与辩学》，山西教育出版社 1997 年版，第 234—243 页。

孙龙的名学思想”在内容上对应于《名学与辩学》“名学篇”第四章“‘形名相应’、‘历物之意’与‘唯谓之说’——宋钘、尹文、惠施、公孙龙的名学思想”[①]，然而据“本书撰稿人及分工”，这部分文稿的撰稿人却是王左立。

41. 张晓芒著《惠施、公孙龙与三晋名家》

本书系《山西历史文化丛书》(第16辑)之一种，(太原)山西春秋电子音像出版社2005年9月第1版。

本书包括五章内容，分别为“关于三晋名家”“‘两可之论’的邓析”“‘奇辞怪说’的惠施”“‘白马非马’的公孙龙”“三晋名家的学说特点与历史贡献”。

在“‘白马非马’的公孙龙”一章[②]，著者首先结合典籍所载讲述了公孙龙的主要事迹及其逞辞论辩的故事，认为公孙龙同其他名家一样“也是以研究名辩问题著称于世的，他的专注于对‘名’的分析，也对中国古代名辩学的发展起了积极的促进作用。我们要了解公孙龙的‘白马非马’的辩题，还须先了解他的‘唯乎其彼此’的正名理论”[③]。鉴于此，著者对《名实论》中提出的“唯乎其彼此”的正名原则进行了阐析，在此基础上阐说了公孙龙千古留名的“白马非马”辩题。然后，著者又对《坚白论》所谓“坚白石二”、《通变论》所谓“二无一”等辩题作了介绍，认为前一个辩题是后人将公孙龙与惠施分列为“离坚白”和“合同异”两派的主要根据。

最后，著者将公孙龙的名辩思想置于当时“名实散乱”“名实相怨”的时代精神语境下进行了评说：“公孙龙之所以提出‘白马非马’等辩题，是他作为名家代表人物以及名家论辩特点所致。他们热衷于形名之辩，擅长在‘名’的问题上大做文章，这实在是由于当时社会‘名实散乱’、‘名实相怨’。所以名家才希望通过这些辩题，以自己的‘正名’理论校正天下。如公孙龙的‘白马非马’等辩题，不仅是公孙龙‘正名’理论的进一步论证以及实际运用，同时也包含了他的‘审核名实关系、谨慎使用称谓。无与

---

① 参见崔清田主编：《名学与辩学》，山西教育出版社1997年版，第101—170页。

② 参见张晓芒：《惠施、公孙龙与三晋名家》，山西春秋电子音像出版社2005年版，第30—45页。

③ 张晓芒：《惠施、公孙龙与三晋名家》，山西春秋电子音像出版社2005年版，第37页。

伦比呀，古代贤明圣王’的政治伦理的旨趣。因此，‘白马非马’等辩题所容纳的意义，就是名家‘正名’学说的‘求真’精神和‘求治’精神相统一的时代精神。”[①]

42. 周昌忠著《先秦名辩学及其科学思想》

本书系《中国科技思想研究文库》之一种，(北京)科学出版社 2005 年 10 月第 1 版。

本书除“前言”“绪论”“结语”外，另包括六章内容和一个附录。六章的标题分别为“名辩思潮的源头：从礼官到孔丘”“名辩思潮的崛起：邓析和尹文的名学”“名辩思潮的中兴：墨家辩学”“名辩思潮的大成：公孙龙名辩学”“名辩思潮的支流：惠施和荀况的名辩思想”“先秦名辩学的历史命运”，附录为“《公孙龙子》注疏(解题·注释·今译·疏解)”[②]。

第四章“名辩思潮的大成：公孙龙名辩学”[③]分为七节：第一节为“名辩思潮集大成者公孙龙”[④]，包括三部分内容，分别为“公孙龙其人”“公孙龙其书”“公孙龙其事”；第二节为“《公孙龙子》的哲学——思辨的语言分析哲学”[⑤]，包括七部分内容，分别为“《公孙龙子》哲学产生的文化背景”“《公孙龙子》哲学是思辨的哲学”“《公孙龙子》哲学是关于知性的哲学”“《公孙龙子》哲学是语言分析哲学”“《公孙龙子》哲学包含逻辑思想”“《公孙龙子》哲学的体系结构”“《公孙龙子》篇目的逻辑次序”；第三节为“《公孙龙子》的存在论思想”[⑥]，包括五部分内容，分别为“存在论：关于存在者的哲学学说”“偶然的和必然的存在以及现实的和潜在的存在”“物的世界：分离的个体”“共相的世界：类和性质”“科学意义”；第四节为“《公孙龙子》的认识论思想”[⑦]，包括四部分内容，分别为“知性思维概念”“知性旨在认

① 张晓芒：《惠施、公孙龙与三晋名家》，山西春秋电子音像出版社 2005 年版，第 45 页。
② 参见周昌忠：《先秦名辩学及其科学思想》，科学出版社 2005 年版，第 258—299 页。
③ 参见周昌忠：《先秦名辩学及其科学思想》，科学出版社 2005 年版，第 89—240 页。
④ 参见周昌忠：《先秦名辩学及其科学思想》，科学出版社 2005 年版，第 89—109 页。
⑤ 参见周昌忠：《先秦名辩学及其科学思想》，科学出版社 2005 年版，第 109—124 页。
⑥ 参见周昌忠：《先秦名辩学及其科学思想》，科学出版社 2005 年版，第 125—151 页。
⑦ 参见周昌忠：《先秦名辩学及其科学思想》，科学出版社 2005 年版，第 151—171 页。

识共相”“知性认识的感性环节”“科学意义”;第五节为“《公孙龙子》的语言哲学”[①],包括十部分内容,分别为“语言哲学:语言意义理论”“涵义和指云的划分”“客体词和概念词的划分”“概念词的等级划分”“语句结构的分析”“指云的客观性”“指云的决定”“指云的辨识”“指云的变化”“科学意义”;第六节为“《公孙龙子》的逻辑学”[②],包括八部分内容,分别为“逻辑学:朴素知性思维原理”“原始的确定性和分析性”“形式性和精确性的缺乏”“同一律思想”“矛盾律思想”“概念的逻辑”“系词的逻辑”“科学意义”;第七节为“‘二十一事’和‘七说’解读”[③],包括十一部分内容,分别为“存在包括共相和个体”“共相和个体别异”“个体同属于类”“知性概念和客体”“认识依赖知性思维”“知性思维超越经验”“知性认识推进常识”“名是人给予物的称谓”“概念词之间的不可比性”“概念词之间的不等同关系”“科学意义”。

本书关涉公孙龙的内容基本上承袭了著者此前出版的《公孙龙子新论》(上海社会科学院出版社 1991 年版)、《公孙龙子答客问》(上海人民出版社 2002 年版)两书,这里不再赘述。

43. 朱前鸿著《先秦名家四子研究》

本书是著者在其博士学位论文的基础上修订而成的[④],(北京)中央编译出版社 2005 年 12 月第 1 版。

本书包括六章内容,分别为“引言”“先秦名学主要流派符号学思想与名家四子”“名家四子‘名实’思想符号学分析”“名家四子符号学思想传承关系分析”“名家四子思维方法分析”“结语”。

在第三章“名家四子‘名实’思想符号学分析”[⑤]中,著者从符号学的角度对邓析、惠施、尹文、公孙龙四位名家代表人物的“名实”思想一一进行

---

① 参见周昌忠:《先秦名辩学及其科学思想》,科学出版社 2005 年版,第 171—203 页。

② 参见周昌忠:《先秦名辩学及其科学思想》,科学出版社 2005 年版,第 203—221 页。

③ 参见周昌忠:《先秦名辩学及其科学思想》,科学出版社 2005 年版,第 221—240 页。

④ 原题名《先秦名家四子“名实”思想符号学探析》,中山大学博士学位论文,2002 年答辩,指导教师梁庆寅教授。

⑤ 参见朱前鸿:《先秦名家四子研究》,中央编译出版社 2005 年版,第 70—197 页。

了分析。本章包括四节内容，分别为“邓析的名实观”“惠施的符号学思想分析”“《尹文子》的符号学思想”“公孙龙子的符号学思想体系”。在“公孙龙子的符号学思想体系”一节[①]，著者专门探讨了公孙龙的符号学思想。

首先，著者对典籍中记载的“辩者”公孙龙与“儒者”公孙龙进行了辨析，认为二者生活的时代不同，因而并非同一人。“本书研究的公孙龙，正是‘辩者’公孙龙”[②]，大致生活在公元前325至前250年之间。现存《公孙龙子》六篇，鉴于其中的《迹府》篇系后人摘录公孙龙的事迹而成，“本书以除《迹府》外的五篇，作为研究其符号学思想的主要材料”[③]。

接着，著者阐析了《公孙龙子》与诸子学说的关系。就《公孙龙子》与“无名学派”的关系而言，“道家对公孙龙子的影响并不直接。老庄无名学派认为，道无名，是因为道是无形、无色的；万物有名，正因为万物有形、有色。这一‘形名’相应的名学思想对公孙龙子符号学思想的影响，主要表现在对公孙龙子名实论、指物论等思想的形成方面。另外，‘道’的无所不包、无所不在的‘大一’特性，与公孙龙子二无一思想的形成也有一定的关系”[④]；就《公孙龙子》与“正名学派”的关系而言，“公孙龙子的整个学说是以孔子‘正名’论为出发点的，《迹府》说公孙龙子‘疾名实之散乱，因资材之所长’，‘欲推是辩，以正名实以化天下焉’正是这个道理。不同的是，公孙龙子不仅仅正名，更重要的是正实，并且形成了较系统的符号学思想”[⑤]；就《公孙龙子》与墨学的关系而言，“公孙龙子的符号学思想与墨子的立名思想有一定联系，且墨学的符号学思想也比较丰富，但是不能就此认为二者是同一学派”[⑥]。

再次，著者结合《公孙龙子》五篇的篇次安排对其符号学思想的架构进行了阐析，认为虽然从内容上看这五篇都独立成篇，“但从体系上考察，各篇的思想却有着内在的关联，且遵循了一定的逻辑顺序。本书认为《指

---

① 参见朱前鸿：《先秦名家四子研究》，中央编译出版社2005年版，第115—197页。

② 朱前鸿：《先秦名家四子研究》，中央编译出版社2005年版，第118页。

③ 朱前鸿：《先秦名家四子研究》，中央编译出版社2005年版，第118页。

④ 朱前鸿：《先秦名家四子研究》，中央编译出版社2005年版，第118—119页。

⑤ 朱前鸿：《先秦名家四子研究》，中央编译出版社2005年版，第119页。

⑥ 朱前鸿：《先秦名家四子研究》，中央编译出版社2005年版，第119页。

物论》是公孙龙子符号学思想的纲领性文章，是《公孙龙子》五篇的核心，起着提纲挈领的作用。其余四篇或为其材料来源，或为其理论基础，或为其具体运用。基于此，本书将《公孙龙子》篇目次序排列为：《白马论》、《名实论》、《指物论》、《坚白论》、《通变论》。按照这个篇目排列次序，可以比较系统地探讨各篇主要解决的问题，以及相互间的内在关联”[①]。基于上述考虑，著者对各篇探讨的主要问题及其内在的关联作了阐发：“‘白马非马’是《白马论》的中心论题，从符号学的角度来看，它主要解决的是‘白马’与‘马’这两个符号名称，即‘指’与‘指’的关系问题。‘白马’是复名，而‘马’是构成它的单名，复名与构成它的单名是整体与部分的关系，这也正是公孙龙子指物思想的一个材料来源；《名实论》界定了‘物’、‘实’、‘位’、‘正’这几个先秦名学中的重要范畴，初步明确了‘名实关系’（名称和实体的关系），并规定了‘审其名实，慎其所谓’的正名实原则，可以说《名实论》是《公孙龙子》符号学理论体系的基石，是《指物论》作为符号学纲领性文章的一个理论出发点；《指物论》的主旨是‘物莫非指，而指非指’，这一中心是公孙龙子对《名实论》中所铺陈的符号学理论的拓展和升华，也正是《指物论》作为公孙龙符号学思想体系的纲领性文章的根本性所在。……《坚白论》中提出了著名的‘离坚白’思想，它集中解决的是符号所指称的对象本身所具有的属性之间的关系，它既是《指物论》符号学理论的展开与运用，也是《指物论》符号学思想的材料来源；《通变论》表面上通篇谈‘变’，貌似与《指物论》毫无瓜葛，事实上却关联甚密。从其‘二无一’的中心思想所蕴含的‘名随实变’的正名原则来看，它与《白马论》一样，在一定层次上为《指物论》的符号学思想作了例证，增强了《指物论》的说服力，另一方面也成了《指物论》的源头活水。”[②]然后，著者对《公孙龙子》“主客对辩的体式”进行了阐析，认为“《公孙龙子》中的《坚白论》、《白马论》、《通变论》三篇原文都标有‘曰’字，都是对话体，这已是学界的公认，也是符合文本实际的”[③]。至于没有出现“曰”字的《指物论》，从文意脉

① 朱前鸿：《先秦名家四子研究》，中央编译出版社2005年版，第120—121页。

② 朱前鸿：《先秦名家四子研究》，中央编译出版社2005年版，第121—122页。

③ 朱前鸿：《先秦名家四子研究》，中央编译出版社2005年版，第122页。

络看它同样运用了主客对辩的体式。这里需要提醒的一点是,"公孙龙子设主客二辩并不意味着存在客这么个人,而是一种假设,是公孙龙子换个角度(即从反面)所作的模拟反论。显而易见,反论若难不倒正面的立论,无疑就会更加增强立论的说服力"[①]。在作了上述探讨后,著者按照《白马论》《名实论》《指物论》《坚白论》《通变论》的顺序,对《公孙龙子》五篇各自蕴含的符号学思想一一进行了阐析。[②]

最后,著者从两个方面对公孙龙的符号学思想作了总体评价:其一,"公孙龙是先秦名家符号学思想的集大成者"[③],尤为重要的是,"他提出了物、实、位、正、名、指等初始概念,并在这些概念的基础上建构了一套符号学体系"[④]。其二,"公孙龙是我国古代的符号学专家"[⑤],他的符号学理论主要是语义学理论,他对"名""实""指""物"等范畴以及"白马非马""坚白相离""二无一"等辩题所作的讨论,"其中心就是分析符号和符号所指称对象之间的关系"[⑥]。

本书正文后载有两个附录:附录一是"林铭钧先生致作者的信"[⑦],成稿于 2003 年 5 月 3 日;附录二是"名家四子原文"[⑧],包括《邓析子》两卷(《无厚》《转辞》)、惠施《历物十事》、《尹文子》两卷(《大道上》《大道下》)、《公孙龙子》六篇(《迹府》《白马论》《名实论》《指物论》《坚白论》《通变论》)。

本书最后载有著者撰写的"后记"[⑨],成稿于 2003 年 10 月。

44. 郭齐勇编著《中国哲学史》

本书系普通高等教育"十五"国家级规划教材之一种,(北京)高等教

---

① 朱前鸿:《先秦名家四子研究》,中央编译出版社 2005 年版,第 124 页。
② 参见朱前鸿:《先秦名家四子研究》,中央编译出版社 2005 年版,第 125—196 页。
③ 朱前鸿:《先秦名家四子研究》,中央编译出版社 2005 年版,第 196 页。
④ 朱前鸿:《先秦名家四子研究》,中央编译出版社 2005 年版,第 196 页。
⑤ 朱前鸿:《先秦名家四子研究》,中央编译出版社 2005 年版,第 197 页。
⑥ 朱前鸿:《先秦名家四子研究》,中央编译出版社 2005 年版,第 197 页。
⑦ 参见朱前鸿:《先秦名家四子研究》,中央编译出版社 2005 年版,第 245—248 页。
⑧ 参见朱前鸿:《先秦名家四子研究》,中央编译出版社 2005 年版,第 249—273 页。
⑨ 参见朱前鸿:《先秦名家四子研究》,中央编译出版社 2005 年版,第 274—275 页。

育出版社2006年5月第1版。

本书包括四编内容，分别为“先秦哲学”“汉至唐代的哲学”“宋至清代的哲学”“现代哲学”。第一编“先秦哲学”分成十二章，分别为“中国古代哲学的诞生”“孔子”“老子”“孙子”“墨子及后期墨家”“子思子”“孟子”“庄子”“惠子及公孙龙子”“《易传》”“荀子”“韩非子”。第九章“惠子及公孙龙子”[①]又分成三节，分别为“惠施的十大命题”“公孙龙的白马论与坚白论”“公孙龙的指物论与名实论”，其中后两节对公孙龙的主要论题分别进行了阐析。

“白马论”阐析。编著者重点从概念的内涵与外延两个方面，对公孙龙的成名论题“白马非马”进行了分析。在分析的基础上，编著者最后指出：“‘白马非（异于）马’并不否认‘白马是（属于）马’中的逻辑包含关系；这一‘非’字，只是表示‘有异’，不表示‘全异’。公孙龙提出这一命题，从外延与内涵两方面论证了一般与特殊、属名与种名所指对象（范围）和属性（内容）是不相等的。这就肯定了不同概念的确定性和不矛盾性。他承认了‘白马非（异于）马’，又承认了‘白马是（属于）马’，表达了个别与一般的辩证洞识。”[②]

“坚白论”阐析。编著者结合《坚白论》的相关论题，对公孙龙论证“坚白离”的过程进行了分析。在分析的基础上，编著者从事实与语言分析两个层面对公孙龙的“离坚白”之论进行了评说：“在事实的层面上，公孙龙承认坚白石是一块具体的石头，整合在一起。从语言分析的角度来说，他指出坚性、白性、石性三种抽象的规定性是互相分离的。作为共相，‘坚’、‘白’具有独立性，未与石、物相合时，是独立的，但隐藏着。这样，‘坚’与‘白’相离，‘坚’、‘白’又与‘石’（物）相离。说它们三者分离，是就它们隐藏着而言。如何理解公孙龙的坚白论呢？他表现出这样一种既离又合的智慧，即现象或性质总是在特定的关系中显现的。如以一个复杂的，至少是二元函数的关系式 $Y_r = f_r(x, r)$ 来表示，Y 为现象即显现出来的性质或性质的集合，x 表示变量，f 表示这些因素或变量之间的关系，r 是相应

① 参见郭齐勇编著：《中国哲学史》，高等教育出版社2006年版，第91—98页。

② 郭齐勇编著：《中国哲学史》，高等教育出版社2006年版，第94页。

的关系参量。若将'坚'、'白'看作潜存在 x 中的共相('指'),它们既离又藏,叠加而无定所。关系参量 r 表示不同类型的感官(手或眼),而显相 Y 则是殊相(即'物指')坚或白。如果说共相、抽象属性的'指'是一元谓词,那么具体属性的概念'物指'则是关系谓词,这是理解公孙龙的一个关键所在。由公式可见,当且仅当 r 同时代入'手'和'眼',作为物指的坚白才相与。显然,这只是一种情况,一种解,即'常识解'。公孙龙的理解允许人们超出常识,考虑到更复杂、更抽象的情况,从而与两种性质问题(如'坚'性、'白'性,或'波性'、'粒性'等)内在地关联起来。"①

"指物论"阐析。编著者认为,"在《指物论》中,公孙龙进一步阐述了他的'共相'观。此文反复论证'物莫非指,而指非指'的命题"②。基于这种看法,编著者围绕着对"物莫非指,而指非指"这一中心命题的理解,首先从共相的角度探讨了公孙龙所说的"指"的含义:"他以'指'与'物'(实物、现象、个体)相对,'指'含有动词'指认'、'称谓'和名词'名称'的意思,这里主要指概念、共相。如果细分,'指'又分为指抽象属性、共性的,如白性、坚性等共相,也有指具体事物属性的概念,如白马之白,坚白石之坚等,后者在有的地方也称为'物指',即'定于物'之指。公孙龙强调,概念和所称谓的物是不同的。天下有物,而人用概念去指谓它。另一方面,没有物是不由概念来指谓的。'天下无指,而物不可谓指也。不可谓指者,非指也。非指者,物莫非指也。天下无指,而物不可谓指者,非有非指也。非有非指者,物莫非指也。物莫非指者,而指非指也。'(《指物论》)天下并没有'指',所以'物不可以说就是指谓它的指',也就是'指所指谓的物并不就是指谓物的指'。但是,万物皆由'指'来称谓。所谓'天下并没有指,物不可以说就是指谓它的指',并不是说存在着不由'指'来指谓的物。不存在不由'指'来指谓的物,也就是万物皆由'指'来称谓。所以说,万物皆由'指'来指谓,但所指谓的物并不就是指谓物的'指'。"③接着,编著者循着公孙龙的运思理路,进一步阐说了"指"(共相、概念)对于"物"的独立

① 郭齐勇编著:《中国哲学史》,高等教育出版社 2006 年版,第 95 页。
② 郭齐勇编著:《中国哲学史》,高等教育出版社 2006 年版,第 95 页。
③ 郭齐勇编著:《中国哲学史》,高等教育出版社 2006 年版,第 95—96 页。

性："'指，非非指也；指与物，非指也。''且夫指固自为非指，奚待于物而乃与为指？'(《指物论》)'指'就是'指'；用'指'去指谓物，这里所指谓的物才不是'指'。况且，'指'本来自己就去指谓物，哪里是要等到与物结合了，才成为指谓物的'指'呢？这里包含有共相是不变的，知性概念以确定性为根本表征的思想。"[①]然后，编著者又结合公孙龙善用的主客对话体裁，重点从语言的层面探讨了"指"对"物"的指谓关系："《公孙龙子》六篇中有三篇采取主客对话的体裁。'客问'代表一种对语言应用的常识观点，认为作为概念的语言外壳的名字只不过是'物'的符号而已，从而肯定'物'、'实'的自在性和'指'、'名'的消极性、寄生性。如'客'说，'指'的产生只是为了使万物各有其名，但物并不是指谓它的'指'。把不是'指'的东西叫做'指'，就没有东西不是'指'了。公孙龙作'主答'，则通过分析'指'对'物'的指谓关系表明，'物'是存在的，但'物'的存在对于人来说，又是在被概念因而也被语言指谓时才有意义。对认识主体来说，'物'的存在有着语言的贡献。因此，对人来说，不存在不由'指'来指谓的'物'。也就是说，'物'的存在，对人来说是取决于语言的。'且指者，天下之所无。天下无指者，物不可谓无指也。不可谓无指者，非有非指也。非有非指者，物莫非指。'(《指物论》)'指'是天下所没有的，尽管天下没有'指'，但没有'指'就无法指谓物。既然没有'指'就无法指谓物，那么就不存在不由'指'来指谓的物。不存在不由'指'来指谓的物，也就是万物皆由'指'来指谓。"[②]最后，编著者将"指"理解为把握事物本质的共相，进而揭示了这个共相世界对于经验世界的超越性："公孙龙强调'指'是对事物本质的把握，可以超越经验世界。'天下有物'、'天下无指'的'天下'是经验世界、事实世界。'指'所把握的事物本质是现象世界中所没有的。《坚白论》中，代表常识的'客'说，坚硬、白色和石头三者互不分离，乃是本来如此，永远如此。公孙龙指出，这是在'物天下'中感性所了解的现象，而在知性洞见的共相世界里，三者是分离而独立自在的，它们对于现象世界是隐藏着的。公孙龙的贡献在于由现象认识进到共相认识，由事实分析进到语

---

① 郭齐勇编著：《中国哲学史》，高等教育出版社2006年版，第96页。

② 郭齐勇编著：《中国哲学史》，高等教育出版社2006年版，第96页。

言分析。人类用心智借助知性概念去认识'物'背后的共相，语言则凝结着知性对共相的认识。"[①]

"名实论"阐析。编著者首先结合《名实论》开篇的几句话解释了"物""实""位""正"四个范畴的含义："'物'就是天地及其化生的万物，'实'是物之所以为物的那个'形而上'的本体，或该物所以为该物的本质属性。对'实'的规定一定不能'过'，超出其范围，该物之'实'就要发生变化。例如，欲知'马'之'实'，举'白马'为例，就'过'了，因为这里多出来一个'白'。这样的形而上的或质的规定性的'实'，不能感知，易被人认为不存在，认为'旷'。为此，公孙龙提出了'位'的范畴。他说，'实'并不空缺，'位'是使'实'得以为'实'的界限。'位'就是位置，这里指物的本质在它所应有的范围内得到充分发展。公孙龙认为，物之'实'虽不可感知，但确有自己不可移易的位置，它保证了'实'的定在。不出位，在其位，就叫'正'。"[②]接着，编著者循着公孙龙的运思理路阐析了他的"正名"观："'正名'就是'正其所实'；'所实'就是'位'。如何正名？依据《坚白论》'离也者天下，故独而正'的结论，'离'是'正'的前提。为了准确理解天地万物及其属性与共性，准确把握'指'与'物'的关系，必须厘定概念的内涵与外延，因此莫如先个别、独立地把握概念、共相，如白是白，马是马，白马是白马，坚自坚，白自白，坚白不共盈于石。'物'只有被语言指谓才有意义。但语言指谓必须严格，'名'必须自身绝对同一，人们才能交流对话，否则'指'、'名'无法指谓物，就容易造成逻辑混乱。'夫名，实谓也。知此之非此也，知此之不在此也，则不谓也；知彼之非彼也，知彼之不在彼也，则不谓也。'（《名实论》）已知这个名（或那个名）不是指这个东西，或者知道这个名（或那个名）现在已不指这个东西了，就不要再称呼了。名，指谓，都必须专一、恰当。名实的统一所以重要，是因为'名'有其独立性，凝结着一定的文化、认知方式对其共相的认识，还可以反过来影响人们的思维和生活。公孙龙的名实观与指物论是统一的。"[③]

---

① 郭齐勇编著：《中国哲学史》，高等教育出版社 2006 年版，第 96 页。

② 郭齐勇编著：《中国哲学史》，高等教育出版社 2006 年版，第 96—97 页。

③ 郭齐勇编著：《中国哲学史》，高等教育出版社 2006 年版，第 97 页。

编著者认为，公孙龙的《通变论》也重申了上述正名原则，于是从正名的角度对《通变论》的相关论题进行了阐析："他设问曰：'二有一乎？'答：'二无一！'问：'二有右乎？'答：'二无右。'问：'二有左乎？'答：'二无左。'这也就是上述正名、定位之说。'二'是指的复合概念，如'白马'。复合概念本身是一个独立的共相了，与复合前的两名相的指谓不同。整体一旦合成便不可分割，例如'白马'既不是'白'，又不是'马'，不是左'一'，也不是右'一'。'羊牛有角，马无角；马有尾，羊牛无尾(指无毛尾)，故曰羊合牛非马也。''羊与牛唯异，羊有齿，牛无齿(指牛无上齿)，而牛之非羊也，羊之非牛也，未可。是不俱有而或类焉。''羊有角，牛有角，牛之而羊也，羊之而牛也，未可。是俱有而类之不同也。'(《通变论》)这里从'正名'的原则出发，提出了类的概念和分类原则。如牛与羊都具有角，所以是同类；马无角，有尾；牛羊有角，无尾，所以马与牛羊不同类。这里根据对同一特性之'偏有'或'偏无'来区分类的同异。类同必须具有共性，类异必须以同一特征之偏有偏无为标准。虽然羊和牛在有齿、无齿这一点上是'偏有'和'偏无'的，但不能因此而断定牛和羊不是同类。同样，羊牛虽在'有角'这一点上是共同的，但并不能确定它们就是同类。这是说，人们不能只根据表面特征的偏有偏无，还必须依据于类之所以为类的特有属性(或本质属性)之偏有偏无，来作为类之同异的标准。"[①]此外，编著者还围绕着"羊"与"牛"、"羊牛"与"马"的辨识与比类问题作了进一步的阐析："公孙龙认为，辨识是建立在对各'名'的标志性规定的区别上的。'羊'与'牛'，'羊牛'与'马'"，这些'指'之上的区别也就是各'名'在特征性规定上的区别。比较方便的是，弄清楚与所辨识的'名'最相近的'名'的标志性规定，从而使它们相区别。所以，公孙龙说，要识别'牛羊'，不应与'鸡'相比，而应与'马'相比，如此等等。这都是正名指实的方法。"[②]

在上述阐析的基础上，编著者最后对公孙龙思想的哲学史地位及其历史遭际进行了评说："公孙龙把名实等问题作为真正的逻辑问题而不是作为社会政治伦理问题独立地进行研究，在中国哲学史上占有重要的一

---

① 郭齐勇编著：《中国哲学史》，高等教育出版社2006年版，第97—98页。

② 郭齐勇编著：《中国哲学史》，高等教育出版社2006年版，第98页。

席。可是在先秦以后,《公孙龙子》被视为‘诡辞’而不受重视,难得解人。魏晋南北朝时期,文人以谈‘名’相标榜,但大都未能深入研究名学。到晚清以后,对公孙龙子的研究才大兴于天下。”[①]

45. 黄克剑著《由“命”而“道”——先秦诸子十讲》

本书以著者为中国人民大学汉语言文学专业研究生讲授“先秦诸子思想”这门课程的教案为基础,多少借用了讲演录的体例。(北京)线装书局 2006 年 7 月第 1 版,(北京)中国人民大学出版社 2010 年 7 月修订第 1 版。

本书采用“生命化的研究方法”[②],以古代中国人心灵眷顾的焦点由“命”而“道”的转换为理解结构,对先秦时期的人文精神以及先秦诸子的学说宗趣进行了阐发。

著者在撰成于 2006 年 3 月 13 日的“自序”[③]中写道:“‘道’是诸子绝唱这篇大诗的诗眼,从这里看入去,可分辨出老、庄以‘道法自然’所‘导’——‘道’本或作‘导’——于人的是‘致虚’、‘守静’、‘无为’、‘复朴’的人生价值取向,可领略到孔、孟以‘道(导)之以德’所指点于人的是‘善’、‘信’、‘美’、‘大’、‘圣’这一‘文质彬彬’、由‘仁’而‘圣’的心性陶养之途;墨家的‘兼相爱,交相利’固然是以‘天志’(‘道’的别一种命名)为最后依据对世人所立的一种教化,而法家在把‘道’化作‘南面之术’(‘人主之道’)后所自觉致取的是‘富’国‘强’兵以雄视天下的功利效果,甚至惠施的‘合同异’、公孙龙的‘离坚白’之类‘琦辞’、‘怪说’也在有着特定价值内涵的‘道’的烛引下‘欲推是辩’以‘化天下’,而以‘尚德’对‘数术’作了点化的阴阳家在重新理会那无从摆脱的‘命’时也由衷地瞩望于‘道’。”[④]“‘道’并不是半个多世纪来被人们说滥了的所谓‘规律’,也决不可比附于以‘不可挽回的必然’过重地牵累了古希腊人的‘逻各斯’(λόγοs)。正像

---

① 郭齐勇编著:《中国哲学史》,高等教育出版社 2006 年版,第 98 页。

② 参见黄克剑:《由“命”而“道”——先秦诸子十讲》,线装书局 2006 年版,第 1—5 页。

③ 参见黄克剑:《由“命”而“道”——先秦诸子十讲》,线装书局 2006 年版,自序第 1—3 页。

④ 黄克剑:《由“命”而“道”——先秦诸子十讲》,线装书局 2006 年版,自序第 2—3 页。

路的拓辟和延伸只在行路人的脚下，‘道’只在致‘道’者真切的生命祈向上呈现为一种虚灵的真实。只有诗意的眼光才能发见诗意，历史中的良知也只有当下的良知才能觉解；在诸子不得已留下的言诠中与‘道’相遇，乃在于以本己的生命体悟默然契接那有过至深体悟的生命。无疑，不论是传世文献还是出土文物，都只能活在富于生命感的阐释中，阐释者从阐释对象那里所能唤起的是阐释者自身生命里有其根芽的东西。虚灵的人文传承也许在于生命和历史的相互成全——以尽可能蕴蓄丰赡的生命由阐述历史而成全历史，以阐释中被激活因而被升华的历史成全那渴望更多人文润泽的生命。我称这种使生命和历史有可能相互成全的研究方法为生命化的方法。诚然，这方法同历来对学术的功利经营无缘，它承诺着历史的生机，亦当求证于生命的历史。”①

著者在撰成于 2010 年 4 月 20 日的“‘学’在先秦的自觉——从史巫之学到致道之学(修订版序)”②中写道：“这是一部还算走运的书，在由线装书局出版四年后，又为中国人民大学出版社所看重。书的改版使我有机会对原版中的讹误或疏漏略作勘正和修饬，也使我得以趁着字句的斟酌再度回味那个出现在两千年前而今仍令人惊叹的诸子蜂起的时代。而且，为我所乐意的是，我正可借此就‘学’的自觉的话题追写一段文字，以修订版序的方式补述正文的未尽之义，并多少对‘学’在当下尘海中的遭际——其愈益被了解为知识的记诵或技艺的袭取因而愈益为牵累于功名利禄的欲念所驱使——向有缘者作一种警示。”③

本书包括十讲内容，分别为“绪论：中国的‘轴心时代’”“老子”“孔子”“墨子”“庄子”“孟子”“荀子”“名家”“法家”“阴阳家”。十讲内容之后，附有各讲的讲授提纲。在第八讲中，著者主要从“‘辨说’与名家”“惠施的‘合同异’之辩”“公孙龙的‘离坚白’之辩”三个方面，对以惠施、公孙龙为代表的先秦名家兴起的时代机遇及其学说旨趣进行了阐析；在此基础上，

① 黄克剑：《由“命”而“道”——先秦诸子十讲》，线装书局 2006 年版，自序第 3 页。

② 参见黄克剑：《由“命”而“道”——先秦诸子十讲》(修订版)，中国人民大学出版社 2010 年版，修订版序第 1—9 页。这篇“修订版序”刊于《中国图书评论》2010 年第 11 期。

③ 黄克剑：《由“命”而“道”——先秦诸子十讲》(修订版)，中国人民大学出版社 2010 年版，修订版序第 1 页。

著者从价值的进路上对惠施、公孙龙学说的运思格局及其在学术史上的地位进行了补正性的评说。

在“公孙龙的‘离坚白’之辩”部分[①]，著者首先指出：“万物的‘同异’可以‘合’而论说，天下事物的种种性状又可以‘离’而分辨。惠施‘遍为万物说’取的是‘合’的路径，由此他认可‘天地一体’；比惠施晚出约半个世纪的公孙龙以‘离’为契机，由‘名’正‘实’而称述‘古之明王’。”[②]接着，著者以《白马论》《坚白论》《指物论》《通变论》和《名实论》为文本依据，对公孙龙的“白马非马”“离坚白”“‘物’与‘指’的关系”“二无一”等论题以及“正名实”思想进行了审慎的阐释，认为“离”是《公孙龙子》中一以贯之的逻辑主脉，“这逻辑主脉中的价值神经就是‘独而正’——‘离也者天下，故独而正’——所指示的在公孙龙看来可以‘化天下’的‘正名’。明确说出‘正名’的《名实论》是《公孙龙子》一书的最后一篇，这样编次正好与战国之后古人著述把序或绪论排在卷末的惯例相合。‘名实’之辨是对‘白马’、‘坚白’、‘指物’、‘通变’等篇所论的秘密的道破，是公孙龙著书立说的初衷的吐露”[③]。

在对惠施的“合同异”之辩与公孙龙的“离坚白”之辩作了考察之后，著者就二人学说的运思格局及其在学术史上的地位作了四点评说：其一，“被后人称作‘名家者流’的惠施、公孙龙，虽然比起先秦其他名家人物来更多地‘以善辩为名’，但他们那些被人指责为‘琦辞’、‘怪说’的话语中毕竟隐贯着切实而确凿的价值取向”[④]；其二，“同样是提倡不落在褊狭处的‘爱’，墨子‘以天为法’（‘法天’），取法‘天之行广而无私，其施厚而不德，其明久而不衰’而鼓吹‘兼爱’，孔子由一以贯之的‘仁’道教诲人们‘爱人’而‘泛爱众’，惠施却是以‘万物毕同毕异’的‘合同异’之辩论说‘泛爱万物’。……惠施是取论理——辩说‘物’理——的方式对‘泛爱’作论证的，这使他终于于形而上的祈求无缘。少了形而上眷注的‘爱’没有它的极致情境或理想之境，

① 参见黄克剑：《由“命”而“道”——先秦诸子十讲》，线装书局2006年版，第247—255页。
② 黄克剑：《由“命”而“道”——先秦诸子十讲》，线装书局2006年版，第247页。
③ 黄克剑：《由“命”而“道”——先秦诸子十讲》，线装书局2006年版，第253—254页。
④ 黄克剑：《由“命”而“道”——先秦诸子十讲》，线装书局2006年版，第255页。

缺了这种极致情境或理想之境的论理无从立以为教而引导天下的风化”[①]；其三，“就‘名家’重‘名’而言，‘名家’的称谓显然更适合于公孙龙而不是惠施。公孙龙学说的宗趣，可一言以蔽之为‘正其名’或‘正其所实’。……与孔子的伦理的‘名’相比，公孙龙的论理的‘名’借着‘离’的思辨有了某种形而上的性质，但这‘形而上’的‘名’既不能像孔子所说的‘名’那样由‘执两用中’、祈向‘圣’境的道德形而上学赋予生机，也无从附丽于墨子所信奉的‘天’或‘天志’那样的形而上的实体。这由‘离’而产生的有着绝对意义的‘名’在终极处是浮游无根的，因此它在相当大程度上只有逻辑意义的价值。‘离也者天下，故独而正’的说法当然也被关联于所谓‘先王之道’、‘仁义之行’，但总的说来，‘白马非马’以至于‘二无一’的论辩，对于公孙龙‘欲推是辩，以正名实，而化天下’的愿望并不相应”[②]；其四，“并非价值中立的论辩态度使惠施、公孙龙那些‘琦辞’、‘怪说’不可漫评为‘诡辩’，但也正因为这样，聪慧的名家人物终于没有把名言之辩引向纯形式化的道路以建构相应的语言学或逻辑学。公孙龙的学说离逻辑学或语言学只有一步之遥，他的‘二无一’的论式已经接近纯粹的逻辑学表达，但他所做的仍然只在于‘假物取譬’，以引导一种认定的价值取向。……公孙龙的‘名理’对于后期墨家和荀子在‘名学’——仍不是纯粹的逻辑学——探索上的导向作用是明显的，惠施的‘善譬’对于庄子取寓言、重言、卮言方式论说‘不称’之‘道’的启迪更是一个不容争辩的事实，尽管印证这导向和启迪作用的大都在于后者对前者的驳难”[③]。

孙秀昌的《叩问中国的“轴心时代”—— 读〈由“命”而“道”——先秦诸子十讲〉》，刊于《南方都市报》2006 年 8 月 14 日第 B06 版；刘东超的《儒学研究中的黄克剑视角——读黄克剑〈由“命”而“道”——先秦诸子十讲〉》，收入刘东超著《中国当代儒学批判》，社会科学文献出版社 2008 年版（第 252—257 页）；王乾坤的《生命化的解读——读〈由“命”而“道”——先秦诸子十讲〉》，刊于《博览群书》2009 年第 9 期；陈洪杏的《一位问“道”

① 黄克剑：《由“命”而“道”——先秦诸子十讲》，线装书局 2006 年版，第 256 页。
② 黄克剑：《由“命”而“道”——先秦诸子十讲》，线装书局 2006 年版，第 256—257 页。
③ 黄克剑：《由“命”而“道”——先秦诸子十讲》，线装书局 2006 年版，第 257 页。

者的生命见证——读黄克剑先生〈由“命”而“道”〉一书》，刊于《书城》2010年第1期；刘进田的《先秦诸子的价值形而上学阐释——读黄克剑先生新著〈由“命”而“道”——先秦诸子十讲〉》，收入刘进田著《人本价值与公共秩序》，中国社会科学出版社2010年版(第1—4页)；陈一鸣的《价值形而上学视域中的孔孟老庄——黄克剑〈由“命”而“道”——先秦诸子十讲〉的意义》，刊于《莆田学院学报》2013年第3期。

46. 刘利民著《在语言中盘旋——先秦名家“诡辩”命题的纯语言思辨理性研究》

本书是著者在其博士论文(四川大学博士学位论文，2006年答辩，指导教师钱冠连教授)的基础上修订而成的，(成都)四川大学出版社2007年10月第1版。

本书正文前载有两篇序文：“序一”由钱冠连撰写，成稿于2007年5月2日。序文将该书的开创性意义归结为两个方面：“(1)中国古代先秦名家的‘诡辩’(如‘白马非马’等命题)得到一一重新解读；(2)中国古代思想家本来可以进入纯语言性的思辨、步入理性主义哲学殿堂，但不幸的是，某些政治上的、文化上的、伦理上的原因阻断了这个方向的发展。”[①]上述两个突破是著者通过如下两点理论上的应用与创造性论述来实现的：“(1)利用西方语言哲学中‘提及’与‘使用’的区分，使众多看来‘诡辩’的命题不再‘诡’。(2)尤其是，他创造性地提出了如下理论——‘人的概念思维体现为语言性认知操作三个不同模式’，尤其是第三个模式——纯语言反思模式。”[②]“序二”由王寅撰写，成稿于2007年6月6日，序文同样肯定了刘利民的“三模式论”(即“具体实在模式”“抽象概念模式”“纯语言反思模式”)和“诡辩新解”(刘利民从“使用”与“提及”的区别入手，对先秦名家的“诡辩”命题进行了新解)。

---

① 刘利民：《在语言中盘旋——先秦名家“诡辩”命题的纯语言思辨理性研究》，四川大学出版社2007年版，序第4页。

② 刘利民：《在语言中盘旋——先秦名家“诡辩”命题的纯语言思辨理性研究》，四川大学出版社2007年版，序第4页。

本书包括六章内容，分别为“综述”“语言性认知操作三模式论”“语言特点与思辨理性的语言进路”“先秦名家‘诡辩’命题新解”“公孙龙子‘诡辩’命题新论”“结束语”。在第五章“公孙龙子‘诡辩’命题新论”[①]中，著者以语言分析框架对公孙龙的五篇原作(《名实论》《指物论》《白马论》《通变论》《坚白论》)进行了探究，重点对各篇的中心论题作了重新解读。本章又分成两节，分别为“公孙龙的语言哲学思想倾向”“公孙龙的三大‘诡辩’命题”。

在“公孙龙的语言哲学思想倾向”一节[②]，著者对具有较强的纲领性、理论性的《名实论》《指物论》分别进行了解读：

(1)“《名实论》：夫名实，谓也”[③]。著者认为，“《名实论》讨论的就是名与实”[④]。既然如此，如何理解《名实论》中直接关涉名与实的语句“夫名实谓也”就显得尤为关键。著者首先对学术界关于这句话的标点与释义进行了爬梳，认为这句话应该标点为“夫名实，谓也”，进而指出：“公孙龙所说的这句话的含义是‘名与实的关系是语言(正确地)表达(思想)的问题’。他的关注不限于称谓，还包括了整个语言交流，即如何才能保证语言意义的真理性，以保证思想交流的正确无误。对于公孙龙而言，语言的准确与否反映了人的思想的正确与否，也就是人对世界的把握正确与否。这是一个大问题，带根本性的问题。名家对此有很强的自觉和认识，所以公孙龙才感叹，这个问题太重大了，不可以掉以轻心。且看其原文：‘夫名实，谓也。知此之非[⑤]也，知此之不在此也，明[⑥]不谓也。知彼之非彼也，知彼之不在彼也，则不谓也。至矣哉，古之明王！审其名实，慎其所谓。至

① 参见刘利民：《在语言中盘旋——先秦名家“诡辩”命题的纯语言思辨理性研究》，四川大学出版社2007年版，第223—273页。

② 参见刘利民：《在语言中盘旋——先秦名家“诡辩”命题的纯语言思辨理性研究》，四川大学出版社2007年版，第224—252页。

③ 参见刘利民：《在语言中盘旋——先秦名家“诡辩”命题的纯语言思辨理性研究》，四川大学出版社2007年版，第224—239页。

④ 刘利民：《在语言中盘旋——先秦名家“诡辩”命题的纯语言思辨理性研究》，四川大学出版社2007年版，第224页。

⑤ 此处补“此”字。

⑥ “明”当作“则”。

矣哉,古之明王!'”[①]为了理解《名实论》结论段的意味,著者对其中的“在”“非”“此”“彼”等关键词进行了辨析,并在辨析的基础上指出:“公孙龙的《名实论》应该是关于语言与思想的讨论,其核心是具有古汉语特色的关于‘是’的语言分析(在这个意义上,笔者赞成前述周昌忠的观点)。由此解之,公孙龙的这句话就愈发具有强烈的形而上本体论与认识论意义了。他不是单纯关心名与实的联系,而是要通过对这种联系的语言思维分析,探讨作为认识者的人对于‘此之为此’‘彼之为彼’本身意义的认识和把握。在缺乏‘to be’之类的语言条件下,公孙龙只能力求通过对代名词‘此’和‘彼’的纯语义分析,来把握‘“这一个”之为“这一个”’的存在本质及其规定性,由此而对什么是存在之真进行分析性思考。这种从古汉语代词的语义反思中盘旋出来的类似于亚里士多德‘第一本体’的思想表明,公孙龙所走的是一条具有古汉语语言特色的通向思辨理性哲学思想的道路。”[②]为了证实自己的看法,著者结合《名实论》的论证过程,对其中的“物”“实”“位”“正”“名”等关键词以及“唯乎其彼此”等命题进行了辨析,并在辨析的基础上再次回到本节开始的时候所分析的《名实论》的结论段,认为“公孙龙‘夫名实,谓也’这一命题不是说‘名’是‘实’的称谓;他不仅仅关心‘名’的意义,而是关注整个‘言说’、即语言表达思想的问题、概念意义的真理性和确定性问题。也就是说,公孙龙要弄清楚的问题是:事物是事物,但关于事物,人所把握的是什么。这充分表明了公孙龙语言哲学思想的理性分析性实质,也是我们理解公孙龙思想的关键”[③]。

(2)“《指物论》:‘物’莫非指,而‘指’非指”[④]。著者认为,“《指物论》之

---

① 刘利民:《在语言中盘旋——先秦名家“诡辩”命题的纯语言思辨理性研究》,四川大学出版社2007年版,第225页。

② 刘利民:《在语言中盘旋——先秦名家“诡辩”命题的纯语言思辨理性研究》,四川大学出版社2007年版,第228页。

③ 刘利民:《在语言中盘旋——先秦名家“诡辩”命题的纯语言思辨理性研究》,四川大学出版社2007年版,第238—239页。

④ 参见刘利民:《在语言中盘旋——先秦名家“诡辩”命题的纯语言思辨理性研究》,四川大学出版社2007年版,第239—252页。

所以难读，难就难在文中的‘指’字”[①]。“《指物论》的第一句话就是‘物莫非指，而指非指’，8个字中就有3个‘指’字。这句话应该是《指物论》全文的关键句。如果弄清了这3个‘指’字的含义，这篇文章的中心也就基本上清楚了”[②]。基于此，著者首先对学术界关于这句话的意指（特别是其中“指”的含义）及其哲学立场（唯物主义抑或唯心主义）的诸种理解进行了爬梳，认为“对‘指’字的含义的理解，的确是理解《指物论》全文思想的关键。对‘指’的不同理解，导致对公孙龙这篇文章主要思想的不同理解，甚至产生了对立的认识。然而，如前所述，这些解释尽管各不相同，但也都围绕语词和概念在进行。早期的研究者已经接近于从语言分析的角度来解释‘指’，尽管那个时候并没有语言哲学框架的自觉，而后来的解释则逐渐远离了语言哲学的框架。不过，从20世纪90年代左右开始，研究者们的视线又回到了语言分析框架。这一方面可以说是当代西方语言哲学的影响的结果，但更重要的是公孙龙原本就是在进行语言的哲学分析，因而只有以此为框架，才能更准确地把握他的思想”[③]。鉴于此，著者以语言分析为框架来剖析《指物论》，认为“指”字在文中并不只具有一种含义。就《指物论》的中心命题“物莫非指，而指非指”而言，“三个‘指’全是名词，其中，‘物’是‘物’之名，而第一个‘指’的意思是‘指称’。……在《指物论》中，公孙龙想要通过对指称的反思，来阐释人如何用语言组织思想，进而正确把握世界这样一个哲学的认识论问题。‘物’莫非‘指’意味着，客观万物本身并不天然具有名称，名称是人使用语词对客观存在进行范畴化，并由此认识客观事物的本质意义而创造的。这里的‘物’不是具体的、个体的客观实在，而是人们口中说出来的‘物’。‘物’是[wù]的声音与物的意义相结合而成的语言词汇。人们用[wù]这个音来指称物之为物的意

① 刘利民：《在语言中盘旋——先秦名家“诡辩”命题的纯语言思辨理性研究》，四川大学出版社2007年版，第239页。

② 刘利民：《在语言中盘旋——先秦名家“诡辩”命题的纯语言思辨理性研究》，四川大学出版社2007年版，第239页。

③ 刘利民：《在语言中盘旋——先秦名家“诡辩”命题的纯语言思辨理性研究》，四川大学出版社2007年版，第244—245页。

义，即物的概念，这就是语词的‘指称’作用”[①]。“‘物’作为指称，其所指意义并不一定与客观具体之物有着直接、必然的联系。作为指称的语词的所指意义是人对事物的概念性抽象。因此，公孙龙接下来说：‘而指非指。’前一个‘指’即指出之名，是在把‘指称’作为概念之名来叙述；而后一个‘指’则是具体的‘指认’。意思是说，语词指称‘物’，并不等于把具体的物指认出来。也就是说，语义并不在于具体的、个体的物本身”[②]。就此而言，“物莫非指，而指非指”这个命题应该标点为“‘物’莫非指，而‘指’非指”，其含义是：“客观事物原本无名，‘物’由‘说’而成为‘物’，是人用来范畴化事物，形成对事物本质的认识的方式。词语指称的是概念性意义，而不是实在之物本身，因而‘指称’并不等于把具体的物‘指认’出来。”[③]著者通过对“指称”与“指认”加以区分，阐明了“物莫非指，而指非指”的意指以及其中“指”的多重含义，继而对《指物论》论证这个中心命题的过程进行了阐析。在作了层层深入的阐析的基础上，著者最后总结道：“公孙龙的《指物论》旨在澄清事物、语言与人的思想之间的关系，说明人对世界的把握不是就具体的物而进行的，而是通过语言概念而进行的。公孙龙想要说明，人对世界事物的真正的认识，是通过一个个事物的现象对其本质意义的‘穿透性’认识来理性地把握的，因而我们不能仅仅满足于感觉经验意义。虽然公孙龙当时没有‘感性’‘理性’等词汇可以使用，但是他明显倾向于认为：感性的认识只有经过思维抽象才能上升为理性的知识，只有理性的知识才是最有普遍性和必然性的真知，而研究思维抽象的路径就是对语言意义进行理性分析。”[④]

---

① 刘利民：《在语言中盘旋——先秦名家“诡辩”命题的纯语言思辨理性研究》，四川大学出版社2007年版，第247页。

② 刘利民：《在语言中盘旋——先秦名家“诡辩”命题的纯语言思辨理性研究》，四川大学出版社2007年版，第247—248页。

③ 刘利民：《在语言中盘旋——先秦名家“诡辩”命题的纯语言思辨理性研究》，四川大学出版社2007年版，第248—249页。

④ 刘利民：《在语言中盘旋——先秦名家“诡辩”命题的纯语言思辨理性研究》，四川大学出版社2007年版，第252页。

在“公孙龙的三大‘诡辩’命题”一节[①]，著者对《白马论》《通变论》《坚白论》分别进行了解读：

(1)“‘白马’非‘马’”[②]。著者认为，“‘白马非马’历来被认为是公孙龙最著名的‘诡辩’。从常识来看，白马当然不可能不是马”[③]。不过，若从语言哲学对语词的“使用”与“提及”所作的区分来看，“白马非马”这个命题便可得到合理的解释了。于是，著者自称采用林铭钧、曾祥云的观点[④]，将公孙龙的这个命题标点为“‘白马’非‘马’”，“即在‘白马’与‘马’字上分别加上引号，把它们明确为这两个词和词组的‘提及’使用。既是提及，那么‘白马’与‘马’在此命题中具有的是语形性意义，而不是语义性意义。公孙龙不是在讨论这两个词所指称的现实中的白马和马，而是在研究这两个词语的语形意义本身”[⑤]。基于此，著者对《白马论》的论证过程进行了深入的分析，认为“公孙龙不是在耍‘花招’，也不是在玩毫无意义的语词游戏，而是在语言中盘旋着十分严肃的哲学问题：……公孙龙并不否认客观现实中的马是有颜色的，但是他的问题超越了名实关系的实践关涉：他力图从纯语义形式的角度来分析人关于世界事物都说了些什么，怎么说的，如何保证这些‘说’没有逻辑矛盾和漏洞，并由此探究人关于世界的认识的本质及其规律。公孙龙写《白马论》的意图不是讨论‘马’与‘白马’之间的种属关系，而是将‘马自身’(horse-in-itself)‘白自身’(whiteness-in-itself)‘白马自身(whiteness×horseness-in-itself)’分析出来，加以理性的考察，弄清楚人所‘说’之‘知’到底具有什么本质”[⑥]。最后，著者将公孙龙的语言分析归结为

① 参见刘利民：《在语言中盘旋——先秦名家“诡辩”命题的纯语言思辨理性研究》，四川大学出版社2007年版，第252—273页。

② 参见刘利民：《在语言中盘旋——先秦名家“诡辩”命题的纯语言思辨理性研究》，四川大学出版社2007年版，第252—260页。

③ 刘利民：《在语言中盘旋——先秦名家“诡辩”命题的纯语言思辨理性研究》，四川大学出版社2007年版，第252页。

④ 参见林铭钧、曾祥云：《名辩学新探》，中山大学出版社2000年版，第215页。此外，曾祥云、刘志生合著的《中国名学——从符号学的观点看》(海风出版社2000年版)亦持此观点。

⑤ 刘利民：《在语言中盘旋——先秦名家“诡辩”命题的纯语言思辨理性研究》，四川大学出版社2007年版，第253页。

⑥ 刘利民：《在语言中盘旋——先秦名家“诡辩”命题的纯语言思辨理性研究》，四川大学出版社2007年版，第259页。

一种纯语义形式的分析，并从中西语言比较的角度对这种独特的语言分析形式作了评说："由于古汉语没有语素的形式变化，因而抽象名词与普通名词在形式上没有区别。公孙龙无法像西方哲学家那样利用西方语言所具有的诸如'a horse, horses, the horse, horseness'或者'white, whiteness'之类的语言条件（在此例中为可数名词的单数、复数、泛指、特指、普通、抽象等语素变化特性），来从事关于'一'与'多'、'殊相'与'共相'等哲学概念的理性思辨，但是汉语名词兼有实指意义及抽象意义的特点，使得公孙龙毫无障碍地进入了关于纯语义的抽象思辨，像西方先哲一样明显地具有了追求知识的真理性的理性主义色彩。公孙龙思想的存在说明，那种认为古汉语不利于产生抽象概念及建立理性思维模式的认识绝对是错误的。只不过，汉语言名词集抽象意义与实指意义于一身，以及没有标点符号等特点也正是他的思想受到误解和拒斥的根源。"[①]

（2）"'二'无'一'"[②]。著者首先指出："公孙龙在《通变论》中议论的中心命题就是'二无一'。在没有加引号的情况下，这个命题成了公孙龙'诡辩'的罪证之一。众多解释之误，与公孙龙的原意相去甚远。原因就在于这些解释把命题中的'二'与'一'视为了这两个语词的实指性使用。按照前面关于公孙龙思想倾向的分析，笔者认为应当为这个命题加上引号，写成：'二'无'一'。"[③]在加上引号后，著者同样根据语词的"使用"与"提及"的区分对公孙龙的"二无一"命题作了阐释，并结合《通变论》的论证过程进行了层层深入的辨析。在辨析的基础上，著者最后总结道："总之，公孙龙从正、反两个方面证明：一个纯真的'一'不能由任意两个'一'叠加而成，纯真的'一'必须是具有共同本质特征、相同的理性规定性的语义概念。人要使用语言来准确地交流思想、把握世界事物的本质，就必须对'一'进行分析，认识语言所指的那个'一'的根本性意义。否则，就可能导

① 刘利民：《在语言中盘旋——先秦名家"诡辩"命题的纯语言思辨理性研究》，四川大学出版社2007年版，第260页。

② 参见刘利民：《在语言中盘旋——先秦名家"诡辩"命题的纯语言思辨理性研究》，四川大学出版社2007年版，第260—267页。

③ 刘利民：《在语言中盘旋——先秦名家"诡辩"命题的纯语言思辨理性研究》，四川大学出版社2007年版，第260页。

致'乱名'，即语言与思想脱节，而无法把握、表达真的知识。由此，笔者认为，公孙龙的'通变论'中的'变'应当是指在各种各样'名'的组合、意义的变化中寻求那个纯真的语义之'一'。他的'通变论'其实应该理解为'通一论'。意即，公孙龙指出，只有通过反思、分析语言概念的意义，才能达到对其存在本质之'一'的理性认识和把握，使思想与语言一致并符合真理。这是先秦哲学中少见的、真正理性主义的语言哲学见解。"[①]

(3)"离也者天下，故独而正"[②]。著者首先指出："离'坚''白'是公孙龙的《坚白论》的中心命题，也是他被指责为'诡辩'或'唯心主义'的主要证据。然而，这却是公孙龙语言哲学的重要文章。在这篇文章中，公孙龙明确提出了分析的方法。"[③]接着，著者对公孙龙论证"离坚白"的过程进行了阐释，并对公孙龙使用的"举""藏"等术语进行了辨析。就"举"的含义而言，著者认同林铭钧、曾祥云的观点，认为"公孙龙的'坚石''白石'是针对语词，而不是指客观存在的坚石、白石。客观事物本身并没有'名'，因而不存在'举'的问题，只有语言词汇有'举'的问题。这就是说，公孙龙显然意识到，语词的所指这一问题是需要论证清楚的"[④]。就"藏"的含义而言，著者认为"'坚''白'等特性的'藏'是'自藏'，属性'自藏'于客观事物，它们可以为人所感受，但不受人的主观制约。公孙龙完全没有否定'坚'与'白'作为属性的客观性，也没有否定这些属性存在于事物(例如：石头)之中。因此，指责公孙龙由主观唯心主义滑向客观唯心主义是不公正的"[⑤]。在著者看来，"公孙龙想要指出的是，客观事物具有某些属性是一回事，而人是否感知这些属性，如何用语言来把握这些属性又是另一回事。不能把事物的存在与人对事物的感知混为一谈，也不能把感知与认识混为一谈。否则，人就不能获

---

① 刘利民：《在语言中盘旋——先秦名家"诡辩"命题的纯语言思辨理性研究》，四川大学出版社2007年版，第267页。

② 参见刘利民：《在语言中盘旋——先秦名家"诡辩"命题的纯语言思辨理性研究》，四川大学出版社2007年版，第267—273页。

③ 刘利民：《在语言中盘旋——先秦名家"诡辩"命题的纯语言思辨理性研究》，四川大学出版社2007年版，第267页。

④ 刘利民：《在语言中盘旋——先秦名家"诡辩"命题的纯语言思辨理性研究》，四川大学出版社2007年版，第268页。

⑤ 刘利民：《在语言中盘旋——先秦名家"诡辩"命题的纯语言思辨理性研究》，四川大学出版社2007年版，第269页。

得关于事物的真知，也就不能正确地使用语言”[①]。在通过辨析“举”“藏”等术语的含义对公孙龙受到的“唯心主义”指责给予反驳后，著者聚焦于《坚白论》的结语“离也者天下，故独而正”，重点阐析了公孙龙的“分析”(“离”)方法，认为“这里的‘离’不是指事物的属性离开事物而成为单独的实在，而是指‘分而析之’，是一种思想方法。公孙龙认识到，只有分析的方法才是把握住事物本质的唯一性的手段，因而他想做的是把语词概念的意义本身分析出来进行考察”[②]。在著者看来，公孙龙由“离”所谈的“分析”方法说到底是一种诉诸理性思维的思想方法，“因为思想本身无法被人经验地把握，只有从分析表达思想的语言入手，才能建立起知识的普遍性、必然性和确定性的知识，所以公孙龙才宣布：天下一切知识都是理性分析的结果，只有用理性分析方法获得的知识才是真知！‘离也者天下，故独而正’是公孙龙这一思想明白无误的表述”[③]。基于上述阐析，著者得出了如下结论：“‘离’的含义是‘分析’，即人通过分析对事物的属性进行抽象，抽取出事物的本质，以获得普遍的、必然的、不变的真知。……抽象之法就是分析，即‘离’。公孙龙不仅在其哲学著作中表现出了强烈的思辨理性倾向，而且明确提出知识的真理性来源于认识方法的分析性。理性分析的思想方法是公孙龙著述的灵魂。如此重要的智慧居然被埋没了两千多年，这怎么说都是中国思想史的巨大憾事。”[④]

通过上述阐释与辨析，著者最后对公孙龙及其语言哲学作了总体性的评说：“作为名家思想的集大成者，公孙龙在语言中盯住语言提出并求解问题，其哲学是不折不扣的语言哲学。当代西方语言哲学的两大问题，即意义和指称，公孙龙均已涉及，并且给出了相对精彩的论述。公孙龙的论述不及柏拉图和亚里士多德那样充分、精细，他的思想也并非绝对真

---

① 刘利民：《在语言中盘旋——先秦名家“诡辩”命题的纯语言思辨理性研究》，四川大学出版社2007年版，第269页。

② 刘利民：《在语言中盘旋——先秦名家“诡辩”命题的纯语言思辨理性研究》，四川大学出版社2007年版，第269—270页。

③ 刘利民：《在语言中盘旋——先秦名家“诡辩”命题的纯语言思辨理性研究》，四川大学出版社2007年版，第271—272页。

④ 刘利民：《在语言中盘旋——先秦名家“诡辩”命题的纯语言思辨理性研究》，四川大学出版社2007年版，第272—273页。

理，但他被称为先秦哲学中理性主义思想的代表人物是当之无愧的！”[①]

刘玉梅的《语言中盘旋之魅力——评〈在语言中盘旋〉》，刊于《英语研究》2010年第1期；刘利民的《〈在语言中盘旋〉简介》，刊于《外语学刊》2019年第4期。

47. 孙波著《先秦名辩经典释读》

(北京)宗教文化出版社2008年3月第1版。

本书正文前载有“本书简介”，其中有言：“本书在参考借鉴前人学术成果的基础上，对先秦史籍中有关名辩学说的思想资料，包括与此相关的逻辑学内容和某些认识论内容，进行了整理、归类、校勘和注疏，并用通俗的语言对原文作了诠释。本书认为，先秦名辩学说，是名学和辩学在特定历史条件下的有机结合。关于‘名实’关系衍生出的一系列问题，是先秦各派纷争的焦点，也是诸子们展开其学术体系和政治主张的逻辑前提。”[②]

本书除“前言”“附录”“后记”外，另包括十四章内容，分别为“正言若反——老子的辩证法则”“刑名之辩——邓析的辩讼之道”“名正言顺——孔子的正名思想”“名正则治——管子的治国方略”“以名举实——墨家的辩学体系”“知类求故——孟子的精湛辩术”“历物十事——惠施的奇辞怪说”“不谴是非——庄子的无辩逻辑”“名以正形——尹文的刑名妙论”“白马非马——公孙龙的雄辩命题”“名定实辨——荀子的名实理论”“按实审名——吕不韦的精微妙义”“矛盾之难——韩非的刑名法术”“奇策异智——纵横家的游说权谋”。

在第十章“白马非马——公孙龙的雄辩命题”[③]中，著者首先简要介绍了公孙龙子其人其事，然后按照《迹府》《白马论》《指物论》《通变论》《坚白论》《名实论》的顺序，分别选取各篇的经典段落逐一进行了释读。

---

① 刘利民：《在语言中盘旋——先秦名家“诡辩”命题的纯语言思辨理性研究》，四川大学出版社2007年版，第273页。

② 孙波：《先秦名辩经典释读》，宗教文化出版社2008年版，本书简介第1页。

③ 参见孙波：《先秦名辩经典释读》，宗教文化出版社2008年版，第148—174页。

48. 康中乾著《中国古代哲学史稿》

(北京)中国社会科学出版社 2009 年 7 月第 1 版。

本书除“绪论”外，另包括三讲内容，分别为“先秦时期的哲学思想”“秦汉—隋唐时期的哲学思想”“北宋—清初的哲学思想”。第一讲“先秦时期的哲学思想”分为三篇，分别为“春秋前的哲学思想”“春秋时期的哲学思想”“战国时期的哲学思想”。其中第三篇“战国时期的哲学思想”又分为六章，分别为“儒家思想的发展与《大学》、《中庸》和孟子的儒学思想”“道家思想的发展与庄子的哲学思想”“名辩思潮与后期墨家的哲学思想”“荀子的哲学思想”“韩非的哲学思想”“阴阳五行说与《易传》的哲学思想”。

在第一讲第三篇第三章“名辩思潮与后期墨家的哲学思想”[①]中，著者阐析了四个方面的问题，分别是“惠施的‘合同异’说”“公孙龙的‘离坚白’说”“战国时期的辩者与‘辩者二十一事’”“后期墨家的知识论和逻辑思想”。在阐析“公孙龙的‘离坚白’说”[②]时，著者首先介绍了公孙龙其人其书，认为今本《公孙龙子》六篇中，“《迹府》乃后人编辑的公孙龙的史迹，其余 5 篇是研究公孙龙思想的重要材料。《指物论》一篇甚为晦涩，大体讨论的是物质和意识的关系问题，暂不作介绍”[③]。接着，著者按照《白马论》《坚白论》《通变论》《名实论》的顺序，对公孙龙的“白马非马”说、“离坚白”说、“通变”说、“名实”说依次进行了阐析。

关于“白马非马”说：“……(此处引用的《白马论》原文从略——引者注)这里从‘马’和‘白马’这两个概念对内涵和外延两方面作了论证。公孙龙的用意并不是否定白马就是马这一事实，而是为了揭示‘马’这个名和‘白马’这个名之间的差别性。有意义的是，在‘白马非马’这个命题中，公孙龙从对象的种属关系出发，揭示出简单判断的矛盾性问题。”[④]

关于“离坚白”说：“……(此处引用的《坚白论》原文从略——引者注)

---

① 参见康中乾：《中国古代哲学史稿》，中国社会科学出版社 2009 年版，第 127—144 页。

② 参见康中乾：《中国古代哲学史稿》，中国社会科学出版社 2009 年版，第 130—136 页。

③ 康中乾：《中国古代哲学史稿》，中国社会科学出版社 2009 年版，第 130 页。

④ 康中乾：《中国古代哲学史稿》，中国社会科学出版社 2009 年版，第 131 页。

‘离坚白’命题的意思是，一块石头有‘坚’的性质，也有‘白’的性质，但这两种性质是基于不同的认识来源的，即‘白’的性质来源于眼睛的视，而‘坚’这一性质来源于手的触摸，眼和手各有自己的作用和功能，二者是不能合一的，故此，人们只能说‘这是一块坚硬的石头’和‘这是一块白色的石头’，而不能说‘这是一块坚硬的白色的石头’。公孙龙的讲法不是一点道理都没有。但他只看到了感觉的分离性的一面，而未看到知觉对感觉的综合和统一作用，因而走向诡辩。但在此，公孙龙从对象的诸属性的关系出发，揭示了复合判断的矛盾性问题，同时也揭露了感觉在认识中的分离性和单一性，这却有一定的认识论意义。”[①]

关于“通变”说：“‘通变’论的直接目的在于为‘白马非马’和‘坚白不[②]二’的思想提供方法论依据。……（此处引用的《通变论》原文从略）这里的‘二’指复合体，‘一’指构成复合体的部分。所谓‘二无一’，是说由两个要素去合成的东西（‘二’），不再含有所由形成的要素（‘一’）。‘二无右’、‘二无左’，是说由右和左合成的复合体中，不再含有各自的要素。在此，公孙龙是想说明；一与一只可为‘二’，不可为新的‘一’：这就是说，对立不得统一。公孙龙在此看到了事物以及事物的诸属性、成分、要素间的对立的一面，这并没有错。但他只看到对立，而没有看到对立面之间的统一性，这是有错的。”[③]

关于“名实”说。著者在撮录《名实论》原文后，首先阐析了公孙龙在开篇对“物”“实”“位”“正”四个概念所作的界定（这是他关于名实问题的思想纲领）：“第一段的第一句话（即‘天地与其所产焉，物也’——引者注）意思明确，即天地以及天地间所存在的都是物。但这里的‘物’字却有二义：一是其名称义，即给天地万物命的一个名称，叫‘物’；二是该名称的内涵，即天地及其中存在着的万物。下面几句就‘物’这个名的外延、内涵的规定性作了说明和规定。第二句（即‘物以物其所物而不过焉，实也’——引者注）中的第一个‘物’字与第一句中的‘物也’之‘物’相同，即名称之

① 康中乾：《中国古代哲学史稿》，中国社会科学出版社2009年版，第131—132页。

② “不”当作“石”。

③ 康中乾：《中国古代哲学史稿》，中国社会科学出版社2009年版，第132—133页。

‘物’；第二个‘物’字为动词，乃物色义；第三个‘物’字为实物。第一段的第二句意思是说：‘物’这个名称是用来表示、表征包括天地在内的每一个实物的，既无遗漏也无超过，将天地万物包揽无疑，这就叫‘实’。可见，这里的‘实’是对‘物’这个名的外延性的揭示和规定。这里的‘过’字值得注意，所谓‘过’就是超出、超越了一定的限度、限制。举‘马’为例，‘马’这个名称应该概括天下所有的马，即马以马其所马而不过焉；但人们在说‘马’时常举‘白马’为例，这在公孙龙看来就是‘过’，因为‘白马’者‘马’与‘白’也，显然多出了一个‘白’。第一段的第三句(即‘实以实其所实而不旷焉，位也’——引者注)则侧重揭示和规定了‘物’名的内涵性。这里的第一个‘实’字与第二句中的‘实也’之‘实’同，即‘实’这个名；第二个‘实’为动词，即实之或使之实；第三个‘实’为实物，即天地及其中所存在着的一切实存物。这句意思是说：‘实’这个名称是用来表示、表征天地间的一切实存物而无空缺，这就叫做‘位’。第一段的第四句(即‘出其所位非位，位其所位焉，正也’——引者注)讲的是正名的基本原则，即‘正’。若名在它应该在的位置上就是‘正名’，否则就是不正。怎么才叫处在了它应该在的位置上呢？就是一个名称一定要与它的内涵相符合，否则就叫名存实亡。”[①]接着，著者对公孙龙正名的总原则“审其名实，慎其所谓”进行了阐析：“‘名’与‘谓’是有区别的。名是用来表示实的，但名与实并不完全的一一对等，在日常生活中一个‘名’却往往可以表示不同的实，……这样一来，同一个名就有了不同的内涵，这就叫名不符实，是会造成混乱的。正是基于此，公孙龙主张用‘谓’。《说文》：‘谓，报也。’《广雅·释诂二》：‘谓，说也。’‘谓’作为名词也是称呼，与‘名’相当。但‘谓’有指谓、指称义。公孙龙所谓的‘审其名实，慎其所谓’，就是说要审察清楚一个名的名称和它的内容的一致性，是什么内容就用什么名称。比如，当一个人牵一匹白马走过来时，我们就指着这匹白马说‘白马’，这就叫‘谓’，这时的名实是一致的；倘若指着这匹白马说‘马’，就名不符实了，这就是‘过’。”[②]

在上述阐析的基础上，著者最后对公孙龙注重“离”的学说作了总体

① 康中乾：《中国古代哲学史稿》，中国社会科学出版社 2009 年版，第 134—135 页。
② 康中乾：《中国古代哲学史稿》，中国社会科学出版社 2009 年版，第 135—136 页。

评价:“总之,公孙龙讲‘离’,但他的‘离’比惠施的‘合’要深刻些,因为这里揭示了认识过程中的一与多等等的矛盾性。”[①]

49. 曾仕礼编著《先秦哲学》

(昆明)云南大学出版社2009年9月第1版。

本书包括十三章内容,分别为“导论”“夏、商、周时期哲学思想的产生”“春秋时期(奴隶社会末期)的无神论思想和朴素辩证法思想”“孔丘的哲学思想”“墨翟的哲学思想”“老子的哲学思想”“孟轲的哲学思想”“庄周对道家哲学思想的发展”“慎到、宋钘、尹文与晋、齐法家的哲学思想”“名辩思潮的兴起和后期墨家的哲学思想”“《易传》和阴阳五行家的哲学思想”“荀况的哲学思想”“商鞅与法家集大成者韩非的哲学思想”。

在第十章“名辩思潮的兴起和后期墨家的哲学思想”[②]中,编著者首先指出:“名家这个称谓应该是从名实关系这个问题引出的,而名实关系又确实是中国古代哲学史中的一个重大问题。因为在春秋战国时期,由于社会制度的激烈变革,许多事物的称谓与它所指的实际事物往往发生矛盾,或者旧的称谓没有改变,但它所指的事物已经发生了变化,或者已经出现了新的事物,旧的称谓却又不足以表明新内容,于是就形成了各种各样的名家观点,并且相互之间展开了激烈的争论。”[③]基于这种看法,编著者分四节介绍了名家的哲学观点与逻辑思想,分别为“名辩思潮的兴起与惠施的‘历物十事’”“公孙龙‘离坚白’的哲学观点和逻辑思想”“战国时期其他的‘辩者二十一事’”“后期墨家的哲学思想和辩学(逻辑思想)”。

在“公孙龙‘离坚白’的哲学观点和逻辑思想”一节[④],编著者首先简要介绍了公孙龙其人其书,并对公孙龙与惠施的学说作了比较:“在哲学上,公孙龙是当时注重固定范畴和理性推演的代表人物,这在形式上刚巧与

---

① 康中乾:《中国古代哲学史稿》,中国社会科学出版社2009年版,第136页。

② 参见曾仕礼编著:《先秦哲学》,云南大学出版社2009年版,第230—265页。

③ 曾仕礼编著:《先秦哲学》,云南大学出版社2009年版,第230页。

④ 参见曾仕礼编著:《先秦哲学》,云南大学出版社2009年版,第238—245页。

惠施主张流动范畴的辩证法相反。也就是说，公孙龙的思想同惠施一样，充分地反映了新兴封建地主阶级的利益，但他的思路同惠施有很大区别。惠施主要侧重于从事物和概念的差别中探索其联系与统一，即以'合同异'为自己的哲学基础。而公孙龙则侧重于探索事物和概念之间的区别与离异，亦即以'别同异'、'离坚白'为自己的哲学基础。所以，惠施和公孙龙分别从不同的角度在对立统一的辩证认识过程的两极中，各持一端作了自己的探索，由于他们两人都有开拓和创新精神，因而也都作出了自己特殊的贡献，当然，他们也都不可避免、不同程度地有自己的局限性。"[①] 接着，编著者按照《白马论》《坚白论》《指物论》《通变论》《名实论》的顺序，依次阐析了公孙龙的哲学观点与逻辑思想：

《白马论》阐析。编著者认为，《白马论》的中心论题是"白马非马"，这个论题"强调了一般'马'和个别'白马'的区别"[②]。接着，编著者对公孙龙论证"白马非马"命题的过程作了层层深入的分析。在分析的基础上，编著者最后评说道："公孙龙强调共性不同于个性、一般不同于个别，当然有其合理因素，其辩证意义就在于他坚决反对以个性代替共性、以个别代替一般。但其不严谨的论证，以及夸大了共性和个性、一般和个别的区别的特点，使自己也陷入诡辩中。"[③]

《坚白论》阐析。编著者认为，《坚白论》所提出的"离坚白"的哲学命题"强调了认识事物共性的意义"[④]。这个命题的意味以及公孙龙的运思方式是："'坚硬'和'白色'这两种物质的属性在具体事物中不是互相联结而是互相分离的。他举石头为例论证说，用眼睛看石头时，得不到石头'坚硬'的感觉，而只得到'白颜色'的感觉；用手接触石头时，得不到'白颜色'的感觉，只得到'坚硬'的感觉。公孙龙利用不同感官具有不同的功能，彼此之间不能互相代替的特点，证明了事物的不同属性可以互相分离，进而否认和割裂事物不同属性之间的客观联系，认为坚硬和白色'一

---

① 曾仕礼编著：《先秦哲学》，云南大学出版社 2009 年版，第 238 页。
② 曾仕礼编著：《先秦哲学》，云南大学出版社 2009 年版，第 238 页。
③ 曾仕礼编著：《先秦哲学》，云南大学出版社 2009 年版，第 240 页。
④ 曾仕礼编著：《先秦哲学》，云南大学出版社 2009 年版，第 240 页。

一不相盈’，也就是相互不包含、相互不联系。”[①]接着，编著者对公孙龙论证“离坚白”命题的过程作了详细的阐析。

《指物论》阐析。编著者认为，《指物论》探讨了意识与物质之间的关系，其提出的“天下无指，物无可以谓物”这个命题集中体现了公孙龙唯心主义的世界观。基于这种看法，编著者结合《指物论》的相关论题进行了具体的阐析：“对于意识与物质之间的关系，公孙龙认为，是‘指’（概念）决定‘物’，而不是‘物’决定‘指’（概念）。这表明了公孙龙哲学思想的唯心主义性质，同时，这也是公孙龙哲学观点和逻辑思想的核心。他说：‘物莫非指而指非指，天下无指，物无可以谓物。’（《指物论》）这里所说的‘指’，就是‘以名指物’之指，有指认、特指、限定等含义。因而‘指’在实际上就是事物的名称即概念。所以，‘物莫非指而指非指’是说，事物没有不是概念所指认的，而概念则不是由概念指认的。公孙龙认为，概念（指）第一位，而物质则只能处于第二位；概念与概念由于相互独立而互不联系，因而谁也指认不了谁。如果世界上没有概念这种观念的东西，‘物’就不可以称之为‘物’了。为什么是概念决定物质，而不是物质决定概念？在公孙龙看来，这是因为概念具有‘兼’，即具有‘普遍’的特性。他说：‘指者，天下之所兼。天下无指者，物不可谓无指也；不可谓无指者，非有非指也；非有非指者，物莫非指、指非非指也。指与物非指也。’（同上）这就是说，概念是世界上的事物所共有的特征（共性即共相），而事物都总是要有自己的概念才能指认它自己。如果世界上没有概念，也就没有指认具体事物的名称，我们也就不知道具体的事物究竟叫做什么东西。在这里，‘与物’的‘指’，就是通过个体在时间、空间中占有‘位置’而成为物者。这种‘与物’的‘指’，公孙龙又将其称之为‘物指’。在公孙龙看来，如果没有‘指’，就不可能有物；如果没有‘物指’，也不可能有物；如果只是有指而没有物，那就是仅有‘藏’，而没有‘现’的共相了。公孙龙又说：‘使天下无物指，谁径谓非指？天下无物，谁径谓指？天下有指无物指，谁径谓非指？径谓无物非指？’（同上）这里‘指’之所以能‘与物’而使物成其为物，就是

---

① 曾仕礼编著：《先秦哲学》，云南大学出版社2009年版，第240—241页。

因为它自身具有这种共相，并不需要其他力量使它如此。换句话说，事物是不能没有概念的，概念也不是不能应用于具体事物的。因此，把概念和事物（指与物）结合起来，概念也就表现为某物的所谓称谓，也就是能指认与之相对应的事物。所以，《指物论》说：'且夫指固自为非指，奚待于物而乃与为指。'这里的'非指'指的就是个别事物，也就是说，'指'就是专门为非指而成其为指的。综上述可见，这就是公孙龙的概念（指）体现为物，或者说转化为物的大体思路。显然，公孙龙的《指物论》是其阐发概念决定事物的唯心主义哲学的基本框架。"[①]

《通变论》阐析。编著者认为，《通变论》所提出的"二无一"命题集中体现了公孙龙的方法论思想。基于这种看法，编著者结合《通变论》的相关论题进行了具体的阐析："在《通变论》中，公孙龙还展开了对于'此岸'世界和'彼岸'世界及其相互关系的讨论，并提出'二无一'的方法论，比较系统地阐述了运动、变化的观点。公孙龙指出：'曰：二有一乎？曰：二无一。曰：二有右乎？曰：二无右。曰：二有左乎？曰：二无左。曰：右可谓二乎？曰：不可。曰：左可谓二乎？曰：不可。曰：左与右可谓二乎？曰：可。'（《通变论》）这就是说，所谓'二'，就是指由两个因素组成的事物的复合体。比如，由'白'和'马'这两个因素组成'白马'这个复合体；由'白'和'石'这两个因素组成'白石'这个复合体。而所谓'一'，则是组成事物复合体的各个具体因素。比如，组成'白马'的'白'就是'一'，'马'也是'一'；组成'白石'的'白'是'一'，'石'也是'一'。在公孙龙看来，所谓'二无一'，仅就基本内容来说，主要包含两个相互联系的含义：第一，在一个由两个因素组成的复合体中，'一加一'的确变成了'二'，由于已发生了变化，因而在已经变化了的'二'中，就不会再有'一'的独立存在，所以叫做'二无一'。换句话说，'白'和'马'既然已经组成了'白马'，那么，原来存在的'白'一、'马'一就已经不复存在了。第二，两个因素已经组合起来，其结果是二者的复合体，因此，不可能产生出任何具有新性质的第三者。他举例说：'羊合牛非马，牛合羊非鸡'；'青以白非黄，白以青非碧。'（同上）在公孙龙看来，事物的变化不过是两种或者两种以上因素的复合。在

---

① 曾仕礼编著：《先秦哲学》，云南大学出版社 2009 年版，第 242—243 页。

其复合体中，原来的因素已经失去了各自的独立性，然而又不可能产生质变的新事物。在这里，公孙龙虽然在坚持事物的差别和区分方面有其合理性，也有自己的功绩，然而由于他把事物之间的界限绝对化而忽视了事物的统一性，因而既否定了事物矛盾的对立统一，也否认了事物的质变和新生事物出现的可能性。”[①]

《名实论》阐析。编著者认为，《名实论》集中体现了公孙龙“名为实之谓”和“名实必须相符”的名实观。基于这种看法，编著者结合《名实论》的相关论题进行了具体的阐析：“公孙龙认为，人们在认识事物的整个过程或者各个环节中，必须‘审其名实，慎其所谓’(《名实论》)。他说：‘欲推是辩，以正名实，而化天下。’(《迹府》)就是说，进行名辩的目的本来就是要考察事物的‘名’与‘实’及其相关关系，进而慎重地给它们一个合适的称谓，并使‘名’与‘实’相互一致，借以纠正‘过’、‘旷’、‘乱’等等名实不符的现象。他还指出：‘天地与其所产焉，物也。物以物其所物而不过焉，实也。实以实其所实(而)不旷焉，位也。出其所位非位(而)位其所位焉，正也。’(《名实论》)这就是说，天地及其所产生的东西叫做‘物’。使该物成其为该物的规定性而不超出它的界限，就叫做‘实在’。实在的东西实实在在地保持着它自己的实在性而无所欠缺，这就叫做‘分位’，超出其所在的分位就不是分位了。而事物的‘分位’又严格地处在它应该处的‘分位上’，这就叫做‘正’。在这里，公孙龙分层次地进行推理，并且对每一层次都进行具体的规定。在公孙龙看来，所谓‘正’，就是使名称准确地表达事实。而只要名称准确地表达了事实，就是‘正名’。‘夫名，实谓也。’(同上)这就是说，‘名’是‘实在’的称谓。从这里出发，公孙龙还进一步阐发了自己的思想。他说，知道此物已经不再是此物了，知道此物已经不在此处了，就不能再用‘此’这一名称来称谓它。知道彼物已经不是彼物了，知道彼物已经不在彼处了，就不能再用‘彼’这一名称来称谓它。所以，正确的要求就是‘唯乎其彼此’，这就是说，‘彼此’的名称必须专门化，并且必须固定下来，才能够真正做到‘彼’专门是‘彼’，‘此’也专门是‘此’。如果名实不当，就一定会引起不必要的名实混乱及其由此产生的麻烦。公孙

① 曾仕礼编著：《先秦哲学》，云南大学出版社2009年版，第243—244页。

龙又说：‘彼彼止于彼，此此止于此，可。彼此而彼且此，此彼而此且彼，不可。’(同上)也就是说，称谓那个东西‘彼’的名称，只能是专限于那个东西的称谓；称谓这个东西‘此’的名称，也只能是专限于这个东西的称谓，这是可以的。如果把这个东西说成‘彼’，使‘彼’成了‘此’；而又把那个东西说成是‘此’，也使‘此’成了‘彼’，这就不可以了。由此可见，‘此’就是‘此’，‘彼’就是‘彼’。‘此’绝不是‘彼’，‘彼’也绝不是‘此’。”[①]

在上述阐析的基础上，编著者最后对公孙龙“正名实”的哲学观点和逻辑思想进行了评说：“公孙龙‘正名实’的哲学观点和逻辑思想不仅强调了概念的确定性、概念之间和事物之间的差别性，还肯定了‘物’的客观实在性及其质的规定性，因而具有某种程度的唯物主义倾向。然而，这同公孙龙在《指物论》中的唯心主义观点又是自相矛盾的。对此，我们应该实事求是地看问题，不能用简单的公式去硬套古人的哲学思想。”[②]

50. 郝逸今著《中国哲学史纲》

(呼和浩特)内蒙古大学出版社 2010 年 1 月第 1 版。

本书除“绪论”外，另包括四编内容，分别为“奴隶制社会到封建制形成时期哲学思想的产生和发展”“封建社会前期哲学思想的发展”“封建社会后期两种哲学思想的对立”“旧民主主义革命时期哲学思想战线两种观点的论争”。第一编分为四章，分别为“我国的远古文明和史前传说”“商朝、西周奴隶制社会哲学思想的诞生”“春秋时期哲学思想的发展”“战国时期的百家争鸣”。第四章又分为十三节，分别为“战国时期封建制的形成”“墨子的哲学思想”“孟子的哲学思想”“许行的哲学思想”“稷下学派的哲学思想”“庄子的哲学思想”“名家的哲学观点与逻辑思想”“兵家军事辩证法思想”“后期墨家的哲学思想”“邹衍的‘五行’说”“荀子的哲学思想”“韩非的哲学思想”“《易传》对《易经》思想的发展”。

在第一编第四章第七节“名家的哲学观点与逻辑思想”[③]中，著者首先

---

① 曾仕礼编著：《先秦哲学》，云南大学出版社 2009 年版，第 244—245 页。

② 曾仕礼编著：《先秦哲学》，云南大学出版社 2009 年版，第 245 页。

③ 参见郝逸今：《中国哲学史纲》，内蒙古大学出版社 2010 年版，第 146—154 页。

介绍了名家学派产生的社会文化背景及其主要代表人物，接着介绍了名家学派的两个分支："一是以惠施为代表的'合同异'派，一是以公孙龙为代表的'离坚白'派。惠施注重事物的性质'同'的方面，但忽视了事物之间的差异，为以后的相对主义开了后门；公孙龙注重词和概念的'异'的方面，认为事物属性都是彼此孤立的，进而夸大名词概念之间的对立，这为诡辩论提供了理论基础。这两个分支在思想方法上都是形而上学的，因而都具有唯心主义性质。"[①]然后，著者从"惠施的'合同异'说""公孙龙的'离坚白'说""辩者二十一事"三个方面阐析了名家的哲学观点与逻辑思想。

在阐析"公孙龙的'离坚白'论"[②]时，著者首先介绍了公孙龙其人其书，接着将公孙龙一派名辩论的特点归结为"别同异，离坚白"，认为他与惠施一派的区别在于，"公孙龙通过对概念的抽象分析，排斥感官体验的综合，强调概念可以离开具体事物而独立存在"[③]。基于这种看法，著者按照《坚白论》《指物论》《白马论》《名实论》的顺序，对各篇蕴含的哲学观点与逻辑思想分别进行了阐析。

在阐析《坚白论》时，著者首先指出："公孙龙的'别同异，离坚白'的思想实质是把事物性质孤立地加以夸大，并否认其间的统一的联系，实际上就是认为一般可以脱离个别而独立存在，每个概念不过是孤立的抽象的精神和属性。他的著作《坚白论》，充分发挥了他的这一唯心主义形而上学的思想。"[④]接着，著者结合《坚白论》的相关论题，对公孙龙论证"离坚白"的过程进行了阐析。在阐析的基础上，著者认为"公孙龙割裂了人的认识作用的统一性，割裂了物体的属性和物体本身的联系，这是一种形而上学的诡辩论"[⑤]。

在阐析《指物论》时，著者首先指出："从思想方法上看，公孙龙是割裂了一般和特殊的联系，把一般和特殊的差别片面加以夸大。他的重要论

① 郝逸今：《中国哲学史纲》，内蒙古大学出版社2010年版，第146页。
② 参见郝逸今：《中国哲学史纲》，内蒙古大学出版社2010年版，第150—153页。
③ 郝逸今：《中国哲学史纲》，内蒙古大学出版社2010年版，第150页。
④ 郝逸今：《中国哲学史纲》，内蒙古大学出版社2010年版，第150页。
⑤ 郝逸今：《中国哲学史纲》，内蒙古大学出版社2010年版，第151页。

文《指物论》就公开阐明了自己的观点。”[①]接着，著者结合《指物论》的相关论题，对公孙龙割裂一般（“指”）与特殊（“物”）之联系的思想方法进行了阐析。

在阐析《坚白论》与《指物论》的基础上，著者对集中体现公孙龙逻辑思想的《白马论》进行了探讨。在著者看来，“《白马论》通过论证‘白马非马’这个命题，详细阐述了概念与概念之间的关系。公孙龙认为白马不是马与白马不是白的命题是一样的。概念与概念都是绝对的、独立的，概念与概念之间也毫无联系，因之，‘白马’与‘马’这两个概念之间是没有联系的”[②]。基于这种看法，著者结合《白马论》的相关论题，对公孙龙论证“白马非马”的过程进行了分析。在分析的基础上，著者认为“公孙龙的‘白马非马’这一命题，就其指出‘白马’与‘马’的概念的内涵与外延不同，这在逻辑上是成立的，但就其片面强调概念之间的差异和独立性而排斥概念之间的联系来看，则是不符合客观实际的，是一种形而上学的诡辩论”[③]。

著者最后阐析了公孙龙的《名实论》，认为“他强调‘名’、‘实’的一致是合理的，问题在于他不是以‘实’来正‘名’，而是以‘名’来责‘实’”[④]。在著者看来，“公孙龙的《名实论》初步阐明了任何具体事物都具有确定的属性和确定的范围，明确了‘正名’的原则”[⑤]。

51. 孙开泰著《先秦诸子精神——百家争鸣、融合与传统文化整体观》

（南京）凤凰出版社 2010 年 1 月第 1 版。

本书正文前载有两篇“序言”：“序言（一）”由李学勤撰写，成稿于 2009 年 4 月 6 日；“序言（二）”由周光华撰写，其中有言：“《先秦诸子精神——百家争鸣、融合与传统文化整体观》，是以‘先秦诸子讲座十六讲’和《论中华传统文化整体发展观》为基础形成的。该书以中国地域华夏族

① 郝逸今：《中国哲学史纲》，内蒙古大学出版社 2010 年版，第 151 页。
② 郝逸今：《中国哲学史纲》，内蒙古大学出版社 2010 年版，第 151 页。
③ 郝逸今：《中国哲学史纲》，内蒙古大学出版社 2010 年版，第 152 页。
④ 郝逸今：《中国哲学史纲》，内蒙古大学出版社 2010 年版，第 153 页。
⑤ 郝逸今：《中国哲学史纲》，内蒙古大学出版社 2010 年版，第 153 页。

群趋向融合发展为历史进程的主体线索，囊括先秦诸家学派思想，客观地论述春秋战国时期，各思想流派产生的社会根源和思想发展脉络，交代社会历史背景和相互间的依存影响关系，对中国社会大变革的春秋战国动荡时代的思想学说和流派，做出清楚的交代。同时，该书对诸家思想流派的社会影响作用，进行科学的分析和历史唯物主义的评价，对当前国内外学术界研究春秋战国时期的思想流派，提供客观稳妥的参考依据。”[①]

本书包括十章内容，分别为“先秦诸子的争鸣与融合：乱世绽放的文景”“‘儒’到‘儒家’：一种职业到一个学派的升华”“墨家：儒家的第一个挑战者”“法家：新势力的崛起”“名家：游走于逻辑与事实之间”“道家：隐士风度与哲人智慧”“个人主义的先驱：杨朱学派与农家”“先秦兵家：以战争的观点看世界”“纵横家：以谋求大国政治为第一要务”“杂家：诸子百家的汇流与融合”。书末载有著者的总结“论中华传统文化的整体观”。在第五章“名家：游走于逻辑与事实之间”[②]中，著者从六个方面阐析了名家的思想，分别为“名家产生的渊源与流派”“《庄子》记载的‘历物十事’ 惠施”“稷下学宫的两个名家——儿说、田巴”“公孙龙的著名逻辑命题”“邹衍与稷下黄老之学的宋钘、尹文的名实观”“后期墨家的名辩思想”。在“公孙龙的著名逻辑命题”部分[③]，著者首先简要介绍了公孙龙其人其书，接着结合古籍所载阐说了公孙龙的著名命题及其逻辑思想：

其一，《公孙龙子·坚白论》所载的“离坚白”之说。著者首先阐析了公孙龙论证“离坚白”的运思理路：“公孙龙的‘离坚白’学说是从对‘坚白石’的分析开始的。《公孙龙子·坚白论》说：‘视不得其所坚而得其所白者，无坚也；拊不得其所白而得其所坚者，无白也。’即人们用眼睛看，不知道它是坚硬的，而知道石是白颜色的，这就是没有坚硬；用手摸不知道它是白颜色，而知道它是坚硬的，这就是没有白颜色。在前一种情况下，坚

---

① 孙开泰：《先秦诸子精神——百家争鸣、融合与传统文化整体观》，凤凰出版社2010年版，序言第3页。

② 参见孙开泰：《先秦诸子精神——百家争鸣、融合与传统文化整体观》，凤凰出版社2010年版，第107—117页。

③ 参见孙开泰：《先秦诸子精神——百家争鸣、融合与传统文化整体观》，凤凰出版社2010年版，第111—113页。

硬藏了起来。在后一种情况下,白色藏了起来。这叫做'自藏'。《坚白论》又说:'得其白,得其坚,见与不见离。不见离一。一不相盈,故离,离也者,藏也。'看到它的白颜色,摸到它的坚硬,有'见与不见'的情况,这就叫离,因为石与坚、白不能互相包容,所以就分离了。分离了也就是藏起来了。他认为,'天下未有若坚,而坚藏。'又说:'若白者必白,则不白石物而白焉。''石其无有,恶取坚白乎?故离也。'这是说,不使石与物变坚硬而独立的坚硬(即抽象的坚硬),天下是没有的。这就是说,坚硬藏起来了。若白颜色本身定是白颜色的话,它就不必通过使物体发白而表现自己是白。他把本身是白颜色看成一种抽象的白颜色。它看不见,即是藏起来了。石头假如没有独立成为石的本领,又怎么能够形成既坚又白的石呢?因此,他的结论是白色与坚硬并不是结合在石头里面,而是脱离石头独立存在的。这就是'离坚白'学说的主要论点。"[①]接着,著者对公孙龙的"离坚白"之说作了评价:"这一学说把事物的各种属性一方面与物质实体割裂开,另一方面又把它们一一孤立起来而否认其统一性。这在哲学上就意味着一般不是存在个别之中,而是可以脱离个别单独存在的。公孙龙'离坚白'学说的诡辩性质,在他的'白马非马'的命题中表现最为明显。"[②]

其二,《公孙龙子·白马论》所载的"白马非马"之说。著者首先阐析了公孙龙论证"白马非马"的运思理路:"公孙龙的论证是这样的:'马者,所以命形也;白者所以命色也。命色者非命形也。故曰:白马非马。'(《公孙龙子·白马论》)'马'一词是指马的形态,凡是具有马的形态的都命名为马。'白'一词是指白的颜色,凡是白颜色的都命名为白。'白马'是马的形态再加上白的颜色,亦即白颜色的马。可见,马与白马是两个不同的概念,所以他说:'白马非马'。这是从概念的内涵方面来论证的。其次,他又从'马'与'白马'的外延不同来论证。他说:'求马,黄、黑马皆可致;求白马,黄、黑马不可致。'(《公孙龙子·白马论》)马一词的外延包括

---

① 孙开泰:《先秦诸子精神——百家争鸣、融合与传统文化整体观》,凤凰出版社 2010 年版,第 111—112 页。

② 孙开泰:《先秦诸子精神——百家争鸣、融合与传统文化整体观》,凤凰出版社 2010 年版,第 112 页。

一切马在内,所有黄马、黑马都在内。白马的外延仅限于白颜色的马,所以黄马、黑马不在其内。马与白马两个概念既然有这样的差别,所以他说:'白马非马'。第三,他又从个别(个性)与一般(共性)的关系来论证。他说:'白马,非马也。白马者,马与白也,白与马也。故曰:白马非马也。'(《公孙龙子·白马论》)这是说,白是一切白色的共性,而不是马,马是一切马的共性,而不是白。白马指白色的共性加上马的共性。所以白马并不是马。"[①]接着,著者对公孙龙的"白马非马"之说作了评价:"公孙龙的论证在逻辑上和概念分析上做出了独到的历史贡献,但是他把一些概念混淆而流入诡辩。他分析了马与白马这两个概念的差别、个别与一般的差别。但是,他夸大了这种差别,把两者完全割裂开来,并加以绝对化;最后达到否认个别,只承认一般,使一般脱离个别独立存在。这样,就把抽象的概念当成脱离具体事物的精神实体,从而导致了客观唯心主义的结论。"[②]

其三,《庄子·天下》所载的"辩者二十一事"。著者认为,其中的一些命题与公孙龙有关。"如'鸡三足',又见于《公孙龙子·通变论》;'飞鸟之景,未尝动也。'也是属于公孙龙一派的命题。景即影。这个命题是说,飞鸟的影子并没有运动。在每一瞬间,飞鸟的影子可以认为是不动的。但是时间有连续性,空间有延展性;飞鸟之影在时空体系内又是运动着的。这个命题对运动的性质具有片面的认识,但是最终是走上形而上学,否认了运动的可能性。"[③]

另外,著者对公孙龙与惠施的逻辑思想作了比较:"惠施、公孙龙都是片面夸大了认识的某一方面,惠施强调事物的'同一'(即同)的一面,公孙龙则强调事物的'异'(即差别)的一面。他们在各自所强调的方面都有精辟的思想,但是这些认识却受到形而上学思想方法的限制。他们的错误

---

① 孙开泰:《先秦诸子精神——百家争鸣、融合与传统文化整体观》,凤凰出版社2010年版,第112页。

② 孙开泰:《先秦诸子精神——百家争鸣、融合与传统文化整体观》,凤凰出版社2010年版,第112—113页。

③ 孙开泰:《先秦诸子精神——百家争鸣、融合与传统文化整体观》,凤凰出版社2010年版,第113页。

是人类认识发展史不可避免的，后期墨家的逻辑思想正是对他们的批判总结。”[①]

52. 黄克剑著《名家琦辞疏解——惠施公孙龙研究》

(北京)中华书局 2010 年 3 月第 1 版。本书以先秦“名”的自觉为背景，通过深入、系统地疏解惠施、公孙龙的“琦辞”“怪说”，揭示了这类的名言所蕴含的价值取向以及名家语言自觉的真谛。

著者在撰成于 2009 年 9 月 28 日的“自序”[②]中写道：“一如儒、道、墨、法、阴阳诸家各有其好恶迎拒，名家的引人骇诧的诡谲之言亦寓托着执著的价值取向。对世人作‘泛爱万物’的规劝是惠施‘合同异’之辩的立意所在，而公孙龙对指示某种理想或极致境地因而具有绝对性的‘名’的称举，则试图借重其有着‘兼爱’祈愿的‘离坚白’之辩‘以正名实，而化天下’。但无论如何，名言惯例在惠施那里的打破，赋有绝对性的‘名’在公孙龙那里得以成就一种逻辑意味上的理想主义，这蕴于其间的不同于儒家伦理、道家玄理的所谓名理，毕竟更能述说名家何以成其为名家。名家的名理在一个特定向度上把人文眷注引向对言喻分际的措意，而如此所示导的‘名’的自觉或语言对其自身的辨析或正是名家在思想史上所作出的独异而至可称道的贡献。”[③]“本书由觅寻惠施、公孙龙诸命题之閟机入手，鹄的却在于探取名家语言自觉之真诣。书名《名家琦辞疏解》之‘琦辞’一语出自《荀子·非十二子》，不过荀子所谓‘治怪说’‘玩琦辞’是对惠施之机辩的诟责，而这里引‘琦辞’以指示惠施、公孙龙的奥诡之言，则已转换其意指。‘琦’通‘奇’，‘奇’有怪异、冷僻之义，亦有新奇，精辟之义，荀子在前一种语义上以‘琦辞’为怪僻之辞，这里则在后一种语义上以‘琦辞’为奇异、精深之语。此外，‘琦’之本义为‘美玉’，本书以惠施散落之遗句或公孙龙孤行残存之篇章为‘琦辞’亦不无称叹其珍奇可贵之趣。”[④]

---

① 孙开泰：《先秦诸子精神——百家争鸣、融合与传统文化整体观》，凤凰出版社 2010 年版，第 113 页。

② 参见黄克剑：《名家琦辞疏解——惠施公孙龙研究》，中华书局 2010 年版，自序第 1—3 页。

③ 黄克剑：《名家琦辞疏解——惠施公孙龙研究》，中华书局 2010 年版，自序第 2 页。

④ 黄克剑：《名家琦辞疏解——惠施公孙龙研究》，中华书局 2010 年版，自序第 2—3 页。

本书包括三部分内容：一是导论"'名'的自觉与名家"，二是上篇"惠施'历物之意'疏解"，三是下篇"《公孙龙子》疏解"。其中下篇"《公孙龙子》疏解"[①]又分成七章，分别为"公孙龙的生平与学缘""《迹府》疏解""《白马论》疏解""《坚白论》疏解""《通变论》疏解""《指物论》疏解""《名实论》疏解"。

在第一章"公孙龙的生平与学缘"[②]中，著者首先介绍了公孙龙的生平，认为晚出于惠施的名家代表人物公孙龙大概生于公元前 325 年和 315 年之间，卒于公元前 250 年左右。至于其学缘，"一如惠施，公孙龙之学的师承无从稽考"[③]。著者对学术史上流行的所谓"墨家后昆说""别墨说"等说法进行了分辨，认为公孙龙之学诚然不是无源之水，不过这渊源"不必即是墨学或不必尽在墨学"[④]。从古代典籍所载看，公孙龙的学说至少与持"白马非马"之说的兒说以及主张"以名为根"的尹文有一定的关联。

第二章至第七章依次对《迹府》《白马论》《坚白论》《通变论》《指物论》《名实论》作了"注释""译文"与"疏解"[⑤]。《公孙龙子》六篇原文以明正统《道藏》本为底本，并参酌元陶宗仪辑《说郛》本、明周子义等辑《子汇》本、清钱熙祚《守山阁丛书》本、清《四库全书》本及陈澧、俞樾、王琯、谭戒甫等多家之校注。在著者看来，公孙龙的学说以"离"("藏")为其根底，重在引"名"而验证事物在怎样的程度上合于其共相之"实"，这里的"名"已具有某种形而上的意味。公孙龙是从"名"的自觉并通过对语言自身的辨析来完成自己的名理探求的，其"离坚白"之辩的背后寓托着"以正名实，而化天下"的美好祈愿和最终价值导向。

本书"附录"部分[⑥]包括三篇文章，其中《惠施"合同异"之辩发微》《公

---

① 参见黄克剑：《名家琦辞疏解——惠施公孙龙研究》，中华书局 2010 年版，第 83—192 页。

② 参见黄克剑：《名家琦辞疏解——惠施公孙龙研究》，中华书局 2010 年版，第 83—89 页。

③ 黄克剑：《名家琦辞疏解——惠施公孙龙研究》，中华书局 2010 年版，第 87 页。

④ 黄克剑：《名家琦辞疏解——惠施公孙龙研究》，中华书局 2010 年版，第 88 页。

⑤ 黄克剑在该书"例言"中写道："下篇未列'辨正'之目，则因着本书对《公孙龙子》重在径抒己见，不暇对诸多注家之言一一分辨、评说。"见黄克剑：《名家琦辞疏解——惠施公孙龙研究》，中华书局 2010 年版，例言第 2 页。

⑥ 参见黄克剑：《名家琦辞疏解——惠施公孙龙研究》，中华书局 2010 年版，第 193—274 页。

孙龙“离坚白”之辩探赜》分别刊于《哲学研究》2008年第10期、2009年第6期，这两篇文章“虽与本书正文之‘疏解’文字多有相重，但其文脉连贯而自成一整体，辑于正文之后或于读者领会惠施、公孙龙措思之逻辑线索别有助益，此外由是亦可多少窥知作者探幽于名家‘琦辞’之步武所历”[①]；《价值形而上学的语言之维》一文经删节后以《形上之维的更生与语言的可能承诺》刊于《世界哲学》2010年第2期，“缀于篇末当可便于读者检视本人研琢古名家言之人文视野及运思坐标”[②]。

本书最后载有著者撰成于2009年11月6日的“后记”，其中有言：“循着先前撰述的惯例，《名家琦辞疏解》只是在竟稿后才问讯它可能出版的机缘。八月卅日，我冒昧致书中华书局的徐俊先生，书云：‘我近有一书《名家琦辞疏解——惠施公孙龙研究》竟稿，欲呈进贵局出版。现将拙稿之目录、简介（“新意举要”）、两节正文及作为其附录的已发于《哲学研究》的两篇论文送上，请审正，并愿尽快予以回复。’书后又加了一则附注：‘本人治学三十余年，从未申请过以任何形式提供经费资助的课题，如因未能许以资补而有违时下之惯例则望见谅。’半个月后，中华书局哲学编辑室的张继海先生回函称：‘书稿质量很好，拟可以考虑接受出版。’于是，相关事宜很快便谈妥了。”[③]“这是一个书市喧阗而学术落寞的时代，原本孤冷的《疏解》能有如此际遇亦可算是幸运的了。”[④]

陈洪杏的《“探取名家语言自觉之真谛”——读黄克剑先生之新著〈名家琦辞疏解〉》，刊于《中国社会科学报》2010年5月27日第18版。

53. 陶黎铭、姚萱编著《中国古代哲学》

本书系《北大版中国文化通识教育书系》之一种，北京大学出版社2010年10月第1版。

本书由陶黎铭、姚萱两人合作完成。全书共十四章，分为三篇：第一

---

① 黄克剑：《名家琦辞疏解——惠施公孙龙研究》，中华书局2010年版，例言第2页。

② 黄克剑：《名家琦辞疏解——惠施公孙龙研究》，中华书局2010年版，例言第2页。

③ 黄克剑：《名家琦辞疏解——惠施公孙龙研究》，中华书局2010年版，第279页。

④ 黄克剑：《名家琦辞疏解——惠施公孙龙研究》，中华书局2010年版，第279页。

篇“绪论”包括第一章至第三章，分别为“中国古代哲学的主要话题”“中国古代哲学的大背景”“中国古代哲学家的思维方式”；第二篇“诸子百家”包括第四章至第九章，分别为“孔子、孟子、荀子”“墨子”“老子、庄子”“孙子”“惠施与公孙龙”“韩非”“易经”；第三篇“经学、玄学与理学”包括第十一章至第十四章，分别为“董仲舒”“王弼、嵇康与郭象”“程颐、程颢与朱熹”“陆九渊与王阳明”。

在“惠施与公孙龙”一章[①]（由姚萱撰写），撰者首先指出：“在孔子和墨子时代，名实问题虽已提出并进行了讨论，但它尚未成为一个专门的哲学问题，只是作为哲学家们论证政治思想的一种手段。到了战国中后期，认识本身逐渐成为人们研究的对象，名实问题便成为哲学家们十分关注的重要问题，出现了一批以名实关系为研究对象的专门家即‘名家’。惠施与公孙龙就是先秦名家的代表人物。”[②]基于这种看法，撰者接下来分别介绍了惠施、公孙龙的名学思想。在介绍公孙龙的名学思想时，撰者重点称说了公孙龙的两个代表性的命题：“白马非马”和“离坚白”。

关于“白马非马”之论。撰者首先用三段论的方式阐析了公孙龙论证“白马非马”的过程：“大前提：根据颜色命名与根据形状命名不是一回事。小前提：‘马’这个概念是对形体而言，‘白’这个概念是对颜色而言。结论：白马不是马。从另一个角度来说，如果人们承认黄马、黑马都是马，但都不是白马，那么白马也就不是马。这一论证也可以改写成一个三段论：黄马黑马不是白马。黄马黑马是马。所以白马不是马。”[③]接着，撰者对“白马非马”之论作了进一步的阐析与评说：“实际上公孙龙是强调‘马’、‘白’、‘白马’的内涵不同。‘马’的内涵是一种具有‘马’的外形特征的动物，‘白’的内涵是一种颜色，‘白马’的内涵是一种动物加一种颜色。三者内涵各不相同，所以白马非马。公孙龙注意到，当人们一般地谈论‘马’的时候，这个‘马’只是一个一般的抽象的概念，没有具体的颜色，而有颜色的白色的马则是具体的个体，抽象的一般和具体的个别是对立的，这是他

① 参见陶黎铭、姚萱编著：《中国古代哲学》，北京大学出版社2010年版，第81—87页。

② 陶黎铭、姚萱编著：《中国古代哲学》，北京大学出版社2010年版，第81页。

③ 陶黎铭、姚萱编著：《中国古代哲学》，北京大学出版社2010年版，第86页。

的理论的价值所在。但实际上如果从类属的角度看，白马是'马'中的一种，白马非马这个结论毫无疑问是错误的，它割裂了个别与一般的关系。"[①]

关于"离坚白"之论："所谓'离坚白'，就是把'坚硬'和'白色'两者相分离。公孙龙主张，在一块坚硬的白石上，'坚'和'白'是完全不相干的两个概念。坚是指硬度，白是说颜色。人的视觉只能看到石头的白，看不到坚；人的触觉只能感受到坚，感受不到白。感觉白时不能感觉坚，感觉坚时不能感觉白。所以，'坚'和'白'在人们的感觉中是分离的，不是结合在一起的。世界上只有'白石'或'坚石'两种东西，不存在所谓'坚白石'。"[②]"公孙龙将从石中抽象出的坚、白两种属性独立出来，把它们看作一般的抽象物，认为人们感觉接触到的事物的各个属性，都只能是绝对分离的独立体。"[③]

最后，撰者对公孙龙与惠施的名学思想作了比较："惠施和公孙龙都是名家的代表人物，但他们的观点有很大的不同。惠施重'合'，主张'合同异'，认为万物的同和异是相对的，相同或不同性质的事物都可以抽象地统一起来，从而忽视了事物个体的差别性。公孙龙则重'离'，主张'离坚白'，认为事物是互相独立而不同的，即使是同一事物（石头）的各种属性（坚、白）也是可以分离看待的，从而夸大了事物的差别性而抹杀了其统一性。二者各夸大了事物的一个方面，都有不同的片面性，但他们的学术活动对中国古代逻辑学和认识论的发展还是有重要贡献的。"[④]

54. 张晓芒著《奇谈怪论说名家》

本书系《品读诸子百家》之一种，（武汉）湖北人民出版社 2011 年 1 月第 1 版。

本书正文前载有安继民撰写的"总序"（成稿于 2010 年秋）[⑤]，序文对

---

① 陶黎铭、姚萱编著：《中国古代哲学》，北京大学出版社 2010 年版，第 86 页。

② 陶黎铭、姚萱编著：《中国古代哲学》，北京大学出版社 2010 年版，第 86—87 页。

③ 陶黎铭、姚萱编著：《中国古代哲学》，北京大学出版社 2010 年版，第 87 页。

④ 陶黎铭、姚萱编著：《中国古代哲学》，北京大学出版社 2010 年版，第 87 页。

⑤ 参见张晓芒：《奇谈怪论说名家》，湖北人民出版社 2011 年版，总序第 1—4 页。

该套丛书所选定的“八家”[1]的创造性智慧一一作了提点，其中涉及名家的有两段文字：第一段是：“说话算数，言词谨严，抽象思辨，以理服人。名学作为中国古代的逻辑学，亦以正名实以化天下为己任。此学于后世虽未能得到赓续发展以成形，‘白马非马’等非常可怪之论，从今天的逻辑学角度来看，亦大有可观之处、用武之地。惜此学淹没，导致中国理论科学落后，此为大憾。亡羊补牢，此正其时！”[2]第二段是：“名家以理服人，义正言辞，以周详严谨的言辞勾勒出科技的逻辑网。”[3]

诚如书名所示，“奇谈怪论”是本书最鲜明的言说方式。著者以“讲故事”的方式，将古代典籍中有关名家代表人物邓析、惠施、公孙龙的事迹、辩题等串联起来，并佐以寓言、笑话、实例等爬梳、勾勒了名家的思想风貌及其历史命运。在章节名称设置上，著者也极尽“奇”“怪”之能事，例如“究竟谁洗澡”“OK，你是个同性恋”“一定中大奖”“种下个龙种生了个跳蚤”“头不是头，脚不是脚”“大家都说你不是个好东西”等，读来通俗易懂，妙趣横生。另需注意的是，本书的章节安排看似散逸无章，但从内容上看，它与著者此前出版的《惠施、公孙龙与三晋名家》（山西春秋电子音像出版社2005年版）一书多有重合之处：本书第一章“叙名”、第二章“法家的侧翼部队”，大致对应于《惠施、公孙龙与三晋名家》的第一部分“关于三晋名家”；本书第三章“不可不杀的‘魔鬼律师’”、第四章“千古第一诡辩”、第五章“究竟谁洗澡——‘两可之论’的标准意识启示”、第六章“OK，你是个同性恋——‘两可之论’的批判意识启示”、第七章“一定中大奖——‘两可之论’的辩证意识启示”、第八章“想得更深更远”、第九章“科学主义者的悲哀”、第十章“智者的欢歌”、第十一章“辩者的嚆矢”、第十二章“因人施辩——‘言之术’的开导”、第十三章“我究竟是谁——‘谕意通志’的启示”、第十四章“种下个龙种生了个跳蚤——‘恶言不出口，苟语不留耳’的警示”、第十五章“始作俑者的迟来慰藉”，大致对应于后书的第二部分

---

① 除了《奇谈怪论说名家》外，其他七家分别为《家长里短说儒家》《美妙玄思说道家》《行侠仗义说墨家》《冷面铁骨说法家》《以智屈人说兵家》《权谋巅峰纵横家》《出神入化阴阳家》。

② 张晓芒：《奇谈怪论说名家》，湖北人民出版社2011年版，总序第3—4页。

③ 张晓芒：《奇谈怪论说名家》，湖北人民出版社2011年版，总序第4页。

"'两可之论'的邓析";本书第十六章"学富五车的智者"、第十七章"无'譬'不能言的大师"、第十八章"'譬'式'板斧'的威力"、第十九章"头不是头,脚不是脚——对'譬'的恰当性评价"、第二十章"大家都说你不是个好东西——对'譬'的相关性评价"、第二十一章"齷齪对齷齪,腌臜遇腌臜——对'譬'的合理性评价"、第二十二章"是耶? 非耶? 一对奇特的辩友"、第二十三章"有用? 无用? 就看怎么用"、第二十四章"你的性生活是否满意——预设的困惑"、第二十五章"无是无非的千古奇辩"、第二十六章"迂阔的'历物十意'"、第二十七章"艰涩的'辩者二十一事'"、第二十八章"不抽死也得被吓死——论辩的目的是什么"、第二十九章"科学主义的巨匠",大致对应于后书的第三部分"'奇辞怪说'的惠施";第三十章"鸡鸣狗盗之徒"、第三十一章"揭露矛盾的好手"、第三十二章"名于诡辩的思想家"、第三十三章"死于诡辩的思想家"、第三十四章"'唯乎其彼此'的正名理论"、第三十五章"定金与订金的官司——'正名'理论的确定性提示"、第三十六章"怎样判定死亡——'正名'理论的灵活性提示"、第三十七章"人是什么——'正名'理论的人伦性提示"、第三十八章"千古奇谈的'白马非马'"、第三十九章"灵魂出窍的'坚白石二'"、第四十章"混凝土式的'二无一'"、第四十一章"让人头疼的'指物论'",大致对应于后书的第四部分"'白马非马'的公孙龙";第四十二章"飘飘扬扬的旗帜"大致对应于后书的第五部分"三晋名家的学说特点与历史贡献",第四十三章"悲壮的历史宿命"、第四十四章"新名学如何可能"则是新补充的内容。

另需说明的是,著者出版的另一部著作《先秦诸子的论辩思想与方法》(人民出版社 2011 年 1 月第 1 版),对先秦诸子(涉及儒道墨法名五家代表人物邓析、孔子、老子、墨子、孟子、惠施、庄子、公孙龙、荀子、韩非)论辩思想的生成、论辩理论的学说基础、论辩方法的艺术特色进行了对比分析,并从"是什么"和"为什么"两个层面阐述了先秦诸子的论辩思想与方法,展现了先秦时代论辩文化的思想特点、方法论特点、语言特点,论证了具有中国传统思维方式特色的主导推理类型——"类推"——对中国传统文化的影响。本书包括十五章内容以及代后记"如何看待先秦诸子的论辩思想与方法",其中第二章"是非无度"、第八章"奇辞怪说"、第十一章

“唯乎彼此”分别论及邓析、惠施、公孙龙的论辩思想与方法，从内容上看，上述三章与《奇谈怪论说名家》《惠施、公孙龙与三晋名家》两书的相关章节多有重合之处。

55. 刘良琼编著《辩学金言》

本书系《古典金言系列丛书》（余秉颐、李季林主编）之一种，（合肥）安徽人民出版社2012年2月第1版。

本书除“前言”外，另包括十四部分内容，分别为“圣人孔子与《论语》”“名家始祖邓析与《邓析子》”“亚圣孟子与《孟子》”“浪漫洒脱的庄子与《庄子》”“博学多才的惠子”“名家第二人尹文与《尹文子》”“能言善辩的公孙龙与《公孙龙子》”“‘中国的亚里士多德’墨子与《墨家》”“‘绝顶的聪明人’韩非与《韩非子》”“杰出辩者吕不韦与《吕氏春秋》”“反对诡辩的荀子与《荀子》”“博雅善思的刘安与《淮南子》”“精于论证的王充与《论衡》”“中国逻辑史上著名的诡辩命题”。

在第七部分“能言善辩的公孙龙与《公孙龙子》”[①]中，编著者首先简要介绍了公孙龙其人其书其说，认为“公孙龙在中国逻辑史上第一个比较系统地提出了关于‘名’的理论，强调‘名’必须具有确定性，着重探讨了概念的内涵与外延以及事物的共性和个性的关系，构成了一个关于概念的较为完整的学说体系，对中国古代逻辑学的发展起了重要的作用。他所提出的貌似诡辩的‘白马非马’命题，使他成为中国逻辑史上一个里程碑式的人物”[②]。接着，编著者从《公孙龙子》五篇中选取八段有代表性的话（其中《名实论》四段，《通变论》一段，《白马论》三段），按照“注释”“译文”“评说”的体例一一进行了疏解。最后，撰者从《公孙龙子·迹府》《吕氏春秋·淫辞》中各选录一段关于公孙龙善辩的故事，同样依照“注释”“译文”“评说”的体例分别予以了疏解。

此外，近年出版的其他一些关于诸子语录的著作也载述了公孙龙的言行。譬如魏元埅著《子曾经曰过》（中国华侨出版社2012年5月第1

---

① 参见刘良琼编著：《辩学金言》，安徽人民出版社2012年版，第106—126页。

② 刘良琼编著：《辩学金言》，安徽人民出版社2012年版，第106页。

版），包括四十章内容，其中第三十七章为"公孙龙：哥说的不是诡辩，是逻辑"[1]。著者在该章中结合《公孙龙子・白马论》的相关论题，对公孙龙的"白马非马"之说作了辨析，其中有言："'白马'是'白'加'马'。'白'指颜色，'马'指形体。'马'加上'白'和单独的'马'不相等。而在这里，联系一下当时的现实，公孙龙悄悄地偷换了一个小概念，人家说的是物，而他在那里明显说的是词、是语言符号，不是说实物。所谓名家，着重的就是这个'名'。'名'是指物的，是符号，必须分析指和物。而单纯一个'马'字，这里面意思也很多，可以指一匹马、一些马、一类马、一切马，所有的马。所以，绕了这么一圈，公孙龙这才能理直气壮地说出：我说的'白马'，是不能指一切马、任何马的！因为'白马'不等于说'马'，分别是名和所指的物。要是单单说'马'，这里面可以包括白马、黄马、黑马，各种马。说'白马'只能指一种颜色的马。两名和所指的物都不相等，因此可以说，此名非彼名。所以，'白马'非'马'。绕到最后，说的都是'名'和所指的物——在公孙龙这里，语言只不过是一种符号，词是能指，物是所指。白马非马，玩的就是用语言的歧义加以分析并举出例证的把戏。"[2]"公孙龙认为：'马者，所以命形也；白者，所以命色也。命色者非命形也。故曰"白马非马"'。也就是说，通常意义上的'马'的概念是说明'形'状，而'白'的概念则是说明颜'色'，形状跟颜色可是两个概念，因此，这么一分析，形和色同样可以脱离马的本质而存在。可见马形与纯粹马的本质结合以及白色与纯粹马的本质结合这二者是截然不同的，所以说'白马非马'。值得注意的是，公孙龙的'白马'之'马'与'非马'之'马'实质已不是同一个'马'的概念了。'白马'应是一个个别概念，而'非马'之'马'则是一个一般概念，显然个别绝不等于一般，一般亦不等于个别。公孙龙注意到了这种一般与个别的对立关系，这应是他的理论价值之所在。其实，从语言学上说，'马'是一个抽象的总体概念，而'白马'则是'马'的一个类别而已，'白马'属于是'马'的一种，之间应是一种上下义关系。看来，不仅'白马非马'，

① 参见魏元塈：《子曾经曰过》，中国华侨出版社 2012 年版，第 191—194 页。

② 魏元塈：《子曾经曰过》，中国华侨出版社 2012 年版，第 193—194 页。

‘马’亦非‘白马’了。”[①]

56.《中国哲学史》编写组编《中国哲学史》

本书系马克思主义理论研究和建设工程重点教材，(北京)人民出版社、(北京)高等教育出版社2012年5月第1版。

本书分上、下两册。上册除“导论”外，另包括两编内容，分别为“先秦哲学”“秦汉至隋唐哲学”。第一编“先秦哲学”分成十一章，分别为“中国古代哲学的诞生”“孔子的哲学”“老子的哲学”“墨子的哲学”“子思和孟子的哲学”“庄子的哲学”“《易传》的哲学”“名家与后期墨家的哲学”“荀子的哲学”“韩非的哲学”“先秦时期其他学派的哲学”。其中第八章“名家与后期墨家的哲学”[②]又分成三节，分别为“惠施的‘历物之意’”“公孙龙的名辩理论”“后期墨家的名实观”。

在“公孙龙的名辩理论”一节[③]，编者首先指出：“名实问题是先秦哲学的重要问题，先秦的认识论主要是围绕名实问题展开的。公孙龙第一次从哲学上对名实概念予以阐释和总结，并由此形成了系统的名辩理论。”[④]接着，编者简要介绍了公孙龙其人其书，认为“现存《公孙龙子》一书，除《迹府》一篇是后人记载他的生平外，其余五篇是对他的名辩理论的记载。其中，名实论和指物论是他名辩理论的主要内容，白马论和坚白论则是他名辩理论中的两个具体辨题”[⑤]。然后，编者对公孙龙的四个著名论题“名实论”“指物论”“白马论”“坚白论”依次进行了阐析。

“名实论”阐析。该部分从两个方面阐析了公孙龙的名实观：其一，关于“夫名，实谓也”命题所述说的名实之间的关系：“‘谓’即称谓、指称。

---

① 魏元塑：《子曾经曰过》，中国华侨出版社2012年版，第194页。

② 参见《中国哲学史》编写组编：《中国哲学史》，人民出版社、高等教育出版社2012年版，上册第140—159页。

③ 参见《中国哲学史》编写组编：《中国哲学史》，人民出版社、高等教育出版社2012年版，上册第148—155页。

④《中国哲学史》编写组编：《中国哲学史》，人民出版社、高等教育出版社2012年版，上册第148页。

⑤《中国哲学史》编写组编：《中国哲学史》，人民出版社、高等教育出版社2012年版，上册第148—149页。

‘名’是对‘实’的指称，某一物的‘名’必须与某一物的‘实’相符合，否则就不能以此‘名’指称此物。这本来是常识中的合理观点。但常识中隐含着普遍与特殊、一般与个别的矛盾，公孙龙揭示了这一矛盾，而没有正确地解决这一矛盾。”[①]其二，关于“唯乎其彼此”的正名要求：“公孙龙认为，一个正当的‘名’必须专限于某一‘彼’或某一‘此’。如果称某一东西为某名，但此名不是专限于这一东西，那么此名就不能成立。然而实际上，‘名’除了某某个人或个体的私名之外，其余都是不同层次的‘类’名。如果按照‘唯乎其彼此’的要求，那么除了称某某人为某某私名之外，也就只能称某一此为‘这个’，称某一彼为‘那个’，名实际上被取消了。从公孙龙的《白马论》来分析，他认为‘马’是某一种‘形’的名（‘马者，所以命形也’），但不是‘白马’以及‘黄、黑马’的名，如果既是白马的名，又是黄、黑马的名，那么此名就不‘唯’了。从这个意义上说，不仅‘白马非马’，而且‘黄、黑马也非马’。‘白马者，有去取于色……固唯白马独可以应耳’，按此说，‘白马’可以是‘马形加白色’这一类马的名，这样似乎可以‘唯乎’白马了。但实际上，‘白马’仍不是某一匹白马的名，而是各个白马的共名。看来，公孙龙所谓‘唯乎其彼此’的‘彼此’是指‘白马’、‘黑马’这样的特殊之‘类’，而不是指具体的、个别的白马或黑马。”[②]

“指物论”阐析。编者首先指出：“公孙龙的‘指物论’是其‘名实论’的一个理论延伸。他在讨论指与物的关系时，有了主观与客观、主体与客体的区分，这是他对先秦认识论和逻辑学的重要贡献。”[③]基于这种看法，编者结合《指物论》开篇的“物莫非指，而指非指。天下无指，物不可以谓物。非指者，天下无物，可谓指乎”进行了阐析：“这是说，凡物都是可以被‘指’的，而‘指’本身不是被‘指’的。如果天下没有‘指’，那么物也就不可以称为‘物’了。如果没有被‘指’的东西，天下无物，那么‘指’还可以称为‘指’

---

① 《中国哲学史》编写组编：《中国哲学史》，人民出版社、高等教育出版社 2012 年版，上册第 149 页。

② 《中国哲学史》编写组编：《中国哲学史》，人民出版社、高等教育出版社 2012 年版，上册第 149—150 页。

③ 《中国哲学史》编写组编：《中国哲学史》，人民出版社、高等教育出版社 2012 年版，上册第 150 页。

吗？古代汉语字词的多义性和语法的灵活性，使公孙龙的思辨及其表述很难理解，而其大意就是不仅肯定‘物’的存在，而且肯定‘指’(概念或概念的内核)本身的存在。”[①]编者认为公孙龙肯定了“指”本身的存在，就此把否认“指”本身的常识性观点比勘于西方的“唯名论”，继而对这种观点进行了批评：“按照常识的观点，‘指也者，天下之所无也。物也者，天下之所有也。以天下之所有，为天下之所无，未可。’(《公孙龙子·指物论》)就是说，‘指’本身是天下所没有的(它只是‘生于物之各有名’)，而‘物’是天下所实有的。如果说‘物莫非指’，那就是‘以天下之所有，为天下之所无’，这是不可以的。这种常识的观点，否认‘指称’本身的存在，接近于西方哲学史上的‘唯名论’，即认为共相只是一个人为的名称而已，真正存在的是具体的物。”[②]在编者看来，《指物论》中的“天下无指，而物不可谓指也。不可谓指者，非指也。非指者，物莫非指也。天下无指，而物不可谓指者，非有非指也。非有非指者，物莫非指也。物莫非指者，而指非指也”这段话，便是公孙龙针对常识性的观点所作的申说：“如果天下没有‘指’，那么物也就不能被‘指’称了(物本身不能称为‘指’)。物不能被‘指’称，就是‘非指’。然而实际上，‘非有非指’，就是说物都是可以被‘指’称的，因此，从‘非指’之说，就可以反证‘物莫非指’。既然物都是可以被‘指’称的，那就说明不是‘天下无指’，而是‘天下有指’；而‘指’本身不是被‘指’的，那就说明天下还有一种不同于物的‘指’存在着。其结论就是：天下有两种存在，一为‘物’，一为‘指’，‘且夫指固自为非指，奚待于物而乃与为指？’就是说，‘指’自身本来就不是被‘指’的，它不依赖于物而其自身就作为‘指’存在着。”[③]在上述阐析的基础上，编者最后聚焦于“指”的含义及其与“名”的区别对公孙龙的《指物论》进行了评说：“实际上，某‘指’就是某一‘类’名(概念)的内涵，亦即属于这一‘类’的具体之物的同一性(共相)。

---

① 《中国哲学史》编写组编：《中国哲学史》，人民出版社、高等教育出版社2012年版，上册第150页。

② 《中国哲学史》编写组编：《中国哲学史》，人民出版社、高等教育出版社2012年版，上册第150页。

③ 《中国哲学史》编写组编：《中国哲学史》，人民出版社、高等教育出版社2012年版，上册第151页。

此内涵的名称是人为的、主观的，故而某一‘类’概念可以有不同的名称（如‘犬’亦可称为‘狗’），但此种同一性又是属于这一‘类’的具体之物所固有的、客观存在的，此即一般存在于个别之中。‘唯名论’的错误就是只承认了‘个别’，而否认了在个别中还存在着‘一般’。公孙龙的‘指物论’将‘指’区别于‘名’，即认为‘名’是‘实’的称谓（亦即‘实之宾’），但‘指’是客观存在的，这可以理解为是针对‘唯名论’的错误而发；但他把‘指’（概念或概念的内涵）说成是不依赖于物而存在，这就陷入了西方哲学史上所谓‘唯实论’即把概念、共相视为实在或实体的错误。”①

“白马论”阐析。在编者看来，“公孙龙的名实论和指物论对先秦哲学和名辩理论的发展作出了很大贡献，但他也有很大缺陷，这就是他在讨论名和实、指和物关系时只看到了名和实、指和物的差异性，而忽视了名和实、指和物的统一性。这一缺陷在他的‘白马非马’和‘离坚白’两个辨题中得到了充分的体现”②。基于这种看法，编者对公孙龙的“白马论”（即“白马非马论”）、“坚白论”（即“离坚白论”）分别进行了阐析。在阐析“白马论”时，编者首先对《迹府》篇所载公孙龙与孔穿之间的“守白”之辩（即“白马非马”之辩）作了探讨，对公孙龙所述孔子评说“楚人遗弓”的话进行了分析，认为“这段记载包含着两个‘类’名，一是‘楚人’，二是‘人’。孔子所说，意谓‘楚人’与‘人’在概念上有区别。如果肯定了孔子认为‘楚人’（概念）与‘人’（概念）有区别，而否认公孙龙将‘白马’（概念）与‘马’（概念）相区别，那就是自相矛盾”③。接着，编者结合《白马论》的相关论题，从概念的内涵与外延两个方面阐析了公孙龙论对“白马非马”所作的具体论证：其一，从概念的内涵方面看，“‘马’的内涵是指一种形体，‘白’的内涵是指一种颜色。‘白’与‘马’有区别。‘白马’是‘马’加上‘白’，它不同于

---

① 《中国哲学史》编写组编：《中国哲学史》，人民出版社、高等教育出版社 2012 年版，上册第 151 页。

② 《中国哲学史》编写组编：《中国哲学史》，人民出版社、高等教育出版社 2012 年版，上册第 151—152 页。

③ 《中国哲学史》编写组编：《中国哲学史》，人民出版社、高等教育出版社 2012 年版，上册第 152 页。

'马',所以说'白马非马'"[①]。其二,从概念的外延方面说,"当需求马时,黄马和黑马都可以应此需求,因为'马'在外延上包含黄马和黑马。如果只需求白马,那么黄马和黑马就不行了,因为'白马'在外延上不包含黄马和黑马。如果说'白马是马',那么所需求的'马'和所需求的'白马'就是相同的;但如所需求的相同,而黄马和黑马却有'可'应与'不可'应的不同,这是为什么呢?'可'与'不可',显然有区别。同样是黄马和黑马,其可以应'马'之需求,却不可以应'白马'之需求,这正说明'白马非马'"[②]。在上述阐析的基础上,编者最后对公孙龙的"白马非马"之论进行了评说:"实际上,所谓'白马非马',就是说'白马'这个类名(概念)区别于'马'这个类名(概念)。其意同于'楚人'这个类名区别于'人'这个类名。如果说类名是共相,同类的事物有其同一性,那么'马'这个类名就是'大同','白马'这个类名就是'小同'。所谓'白马非马',可以是惠施所谓'大同而与小同异'的一个例子。问题是在'白马非马'的命题中,'非'既有'区别于'的意思,也有'不是'的意思,'马'既可以是类名,也可以指'马'的外延所包含的一切的马(白马也在其内)。如果说'白马'概念区别于'马'概念,当然是正确的,公孙龙把这一概念上的区别以逻辑论证的方式揭示出来,这在中国逻辑史上是有贡献的。但如果说'白马不是马',就有着混淆'马'之'名'与'马'所指之'实'的诡辩性质。"[③]

"坚白论"阐析。编者首先指出:"公孙龙的另一著名命题是'离坚白'。'白马'和'马'等都是万物中不同的'类',而'坚'和'白'等都是万物中不同的属性,如'白'是白马的一种属性,'坚'和'白'是石头的两种属性。按照常识,'坚'和'白'是寓于石头之中的,世界上没有单独的'坚'和单独的'白',这就叫做'坚、白相盈'或'坚、白、石不相外'。公孙龙对此常

① 《中国哲学史》编写组编:《中国哲学史》,人民出版社、高等教育出版社2012年版,上册第153页。

② 《中国哲学史》编写组编:《中国哲学史》,人民出版社、高等教育出版社2012年版,上册第153页。

③ 《中国哲学史》编写组编:《中国哲学史》,人民出版社、高等教育出版社2012年版,上册第153页。

识进行逻辑分析，却得出了与此不同的结论。”[1]接着，编者结合《坚白论》的相关论题，从两个方面阐析了公孙龙对“离坚白”命题所作的具体论证：其一，关于“坚、白相离”：“公孙龙否认‘坚、白、石’是三个独立自存的东西，但认为它们可以是两个独立自存的东西。之所以不能是‘三’，因为‘天下无白，不可以视石；天下无坚，不可以谓石。’就是说，如果天下没有‘坚’和‘白’，那就没有独立的（即失去一切属性的）‘石头’。但可以是‘二’，因为‘坚’和‘白’可以分离。当看石头的时候只看见‘白’而没有‘坚’，当摸石头的时候只摸到‘坚’而没有‘白’，这就说明它们可以分离，所谓‘离’，就是它们‘藏’起来了。”[2]其二，关于“离也者，藏也”：“如果说‘坚’和‘白’仍然‘藏’在石头之中，那就是‘坚、白域（寓）于石’，还没有‘离’。公孙龙认为‘藏’是‘自藏’，就是说‘坚’和‘白’可以离开石头而自己‘藏’起来。……（此处引用的《坚白论》原文从略——引者注）某物是白的，但‘白’并不限定在某物上（如‘白’既可以是白马之白，又可以是白石之白）；某物是‘坚’的，但‘坚’也并不限定在某物上（如‘坚’既可以是石之坚，又可以是铁之坚）。‘坚’和‘白’是许多物所‘兼’有，并不是仅寓于石头中。如果说‘坚’不是只有石之坚，那么它就是被许多物所‘兼’有；如果说‘坚’也不只是物之坚，那么‘坚’本身就必然‘坚’。那种不是使石之坚、物之坚的‘坚’，天下似乎没有这样的‘坚’，而‘坚’自己‘藏’起来了。如果‘白’本身不能自己就是‘白’，那它怎能使石、物成为白的呢？如果‘白’本身必然‘白’，那么它不必使物成为白而其本身就已‘白’了。‘黄’和‘黑’也和‘白’一样。”[3]在上述阐析的基础上，编者最后对公孙龙的“离坚白”之论进行了评说：“公孙龙的‘离坚白’，质言之，就是认为‘坚’和‘白’等物的属性可以离开物而自己‘藏’起来。属性离开了物，就成为纯粹抽象的共相、形式或‘理念’（ideas）；它们自己‘藏’起来，就成为现象世界背后的

---

① 《中国哲学史》编写组编：《中国哲学史》，人民出版社、高等教育出版社 2012 年版，上册第 154 页。

② 《中国哲学史》编写组编：《中国哲学史》，人民出版社、高等教育出版社 2012 年版，上册第 154 页。

③ 《中国哲学史》编写组编：《中国哲学史》，人民出版社、高等教育出版社 2012 年版，上册第 154—155 页。

‘本质’世界。公孙龙并不否认具体之物的实在性，而又认为‘坚’和‘白’等共相也是实在的。在公孙龙的思想中，有一种向近似于西方哲学家柏拉图的‘理念论’发展的趋向。这种趋向后来也随着名辩思潮的衰落而中止了。”[①]

57. 张晓光著《推类与中国古代逻辑》

本书系《华东政法大学校庆六十周年纪念文丛》之一种，(北京)法律出版社 2012 年 7 月第 1 版。

本书包括九章内容，分别为“类与类推”“中国古代推类思想的产生及其成因”“《周易》的推类思想”“儒家的推类思想”“墨家的推类思想”“名家的推类逻辑思想”“韩非的推类思想”“《吕氏春秋》和《淮南子》的推类思想”“关于中国古代逻辑的认识”。其中第六章“名家的推类逻辑思想”[②]又分为五节，分别为“邓析的推类思想”“惠施的推类思想”“辩者‘二十一事’中的推类思想”“尹文的推类思想”“公孙龙的推类思想”。

在“公孙龙的推类思想”一节[③]，著者首先对公孙龙其人其书作了简要介绍，认为“公孙龙是名家学派杰出代表人物，集名家之大成，他的推类思想是在完整的名学理论中形成的”[④]。“研究公孙龙学术思想的主要文献是《公孙龙子》。今本《公孙龙子》由《迹府》、《白马论》、《指物论》、《通变论》、《坚白论》和《名实论》六篇组成。其中，《迹府》是一篇传略性的文字，《通变论》内容散乱，不能反映公孙龙的学术思想。故此，我们以《名实论》、《白马论》、《指物论》和《坚白论》作为研究公孙龙学术思想的依据”[⑤]。接着，著者从如下三个方面探讨了公孙龙的推类思想：

(1)“‘夫名，实谓也’的名实观”[⑥]。著者首先对《名实论》所说的“夫

① 《中国哲学史》编写组编：《中国哲学史》，人民出版社、高等教育出版社 2012 年版，上册第 155 页。

② 参见张晓光：《推类与中国古代逻辑》，法律出版社 2012 年版，第 185—215 页。

③ 参见张晓光：《推类与中国古代逻辑》，法律出版社 2012 年版，第 206—215 页。

④ 张晓光：《推类与中国古代逻辑》，法律出版社 2012 年版，第 206 页。

⑤ 张晓光：《推类与中国古代逻辑》，法律出版社 2012 年版，第 206 页。

⑥ 参见张晓光：《推类与中国古代逻辑》，法律出版社 2012 年版，第 206—210 页。

名，实谓也。知此之非此也，知此之不在此也，则不谓也。知彼之非彼也，知彼之不在彼也，则不谓也”作了解释：“名是实的称谓，这是公孙龙对‘名’的定义。一方面他指出‘名’是名称，是语词；另一方面他强调了语言的使用。名本身并不存在正与不正的问题，关键在于名用得当与不当。在公孙龙看来，名与实的关系是固定的。而这种固定关系就是由‘谓’表现出来的。用名称呼该名之实是‘谓’，而用名称呼的东西不是该名之实就是‘不谓’。”[①]在著者看来，“公孙龙‘夫名，实谓也’的名实观，是在诠释‘物’、‘实’、‘位’、‘正’四个范畴基础上，通过对‘物指非指’和‘坚白离’的论证而展开的”[②]。鉴于此，著者从三个方面阐说了公孙龙的名实观：

其一，《名实论》开篇所谈的“物”“实”“位”“正”四个范畴，为公孙龙的名实观奠定了理论基础，其含义分别是：“所谓‘物’是指自然界存在的天地万物，自然万物的形成不依赖外在的精神或人的意志”[③]；“所谓‘实’也是指物，但它指的是作为名的称谓对象的物，而不是其他的物。‘物以物其所物而不过焉，实也。’这是说，物使某种东西成为物，而它恰好就是名所称谓的物，这就是实”[④]；“所谓‘位’是说，实与被看作实的物应当一致。‘实以实其所实而不旷焉，位也’的意思是，实使物成为实，而它恰好就是实，这就是位。因为实也是物，所以，使物成为实，就是把物看作实”[⑤]；“所谓‘正’就是‘位其所位’，即实与被看作实的物相一致”[⑥]。

其二，在诠释上述四个范畴的基础上，公孙龙通过《指物论》的“物莫非指”这一论题对其正名理论展开了论证。在著者看来，“《指物论》中所说的‘指’是人们头脑中的东西，是观念。但它不是泛指一般的观念，而是专指以物为对象的观念”[⑦]。就此而言，“公孙龙《指物论》中的‘指’是所指，即观念的对象。‘物莫非指’的意思是，天下万物都是所指，亦即，天下

---

① 张晓光：《推类与中国古代逻辑》，法律出版社 2012 年版，第 207 页。
② 张晓光：《推类与中国古代逻辑》，法律出版社 2012 年版，第 207 页。
③ 张晓光：《推类与中国古代逻辑》，法律出版社 2012 年版，第 207 页。
④ 张晓光：《推类与中国古代逻辑》，法律出版社 2012 年版，第 207 页。
⑤ 张晓光：《推类与中国古代逻辑》，法律出版社 2012 年版，第 207 页。
⑥ 张晓光：《推类与中国古代逻辑》，法律出版社 2012 年版，第 208 页。
⑦ 张晓光：《推类与中国古代逻辑》，法律出版社 2012 年版，第 208 页。

万物在人的头脑中都有与之相对应的观念”[①]。此外,《指物论》所说的“天下无指者,生于物之各有名,不为指也”这句话还道出了“物”“指”与“名”的关系:“名不是观念,是人头脑以外的东西。在公孙龙看来,人头脑以外的东西都是物。所以名也同于有形、色等属性的物。被称谓的东西是物,名也是物。被称谓之物和作为名之物是由指联系起来的。因为有了指,人们才能以名谓物。”[②]概而言之,“公孙龙的‘夫名,实谓也’的名实观不是要正某一类特殊的名,而是要正所有的名。要正所有的名,就需要对所有的物都有所认识。人们在有了关于物的观念之后,才能有关于物的名称。正因为天下万物都是观念的对象,人们才能用不同的名称去称谓它们”[③]。

其三,公孙龙通过《坚白论》的“坚白离”这一论题对其正名理论作了进一步的论证。著者首先指出,论主主张的“坚白石二”反映了公孙龙的观点:“论主认为,因为‘坚’和‘白’是彼此分离的,对于‘坚白石’,人们或者只能举出‘坚’、‘石’这二者,或者只能举出‘白’、‘石’这二者。这就是所谓的‘坚白石二’。”[④]接着,著者对《坚白论》由论证“坚白石二”而体现的“坚白离”的观点进行了阐析,认为“《坚白论》从不同的角度对‘坚白离’做出了全面的论证,从而展开了公孙龙的‘夫名,实谓也’的名实观”[⑤]。

(2)“‘唯乎其彼此’的正名原则、要求和方法”[⑥]。著者首先结合《名实论》所说的“其正者,正其所实也,正其所实者,正其名也”阐析了公孙龙关于“正名”的定义:“所谓正实就是正实之所实,正实之所实,就是正实之名。在公孙龙看来,名与实的关系是确定的。因此,实本身并不存在正与不正的问题。所谓正实之所实,就是要看一看实与被看作实的物是否一致,如果不一致,就需要根据实所确定的范围来改正原来的看法,这也就

① 张晓光:《推类与中国古代逻辑》,法律出版社2012年版,第208页。
② 张晓光:《推类与中国古代逻辑》,法律出版社2012年版,第208—209页。
③ 张晓光:《推类与中国古代逻辑》,法律出版社2012年版,第209页。
④ 张晓光:《推类与中国古代逻辑》,法律出版社2012年版,第209页。
⑤ 张晓光:《推类与中国古代逻辑》,法律出版社2012年版,第210页。
⑥ 参见张晓光:《推类与中国古代逻辑》,法律出版社2012年版,第210—213页。

是所谓的‘正名’。”[①]接着，著者对公孙龙的正名原则、要求和方法进行了解说：

其一，正名原则，即《名实论》所说的“其名正，则唯乎其彼此焉”。意思是说，“‘彼’之名必须专指‘彼’之实；‘此’之名必须专指‘此’之实，这样才是名实相当，名实相当才是‘名正’”[②]。接着，著者以《白马论》的相关论述为例，对“唯乎其彼此”的正名原则作了说明。

其二，正名要求，即《名实论》所说的“不过”“不旷”。著者首先指出：“公孙龙的‘不过’、‘不旷’的思想，虽没明确揭示有关内涵和外延的逻辑理论，但是他从物类的内容和范围上明确了关于正名的要求。”[③]接着，著者以《坚白论》《白马论》的相关论述为例，对“不过”、“不旷”的正名要求作了说明。

其三，正名方法，即“名实论”所说的“以其所正，正其所不正；以其所不正，疑其所正”。前者“以其所正，正其所不正”的意思是，“根据实所确定的物的范围把不属于这个范围的物排除出去。如‘白马’一名的实是白马，我们根据这个范围把黄马、黑马等所有不是白马的东西都排除掉，剩下的就只有白马了”[④]；后者“以其所不正，疑其所正”的意思是，“根据不是实的物去确定实的范围。如，在所有的物当中，如果我们确定了哪些物不是白马，那么我们就能够确定哪些物是白马，即‘白马’这个名称的实”[⑤]。

(3)“对公孙龙推类思想的评述”[⑥]。著者认为，“通过对《公孙龙子》一书的具体分析，实事求是地总结其逻辑思想，才能对公孙龙在中国逻辑思想史上的地位和贡献作出恰当正确的评价”[⑦]。譬如《白马论》的“白马非马”论题屡遭误解，其实它并不是诡辩：“公孙龙说的‘白马非马’是，白马

---

① 张晓光：《推类与中国古代逻辑》，法律出版社2012年版，第210—211页。
② 张晓光：《推类与中国古代逻辑》，法律出版社2012年版，第211页。
③ 张晓光：《推类与中国古代逻辑》，法律出版社2012年版，第212页。
④ 张晓光：《推类与中国古代逻辑》，法律出版社2012年版，第213页。
⑤ 张晓光：《推类与中国古代逻辑》，法律出版社2012年版，第213页。
⑥ 参见张晓光：《推类与中国古代逻辑》，法律出版社2012年版，第214—215页。
⑦ 张晓光：《推类与中国古代逻辑》，法律出版社2012年版，第214页。

之名不是马之名。弄清这一点后，我们就可以知道，公孙龙的'白马非马'不是诡辩，而是讨论名与名之间关系的命题。"[1]再就公孙龙的推类思想来说，它是在公孙龙完整的名学理论中形成的，认清"正名是公孙龙学术思想的中心"这一点后，我们就会明白，"要正名就必须说明名实关系，要说明名实关系就不能不讨论名是实的指。要'唯乎其彼此'，首先应'别彼此'，要'别彼此'，就要讨论物类之间的关系"[2]。我们看到，公孙龙在《通变论》中"从'正名'的要求出发明确提出了'类'的概念和分类原则"[3]。基于上述看法，著者最后充分肯定了自成一家的公孙龙在中国逻辑思想史上的地位和贡献："我们应该肯定的是公孙龙作为名家理论的集大成者，他提出的完整的名学理论，表达的推类思想，其抽象性、思辨性、严整性等方面在中国逻辑思想史上都达到了前所未有的高度，是我国具有重要贡献的逻辑思想家。"[4]

58. 赵炎峰著《先秦名家哲学研究》

本书是著者在其博士学位论文（山东大学博士学位论文，2011年答辩，指导教师颜炳罡教授）的基础上修订而成的，（北京）中国社会科学出版社2013年5月第1版。

本书除了"绪论"外，另有五章内容，分别为"'名'的自觉与名家的产生发展""名家四子哲学思想探赜""比较视域下名家与各家哲学的关系""现代哲学视域下的名家哲学问题""名家哲学的理论特质和历史命运"。

第二章"名家四子哲学思想探赜"[5]是本书的主体部分，著者对名家代表人物邓析的"刑名之辩"、惠施的"历物之意"、尹文的"形名"哲学以及公孙龙的"离坚白"哲学思想分别作了探究与阐析。本章包括四节内容，分别为"邓析'刑名之辩'的哲学致思""惠施'历物之意'的哲学意蕴""尹文'形名'哲学思想探析""公孙龙'离坚白'哲学思想发微"。

---

① 张晓光：《推类与中国古代逻辑》，法律出版社2012年版，第214页。
② 张晓光：《推类与中国古代逻辑》，法律出版社2012年版，第214页。
③ 张晓光：《推类与中国古代逻辑》，法律出版社2012年版，第214页。
④ 张晓光：《推类与中国古代逻辑》，法律出版社2012年版，第215页。
⑤ 参见赵炎峰：《先秦名家哲学研究》，中国社会科学出版社2013年版，第44—111页。

在“公孙龙‘离坚白’哲学思想发微”一节[1]，著者首先对公孙龙的生平事迹以及今本《公孙龙子》一书的真伪、编次等问题进行了考辨，认为“今本《公孙龙子》虽不一定为完本，但至少不伪，应该能够充分反映出公孙龙乃至名家思想的大部分风貌”[2]。至于《公孙龙子》五篇（不含《迹府》）的结构及其编次问题，著者主张按照《名实论》《白马论》《坚白论》《通变论》《指物论》的次第进行排序，认为它们以“专决于名”为其理论特质，以建立形上之名的本体地位为鹄的，五篇之间存在着层层递进的关系：“《名实论》是其思想基础，公孙龙在文中承接先秦关于‘名实关系’和如何‘正名’问题的讨论，确立自己的名实观和正名论，是全书的总纲；《白马论》是论证其名实观的开始，他在文中开始‘名’与‘实’分离的讨论；《坚白论》是《白马论》的延续，他在文中认为不但‘名’与‘实’是相‘离’的，连‘名’与‘名’之间也是相‘离’的，整个天下就是一个‘离’的概念的世界；《通变论》对《坚白论》中关于相离的概念之间的‘如何相与’而成复合概念的问题作了说明和解释；《指物论》是全书的结论，公孙龙在文中明确了‘指’作为异于‘物’的本体存在意义，认为‘物莫非指，而指非指’，并且认为‘且夫指固自为非指，奚待于物而乃与为指’，最终建立起形上之‘名’的本体世界。因此，本书就遵从这个顺序来梳理公孙龙的思想体系。”[3]接着，著者分“‘名’与‘实’”“白马非马”“离坚白”“二无一”“‘物’与‘指’”五个部分，对《名实论》《白马论》《坚白论》《通变论》《指物论》各篇的命意及其论证过程分别进行了阐析：

在“‘名’与‘实’”部分[4]，著者首先指出：“《名实论》是公孙龙思想的基础。他在文中集中讨论了‘名实’关系问题及其‘正名’思想，透露出其概念论的存在观立场。”[5]接着，著者对公孙龙论证名实关系的过程及其使用的概念（如“物”“实”“位”“正”等）进行了阐析。在阐析的基础上，著者总结道：“公孙龙在理解名实关系时，同诸子一样强调名实之间的一致性。

---

① 参见赵炎峰：《先秦名家哲学研究》，中国社会科学出版社 2013 年版，第 81—111 页。

② 赵炎峰：《先秦名家哲学研究》，中国社会科学出版社 2013 年版，第 84 页。

③ 赵炎峰：《先秦名家哲学研究》，中国社会科学出版社 2013 年版，第 85—86 页。

④ 参见赵炎峰：《先秦名家哲学研究》，中国社会科学出版社 2013 年版，第 86—89 页。

⑤ 赵炎峰：《先秦名家哲学研究》，中国社会科学出版社 2013 年版，第 86 页。

然而，他所谓的‘名’指向的并不是具体的个体事物，而是指向某物之所以为某物的‘本质’之实，即‘共相’之存在。个体事物是相对的、多变的，而共相却是绝对的、不变的存在。因此在公孙龙的哲学体系中，‘物’是相对的、可变的，而‘名’却是绝对的、不变的。在这个意义上，公孙龙的‘名’是‘与柏拉图的理念或共相相同的概念’。”①

在“白马非马”部分②，著者首先指出：“公孙龙在《白马论》中利用对‘白马非马’这一命题的辨析，进一步确认作为共相存在的‘名’与具体事物之间的分野。”③接着，著者围绕着“白马非马”这一辩题对主客双方辩答的过程进行了阐析。在阐析的基础上，著者总结道：“从双方所持不同立场来看，客方根本难以理解公孙龙抽象的概念存在论，二者之间很难达成一致。双方所讨论的问题并不在同一层面：难者所持的是客观实在论立场，而公孙龙却站在概念存在论立场。正是在对‘白马非马’这一命题的深入分析中，公孙龙坚持了《名实论》中‘名’作为独立于实的客观存在的概念存在论立场，并且发现了‘名’与‘实’之间也存在‘离’的关系。这个洞见在《坚白论》中得到了进一步的发挥。”④

在“离坚白”部分⑤，著者首先指出：“《坚白论》是《白马论》中关于概念自存和相离讨论的继续。和《白马论》一样，它也采用主客对辩文体，拟托一个从常识立场出发的客方，利用双方的辩答来对问题进行步步深入的探讨。”⑥接着，著者围绕着“离坚白”这一辩题对主客双方辩答的过程进行了阐析。在阐析的基础上，著者关联着《坚白论》篇末的“神乎，是之谓离焉。离也者天下，故独而正”之说对公孙龙“离坚白”以“正名实”的理路作了揭示：“谢希深旧注曰：‘神，谓精神也。’即人类的理性思维。然而人之眼睛与火尚不能视物，精神怎么能做到呢？这样说来人的精神也不能见到‘白’之存在，它见到的只是‘白’的概念而已，真正的‘白’是‘自藏’而不

① 赵炎峰：《先秦名家哲学研究》，中国社会科学出版社2013年版，第88—89页。
② 参见赵炎峰：《先秦名家哲学研究》，中国社会科学出版社2013年版，第89—94页。
③ 赵炎峰：《先秦名家哲学研究》，中国社会科学出版社2013年版，第89页。
④ 赵炎峰：《先秦名家哲学研究》，中国社会科学出版社2013年版，第94页。
⑤ 参见赵炎峰：《先秦名家哲学研究》，中国社会科学出版社2013年版，第94—100页。
⑥ 赵炎峰：《先秦名家哲学研究》，中国社会科学出版社2013年版，第95页。

能见。坚亦如此，真正的坚是‘自藏’而不能知的。这样一来，不但坚性、白色是‘藏’而离的，天下所有的概念之‘名’皆是离藏而自存。所以说‘离’是天下之通则，而独立存在的‘名’可以用来‘正’实。通过一系列的分析，公孙龙又回到《名实论》中‘以名正实’的立场上。”[①]

在“二无一”部分[②]，著者首先指出：“在《通变论》中他认为相离的概念之间相结合后就发生了变化，不再是原来的概念了。在新的概念中不包含原来的概念。这即是‘二无一’的主旨。”[③]接着，著者围绕着“二无一”这一辩题对主客双方辩答的过程进行了阐析。在阐析的基础上，著者关联着《通变论》篇末的“两明而道丧，其无有以正焉”之说对公孙龙“以正名实而化天下”的现实政治关切作了揭示：“概念之名的混乱在现实中会造成君臣争明，君臣相争则不能合力于治国，会造成国力衰退。因此，如果名实关系不恰当，就容易引发道义沦丧，正理不彰。公孙龙从政治角度强调了‘正名’思想在‘化天下’中的重要作用。”[④]

在“‘物’与‘指’”部分[⑤]，著者首先指出：“由《白马论》到《通变论》，公孙龙在与拟托的客方辩论的过程中将概念的‘离’、‘藏’与‘变’的玄机一步步展现在我们面前。而到了《指物论》中，公孙龙不再遮遮掩掩地假物取譬，抛开了拟托的客方，堂而皇之地谈论起‘物’与‘指’之间的关系，将‘名’是形而上之存在的观点和盘托出。”[⑥]接着，著者对“指”与“物”两个概念的含义以及公孙龙论证指、物关系的过程进行了阐析。在阐析的基础上，著者关联着《指物论》篇末的“且夫指固自为非指，奚待于物而乃与为指”之说对公孙龙学说的指归作了揭示：“结合《指物论》全篇乃至《公孙龙子》全书，公孙龙的主要目的就是在强调概念之名的独立自存性及其与物之间的相‘离’的关系，在《指物论》的结尾处，无疑是强调这种观点的最好之处。概念是独立存在的，它是无形的、自藏的，当它不再‘自藏’而显现

① 赵炎峰：《先秦名家哲学研究》，中国社会科学出版社 2013 年版，第 100 页。
② 参见赵炎峰：《先秦名家哲学研究》，中国社会科学出版社 2013 年版，第 100—105 页。
③ 赵炎峰：《先秦名家哲学研究》，中国社会科学出版社 2013 年版，第 100 页。
④ 赵炎峰：《先秦名家哲学研究》，中国社会科学出版社 2013 年版，第 105 页。
⑤ 参见赵炎峰：《先秦名家哲学研究》，中国社会科学出版社 2013 年版，第 105—111 页。
⑥ 赵炎峰：《先秦名家哲学研究》，中国社会科学出版社 2013 年版，第 105 页。

之时，就是自己转化为‘物指’了，并不是说一定要依赖于具体之物才能转化为‘物指’，才能显现其为‘指’的存在性。因此，‘指’与‘物’之间是‘相离’的，‘奚待于物而乃与为指？’直到这里，公孙龙彻底地摆脱了‘物’的限制，将概念上升为独立的形上之存在。这个独立的‘指’的世界，即是概念之‘名’的世界！”①

本书正文后载有著者撰成于2012年12月30日的“后记”②，其中谈及名家研究在看似繁荣的背后所存在的诸多问题：“首先，百余年来学界对名家的研究主要集中在逻辑学领域，对其哲学思想研究不够充分；其次，名家哲学研究主要集中在惠施、公孙龙等人的个体研究上，其作为先秦哲学史上一个重要哲学流派的整体特征始终没有得到深入挖掘；再次，学界对名家诸子的学派归属及其著作真伪、名家的发展传承及其内部派别分类等一些悬而未决的问题尚未形成共识，这严重阻碍着名家哲学研究的深入开展。”③鉴于此，著者对本书的写作目的作了交代：“本书的写作目的就在于从整体的视角审视名家哲学：通过社会文化背景的历史考察，分析名家学派的起源和发展脉络；通过对名家四子哲学思想的深入剖析，揭示名家哲学的发展历程；通过名家与先秦其他学派的比较研究，凸显名家学派的理论特质；通过对名家思想所包含哲学问题的分析，总结名家学派的哲学致思路向及其在哲学史上的价值与地位。”④

59. 翟玉忠著《正名——中国人的逻辑》

（北京）中央编译出版社2013年6月第1版。

本书以“正名”为核心，对中国名学的系统、代表篇目、辩题本义和以伍非百为代表的近人研究状况作了爬梳与阐释。本书包括五部分内容，分别为“导言篇”“名学十三篇”“《形名杂篇》译释”“《墨经》名辩精要”“先秦辩者诸论题本义考”。

---

① 赵炎峰：《先秦名家哲学研究》，中国社会科学出版社2013年版，第111页。

② 参见赵炎峰：《先秦名家哲学研究》，中国社会科学出版社2013年版，第211—213页。

③ 赵炎峰：《先秦名家哲学研究》，中国社会科学出版社2013年版，第211页。

④ 赵炎峰：《先秦名家哲学研究》，中国社会科学出版社2013年版，第211页。

在第一部分“导言篇”①中，著者首先指出：“名学，亦称名辩之学，是人类一切知识活动和社会治理的基础。在话语权为少数西方强国掌握，受西方中心论影响诸多中国学人几乎无原则地接受一切西方概念和理论，名实已经严重混乱的二十一世纪，作为世界三大逻辑思想体系之一的中国名学理应得到更多的重视。”②基于这种看法，著者继而从四个方面勾勒了中国名学的概貌，分别为“中华文化的轴心：道、名、法”“名学的基本宗旨——正名”“名教——以名为教”“名法——刑名法术”。在阐释“名学的基本宗旨——正名”③时，著者认为“现存《公孙龙子》诸篇，都是围绕正名原则提出的论题，表面上看似反常识，实际上是在多方训练人们思维的精确性。如《白马篇》中的‘白马非马’，就是要人知道白马并不等同于马”④。

在第二部分“名学十三篇”⑤中，著者首先阐说了自己对“重建名学”的看法，接着对中国名学史上的十三篇代表著述（《公孙龙子·名实论》《公孙龙子·白马论》《公孙龙子·指物论》《公孙龙子·坚白论》《公孙龙子·通变论》《墨经·大取篇》《墨经·小取篇》《尹文子·大道篇》《庄子·齐物论》《荀子·正名篇》《中论·伪考篇》《刘子·审名篇》《刘子·鄙名篇》）一一进行了疏释。在疏释《公孙龙子》五篇时，著者采取了“题解”“注释”“名学论今”的体例。

著者在《名实论》“题解”中认为，“公孙龙是运用中国本土学术概念论述名与实的关系的，它与西方逻辑学简直风马牛不相及。……所以过去一百年来许多学者想用西方逻辑学解读中国名学的真义，可谓升山采珠，缘木求鱼”⑥。“《公孙龙子·名实论》不仅是公孙龙子的思想总纲，也是整个名家的理论核心，其重要性是不言而喻的”⑦。“古人写书常常把总论或总序放在末尾，所以道藏本将《名实论》列为第六，这里我们将之提前，总

① 参见翟玉忠：《正名——中国人的逻辑》，中央编译出版社 2013 年版，第 1—24 页。

② 翟玉忠：《正名——中国人的逻辑》，中央编译出版社 2013 年版，第 1 页。

③ 翟玉忠：《正名——中国人的逻辑》，中央编译出版社 2013 年版，第 10 页。

④ 翟玉忠：《正名——中国人的逻辑》，中央编译出版社 2013 年版，第 10 页。

⑤ 参见翟玉忠：《正名——中国人的逻辑》，中央编译出版社 2013 年版，第 25—139 页。

⑥ 翟玉忠：《正名——中国人的逻辑》，中央编译出版社 2013 年版，第 36 页。

⑦ 翟玉忠：《正名——中国人的逻辑》，中央编译出版社 2013 年版，第 36 页。

领名学十三篇。本篇的主旨又全在第一句中'物'、'实'、'位'、'正'四字，要在正名(位)责实。具体内容即文章最后一段的'审其名实，慎其所谓'"[①]。

著者在《白马论》"题解"中认为，"白马论在公孙龙思想体系中的地位不同一般，是公孙龙的代表性论题"[②]。"受西方形式逻辑判断结果'主词＋联系词＋宾词'的影响，当代学者在介绍'白马非马'时，极易将'非'字理解为'不是'之意。事实上白马与马只是相异的概念，而非相对立的概念。'白马非马'中的'非'字是不等同于、异于之意"[③]。

著者在《指物论》"题解"中认为，"《指物论》可以说是《公孙龙子》最难理解的一篇。其原因在于，'指'这个概念包括两重意思，一是指称之意，二是所指之意"[④]。"全文的主旨是探讨指与物的关系，即指称与所指万物的关系。其中心命题就是第一句话：'物莫非指，而指非指。'意即天下万物没有不被指称的，而指称并不等同于所指(之物)"[⑤]。"全篇对'物莫非指，而指非指'这个命题进行了反复论证，层次分明，论辩有力"[⑥]。"在这样一个口号和言行不一盛行的时代，日常生活中人们将指称等同于所指的错误很多——从社会公德一直到政治生活；要知道，符号、口号不等于现实——指非指"[⑦]。"研究名学最忌比附西方逻辑学和印度因明学"[⑧]。

著者在《坚白论》"题解"中认为，"同白马论一样，坚白论是公孙龙的著名论题之一"[⑨]。"全篇围绕前面四句话展开……在此，公孙龙一反常识，指出坚、白、石一析为三不可，因为感官所感之实只有白石与坚石，不能坚、白、石三者共称"[⑩]。"公孙龙祖述墨学，然论者多以为在坚白这一论题上，二者相反，公孙龙主'离坚白'，而墨家主'盈坚白'。事实上正是因

---

① 翟玉忠:《正名——中国人的逻辑》,中央编译出版社2013年版,第37页。
② 翟玉忠:《正名——中国人的逻辑》,中央编译出版社2013年版,第42页。
③ 翟玉忠:《正名——中国人的逻辑》,中央编译出版社2013年版,第42页。
④ 翟玉忠:《正名——中国人的逻辑》,中央编译出版社2013年版,第50页。
⑤ 翟玉忠:《正名——中国人的逻辑》,中央编译出版社2013年版,第50页。
⑥ 翟玉忠:《正名——中国人的逻辑》,中央编译出版社2013年版,第50页。
⑦ 翟玉忠:《正名——中国人的逻辑》,中央编译出版社2013年版,第50页。
⑧ 翟玉忠:《正名——中国人的逻辑》,中央编译出版社2013年版,第50页。
⑨ 翟玉忠:《正名——中国人的逻辑》,中央编译出版社2013年版,第56页。
⑩ 翟玉忠:《正名——中国人的逻辑》,中央编译出版社2013年版,第56页。

为公孙龙认为'坚白,不相外也',坚、白皆为石的内在特点,'自藏'于石,才反对坚白石三者共举,而同意坚与白相离,'坚与石'或者'白与石'两两共举"[①]。"事实上公孙龙与《墨经》在关键问题的表述上有时近乎一致,何来二者主张相互背离之说"[②]。"'坚白论'促使我们对所谓中西结合的'伪学术'保持充分的警惕。比如有中国伦理,也有西方伦理,它们不能随意结合,凭空称作'中—西—伦理'。有学者动不动就将自由、平等、博爱和仁、义、礼、智、信放在一起,高谈阔论,欺世盗名。这就如同可以称'坚石'或'白石','坚白石'三者共举则不可"[③]。

著者在《通变论》"题解"中认为,"其中心论题是'二无一',围绕此一中心,假物取譬,以'二无右'、'二无左'、'羊合牛非马'、'牛合羊非鸡'、'青以白非黄'、'白以青非碧'等具体问题多方论证,认为名变实(类)亦随之变"[④]。"《公孙龙子》一书核心在正名,在多方锻炼世人思维的正确精密,以上五篇在这一主题下都是相通的"[⑤]。"作者详细阐述了狂举(错误的举例或提法)的危害,及正举(正确的举例或提法)的重要性,要我们在名变中注重类,以类进行证明或反驳(取予),否则会导致逻辑混乱"[⑥]。

第五部分"先秦辩者诸论题本义考"[⑦]包括六小节内容,分别为"类比推论发生的'一是而一非'的谬误""类比推论发生的'一周而一不周'的谬误""类推在'行而异、转而诡、远而失、流而离本'的谬误""《列子》中的相关阐述""《公孙龙子》中的相关阐述""《庄子》中惠子历物十事"。在"《公孙龙子》中的相关阐述"一节[⑧],著者撮录了公孙龙《坚白论》《通变论》中的相关阐述,并联系《庄子・天下篇》所载"辩者二十一事"以及《墨经・经下》《经说下》中的相关阐述进行了解说。

---

① 翟玉忠:《正名——中国人的逻辑》,中央编译出版社 2013 年版,第 56 页。
② 翟玉忠:《正名——中国人的逻辑》,中央编译出版社 2013 年版,第 57 页。
③ 翟玉忠:《正名——中国人的逻辑》,中央编译出版社 2013 年版,第 57 页。
④ 翟玉忠:《正名——中国人的逻辑》,中央编译出版社 2013 年版,第 65 页。
⑤ 翟玉忠:《正名——中国人的逻辑》,中央编译出版社 2013 年版,第 65 页。
⑥ 翟玉忠:《正名——中国人的逻辑》,中央编译出版社 2013 年版,第 65 页。
⑦ 参见翟玉忠:《正名——中国人的逻辑》,中央编译出版社 2013 年版,第 267—277 页。
⑧ 参见翟玉忠:《正名——中国人的逻辑》,中央编译出版社 2013 年版,第 274—275 页。

60. 何新著《哲学思考》

（沈阳）万卷出版公司2013年9月第1版。

本书包括八卷内容，分别为“关于我的逻辑学研究”“思考与评论”“读书札记”“经典重译与新论”“我思考哲学的历程”“方法与哲学”“札记”“哲学史讨论”。其中第四卷“经典重译与新论”[①]又分成三章，分别为“何新译《公孙龙子》三篇”“何新：老学三论”“《肇论·物不迁论》标点及引读”。

在“何新译《公孙龙子》三篇”一章[②]，著者首先撰写了四条按语：其一，“公孙龙，名家，指号学的最早创立者”[③]；其二，“有两种逻辑。1.关于思维与认知的逻辑，本体主义的逻辑。‘类’的逻辑。2.言说的逻辑，辩证的证明的逻辑，即指号的逻辑”[④]；其三，“一个指号涉及三个方面：1.指号。2.意义（内涵）。3.对象（所指）”[⑤]；其四，“公孙龙的讨论涉及了‘类’的逻辑及同一律、不矛盾律，也涉及了指号的形式与意义”[⑥]。接着，著者依照上述按语中所阐明的观点，对公孙龙的《白马论》（何新节选其中“白马非马论”部分）、《指物论》和《迹府》（何新分为上、下两篇）分别作了译注。

著者认为，“白马非马论”是“中国最早的悖论”[⑦]，《白马论》原文中的“可与不可，其相非明”乃是“中国逻辑学关于‘不矛盾律’的最早表述”[⑧]。《指物论》中的“指”可解为“指号，概念，名号”[⑨]，《指物论》的题旨乃是“论指号与事物”，该篇堪称公孙龙研究指号与对象及其意义的关系的经典篇章。《迹府》篇中所说的“守白”，“即白就是白，乃是关于逻辑‘同一律’的最早表述”[⑩]。

① 参见何新：《哲学思考》，万卷出版公司2013年版，第156—174页。
② 参见何新：《哲学思考》，万卷出版公司2013年版，第156—164页。
③ 何新：《哲学思考》，万卷出版公司2013年版，第156页。
④ 何新：《哲学思考》，万卷出版公司2013年版，第156页。
⑤ 何新：《哲学思考》，万卷出版公司2013年版，第156页。
⑥ 何新：《哲学思考》，万卷出版公司2013年版，第156页。
⑦ 何新：《哲学思考》，万卷出版公司2013年版，第157页脚注。
⑧ 何新：《哲学思考》，万卷出版公司2013年版，第157页脚注。
⑨ 何新：《哲学思考》，万卷出版公司2013年版，第159页。
⑩ 何新：《哲学思考》，万卷出版公司2013年版，第160页脚注。

61. 董英哲著《先秦名家四子研究》

本书系《国家哲学社会科学成果文库》之一种，上海古籍出版社 2014 年 3 月第 1 版。

本书正文前载有赵吉惠撰写的序言“二十世纪名家研究的困惑与复兴”(成稿于 1998 年 3 月 20 日)，其中有言：“这部洋洋八十余万言的巨著，不论从结构、规模、体例上，还是从深度、广度、所涉及的问题领域看，都可称得上是本世纪研究先秦名家的集大成之作。作者不但在本书中研究、评述了本世纪学者们讨论的有关邓析、尹文、惠施、公孙龙的学术思想(特别是哲学思想、逻辑思想)及其著述文献的真伪、历史演变等重要学术问题，每有新义、创见，而且还以相当篇幅论述了过去学术界不太注意的‘名家’的科学思想、政治思想。对于惠施的天文学、地理学、数学、物理学、生物学等科学思想都做出了新的阐发，这是本书的一个重要特点。本书在总结战国时期科学发展成就的基础上，对名家提出的若干难解的逻辑命题，给予了新的诠释与解析，令人耳目一新。本书的内容与体例对于先秦名家四子，既有生平传略的述评，又有著作文献的考辨；既有学理的分析评价，又有对古典文献所作的现代汉语翻译；既有对元典文献佚文的收集整理，又有对当代学者研究名家著述的按人分类目录。可以毫不夸张地说，这是对二十世纪学者们研究先秦名家学说所做的一次系统的综合与总结。”[①]

本书正文前另载有著者撰写的“前言”。著者首先介绍了本书的结构和主要观点，接着总结了自己研究先秦名家的四点体会：其一，“敢于‘走出疑古时代’”[②]；其二，“把史料的考辨与思想的阐发结合起来”[③]；其三，“把社会思潮与代表人物统一起来”[④]；其四，“正确对待前人的研究成果”[⑤]。

本书包括导论“名家学派概观”、附论“名家学派与其他学派的关系”

---

① 董英哲：《先秦名家四子研究》，上海古籍出版社 2014 年版，上册序言第 9 页。
② 董英哲：《先秦名家四子研究》，上海古籍出版社 2014 年版，上册前言第 3 页。
③ 董英哲：《先秦名家四子研究》，上海古籍出版社 2014 年版，上册前言第 4 页。
④ 董英哲：《先秦名家四子研究》，上海古籍出版社 2014 年版，上册前言第 4 页。
⑤ 董英哲：《先秦名家四子研究》，上海古籍出版社 2014 年版，上册前言第 5 页。

与四编内容。其中导论“名家学派概观”[①]又分成五章，分别为“‘名家’界说”“名家内部流派的划分”“名家学派的来龙去脉”“名家学派与社会大变革”“名家学派是名辩思潮的主力军”。在“名家内部流派的划分”一章[②]，著者首先指出：“在名家内部流派的划分问题上，学术界约有三种不同的分法：一种是六分法，把名家分为术者、法者、名分名守者、正名析辞立说明辩者、坚白异同之辩者、齐物论者六个流派；另一种是三分法，把名家分为人文主义派、科学主义派和逻辑主义派；再一种是两分法，把名家分为合同异派与离坚白派。我们认为，六分法和三分法值得商榷，合同异派与离坚白的派分法也不妥，而应将名家分为主流派与非主流派。”[③]基于这种看法，著者从三个方面阐述了名家内部流派的划分问题：

(1)“六分法和三分法值得商榷”[④]。伍非百在《中国古名家言》(中国社会科学出版社1983年版)一书中提出了一种“六分法”[⑤]，“这种六分法的主要问题在于，混淆了先秦名家与其他学派的界限”[⑥]。张新在《中国名家》(宗教文化出版社1996年版)一书中则提出了一种“三分法”[⑦]，“这种三分法虽然比较新颖，但也存在一些问题。其中最主要的一个问题是：宋钘是不是名家的代表人物？……我们认为，宋钘是宋国人，受墨子思想的影响比较大，但后来由墨入道而倾向于名。他虽然倾向于名家，但其学说的根本旨意是属于道家的”[⑧]。“另外，三分法还有两个问题也值得一提。一是惠施虽然注重自然现象的研究，但把他称为‘科学主义’派的代表人物也是不妥的。……二是公孙龙虽然对我国传统逻辑的贡献很大，但把他作为名家中‘逻辑主义’派的代表人物，就很难与惠施、尹文区别开

---

① 参见董英哲：《先秦名家四子研究》，上海古籍出版社2014年版，上册第1—79页。

② 参见董英哲：《先秦名家四子研究》，上海古籍出版社2014年版，上册第15—27页。

③ 董英哲：《先秦名家四子研究》，上海古籍出版社2014年版，上册第15页。

④ 参见董英哲：《先秦名家四子研究》，上海古籍出版社2014年版，上册第15—19页。

⑤ 参见伍非百：《中国古名家言》，中国社会科学出版社1983年版，上册第9—10页。按照伍非百的“六分法”，公孙龙与邓析、别墨、惠施、季真等一并被归入“坚白异同之辩者”。

⑥ 董英哲：《先秦名家四子研究》，上海古籍出版社2014年版，第16页。

⑦ 参见张新：《中国名家》，宗教文化出版社1996年版，第19页。按照张新的“三分法”，公孙龙被归入“逻辑主义”派。

⑧ 董英哲：《先秦名家四子研究》，上海古籍出版社2014年版，上册第17页。

来”[①]。

(2)“合同异派与离坚白派的分法不妥”[②]。冯友兰率先在《中国哲学史》(商务印书馆 1934 年 8 月初版)一书中提出合同异派与离坚白两分法,这种划分方法曾为许多研究中国哲学史、思想史的专家(如侯外庐、赵纪彬、杜国庠、任继愈等)所认同。20 世纪 80 年代开始,有些学者(如周云之、周山等)陆续对这种划分方法提出了质疑,著者也认为这种二分法是不妥的,其理由主要有三:其一,“邓析是不属于所谓‘合同异’派的”[③]。其二,“惠施也不是所谓‘合同异’派的首领”[④]。其三,“把公孙龙称为‘离坚白’派的首领是不妥的。……‘离坚白’虽为战国后期的公孙龙所论证,但这个论题并不是他首先提出来的。早在春秋末年,邓析就提出了‘离坚白’的论题。……继邓析之后,惠施也讲‘离坚白’。……《荀子·儒效》在批评邓析和惠施时,曾说‘“坚白”、“同异”之分隔也’。‘分隔’就有‘离’、‘别’之意,可见邓析和惠施都是讲‘离坚白’、‘别同异’的。公孙龙也不例外,《淮南子·齐俗训》就说他‘别同异,离坚白’。‘别同异,离坚白’显然是公孙龙思想的主导方面,但这是否意味着他就不讲‘合同异’呢?不是。据《庄子·秋水》记载,公孙龙就曾自称他‘合同异,离坚白’。这在《公孙龙子》一书中,也可以找到内证。如果说该书的《坚白论》是专论‘离坚白’的,那么,该书的《通变论》中则有‘合同异’的思想。……既然公孙龙也讲‘合同异’,那就不能简单地把他说成是不讲‘合’而只讲‘离’的‘离坚白’派的首领。同样的道理,既然惠施也讲‘离坚白’,那也不能简单地把他说成是不讲‘离’而只讲‘合’的‘合同异’派的首领。总而言之,用‘合同异’与‘离坚白’把名家划分成以惠施为首的合同异派和以公孙龙为首的离坚白派是不妥的”[⑤]。

(3)“名家应分为主流派与非主流派”[⑥]。在对上述看法提出质疑的基

① 董英哲:《先秦名家四子研究》,上海古籍出版社 2014 年版,上册第 18 页。

② 参见董英哲:《先秦名家四子研究》,上海古籍出版社 2014 年版,上册第 19—24 页。

③ 董英哲:《先秦名家四子研究》,上海古籍出版社 2014 年版,上册第 20 页。

④ 董英哲:《先秦名家四子研究》,上海古籍出版社 2014 年版,上册第 21 页。

⑤ 董英哲:《先秦名家四子研究》,上海古籍出版社 2014 年版,上册第 22—24 页。

⑥ 参见董英哲:《先秦名家四子研究》,上海古籍出版社 2014 年版,上册第 24—27 页。

础上，著者就名家内部流派的划分问题提出了自己的观点："名家应分为主流派与非主流派。早在春秋后期，邓析创立名家时，名家内部还没有什么流派可分。邓析被郑国执政者驷歂杀害后，名家受到摧残和压制，曾一度沉寂。但到战国中后期，在改革、变法和名辩思潮的推动下，名家重新崛起，蔚然成为大观，涌现出许多著名的代表人物。在名家内部，由于讨论对象和思维方式的不同，便形成了两个流派：一个是先后以惠施、公孙龙为核心的主流派，把自然现象作为研究的侧重点，采用了反向的思维方式；另一个是以尹文为代表的非主流派，把社会现象作为研究的侧重点，采用了常规的思维方式。"①

本书主体部分包括四编内容，分别为"邓析与《邓析子》""惠施与辩者""尹文与《尹文子》""公孙龙与《公孙龙子》"，其中第四编"公孙龙与《公孙龙子》"②又分为四章，分别是"公孙龙传略考辨""《公孙龙子》真伪考辨""公孙龙的名辩论""《公孙龙子》注译"。另载有两个附录，分别为"古籍中有关公孙龙与《公孙龙子》的记载""有关公孙龙与《公孙龙子》研究的著作目录"。

在第一章"公孙龙传略考辨"③中，著者考辨了三个问题：一是"先秦有两个公孙龙"，二是"公孙龙的名字、'国籍'和生卒年寿"，三是"公孙龙的主要经历"。第二章"《公孙龙子》真伪考辨"④从三个方面对《公孙龙子》的真伪问题进行了阐析：一是"全伪说论据薄弱"，二是"全真说漏洞不少"，三是"残真说比较合理"。在第三章"公孙龙的名辩论"⑤中，著者从"政治倾向""科学基础""逻辑思想""哲学归属""思想渊源""历史命运"六个方面，对公孙龙的名辩论进行了探讨：

（1）"政治倾向"⑥。著者首先指出："关于公孙龙名辩论的政治倾向问题，学界看法不一，主要有四种说法：一曰'反动'，认为公孙龙名辩论是没

① 董英哲：《先秦名家四子研究》，上海古籍出版社2014年版，上册第24页。
② 参见董英哲：《先秦名家四子研究》，上海古籍出版社2014年版，下册第565—722页。
③ 参见董英哲：《先秦名家四子研究》，上海古籍出版社2014年版，下册第565—584页。
④ 参见董英哲：《先秦名家四子研究》，上海古籍出版社2014年版，下册第585—599页。
⑤ 参见董英哲：《先秦名家四子研究》，上海古籍出版社2014年版，下册第600—648页。
⑥ 参见董英哲：《先秦名家四子研究》，上海古籍出版社2014年版，下册第600—605页。

落奴隶主贵族意识的集中表现,'维护奴隶制,保持当时诸侯分裂割据的政治局面','逆历史潮流而动'[①];二曰'进步',认为'公孙龙站在新兴地主阶级立场上','反对奴隶主贵族的世袭特权制度','维护封建君主的权威','有利于防止奴隶主贵族的篡权活动'[②];三曰'保守',认为公孙龙名辩论'反映了当时地主阶级中保守势力的利益,是六国割据势力中的维持现状派'[③];四曰'公孙龙的政治思想具有两重性:有着维护封建秩序的进步方面;但更主要的,又有着反对进步的统一战争、主张维护封建割据的保守落后的方面'[④]。我们认为,第一种说法是不对的,第二、三种说法都有片面性,第四种说法没有抓住问题的主要方面。"[⑤]鉴于此,著者对上述四种说法一一进行了反驳,并在反驳的基础上提出了自己的看法,认为"公孙龙名辩论的主要倾向应该说是'进步'的"[⑥],其理由主要有三:其一,"公孙龙的名辩论有利于巩固新兴地主阶级政权"[⑦];其二,"公孙龙的名辩论还有反对血缘政治的积极意义"[⑧];其三,"公孙龙的名辩论在一定程度上也反映了人民的愿望"[⑨]。

(2)"科学基础"[⑩]。在著者看来,公孙龙名辩论的科学基础至少有三种表现:其一,"公孙龙的不少论题既具有名辩性,又具有一定的科学性,二者水乳交融,是无法分割的。如'有影不移'一条,就是如此"[⑪];其二,"公孙龙有些名辩论题是从当时的科学知识中提炼概括出来的。如'有物

① 李匡武:《难道惠施公孙龙不是诡辩派吗?》,收入《中国哲学史文集》,吉林人民出版社 1979 年版,第 150 页。

② 辛风:《名家是法家的同盟军——评惠施、公孙龙的学说》,《人民日报》1974 年 12 月 18 日。

③ 李锦全:《邓析、惠施、公孙龙思想初探——试论名法两家的思想联系,兼评罗思鼎战国末期名归于法的观点》,《中山大学学报》1979 年第 2 期。

④ 许抗生:《公孙龙哲学思想研究》,收入《中国哲学史研究集刊》第 1 辑,上海人民出版社 1980 年版,第 80 页。

⑤ 董英哲:《先秦名家四子研究》,上海古籍出版社 2014 年版,下册第 600—601 页。

⑥ 董英哲:《先秦名家四子研究》,上海古籍出版社 2014 年版,下册第 602 页。

⑦ 董英哲:《先秦名家四子研究》,上海古籍出版社 2014 年版,下册第 602 页。

⑧ 董英哲:《先秦名家四子研究》,上海古籍出版社 2014 年版,下册第 603 页。

⑨ 董英哲:《先秦名家四子研究》,上海古籍出版社 2014 年版,下册第 604 页。

⑩ 参见董英哲:《先秦名家四子研究》,上海古籍出版社 2014 年版,下册第 606—610 页。

⑪ 董英哲:《先秦名家四子研究》,上海古籍出版社 2014 年版,下册第 608 页。

不尽'一条，就是从当时的数学和物理知识中提炼概括出来的"[①]；其三，"公孙龙还利用当时的一些科技知识阐发自己或前辈的名辩论题"[②]。

(3)"逻辑思想"[③]。著者首先指出："公孙龙的名辩论为先秦的'名辩之学'作出了巨大的贡献，其中包含着非常丰富的逻辑思想。公孙龙给'名'下了定义，提出了概念具有内涵与外延的逻辑思想；分析了单一概念与复合概念的变化，论证了'二无一'的逻辑命题；明确了'类'概念，阐发了形式逻辑的分类理论；提出了以'实'为标准的正名原则，揭示了形式逻辑的三条基本规律(同一律、排中律和矛盾律)。因此，他是我国古典形式逻辑的奠基人之一。"[④]基于此，著者结合《公孙龙子》中的相关辩题，对公孙龙的逻辑思想进行了条分缕析的阐说。

(4)"哲学归属"[⑤]。著者认为，关于公孙龙的哲学归属问题，学界至少有四种不同的看法："第一种看法认为，公孙龙名辩论是唯心主义形而上学的诡辩论；第二种看法认为，公孙龙名辩论是朴素唯物主义辩证法；第三种看法认为，公孙龙名辩论既有唯物的因素和辩证法的思想，也有唯心的观点和形而上学诡辩的东西；第四种看法认为，公孙龙名辩论既包含有唯物主义的成分和辩证法思想因素，又有唯心主义和形而上学诡辩论的思想，而其整个思想体系则基本上是属于唯心主义和形而上学诡辩论的。"[⑥]在著者看来，"第一、二种看法各走极端，都有很大的片面性；第三、四种看法似乎比较全面，但没有抓住问题的主要方面。在公孙龙的名辩论中，虽然夹杂着某些形而上学和诡辩的成分，但其主要方面应该归属于朴素唯物主义辩证法的范畴"[⑦]。基于此，著者通过阐析《公孙龙子》中的相关辩题论证了自己的观点，并对某些不同的看法进行了剖析与反驳。

(5)"思想渊源"[⑧]。著者首先指出："关于公孙龙名辩论的思想渊源问

---

① 董英哲：《先秦名家四子研究》，上海古籍出版社2014年版，下册第609页。
② 董英哲：《先秦名家四子研究》，上海古籍出版社2014年版，下册第609页。
③ 参见董英哲：《先秦名家四子研究》，上海古籍出版社2014年版，下册第610—620页。
④ 董英哲：《先秦名家四子研究》，上海古籍出版社2014年版，下册第610页。
⑤ 参见董英哲：《先秦名家四子研究》，上海古籍出版社2014年版，下册第621—633页。
⑥ 董英哲：《先秦名家四子研究》，上海古籍出版社2014年版，下册第621页。
⑦ 董英哲：《先秦名家四子研究》，上海古籍出版社2014年版，下册第621页。
⑧ 参见董英哲：《先秦名家四子研究》，上海古籍出版社2014年版，下册第634—642页。

题，学界历来就有不同看法。一种看法认为，‘公孙龙之学，出于墨子’（陈澧《东塾读书记·诸子》），‘是别墨学派合法的代表人物’；另一种看法认为，公孙龙‘渊源于宋钘’，‘是属于道家的’；第三种看法认为，公孙龙属于名家，‘对本派中的前人思想有所继承发扬，即与邓析、惠施等有着思想上的源流关系’。我们认为，第三种看法有一定的道理，前两种看法是站不住脚的。公孙龙的名辩虽对儒、道、墨等家的思想有所吸取，但其主要渊源应该说是承袭邓析、惠施和辩者、尹文而来的。”[①]基于此，著者从三个方面申说了自己的看法：其一，“公孙龙的名辩论承袭了名家创始人邓析的思想”[②]；其二，“公孙龙的名辩论还承袭了惠施和辩者的许多论题”[③]；其三，“公孙龙的名辩论还承袭了尹文的思想”[④]。

（6）“历史命运”[⑤]。著者首先指出：“公孙龙的名辩论以论辩名实关系问题为中心，在名实关系问题的逻辑化方面把名辩思潮推到了一个更高的阶段。它上承邓析、孔子、宋钘和尹文的余绪，下开《墨辩》、荀子、韩非和《吕氏春秋》名实理论之先河，是名辩思潮发展链条中的关键一环，在先秦思想史上占有极其重要的地位。然而，公孙龙名辩论的历史命运都[⑥]是悲剧性的。”[⑦]基于此，著者对公孙龙名辩论所遭际的悲剧性的历史命运作了阐述，进而总结出三条值得汲取的历史教训：其一，“一种理论的历史命运决定于社会对它的需要程度。我们说公孙龙名辩论的历史命运是悲剧性的，是就它在我国封建社会全过程的遭遇而言的，并不意味着它在这个全过程的各个历史阶段的遭遇都是一样的。实际上，公孙龙名辩论在秦汉、魏晋南北朝和唐宋元明等不同历史阶段的遭遇是有所不同的：秦汉时期，由于‘焚书坑儒’和‘罢黜百家，独尊儒术’，公孙龙名辩论处于被禁被黜的地位；魏晋南北朝时期，由于社会动荡和名实关系混乱，公孙龙名辩论受到一些‘辨析名理’之人的重视；唐宋元明时期，由于受到儒、道两方

① 董英哲：《先秦名家四子研究》，上海古籍出版社 2014 年版，下册第 634 页。
② 董英哲：《先秦名家四子研究》，上海古籍出版社 2014 年版，下册第 634 页。
③ 董英哲：《先秦名家四子研究》，上海古籍出版社 2014 年版，下册第 636 页。
④ 董英哲：《先秦名家四子研究》，上海古籍出版社 2014 年版，下册第 638 页。
⑤ 参见董英哲：《先秦名家四子研究》，上海古籍出版社 2014 年版，下册第 643—648 页。
⑥ “都”疑作“却”。
⑦ 董英哲：《先秦名家四子研究》，上海古籍出版社 2014 年版，下册第 643 页。

面的夹击,公孙龙名辩论日益陷入亡绝的境地”[①]。其二,“一种理论的历史命运也有其理论本身的原因。就其理论本身而言,公孙龙的名辩论是一种思辨哲学。这种思辨哲学选择了一条超越常规的思路,它不同于一般循规蹈矩的正常思维,带有‘智力叛逆’的性质,是一种反向思维。……反向思维在认识上有一定的危险性。如果脱离实际,反向思维就会成为通向诡辩的一条桥梁。例如,常识所谓的鸡二足是符合实际的,但公孙龙却要论证‘鸡三足’,搞脱离实际的数字概念游戏,从而走向了诡辩论。……不可否认,这确实是造成公孙龙名辩论悲剧命运的一个重要原因”[②]。其三,“公孙龙名辩的悲剧命运也与独断主义有直接的关系。独断主义在政治上的表现是封建统治者搞文化专制,秦始皇‘焚书坑儒’和汉武帝‘罢黜百家、独尊儒术’就是典型的两例,唐宋元明清的封建统治者也没有不搞文化专制的。这种政治上的独断主义必然扼杀学术思想的发展,公孙龙名辩论被禁被黜以致成为‘绝学’就充分地说明了这一点”[③]。

在“《公孙龙子》注译”一章[④],著者按照《迹府》《白马论》《指物论》《通变论》《坚白论》《名实论》的顺序,对现存《公孙龙子》六篇一一进行了注释与翻译。

杨俊光的《评董英哲〈先秦名家四子研究〉——以“惠施与辩者”部分为主》,刊于《诸子学刊》2017年第1辑(总第14辑)。

62. 祝东著《先秦符号思想研究》

本书系《中国符号学丛书》(唐小林、赵毅衡主编)之一种,(成都)四川大学出版社2014年12月第1版。

本书除“绪论”外,另包括五章内容,分别为“易学符号思想”“孔孟儒家符号思想”“老庄道家符号思想”“名墨符号思想”“名法之学与先秦符号思想的总结”。其中第四章“名墨符号思想”又分成四节,分别为“墨家与

① 董英哲:《先秦名家四子研究》,上海古籍出版社2014年版,下册第646页。

② 董英哲:《先秦名家四子研究》,上海古籍出版社2014年版,下册第646—647页。

③ 董英哲:《先秦名家四子研究》,上海古籍出版社2014年版,下册第647—648页。

④ 参见董英哲:《先秦名家四子研究》,上海古籍出版社2014年版,下册第649—681页。

名家”“墨学符号思想”“名家符号思想”“研究现状与前瞻”。在“名家符号思想”一节[①]，著者除了探究惠施的“历物论”外，重点对公孙龙《白马论》《名实论》《指物论》中的符号思想一一进行了阐析。

(1)《白马论》中的符号思想。著者认为，“公孙龙是先秦名家学派的代表人物，‘白马非马’是其重要命题之一”[②]。在《白马论》中，公孙龙对“白马非马”命题进行了论证，其中有云：“马者所以命形也；白者所以命色也。命色者非命色形也。故曰白马非马。”这段话的意思是：“‘白马’之所以‘非马’，乃是因为马是从形体角度着眼的命名，白是从颜色的角度着眼的命名，包括颜色与形体的名称(白马)不等于只表示形体的名称(马)。”[③]从中可以看出，“白马”与“马”是两个不能等同的符号：“符号是所指(概念)与能指(音响形象)的结合，‘马’是从一类动物中抽取出来的概念，其所指为所有马类动物；‘白马’的所指为所有白色的马类动物，红、黄、黑之类的马则不在此类。因为所指的不同导致能指也不同，也即是说，不同的符号对应的客观事物是不同的；反之，不同的事物也对应着不同的符号，故而符号才可以顺利表达客观世界而不会相混淆。”[④]

(2)《名实论》中的符号思想。著者首先指出：“名家之‘名’，重在逻辑思辨，以正名实为主要任务。……公孙龙‘疾名实之散乱’，主张‘审其名实，慎其所谓’，注重名与实的内涵相应，循名责实、名实相符。”[⑤]接着，著者结合《名实论》开篇的“天地与其所产焉，物也。物以物其所物而不过焉，实也。实以实其所实而不旷焉，位也。出其所位非位而位其所位焉，正也”阐析了公孙龙正名说的理论基础，认为这段话的意思是：“宇宙天地都是由‘物’组成的，一个事物之所以被称之为该‘物’而没有错误，是因为它占据了自己的‘位’而非‘非位’，也即它与他物有所区别。在系统之中占据自己应有的位置，这就是‘正’。”[⑥]至于名实“不正”的情况，著者结合

① 参见祝东：《先秦符号思想研究》，四川大学出版社2014年版，第183—191页。

② 祝东：《先秦符号思想研究》，四川大学出版社2014年版，第187页。

③ 祝东：《先秦符号思想研究》，四川大学出版社2014年版，第187页。

④ 祝东：《先秦符号思想研究》，四川大学出版社2014年版，第187—188页。

⑤ 祝东：《先秦符号思想研究》，四川大学出版社2014年版，第188页。

⑥ 祝东：《先秦符号思想研究》，四川大学出版社2014年版，第189页。

公孙龙生活的时代以及《名实论》中的相关论说给出了这样的解释:"任意性使得符号不能自行解释,必须依靠系统的同型性来确定意义。符号能表意在于与其他符号相比有区分特征。在公孙龙生活的时代,礼乐征伐出自诸侯,名实不正,'谓彼而彼,不唯乎彼,则彼谓不行。谓此而此,不唯乎此,则此谓不行。其以当,不当也;不当而当,乱也'。彼与此之间没有明显的区分:被称为'彼'的并不仅仅可以被称为'彼',那么'彼'这个称谓也是不合适的;被称为'此'的并不仅仅可以被称为'此',那么'此'这个称谓就是不合适的。将不合适的当作合适的,那么天下就会大乱。为使天下秩序井然,故而亟须正名。"[①]鉴于此,著者对公孙龙"唯乎其彼此"的正名要求作了阐说:"正名就是要确定名与实的一一对应关系,'故彼彼当乎彼,则唯乎彼,其谓行彼。此[②]当乎此,则唯乎此,其为[③]行此。其以当而当也;以当而当,正也'。要让彼事物之名与彼事物之实相符合,此事物之名与此事物之实相符合,彼物之名与此物之名相区分,那么彼物与此物自然也就区分开来了。公孙龙没有停留在儒家伦理道德的正名层面上,而是推而广之,要让天下之物皆名实相符,每一个名称都有其对应的确定的指称对象,名称与名称之间互相区分,扩展了名实论的内涵。"[④]

(3)《指物论》中的符号思想。著者认为,"公孙龙的《指物论》被当代学者视为其符号思想的纲领性文章,为现存《公孙龙子》五篇中的核心,起着提纲挈领的作用"[⑤]。在著者看来,《指物论》的符号学意义主要体现在两个方面:其一,"公孙龙指出了符号的抽象性,它与具体事物是有差别的。他在《指物论》中指出'物莫非指,而指非指',任何事物都需要通过符号('指')来表示,但是这个'指'并不等同于其所指的事物。在公孙龙看来,事物的符号'指'是由物抽象出来的。'指也者,天下之所无也;物也者,天下之所有也。'这里论及了'指'与'物'的关系,'物'是实在的,而'指'是由抽象思维形成的,并非客观存在。符号并非实实在在的具体之

---

① 祝东:《先秦符号思想研究》,四川大学出版社2014年版,第189页。

② 此处补"此"字。

③ "为"当作"谓"。

④ 祝东:《先秦符号思想研究》,四川大学出版社2014年版,第189页。

⑤ 祝东:《先秦符号思想研究》,四川大学出版社2014年版,第189—190页。

物,而是实在之物的抽象化,是事物抽象的概念,'指者天下之所兼',即概念是天下万物本质的反映。符号并非天下万物,而符号所指的具体事物则是实实在在存在着的,所以符号并不等同于具体之物"[①]。其二,"公孙龙指出了符号的历时演变性。……公孙龙并没有把符码绝对化,如果时空转移,社会的约定改变,名实也可以发生转换"[②]。

在上述阐析的基础上,著者最后总结道:"总之,公孙龙作为先秦名家的代表人物,发展了先秦的名学思想,并对古典符号学做出了卓越的贡献。总体说来,名家的符号学思想主要有两点,一是名实论,一是指物论,在这两大议题中,名家对符号意义的思索达到了前所未有的高度。"[③]

苏智的《传统文化的符号解密:评祝东〈先秦符号思想研究〉》,刊于《符号与传媒》2015 年春季号;颜小芳的《邂逅结构中的存在——对话祝东〈先秦符号思想研究〉》,刊于《广西师范学院学报(哲学社会科学版)》2016 年第 5 期。

63. 陈道德、曾祥云著《符号学视野下的先秦名辩学研究》

(北京)人民出版社 2017 年 2 月第 1 版。

本书是从符号学的角度研究先秦名辩学的一部学术专著。正文前载有李先焜撰写的"序",其中有言:"名家与墨家所创立的名辩学,则是对于先秦的论辩术,对那些论证与反驳的实例,做了理论上的概括与提炼。这是我国古代名辩学的极为丰富的资源。但仅仅从古代已有的阐述或西方传统逻辑的角度去论述这些问题,往往是不够的,而需要从现代符号学的角度给予新的挖掘。例如,公孙龙的《指物论》与《白马论》,不从现代符号学的角度探索,只能斥之为诡辩。……所以,我认为,两位作者提出从符号学视野研究先秦名辩学,是有理论根据与事实根据的。"[④]

本书除导论"符号学是深化先秦名辩学研究的更优范式"外,另有九

---

① 祝东:《先秦符号思想研究》,四川大学出版社 2014 年版,第 190 页。

② 祝东:《先秦符号思想研究》,四川大学出版社 2014 年版,第 190—191 页。

③ 祝东:《先秦符号思想研究》,四川大学出版社 2014 年版,第 191 页。

④ 陈道德、曾祥云:《符号学视野下的先秦名辩学研究》,人民出版社 2017 年版,序第 2 页。

章内容，分别为“符号和符号学”“名的实质、功能和分类”“名实关系及其规范”“命名理论”“名与名之间的关系”“辩的对象、功用和分类”“辩的原则和要求”“辩的方法与谬误”“先秦辩学余论”。第二章至第五章旨在用符号学范式研究先秦时期的名学，其中谈及了公孙龙的名学思想。

第二章“名的实质、功能和分类”分为三节，分别为“名的实质”“名的功能与作用”“名的分类”。在第一节“名的实质”[①]中，著者论及公孙龙《名实论》“夫名，实谓也”这一命题；在第二节“名的功能与作用”[②]中，著者论及公孙龙《指物论》“物莫非指”这一命题。

第三章“名实关系及其规范”分为五节，分别为“孔子‘正名’的意义”“《邓析子》、《尹文子》和《管子》的名实观”“后期墨家的名实观”“公孙龙‘唯谓’的名实观”“荀子论用名的原则”。在第四节“公孙龙‘唯谓’的名实观”[③]中，著者重点结合《名实论》的相关论说，对公孙龙的正名标准、正名方法和用名原则进行了阐析。

第四章“命名理论”分为三节，分别为“《尹文子》的命名思想”“公孙龙论兼名的构成”“荀子的命名思想”。在第二节“公孙龙论兼名的构成”[④]中，著者重点结合《坚白论》《通变论》的相关论说，对公孙龙的命名理论进行了阐析。

第五章“名与名之间的关系”分为三节，分别为“《尹文子》的‘自离’说”“后期墨家的‘牛马非牛非马’”“公孙龙论名与名之间的关系”。在第三节“公孙龙论名与名之间的关系”[⑤]中，著者重点结合《白马论》《通变论》的相关论说，对公孙龙关于“名与名之间的关系”的看法进行了阐析。

---

① 参见陈道德、曾祥云：《符号学视野下的先秦名辩学研究》，人民出版社2017年版，第43—51页。

② 参见陈道德、曾祥云：《符号学视野下的先秦名辩学研究》，人民出版社2017年版，第51—65页。

③ 参见陈道德、曾祥云：《符号学视野下的先秦名辩学研究》，人民出版社2017年版，第100—105页。

④ 参见陈道德、曾祥云：《符号学视野下的先秦名辩学研究》，人民出版社2017年版，第115—135页。

⑤ 参见陈道德、曾祥云：《符号学视野下的先秦名辩学研究》，人民出版社2017年版，第149—171页。

上述四章均由曾祥云撰写，具体内容与此前出版的《中国名学——从符号学的观点看》（海风出版社 2000 年版）第六章“公孙龙的名学”大致相同，不再赘述。

本书正文后载有陈道德撰写的“后记”，成稿于 2016 年 2 月 1 日，其中谈及本书提出的三个新的学术观点：其一，“符号学是深化先秦名辩学研究的更优范式”[①]；其二，“‘名’是语言符号不是概念”[②]；其三，“‘辩’是语用推理不是形式推理”[③]。

64. 李先焜著《李先焜文集》

本书系《湖北大学人文社会科学知名教授文丛》之一种，（武汉）长江出版社 2017 年 11 月第 1 版。

本书收集了著者二百多篇论文和二十多本著作中的五十三篇具有代表性的成果，其中专论公孙龙思想的文章有三篇，分别是《公孙龙〈名实论〉中的符号学理论》《公孙龙〈白马论〉中的符号学理论》《公孙龙〈指物论〉中的符号学理论》，参见本书第 411—422 页、第 423—428 页、第 429—436 页。

在《公孙龙〈名实论〉中的符号学理论》（原载于《哲学研究》1993 年第 6 期）一文中，著者首先指出：“从现代符号学的观点看来，公孙龙的著作中包含有丰富的符号学内容，其价值并不亚于古希腊的一些符号学家的著作。在先秦诸子中，如此集中地、深入地讨论‘名’（符号）的问题，恐怕要数公孙龙了，所以古代将他称之为‘名家’，是有其充分理由的，而‘名家’，实际上就是今天所说的‘符号学家’。”[④]基于这种看法，本文从四个方面阐析了《名实论》的符号学理论，分别是“《名实论》名实对应的指称论”“正名的准则——‘唯乎其彼此’”“《名实论》的内在逻辑结构”“《名实论》——公孙龙符号学的理论基础”。

---

① 陈道德、曾祥云：《符号学视野下的先秦名辩学研究》，人民出版社 2017 年版，第 293 页。

② 陈道德、曾祥云：《符号学视野下的先秦名辩学研究》，人民出版社 2017 年版，第 293 页。

③ 陈道德、曾祥云：《符号学视野下的先秦名辩学研究》，人民出版社 2017 年版，第 294 页。

④ 李先焜：《李先焜文集》，长江出版社 2017 年版，第 411 页。

在"《名实论》名实对应的指称论"部分，著者首先指出："《名实论》主要讨论名实关系问题。'名'就是表述事物的'名称'。公孙龙是以连锁定义的方式给'名'下定义。首先，他给'物'下定义：'天地与其所产者，物也。'然后通过'物'给'实'下定义：'物以物其所物而不过焉，实也。'最后通过'实'再给'名'下定义：'夫名，实谓也。'就是说，名是对实的称谓或指谓。"[①]接着，著者根据皮尔士(C. S. Peirce)的符号学理论，认为"公孙龙所说的'名'(包括先秦诸子所说的'名')，就是一种符号，因为'名'是用来代表另一事物的东西。'马'这个名称就是用来代表马那个东西，'白马'这个名称就是用来代表白马那个东西。符号与它所代表对象之问[②]的关系，称之为语义关系，语义关系属于符号学研究的范围。因此，公孙龙的《名实论》具有重大的符号学意义"[③]。在著者看来，公孙龙与先秦其他诸子就名实关系的语义问题所作的探讨都可比勘于西方语义学史上的"指称论"(referential theory)[④]，相较之下，公孙龙的独特之处在于："公孙龙所讨论的是纯属语义学范围的名实关系，通篇很少涉及政治、伦理问题，这一特点也基本上贯穿于《指物论》、《白马论》、《坚白论》诸篇之中。可以说《名实论》是一篇纯粹的语义学著作，公孙龙是纯粹意义上的语义学家、符号学家。"[⑤]针对有些学者将公孙龙的《名实论》(以及先秦其他诸子论著)中的"名"直接解释为"概念"的做法，著者进行了质疑并提出了自己的观点："'名'，就其直接意义上说，就是'名称'，名称与概念有联系，但不等同。从现代逻辑与语义学的观点看来，名称具有指称与涵义两个方面，或者说具有外延意义与内涵意义两个方面；概念只相当于一个名称的内涵意义方面。公孙龙的(以及先秦其他诸子的)语义理论属指称论，也就是说，只考虑名称的外延意义，即看一个名称究竟指称一个什么对象，而忽略其内

① 李先焜：《李先焜文集》，长江出版社2017年版，第411页。

② "问"当作"间"。

③ 李先焜：《李先焜文集》，长江出版社2017年版，第412页。

④ 李先焜指出："所谓指称论，是说一个名称的意义就是它所指示或所命名的那个事物、对象，或者更精确地说，一个名称的意义就是名称与它所指称的对象之间的某种关系。"见李先焜：《李先焜文集》，长江出版社2017年版，第412页。

⑤ 李先焜：《李先焜文集》，长江出版社2017年版，第414页。

涵意义，就是一般所说的涵义或概念。”[①]基于指称论与概念论（观念论）的区别，著者还对利用奥格登、理查兹的语义三角理论分析公孙龙《名实论》的局限性进行了揭示：“语义三角的分析是属于观念论的语义理论，观念论与指称论虽然同属对应论，都认为一个名称的意义就在于它与某个东西相对应，但是，前者主张对应的是观念（概念），后者主张对应的是外在的事物，因此，两种理论有着重大的区别。公孙龙的《名实论》如前所述属于指称论，显然不能将它归于观念论，不能将它的‘名’直接等同于概念。”[②]

在“正名的准则——‘唯乎其彼此’”部分，著者认为，面对名实散乱的状况，“先秦诸子纷纷从各自的立场提出‘正名’的要求。不过，先秦诸哲中除公孙龙外，一般都没有提出过究竟怎样才算是正名的准则。只有荀子《正名》篇中提出了‘制名之枢要’，……但这种约定俗成的理论仍无法排除语言中的歧义、含混现象”[③]。公孙龙提出的“其名正则唯乎其彼此”的命题，强调名与实之间的一一对应关系，因而成为一条可以解决名实散乱问题的正名准则。基于上述看法，著者结合《名实论》的相关命题阐析了公孙龙论证这条正名准则的过程：“他在《名实论》中首先从反面论述：‘谓彼而彼不唯乎彼，则彼谓不行；谓此而此不唯乎此，则此谓不行。其以当不当也，不当而乱也。’这就是说，如果用一个名称既可以用来称谓彼又可以用来称谓此，这样的名称就不可行，就会造成混乱。接着公孙龙又从正面进行了论述：‘故彼彼当乎彼，则唯乎彼，其谓行彼；此此当乎此，则唯乎此，其谓行此。其以当而当，以当而当，正也。’这就是说，如果用一个名称称谓彼则仅仅称谓彼，用来称谓此则仅仅称谓此，这样的名称就可行，这样的称谓就恰当，这就是正确的名称。在正反论述之后，文章作出总结：‘故彼彼止于彼，此此止于此，可。彼此而彼且此，此彼而此且彼，不可。’这就是‘其名正则唯乎其彼此’这句话的具体阐释：一个正确的名称

① 李先焜：《李先焜文集》，长江出版社 2017 年版，第 414 页。

② 李先焜：《李先焜文集》，长江出版社 2017 年版，第 415 页。

③ 李先焜：《李先焜文集》，长江出版社 2017 年版，第 415 页。

与其所指对象之间只能具有一一对应关系，而不能具有一多或多一关系。”[①]然后，著者结合春秋战国时期特别是战国中后期出现的严重的语言歧义、含混问题，分析了造成这种现象的社会原因，就此评说了公孙龙的正名准则：“‘其名正则唯乎其彼此’的准则，从符号学的角度说，就是要求一个正确的符号必须具有严格的单义性，但这是一种理想语言的原则。……公孙龙能在两千多年前提出这一‘正名’准则，虽然有些理想化，但对促进语言表达的精确性来说，是有其积极意义的。”[②]此外，著者还以柏拉图特别是莱布尼茨的语言观作参照，通过对比阐说了公孙龙正名准则的学术价值：“对比起来，莱布尼茨的理论既涉及逻辑语形学也涉及逻辑语义学，其逻辑语义学是建立在逻辑语形学的基础上；而公孙龙的正名准则主要涉及逻辑语义学（相应于传统逻辑中的内涵、外延、定义、划分之类）。偶尔涉及逻辑语用学［如‘当’（恰当）的概念］，而未涉及逻辑语形学的内容。从这一方面说，公孙龙的正名准则对符号学与逻辑学的贡献不及莱布尼茨的普通语言的原则。但是，当我们想到公孙龙是在比莱布尼茨早了将近两千年提出这一准则的，我们不得不承认公孙龙的正名准则在符号学方面的重大的学术价值。”[③]

在“《名实论》的内在逻辑结构”部分，著者首先指出：“公孙龙的著作，特别是他的《名实论》，较之先秦其他诸子的著作，有一个明显的特点，就是公孙龙的著作较多地使用分析的方法，演绎论证的方法，而较少使用归纳、类比论证的方法。”[④]接着，著作对《名实论》的逻辑结构进行了分析，认为从结构上看全篇可分成三个部分：“第一部分是从‘物’与‘实’的定义推出‘正实’与‘正名’”[⑤]，“第二部分主要阐述正名的准则”[⑥]，“第三部分是在前面论述的基础上，对说话者，即‘名’的使用者提出要求”[⑦]。根据上述结

① 李先焜：《李先焜文集》，长江出版社2017年版，第415—416页。
② 李先焜：《李先焜文集》，长江出版社2017年版，第417页。
③ 李先焜：《李先焜文集》，长江出版社2017年版，第418页。
④ 李先焜：《李先焜文集》，长江出版社2017年版，第418页。
⑤ 李先焜：《李先焜文集》，长江出版社2017年版，第418页。
⑥ 李先焜：《李先焜文集》，长江出版社2017年版，第420页。
⑦ 李先焜：《李先焜文集》，长江出版社2017年版，第421页。

构划分，著者在每一部分下一一列出属于该部分的句子并逐句进行了分析。在分析的基础上，著者总结道："从以上的分析可以看出，公孙龙的《名实论》通篇主要使用演绎的方法，而未使用先秦诸子流行的例证归纳的方法。第一部分主要使用连锁定义，第二部分主要使用反证法与合取法，在定义与演绎论证中都包含细致的语义分析，通篇结构严谨，逻辑的说服力强，以致公孙龙的反对者往往批驳公孙龙的其他各篇，而很少批驳他的《名实论》。这种连锁定义方法的运用与演绎论证方法的运用，也是公孙龙对中国古代逻辑学的一种贡献，正如皮尔士曾将逻辑学看作符号学的一个别名一样，公孙龙对逻辑学的贡献也是对符号学的贡献。"[①]此外，著者还提请读者注意公孙龙在《名实论》中较多地使用代词"彼"和"此"，以代替具体的名称，认为"在公孙龙的时代，能用'彼'、'此'之类的代词来代替具体的名称以作理论论述，这不能不说是公孙龙对逻辑学与符号的一大贡献"[②]。

在"《名实论》——公孙龙符号学的理论基础"部分，著者从符号学的角度阐析了《名实论》在《公孙龙子》五篇中的理论基础地位："在公孙龙现存的五篇著作中(《迹府》除外)，《名实论》应该占有一个特殊的地位，实际上它可以说为其他诸篇提供了符号学的理论基础，因为其他诸篇都涉及一个名实关系问题，都为了解决现实生活中的名实散乱问题，这些也都是符号学的问题。他在其他诸篇中，始终贯穿了一个基本观念，即'名者，实谓也'，始终强调'审其名实，慎其所谓'，始终注意贯彻一个准则，即'其名正则唯乎其彼此'的单义准则，虽然这一准则在当时多么难以严格贯彻，但针对当时严重的'名实散乱'的情况，提出这一要求，是有其科学意义的。再看公孙龙对'白马非马'命题的分析，对'物莫非指，而指非指'的分析，对'坚'、'白'、'石'的分析，对'羊合牛非马'的分析等，也无不体现'其名正则唯乎其彼此'的要求，都贯彻'审其名实，慎其所谓'的目的。因此，只有抓住诸篇中的这一合理内核，才能理解诸篇的真正旨意。如果将各篇相互割裂开来，将个别命题跟其整个系统割裂开来，孤立地讨论所谓

① 李先焜：《李先焜文集》，长江出版社 2017 年版，第 421 页。
② 李先焜：《李先焜文集》，长江出版社 2017 年版，第 422 页。

‘白马非马’、‘物莫非指，而指非指’的命题，就必然会统统斥之为诡辩术。我们认为，以现代符号学的观点与方法去研究公孙龙的著作，可以挖掘出一些闪烁异彩的晶莹宝石，这些宝贵遗产我们不要随意抛弃。”[①]

在《公孙龙〈白马论〉中的符号学理论》(英文稿原载于波兰华沙大学主编的《符号世界》一书，1998 年版)一文中，著者从符号学的角度对《白马论》进行了阐析。依照著者的说法，本文要解决的问题是：“探索一下公孙龙说的‘白马非马’究竟是什么意思；他为什么要提出这么一个与常识相违背的命题；提出这一命题究竟有没有语言学、逻辑学以至符号学方面的意义。”[②]围绕着上述问题，著者首先在全文的每一段话之前加上一个标号，然后对公孙龙论证“白马非马”的运思智慧进行了分析，认为这种论证可以概括为如下五个方面：

其一，“公孙龙作出了‘命形’与‘命色’的两类不同符号的区别”[③]，详见第四段话“马者所以命形也，白者所以命色也，命色者非命形也，故曰白马非马”。著者就此阐说道：“他认为‘马’这一符号属于前者，‘白’这一符号属于后者。按传统逻辑的分类，‘马’属于‘实体’范畴，‘白’属于‘性质’范畴。‘马’是一种实体，它具有马的外形；‘白’是一种性质，它可以与‘马’的实体相结合，也可以与其他的实体相结合(如‘白纸’、‘白云’、‘白鹤’、‘白墙’等)……公孙龙并未能从语形上对词作出词性的分类，但是他确实看到了不同符号的范畴上的区别，从而强调‘命色者非命形也’，指出了指称性质的符号不同于指称实体的符号。如在词组‘白马’中包含有修饰性质的符号‘白’，因此它不同于单指指称形体的符号‘马’，由此他证明‘白马非马’。这里的‘非’是‘不等同于’的意思。……公孙龙说的‘白马非马’，就是说‘白马’这个词不能等同于‘马’这个词，这里讨论的完全是符号之间的关系。”[④]

其二，“公孙龙不仅从内涵上而且从外延上分析了‘白马’与‘马’两个

① 李先焜：《李先焜文集》，长江出版社 2017 年版，第 422 页。

② 李先焜：《李先焜文集》，长江出版社 2017 年版，第 423 页。

③ 李先焜：《李先焜文集》，长江出版社 2017 年版，第 424 页。

④ 李先焜：《李先焜文集》，长江出版社 2017 年版，第 424—425 页。

集合的区别。公孙龙是从行为上来加以说明的”[①]，详见第六段话“求马，黄、黑马皆可致；求白马，黄、黑马不可致，使白马乃马也，是所求一也。所求一者，白者不异马也。所求不异，如黄、黑马有可有不可，何也？可与不可，其相非明，故黄、黑马一也，而可以应有马，而不可以应有白马，是白马之非马，审矣”。著者就此阐说道：“这里所说的‘可致’与‘不可致’，就是说黄马与黑马可以包括在求‘马’的范围，而不可以包括在求‘白马’的范围，用逻辑的术语说就是黄马与黑马可以包括在‘马’的外延之内，而不能包括在‘白马’的外延之内，由此证明，‘白马’与‘马’这两个集合的外延是不一致的。公孙龙还反驳对方说：‘使白马乃马也，是所求一也；所求一者，白马不异马也。’也就是说，如果认为‘白马’就是‘马’的话，那么就会说两者的外延完全一致。但是，求‘马’与‘白马’时，黄马、黑马有时可致，而有时又不可致，如果‘马’与‘白马’的外延完全一致，何以会出现这种情况呢？根据这一点，公孙龙认为：‘是白马之非马，审矣。’这种从外延上的证明与反驳，是有相当说服力的。”[②]

其三，“公孙龙初步探索了集合运算中的‘交’(intersection)运算”[③]，详见第八段话中的“白马者，马与白也，马与白，非马也，故曰白马非马也”一句。著者就此阐说道：“这里这个‘与’字就相当于集合运算中‘交’。他是说，‘马’这个集合与‘白’这个集合之‘交’，就形成一个新的集合‘白马’，这个新的集合必然要不同于原有的集合‘马’与‘白’。所以他特别强调‘马与白，非马也’。也就是说：‘白马非马也。’”[④]

其四，“公孙龙分析了人们在说‘白马非马’时的‘离’的心理过程”[⑤]，详见第十三段话“有白马不可谓无马者，离白之谓也，不离者，有白马不可谓有马也，故所以为有马者，独以马为有马耳。非以白马为有马，故其为有马也，不可以谓马马也”。著者就此阐说道：“当人们说‘白马是马’的时候，无形中已经将‘白’的属性从‘白马’中‘分离’出去，口头上说‘白马是

---

① 李先焜：《李先焜文集》，长江出版社 2017 年版，第 425 页。
② 李先焜：《李先焜文集》，长江出版社 2017 年版，第 425—426 页。
③ 李先焜：《李先焜文集》，长江出版社 2017 年版，第 426 页。
④ 李先焜：《李先焜文集》，长江出版社 2017 年版，第 426 页。
⑤ 李先焜：《李先焜文集》，长江出版社 2017 年版，第 426 页。

马’，而在心理上暂时不考虑‘白’而只是说‘马是马’。……公孙龙不仅在《白马论》中提到了‘离’，而且在《坚白论》中进一步阐述了‘离’在分析‘坚、白、石’三种关系中的作用，他并且明确定义说：‘离也者，藏也。’就是说，‘离’并非就是完全无视‘白’而只是暂时将‘白’藏起来不予考虑。公孙龙将‘离’看作他学说中的一个非常重要的概念，从传统逻辑学与心理学的观点来看，所谓‘离’，实际上就是一个‘抽象过程’。它从许多并列的下位概念（种概念）经过抽象的过程到达一个共同的上位概念（属概念），必然包含两方面的功能：一是要从许多下位概念中抽引出一些共同的属性，二是要从许多下位概念中舍弃一些特殊的、非共有的属性。例如从‘白马’、‘黑马’、‘棕马’中抽象出‘马’的共同属性，必然要舍弃它们的‘白’、‘黑’、‘黄’、‘棕’等特殊属性，这一舍弃的功能就是公孙龙所说的‘离’。但公孙龙还进一步阐述‘离’并非完全‘隔离’，而只是暂时‘藏匿’起来，这是合理的。”[①]

其五，“公孙龙还研究了抽象的‘白’与具体的‘白’的区别”[②]，详见第十四段话“白者不定所白，忘之而可也，白马者言白，定所白也，定所白者，非白也。马者无去取于色，故黄、黑皆可以应，白马者，有去取于色，黄、黑马皆以所色去，故唯白马独可以应耳，无去者，非有去也，故曰白马非马”。著者就此阐说道：“他根据‘离’与‘藏’的功能，将离去了形体（马）的‘白’称之为‘不定所白’，这种‘白’没有与具体的形体相结合而具有某种抽象的属性；他将与一定形体相结合了的‘白’称之为‘定所白’，这种‘白’显然具有某种具体的属性。公孙龙认为‘定所白’的‘白’与‘不定所白’的‘白’是有区别的。……此外，公孙龙还分析了‘有去取于色’的‘白马’与‘无去取于色’的‘马’的区别。这里也涉及一个词义的具体性和抽象性（即‘horse’与‘horse-ness’）的问题，我们认为这些在中国逻辑史上与符号学史上都有其重要意义。”[③]在阐说的基础上，著者还对有人把公孙龙所说的“不定所白”比勘于柏拉图理念论中的“理念”进而视之为一种客观唯

① 李先焜：《李先焜文集》，长江出版社2017年版，第426页。

② 李先焜：《李先焜文集》，长江出版社2017年版，第427页。

③ 李先焜：《李先焜文集》，长江出版社2017年版，第427页。

心主义的做法提出了质疑，“因为公孙龙并未论证过‘不定所白’的‘白’是某种像柏拉图所谓的客观存在的理念，而认为它只是由于某种原因对认识者来说暂时隐藏起来而并未消失的事物属性，而不是一种独立存在的实体”[①]。

最后，著者对公孙龙《白马论》中的符号学理论进行了总结，并对“白马非马”命题的积极意义与历史遭际进行了评说：“公孙龙的《白马论》完全是对人们认识过程与言语行为过程的分析，也可以说是对符号过程(semiosis)的分析，他确实看到了一些常人看不到的问题，分析了一些常人不容易发现的语言哲学现象。有些人单纯从常识的角度来看待这些命题，从而责备说那纯属诡辩，这样的责备确实有失偏颇。公孙龙提出‘白马非马’的命题，……就是要用‘白马非马’这一实例来说明人们在使用各种语词符号时一定要求做到精确、恰当，在某种语境中该说‘马’时就要说‘马’，该说‘白马’时就要说‘白马’，而不允许混用。从这一方面说，公孙龙的‘白马非马’的论题在当时对促进人们准确地使用语言符号来说，是有其积极意义的。可以说，公孙龙是中国古代第一位非常重要的符号学家。而且，从公孙龙对‘白马非马’与‘坚白石’的分析来看，可以断定中国古代并非完全缺乏分析的传统，只是这一传统长期未被很好地继承与发扬，反而受到一定程度的误解和歧视甚至打击。这不能不说是一个悲剧。今天我们从符号学的角度可以挖掘出中国哲学史上曾经闪烁过的这一光辉思想，摘掉历史上曾经不公正地给公孙龙戴上的‘诡辩家’的帽子，恢复他在中国哲学史上应有的地位。”[②]

在《公孙龙〈指物论〉中的符号学理论》(英文稿原载于《欧洲符号学杂志》1998 年第 10 卷第 3 期，英文题目为《公孙龙的“指非指”》)一文中，著者从符号学的角度对《指物论》进行了阐析。在著者看来，《指物论》是《公孙龙子》诸篇中最难理解的篇目，“《指物论》能否算是符号学著作，关键在于对其中心论题‘物莫非指，而指非指’中的‘指’字的理解”[③]。基于这种

① 李先焜：《李先焜文集》，长江出版社 2017 年版，第 427—428 页。

② 李先焜：《李先焜文集》，长江出版社 2017 年版，第 428 页。

③ 李先焜：《李先焜文集》，长江出版社 2017 年版，第 429 页。

看法，著者首先对国内不少学者将“指”解释为“概念”（“观念”或“共相”）进而视之为一种客观唯心主义的做法提出了质疑，认为“‘指’虽然可以通假为‘旨’，‘旨’有‘意’的意思，但是，按现代语义学的观点，一个词（符号）的意义可以有两个方面：一方面是涵义（sense），一方面是指称（reference），依据《指物论》的通篇语气看，‘指’应该是‘指称’，而非‘涵义’”[①]。接着，著者结合《尔雅》《说文解字》关于“指”的训释[②]考辨了“指”的含义，认为将“指”解释为“指称”更接近它的本义。然后，著者对此前按照“指”的本义给予解释的著述（如伍非百的《公孙龙子发微》、刘宗棠的《〈指物论〉与指号学》[③]，其中伍非百的观点最具代表性）进行了评述，进而结合现代符号学的基本观点阐述了自己研究《指物论》的立场：“关于现代符号学的基本观点，我在《指号学与逻辑学》一文（载《哲学研究》1988年第9期，后编入《逻辑符号学论集》时，为求术语的统一改为《符号学与逻辑学》）中已有初步介绍。这里特别要说明一下中国当代逻辑学家与符号学家周礼全先生翻译与介绍的西方指号学著作对我们的启示。周礼全在他所译的莫里斯的《指号理论的基础》（载商务印书馆：《资产阶级哲学资料选辑》第十八辑1966年出版）一书的注释中说：‘一个事物之所以是一个sign，就是在于它有所指，或有所指谓。这是我们把sign译成指号而不译成记号的理由。’周礼全正是抓住sign这一最本质的特征，将‘符号’或‘记号’译成‘指号’。这对我们解释公孙龙的《指物论》无异给了一把关键的钥匙。我们可以理解：‘指者，指号也。’‘指号’，也就是一般所谓的‘符号’。这样，刘宗棠所主张的‘《指物论》应该是“指号与事物关系的理论”’的观点是完全有根据的。而这与我们前面所讨论的公孙龙的《名实论》的主题内在一致性就十分明显了。因为名称问题在中国古代也就是语言问题，按照索绪尔的观点，语言的特征之一就是它的符号性。索绪尔甚至说：‘语言学可以成为整个符号学中的典范。’符号学是比语言学范围更为广泛的科学，可见，《指物论》讨论的是比《名实论》的论题更为广泛的问题。这

---

① 李先焜：《李先焜文集》，长江出版社2017年版，第429页。

② 《尔雅》：“指，示也。”《说文解字》：“指，手指也。”

③ 该文原载于《哲学研究》1989年第12期。

样，从两者的内在一致性来理解《指物论》，比孤立地研究《指物论》自然会更为有效。”[①]基于符号学的观点与立场，著者重点探讨了《指物论》中四个关键性的命题与问题：

其一，“《指物论》中‘指’与‘物’的关系是直接的对应关系，还是经过某种中介，例如经过‘概念’的中间环节？这是一个非常重要的问题”[②]。围绕这个问题，著者阐说道：“如果认为它们是直接的对应关系，那么，这种语义关系就属于指称论，如果认为需要经过概念的中介，那么，这种语义关系就属于观念论。索绪尔的语义理论显然属于观念论，因为他认为‘语言符号连结的不是事物和名称，而是概念和音响形象’。我们在前面分析公孙龙的《名实论》时指出，它讨论的是名称与事物的对应关系，它属于指称论。现在看《指物论》，通篇没有谈到一个中间环节，而是直接讨论‘指’与‘物’的对应关系，它不适于使用语义三角的形式进行分析。”[③]“正如我们在前面已经表述的那样，先秦诸子一般都主张这种语义的指称理论，这种理论一般都冠之以‘正名’的总称。一直到20世纪初仍将明确语义称为正名，其主要原则仍然是要求‘名副其实’、‘名实相符’，也就是将一定的名对应于一定的实。”[④]

其二，“物莫非指”的解释问题：“一般解释为：所有的事物皆能为一定的符号所指谓，即给予一个实指定义。但是，我们认为，这句话还有另一方面的涵义，即‘任何事物都可以（在一定条件下）充当指谓其他事物的符号’，也就是说任何事物都能（在一定条件下）起到符号的作用。……通观《指物论》的全文，应该说这种解释是‘物莫非指’的主要涵义。”[⑤]

其三，“而指非指”的解释问题：“这是《指物论》中最受误解、歪曲和指责的命题。我们依据伍非百的解释，将前一个‘指’表示‘能指’（即符号自身的物质状态，如一组声音，或一组字体，或某个具体事物），后一个‘指’表示这个符号‘所指的对象’，简称‘所指’。符号与它所指对象之间的关

① 李先焜：《李先焜文集》，长江出版社2017年版，第430—431页。
② 李先焜：《李先焜文集》，长江出版社2017年版，第431页。
③ 李先焜：《李先焜文集》，长江出版社2017年版，第431页。
④ 李先焜：《李先焜文集》，长江出版社2017年版，第432页。
⑤ 李先焜：《李先焜文集》，长江出版社2017年版，第432—433页。

系是一种物质关系。从这一点上说，我们虽然也使用'能指'与'所指'两个词，但这两个词与索绪尔所规定的'能指'与'所指'两词有着很大的区别。索绪尔认为这两个词所表达的都是心理的东西，他认为符号的所指只能是概念。我们认为，公孙龙所说的'指非指'可以解释为'能指不为其自身所指'，也就是说，'能指'这个符号自身不属于这个符号所指的外延，……有的学者将'指非指'解释为'指号'不能指称自身，这是指号的'不自返性'。我们认为这个解释不及上面所说的解释明确，它容易引起误解，因为如果将这种'指号'解释为罗素在讨论逻辑悖论时所说的'正常的集合'，则这句话可以成立；如果是指象'指号'、'概念'、'词'等'非正常集合'，这句话则不能成立。因为'指号'、'概念'、'词'是可以自返的，即'指号'本身是一个指号，'概念'本身是一个概念，'词'本身是一个词，所以，将'指'字笼统地解释为'指号'，不如分解为'能指'与'所指'更为恰当。我们认为，公孙龙在先秦提出了'指非指'即'能指不是其自身所指'的命题，是一种非常卓越的思想。"[①]

其四，"非指"的解释问题："'非指'，这是在《指物论》中多次出现的一个名词性词组。通观全文，看来不能简单地看作是对'指'的否定，或者说，是'指'的补集。我们将它解释为'事物不能成为所指'，而这是公孙龙所反对的一个命题。它往往被公孙龙运用归谬法加以反驳。公孙龙说得较多而且是他所主张的命题是'非有非指也'，即'并非事物不能成为所指'。"[②]

在一一解释上述命题与问题的基础上，著者采用传统的翻译与注释的方法，对《指物论》全篇逐段进行了疏解。通过疏解，著者最后总结道："这篇文章阐述了许多非常深刻的符号学原理，这些命题今天看来仍然有其重要的理论意义。公孙龙的其他几篇著作如《白马论》、《坚白论》、《通变论》等，也涉及不少符号学方面的问题，其共同点就是它们都对语言进行了逻辑语义的分析。可惜这些均不为当时甚至当今的学者所理解，反而斥之为诡辩。这确实是公孙龙的不幸。公孙龙在其他各篇也作了这种

---

① 李先焜：《李先焜文集》，长江出版社 2017 年版，第 433 页。

② 李先焜：《李先焜文集》，长江出版社 2017 年版，第 433 页。

精致、深刻、独到的语言分析，因此，我们有理由将公孙龙称为中国先秦时期杰出的符号学家，也是杰出的语言哲学家。他的符号学理论是与其语言哲学密切结合着的。我们要揭去不少人给他披上的神秘面纱，以还其学术的本来面目。”[①]

另需说明的是，李先焜译著《语言、符号与逻辑——李先焜译文集》（湖北人民出版社 2017 年 5 月第 1 版）一书汇集了译者几十年来翻译出版的译稿十七篇，其中两篇英文稿专门探讨了公孙龙的符号学思想，分别是“Why Gongsun Long said:‘White horse is not horse’”“On Gongsun Long’s”，参见本书第 393—400 页、第 406—414 页。这两篇文稿在被译成中文收入《李先焜文集》（长江出版社 2017 年版）时，其题目有所改动，分别为《公孙龙〈白马论〉中的符号学理论》《公孙龙〈指物论〉中的符号学理论》。前面已经作过介绍，这里不再赘述。

65. 曾昭式著《先秦逻辑新论》

本书系《国家哲学社会科学成果文库》之一种，（北京）科学出版社 2018 年 3 月第 1 版。

本书正文前载有著者撰写的“前言”[②]，成稿于 2017 年 11 月 28 日。著者主要阐说了四个问题：其一，“逻辑观与先秦逻辑写作”[③]。在著者看来，“以逻辑为视角，作先秦经典解释，如同思想史研究，有不同的方法。解释大概有两种方法，一为点石成金（此‘石’‘金’为二物，无贵贱之别），二为砌石为墙，前者由石变金，石已无自性，后者虽为石墙，但有石在”[④]。“笔者主张经典解释采用‘砌石为墙’的方法。本书基于‘砌石为墙’的方法，提出中国传统逻辑是一种‘正名—用名’的论证类型，反映价值性特征”[⑤]。其二，“先秦逻辑‘正名—用名’类型下的‘正名’思想”[⑥]。就公孙龙

① 李先焜：《李先焜文集》，长江出版社 2017 年版，第 436 页。

② 参见曾昭式：《先秦逻辑新论》，科学出版社 2018 年版，前言第 1—17 页。

③ 参见曾昭式：《先秦逻辑新论》，科学出版社 2018 年版，前言第 1—5 页。

④ 曾昭式：《先秦逻辑新论》，科学出版社 2018 年版，前言第 3 页。

⑤ 曾昭式：《先秦逻辑新论》，科学出版社 2018 年版，前言第 5 页。

⑥ 参见曾昭式：《先秦逻辑新论》，科学出版社 2018 年版，前言第 5—8 页。

的思想而言，"《公孙龙子》关于'物、指、实、名'之关系的讨论集中在《指物论》和《名实论》篇里，《指物论》探讨'指'与'物'的关系，《名实论》讨论'物''实''名'等概念之关系（'天地与其所产焉，物也。物以物其所物而不过焉，实也。……夫名，实谓也'）。天地和其所产的东西称为物，物是世界经验可感知的实际存在，它通过'指'方能表现出来，即'物莫非指'。《指物论》强调，'指'只能是指物，'指'不能自指（'物莫非指，而指非指'），它只能通过物方显自己，而天下并没有'指'，但是所有物又必须通过'指'方为物。即为人们所感觉的东西，为'物'；相互分离而独自自藏的是物的背后为指；与物为指，为物指：一经与物为指，不同于自藏的指。如何区别不同的物，就要'物以物其所物而不过'，何以'物其所物'，靠'指'。当'物以物其所物而不过'时就是'实'，'实'通过'名'来展现，因为，'夫名，实谓也'。名怎样称谓实？'此''彼'非或不在'此''彼'时就不能称谓'此''彼'。这样可以看出，'物'与'实'关系明确，'实''名''指'三个概念关系为：'指'是'实'的质，是把不同的'实'区别开来的属性。'名'是表'实'的，有不同的'指'，便有不同的'实'，自然有不同与之对应的'名'，所以，'天下无指者，生于物之各有名，不为指也'。但是不同'实'背后的'指'，才有不同的'名'"[①]。其三，"先秦逻辑'正名—用名'类型下的'用名'思想"[②]。就公孙龙的思想而言，"'白马非马'论证是公孙龙'正名'理论的核心例证，公孙龙本欲谈抽象意义上名与名之间关系，但其选取生活中的具体对象之名而构造一个违反常识的错误命题'白马非马'，以期论证'白马非马'背后之理，公孙龙之苦心也是顺应中国传统文化中论证之需要，因为中国传统文化不关心分析性论证，更多的是切于生活经验和与此相关的价值宣扬的论证类型，这也是公孙龙引来众多批评的重要原因。并且，公孙龙诸多例证本身亦包含着中国传统文化中诸多观念，如在《通变论》里用他那个时代的'材'与'不材'、颜色词、五行相生相克理论作为分类的标准，而非西方之'类'概念（'马'与'羊''牛'属于'材'类，所以'羊合牛非马'为正举；'鸡'属于'不材'类，所以'牛合羊非鸡'为狂举。'"青以白非

① 曾昭式：《先秦逻辑新论》，科学出版社2018年版，前言第8页。

② 参见曾昭式：《先秦逻辑新论》，科学出版社2018年版，前言第9—13页。

黄”为正举、“白以青非碧”为狂举’涉及中国古代颜色词理论、方位词理论和五行相生相克理论，‘青、白、黄’为正色词，分别代表‘东、西、中’或‘木、金、土’，所以文中出现‘木贼金’‘不相胜’等命题。‘碧’则为非正色词，这就是正举、狂举区分的依据)。如果说‘白马非马’论证是为了引起人们关注自己主张，那么使用生活中的经验知识作为论证材料则是为了让人们接受自己的理论。其宣扬自己主张之目的如《迹府》言‘正名实而化天下’，所以《名实论》最后一句话要求‘明王’‘审其名实，慎其所谓’”[①]。其四，“逻辑学史的类型与特征”[②]。在著者看来，“如果将亚里士多德三段论称为科学逻辑，那么可以称佛教逻辑为信仰逻辑，先秦逻辑为价值逻辑，这是从各自逻辑特征而命名的”[③]。就“价值逻辑”而言，“它是基于价值观的一种逻辑。先秦时期说辩者之认知是把整个世界(包括其自身)视为一个整体，依赖自身的直观体验去整体、辩证地把握世界；并通过说辩者对人生、社会伦理道德的规定，由对自我的完善，推及到对世界的整体把握的认知模式。……并且先秦说辩者确立的‘名’带有不同学派学说主张的色彩，这就是先秦不同学派学者争论‘名’的原因所在。如上文所述，先秦逻辑‘说’与‘辩’不同，‘说’更多在于传道，‘辩’则在论证己是他非，但是二者都以‘价值取向’为其说辩的前提和目的，所以，价值观成为先秦逻辑说辩之规则”[④]。

本书除导言“逻辑、思想与文化”外，其主体部分包括六章内容，分别为“先秦道家逻辑”“先秦儒家逻辑”“先秦名家逻辑”“先秦墨家逻辑”“《经上》《经说上》《经下》《经说下》释义”“先秦易学逻辑”。其中第三章“先秦名家逻辑”分为三节，分别为“先秦名家研究概述”“《尹文子》逻辑研究”“《公孙龙子》逻辑研究”。在“先秦名家研究概述”一节[⑤]，著者对《尹文子》逻辑研究、《公孙龙子》逻辑研究分别进行了述评。在“《公孙龙子》逻辑研

① 曾昭式:《先秦逻辑新论》，科学出版社 2018 年版，前言第 10 页。

② 参见曾昭式:《先秦逻辑新论》，科学出版社 2018 年版，前言第 13—17 页。

③ 曾昭式:《先秦逻辑新论》，科学出版社 2018 年版，前言第 15 页。

④ 曾昭式:《先秦逻辑新论》，科学出版社 2018 年版，前言第 16—17 页。

⑤ 参见曾昭式:《先秦逻辑新论》，科学出版社 2018 年版，第 133—146 页。

究述评”部分[1]，著者首先将百年来的《公孙龙子》逻辑研究分为“诡辩说”“概念说”“符号学说”“名学说”，然后结合四种说法的代表人物及其主要观点逐一进行了述评。

在“《公孙龙子》逻辑研究”一节[2]，著者首先指出：“本书认为，《名实论》《指物论》是公孙龙的‘正名’理论；《白马论》《通变论》《坚白论》为‘假物取譬’，是其‘用名’思想。”[3]基于这种看法，著者重点探讨了三个问题，分别为“《公孙龙子》的‘正名’理论”“《公孙龙子》的‘用名’思想”“后期墨家、荀子批评‘白马非马’之评析”。

在“《公孙龙子》的‘正名’理论”部分[4]，著者首先指出：“《名实论》《指物论》所包含的正名理论概念有‘物、指、实、位、名’等，明确这些概念特征与关系，也就能够理解《公孙龙子》的思想。”[5]基于这种看法，著者将公孙龙的正名概念分为“‘物’‘指’‘实’”与“‘实’‘位’与‘名’”两组并分别进行了阐析，其观点已在本书前言中作过交代，这里不再赘述。

在“《公孙龙子》的‘用名’思想”部分[6]，著者首先指出：“《白马论》《通变论》《坚白论》三篇分别通过不同的例子展开论证（‘白马非马’、‘二无一’、‘坚白石二’），以证公孙龙的‘正名’理论，体现其‘用名’思想。其中，‘白马非马’论证是基础，‘二无一’和‘坚白石二’论证是佐证‘白马非马’论证的。”[7]基于这种看法，著者从“‘白马非马’论证”“‘二无一’论证“‘坚白石二’论证”三个方面分别进行了阐析，其观点已在本书前言中作过交代，这里不再赘述。

在“后期墨家、荀子批评‘白马非马’之评析”部分[8]，著者结合《墨经》《荀子·正名》中的相关说法，分别评析了后期墨家、荀子对“白马非马”之论所作的批评。最后，著者总结道：“以公孙龙‘白马非马’命题的分析为

① 参见曾昭式：《先秦逻辑新论》，科学出版社2018年版，第135—146页。
② 参见曾昭式：《先秦逻辑新论》，科学出版社2018年版，第156—170页。
③ 曾昭式：《先秦逻辑新论》，科学出版社2018年版，第156页。
④ 参见曾昭式：《先秦逻辑新论》，科学出版社2018年版，第157—160页。
⑤ 曾昭式：《先秦逻辑新论》，科学出版社2018年版，第157页。
⑥ 参见曾昭式：《先秦逻辑新论》，科学出版社2018年版，第160—168页。
⑦ 曾昭式：《先秦逻辑新论》，科学出版社2018年版，第160页。
⑧ 参见曾昭式：《先秦逻辑新论》，科学出版社2018年版，第168—170页。

例,旨在说明广义论证理论的提出适宜于不同文化逻辑史的研究。关于在广义论证视野下的先秦逻辑、因明研究不是本节所能完成的,但是这一概念的提出为逻辑史比较研究提出一个论域,这或将是中国逻辑史研究的方向。”[①]

66. 常明著《先秦诸子述林》

(北京)中国致公出版社 2019 年 2 月第 1 版。

本书包括内篇“先秦思想史补阙”、外篇“经学新义”、杂篇“经子探微”以及附录“先秦诸子列表”,其中涉及公孙龙的文字有三篇,分别为“《公孙龙子》思想略说”[②]、“公孙龙子道学述微”[③]、“《指物论》白话释义”[④]。在“《公孙龙子》思想略说”中,著者对《公孙龙子》五篇(《白马论》《指物论》《通变论》《坚白论》《名实论》)的有关内容作了介绍:

关于《白马论》:“要想真正了解《白马论》,首先就要从文本出发,用传统的训诂、文字的方法,解读先秦文献来阐释当中的道理。首先针对首句‘“白马非马,可乎?”曰:“可”。’要知道《公孙龙子》全书采用主客问答的形式进行逻辑的驳难。我们称提问驳难的一方为‘客’,而接受提问和驳难的一方为‘主’。这当中‘白马非马’的‘非’字,并非‘不是’的意思,‘非’的意思应该为‘不同’。白马不同于马,并不排除白马属于马,所以‘有白马不可谓无马’。但‘求马,黄、黑马皆可致;求白马,黄、黑马不可致’。足以证明白马有别于马。且反过来说‘以“有马为异有黄马”,是异黄马于马也’,也可以证明白马(黄马)非马。”[⑤]“也正是由于这个缘故,白马不能独立于马而存在。如果白马独立于马而存在,则是离白于马,即‘白’可以作为‘白马’的一个性质而存在。而与白马相对立的有别于白马的,则有黄马、红马等。所以这些马的总名应该概括其所有对象的性质。而所有对象的性质无疑是抛开颜色之外的马。因此马的正名就成为‘马马’。‘马

① 曾昭式:《先秦逻辑新论》,科学出版社 2018 年版,第 170 页。
② 参见常明:《先秦诸子述林》,中国致公出版社 2019 年版,第 70—75 页。
③ 参见常明:《先秦诸子述林》,中国致公出版社 2019 年版,第 78—81 页。
④ 参见常明:《先秦诸子述林》,中国致公出版社 2019 年版,第 172—174 页。
⑤ 常明:《先秦诸子述林》,中国致公出版社 2019 年版,第 72 页。

马'无疑是不通之名,所以'白马是马'也就是不通之论。"[①]

关于《指物论》:"《指物论》是《公孙龙子》全书的总纲,也是《公孙龙子》一书中最难会意的辩题。本文限于篇幅,只做简要的分析。'物莫非指,而指非指。'所谓'指',是对物的指称。'指'后于物先于名而出现。凡物都有它的指,而所指又非被指的对象本身。'天下无指,物无可以谓物。非指者,天下无物,可谓指乎?'本篇之中没有曰字断为主客,但从驳难的语气上和对学理的阐发上可以判断首句为主的申述,此句为客的驳难。客假使天下无指称,那么就不能对物进行此与彼的分辨。如果没有了指称,也就没有了万物存在的意义,也就没有了物。以下主客从指与物的关系进行辩驳,因为物是实质的存在,而指不过是虚无的指称,也是'天下之所兼'。"[②]"指是'天下之所兼','物莫非指,而指非指'。因为指的不确定,所以要定名,这就产生了《名实论》。又因为指具有相对性,所以要确定一个称谓是名而不是指,就必须经过实质的确证,主观的认知。主观的认知如视觉和触觉不能同时进行,所以得坚得白不能与具体的事物共同存在,这就有了《坚白论》。但所有的性质最终还要统一于一个实体,这些特性是独立存在还是变化统一也需要进行探讨,于是《通变论》产生。最后探讨具有特征存在的实体与原名之间的关系,也就是白马与马的关系,这就是首篇《白马论》。所以《指物论》虽在《公孙龙子》文章正中,但却是全书的纲要。所有观念全赖此产生和发展。这是研究《公孙龙子》不可不察的地方。"[③]

关于《通变论》:"《通变论》讲特征之归一,即在能够统一于同一物体上的所有特征是相互组合还是互相改变。假使两个概念组合,一在于左,一在于右,可产生第三个概念,即'二'。左右可并称为'二',但单独存在则不具有'二'的性质。所以客的驳难认为是左右本身发生了实质之变化。而实际上与'怪说二十一事'中'卵有毛'的道理相同的是,左右虽不是'二',但它们却有相同的特质,所以有可以成为'二'的可能。而正如

---

① 常明:《先秦诸子述林》,中国致公出版社2019年版,第72页。

② 常明:《先秦诸子述林》,中国致公出版社2019年版,第73页。

③ 常明:《先秦诸子述林》,中国致公出版社2019年版,第73—74页。

‘羊合牛非马，牛合羊非鸡’一样，如果性质不同，必然不能合并产生第三个概念（‘二’）。”[①]“关于概念的归同和排异，实际上条件非常苛刻。以羊、牛、马三者为例。羊与牛的不同在于羊有上齿，牛无上齿，但不能说羊和牛是完全不同的。因为虽然没有共同的特点，但还有相似的特征。羊有角，牛也有角，但说牛羊等同也不可以。因为它们却类别不同。羊和牛的合群有角，而马没有角；马有长尾，而羊牛的合群却没有长尾。从这两个方面解释才能说牛羊的合群跟马是不同的。所以羊和牛的特征合并，也不是马的特征，这也就是说两者特征虽然合并却依然属于两者，仍然非于他者。这就是合为名变，而实则不变的原因。”[②]

关于《坚白论》：“《坚白论》从判断方式的角度分辨实质，是公孙龙的著名辩题之一。他也因这个辩题而被认为是名家离坚白一派的代表。离坚白这一命题是以石为基础而提出的，对于一块石头来说，如果你能通过触觉感受到它的坚硬，就无法通过视觉感知它的白色；如果通过视觉感受到它是白色的，就无法同时通过触觉感受到它的坚硬。所以可以说一块石头是坚硬的，也可以说一块石头是白色的，却不能说这块石头同时是坚硬和白色的。马克思主义哲学认为这是诡辩，而实际上，在先秦名学的理论中，作为名的存在，必须要有实作为依靠。而实之所以存在，又需要进行主观的确证。在确证白的时候坚的特性就隐藏，确证坚的时候，白的特性也就隐藏。因此坚白石二，也可以叫作‘藏三’。而《孔丛子·公孙龙》中所提到的‘臧三耳’则是‘藏三’的误读和‘鸡三足’的误会而形成的，不足以作为实凭。”[③]

关于《名实论》：“《名实论》明显能看到公孙龙的正名主张和对儒家的师承。‘天地与其所产者，物也。’是先释‘物’，即具体存在的东西，也是名所以产生的对象。‘物以物其所物而不过焉，实也。’前两个‘物’都作动词解，后一个‘物’作名词解。‘物以物其所物’即把所物的东西当作物。‘不过’就是不及，或正当，或少之，为物之实，而名过其实。这句话的意思是

---

① 常明：《先秦诸子述林》，中国致公出版社 2019 年版，第 74 页。

② 常明：《先秦诸子述林》，中国致公出版社 2019 年版，第 74 页。

③ 常明：《先秦诸子述林》，中国致公出版社 2019 年版，第 74—75 页。

说符合物之理而冠以物之名，物理不超过物名就叫作‘实’。‘实以实其所实而不旷焉，位也。’在确定了‘实’的基础上，如果名实得当，就可以叫作‘位’，即以真正的实体为实，而没有空位，这也就是名实的统一。‘出其所位，非位；位其所位焉，正也。’这里界定‘位’的概念，标准极为严格，不能稍出其位。而位其所位，也就是‘正’，这就是正名的含义。所以《名实论》以下都解释正名，列出正名的要义、方法等，最后盛赞古之明王能‘审其名实，慎其所谓’以明正名之不易。”[①]

67. 姜李勤著《先秦名学原创逻辑探索》

(南京)河海大学出版社 2019 年 7 月第 1 版。

本书正文前载有著者撰写的“序言”[②]，其中有言：“发掘先秦名学的逻辑思想，显然须以逻辑为内容而非手段，并非探究某论点是否合乎逻辑，而是探究某逻辑观点是否自洽。……如果以逻辑为内容，则须凸显此种形式，并通过抽象概念、形式建构使其实在化，成为独立的研究对象。先秦名学的逻辑研究必然要将与其裹挟在一起的政治、伦理、情感等因素悬置起来，将能够以逻辑为对象的思想要素彰显出来，如此方可行之有效地开展研究。”[③]“对先秦名学开展逻辑探索，虽有必要澄清研究对象，但也不必要过分比附西方形式，以 A、B、C、D 这些抽象符号为词项，以 A、E、I、O 这些抽象符号为判断类型，因为即便是先秦名学中最具抽象色彩的名辩学，也是以‘白马’‘牛’‘石’等经验对象为论辩内容，而‘辞’‘类’‘故’等理论观念亦由其他意义迁衍而来，就连汉字造字法之‘六书’，也是由形象思维而产生，并不具有原创的抽象意义。……但文字系统较之抽象符号，其意义更为丰富与立体，其功能也是后者不可比拟的。将功能强大的文字系统抽象为简单符号，似乎唯有西方文明受益于此，如逻辑的形式化、科学的公理化，而其他文明的符号形式多出现在文明未萌芽或雏形阶段，伴随着文字系统的成熟，远古的符号系统仅存神秘色彩而鲜有思想价值。

---

① 常明：《先秦诸子述林》，中国致公出版社 2019 年版，第 75 页。

② 参见姜李勤：《先秦名学原创逻辑探索》，河海大学出版社 2019 年版，序言第 1—4 页。

③ 姜李勤：《先秦名学原创逻辑探索》，河海大学出版社 2019 年版，序言第 3 页。

因而先秦名学的语言形态具备逻辑思想的承载能力。”[①]“先秦名学的原创逻辑思维，正是契接西方逻辑体系的土壤所在，以文化反省与认知自觉为依托，接纳异域文明中的逻辑系统，方可融会贯通，推陈出新，因此，对先秦名学原创逻辑的探索是开创中国逻辑研究新局面的重要推动力量。”[②]

本书包括六章内容，分别为“先秦名学思想概览”“中国逻辑史的学科特点”“《公孙龙子》文本解析”“《公孙龙子》逻辑思想探索”“《指物论》《名实论》的逻辑体系建构”“先秦名学原创逻辑的理论总结”。

在“《公孙龙子》文本解析”一章[③]，著者首先指出：“下文依次对《白马论》《坚白论》《通变论》三篇的文本加以梳理，为之后的逻辑探索与理论体系的建构奠定基础。但这里所说的文本梳理显然有别于经学体制的注疏，以及晚清、民国学者糅合西方逻辑理论与训诂考据之学的盲目会通，这里的文本梳理力求最大限度地保护原典，最大限度地限制个人武断的成分，仅对原始文本的语言学特质与逻辑雏形加以整合，并在逻辑自觉的基础上，疏通前后文的内容与义理的衔接，并且界定逻辑文本的特殊性。”[④]基于这种考虑，著者分三节对《公孙龙子》文本进行了解析。

在第一节“‘白马非马’的解读”[⑤]中，著者首先录入《白马论》全文，并依循主客对话的脉络将其分为甲、乙、丙、丁四组：

从“白马非马，可乎”至“命色者，非命形也，故曰白马非马”为甲组对话：“发难之人并非公孙龙，‘白马非马’这一命题并非由他提出，但他却以论证的方式对此加以肯定。需要关注的是由‘白马’与‘马’的关系牵连出来的‘马者’与‘白者’的区别如何解读，笔者极力反感以共相与属性、通名与专名等现代逻辑甚至语言学的概念加以附会，因为两者认知系统截然不同，我们需要尊重文本体现出来的原创的内容。……‘马者，所以命形也’‘白者，所以命色也’，其中的‘所以’构不成因果关系，况且发难者的问题为‘白马’与‘马’的关联，依‘者’与‘所以’的语法结构，‘命’应当为‘命

---

① 姜李勤：《先秦名学原创逻辑探索》，河海大学出版社 2019 年版，序言第 3—4 页。

② 姜李勤：《先秦名学原创逻辑探索》，河海大学出版社 2019 年版，序言第 4 页。

③ 参见姜李勤：《先秦名学原创逻辑探索》，河海大学出版社 2019 年版，第 37—61 页。

④ 姜李勤：《先秦名学原创逻辑探索》，河海大学出版社 2019 年版，第 37 页。

⑤ 参见姜李勤：《先秦名学原创逻辑探索》，河海大学出版社 2019 年版，第 37—43 页。

名'之意。因'以马命形''以白命色','马者''白者'便不再是指实的称谓。'马''白马'是纯粹独立存在的名词。以'马'这一名词来指称'形'这一特征,以'白'这一名词来指称'色'这一特征。两种特征并无内在联系,最直接的结论是:'白'是'命色者',即指称'色'的名词;'马'是'命形者',即指称'形'的名词。由'马者,所以命形也'可转化为'马,命形者也'的句式,'白者,所以命色也'亦可转化为'白,命色者也'的句式。'命色者,非命形也',即'白'是不可以来指称马的特征。此'马'非'马者',即不是名词而是现实的经验存在。'……者,……也'句式正是要表达概念与经验的符合。'白'这个名词不可以表述与'形'相当的特征,这个说法显然是成立的。以上论述合乎基本常识,但如何直接通达'白马非马'这个结论呢?'白者'与'白''白马'之间的线索是什么?……依公孙龙之意,'白马'即以'白'别于'马',即突出白,故'白马'即是'白',因所关注在于'色',故有'白马',因所关注在'形',方有'马',或关注在'色',或关注在'形',显然两种状态不可共存。若依公孙龙的意思以形象口吻来表达便是'关注白马是关注色,关注马是关注形,关注色与关注形显然是两回事'。简而言之,'说白马便不是说马',故'白马非马'。"[①]

从"有白马不可谓无马也"至"白马之非马,审矣"为乙组对话:"值得关注的是他的提问方式:'有白马不可谓无马也''不可谓''非马也',此为第一组命题;'有白马为有马''白之''非马何也',此为第二组命题。需要关注的便是'有'与'无','可'与'非'所体现的语言意义。'有白马'与'无马'是违背由语法逻辑规定的语言意义的,故'有白马'与'无马'相矛盾,西方逻辑称之为同一律。……'有白马为有马'显然不来自常识,也不是'有白马不可谓无马也'的句式转换,而应为上面论证的结论。即'不可谓无'到'可谓有'中间须有逻辑衔接。从'不可谓无马'可推导出'可谓有物',但公孙龙更加严谨,因从'无'不可到'有',故其对'物'的指称为'不可谓无马者'。'非马也'应理解为'难道不是马吗','非'与'是'也不可转换。'有白马为有马'正是'非马也'的结论。此便是从'不可谓无'到'可谓有'的逻辑进程。……甲段中,公孙龙把'白马'分为'白'与'马',突出

① 姜李勤:《先秦名学原创逻辑探索》,河海大学出版社 2019 年版,第 38—40 页。

'白'对'色'的意向,'白之'应是对上下文的回应,既然公孙龙辩解是因为关注'色',才会关注'白马',则'白之'在乙段表述中显然是一种意向行为,因关注,方有'白之'的认识。'有白马为有马'是在事实层面讲,'有'即是存在的意思,'白马''马'的存在都是事实,因'白之'的认识判断,'有马'所指称的对象'非马何也',由'有马'这一事实到'非马'这一结论,中间的逻辑因素便是'白之'的判断,'非'与'有'不能直接关联,'是是非非谓之是,非是是非谓之非',判断无法超越认识领域,'有'为实在领域,有'白之'的意向,才有两个领域的契接。'有马'为实在,即便意向对象是'白之'的'白马',而非'形之'的'马',但亦不可得出'非马'的判断,这便是驳难者的逻辑。"[①]"公孙龙亦由意向性进行回应,'使白马乃马也'是以对方论点作为假设,'是所求一也',由意向判断为共同诉求,'白马'与'马'无别。'所求一者'中'者'亦为指示代词,即'所求一也'中'求'的对象,此'所求一者',既是'马',又是'白马',从语法上说,'马'是名词,'白'是形容词,故'白者'才具有实体属性。'者'即为'马'的实体代指,'白者'即'白的那个实体',亦即'白马',故'白者不异马也',即'一物两名'。……'可与不可,其相非明',即'可非不可'。'可'与'不可'均就事态而言,两种事态'相非','黄、黑马一也','可以应'是对'黄、黑马'这个假定的媒介质的回应,即假设的条件,而非实在。'黄、黑马一也'即条件的值恒定,'求'的公式不变。但'求马',条件满足公式;'求白马',条件不满足公式,'马'与'白马'的值不同,由此得出结论'白马之非马'。'审矣'正是指有别于甲段'白者''马者'的分析方法,而是在'求马'这个范式内得到证明,即以'白马乃马'作为设定,代入'求马''求白马'的一元方程,'马'满足方程,'白马'不满足方程,'马'与'白马'值不同,故'白马非马'。"[②]

从"以马之有色为非马"至"此天下之悖言乱辞也"为丙组对话:"对方发难,'以马之有色为非马',依前文'马之有色'并非'有色之马'之意,而是一种状态,'非马'亦为状态。'天下非有无色之马也',这是一句肯定陈述,显然合乎常识。'非有'是对实然状态的描述,实然状态要么'有',要

---

① 姜李勤:《先秦名学原创逻辑探索》,河海大学出版社 2019 年版,第 40—41 页。

② 姜李勤:《先秦名学原创逻辑探索》,河海大学出版社 2019 年版,第 41 页。

么'没有',没有其他可能。这也是清晰的排中律的表达,'非有'即是'无',由'马之有色'到'非有无色之马',均为事实陈述,'非有'在其中起连接作用,'有'不可以直接到'无',中间须'非有'这个逻辑环节,'非有无色之马'承上'马之有色',启下应为'无无色之马',但这一环节是自明的,故可直接得出结论'天下无马'。'马之有色为非马'亦是证伪的手段,以对方结论为前提。这一句式因其为状态描述,并无具体指称,仅为纯粹的形式命题,故可转化为'无色之马',但经验世界没有'无色之马',故'天下'这个经验世界中便没有'马',如此便构成命题论证。'马固有色'也是从常识角度回应,'故有白马','有'可明确为经验指实,'白马'是客观存在,'使马无色,有马如已耳',如果马没有颜色,便无法由'色'加以区别,故'安取白马',即'白马'便不存在。这里不可作经验与概念的区别,因为先秦时恐怕并无此模式,而应理解为'马无色',故'白'不可加之于'马',故无'白马',所以下文有'故白者非马也'的结论。'白者'指称'白色之物',因'马无色',所以'白色之物'便'非马'。'白马者'指称具体存在,因'白'与'马'无相关性,故'白马'在实在领域讲便是并列关系,故有'马'与'白'的区别。'马与白马也'显然不是并列关系,而是'马与白也'的递进,下文可证。'马未与白为马,白未与马为白',这里的'与'并不表示并列,联系下文'与'应当为'舆'。《说文》中'舆,车舆也',段玉裁按'车中受物之处',即为车厢,'与白''与马'即为接纳涵盖之意,上文公孙龙言'白马者,马与白也',此'与'为并列,因为显然彼此无法互相涵盖。'合马与白,复名白马','白马'这一概念,不是并列式词,不可表述为'马白',而是偏正式词语。'是相与以不相与为名','相与'的'与'即为'受物'之意,即对概念填充内涵、扩展意义,'相与'便是偏正关系。'白马'是'相与',因不可表述为'马白','合马与白'便是'不相与',这是对'白马者,马与白也'的回应。'者,也'应是对'白马'这一概念的定义。故'马与白马也'不构成递进关系,且复合概念若为偏正关系,显然其意义不只是简单概念的叠加,'相与以不相与为名'正是对这一问题的质疑。"[①]"公孙龙的辩解并非就'相与'问题做出回应,而是引入中间项'黄马',且重新回到对方疑难的

① 姜李勤:《先秦名学原创逻辑探索》,河海大学出版社2019年版,第41—42页。

'有白马为有马'的命题。'有白马为有黄马'违背经验判断。前提相同，均为'有白马'，'以有……为有……'这一句式若要成立，则须前项为后项的子范畴，这便是对方的逻辑，但若后项并不包含前项，便不成立，故'有白马为有黄马'之说'未可'也。'以有白马为异有黄马'，即以'黄马'为后项，命题不成立。'异黄马与马也'，'黄马'与'马'的值不相等，'异黄马与马，是以黄马为非马'。此结论明显有悖于当代人的思维逻辑，'黄马'与'马'两个概念的外延不相等，如何可以推导出子范畴便不包含于母范畴？但公孙龙并无现代逻辑的训练，'异黄马与马'便是'黄马为非马'成立的前提，'以黄马为非马，而以白马为有马'，这便是两个相同命题却不可同时成立，违反矛盾律。"[①]

从"有白马不可谓无马者，离白之谓也。不离者，有白马不可谓有马也"至"无去者，非有去也，故曰白马非马"为丁组对话："其中，'不离者'当指'不离'这种理解方式，这里忽视了感官的统一性，也就是康德说的'统觉的先验统一'，'离坚白'命题亦由此发生。'白马论'不过是'离形色'而已。即便不以'白马'的外在客观存在为前提，仅从人的认识能力内部着眼，人的多种感官所发生的图景在进入认识之前，亦有一个统一的过程。当这种官能发生作用时，'白马'便是其统一的结果，即便由概念下行，而非由感官上行亦如是，而'马'的统觉便为'马'，若以'白马'为'马'，须将统觉中'色'的官能悬置，即'离白'，如此'有白马不可谓无马'方可成立。'故所以为有马者，独以马为有马耳'，只有'马'这一概念方可引发'有马'之统觉的发生。'非有白马为有马也，故其为有马也，不可以谓马马也'，在'有马'这一层面上，'有白马为有马'并不成立。'曰白者不定所白，忘之而可也'，是说'白'并非确定的个体属性，而是共同属性。"[②]

在上述阐析的基础上，著者对公孙龙的"白马非马"之论总结道："'白马非马'的议题根本不在现实关怀，即并非就事实领域做出判定，而为纯粹的语言游戏，即由语言形态及规范作为命题成立的判定依据，此已涉及独立的语言学领域。古汉语是否具备逻辑语法的职能，古汉字是否有符

---

① 姜李勤：《先秦名学原创逻辑探索》，河海大学出版社 2019 年版，第 42 页。

② 姜李勤：《先秦名学原创逻辑探索》，河海大学出版社 2019 年版，第 43 页。

号指称的功用，通过《白马论》一文，应该重新加以审视。”[①]

在第二节“《通变论》的文本解读”[②]中，著者首先录入《通变论》全文，继而选取四个核心问题进行了梳理：

其一，“核心范畴的理解问题”[③]。著者首先指出：“《通变论》一文涉及‘有无’‘谓’‘非’‘与’四大论域，由‘二有一乎’至‘二无左’皆为对‘有无’的探讨，由‘右可谓二乎’至‘安可谓变’为对‘谓’的讨论，由‘与马以鸡’至‘其与暴乎’为对‘与’的探讨，其间有诸处点睛之笔，如‘举是谓乱名，是狂举’等，须格外关注，且‘举’‘两明’之意为全文之关怀所在，亦不可疏忽。如此说来，理清《通变论》的脉络难度不小。在‘有’‘谓’‘非’‘与’四组问题中，最为明晰的地方应当是对‘谓’的理解，因此应由易入难，顺藤摸瓜，依次破解。”[④]基于上述考虑，著者按照由易入难的顺序对《通变论》的核心范畴进行了解析：“‘谓’的问题为对‘有’的呼应，但‘二有一’所指实在晦暗不明，这里暂且搁置。‘左与右可谓二’，为易于理解的‘二’的框架。‘谓变非不变’，该说法是出于语言自身的规范；‘右有与，可谓变乎’，是一个十足关键的问题，既往学者多不得正解，‘右有与’是就‘左与右可谓二乎’而言，因而又有‘左有与’的结论，‘与’显然有明显的逻辑意味，并非连词，在《白马论》等篇中皆如此。由‘右有与’如何得出‘可谓变’的结论？这就要明晰何谓‘变’，而此正是对‘变支’的解读，若依诸先贤改‘支’为‘奚’，则根本失去了明确‘变’之意旨的机会。《说文》：‘支[⑤]，鸟一枚也。从又持隹。持一隹曰支，二隹曰双。’《玉篇・隹部》：‘支，一枚也。’《广韵・昔部》：‘支，一也。’显然‘支’字是关键，应有独立的意义所指。‘变支’为问，所答为‘右’，而‘支’为‘一’的意思，因此否定是‘左’，即虽‘左与右可谓二’，但‘右’之变为‘右’，不为‘左’，若改‘支’为‘奚’，则又解释为‘右变右’而已，其中所疏漏的正是亟待挖掘的名辩逻辑。”[⑥]

---

① 姜李勤：《先秦名学原创逻辑探索》，河海大学出版社2019年版，第43页。

② 参见姜李勤：《先秦名学原创逻辑探索》，河海大学出版社2019年版，第43—51页。

③ 参见姜李勤：《先秦名学原创逻辑探索》，河海大学出版社2019年版，第45—46页。

④ 姜李勤：《先秦名学原创逻辑探索》，河海大学出版社2019年版，第45页。

⑤ ”支“当作“隻”，下同。

⑥ 姜李勤：《先秦名学原创逻辑探索》，河海大学出版社2019年版，第45—46页。

其二，"'一二'与'左右'之辩"[①]。在著者看来，"首先应关注的问题是'右有与'并不可直接得出'安可谓右'的结论，而可得出'可谓变乎'的问题。……'二'在此不为数目之意，其关节点便在于'谓'，即于理可通，若'二'为数目之'二'，则'左''右'皆为数量之'一'，因'二'与'一'并无匹配的可能，显然论辩在此层面上不应发生。'谓二'显然非'为二'，'谓'与'为'的关系在《墨经》及公孙龙诸篇中皆有分明的界限。'为'多就事态而言，'谓'多就名言而说"[②]。接着，著者从"右有与"的两种可能情形入手，对如何由其得出"可谓变"的结论进行了辨析："其一，就事态言，'右'发生'有与'之行为。其二，就属性言，由前文得'右'具'有与'之属性。这两种情形所得出的'可谓变'的结论全然不同。若依事态，强调在'变'，则变化的主体无须关注。若依属性，强调在'右'，突出'右'的主体性。下文'变支'为'右'的结论，正是对'右有与'的呼应。若突出主体'右'，'右'变为'右'，则'可谓变'亦'可谓不变'；若突出'变'的事态，则可知'支'的意义，即'持隹'之意，'持一隹为支'，即言'变'，实际强调其所持不变，此不变为'右'。……'右苟变，安可谓右'应当是就'右有与'而言的，即'右可为二'。若'右无与'，即'右'与外界不发生联系，则可谓'右无变'。由此可知，在此语境中，'右变右'不成立，'变'则必有区别。'右'为一固定称谓，显然无法对应变动这一内涵，故'谓右'便有失。'苟不变，安可谓右'，若'右不变'，则'右无与'，这便与'左与右可谓二'相矛盾，亦不'可谓变'。如此就构成两难命题：若'右'可变，则'右'之'谓'便有失；若'右'不变，则与'右有与'这一事实构成矛盾。而前文有'谓变非不变'这一基于语言自身属性的逻辑陈述，因而可有'谓右非右'的结论。即若由'变'来观'右'，则'右'便造成自身之否定。"[③]在辨析的基础上，著者进一步提醒与推阐道："此问题不可照搬希腊哲学来比较，即：非'无物变化'，亦非'无物不变'，因名家没有对'存在'的关怀，而无非是'可谓'与'不可谓'的名言之争，并未跳出语言的范畴。'变'也不能做内在与外在的分别，即自变与他

---

① 参见姜李勤：《先秦名学原创逻辑探索》，河海大学出版社 2019 年版，第 46—47 页。

② 姜李勤：《先秦名学原创逻辑探索》，河海大学出版社 2019 年版，第 46 页。

③ 姜李勤：《先秦名学原创逻辑探索》，河海大学出版社 2019 年版，第 46—47 页。

变。'变'是就可能性而言，只要可能变化，便可称'变'。有'变'，则'物无可谓物'，因为名称为定，而物非定。这里实际上是就'变'的问题来诘难《指物论》一文中'天下无指，物无可谓物'的问题，即论证其'指非指'之意。若由'变'的情形来审视，命名便有困难，除非有不与外界相关的独存物。因此'谓'便有此悖论，也就是说，'二一'的问题不可由'谓'而言。显然对方已洞明此意。'二苟无左，又无右，二者左与右奈何'，对方亦不由'谓'而论，实际上'二者左与右'正是有待明晰的问题，并不可直接产生联想，而应依照下文理解。"[①]

其三，"'羊牛'与'牛羊'之辩"[②]。著者首先指出："这四组譬喻分为两对，首要问题是对'羊合牛''牛合羊'与'青以白''白以青'加以区别。历代注解《通变论》的学者皆对此熟视无睹，这里的位置颠倒绝非文学手法，名家也没有此诉求。其次便为'异'与'非'之别。诸家解'羊与牛唯异'为'虽异'，此为大谬。'唯'不是转折连词，应解释为'独'。……'异'是对'非'而言，即'牛之非羊[③]''牛之非羊'皆不可，是因为'羊''牛'并无'非'之可能属性，其关联在于'异'。……这种根本的哲学意味，牟宗三、谭戒甫等人却多有所疏漏。若由有无'齿'而论，则'牛羊'之相非有类别之差，'齿'为'牛羊'之所'异'，而非其所'非'。'角'为牛羊之所'同'，却不可以说不相'非'，其问题皆由'俱有'与'类'来加以界定。因'齿'与'角'并不是'牛''羊'的分类标准，即非'类别'，故其'异'并不可'非'。但'牛''羊'由名称可知其为异类，而异类却并不相'非'。"[④]基于上述看法，著者继而对"羊不二，牛不二，而羊牛二""若举而以是""谓鸡足一，数足二""谓牛羊足一，数足四""牛合羊非鸡""羊和牛非马""与马以鸡，宁马"等论题进行了解析。在解析的基础上，著者进一步强调："'羊合牛'与'牛合羊'并非'马''鸡'之别，意义在于'合'，和'左与右'中的'与'相关，'羊合牛'为此'一'，'牛合羊'为彼'一'，两个'一'的区别应有所体现，故有顺序之颠倒，'合'与'与'都不是并列关联词，两物相'与'便为'一'，相'合'亦为'一'，

① 姜李勤：《先秦名学原创逻辑探索》，河海大学出版社2019年版，第47页。

② 参见姜李勤：《先秦名学原创逻辑探索》，河海大学出版社2019年版，第47—49页。

③ 此处的"牛之非羊"当作"羊之非牛"。

④ 姜李勤：《先秦名学原创逻辑探索》，河海大学出版社2019年版，第47页。

此‘一’为数目‘一’，不对全体而言，且有彼此之别。若‘合’为并列意，‘羊合牛非马’‘牛合羊非鸡’就无须解读，由‘二非一’便可给出判定。‘非’的主宾关系必须一一对应，在公孙龙看来是十分明确的。”[①]最后，著者结合“狂举”与“辩”的含义对公孙龙的运思重心作了总结：“由‘羊合牛非马’的‘有以非’，到‘牛合羊非鸡’的‘非有以非’，即‘谓’‘数’以‘非’，皆为‘狂举’。名家仅关注‘是非’之争，因而必须对‘是非’之成立，即判断的合理性加以限定，若要保障‘辩’的可能平台，就必须摈弃‘乱名’的行径，故不可‘狂举’。……‘辩’仅为‘是非’之争，‘谓’虽有‘同异’之别，却非‘辩’也。‘羊合牛非马也’为由‘有’至‘非’，‘牛合羊非鸡也’为由‘谓’‘数’至‘非’，《白马论》亦有由‘有马’论‘非马’及‘谓马’论‘非马’之殊，即‘非有之非’与‘非谓之非’。‘与马以鸡，宁马’，显然公孙龙对‘非有’与‘非谓’皆不甚满意，相形之下，则‘非有’较之‘非谓’为优。”[②]

其四，“‘青白’与‘君臣’之辩”[③]。著者首先指出：“‘青以白’与‘羊合牛’应有某种程度的相关，否则不可彼此照应。因前有‘羊牛’之喻，故‘青白’之喻无须详述，但‘青白’之喻有‘君臣’问题介入，使说理有所顾忌，牟宗三解读《通变论》时知难而退，并未对下半部做出回应。”[④]基于这种看法，著者继而对《通变论》下半部的相关文句进行了疏释。譬如，关于“青白不相与而相与，反对也；不相邻而相邻，不害其方也。不害其方者，反而对，各当其所，左右不骊”：“‘不相与而相与’‘不相邻而相邻’的颜色论是否有必要借由光谱分析来理解，不得而知，但当时显然没有波长等科学数值加以参考。‘不相与’依字面可理解为‘青中无白’‘白中无青’，‘相与’而‘反对’的结构应该和‘左右’的结构一致，构成二元模式，如‘青龙白虎’中的‘青’与‘白’。由‘不相邻’可知当时应有某种颜色序列，‘青’与‘白’之间还有其他颜色。‘相邻’而‘不害其方’，即不对彼此造成干扰，即可‘各当其所，若左右不骊’，‘骊’为‘附俪’之意，即彼此不相依属。”[⑤]又如，

① 姜李勤：《先秦名学原创逻辑探索》，河海大学出版社 2019 年版，第 49 页。

② 姜李勤：《先秦名学原创逻辑探索》，河海大学出版社 2019 年版，第 49 页。

③ 参见姜李勤：《先秦名学原创逻辑探索》，河海大学出版社 2019 年版，第 49—51 页。

④ 姜李勤：《先秦名学原创逻辑探索》，河海大学出版社 2019 年版，第 49 页。

⑤ 姜李勤：《先秦名学原创逻辑探索》，河海大学出版社 2019 年版，第 49 页。

关于“故一于青不可，一于白不可，恶乎其有黄矣哉？黄其正矣，是正举也。其有君臣之于国焉，故强寿矣”：“‘一于青不可’‘一于白不可’显然是对前文的呼应，实际上所指的是‘羊合牛非马’‘牛合羊非鸡’的前提模式，‘一于’相对‘合’而言，‘一’的单一颜色与‘合’的复合颜色做比较。‘恶乎其有黄矣哉’是就‘有’的论域而言。……‘黄其正矣’是客观的陈述，即其合理性来自某种既成事实。‘是正举也’是相对‘狂举’而言的。‘其有君臣之于国也，故强寿矣’这一句的解释历来莫衷一是，尤其是‘寿’字，多作‘国祚’来理解。这与‘青白’之喻有何瓜葛呢？‘寿’在这里应当通‘雠’。……‘雠’与‘讎’意义接近。段注《说文解字》：‘讎雠者，以言对之。’此即‘校雠’之意，即两物相对。‘故强寿焉（矣）’是相对‘君臣’而言。‘黄’为国之正色，即为土德，黄帝即依此称名。西汉时也是如此。《汉书·律历志》：‘黄者，中之色，君之服也’，此便为‘青白’与‘君臣’的联系所在，但有些勉强，故称之为‘强寿’。”[①]又如，关于“而且青骊乎白，而白不胜也。白足之胜矣而不胜，是木贼金也。木贼金者碧，碧则非正举矣”：“东方甲乙木，色尚青，西方庚辛金，色尚白，五行生克为‘金克木’，顺之‘生，克’，逆之‘亢乘’与‘反侮’，故‘白不胜青’可称为‘木贼金’。‘木贼金者碧’，……‘碧’为‘青白’两色之合。‘青骊乎白’‘白足之胜’恐多就《洪范》五行而言，不必细究。‘青合白’则为‘碧’，是物理现象，公孙龙称其为‘非正举’。‘黄其正也’是人为的礼教规范，公孙龙称其为‘是正举也’。……其‘正’与‘非正’在于其对论辩的价值。”[②]又如，关于“青白不相与而相与，不相胜则两明也。争而明，其色碧也。……暴则君臣争而两明也。两明者，昏不明，非正举也”：“‘青白’为‘反而对’，其‘相与’是人为勉强的结果，若其相胜，则必显‘黄’之色，即入于五行生克；东方甲乙木配西方庚辛金当为中央戊已土，即黄之正色。若‘不相胜’，便不合于五行，故两色不可相克，皆显其本色，故有‘青白’之‘碧’，称其为‘两明’。‘君臣争’显然指五行之亢乘与反侮，即‘不相胜’之‘两明’，因其不合于五行生克，故非‘正举’。”[③]又

① 姜李勤：《先秦名学原创逻辑探索》，河海大学出版社2019年版，第50—51页。
② 姜李勤：《先秦名学原创逻辑探索》，河海大学出版社2019年版，第51页。
③ 姜李勤：《先秦名学原创逻辑探索》，河海大学出版社2019年版，第51页。

如，关于“两明而道丧，其无有以正焉”：“指按照五行的常理‘金克木’，应有‘君克臣’的人伦，若五行失序，则‘木’亢乘而与‘金’相侮，即‘君臣’之‘两明’，故称其为五行失守，无以正焉。”[①]

在上述阐析的基础上，著者最后重申了自己解读《通变论》的基本立场：“《通变论》一文涉及诸多独立环节，但各论辩单元亦前后相应，故把握其立论的核心意旨并非易事。本书无意剥离出其所谓关怀和诉求，并大而化之，泛泛而论，而仅澄清其文本的逻辑线索。”[②]

在第三节“《坚白论》的文本解读”[③]中，著者依循《坚白论》的逻辑线索，将其文本划分为四组对话依次进行了解析：

从“坚白石，三，可乎”至“无坚得白，其举也二；无白得坚，其举也二”为第一组对话。在著者看来，这组对话旨在阐释基本立场，其基本观点可作如下理解：“‘坚’‘白’‘石’各为独立概念，三概念联合起来则有‘二’与‘三’之争，故可知‘坚白石’并非三独立概念的并列，三者是偏正关系。‘无坚得白，其举也二’，这里的‘二’应指‘白’与‘石’；‘无白得坚，其举也二’，这里的‘二’应指‘坚’与‘石’，即或为‘坚石’，或为‘白石’，皆合于‘其举也二’的规范，说‘坚白石’‘举三’则不可，这里尚未就‘离’的问题展开，故仅就‘二’与‘三’之别加以澄清。”[④]

从“得其所白，不可谓无白；得其所坚，不可谓无坚”至“其白也，其坚也，而石必得以相盛盈，其自藏奈何”为第二组对话。在著者看来，本组对话“首先确立‘二’与‘三’的分别，主要探究‘藏三’的问题。公孙龙所持‘离’的观点，故是‘藏三’的反对者”[⑤]。基于这种看法，著者循着主客答问的脉络对文本进行了解读，认为“公孙龙以‘视’与‘拊’两官能不可同时作用，即一心不得二用，来说明作为认知主体的人，其意识中的‘坚’与‘白’不可并生，故彼此相‘离’。这是就主体之‘识’而言的，自可圆其说”[⑥]。

① 姜李勤：《先秦名学原创逻辑探索》，河海大学出版社 2019 年版，第 51 页。
② 姜李勤：《先秦名学原创逻辑探索》，河海大学出版社 2019 年版，第 51 页。
③ 参见姜李勤：《先秦名学原创逻辑探索》，河海大学出版社 2019 年版，第 51—61 页。
④ 姜李勤：《先秦名学原创逻辑探索》，河海大学出版社 2019 年版，第 52 页。
⑤ 姜李勤：《先秦名学原创逻辑探索》，河海大学出版社 2019 年版，第 52 页。
⑥ 姜李勤：《先秦名学原创逻辑探索》，河海大学出版社 2019 年版，第 53 页。

“由第二组论辩可知，名家有清晰的认知能力的主客体区分，以及对意识历时性的考察。其对触觉与视觉所做的明确的界定虽缺少正面表述，却不可抹杀”[①]。

从“得其白，得其坚，见与不见离”至“坚白域于石，恶乎离”为第三组对话。在著者看来，“本组论辩就‘盈’与‘离’之差别展开”[②]。“公孙龙的‘离’论有鲜明的主观立场，‘得其白’‘得其坚’中的‘得’是对主体的突出，而对方则始终以‘石’的客观存在性为前提”[③]。基于这种看法，著者对主与客就“离”与“盈”的问题所展开的论辩进行了解读，其中主方所代表的“离”派的核心观点可作如下理解：“‘知与不知相与离’，指由‘石’之名便可知‘坚’，却不可知‘白’。‘见与不见相与藏’指由经验上的‘视’便可‘见白’，却不可‘见坚’。‘知’由概念领域便可得‘坚’，却不得‘白’，‘见’由经验领域可得‘白’，此为‘视’的功用，亦可由经验而得‘坚’，此为‘拊’的功能。‘见与不见相与藏’，即‘拊’与‘视’皆为经验内容，故可称为‘相与藏’。而由概念领域无论如何仅可知‘石’之‘坚’，而不得‘白’，故称为‘相与离’。公孙龙在此对‘盈派’所持的概念论做一清算，对方所称的‘谓石’‘循石’‘非石’，皆以‘石’的概念分析为前提，并混入经验领域的‘无石’‘取乎白石’，用现在语言学观点来评判，即将概念的内涵与外延两范畴不加区别。‘藏故，孰谓之不离’是就‘见与不见相与藏’而言。……‘藏故’中的‘故’若理解为孟子‘以故言性’中的‘故’更为妥当，即由经验领域来理解，‘藏’才能成立，但却不能否认超出此领域的概念理解，故不可‘谓之不离’。”[④]

从“坚未与石为坚，而物兼”至“离也者天下，故独而正”为第四组对话。在著者看来，“第四组论辩是公孙龙的总结发言，是论辩观点的系统表述，须以逻辑方法提炼前后文之间的因果联系”[⑤]。基于这种看法，著者循着主客答问的脉络对文本进行了解读。就最后一句话“离也者天下，故

① 姜李勤：《先秦名学原创逻辑探索》，河海大学出版社2019年版，第53页。

② 姜李勤：《先秦名学原创逻辑探索》，河海大学出版社2019年版，第54页。

③ 姜李勤：《先秦名学原创逻辑探索》，河海大学出版社2019年版，第54页。

④ 姜李勤：《先秦名学原创逻辑探索》，河海大学出版社2019年版，第56—57页。

⑤ 姜李勤：《先秦名学原创逻辑探索》，河海大学出版社2019年版，第57页。

独而正”而言，著者结合“神”的含义对其作了阐析：“‘神’为凌驾于认知对象及感官之上的认知能力，可称为绝对的‘离’，而非‘无白得坚’‘无坚得白’的相对之‘神’，即‘视’与‘坚’、‘拊’与‘白’依据特定官能所造成的认知主体与对象的疏离，故称‘离也者天下’，即‘神’不依赖于具体的主客联系而独立存在并发生作用。‘故独而正’，‘独’是就其形体而言，‘神’脱离一般认知的主客二元结构，‘正’就其效果而言，因其超脱主观因素的不稳定性与客观因素的不确定性，因此‘神’才为可依赖的认知手段。”[①]最后，著者对“神论”在公孙龙论证“离坚白”的逻辑线索中的意义作了阐说：“回顾全文，从‘坚白石’之喻到‘神论’之间，似乎难以构建起直接线索，但从‘举二’与‘藏三’之争，到‘盈’与‘离’之别，公孙龙煞费心机地引入‘神’的论述，因‘神’之发用为隐形及潜在作用，且必有赖于意识自觉这一艰难过程，所以，‘神论’并非‘离坚白’之偶然成果，而为预设标的。若无烦琐推导过程，即由概念解析，到经验判断的结果，再到经验的主客体二分，再到超经验的‘神’的出场，则无法完成此意识反思的过程。”[②]

在第四章“《公孙龙子》逻辑思想探索”[③]中，著者首先指出：“基于对《公孙龙子》的文本解析，姑且可以通过古汉语的语言形态来对先秦名辩的逻辑雏形有所体会，但是中国文化及古汉语与西方文明及印欧语系是完全不同的类型，名辩的逻辑特质显然不可能完全依附于西方逻辑体系，而必须基于古汉语的基本特质及中国文化自生的思想议题来发掘其思维规律与语言自觉。因此，在文本解析的基础上，亟待更深层次的哲学背景下的逻辑探索。”[④]基于这种看法，著者按照《白马论》《通变论》《坚白论》《指物论》《名实论》的顺序，依次探究了《公孙龙子》五篇的逻辑思想。本书第四章分三节对前三篇的逻辑思想分别作了探究：

在第一节“‘白马非马’的逻辑思想解析”[⑤]中，著者将公孙龙的“白马非马”之论所涉及的问题归结为四个，分别为“何谓‘白马非马’”“‘者’

① 姜李勤：《先秦名学原创逻辑探索》，河海大学出版社2019年版，第60页。

② 姜李勤：《先秦名学原创逻辑探索》，河海大学出版社2019年版，第60—61页。

③ 参见姜李勤：《先秦名学原创逻辑探索》，河海大学出版社2019年版，第62—91页。

④ 姜李勤：《先秦名学原创逻辑探索》，河海大学出版社2019年版，第62页。

⑤ 参见姜李勤：《先秦名学原创逻辑探索》，河海大学出版社2019年版，第62—69页。

‘为’‘谓’的问题”“‘有马’的理解问题”“‘求马’的理解问题”。[①] 聚焦于上述四个问题，著者对《白马论》的逻辑思想进行了解析：其一，“须明确论辩主题‘白马非马’所指为何”[②]。在著者看来，“‘白马非马’为公孙龙两人论辩点睛之笔，以往学者认为其必有确定所指，如此方有论辩之平台，实为大谬。双方辩论的议题不断调整思考维度，由‘白者’与‘马者’之论域，再到‘求马’之论域，其实经历了三次不同的立题与辩驳，‘白马非马’之‘可与不可’的论辩亦先后在此三个论域内展开，意义有如此变迁。且两人均不执守于自己的思考维度，有立便有破，积极回应对方开辟的理解模式，此应为名辩之士的基本素养所在”[③]。鉴于此，著者指出：“‘白马非马’的论题并无明确的意义所指，而仅为一逻辑命题而已，论证其成立与否的先决条件为辩者所采取的理解模式，而没有‘种’与‘类’，‘名’与‘实’，‘别名’与‘共名’，‘离’与‘独’的既定意义。”[④]其二，“‘者’‘为’‘谓’的问题”[⑤]。关于“者”：“‘者’仅于主词中使用，且宾词中多有‘也’字出现，构成‘者……也’的句式。此句式应当为一个确定的语法形式，‘者’应相当于纯粹概念或命题的用法，而‘也’句相当于对此概念或命题的解释，有‘者’之名词必无指称意义，有‘者’之论断必非事实陈述。”[⑥]关于“为”与“谓”：“‘为’与‘谓’之别一览无余，‘为’为对可能事态的陈述，‘谓’为对不可能事态的假设。其用法须明确，因其在相当程度上给定了陈述的可能性。如‘有白马不可谓无马者，离白之谓也’。由‘谓’可知‘离白’为不可能的事实。‘不离者’即依此假定状况来思考，构成了对可能事实的否定，……‘离白之谓’并非‘不离者’，‘离白’方为‘不离者’，‘离白之谓’意即对‘离白’假设的澄清。”[⑦]其三，“‘有马’的理解问题”[⑧]。著者认为，“‘有白马’与‘有马’显然并非内容之别，而是命题之别，公孙龙立题先从对‘马者’‘白者’的概念解

① 姜李勤：《先秦名学原创逻辑探索》，河海大学出版社 2019 年版，第 62 页。
② 参见姜李勤：《先秦名学原创逻辑探索》，河海大学出版社 2019 年版，第 63 页。
③ 姜李勤：《先秦名学原创逻辑探索》，河海大学出版社 2019 年版，第 63 页。
④ 姜李勤：《先秦名学原创逻辑探索》，河海大学出版社 2019 年版，第 63 页。
⑤ 参见姜李勤：《先秦名学原创逻辑探索》，河海大学出版社 2019 年版，第 63—66 页。
⑥ 姜李勤：《先秦名学原创逻辑探索》，河海大学出版社 2019 年版，第 64 页。
⑦ 姜李勤：《先秦名学原创逻辑探索》，河海大学出版社 2019 年版，第 65 页。
⑧ 参见姜李勤：《先秦名学原创逻辑探索》，河海大学出版社 2019 年版，第 66—67 页。

析入手,但对辩者未应此题,而另立'有白马'之论域,由'有无'之陈述演进到'是非'之判定"[①]。就对辩者的运思而言,"'有白马为有马'首先确定'马'存在的必然性,'马'存在的状态为待定因素,才有'是非'判定的余地。'白马'与'非马'皆为对'马'状态的表述,由存有域到状态域的过渡便为'是非'判定提供了平台,这也是'有马'这一维度的价值所在,'有马'之'马'便是'白马'与'非马'发生判断的媒介,'马'为载体,'白马'必以'马'之存在为发生依据,故在某种程度上分有'马',进而在一定程度上'是马',任何程度的'是'均对'非'构成否定,故'白马非马'未可"[②]。从论辩过程看,"公孙龙显然未理解存有论之'有马',故其始终未进入'有马'之维度"[③]。"'以有白马为有马,谓有白马为有黄马'为公孙龙对存有之'有'缺乏理解的显现。且不提由此前提到'以有白马为异有黄马'结论的可能与否,仅由'有马'与'有黄马'的替换,便知其无绝对'有'的理解问题"[④]。其四,"'求马'的理解"[⑤]。著者就此问题指出:"'求'是在活动意义上的理解,故其评价无非是现实场景中的'能'与'不能',既非价值评判的'可'与'不可'、'是'与'非',更非存在论的'有'和'无'。有'求'必'应',由此看来,由'求马''求白马'之假设,到'可以应有马''不可以应有白马'的结论,似乎可以得到两种事态的表达:'求马应马'与'求白马不应白马'。实际上'求马'对'有马'亦做出了回应:'应有马''应有白马',由'求'呼唤'有'之出现,也可以说由'求'界定'有';'求'亦对'者'之概念论做出回应:'可以应有马''可以应有白马'。总之,由'求'之举动,对'可'与'不可'、'应'与'不应'、'有'与'不有'同时做出回应。另外尤为重要的是'使白马乃马也,是所求一也'与'是白马之非马,审矣'的呼应,'求马应马'与'求马不应白马'两个事态陈述,是无法过渡到'白马非马'这一命题判定的,由'所求一也'到'应'与'不应'之别,公孙龙便得出'使白马乃白马也'这一假设不成立,实则'白马'与'马'在此命题中为完全符合之意即

① 姜李勤:《先秦名学原创逻辑探索》,河海大学出版社 2019 年版,第 66 页。
② 姜李勤:《先秦名学原创逻辑探索》,河海大学出版社 2019 年版,第 66—67 页。
③ 姜李勤:《先秦名学原创逻辑探索》,河海大学出版社 2019 年版,第 67 页。
④ 姜李勤:《先秦名学原创逻辑探索》,河海大学出版社 2019 年版,第 67 页。
⑤ 参见姜李勤:《先秦名学原创逻辑探索》,河海大学出版社 2019 年版,第 67—68 页。

‘同’，因‘同’方可有‘一’，若不成立，仅有‘白马异马’之结论，‘白马异马’不过否定了‘白马乃马’的假定而已，但公孙龙却将此否定意用于结论，即‘可以应有马’‘不可以应有白马’，由错误前提推导出的结论也必然是错误的。”[①]在对上述问题一一阐析的基础上，著者最后强调：“基于上文分析，我们可深切反省由‘白马非马’命题所反映的名家所持的论辩手段及其所依循的论辩形式。名家的合理性显然不同于今日的逻辑形态，但其对于符号文字的普遍应用即倚重大多被诸多学者所忽视，名家的论辩绝非似是而非的意会，而是有相当清晰的符号系统，通过《白马论》一篇，我们应对中国文字有重新定位，对中国逻辑的理解也应有所改观。”[②]

在第二节“《通变论》的逻辑思想解析”[③]中，著者将理解《通变论》的疑难问题归结为四个，分别为“‘羊合牛’‘牛合羊’两喻的所指”“‘青以白’‘白以青’两喻的所指”“‘两明’的所指”“《通变论》一文的立意所在”。[④] 围绕着上述四个问题，著者对《通变论》的逻辑思想进行了解析：其一，“‘羊合牛’与‘牛合羊’的问题”[⑤]。著者认为，若欲厘清《通变论》的逻辑线索，不仅要注意“异”与“非”之别、“马”与“鸡”之别，更要破解“羊合牛”与“牛合羊”之别的问题。就“羊合牛”与“牛合羊”之别而言，“学者对这一分别都避而不谈，若依‘有角’‘有毛’而论，其顺序似乎无关紧要，又何必要有所区别呢？实际上辩词中对此顺序并无甚关切，‘羊合牛非马’与‘牛合羊非鸡’的区别便在于指称的明确，若对‘牛’‘羊’的顺序不加区别，则‘羊合牛非马’与‘羊合牛非鸡’两独立命题的宾词虽有别，但主词却无法加以区别，对命题的解读必然造成混乱。辩词中毫不关切‘羊合牛’‘牛合羊’的现实经验指示，其意旨仅在于名辩自身的语言功能。但以‘羊合牛’喻‘左与右’应可提供一个重要信息，因后文有‘青白之喻’与‘君臣之比’，因而学者多训‘右为尊，左为卑’，若依‘牛羊’观之，则应无此区别；若‘左右’本身便有此内在次序，则对名辩的符号指称必造成影响。这恐怕正是名家

---

① 姜李勤：《先秦名学原创逻辑探索》，河海大学出版社2019年版，第68页。

② 姜李勤：《先秦名学原创逻辑探索》，河海大学出版社2019年版，第69页。

③ 参见姜李勤：《先秦名学原创逻辑探索》，河海大学出版社2019年版，第69—79页。

④ 姜李勤：《先秦名学原创逻辑探索》，河海大学出版社2019年版，第70页。

⑤ 参见姜李勤：《先秦名学原创逻辑探索》，河海大学出版社2019年版，第70—73页。

之大忌"[①]。其二,"'青以白''白以青'两喻之所指"[②]。著者认为,破解这个难题的关键,除了厘清"黄"与"碧"之别,还要厘清"以"与"合"之别。就"以"与"合"之别而言,"'青以白'应与'羊合牛'的意思相同,即'以'与'合'同义。为何不称'青合白'呢?这是对现象界的有意回避,'羊合牛'与'青以白'都是纯粹的概念指称,仅有必要做名词形态的区别,而无须关注外延的经验对象。故'羊合牛'与'牛合羊'之别不在经验界,而在名词的形态。'青以白'与'白以青'也是如此。但两喻之别在于'羊合牛'的'合'并不造成'羊'与'牛'形态的变化,而'青合白'却非如此,'白以青非碧'即对经验界而言,故必须将'合'所可能产生的歧义加以排除,故取'青以白'代'青合白'之意"[③]。其三,"'两明'的所指"[④]。在著者看来,《通变论》中的"两明"指的是"两性并观,故'相争'而非'相克',……这种观点与名家基于名辩自身意旨的'说是非'已大为不同,掺杂有'君臣之于国'等伦常因素"[⑤]。具体而言,"以'青白'合于五行之'相胜',则'金'之性抑'木'之性,即'白胜青',若'木贼金',则有'青白'两明的情形。下文以'君臣'比附'青白',亦可有'争而两明'之论。'两明者昏不明'中的'两明'是对上文的呼应,'昏不明'对'君臣争'而言,'非正举也'在此应有明确的现实参考,此'正举'应与'牛羊''鸡马'之'举'不同,'君''臣'两概念有严格的内在规范,与简单指称有别"[⑥]。其四,"《通变论》一文的立意所在"[⑦]。在著者看来,"纵观《通变论》全文,其中心归旨应不外两种可能,即'二一之辩'与'君臣之喻',若重心落在前者,则与公孙龙子其余诸篇有共同的意旨,即纯粹明理之辩;重心若落于后者,则显然有伦常的归宿,其余诸篇皆无此旨趣"[⑧]。厘清这个问题的关键,是明晰前后文的逻辑线索,尤其要对"两明"的问题有充分领悟。著者就此指出:"'白不胜青',即'木贼金'

---

① 姜李勤:《先秦名学原创逻辑探索》,河海大学出版社2019年版,第72—73页。
② 参见姜李勤:《先秦名学原创逻辑探索》,河海大学出版社2019年版,第73—74页。
③ 姜李勤:《先秦名学原创逻辑探索》,河海大学出版社2019年版,第73页。
④ 参见姜李勤:《先秦名学原创逻辑探索》,河海大学出版社2019年版,第74—75页。
⑤ 姜李勤:《先秦名学原创逻辑探索》,河海大学出版社2019年版,第75页。
⑥ 姜李勤:《先秦名学原创逻辑探索》,河海大学出版社2019年版,第75页。
⑦ 参见姜李勤:《先秦名学原创逻辑探索》,河海大学出版社2019年版,第75—79页。
⑧ 姜李勤:《先秦名学原创逻辑探索》,河海大学出版社2019年版,第76页。

为'两明','君臣争'亦为'两明','两明'为对'明'之评判标准之纷扰,皆可称为'名实无当',即'乱名',故而皆为'狂举','羊牛''鸡马'之喻亦可与此相通,故'君臣'当为众多喻体之一,既如'白胜青'的常态,亦有'君御臣'的常理,可知《通变论》一文的立意不在伦常之理,而应为开宗明义的'二一之辩'。"[①]基于这种看法,著者结合《通变论》的相关论题,对"二一之辩"的旨趣作了阐发,并与亚里士多德的定义法以及西方的语言形态作了比较。在阐发与比较的基础上,著者最后强调:"如上对《通变论》一文作出了整体把握,在澄清名家立意的同时,也发现东西方语言在表达及对思维的影响上的区别。还有很多问题有待深入挖掘,名家思潮不仅为中华文化的宝藏,对于世界上绝大多数由拼音文字承载思想的文明而言,古代中国这一异质文明应有更多新鲜元素可供吸纳。"[②]

在第三节"《坚白论》的逻辑思想解析"[③]中,著者认为《坚白论》一文意旨深远,其说理系统的完善性多为后世学人疏漏,有必要澄清的问题主要有四个,分别为"'二'与'三'之别""主观经验与客观呈现之别""'神见'与'神与'之别""'离坚白'之说的认识论及语言学价值"。[④]围绕着上述四个问题,著者对《坚白论》的逻辑思想进行了解析:其一,"'二'与'三'之别"[⑤]。在著者看来,"'举二'是称名的重要原则,是概念的论域,其意思是称名的原则要求有两个要素。显然'举二'对'坚白石'而言,是复合概念而非简单概念,复合概念的命名不可超出两个要素,且必为两个要素。……依公孙龙的观点,复合概念的成立一定要遵守'两要素'的偏正关系。其'正'为对象,'偏'为对象的性状,即所欲突出的视角。但视角仅可为单一,而不可复合。现代汉语中的复合名词,仅就偏正关系而言,并未超出此藩篱。'二'与'三'之别是就复合概念指称关系的成立而言,即想要突出'石'的性状,就一定要是同一视角,若从多重视角来看,则会造成意义含混,失其指称意义。'坚白石,三'中的'三'明显非'三名词'的描

① 姜李勤:《先秦名学原创逻辑探索》,河海大学出版社2019年版,第76页。

② 姜李勤:《先秦名学原创逻辑探索》,河海大学出版社2019年版,第79页。

③ 参见姜李勤:《先秦名学原创逻辑探索》,河海大学出版社2019年版,第80—91页。

④ 姜李勤:《先秦名学原创逻辑探索》,河海大学出版社2019年版,第80页。

⑤ 参见姜李勤:《先秦名学原创逻辑探索》,河海大学出版社2019年版,第80—82页。

述，而是指‘三要素’的命名方式，公孙龙以为不可”①。其二，“主观经验与客观呈现之别”②。著者首先指出：“《坚白论》一文中论辩双方有各自的立场，‘坚白石’之喻无非方便说理而已，并非切实关怀所在。双方的基本分歧可以认识论的主观主义与客观主义两立场加以区别，牟宗三即持此论，不过语焉不详。”③基于这种看法，著者将公孙龙的立场厘定为“主观的经验主义”，将对方的立场厘定为“客观的实存（唯物）主义”，进而结合《坚白论》的相关命题作了阐析。其三，“‘神见’与‘神与’之别”④。著者认为，“‘神见’与‘神与’的‘神’明显有层次区别：‘神见’的‘神’由‘白’作为认知对象，由对象的主客结构便可发见‘神’；‘神见’的‘神’为意识，即主客认知的主体，此尚在二元结构内。‘神与’的‘神’已不能由认知对象而得，故域于自身之内，不在主客结构之中，此为意识的深层次结构，即自我意识，自我意识无法直接与认知对象构成二元结构，故称其‘独’”⑤。其四，“‘离坚白’之说的认识论及语言学价值”⑥。著者认为，主客双方在主观经验主义与客观唯物主义两种不同的立场下展开的争论都是在认知领域展开的，双方的争论涉及三个层次的问题，分别为“‘坚’与‘白’的分离”“‘坚白’与‘石’的分离”“对意识与自我意识的自觉”。在对上述问题一一阐析的基础上，著者结合“离坚白”之说的语言学价值探讨了“名家语言规范问题”。在著者看来，“走出经学的传统，才能以全新的视角审视典籍，这也可称为古典文献的重生。以《坚白论》为例，其文本可作虚词来理解的文字寥寥无几，文本精炼，意在说理，其语法有一定的规范，此规范绝非文学意味的合折⑦押韵，而是义理的规范，或可称为逻辑语法，当然，并无时态、属格等西方语法功能”⑧。“由《坚白论》一文而为古汉语的语法规范问题正名，恐操之过急，但名家以文本为第一性，割裂语言命题与常识判断的

① 姜李勤：《先秦名学原创逻辑探索》，河海大学出版社 2019 年版，第 81 页。
② 参见姜李勤：《先秦名学原创逻辑探索》，河海大学出版社 2019 年版，第 82—86 页。
③ 姜李勤：《先秦名学原创逻辑探索》，河海大学出版社 2019 年版，第 82 页。
④ 参见姜李勤：《先秦名学原创逻辑探索》，河海大学出版社 2019 年版，第 86—89 页。
⑤ 姜李勤：《先秦名学原创逻辑探索》，河海大学出版社 2019 年版，第 89 页。
⑥ 参见姜李勤：《先秦名学原创逻辑探索》，河海大学出版社 2019 年版，第 89—91 页。
⑦ “折”当作“辙”。
⑧ 姜李勤：《先秦名学原创逻辑探索》，河海大学出版社 2019 年版，第 90 页。

相互参照，更无修身立命、因言施教的诉求，因而被贬为‘玩琦词’之流。但唯有如此，方可能搭建完备的语法规范并由之产生命题真值及逻辑推理的发育空间。‘神见’‘神与’的哲学关注完全是名家语言内在结构的衍生物，名家在今日哲学趋势的推动下，完全具备成为显学的可能，其思想内涵亦为今日中西文化沟通的活水之源”[①]。

在“《指物论》《名实论》的逻辑体系建构”一章[②]，著者首先指出：“《指物论》《名实论》两篇为公孙龙子逻辑自觉意识的显现，也是其逻辑理论的提炼，因而从这两篇文本中可发掘整个先秦名学逻辑思维的体系化建构。《指物论》与《名实论》两篇在《公孙龙子》诸篇，乃至整个先秦名学思想体系中具有独特的价值，不仅在于其超越‘白马’‘坚白’等可感命题而建构纯粹抽象的命题系统，更在于《指物论》与《名实论》是对先秦名学的理论总结，其逻辑线索之明晰，以及哲学思辨之抽象高度，是其余诸篇所不可比拟的。因而，需要在更为宏大的哲学视野下，探究《指物论》与《名实论》两篇的逻辑体系建构。”[③]基于这种看法，著者分三节探讨了《指物论》与《名实论》的逻辑体系建构，分别为“由《指物论》看名辩逻辑议题”“中西比较逻辑视域下的《指物论》”“《名实论》逻辑体系的完善”。

在“由《指物论》看名辩逻辑议题”一节[④]，著者认为理解《指物论》有待澄清的问题主要有三个，分别为“何谓‘指’，何谓‘非指’”“《指物论》的立意所在”“《指物论》的逻辑框架”。[⑤] 围绕着上述三个问题，著者对《指物论》的名辩逻辑进行了阐析：其一，“何谓‘指’，何谓‘非指’”[⑥]。在著者看来，“‘指’与‘非指’的意义不能先行确定，若以‘指’‘非指’之意味为理解后文的基础，则难免牵强附会，肆意曲解，而‘指’‘非指’却是全文的核心立意所在，因此，较为稳妥的处理方法便是将之作为两符号来看待，不做

① 姜李勤：《先秦名学原创逻辑探索》，河海大学出版社2019年版，第91页。
② 参见姜李勤：《先秦名学原创逻辑探索》，河海大学出版社2019年版，第92—143页。
③ 姜李勤：《先秦名学原创逻辑探索》，河海大学出版社2019年版，第92页。
④ 参见姜李勤：《先秦名学原创逻辑探索》，河海大学出版社2019年版，第92—103页。
⑤ 姜李勤：《先秦名学原创逻辑探索》，河海大学出版社2019年版，第92页。
⑥ 参见姜李勤：《先秦名学原创逻辑探索》，河海大学出版社2019年版，第93页。

意义阐释，其所指在文本中来澄清”[①]。其二，“《指物论》的立意所在”[②]。著者认为，“不同于《白马论》诸篇，《指物论》虽无机锋转语，但必有立意所在，即文本前后呼应。‘物莫非指，而指非指’的立题有待于‘且夫指固自为非指，奚待于物而乃与为指’的破题”[③]。具体而言，“‘且夫指固自为非指’应指‘指非非指’的概念分析与‘物莫非指’的推理结论，合而言之（‘且’即其意），‘指非非指’依语言自身形态便可直观为‘是’，‘物莫非指’依推理为‘非’，即有‘为’的论域。也就是说，‘指非非指’为概念论范畴，‘无物非指’为存有论范畴，而‘指为非指’为运动论范畴，为有待完成。其目的不在‘与物为指’，即名实相符，而在‘自为非指’，即意义的自我转化与迁衍”[④]。其三，“《指物论》的逻辑框架”[⑤]。著者以语言机制的双重维度（语言既是生理机能，又是认知手段；前者是前反思的语言，后者是反思的语言）来解读“指”与“非指”，认为“‘非指’正是基于‘指’的语言自觉而发生。而语言自觉必然导致主体自觉与主客两分。《指物论》正是以‘非指’为核心议题，探究与辩证在承认语言自觉之‘指’的情形下，‘指’与‘非指’的否定辩证。……‘指’与‘非指’完全被纳入语言思辨或辩证思维下讨论，《指物论》已完全开辟了理性思辨的格局”[⑥]。在阐析上述三个问题的基础上，著者最后对《指物论》的逻辑学、语言学价值作了掘发。就其语言学价值而言，“其文可突破中西方语言学家对古代汉语的一般看法，即汉语有符号语言的特质，如‘指’‘非指’‘物’这三个概念在论述中从未阐释其内涵，此正为治经学之基本套路，名家与经学传统截然异途，且文中‘者’与‘也’多有明确指称，并非为语助词。全文论述中留予读者的意会功能非常有限，最大程度上确立了文字作为意义载体的功能”[⑦]。就其逻辑学价值来讲，“公孙龙是一位超群的逻辑家，其超绝并不体现在对公理

---

① 姜李勤：《先秦名学原创逻辑探索》，河海大学出版社 2019 年版，第 93 页。

② 参见姜李勤：《先秦名学原创逻辑探索》，河海大学出版社 2019 年版，第 93—98 页。

③ 姜李勤：《先秦名学原创逻辑探索》，河海大学出版社 2019 年版，第 93 页。

④ 姜李勤：《先秦名学原创逻辑探索》，河海大学出版社 2019 年版，第 98 页。

⑤ 参见姜李勤：《先秦名学原创逻辑探索》，河海大学出版社 2019 年版，第 98—103 页。

⑥ 姜李勤：《先秦名学原创逻辑探索》，河海大学出版社 2019 年版，第 99—100 页。

⑦ 姜李勤：《先秦名学原创逻辑探索》，河海大学出版社 2019 年版，第 103 页。

的架构，而体现在对常识思维的颠覆，即为诡辩。……名家的归宿仅在于论辩争锋，'使人不得返其意'而已。如此诉求恰揭示出诸多语言自身的特征，若'循名责实'，恐语言便为手段，而失于对语言功能的挖掘，转而关注'人心'与'治道'"[①]。

在"中西比较逻辑视域下的《指物论》"一节[②]，著者主要探讨了三个问题：其一，"《指物论》的逻辑层次"[③]。著者首先强调了两点：一是"《指物论》明晰了语言论辩系统，其所依托的是语言自身规范而非经验考察的论证系统"[④]。二是"《指物论》的语言自觉与逻辑架构不可依傍西方逻辑系统而加以比附，但在语言自觉的层面，整个名辩学派与西方逻辑衍生史不乏相似之处，即超出语言的表意职能将语言对象化，并将反思的语言与功能语言加以切割，圈定纯粹由语言现象与思维的内在合理性构建起的独立领域，西方称之为理性。而名学虽然没有依据认知机能对其命名，但《指物论》系统地阐述了这一语言逻辑机制"[⑤]。基于上述两点看法，著者对《指物论》的逻辑层次作了阐析，进而将名家的论题大致分为两类：一是"纯粹概念分析"[⑥]，二是"违背常识的诡辩"[⑦]。其二，"'实'与'实体'"[⑧]。著者认为，"名辩关注'名实之辩'，但缺乏实体观念。名辩缺乏知识诉求的根本原因也在于缺乏'实体'观念，进而缺乏共相思维，而实体和共相正为知识的宿主。如三段论的中项或为实体，或为共相，而不会是'物莫非指'这样的命题判断。这也是中西文化的差别。整个先秦名学乃至后继之名教，都缺乏'实体'思维。在'合[⑨]名实''名以指实''名定实辨''循名实而定是非'中，'实'皆无客观实在之意，而是价值导向或行为规范"[⑩]。

---

① 姜李勤：《先秦名学原创逻辑探索》，河海大学出版社 2019 年版，第 103 页。
② 参见姜李勤：《先秦名学原创逻辑探索》，河海大学出版社 2019 年版，第 104—111 页。
③ 参见姜李勤：《先秦名学原创逻辑探索》，河海大学出版社 2019 年版，第 104—109 页。
④ 姜李勤：《先秦名学原创逻辑探索》，河海大学出版社 2019 年版，第 104 页。
⑤ 姜李勤：《先秦名学原创逻辑探索》，河海大学出版社 2019 年版，第 104 页。
⑥ 姜李勤：《先秦名学原创逻辑探索》，河海大学出版社 2019 年版，第 109 页。
⑦ 姜李勤：《先秦名学原创逻辑探索》，河海大学出版社 2019 年版，第 109 页。
⑧ 参见姜李勤：《先秦名学原创逻辑探索》，河海大学出版社 2019 年版，第 109—110 页。
⑨ "合"疑作"核"，"合名实"即指"综核名实"。
⑩ 姜李勤：《先秦名学原创逻辑探索》，河海大学出版社 2019 年版，第 109 页。

其三,“文字考据与逻辑解析之歧途”[①]。著者认为,“公孙龙的思想有别于诸子时代的鲜明的现实诉求,《指物论》亦有别于现实议题,而突出语言自身的关怀,因而适用于逻辑整合与文本解析的方法。西方分析哲学与语言哲学已展开了非常广阔的问题场景,而名辩思潮在原生的问题意识引导下萌发出来的逻辑意识和语言自觉,或可称为有效的本土文化的契接,并继而称为有别于西方语言的参照系”[②]。

在“《名实论》逻辑体系的完善”一节[③],著者主要探讨了四个问题:其一,“《名实论》的议题所在”[④]。在著者看来,“《名实论》中的‘物’为其通篇最为紧关结要的概念,因‘物’的中心地位的确定,其所说的‘正名’与‘名实’之论已然完全不同于基于现实诉求的儒法诸子的立论”[⑤]。基于这种看法,著者结合《名实论》的相关命题,对“物”“实”“位”“正”以及“名”“可”“谓”等术语作了解析,认为“《名实论》的归旨即在于‘谓’之结语,因此解读‘物’‘实’‘名’‘可’‘谓’等核心线索的语义层次,才是真正解读《名实论》,乃至《公孙龙子》全书的纲目所在”[⑥]。其二,“民国学者基于文化视野对《名实论》的发挥”[⑦]。著者首先绍述了牟宗三《名家与荀子》中的相关观点,认为“以牟宗三的哲学气魄,对于《公孙龙子》只可疏解四篇,无解一篇(《指物论》——引者注),可见其文之艰深。实际上牟先生已对《公孙龙子》的研究进行了总结,他认为各个版本的解说不过是‘参加之思想’,也就是主观附会,而原文的义理并未转换为可供消化的思想资源”[⑧]。接着,著者评述了钱穆、徐复观的名学观,认为他们的观点均属牟宗三所批评的“一涉义理,全成笑柄”之列。其三,“基于原创逻辑诉求的《名实论》探索”[⑨]。在著者看来,“回归《名实论》原文,其最显著的线索,即作者明确建

① 参见姜李勤:《先秦名学原创逻辑探索》,河海大学出版社 2019 年版,第 111 页。
② 姜李勤:《先秦名学原创逻辑探索》,河海大学出版社 2019 年版,第 111 页。
③ 参见姜李勤:《先秦名学原创逻辑探索》,河海大学出版社 2019 年版,第 111—143 页。
④ 参见姜李勤:《先秦名学原创逻辑探索》,河海大学出版社 2019 年版,第 111—118 页。
⑤ 姜李勤:《先秦名学原创逻辑探索》,河海大学出版社 2019 年版,第 117 页。
⑥ 姜李勤:《先秦名学原创逻辑探索》,河海大学出版社 2019 年版,第 118 页。
⑦ 参见姜李勤:《先秦名学原创逻辑探索》,河海大学出版社 2019 年版,第 118—125 页。
⑧ 姜李勤:《先秦名学原创逻辑探索》,河海大学出版社 2019 年版,第 118 页。
⑨ 参见姜李勤:《先秦名学原创逻辑探索》,河海大学出版社 2019 年版,第 125—134 页。

构的逻辑进程，由物而名实，进而言‘位’‘正’‘当’‘可’‘谓’的逻辑进程，必须始终作为根本切入点。以上核心概念的具体所指，则须通过原文来加以解析与厘定，而此项工作的开展必须关注核心概念的前后关联性。而《名实论》结语中的‘慎其所谓’更为确立文本基本关怀的要旨所在，他所说的‘所谓’，正是贯通全文的线索。全文的逻辑，不妨由文末提纲挈领的宗旨‘审其名实，慎其所谓’来倒推”[①]。基于这种看法，著者从“谓”的指向以及“所谓”“所以谓”的分析入手，对《名实论》的逻辑线索进行了阐发。其四，“先秦名学所谓‘名实’之逻辑意旨”[②]。著者首先指出：“名家所说的‘正名’，都是就语言的逻辑性符合与否而言，亦如《名实论》所言：‘其名正，则唯乎其彼此焉。’”[③]基于这种看法，著者结合《公孙龙子》诸篇中的相关论题，同时参酌《墨经》等文本，对“名实”的逻辑意旨作了阐析。在阐析的基础上，著者最后总结道：“综上，只有尊重《公孙龙子》《墨经》等文本，洞察其逻辑意识的自觉，我们才能挖掘出名辩逻辑的原创性及其与西方逻辑传统的差别。”[④]

三、硕博论文类文献[⑤]

1. 刘魏荣撰《〈公孙龙子〉的语言逻辑和本体论思想研究》

北京师范大学中国古代史专业博士学位论文，2000年完成，指导教师周桂钿教授。

本论文以现存《公孙龙子》中的《白马论》《通变论》《坚白论》《指物论》为依据，对公孙龙的语言逻辑和本体论思想作了探究。

---

① 姜李勤：《先秦名学原创逻辑探索》，河海大学出版社2019年版，第125页。

② 参见姜李勤：《先秦名学原创逻辑探索》，河海大学出版社2019年版，第134—143页。

③ 姜李勤：《先秦名学原创逻辑探索》，河海大学出版社2019年版，第134页。

④ 姜李勤：《先秦名学原创逻辑探索》，河海大学出版社2019年版，第143页。

⑤ 多数博士学位论文已正式出版，这里不再一一列出。

本论文包括“前言”与四章内容。在“前言”部分[①]，撰者首先介绍了《公孙龙子》一书的历史命运及其研究状况，继而就自己研究《公孙龙子》的重心及其运思理路作了说明，其中有言：“公孙龙以‘白马’‘牛羊’、‘青白’、‘坚白石’为例，不仅分析了这些词语的逻辑和本体论意义，并在此基础上建立了他的名实理论，在认识论方面他也作了一些重要的探索。虽然他没有真正解决他所涉及到的任何一个问题，但是他的问题的提出本身就是人类抽象思维发展过程中的非常重要的事情。公孙龙留给我们的文字并不多，但是内容却非常丰富。由于时间的关系，本论文我们不能更为全面地讨论他的思想，只能对他的思想的核心部分，对词语的逻辑分析以及与之相适应的本体论观念，作一些探讨。”[②]“《白马论》是公孙龙的成名作，其中对‘白马’的逻辑分析，以及‘白马’和‘马’的关系的观点，实际上已经奠定了他的整个思想的基础。但是要真正恰如其分地理解他的‘白马非马’说，还必须对它所反对的东西有所了解。客方在对‘白马非马’说的反驳中所表达的观点及其体现出的逻辑思维水平正反映了常识的观点及其逻辑思维水平，而‘白马非马’说则不仅仅是对常识的观点的挑战，更是对常识的逻辑思维水平的超越。因此，第一章，我们将通过对客方反驳‘白马非马’说的论证过程作较为详细的逻辑分析来展现常识的一般的逻辑思维水平。第二章，在此基础上研究公孙龙的‘白马非马’说。”[③]“‘白马非马’说在理论上的一个关键环节是‘离白’和‘不离白’的区分，这个思想在《白马论》中公孙龙并没有展开讨论。《通变论》即是接着这个话题，把‘白马’放在和‘羊牛’、‘青白’的比较中，专门讨论‘离’和‘不离’的区别，实际上是讨论了三者不同结构类型的二字组合的不同的逻辑意义。在此基础上，《坚白论》的一个重要主题则是对‘坚白石’这样的三字组合的逻辑分析。第三章，我们把《白马论》、《通变论》和《坚白论》三篇联系起来，研究公孙龙对‘白马’、‘羊牛’、‘坚白石’这些语词的逻辑分

① 参见刘魏荣：《〈公孙龙子〉的语言逻辑和本体论思想研究》，北京师范大学2000年，第1—3页。

② 刘魏荣：《〈公孙龙子〉的语言逻辑和本体论思想研究》，北京师范大学2000年，第2页。

③ 刘魏荣：《〈公孙龙子〉的语言逻辑和本体论思想研究》，北京师范大学2000年，第2页。

析。"[①]"对语言(主要是语词)的逻辑分析和对世界的本体论分析,在公孙龙那里是一而二,二而一的。如果说《白马论》、《通变论》、《坚白论》是侧重于对具体的语词的逻辑分析,那么,《指物论》就是这种的分析的一种集中的本体论表述。第四章,我们把《指物论》放在和《白马论》、《通变论》、《坚白论》的有机联系中,研究公孙龙的本体论思想及其语言逻辑基础。"[②]

本论文的主体包括四章内容,分别为"试析客方对公孙龙'白马非马说'的反驳"[③]、"论公孙龙的'白马非马'说"[④]、"论公孙龙对词语的逻辑分析"[⑤]、"《指物论》:对应于语言逻辑分析的本体论表述"[⑥]。现将各章的要点[⑦]一一撮录如下:

第一章要点:撰者从现代逻辑学和逻辑哲学的观点出发,对客方反驳"白马非马"说的具体论证中所出现的诸多问题(譬如,不区分"非白马非马"和"白马非非马","有"和"为(是)"、"无"和"非"的混用,从"有白马为有马"到"白马非非马"的推理,从"白马非马"到"马之有色为非马"的类推,不区分"白马非马"和"白马异马",等等)作了较为详细的分析,认为在当时的一般观念中,专名和类名、个体和个体的类还没有被自觉地区分开来,名称实际上被直接等同于个体。

第二章要点:撰者在第一章的基础上对公孙龙的"白马非马"说进行了阐析。由第一章的分析可以看出,常识的观念由于把类和个体直接等同起来,因而无法解释"白马"和"马"的不同。公孙龙为解决这个矛盾而提出了"白马非马"说,其主旨是强调类和个体的不同。但他并没有认识到"白马"也是一个类,而仍把它直接等同于个体,"马"虽被看成是类,但

---

① 刘魏荣:《〈公孙龙子〉的语言逻辑和本体论思想研究》,北京师范大学2000年,第2页。

② 刘魏荣:《〈公孙龙子〉的语言逻辑和本体论思想研究》,北京师范大学2000年,第3页。

③ 参见刘魏荣:《〈公孙龙子〉的语言逻辑和本体论思想研究》,北京师范大学2000年,第4—11页。

④ 参见刘魏荣:《〈公孙龙子〉的语言逻辑和本体论思想研究》,北京师范大学2000年,第12—19页。

⑤ 参见刘魏荣:《〈公孙龙子〉的语言逻辑和本体论思想研究》,北京师范大学2000年,第20—29页。

⑥ 参见刘魏荣:《〈公孙龙子〉的语言逻辑和本体论思想研究》,北京师范大学2000年,第30—37页。

⑦ 参见本论文的"内容摘要"部分。

却不是个体的类，而是某种脱离个体而独立存在着的特殊“事物”即“共相”。公孙龙论证“白马非马”的思路大体上是这样的：首先，从外延上根据“有马不可谓有白马”断定“白马”和“马”的不同。接着又深入到“白马”的内部，从内涵上把“白马”分析为一个合取命题“‘有白’并且‘有马’”，进一步解释“白马”和“马”不同的原因。再把这种内涵上的解释理解为“白马”作为一个个体，其中的“白”和“马”是不可分离的，因此不是作为共相而存在的。

第三章要点：撰者认为“白马非马”（“二无一”）、“羊牛而羊而牛”“青白不相与而相与，不相邻而相邻”“坚白石可二不可三”等说法，实际上是把“白马”看成一个逻辑积，“羊牛”看成一个逻辑和，“青白”则既不是一个纯粹的逻辑和也不是一个纯粹的逻辑积，“坚白石”是“坚石”“白石”两个逻辑积的逻辑和。

第四章要点：撰者认为，“白马”“坚石”“白石”等偏正结构的二字组合（二元逻辑积）在《指物论》中作为一个个体被称为“物”或“物指”，而“坚”“白”“马”“石”等单音节实词则被看成共相而称为“指”。《指物论》就是在本体论的意义上同时确认这样的“物”和“指”的实体地位。

撰者对公孙龙思想的理解是建立在重新解读《公孙龙子》原文的基础之上的。在上述四章中，撰者对《白马论》和《指物论》原文的引述已较为完整，而《通变论》和《坚白论》中的很多重要内容则基本上没有涉及。鉴于此，撰者将“《通变论》集注”和“《坚白论》集注”作为两个附录置于本论文最后。

2. 李巍撰《名实与指物——论公孙龙的形上思考》

兰州大学历史学专门史专业硕士学位论文，2008 年 5 月完成，指导教师乔健副教授。

本论文包括三部分内容，分别为导言“公孙龙与先秦名辩思潮”、上编“‘名’与‘实’”、下编“‘指’与‘物’”。在导言“公孙龙与先秦名辩思潮”[①]

---

① 参见李巍：《名实与指物——论公孙龙的形上思考》，兰州大学 2008 年，第 1—4 页。

中，撰者首先将先秦诸子“正名实”的旨趣区分为“正名主义”与“纯名理”两类[①]，进而将公孙龙的学说归入“纯名理”一类：“观《公孙龙子》书，虽有数语归赞明王，其基本议题却无现实意义可言，因此以公孙龙为从‘纯名理’层面（指逻辑与形而上学层面）检讨名实关系之代表人物，应无明显问题。”[②]接着，撰者将“纯名理”再分为“逻辑之纯名理”与“形上学之纯名理”两种，认为“墨、荀之兴趣在前者，公孙龙则关注后者，因此龙书与墨、荀之说应视为不同理论模型。”[③]然后，撰者对“逻辑问题”与“形上问题”作了区分[④]，在此基础上确立了公孙龙关注“共相”（而不是逻辑意义上的“类”）的“形上学”立场，进而对《白马论》《名实论》《坚白论》《指物论》四篇的“形上”义趣一一作了提示：

《白马论》的“形上”义趣：“《白马论》中，主客就论题‘白马非马’反复辩难，所欲揭示者，是‘白马’一词除称谓具体白马‘这一个’（个体），亦能称谓‘白色＋马形’两种性质。以‘白马’称谓个体，则涉及个体之类属意义（白马属于马类），此为逻辑思路。但公孙龙既以‘白马’称谓色、形两种性质，则其论旨无涉逻辑意义可知。又，《白马论》以白色有‘定所白’与‘不定所白’之分，‘定所白’之‘白’即呈现于白马中具体的白，‘不定所白’则为不著于物的抽象之白，亦即白之共相，此已然触及‘形上学问题’中共

① 李巍就此指出：“名实关系成为先秦学术的重要议题，始于孔子‘必也正名乎’的主张。此后，诸子正名实之努力又呈现两种旨趣：一是继承孔子正名主义，将名实问题归入政治与道德的范畴，致力解决名实相怨引发的现实困境；另一则是将名实问题纳入逻辑与形上学的领域，牟宗三判之为‘纯名理’，谓其兴趣无涉现实领域也。”见李巍：《名实与指物——论公孙龙的形上思考》，兰州大学2008年，第1页。

② 李巍：《名实与指物——论公孙龙的形上思考》，兰州大学2008年，第1页。

③ 李巍：《名实与指物——论公孙龙的形上思考》，兰州大学2008年，第2页。

④ 李巍就此写道：“约言之，‘逻辑问题’关涉事物的逻辑类属意义，一是区分物类与物类分子，一是区分不同物类，以确保语言、认识之有效性；‘形上学问题’则关涉事物的存在意义，一是区分形上共相与形下个体，一是区分共相与共相，来探究存在的本源，其与‘逻辑问题’之指向固为不同也。然而，‘谈逻辑问题者’所以‘每将形上学与逻辑问题相混’，则因‘类’之主客观性未决；若以‘类’为主观知见，则所谓‘概念’（concept）是也；若以之为客观实在，则所谓‘共相’（idea）是也。将‘逻辑问题’混同于‘形上学问题’，即将‘概念’混淆于‘共相’，因而‘概念’之内涵与外延不仅有类与类分子的区别，亦有形上与形下之别；反之，共相与个体之间亦不仅有形而上下之分，更有逻辑意义的类与类分子之别。因此，吾人倘了解类与类分子是依逻辑类属关系相分，共相与个体则依形而上下有别，则‘逻辑问题’与‘形上学问题’不至混淆矣。基于此，可进论龙、墨、荀之学孰取逻辑立场，孰取形上学立场。”见李巍：《名实与指物——论公孙龙的形上思考》，兰州大学2008年，第2页。

相与个体之分。”[①]

《名实论》的“形上”义趣：“《名实论》论名实关系，然其所论之‘实’非就‘具体的个体’言，而是指性质(如白马之色、形)。以‘名’称谓个体，固有一‘名’多‘实’之情况(如白马、黄马皆名为‘马’)；然以名称谓性质，则仅能一‘名’一‘实’严格对应(如‘白’只称谓白色，而不能称谓其他颜色)，盖不同性质在共相层面皆各自独立、不可混淆，因此《名实论》有‘其名正，则唯乎其彼此焉’之主张，谓名称与共相必一一对应，此则涉及共相与共相之区别问题。”[②]

《坚白论》的“形上”义趣：“《坚白论》论‘离坚白’，非谓坚、白二性质从具体石块中分离而出，而是指坚、白二性质就其自身言是共相，石块则为个体，因此坚白虽呈现于石，却非依存于石，盖共相与个体有形而上下之悬隔也。进而，坚、白性质自身既为共相，则亦互不依存，因此‘离坚白’之论即表共相与个体、共相与共相各个独立、不相依存之义，故篇末云：‘离也者，天下故独而正。’”[③]

《指物论》的“形上”义趣：“共相虽为客观实在，却并非感官经验可及者，故如何认识共相就是《指物论》要解决之问题。本文认为，《指物论》所谓‘指’是对客观实在之认识活动。客观实在有共相、个体之分，对个体之‘指’即所谓感官经验，必受经验条件之限制；对共相之‘指’则为精神、理智之活动，依主体性之最高自由而超越感官洞察形上实在。因此就共相、个体为客观实在言，皆是‘指’之对象，故说：‘物莫非指’；然就两种客观实在有形而上下之分别言，则对共相与个体之‘指’又不相同，故说：‘指非指’。”[④]

上编与下编是本论文的核心部分，其中上编“‘名’与‘实’”[⑤]包括两节内容，分别为“《白马论》述微”“《名实论》指要”；下编“‘指’与‘物’”[⑥]亦包

---

① 李巍：《名实与指物——论公孙龙的形上思考》，兰州大学 2008 年，第 3 页。
② 李巍：《名实与指物——论公孙龙的形上思考》，兰州大学 2008 年，第 3 页。
③ 李巍：《名实与指物——论公孙龙的形上思考》，兰州大学 2008 年，第 3—4 页。
④ 李巍：《名实与指物——论公孙龙的形上思考》，兰州大学 2008 年，第 4 页。
⑤ 参见李巍：《名实与指物——论公孙龙的形上思考》，兰州大学 2008 年，第 5—20 页。
⑥ 参见李巍：《名实与指物——论公孙龙的形上思考》，兰州大学 2008 年，第 21—36 页。

括两节内容，分别为“《坚白论》理论”“《指物论》斠释”。

在“《白马论》述微”一节[①]，撰者首先指出：“公孙龙立说旨趣不在逻辑方面，以《白马论》最为显著。‘白马非马’这一议题本可从逻辑角度予以证明，但公孙龙不取逻辑的眼光，而是做形上学之思考。故吾人倘先辨析‘白马非马’之逻辑证明，再与《白马论》之证明思路相比较，则龙书论旨显矣。”[②]基于这种考虑，撰者首先对“白马非马”的逻辑证明思路进行了辨析，认为这种证明思路以“白马”与“马”构成概念的逻辑类属关系，以“非”字表示“白马”(类成分)有异于“马”(类)，实为对龙书极大的误解。接着，撰者结合《白马论》的相关论题，对公孙龙论证“白马非马”的过程作了“形上学”的解析，认为“全篇讨论绕开了事物的体性之别而直指性质本身亦即共相(如篇末所论‘不定所白’之‘白’)之意义，为《坚白论》发掘共相之形上实在做了铺垫。因此《白马论》之理论立场应偏向形上学”[③]。

在“《名实论》指要”一节[④]，撰者首先介绍了以往论者对公孙龙名实观的批评情况，指出“既然公孙龙明言‘实’之重要，而批评者反以他‘颠倒名实’，则可见龙书对‘实’的理解与先秦学术的一般见解不尽相同”[⑤]。接着，撰者对《名实论》开篇提出的“物”“实”“位”“正”四个概念进行了解读，就颇为关键的“实”这一概念而言，“公孙龙所谓‘实’是指性质(如白马之‘色’、‘形’)，而非指个体(具体白马‘这一个’)，因此‘实’对‘物’之‘所是’的规定，就是对‘物’之性质意义的规定”[⑥]。就此而言，公孙龙所说的“实”与墨辩、荀子颇为不同：“墨、荀以‘实’代表事物固有的‘个体—类’之意义，故某物、某类物之‘实’只能为一(‘一个’、‘一类’)。但公孙龙以‘实’为事物所具之不可混淆(‘位其所位’)的诸性质，则某物之‘实’就成为‘多’(如具体白马有色、形二‘实’)。可见公孙龙于某物作为‘一’的个体意义之外，发现了它作为‘多’的性质意义。”[⑦]在厘定了公孙龙所说的“实”

① 参见李巍：《名实与指物——论公孙龙的形上思考》，兰州大学2008年，第6—12页。

② 李巍：《名实与指物——论公孙龙的形上思考》，兰州大学2008年，第6页。

③ 李巍：《名实与指物——论公孙龙的形上思考》，兰州大学2008年，第11—12页。

④ 参见李巍：《名实与指物——论公孙龙的形上思考》，兰州大学2008年，第13—20页。

⑤ 李巍：《名实与指物——论公孙龙的形上思考》，兰州大学2008年，第13页。

⑥ 李巍：《名实与指物——论公孙龙的形上思考》，兰州大学2008年，第15页。

⑦ 李巍：《名实与指物——论公孙龙的形上思考》，兰州大学2008年，第16页。

的含义的基础上，撰者继而对《名实论》所论的名实观作了阐析，认为公孙龙的正名主张是“以实正名”，其核心精神是以“实”为“名”的根本。“唯乎其彼此”是《名实论》的论旨枢要，“即谓彼名、此名分别应合于某物之彼性质、此性质，而非说分别应合于彼物、此物”[①]。因此，“检验一个‘名’是‘正’还是‘乱’，就看此‘名’是否‘唯谓’其固有之‘实’而不谓其他”[②]。由此可知，“公孙龙之正名思想实以‘唯谓’为最终归宿，……‘唯谓’之要在于‘止’，彼‘名’止于彼‘实’（‘彼彼止于彼’）、此‘名’止于此‘实’（‘此此止于此’），即使‘名’、‘实’有严格的一一对应关系”[③]。最后，撰者以墨辩的“唯吾谓，非名也”之论为对照，对墨、龙不同名实观背后的理论立场作了阐发，认为“墨者持逻辑的名实观，因此以‘唯谓’会否定名的类意义，而公孙龙重性质（共相）、轻个体，持形上学之名实观，‘唯谓’是其名实学说必然之逻辑结果”[④]。

在“《坚白论》理论”一节[⑤]，撰者指出：“吾人于经验世界中并不能找到独立于个体之外的共相自身（如白本身），相反所见之共相必依某物而呈现（如白马之白），这就提出两个问题：第一，独立于个体的共相自身是否存在？第二，倘若存在，则吾人如何认识？以上问题为早期形上思考必然遭遇之问题，公孙龙亦未尝不注意及之，故造《坚白论》《指物论》二篇作答。《坚白论》涉及前一问题，《指物论》涉及后一问题。”[⑥]基于这种问题意识，撰者在本节以《坚白论》为中心，首先分析了《白马论》与《坚白论》的理论关联，认为“《坚白论》以‘离坚白’之观点著名，然溯其渊源，则《白马论》‘离白’诸语固已表现出‘离’之洞见”[⑦]。接着，撰者结合《坚白论》的相关论题，对“离”的含义进行了解析，认为“《坚白论》论‘离’有二端，一曰共相呈现于却不依存于个体；二曰共相间互不依存。如此，则一切共相均各自

① 李巍：《名实与指物——论公孙龙的形上思考》，兰州大学 2008 年，第 17 页。
② 李巍：《名实与指物——论公孙龙的形上思考》，兰州大学 2008 年，第 18 页。
③ 李巍：《名实与指物——论公孙龙的形上思考》，兰州大学 2008 年，第 18 页。
④ 李巍：《名实与指物——论公孙龙的形上思考》，兰州大学 2008 年，第 20 页。
⑤ 参见李巍：《名实与指物——论公孙龙的形上思考》，兰州大学 2008 年，第 22—27 页。
⑥ 李巍：《名实与指物——论公孙龙的形上思考》，兰州大学 2008 年，第 22 页。
⑦ 李巍：《名实与指物——论公孙龙的形上思考》，兰州大学 2008 年，第 23 页。

独立，为形上实有”[①]。撰者另对墨辩派（包括《坚白论》客方）举“盈”驳“离”的说法进行了分辨，认为“墨辩举‘盈’驳龙书之‘离’，实将形而上下之‘离’混淆于事实层面之‘离’，而不解龙书论旨所在也”[②]。

在“《指物论》斠释”一节[③]，撰者指出：“欲根本地肯定共相自身为形上实在，则须辨析吾人能否认识形上领域，亦即检讨认识能力自身之限度为何？此正《指物论》之内容，故该篇可谓《公孙龙子》书最初之理论奠基也。然《指物论》文辞晦涩，堪称难解，尤其核心概念‘指’至今未有定诂，故本节讨论该篇思想，不能不由‘指’之涵义辨析开始。而辨析‘指’之涵义，又不能不对已有成说作一简略学术史回顾。”[④]基于这种看法，撰者首先对以往学者关于“指”的解读进行了回顾，并将这些解读分成“标记”“表德”“物德”“共相”“意识”“观念”“名”诸说分别作了评述，进而提出了自己的看法：“由‘物’观‘指’，‘形下之物’以性质有所‘定’而可见可感，‘形上之物’以其‘不定’固非经验对象，因此《指物论》之‘指’首应作认识论意义之理解。……本文以‘指’为主体指涉客体的认知活动”[⑤]。在阐明“指”的含义的基础上，撰者继而对《指物论》的中心论题“物莫非指，而指非指”进行了解读：“‘物莫非指’是说：共相、个体莫不能被主体认知、指涉，此就二者皆为认识之对象而言；‘指非指’则是说：对个体的指涉不是对共相的指涉。盖共相、个体有形而上下之分，对其‘指’固有不同也。”[⑥]然后，撰者对《指物论》全文进行了疏解，进而从两个方面阐明了《指物论》的理论意义：其一，“先看《指物论》与《公孙龙子》书其他篇目之关系，兹取《白马论》、《坚白论》为例。《白马论》言‘白者不定所白，忘之而可也’，是对形上共相抱存而不论之态度。然《指物论》不仅不能‘忘之’，更要讨论对共相的‘指’，可谓较《白马论》有理论层次之跃升也。吾人已述，此理论跃升始于《坚白论》标揭‘不坚石、物而坚’、‘不白物而白’的共相实在性。然《坚白论》未

① 李巍：《名实与指物——论公孙龙的形上思考》，兰州大学 2008 年，第 27 页。
② 李巍：《名实与指物——论公孙龙的形上思考》，兰州大学 2008 年，第 27 页。
③ 参见李巍：《名实与指物——论公孙龙的形上思考》，兰州大学 2008 年，第 28—36 页。
④ 李巍：《名实与指物——论公孙龙的形上思考》，兰州大学 2008 年，第 28 页。
⑤ 李巍：《名实与指物——论公孙龙的形上思考》，兰州大学 2008 年，第 31 页。
⑥ 李巍：《名实与指物——论公孙龙的形上思考》，兰州大学 2008 年，第 31 页。

能正面述及对共相的认识问题，仅提示'神见'与'手'、'目'等感性认识有别。对此，《指物论》则以理论语言系统检讨之，通过对主体认识能力的辨析，区分了感官经验与精神、理智之活动的不同，进而肯定了指涉共相之可能，因此吾人可以《指物论》代表公孙龙形上思考之最高成就也"①；其二，"再看《指物论》持论与当时学术见解之关系。按先秦论'指'者，主要有墨家、辩者之言论。……墨家对'指'的态度比较乐观，认为感官不但能指涉事物，且能充分指涉，……相比之下，《庄子・天下》述辩者论'指'之态度，谓'指不至，至不绝'，是以感官指涉不能企及对象界之真实，则较墨家之态度为悲观，盖经验认识固有其畛域而不可逾越也。然辩者并不了解感官以上，精神、理智亦有指涉能力，且不受经验条件之限制。因此，倘标揭精神、理智之指涉功能，则'指不至'之说可破，故《指物论》可谓对纯任感官经验而导致的乐观（墨家）与悲观（辩者）皆有所节制也"②。最后，撰者援引《庄子・齐物论》对《指物论》的批评之语（"以指喻指之非指，不若以非指喻指之非指"），为人们提供了一种富有启发性的视角："若依庄子此说，公孙龙对感官经验（'指'）与精神、理智活动（'非指'）之区分即无客观标准可言，'指非指'之论亦极难成立，这可说是对公孙龙形上思考之最高成就作最根本之否定！孰是乎？孰非乎？恐难有定评，故吾人更愿视庄子此说为一启发性之视角，以结束全文。"③

3. 徐莹撰《罗素意义指称理论述评及与〈指物论〉之比较》

西南大学逻辑学专业硕士学位论文，2009 年 5 月完成，指导教师何向东教授。

本论文包括"引言"与四章内容。在"引言"部分，撰者对本论文的研究方法、运思理路作了说明："本文主要运用了文献研究法、系统分析法和归纳对比等方法，对当前已有文献系统地、全面地梳理，借鉴已有的研究成果，对罗素的指称理论和其他指称理论做比较，通过不同角度的比较对

① 李巍：《名实与指物——论公孙龙的形上思考》，兰州大学 2008 年，第 35 页。
② 李巍：《名实与指物——论公孙龙的形上思考》，兰州大学 2008 年，第 36 页。
③ 李巍：《名实与指物——论公孙龙的形上思考》，兰州大学 2008 年，第 36 页。

罗素的指称理论重新归纳总结。罗素的指称理论因其巨大的历史作用和意义深受关注，传统上大都按指称理论代表人物的思想进行比较，也有很多按理论观点进行划分归类。本文在这些理论的基础上对罗素指称理论与相似相悖指称理论的由表及里、由浅入深的对比分析，对指称理论进行系统的述评。试把罗素的意义指称理论与中国的《指物论》相比较，以期对罗素意义指称理论有进一步的发展。”[1]

第一章至第四章是本论文的主体部分，分别为“意义指称理论概述”[2]、“罗素的意义指称论”[3]、“西方对于罗素的指称理论的批判和发展”[4]、“试比较《指物论》与罗素的意义指称理论”[5]，其中第四章涉及公孙龙《指物论》的意义指称理论及其与罗素的比较问题。

在第四章中，撰者首先对《指物论》进行了疏解，认为“公孙龙是中国历史上第一个有意识地关注语言——实在——思维三角关系的人”，“《指物论》是我国先秦时代的一篇‘指称理论’的专论”。[6] 接着，撰者从三个方面对《指物论》与罗素的意义指称理论进行了比较：

(1)从内容方面看，两种理论的相同(或相似)之处主要有三：其一，“《指物论》与罗素的指称理论具有相同的‘质’，都认为名称是对客观事物的反映”[7]；其二，“无论是《指物论》还是罗素的指称理论，其根本的出发点都是名的本质，即名称之所以有意义在于名称对客观事物的反映称谓”[8]；其三，“无论是名的本质、名的形成，还是名与实的关系，公孙龙和罗素的指称理论都曾关注这些问题，并对这些问题进行了论述。两种理论在论证名与实的关系时也有相同之处”[9]。当然，两种理论在内容上也存在不同之处，主要有二：其一，“罗素强调亲知，《指物论》注重人为对指称关系

---

① 徐莹：《罗素意义指称理论述评及与〈指物论〉之比较》，西南大学2009年，第2页。
② 参见徐莹：《罗素意义指称理论述评及与〈指物论〉之比较》，西南大学2009年，第3—6页。
③ 参见徐莹：《罗素意义指称理论述评及与〈指物论〉之比较》，西南大学2009年，第7—17页。
④ 参见徐莹：《罗素意义指称理论述评及与〈指物论〉之比较》，西南大学2009年，第18—21页。
⑤ 参见徐莹：《罗素意义指称理论述评及与〈指物论〉之比较》，西南大学2009年，第22—27页。
⑥ 徐莹：《罗素意义指称理论述评及与〈指物论〉之比较》，西南大学2009年，第25页。
⑦ 徐莹：《罗素意义指称理论述评及与〈指物论〉之比较》，西南大学2009年，第25页。
⑧ 徐莹：《罗素意义指称理论述评及与〈指物论〉之比较》，西南大学2009年，第25页。
⑨ 徐莹：《罗素意义指称理论述评及与〈指物论〉之比较》，西南大学2009年，第25页。

的约定”[①]；其二，“罗素对句子（命题）做了分析，这在《指物论》中没有提及”[②]。

(2)从文化背景方面看，两种理论表现出颇大的差异。就《指物论》产生的文化背景而言，“先秦时期的墨家、荀子、尹文、韩非、吕不韦等思想家无一例外，都遵循着孔子的思想把正名与治国联系在一起。中国的《指物论》就是在这样的政治文化背景下形成的，这是中国名学理论的一大特点，理论为政治服务的思想阻碍限制了人们从逻辑的角度发展我国的名实理论”[③]。与此明显不同，罗素的指称理论则产生于19世纪末、20世纪初西方哲学研究方向已经完成从认识论向语言论转变的文化背景之下。在这一转变中，“意义问题一直是语言哲学的中心问题，关于究竟是什么使得我们的语言区别于无意义的声音而具有意义，语词或语词表达式的意义是什么的问题，一直困扰着语言哲学家们。……他（罗素）的意义指称理论是在为解决这方面的问题而做出的努力和贡献”[④]。

(3)两种理论与自然科学的关系有着明显的不同。撰者就此指出：“古代中国科学活动的基本特征在于对技术与经验的重视和强调。这种旨在为以后的相同活动提供一种经验意义范本的中国古代科技活动，与罗素所处的西方的逻辑方法的发展分属不同的路向。”[⑤]“罗素指称理论提出的目的是对语词本身的关注，试图用一种简单的抽象语言符号形式来称谓客观事物，他对自然科学尤其是数学的重视是其对逻辑学做出突出贡献的重要原因。”[⑥]

4. 曲万涛撰《〈公孙龙子〉的逻辑思想研究》

黑龙江大学中国哲学专业硕士学位论文，2009年10月完成，指导教师樊志辉教授。

---

① 徐莹：《罗素意义指称理论述评及与〈指物论〉之比较》，西南大学2009年，第25页。

② 徐莹：《罗素意义指称理论述评及与〈指物论〉之比较》，西南大学2009年，第26页。

③ 徐莹：《罗素意义指称理论述评及与〈指物论〉之比较》，西南大学2009年，第27页。

④ 徐莹：《罗素意义指称理论述评及与〈指物论〉之比较》，西南大学2009年，第27页。

⑤ 徐莹：《罗素意义指称理论述评及与〈指物论〉之比较》，西南大学2009年，第27页。

⑥ 徐莹：《罗素意义指称理论述评及与〈指物论〉之比较》，西南大学2009年，第27页。

本论文包括“绪论”与三章内容。在“绪论”部分[①]，撰者首先将公孙龙的逻辑思想置于“名辩”之学的视域下作了探讨：“‘名辩’学之所以能够在先秦开始成为一门独立的学问，公孙龙功不可没。公孙龙身处乱世，正是基于对社会治乱的关怀，本着‘正名实而化天下’的宗旨而作‘白马’、‘指物’、‘通变’、‘坚白’、‘名实’诸论。《公孙龙子》五篇构成了相对完整的理论体系，对‘名辩’问题加以专门研究，首开在逻辑学领域探讨正名学说之先河，以抽象的哲学和逻辑思维的形式，曲折地反映了公孙龙的社会政治主张。而后期墨家和荀子正是在此基础上，丰富和发展了中国古代逻辑的理论体系。”[②]接着，撰者明确了公孙龙学术思想的首要价值以及研究《公孙龙子》的逻辑学视角：“从研究‘名辩’问题的角度来说，《公孙龙子》首先是一部集中讨论逻辑问题、系统阐述逻辑理论的中国古代逻辑学著作。因此可以说公孙龙学术思想的价值主要体现在逻辑学方面。只有从逻辑学的角度来对《公孙龙子》诸篇作一探析，才能够了解公孙龙的思想体系，获取理性思维的经验教训，从而做出客观评价。”[③]然后，撰者阐说了《公孙龙子》五篇的排序问题：“除《迹府》外，《公孙龙子》其余五篇一般认为是公孙龙之原著。这里涉及到对这五篇进行研究时的篇目次序问题，不同研究者在此问题上有不同见解，是因为篇目次序既关系到研究对象的结构形态，又表明了研究者的分析角度。根据个人浅见，为开展研究工作需要，我试对《公孙龙子》五篇作如下排列：《名实论》第一、《指物论》第二、《通变论》第三、《白马论》第四、《坚白论》第五。《名实论》首当其冲，是因为其为公孙龙‘正名实而化天下’的宗旨所在，是阐述公孙龙正名思想的纲领性篇章，也是公孙龙整个思想体系的逻辑理论基础；《指物论》则与《名实论》关系密切，是公孙龙逻辑思想在认识论上的体现；《通变论》则阐述了公孙龙的逻辑分类理论，是其逻辑思想在方法论上的体现；而《白马论》和《坚白论》则是公孙龙逻辑思想具体运用的成名之作。”[④]最后，撰者

① 参见曲万涛：《〈公孙龙子〉的逻辑思想研究》，黑龙江大学2009年，第1—4页。

② 曲万涛：《〈公孙龙子〉的逻辑思想研究》，黑龙江大学2009年，第1页。

③ 曲万涛：《〈公孙龙子〉的逻辑思想研究》，黑龙江大学2009年，第1页。

④ 曲万涛：《〈公孙龙子〉的逻辑思想研究》，黑龙江大学2009年，第1—2页。

对国内外与本论文相关的研究文献作了爬梳与评说。

本论文的主体包括三章内容，分别为“公孙龙逻辑思想的产生背景”“《公孙龙子》逻辑思想的内容分析”“《公孙龙子》的历史影响与时代意义”。在“公孙龙逻辑思想的产生背景”一章①，撰者对先秦名辩思潮以及公孙龙其人其事、公孙龙其书分别作了介绍，认为“先秦名辩思潮是公孙龙逻辑思想产生的大背景，作为为新兴的封建主阶级服务的思想家，公孙龙言论重事实、斥虚名，倡导名实一致，怀‘正名实而化天下’之志著《公孙龙子》，从而在真正意义上创立了名家学派，使名辩思潮的发展达到了顶峰”②。

在“《公孙龙子》逻辑思想的内容分析”一章③，撰者按照《名实论》《指物论》《通变论》《白马论》《坚白论》的顺序，对《公孙龙子》五篇的逻辑思想一一进行了阐析。在阐析的基础上，撰者最后总结道：“《名实论》以‘正名实’思想为中心论题，阐述了逻辑学的基本规律，奠定了《公孙龙子》逻辑思想体系的理论基础。《指物论》围绕‘物莫非指而指非指’的命题，从认识论的角度进一步阐述公孙龙的正名学说，并采用了逻辑推理论证的手段，显示了高超的论辩技巧。《通变论》围绕‘二无一’的分类原则，层层推衍，纵横辨析，阐述了公孙龙的逻辑分类理论，奠定了公孙龙逻辑思想的方法论基础。《白马论》中的‘白马非马’之辩，探讨概念的同一性问题，是公孙龙逻辑思想的具体运用的代表作。《坚白论》以‘离坚白’的观点来探讨概念的同一性，也是公孙龙逻辑思想的具体运用的另一力作。”④

在“《公孙龙子》的历史影响与时代意义”一章⑤，撰者主要阐说了三个问题，分别为“在同时代的影响”“对后世的影响”“《公孙龙子》逻辑思想的价值与时代意义”。在一一阐说的基础上，撰者最后总结道：“《公孙龙子》在中国传统思想脉络中鲜有正面的评价，无论是先秦诸子还是历朝历代的思想家，都对其游离于政治伦理之外、专论名辩的思想给予了抨击。先

---

① 参见曲万涛：《〈公孙龙子〉的逻辑思想研究》，黑龙江大学 2009 年，第 5—11 页。

② 曲万涛：《〈公孙龙子〉的逻辑思想研究》，黑龙江大学 2009 年，第 11 页。

③ 参见曲万涛：《〈公孙龙子〉的逻辑思想研究》，黑龙江大学 2009 年，第 12—27 页。

④ 曲万涛：《〈公孙龙子〉的逻辑思想研究》，黑龙江大学 2009 年，第 26—27 页。

⑤ 参见曲万涛：《〈公孙龙子〉的逻辑思想研究》，黑龙江大学 2009 年，第 28—37 页。

秦时期儒、道、法诸家对其批评甚烈，乃至给予致命一击，后期墨家则相应相訾，尤其是吸取了其中合理的逻辑思想。秦汉至明清的整个封建社会对其仍持否定态度，其中不乏王充、刘安、徐干、刘勰、宋濂等学界大家，仅研究名辩之学的鲁胜从逻辑思想的角度给予了正面评价。《公孙龙子》具有很高的逻辑价值，在中国古代逻辑发展史上具有开创意义和奠基作用，对当代逻辑学的发展和新时期文化建设也很有启示作用。”[①]

5. 王琳撰《三晋名家初探》

山西师范大学历史学专门史专业硕士学位论文，2009年5月完成，指导教师张有智教授。

本论文包括“引言”与四章内容。在“引言”部分[②]，撰者首先交代了选题依据及意义，认为“先秦名家作为先秦文化的重要组成部分，长期以来就有许多学者从各个角度对其进行研究，主要集中于其著作的辨伪、注释及其人物思想的探究等等。而三晋名家作为先秦名家乃至三晋文化、先秦文化的组成部分，却鲜有论及。故本人将在前人研究的基础上，对三晋名家作初步的探讨”[③]。接着，撰者对本课题的研究史作了回顾，在此基础上提出了自己的研究思路：“本文将在充分尊重和吸收前人研究成果的基础上，试从区域文化的角度出发，探察先秦三晋地区名家的发生与发展状况，以期对先秦三晋地区的文化有更深入的认识。”[④]然后，撰者对“三晋名家的界定”问题作了探讨，认为“三晋名家，正是以名家发展至战国中期的重要代表惠施、公孙龙为主要代表人物，其思想同时包含了名家发展过程中的两个重要派别——‘合同异’派与‘离坚白’派的主要思想，既研究概念之间的联系与转化，又研究概念之间的差异性，是名家发展至战国时期的一个重要组成部分”[⑤]。

本论文的主体包括四章内容，分别为“三晋名家产生和发展的地理环

① 曲万涛：《〈公孙龙子〉的逻辑思想研究》，黑龙江大学2009年，第37页。

② 参见王琳：《三晋名家初探》，山西师范大学2009年，第1—15页。

③ 王琳：《三晋名家初探》，山西师范大学2009年，第1页。

④ 王琳：《三晋名家初探》，山西师范大学2009年，第9页。

⑤ 王琳：《三晋名家初探》，山西师范大学2009年，第15页。

境与社会背景”“三晋名家产生和发展的思想基础——名辩的土壤”“惠施仕魏”“公孙龙在魏与赵”。在“公孙龙在魏与赵”一章[①]，撰者对公孙龙其人、其书及其在魏、赵的活动进行了考察，并讨论了公孙龙的政治思想与其名实思想的共同特点，认为“公孙龙的政治与学术思想，有一个共同的特点，即重视‘实’，强调名实相符。在学术上，公孙龙强调‘审其名实，慎其所谓’——以名谓实的正名实思想。在政治上，公孙龙主张‘偃兵’，也强调‘不可以虚名为也，必有其实’”[②]。

最后，撰者在“结束语”中对先秦三晋地区名家的发生、发展概况作了总结：“春秋战国之际，整个社会处于一种新旧交替的剧烈变化之中，诸子百家‘各引一端，崇其所善，以此之驰说，取合诸侯’。在先秦三晋地区，活跃着法家、儒家、纵横家、名家等诸多人物，纷纷提出自己的主张，游说于各国。三晋名家之惠施、公孙龙等，也提出自己的主张参与到三晋社会政治的大潮中去。名家发展到后来，政治色彩愈发淡泊，最后成为纯学术研究。由惠施开始，社会政治方面的意义已不是研究名实问题的主要原因，而开始注重研究名词概念本身。惠施晚年针对名实关系的研究，是建立在惠施从政多年的经历所形成的政治主张及观念之上的，惠施在魏国从政多年的经历是惠施哲学思想形成的重要基础。公孙龙虽然始终以说客或食客的身份，侍从于平原君左右，扮演着‘清客’的角色。但是，其政治思想与其名实思想之间却存在着共性，即其重视‘实’，强调名实相符的思想。”[③]

6. 鄢晓玲撰《再论“白马非马”》

华东师范大学逻辑学专业硕士学位论文，2010 年 5 月完成，指导教师晋荣东教授。

本论文包括四章内容，分别为“公孙龙其人其事其书”“‘形名之家’与‘白马非马’”“如何理解‘白马非马’之‘非’”“‘白马非马’是可能的”。

---

① 参见王琳：《三晋名家初探》，山西师范大学 2009 年，第 51—62 页。

② 王琳：《三晋名家初探》，山西师范大学 2009 年，第 60 页。

③ 王琳：《三晋名家初探》，山西师范大学 2009 年，第 63 页。

第一章“公孙龙其人其事其书”[1]简要介绍了公孙龙的生卒、国籍、事迹以及《公孙龙子》一书的相关情况。第二章“‘形名之家’与‘白马非马’”[2]重点爬梳了学界关于“形名之家”的争论情况以及对“白马非马”论题的回应情况，并具体分析了近现代学者王琯运用命题逻辑理论、金受申运用直言三段论理论对“白马非马”的诠解，日本学者末木刚博和加地申行对此命题的理解，当代学者周云之以“有异于”(或“不等同于”)释“非”而为《白马论》所作的辩护，邢滔滔运用“任意对象”理论对“白马非马”命题的新解等。在分析的基础上，撰者对上述看法进行了评说：“近现代学者运用了辩证逻辑、命题逻辑、直言三段论理论、‘任意对象’理论等对公孙龙的《白马论》进行解剖分析，虽然如上文所言论证过程存在一些不严密之处，但总体上还是肯定了‘白马非马’的积极意义。这些论证手段都不无合理之处，既然这些解释之间并无矛盾之处，那么是否存在其他同样合理却未引起人们重视的论证手段呢？周云之创造性地对‘非’字做出了不同于前人的解释，他的这种做法对于开拓人们对‘白马非马’的解析路径有一定的帮助，但其脱离古代汉语中‘非’字的基本释义而做出的看似合理的解释，笔者不敢苟同，下文将对这些问题做具体分析。”[3]

在“如何理解‘白马非马’之‘非’”[4]一章，撰者首先指出：“《白马论》的中心论题是‘白马非马’，这是一直以来人们指责公孙龙为‘诡辩家’的首要依据。一般来说，‘白马是马’这是一种人们习惯约定的日常生活常识，而‘白马非马’是有悖于人们生活常识的，超出了约定俗成的认识界限。所以要准确理解‘白马非马’这个论题，‘非’的理解是关键。”[5]基于这种看法，撰者通过分析上古汉语中判断句的基本形式以及《汉语大字典》《辞源》《辞海》《现代汉语词典》等权威工具书关于“非”的解释，对关键词“非”作了语义学探源，并借此对近年颇受关注的将“白马非马”中的“非”解释为“有异于”的观点提出了质疑：“一般情况下，人们只要看到‘白马非马’

---

① 参见鄢晓玲：《再论“白马非马”》，华东师范大学2010年，第1—5页。
② 参见鄢晓玲：《再论“白马非马”》，华东师范大学2010年，第5—11页。
③ 鄢晓玲：《再论“白马非马”》，华东师范大学2010年，第11页。
④ 参见鄢晓玲：《再论“白马非马”》，华东师范大学2010年，第12—15页。
⑤ 鄢晓玲：《再论“白马非马”》，华东师范大学2010年，第12页。

这四个字，都直觉地把它理解为‘白马不是马’，这种不约而同说明句中的‘非’字只能解释为‘不是’。如果‘非’字确有‘异于’之义，那么‘白马非马’这个命题绝对不会招致诸多非议。……先秦诸子大都非议‘白马非马’，主要原因可能在于他们把‘白马非马’理解为‘作为具体事物的白马不是马’。如果将‘白马非马’理解为‘白马异于马’，那么该命题只不过是说出了一个极为浅显易懂的道理而已，人人都能理解，也都能接受，正因为‘白马非马’的字面意思是‘白马不是马’，所以才会招致诸多非议。”①

在“‘白马非马’是可能的”②一章，撰者首先对《白马论》的相关论题作了解读。在解读《白马论》开篇的客问“白马非马，可乎”与主答“可”时，撰者将关注点聚焦于“可”字的理解上：“一直以来学界都将关注点放在‘非’字的解释上，笔者认为‘可’的解释同样非常重要。‘可乎’其实是在问一个特定的命题是否在某些情形下可以接受，而不是问它是否在所有情形下都成立。主回答曰‘可’是肯定‘白马非马’在某些情形下是可以接受的。”③基于这种看法，撰者由对“可”的语义学探源引出本论文的核心部分，即对“可接受性”“真实性”和“可能世界”的探讨，并着重介绍了四种合理且根据《白马论》文本能够自圆其说的解释，分别为“名辩学的理解”“基于语词的使用与提及之分的理解”“基于对语词之义素分析的理解”“基于系统质性不同于元素属性的理解”。

最后，撰者在“结语”部分对公孙龙的逻辑思想作了简要评说：“公孙龙大力倡导概念分析的方法，主张当离不当混。他的全部逻辑思想贯彻着一个‘同一律’的精神——‘彼彼止于彼，此此止于此’，这条规律的实质就是一个‘甲是甲’的公式。白马只能是白马，不能是马。在他看来，从很多方面，白马与马之间的关系都只能用‘非’来表达。④‘个别’与‘一般’这两者之间存在‘一致关系’，这是人们所熟知的，但这两者之间也存在着

① 鄢晓玲：《再论“白马非马”》，华东师范大学 2010 年，第 15 页。

② 参见鄢晓玲：《再论“白马非马”》，华东师范大学 2010 年，第 16—27 页。

③ 鄢晓玲：《再论“白马非马”》，华东师范大学 2010 年，第 18 页。

④ 在撰者看来，“公孙龙虽然主张‘白马非马’，并为此著书从不同层面反复加以论证，却只是肯定‘白马非马’的存在权，但是否定性的‘非’字对人们定义‘白马’与‘马’之间的关系并没有太多实质性的帮助，它只做到了对‘白马是马’的‘破’，而未作出‘立’，这可能也是一直以来其思想得不到学界共鸣的一个重要原因”。参见本论文的“摘要”。

'矛盾关系'，这点却容易被人们所忽略。公孙龙的'白马非马'只是将后一意义突出地强调出来，这对于促使人们在思考时注意概念内涵上的缜密分析，提高对于全面考察问题的重要性的认识上，是有一定帮助的。"[①]

7. 邹劼撰《〈公孙龙子〉中的语言学思想研究》

陕西师范大学语言学及应用语言学专业硕士学位论文，2011年5月完成，指导教师韩宝育教授。

本论文包括七章内容，分别为"引言""'夫名实，谓也'——《名实论》：公孙龙语言学体系的基本构架""'物莫非指，而指非指'——《指物论》：概念与客体的关系""'坚白石二'——《坚白论》：语言概念的独立存在性""'二无一'——《通变论》中的集体名词理论""'白马非马'——《白马论》对公孙龙语言哲学理论的实践""结语"。在"引言"部分[②]，撰者首先介绍了龙学的历史及现状，认为公孙龙哲学的一个重要特征"在于它在很大程度上是一种语言哲学。……公孙龙哲学甚至在极大的程度上包含了相当丰富的现代西方语言学的观点"[③]。接着，撰者通过阐析发端于弗雷格的西方语言学理论，确立了本论文研究《公孙龙子》思想的语言哲学视角："无论是弗雷格的'由符号的意义决定其指云'的原理，还是奥格登和理查兹的《意义的意义》中的'语义三角'，很显然，我们都能够找到他们之间极为相似的思维方式。所以，对我们来说，回顾公孙龙的语言哲学，并对其进行深入现代语言学及现代语言哲学方面的研究，意义是十分重大的。"[④]然后，撰者爬梳了国内对龙学进行语言哲学解析的现状，重点对周昌忠《公孙龙子新论》一书作了评述。最后，撰者就其所依据的《公孙龙子》篇目顺序作了申说，认为"除了《迹府》以外，其余五篇的顺序（依次为《名实论》《指物论》《坚白论》《通变论》《白马论》——引者注）大致是从认识世界开始，到最后认识世界的具体方式，从术语陈述而到理论实践，在这五篇

① 鄢晓玲：《再论"白马非马"》，华东师范大学2010年，第27页。

② 参见邹劼：《〈公孙龙子〉中的语言学思想研究》，陕西师范大学2011年，第1—6页。

③ 邹劼：《〈公孙龙子〉中的语言学思想研究》，陕西师范大学2011年，第2页。

④ 邹劼：《〈公孙龙子〉中的语言学思想研究》，陕西师范大学2011年，第3—4页。

里，进行语言哲学、语义理论、三元构架、语义三角的论述随处可见”[①]。

第二章至第六章为本论文的主体部分。撰者借助西方语义学及语言哲学的观点，按照《名实论》《指物论》《坚白论》《通变论》《白马论》的顺序，对《公孙龙子》五篇中的语言学思想一一进行了阐析。

在“‘夫名实，谓也’——《名实论》：公孙龙语言学体系的基本构架”一章[②]，撰者首先指出：“公孙龙因‘疾名实之散乱’而阐发的哲学观点，其最根本的出发点在于‘正名实’。在《公孙龙子·名实论》（以下简称《名实论》）一篇中，公孙龙首先树立了一套完整的术语概念，其次提出了‘正名实’的方法，以及明确的‘正名实’的标准，最后阐述了如何避免再次发生名实散乱现象的方法。可以说，《名实论》是公孙龙语言哲学体系当中的理论基础、支撑框架，是《公孙龙子》其它各篇立论的基本依据。”[③]基于这种看法，撰者继而从四个方面阐析了《名实论》中的语言学思想：

（一）“公孙龙语言哲学的术语概念”[④]。撰者重点对公孙龙提出的“物”“实”“位”“正”“名”五个术语进行了阐析：其一，关于“物”：“‘物’是公孙龙对世界万物最一般的定义。在公孙龙的语言哲学体系中，‘物’这个概念并不是指客观存在的实在事物本身，而是指世间万物所共有的名称。公孙龙把‘天地与其所产’看作‘物’，并认为天下万物独立于人的认知、指称而存在，不以人们的主观意志而转移，所以可以说，‘物’是公孙龙‘物天下’唯物主义哲学的基础。而这句话本身，也决定了公孙龙全套哲学的唯物主义性质。”[⑤]若一言以蔽之，“物”乃是概括天地万物的概念。其二，关于“实”：“‘物以物其所物而不过焉，实也。’物质因为形成物体而不过分，就是实体。首先，公孙龙认为‘实’是‘物其所物’的，所以‘实’是以物质方式存在的，属于客观物体范畴；其次，‘物’需要‘物其所物而不过’，那么‘物’就带有了具体性，它是指以客观方式存在的、具有一定的外形、具有

① 邹劼：《〈公孙龙子〉中的语言学思想研究》，陕西师范大学2011年，第6页。

② 参见邹劼：《〈公孙龙子〉中的语言学思想研究》，陕西师范大学2011年，第7—15页。

③ 邹劼：《〈公孙龙子〉中的语言学思想研究》，陕西师范大学2011年，第7页。

④ 参见邹劼：《〈公孙龙子〉中的语言学思想研究》，陕西师范大学2011年，第7—10页。

⑤ 邹劼：《〈公孙龙子〉中的语言学思想研究》，陕西师范大学2011年，第8页。

具体的颜色等等具体特征的具体事物，可以称之为‘个体’。”[1]就此而言，“‘实’这个概念在公孙龙看来是作为对个别具体事物的称谓而使用的”[2]；换言之，“实”乃是表示个体实物的概念。其三，关于“位”：“‘位’这一概念是由‘实’这一概念填充而得到，并且有严格的规定——‘不过’。既然有‘不过’之说，那么‘位’必然有一定的范畴和范围，简而言之，‘位’是一个界线，一个圈定的范围，一个将各种各样的个体事物——‘实’进行圈定，并且可以衡量其是否合适于此，是否逾越了规定的界定。由此可以看到，‘所实’由符合一定规定的、具有一定共同特征组成的组合——事物的类别。所以，我们就可以将‘实以实其所实[而]不旷焉，位也’这一句直接理解为：实体因为满足它自己应属的那个类属而不空缺，就形成了位。”[3]就此而言，“位”乃是表示个体实物类别的概念。其四，关于“正”：“‘正’在于按照个体所属的天然的类（位）的规定，去纠正个体在人类意识中的分类，使之符合于本身位的规定，从而归属于这一类。”[4]就此而言，“正”乃是表达名实问题、天下万物的最高标准的概念。其五，关于“名”：“‘夫名实，谓也。’所谓名实问题，也就是称呼的问题。公孙龙认为名实问题的实质，在于称谓的问题。故而我们可以将‘名’理解为事物的名称、称谓。”[5]换言之，“名”乃是代表万物名称的概念。

（二）“‘正名实’的宗旨与方法”[6]。其一，就“正名实”的宗旨而言，关键在于理解“以其所正，正其所不正；不以其所不正，疑其所正”这句话：“首先，这是公孙龙提出的‘正名实’的标准，也是最高宗旨：用所形成的正的位为标准，来纠正不正的位；不用不正确的位为标准，来规定那些正的位。……其次，公孙龙明确点出了‘正’的对象——‘所实’。联系前文来看，‘实以实其所实[而]不旷焉，位也’，说明公孙龙首先要‘正’的，是‘位’

---

① 邹劼：《〈公孙龙子〉中的语言学思想研究》，陕西师范大学2011年，第8页。
② 邹劼：《〈公孙龙子〉中的语言学思想研究》，陕西师范大学2011年，第8页。
③ 邹劼：《〈公孙龙子〉中的语言学思想研究》，陕西师范大学2011年，第9页。
④ 邹劼：《〈公孙龙子〉中的语言学思想研究》，陕西师范大学2011年，第10页。
⑤ 邹劼：《〈公孙龙子〉中的语言学思想研究》，陕西师范大学2011年，第10页。
⑥ 参见邹劼：《〈公孙龙子〉中的语言学思想研究》，陕西师范大学2011年，第11—12页。

这个概念。”[①]其二，就“正名实”的方法而言，“‘正名实’首先在于‘正位’，而所谓‘正位’，就是要先纠正‘实’的‘位’，也就是纠正个体的类别。……接着第二步，才是将‘正所实’引到‘正名’，最终使‘正位’归于‘正名’，得到了‘正名实’的详细过程”[②]。

（三）“‘正’的具体标准”[③]。《名实论》提出了两条具体标准：其一，“恰当”（“当”）。《名实论》有言：“其名正，则唯乎其彼此焉。谓彼而彼不唯乎彼，则彼谓不行；谓此而此不唯乎此，则此谓不行。其以当，不当也。不当而当，乱也。”这段话的意思是：“名正了，那么称呼那个东西的名就相应于那个东西，称呼这个东西的名称就相应于这个东西。称那个东西为‘彼’，而‘彼’这个名称又不相应于那个东西，则‘彼’这个名称就不能通行。称这个东西为‘此’，而‘此’这个名称又不相应于这个东西，则‘此’这个名称就不能通行。这是因为，那些被当做恰当‘称谓’来使用的，其实是不恰当的。拿不恰当的东西来当做恰当的东西使用，这样称呼就混乱了。”[④]其二，“唯一”。《名实论》有言：“故彼彼止于彼，此此止于此，可。彼此而彼且此，此彼而此且彼，不可。”这一条标准可以概括为：“那个名称只能称谓那个物体，这个名称只能称谓这个物体，不可混用，不可错用。在这其中，公孙龙提出了语言规律的同一性的规律，就是思维应当确定这个逻辑的要求，也就是说，公孙龙所提出的并不是‘实’要符合‘名’，而是在命名‘实’的时候，一定要选择恰当的‘名’，这充分显示了《公孙龙子》哲学所具有的分析哲学的严密性，及完整的唯物主义基础。”[⑤]

（四）“对使用词汇的主体提出的语词使用要求”[⑥]。《名实论》提出了两个具体要求：其一，“不谓也”，即不使用不合适的称谓。《名实论》有言：“夫名实，谓也。知此之非此也，知此之不在此也，则不谓也。知彼之非彼也，知彼之不在彼也，则不谓也。”这段话的意思是：“所谓名实问题，也就

---

① 邹劼：《〈公孙龙子〉中的语言学思想研究》，陕西师范大学 2011 年，第 11 页。
② 邹劼：《〈公孙龙子〉中的语言学思想研究》，陕西师范大学 2011 年，第 11 页。
③ 参见邹劼：《〈公孙龙子〉中的语言学思想研究》，陕西师范大学 2011 年，第 12—14 页。
④ 邹劼：《〈公孙龙子〉中的语言学思想研究》，陕西师范大学 2011 年，第 13 页。
⑤ 邹劼：《〈公孙龙子〉中的语言学思想研究》，陕西师范大学 2011 年，第 14 页。
⑥ 参见邹劼：《〈公孙龙子〉中的语言学思想研究》，陕西师范大学 2011 年，第 14—15 页。

是称呼的问题。如果知道了‘此’所称呼的东西不是这个东西，知道了‘此’已不是称呼这个东西的了，那么就不要用‘此’再去称呼这个东西了。如果知道了‘彼’所称呼的东西不是那个东西，知道了‘彼’已不是称呼那个东西的了，那么就不要用‘彼’再去称呼那个东西了。”[①]其二，“审其名实，慎其所谓”。意思是说，“详尽地考察名和实，谨慎地考量那所称谓的东西”[②]。值得注意的是，“在孔子哲学的体系中，这一理论从属于社会政治哲学。《公孙龙子》的名家学说正是从这源头出发的一条支流。这一类的‘名实’学说，在实质上是语言哲学”[③]。

在“‘物莫非指，而指非指’——《指物论》：概念与客体的关系”一章[④]，撰者首先指出：“《公孙龙子·指物论》一篇，一直都是为大家所公认的《公孙龙子》一书中最难理解的一篇。探究这一原因，是因为《指物论》一篇中蕴含了深刻的西方语言哲学以及符号学的观点，而这些观点，正是《公孙龙子》哲学中‘正名实’的关键之处。然而很久以来，鲜有人能对《指物论》做出合理正确的理解。当然，首先因为中华民族所传承的文字是表意文字，这样一来，文字的符号性便不够明确。并且，本篇中透露出极为明显的现代语义学观念，对词语、概念和客观事物之间的关系做了辩证而清晰的分析。另外，理解本篇的关键，在于对‘指’的把握。但是至今为止，学术界并没有对‘指’形成统一的概念。这些原因，造成了《指物论》一篇极大的学术价值未被开发。”[⑤]基于这种看法，撰者继而从三个方面阐析了《指物论》中的语言学思想：

（一）“代表主体认知的概念术语——‘指’”[⑥]。撰者首先对概念“指”的提出问题作了探究，认为公孙龙意在用“指”这个概念来对“名”与“实”加以联系：“公孙龙认识到，在称谓的过程中，如果单单研究‘名’的问题，那么就会导致名实脱离的混乱状态，因为‘名’与‘实’一个是认知主体使

---

① 邹劼：《〈公孙龙子〉中的语言学思想研究》，陕西师范大学2011年，第14页。
② 邹劼：《〈公孙龙子〉中的语言学思想研究》，陕西师范大学2011年，第15页。
③ 邹劼：《〈公孙龙子〉中的语言学思想研究》，陕西师范大学2011年，第15页。
④ 参见邹劼：《〈公孙龙子〉中的语言学思想研究》，陕西师范大学2011年，第16—21页。
⑤ 邹劼：《〈公孙龙子〉中的语言学思想研究》，陕西师范大学2011年，第16页。
⑥ 参见邹劼：《〈公孙龙子〉中的语言学思想研究》，陕西师范大学2011年，第16—18页。

用的符号工具,另一个是客观存在的客体。于是,公孙龙提供给我们一个新的概念来对这两者进行联系——'指'。"[①]接着,撰者阐析了"指"在《指物论》中作为主体认知的概念所具有的词汇意义:"在《指物论》一篇中,'指'作为名词时,我们将它理解为'概念',而在后文中'指'亦作动词使用,即用概念指谓物,……很显然,'指'字本身的'用手指'的本意也被吸收到这个范畴之中,公孙龙选取这个词来作为标示概念的术语,也应该有这一方面的考虑。"[②]

(二)"《指物论》篇中公孙龙的'指、物'观"[③]。撰者首先结合《指物论》开篇的主客对话对相互独立存在的"物"与"指"作了阐析:"《指物论》开篇第一句,提出了公孙龙对'指'与'物'两概念关系的明确看法:'物莫非指,而指非指'。世间万物没有不是用相应的概念——'指'来指谓的,而指这个概念又并不是由指所指谓的具体事物。这句话提出了两个观点:第一,万事万物在进入人类的认知领域后,就由和它们相应的概念来进行指谓,无一例外。第二,万事万物却又不是指称它们的概念本身。正如公孙龙所虚设的'客'所说:'指也者,天下之所无也;物也者,天下之所有也。以天下之所有,为天下之所无,未可。'指,是世界上所没有的东西;物,是世界上所实有的东西。把世界上所实有的物,说成是世界上所没有的指,是不可以的。在这一点上,公孙龙同意了客的说法。'物'是客观存在的,是不以人的意识为转移的,而'指'却是万事万物在人脑中形成的概念,属于主观意识的范畴,这两者在本质上当然互不相等,也就是说,相互独立存在。"[④]接着,撰者又结合"非有非指者,物莫非指"一段话对相互联系存在的"物"与"指"作了阐析:"指,是天下并不存在的(是因为概念是在人的意念之中用来总括世界万物的)。世界上虽没有实实在在可以触摸到的指,但是万物中并没有可以不用指来指谓的事物。万物中并没有可以不用指来指谓的事物,就说明没有可以不需要指就可以指谓的物了。没有可以不需要指就可以指谓的物,说明万物都是用指来指谓的了。指本身,也需

① 邹劼:《〈公孙龙子〉中的语言学思想研究》,陕西师范大学 2011 年,第 16 页。
② 邹劼:《〈公孙龙子〉中的语言学思想研究》,陕西师范大学 2011 年,第 17—18 页。
③ 参见邹劼:《〈公孙龙子〉中的语言学思想研究》,陕西师范大学 2011 年,第 18—20 页。
④ 邹劼:《〈公孙龙子〉中的语言学思想研究》,陕西师范大学 2011 年,第 18 页。

要一个适用于自己的指来进行指谓。所以指和万物，也都不是在指谓它们时所用的那个'指'本身。"[①]为了进一步说明"指"与"物"之间的联系，撰者又将二者置于"主观—客观"的思维框架下作了阐发："只有客观的'物'，没有主观认知的'指'，是行不通的，其实这种说法也正提出了一个语言哲学的思想，那就是主观的'指'对客观的'物'具有反作用，甚至可以说，这种反作用是很强烈的。顺着这个观点看下去，天下有了'物'，所以才形成概念去指谓它们。'指'因为'物'与认知主体之间的关系的出现而出现，经过认知主体的约定而形成并被广泛使用，而一旦形成并付诸实践，这个主观领域的概念又对客观的'物'起着巨大的影响。值得注意的是，公孙龙在这里还进一步提出，'指'的本性就在于指谓'物'，主观的'指'对于客观的'物'来说，具有其独立性，这样，我们就可以明白，在公孙龙看来，'指'和'物'的依存是建立在自我稳定、必要存在的基础上的。"[②]

（三）"'指'与'物'、'实'、'位'、'名'之间构成的语言哲学构架"[③]。撰者首先结合《指物论》结尾处的一段话（"使天下无物指，谁径谓非指？天下无物，谁径谓指？天下有指无物指，谁径谓非指？径谓无物非指？且夫指固自为非指，奚待于物而乃与为指"），阐发了《指物论》中体现出来的主体意识以及"指"与"物"之间的关系，认为这里的不定代词"谁"指的就是认知主体。就此而言，"指"与"物"的关系以及由此推阐的"实""位""名"等范畴可作如下理解："人的心智用概念来指谓'物'，其外延是'实'，其内涵是'位'；概念表现在语言之中，就称之为'名'。'名'是用来命名'物'的，它所间接指代的客体就是'实'，而它的概念就是'位'。同时，概念又是心智的创造物，具有先验性，而同时又是经验的，它的功用就在于指谓'物'。"[④]接着，撰者对公孙龙以"指"为辐辏而与"物""实""位""名"之间构成的语言哲学构架进行了分析："作为个体事物的'实'和作为类属概念出现的'位'，都是独立客观存在的，属于实在之物范畴；作为概念出现的'指'表示概念，是由于人的主观认知能力而产生的，属于思维范畴；而

---

① 邹劼：《〈公孙龙子〉中的语言学思想研究》，陕西师范大学2011年，第19页。

② 邹劼：《〈公孙龙子〉中的语言学思想研究》，陕西师范大学2011年，第20页。

③ 参见邹劼：《〈公孙龙子〉中的语言学思想研究》，陕西师范大学2011年，第20—21页。

④ 邹劼：《〈公孙龙子〉中的语言学思想研究》，陕西师范大学2011年，第20页。

‘名’则表示认知主体对客观之物的称谓，属于语言范畴。公孙龙的语言哲学始终是在‘实在——思维——语言’的三元框架中展开的。这既是公孙龙语言哲学的核心，也是公孙龙全部哲学体系中最重要的部分，我们可以发现，公孙龙认识世界的钥匙，正在于这个构架之中，也就是说，公孙龙正是通过语言来认知世界。”[①]

在“‘坚白石二’——《坚白论》：语言概念的独立存在性”一章[②]，撰者首先指出：“‘性质’这个概念，在《坚白论》这一篇中首次提出，并被公孙龙具体化为‘坚白’的问题，……但令人惋惜的是，在很长一段历史时期当中，‘坚白石二’，也就是‘离坚白’的观点被许多学者批评为诡辩理论。但是，当我们从语词符号的角度对公孙龙这一观点进行审视的时候，我们就可以发现‘离坚白’的奥秘之所在，才能给予《坚白论》以及整个公孙龙哲学以正确的解读和评说。”[③]基于这种看法，撰者继而从三个方面阐析了《坚白论》中的语言学思想：

（一）“‘坚白石二’的理念”[④]。撰者从“无坚得白，其举也二；无白得坚，其举也二”这一句入手，对公孙龙论证“坚白石二”的过程作了阐析，进而厘定了这个中心论题的含义：“所谓‘坚白石二’，就是说由‘坚’、‘白’、‘石’这三个性质，只能两两结合形成合理的名称，就是用‘坚’和‘石’构成坚硬的石头——‘坚石’，或者是用‘白’和‘石’构成白色的石头——‘白石’。”[⑤]就公孙龙的论证过程看，“他反驳‘坚白石三’，确立‘坚白离’的整个过程，正是以‘性质’这一概念作为起点的。这里首先把‘性质’（‘坚’、‘白’）和‘本体’（‘石’）区别开来，使之对立。其次，公孙龙在这里表明，我们的按照常识所认为的‘坚白石三’，是因为我们是从普通的、浅层的水平来看待‘性质’这一概念的。然而公孙龙在这里进一步地揭示道，即使是就感觉来认识事物而言，摸不到白色的石头，而只能摸到坚硬的石头，或

---

① 邹劼：《〈公孙龙子〉中的语言学思想研究》，陕西师范大学 2011 年，第 21 页。

② 参见邹劼：《〈公孙龙子〉中的语言学思想研究》，陕西师范大学 2011 年，第 22—28 页。

③ 邹劼：《〈公孙龙子〉中的语言学思想研究》，陕西师范大学 2011 年，第 22 页。

④ 参见邹劼：《〈公孙龙子〉中的语言学思想研究》，陕西师范大学 2011 年，第 22—24 页。

⑤ 邹劼：《〈公孙龙子〉中的语言学思想研究》，陕西师范大学 2011 年，第 24 页。

者看不到坚硬的石头，只能看到白色的石头，各个‘性质’也都是分离的”[①]。至于“坚”“白”“石”这三个性质只能构成“坚石”或“白石”，却不能构成“坚白”，其中的原委在于：“‘石’作为本体的因素，已经被公孙龙同表示性质的因素区分开了，完全属于两类概念，在语法关系上可以构成修饰、限制与被修饰、限制的关系。然而‘坚’‘白’之间，同作为‘石’的性质，则应当被理性地区别对待。”[②]

（二）“‘坚白石二’理论的语言学立论依据”[③]。其立论根据主要有三：其一，“同为表示性质的概念之间相互独立”[④]。撰者结合“视不得其所坚而得其所白者，无坚也；拊不得其所白而得其所坚者，无白也”一句话对此作了说明：“《公孙龙子》语言哲学在这里认为，不同的性质不能够同时存在，是因为不同的性质需要不同的感觉器官进行感知，而不同的感觉器官则具有其不同的功能，并且其功能性是有限的，……人眼感知不到‘坚’，人手又感觉不到‘白’，视觉只能传达给人脑‘白石’的认知，触觉只能传达给人脑‘坚石’的认知。因而，在视觉体系下只能感知到客体的颜色，就丢失了客体的硬度。反过来看，在触觉体系下只能感知到客体的硬度，就丢失了客体的颜色。所以，在视觉体系下得到白、石二者，在触觉体系下得到坚、石二者。”[⑤]其二，“表示性质的概念同此性质的载体之间相互独立”[⑥]。撰者结合“物白焉，不定其所白；物坚焉，不定其所坚。不定者，兼，恶乎其石也”一段话对此作了说明：“说到一个白色的物体，白色并不限定于这个物体；说到一个坚硬的物体，坚硬并不限定于这个物体。所谓并不限定，是说一个性质兼通地和众多事物相融合，而这个性质怎能说只限定于石头呢？这样一来，性质之间的相互独立的思想就被更广泛地扩大化了。公孙龙认为，坚、白这两个性质之间相互独立，并且不是只性质之间互相独立，性质和性质的负载物同样相互之间独立存在，性质并不是单单

① 邹劼：《〈公孙龙子〉中的语言学思想研究》，陕西师范大学2011年，第24页。
② 邹劼：《〈公孙龙子〉中的语言学思想研究》，陕西师范大学2011年，第24页。
③ 参见邹劼：《〈公孙龙子〉中的语言学思想研究》，陕西师范大学2011年，第24—27页。
④ 参见邹劼：《〈公孙龙子〉中的语言学思想研究》，陕西师范大学2011年，第24—25页。
⑤ 邹劼：《〈公孙龙子〉中的语言学思想研究》，陕西师范大学2011年，第25页。
⑥ 参见邹劼：《〈公孙龙子〉中的语言学思想研究》，陕西师范大学2011年，第26页。

属于某一个特定物、类，并不是固定在某一事物或某一类事物上的性征，而是天下万物可兼而有之的性征。石头的颜色白、质地坚，但并不是颜色白、质地坚就只可以被某具体物类所特有，石有颜色白、质地坚的特性，其它的客体同样也可能具有。”[①]其三，“强调独立存在的概念应当‘独而正’”[②]。撰者结合《坚白论》结尾处的话（“且犹白，以目以火见，而火不见，则火与目不见，而神见，神不见，而见离。坚以手，而手以捶，是捶与手知，而不知，而神与不知。神乎，是之谓离焉。离也者天下，故独而正”）对此作了说明：“就拿白色来说，人凭借眼睛来看到白色，眼睛又凭借火光来看见白色，而火光单独不能看见白色。所以火光与眼睛单独都不能看见白色了。所以就是凭借精神来‘看见’白色了，但精神也不是在普通意义上的看见白色，乃是以‘离’的缘故理解到了抽象的‘白色’。坚硬的性质是用手而手又是用捶来感知到的，这就是捶与手能够感知，但单独又不能感知‘坚硬’。但精神也是不能直接感知，而是抽象地领悟。所谓精神，就是领悟分离之后抽象纯粹的性质。天下的分离无处不在，所以这些性质都独自而纯粹地存在。”[③]值得一提的是，撰者还关联着《名实论》中“正其所实，正其名也”一句话阐析了“独而正”中“正”字的含义及其指归所在：“虽然《坚白论》一篇主要强调的是性质之间相互独立的问题，但其研究的目的及最终落脚点，仍然在于‘正名实’，只是这里的‘实’变得更加抽象了，不再仅仅是指看得见摸得着的实物，更广泛地包含了抽象的性质，‘正名’，这是天地万物全部具体或抽象的客体的名实要求。”[④]

（三）“《坚白论》在语言学方面的成就”[⑤]。撰者从词汇符号的角度，将《坚白论》的名学成就归结为两个方面：一是“语言词汇的意义之间相互独立”[⑥]，二是“抽象的语言哲学思维方式”[⑦]。

---

① 邹劼：《〈公孙龙子〉中的语言学思想研究》，陕西师范大学 2011 年，第 26 页。
② 参见邹劼：《〈公孙龙子〉中的语言学思想研究》，陕西师范大学 2011 年，第 26—27 页。
③ 邹劼：《〈公孙龙子〉中的语言学思想研究》，陕西师范大学 2011 年，第 26 页。
④ 邹劼：《〈公孙龙子〉中的语言学思想研究》，陕西师范大学 2011 年，第 27 页。
⑤ 参见邹劼：《〈公孙龙子〉中的语言学思想研究》，陕西师范大学 2011 年，第 27—28 页。
⑥ 邹劼：《〈公孙龙子〉中的语言学思想研究》，陕西师范大学 2011 年，第 27 页。
⑦ 邹劼：《〈公孙龙子〉中的语言学思想研究》，陕西师范大学 2011 年，第 27 页。

在"'二无一'——《通变论》中的集体名词理论"一章[①]，撰者首先指出："从语言学的角度来看，《通变论》是一篇从语词符号角度阐述集体名词的篇目，所以我们应当给予《通变论》以新的认识和评价。"[②]基于这种看法，撰者继而从三个方面阐析了《通变论》中的语言学思想：

（一）"'二无一'立论的语言学基础"[③]。撰者首先关联着语言符号的能指与所指对"名"与"指"作了阐析，认为"'名'不是什么'概念'，而是标记客观事物的语言符号的能指，而所指亦不是'实'，而是'指'。所以，将'名'作为研究对象，并且以规范名实关系为其研究核心内容的中国古代名学，我们认为这应当属于语言学或符号学的范畴。《公孙龙子》正是如此。"[④]接着，撰者将"以正名实，而化天下"视为公孙龙名学的最终目标，提醒人们"在解读《通变论》时，亦要对它所喻示的思想内容加以领悟和把握"[⑤]。

（二）"'二无一'的集体名词理论"[⑥]。撰者首先结合《通变论》开篇主客围绕着"二无一"的辩难阐析了集体名词产生的基本方式："这里的'一'、'左'、'右'就是个体名词，原文为我们演示了集合名词产生的最基本的方式，就是用个体名词相结合，生成一个新的集体名词，公孙龙说'左与右'可谓之'二'，因此，'二'即指集体名词而言，为集体名词之喻。"[⑦]接着，撰者从集体名词同个体名词之间相互独立、互不包含的角度对"二无一"作了阐析，认为"如果从抽象的概念上来讲，那么集体名词和个体名词是两个完全独立的概念，在语言学、词汇学中平等共存，分别表示不同的意思"[⑧]。"所以我们既可以理解，公孙龙所谓的'二无一'，是从纯粹抽象的语言学角度进行分析的，是在名词层面上去对待这两个词语的"[⑨]。然

---

① 参见邹劼：《〈公孙龙子〉中的语言学思想研究》，陕西师范大学2011年，第29—33页。
② 邹劼：《〈公孙龙子〉中的语言学思想研究》，陕西师范大学2011年，第29页。
③ 参见邹劼：《〈公孙龙子〉中的语言学思想研究》，陕西师范大学2011年，第29—30页。
④ 邹劼：《〈公孙龙子〉中的语言学思想研究》，陕西师范大学2011年，第29页。
⑤ 邹劼：《〈公孙龙子〉中的语言学思想研究》，陕西师范大学2011年，第30页。
⑥ 参见邹劼：《〈公孙龙子〉中的语言学思想研究》，陕西师范大学2011年，第30—31页。
⑦ 邹劼：《〈公孙龙子〉中的语言学思想研究》，陕西师范大学2011年，第30页。
⑧ 邹劼：《〈公孙龙子〉中的语言学思想研究》，陕西师范大学2011年，第31页。
⑨ 邹劼：《〈公孙龙子〉中的语言学思想研究》，陕西师范大学2011年，第31页。

后，撰者又结合集体名词同个体名词之间相互转化的关系阐析了公孙龙的“通变”之说：“由于两个不同的个体名词组成了一个具有确定指称对象的独立的名称符号即集体名词，而构成集体名词的个体名词却因之而丧失了原有的作为独立名称符号的性质、功能和地位，于是，公孙龙将其称之为‘通变’。”[①]

（三）“从语言学的角度看《通变论》的词汇学贡献”[②]。撰者认为，《通变论》的贡献主要有二：一是“阐明了集体名词的独立性”[③]，二是“揭示了集体名词形成的最基本的过程”[④]。

在“‘白马非马’——《白马论》对公孙龙语言哲学理论的实践”一章[⑤]，撰者首先指出：“统观《白马论》全文，我们可以发现，作为表述其思想的实例，‘白马非马’这句话被公孙龙用来在综合层面上实践他的全部名实理论，实际上反映出三个语言学观点，这也是龙学的最重要的三点思想。”[⑥]基于这种看法，撰者继而对“白马非马”之说所反映出的三个语言学观点作了阐析：

（1）“区别客观存在和词汇意义”[⑦]。撰者结合《白马论》开篇所说的“马者，所以命形也；白者，所以命色也。命色者非命形也。故曰：‘白马非马’”一句话对此作了说明：“‘马’这个词，是用来称呼事物的形体的；‘白’这个词，是用来称呼事物的颜色的。称呼事物的形体的词不是称呼事物的颜色的词。所以说：‘白马非马’。”[⑧]从现代符号学对符号的能指与所指所作的区分看，“对于‘白马’与‘马’的关系，不能从客观存在的白马与马的类属关系上去考察，而必须从‘白马’和‘马’这两个符号名称的物理性征即能指以及它们的所指上来分析”[⑨]。若进一步联系《指物论》对“物”与

---

① 邹劼：《〈公孙龙子〉中的语言学思想研究》，陕西师范大学 2011 年，第 31 页。

② 参见邹劼：《〈公孙龙子〉中的语言学思想研究》，陕西师范大学 2011 年，第 31—33 页。

③ 邹劼：《〈公孙龙子〉中的语言学思想研究》，陕西师范大学 2011 年，第 31 页。

④ 邹劼：《〈公孙龙子〉中的语言学思想研究》，陕西师范大学 2011 年，第 32 页。

⑤ 参见邹劼：《〈公孙龙子〉中的语言学思想研究》，陕西师范大学 2011 年，第 34—38 页。

⑥ 邹劼：《〈公孙龙子〉中的语言学思想研究》，陕西师范大学 2011 年，第 34 页。

⑦ 参见邹劼：《〈公孙龙子〉中的语言学思想研究》，陕西师范大学 2011 年，第 34—35 页。

⑧ 邹劼：《〈公孙龙子〉中的语言学思想研究》，陕西师范大学 2011 年，第 34 页。

⑨ 邹劼：《〈公孙龙子〉中的语言学思想研究》，陕西师范大学 2011 年，第 34—35 页。

“指”所作的区分，“《指物论》中所提到的‘物’，在这一篇里所指的就是客观的白马，而‘指’就是‘白马’这个词汇。故而依照‘而指非指’的思想，‘白马非马’一句就可以理解为：‘白马’这个称呼并不是客观的白色的马，‘马’这一称呼也不是马这个客观物种本身，‘白马非马’仅仅是在区别不同的词汇意义，这样看来，‘白马非马’就有了重大而正确的语言哲学意义，开启了从语言认识世界的独到视角，可以说是中国语言哲学重要的里程碑”[①]。

(2)“区别复合词和并列词组”[②]。撰者以“白”“马”与“白马”的区分为例对此作了说明：“‘马’、‘白’只是单纯词，‘白’‘马’是并列词组，不是偏正式复合词，而‘白马’是偏正式复合词。‘白’‘马’和‘白马’的意义不同，彼此之间是相互独立存在的事物。”[③]再就“白马非马”这个命题而言，“复合词‘白马’中语素‘白’与语素‘马’两个意义不同，但是地位等同，并且相互独立，组成了一个并列词组，而单个的单纯词‘马’只用来描述形状，所以才会得出‘白马非马’的结果，可见公孙龙十分了解语言符号的抽象性和概括性，并将其加以实践”[④]。

(3)“区别语义场类属关系与词语的独立存在”[⑤]。撰者结合“求马，黄、黑马皆可致。求白马，黄、黑马不可致。……故黄、黑马一也，而可以应有马，而不可以应有白马，是白马之非马，审矣”一段话对此作了说明：“公孙龙认为要找一匹马，黄、黑、白马都可以满足这一个要求，但想要找一匹白马，黄、黑马就‘皆以色去’了。用语义场的观点进行分析，这段话表明公孙龙完全是认识到语义场关系的，明白客观的白马是类属于马的，否则公孙龙不会表述‘求马，黄、黑马皆可致’的。”[⑥]“然而一旦进入语言学的思考范畴，词语‘白马’的意义，就跟词语‘马’的意义完全不同，故而得到‘白马非马’的观点。”[⑦]

---

① 邹劼：《〈公孙龙子〉中的语言学思想研究》，陕西师范大学2011年，第35页。

② 参见邹劼：《〈公孙龙子〉中的语言学思想研究》，陕西师范大学2011年，第35—36页。

③ 邹劼：《〈公孙龙子〉中的语言学思想研究》，陕西师范大学2011年，第35页。

④ 邹劼：《〈公孙龙子〉中的语言学思想研究》，陕西师范大学2011年，第36页。

⑤ 参见邹劼：《〈公孙龙子〉中的语言学思想研究》，陕西师范大学2011年，第36—37页。

⑥ 邹劼：《〈公孙龙子〉中的语言学思想研究》，陕西师范大学2011年，第37页。

⑦ 邹劼：《〈公孙龙子〉中的语言学思想研究》，陕西师范大学2011年，第37页。

在上述阐析的基础上，撰者对公孙龙“白马非马”之说的意义作了总结：“综上所述，公孙龙的‘白马非马’这句话，可以从以上三个不同的语言学角度去解读，而其中反映出的先秦名家对能指、概念、语词、语义场、客体、类属等方面的思考，就会十分清晰地展现出来。”[①]“‘白马非马’所具有的意义，可以说是龙学中语言哲学部分所具有的意义。‘白马非马’的着眼点在于语言词汇上，这说明人类观察认识世界的方式不再局限在直观可见的事物上，而升华到了抽象的层面。人类已经认识到，客观物之间的类属关系属于客观世界范畴，而这并不影响语言层面上的词汇、意义上的独立。‘白马’一词，不等于‘马’这一词，是人类重新认识语言的证明，是人类将语言同物质进行分离的证明，是人类语言开始独立的证明。”[②]“‘白马非马’是人类认识世界的重大改变，其意义不亚于西方语言学从其他各学科中独立出来的重大意义。不同于同时代其它‘正名实’思想，‘白马非马’是古老的东方大地上生长出的语言哲学，推动了东方语言哲学、思辨哲学、逻辑学的发展，更是东方以思辨方式对语言哲学进行研究的重要证明。”[③]

在“结语”部分[④]，撰者简要说明了《公孙龙子》对人类语言思维发展的重要意义以及从语言学角度研究《公孙龙子》的必要性，并对本论文的运思理路、核心观点等作了总结。此外，撰者在“附录”部分[⑤]，按照《名实论》《指物论》《坚白论》《通变论》《白马论》《迹府》的顺序，将现存《公孙龙子》六篇原文翻译成了白话文。[⑥]

---

① 邹劼：《〈公孙龙子〉中的语言学思想研究》，陕西师范大学 2011 年，第 37 页。

② 邹劼：《〈公孙龙子〉中的语言学思想研究》，陕西师范大学 2011 年，第 37 页。

③ 邹劼：《〈公孙龙子〉中的语言学思想研究》，陕西师范大学 2011 年，第 38 页。

④ 参见邹劼：《〈公孙龙子〉中的语言学思想研究》，陕西师范大学 2011 年，第 39—40 页。

⑤ 参见邹劼：《〈公孙龙子〉中的语言学思想研究》，陕西师范大学 2011 年，第 42—58 页。

⑥ 另外，邹劼在“摘要”部分将本论文的创新之处归结为四点：“(1)作为本文的研究基础之一，笔者对《公孙龙子》全书进行了新的、语言学角度的重新翻译，注重了《公孙龙子》中语言哲学思想的体现。(2)以西方现代语言学的观点，用比较语言学的研究手法，对我国古代的名学理论进行重新的分析解释。(3)同‘语义三角’理论比起来，公孙龙的语言学框架多了一个术语‘位’。本文将其解释为类属，认为人类在认知客体、以语言进行命名的过程中，首先是对自然呈现的类属的共性加以认识，而不是在无限的个体的层面上加以认识、进行称谓的。(4)将‘指’这一术语作为‘主观概念’引入公孙龙哲学的训释中，于是‘指’与‘物’之间的关系被理解为语义三角中客体和意义之间的关系，故而从公孙龙哲学中推断出概念与客体之间互不混淆而相互依存的关系。”

8.夏鹏鹏撰《先秦名家论辩思想探析》

南京大学逻辑学专业硕士学位论文,2011年5月完成,指导教师王克喜教授。

本论文除"前言"外,主体部分包括四章内容,分别为"先秦名家产生的背景及其特点""先秦名家辩题的分类""先秦名家论辩思想的维度""先秦名家论辩思想的影响"。

在"先秦名家产生的背景及其特点"一章[①],撰者从经济、政治、人才、思想四个方面介绍了名家产生的背景:春秋末期经济发展与社会变革是名实关系学说以及论辩思想得以发展的经济条件;随之而来的是多元的政治格局,也为各种学说、思潮的不断产生和发展提供了有利的政治条件;教育的发展以及士的崛起为名家思想的产生提供了知识和人才储备;思想的百花齐放为名家提供了实践和研究内容,从而推动了名家以及辩学的发展。关于名家论辩思想的特点,撰者总结为四点:一是"善辩乐辩",二是"反人为实",三是"专决于名",四是"胜人为名"。

在"先秦名家辩题的分类"一章[②],撰者在前人分析和总结名家论辩思想的基础上,将这些辩题(包括公孙龙的"离坚白""白马非马"、惠施的"历物十事"和其他辩者的"二十一事")分为六类,即"潜实之辩""名名之辩""离坚白之辩""动止之辩""关系之辩""相对之辩"。在"名名之辩"一类中,撰者阐析了公孙龙的"白马非马"之论:"'白马非马'很多人解释为'白马异于马',这是不对的,曲解了公孙龙原来的本意,此命题应理解为'白马不是马'。这里探讨的是白马与马的两个名词的关系。由于它们所指示的事物也是不一样的,即白马和马的内涵和外延不同。所以在名的意义上,白马并不是马。"[③]此外,撰者将公孙龙的"离坚白"与辩者"二十一事"中的"鸡三足""火不热""目不见""黄马骊牛三"一并纳入"离坚白之辩"一类进行了阐析,认为"坚白石本是一体,但是由于对其属性的分析,从而将坚与白分而视之"。"此类有一个特点就是将整体的内容分裂,分

① 参见夏鹏鹏:《先秦名家论辩思想探析》,南京大学2011年,第3—8页。

② 参见夏鹏鹏:《先秦名家论辩思想探析》,南京大学2011年,第9—18页。

③ 夏鹏鹏:《先秦名家论辩思想探析》,南京大学2011年,第12页。

离出其属性或者性质”。[1]

在“先秦名家论辩思想浅析”一章[2]，撰者对名家所提出的辩的理论内容、论辩的方法、论辩的要求等进行了阐述和总结。在阐述论辩的方法时，撰者结合《公孙龙子·迹府》篇所载公孙龙与孔穿的论辩谈及归谬法与推类法：“在这段公孙龙的论辩中，多次出现‘悖’，由此可见公孙龙对归谬法运用的是如何的熟练和娴熟了。”[3]“除了归谬法，这里还运用了推类法。‘楚人异人’与‘白马非马’这两个命题，就公孙龙的意思是，它们在形式上是一样的，都是两个主语，并且两个主语之间的关系也是一样的（公孙龙并不否认两个主体之间的归属关系），而且将‘异’与‘非’等同，所以才有了两个命题之间的类比。”[4]此外，在阐述论辩的要求时，撰者特意援引了《公孙龙子·名实论》中关于“唯乎其彼此”的一段话：“在看到这段论述之后，相信就能明白，为什么公孙龙在名实之辩上有那么大的成就，他在名名关系、名实关系上都阐述得极为详细。……彼此之名分别仅仅限制于彼此之实，这种强调概念的确定性、一致性的思想，也就是经常所说的同一律了。”[5]

在“先秦名家论辩思想的影响”一章[6]，撰者阐述了名家所产生的深远意义。名家的论辩思想不但促成了辩的兴起、推动了辩的发展、拓宽了辩的领域、丰富了辩的技巧，而且拓宽了人们的思路，倡导了辩证思维、逆向思维等。最重要的是名家的论辩思想推动了逻辑的发展，在这些看似是诡辩的辩题中开启了逻辑的新篇章。

9. 慕君黎撰《从逻辑到哲学：对公孙龙思想的解读》

上海社会科学院中国哲学专业硕士学位论文，2012 年 4 月完成，指导教师周山教授。

---

① 夏鹏鹏：《先秦名家论辩思想探析》，南京大学 2011 年，第 13 页。
② 参见夏鹏鹏：《先秦名家论辩思想探析》，南京大学 2011 年，第 19—29 页。
③ 夏鹏鹏：《先秦名家论辩思想探析》，南京大学 2011 年，第 23 页。
④ 夏鹏鹏：《先秦名家论辩思想探析》，南京大学 2011 年，第 23 页。
⑤ 夏鹏鹏：《先秦名家论辩思想探析》，南京大学 2011 年，第 27 页。
⑥ 参见夏鹏鹏：《先秦名家论辩思想探析》，南京大学 2011 年，第 30—33 页。

本论文除“绪论”(交代研究背景与研究综述)外，主体部分包括八章内容，分别为“公孙龙学说的时代背景”“《公孙龙子》考辨”“离形而言名的‘正名实’的逻辑规则的提出”“作为‘正名实’典型个例的《白马论》”“为概念的逻辑区分找到认识论根源的《坚白论》”“提出概念逻辑分类理论的《通变论》”“《指物论》阐明‘指’与‘物指’关系的逻辑哲学”“公孙龙逻辑思想的价值与意义”。

第一章与第二章是撰者为研究公孙龙的逻辑思想及其逻辑哲学所做的准备工作。在“公孙龙学说的时代背景”一章[①]，撰者主要从公孙龙生活的时代背景以及《公孙龙子·迹府》的相关载述，对公孙龙思想产生的背景进行了阐析。在“《公孙龙子》考辨”一章[②]，撰者首先对《公孙龙子》一书的真伪问题进行了辨析，认为“‘全伪’的观点显然是不对的，《公孙龙子》一书显然不是全伪；而‘全真’的观点也站不住脚，因为不排除存在有很多已经遗失或者尚未发现的史料，因而不能武断地下结论；‘残真’的说法似乎更贴合事实。笔者认为《公孙龙子》一书除《迹府》篇是后人或公孙龙的弟子为记录公孙龙的生平事迹所做的序之外，其余五篇均为公孙龙本人所作”[③]。接着，撰者对《公孙龙子》五篇的排序问题进行了辨析，认为其篇秩当为《名实论》《白马论》《坚白论》《通变论》《指物论》。然后，撰者将《公孙龙子》一书的特征归结为四点，分别为“假物取譬”“自然之名”“离形而言名”“问答体”。

第三章至第八章是本论文的核心部分，撰者按照《名实论》《白马论》《坚白论》《通变论》《指物论》的顺序，对《公孙龙子》五篇的逻辑思想及其逻辑哲学分别进行了解析。[④] 在“离形而言名的‘正名实’的逻辑规则的提出”一章[⑤]，撰者结合《名实论》的相关论题，分析了公孙龙所致力的“正名实”的逻辑规则，具体包括“正名实”的三条基本原则，即“物其所物而不过”“实其所实而不旷”“位其所位”；“正名实”的基本方法，即“以其所正，

---

① 参见慕君黎:《从逻辑到哲学:对公孙龙思想的解读》,上海社会科学院2012年,第7—9页。

② 参见慕君黎:《从逻辑到哲学:对公孙龙思想的解读》,上海社会科学院2012年,第10—18页。

③ 慕君黎:《从逻辑到哲学:对公孙龙思想的解读》,上海社会科学院2012年,第13页。

④ 以下文字参见本论文的“摘要”部分。

⑤ 参见慕君黎:《从逻辑到哲学:对公孙龙思想的解读》,上海社会科学院2012年,第19—23页。

正其所不正。不以其所不正,疑其所正”;“正名实”的具体标准,即“唯乎其彼此”;“正名实”的宗旨,即“审其名实,慎其所谓”。此外,撰者对名实不正的后果以及“名实正”的理想状态也进行了阐析。

在“作为‘正名实’典型个例的《白马论》”一章[①],撰者结合《白马论》的相关论题,阐析了作为“正名实”典型个例的“白马非马”说的合理性:一方面按照公孙龙的逻辑语言进行了分析;一方面按照现代逻辑语言从概念的外延、概念的内涵以及语境等方面进行了阐说;同时分析了概念因有逻辑限定而不同的具体表现。

在“为概念的逻辑区分找到认识论根源的《坚白论》”一章[②],撰者结合《坚白论》的相关论题,从感觉和抽象思维两个方面论证了公孙龙的“坚白石二”以及坚白相离自藏的合理性,找到了概念逻辑区分的认识论根源;同时着重分析了公孙龙“自藏”与“相离”等术语的逻辑含义。

在“提出概念逻辑分类理论的《通变论》”一章[③],撰者结合《通变论》的相关论题,分析了公孙龙概念的逻辑分类规则,主要从新的类概念与种概念之间的逻辑关系以及类概念划分的逻辑规则两个方面来展开;并且对“正举”与“狂举”的逻辑性质进行了分析。

在“《指物论》阐明‘指’与‘物指’关系的逻辑哲学”一章[④],撰者结合《指物论》的相关论题,分析了公孙龙关于“指”与“物指”相互关系的逻辑哲学思想,解释了“指”与“物指”的含义,阐析了“物”“物指”“指”三者的相互关系,并为公孙龙的逻辑哲学找到了思想上的渊源。在撰者看来,公孙龙受到了老子思想的启发,并对老子思想进行了吸收和转化,从而构建了自己的逻辑思想体系。

在“公孙龙逻辑思想的价值与意义”一章[⑤],撰者对公孙龙逻辑思想的价值及其在当代的意义进行了分析,重申了对传统文化的重视以及撰写本论文的必要性。

---

① 参见慕君黎:《从逻辑到哲学:对公孙龙思想的解读》,上海社会科学院 2012 年,第 24—27 页。
② 参见慕君黎:《从逻辑到哲学:对公孙龙思想的解读》,上海社会科学院 2012 年,第 28—32 页。
③ 参见慕君黎:《从逻辑到哲学:对公孙龙思想的解读》,上海社会科学院 2012 年,第 33—36 页。
④ 参见慕君黎:《从逻辑到哲学:对公孙龙思想的解读》,上海社会科学院 2012 年,第 37—41 页。
⑤ 参见慕君黎:《从逻辑到哲学:对公孙龙思想的解读》,上海社会科学院 2012 年,第 42—44 页。

10.任朝瑞撰《指物与名实——论公孙龙子的语言学思想》

陕西师范大学语言学及应用语言学专业硕士学位论文，2012年5月完成，指导教师韩宝育教授。

本论文包括三章内容，分别为“绪论”“指物为实”“名实相符”。在“绪论”部分[①]，撰者对先秦诸子的语言学思想、公孙龙其人其书以及公孙龙思想的研究现状作了介绍与评述，在此基础上提出了自己的研究角度（从语言学角度解析公孙龙的思想）与主要观点。

第二章和第三章为本论文的主体部分。在“指物为实”一章[②]，撰者首先指出“《指物论》不是主客对辩体，而是个人论述体”[③]。基于这种看法，撰者结合《指物论》的中心论题“物莫非指，而指非指”阐析了“指”的含义，认为“作为动词的‘指’，即指认（指三）的意思，而名词的‘指’分别代表了指的对象（指一）和指的结果（指二）。因此，‘物莫非指，而指非指’的意思就是：没有物不是指认的对象，而指认的对象不是指认的结果”[④]。接着，撰者结合《名实论》中“物以物其所物而不过焉，实也”一句阐析了“实”的含义及其与“物”的关系，认为“‘实’是对‘物’的一种限定”[⑤]，“是对‘概念’的一种理解”[⑥]。在这个意义上，“‘物’是存在于外部世界的自在之物，‘实’是存在于内部世界的概念。人们正是通过自身感知系统的感知和思维的概括抽象，从而‘指物为实’，形成了概念世界，概念世界则为语言符号的形成提供了表达的内容”[⑦]。就此而言，“公孙龙分离‘物’和‘实’这两个概念的意义就在于把人的内部世界和外部世界区分开来，从而确定讨论‘名实关系’即语言问题的界限，名实关系只存在于人的精神意识世界。在语言符号关系中，能指是‘名’，所指是概念之实而非自在之‘物’，这样

① 参见任朝瑞：《指物与名实——论公孙龙子的语言学思想》，陕西师范大学2012年，第1—7页。

② 参见任朝瑞：《指物与名实——论公孙龙子的语言学思想》，陕西师范大学2012年，第9—20页。

③ 任朝瑞：《指物与名实——论公孙龙子的语言学思想》，陕西师范大学2012年，第11页。

④ 任朝瑞：《指物与名实——论公孙龙子的语言学思想》，陕西师范大学2012年，第13页。

⑤ 任朝瑞：《指物与名实——论公孙龙子的语言学思想》，陕西师范大学2012年，第14页。

⑥ 任朝瑞：《指物与名实——论公孙龙子的语言学思想》，陕西师范大学2012年，第15页。

⑦ 任朝瑞：《指物与名实——论公孙龙子的语言学思想》，陕西师范大学2012年，第9页。

的思考无疑具有超时代的意义”[①]。进而言之，公孙龙不仅对“物”与“实”作了区分，而且明确了“物”“实”与“名”三者之间的关系，这三者恰好构成公孙龙理论系统的语义三角。在“指物为实”的过程中，由于人的感知方式的不同和思维概括的特点，形成了实之间彼此相离的性质，并且实一旦形成，就无需依赖于物，进而形成了与物相离的性质。实为名提供了指称的对象，名实关系的建立，就是语言符号中形式与意义关系的建立。

在“名实相符”一章[②]，撰者认为公孙龙是通过正实来达到正名，进一步达到名实相符的。撰者由阐析《白马论》的“白马非马”命题入手，继而对《名实论》中“实”“名”“位”“正”诸术语的含义及其之间的关系进行了阐释，即实作为名的表现对象，各个实之间具备离的性质，离是位存在的基础，实各处其位便是正，实正决定名正。名实之间应具备一一对应的确定关系（“唯乎其彼此”），这种关系正是语言符号形式与意义结合时的语义确定性原则，并决定了名实相符的方法和标准。从语用学的角度看，人们在使用语言的时候应注意到这种关系是否确定（“慎其所谓”），如果约定俗成的名实关系发生了变化，不再合适和恰当，便不要用旧有的名来称谓新的实。撰者在阐析的过程中，还通过对“白马非马”“坚白石”“二无一”等问题的讨论，简要阐明了公孙龙对词语与意义的关系、词的组合等问题的看法。[③]

在“结语”部分[④]，撰者对公孙龙构建的“语义三角”及其意义等作了总结，其中有言：“公孙龙构建的物—实—名的理论结构可以说是最早的语义三角：‘物’是客观世界的自在之物，是人所不能讨论的东西，但是‘物’虽不能讨论，却给人提供了认识的对象。人通过自身特有的感知器官对外物进行感知、抽象，便形成了人的内部世界的‘物’，这个‘物’就是概念，这个过程就是‘指’。和‘名’发生关系的不是‘物’，而是‘实’。名实关系

① 任朝瑞：《指物与名实——论公孙龙子的语言学思想》，陕西师范大学2012年，第15页。

② 参见任朝瑞：《指物与名实——论公孙龙子的语言学思想》，陕西师范大学2012年，第21—32页。

③ 参见本论文的“摘要”部分。

④ 参见任朝瑞：《指物与名实——论公孙龙子的语言学思想》，陕西师范大学2012年，第33—34页。

就是公孙龙理论中的语言符号形式与意义的关系，语言是符号系统，符号的能指便是'名'，所指便是'实'。语言正是在这个形式上来建构人的内部世界，从而和外部世界发生联系。公孙龙理论最重要的意义在于，把对语言问题的讨论引到了它应该在的界域，即人的内部世界。公孙龙是在这个基础上来提出解决名实问题办法和途径的，既然语言存在于人的内部世界，那么规范人内部世界中的'实'便是根本，'正其所实者，正其名也'，公孙龙不但提出了名实相符的标准，还提出了依靠政治力量在语言使用中规范名实关系（《名实论》末尾所谓'至矣哉，古之明王！审其名实，慎其所谓。至矣哉，古之明王'——引者注）。"[①]

此外，撰者在"附录"部分[②]，按照《迹府》《白马论》《指物论》《通变论》《坚白论》《名实论》的顺序，将现存《公孙龙子》六篇原文翻译成了白话文。

11. 丁文会撰《〈墨经〉和〈公孙龙子〉语言思想比较研究》

陕西师范大学语言学及应用语言学专业硕士学位论文，2013年5月完成，指导教师韩宝育教授。

本论文包括四章内容，分别为"绪论"[③]、"符号学和语言哲学思想的比较"[④]、"语词术语和语用思想的比较"[⑤]、"语言思想源流的比较"[⑥]。在"绪论"部分，撰者对《墨经》和墨子、《公孙龙子》和公孙龙的基本情况进行了介绍，简述了研究现状以及本论文的研究意义，并对相关研究材料进行了说明。

第二章至第四章是本论文的主体部分，撰者运用比较的方法，对《墨经》和《公孙龙子》中的语言思想进行了分析，将两家对同一语言问题的看

① 任朝瑞：《指物与名实——论公孙龙子的语言学思想》，陕西师范大学2012年，第33页。

② 参见任朝瑞：《指物与名实——论公孙龙子的语言学思想》，陕西师范大学2012年，第37—58页。

③ 参见丁文会：《〈墨经〉和〈公孙龙子〉语言思想比较研究》，陕西师范大学2013年，第1—8页。

④ 参见丁文会：《〈墨经〉和〈公孙龙子〉语言思想比较研究》，陕西师范大学2013年，第9—22页。

⑤ 参见丁文会：《〈墨经〉和〈公孙龙子〉语言思想比较研究》，陕西师范大学2013年，第23—32页。

⑥ 参见丁文会：《〈墨经〉和〈公孙龙子〉语言思想比较研究》，陕西师范大学2013年，第33—42页。

法进行了对比。现将各章的要点[1]一一撮录如下：

第二章要点：撰者从语言符号和语言哲学两个方面进行比较，重点梳理了《墨经》《公孙龙子》两书对于“名”“实”概念的不同认识，以及对“名实”关系的不同见解，并指出了两书关于“白马论”“坚白论”的不同之处，以及两书对“指”的不同的看法。就“名”“实”这两个概念的含义而言，《墨经》中的“名”是语言符号的“形式”和“内容”的统一体，“实”是客观事物；《公孙龙子》中的“名”则是语言符号的形式，“实”是语言符号的内容。在“名实”关系上，《墨经》主张“以名举实”，《公孙龙子》则主张“名实位”一一对应。另就“指物”（语言和世界的关系）问题而言，《墨经》认识到了语言可以认识外在事物，是人们认识事物的工具；《公孙龙子》的“指物”观则既突出了语言是认识事物的工具，也认识到了外物是“概念”的来源。

第三章要点：撰者从语词术语和语言应用思想的角度对两书进行了比较，指出两书中语词术语各有其名称和特点，并分析了两书中的语言观念。在撰者看来，与《公孙龙子》相较，《墨经》的思考范围更加广泛，既涉及语词概念结构的“兼”，也有对“名”的分类，甚至还涉及了句型。《公孙龙子》虽然涉及的范围相对狭窄，但是其运思比《墨经》更加成熟，已认识到“词”和“短语”在结构上的区别。

第四章要点：撰者从思想源流方面进行比较，分别梳理了两书的思想源流状况，其中涉及了先秦时期不同学者对相关问题的看法。撰者认为，《墨经》从语言角度看“名实”问题，具有开创性意义，影响了尹文子、荀子、韩非子、申子、公孙龙等人思考“名实”问题的角度。相较之下，《公孙龙子》只是在当时影响比较大，和各家各派进行了广泛的论辩，但由于“苛察缴绕”的不良名声、论证方法欠妥以及战国时代大环境的影响，屡遭诟病并最终成为了绝学。

在上述阐析的基础上，撰者最后在“结语”部分[2]对本论文的基本观点作了总结，其中有言：“‘名实’概念问题，是两书立论的依据和出发点。正

---

① 参见本论文的“摘要”部分。

② 参见丁文会：《〈墨经〉和〈公孙龙子〉语言思想比较研究》，陕西师范大学 2013 年，第 43—44 页。

是由于理解的不同，才造成了对很多语言现象的歧见。……虽然《墨经》已经认识到了语言的符号特性，但是相对于《公孙龙子》而言，这种认识相对较浅显。他的'以名举实'是认为，语言可以像画画一样表现客观实在。而《公孙龙子》的'名实'关系，重在强调语言符号的形式和内容之间，应该是一一对应的关系。所以如何'正名'，《墨经》只是强调要区分彼此，'此名'应该指'此实'，'彼名'应该指'彼实'，语言的'名'和事物的'实'彼此之间应该是同一的，也就是说《墨经》不提倡一词多义。而《公孙龙子》在'正名'上，提出了具体的解决方法'正实'。因为他认为形式的'名'和概念的'实'之间应该是一一对应的关系，'正实'可以'正名'，所以《公孙龙子》不但不提倡多义词，也不提倡同义词。"[①]

12. 陈红红撰《论〈公孙龙子〉的语言学思想》

陕西师范大学语言学及应用语言学专业硕士学位论文，2013年5月完成，指导教师韩宝育教授。

本论文包括五章内容，分别为"绪论"[②]、"《公孙龙子》的名实观"[③]、"《公孙龙子》的语义学思想"[④]、"《公孙龙子》的语法学思想"[⑤]、"结语"[⑥]。在"绪论"部分，撰者首先介绍了公孙龙及其著作《公孙龙子》的相关情况，接着评述了公孙龙之学的研究现状，在此基础上阐明了本论文的研究视角、创新之处和研究过程。

第二章至第四章是本论文的主体部分，撰者从名实观、语义学、语法学三个方面对《公孙龙子》的语言学思想进行了探究。现将各章的要点[⑦]一一撮录如下：

第二章要点：公孙龙的名实观比较独特，其价值是把"名""实"移入

---

① 丁文会：《〈墨经〉和〈公孙龙子〉语言思想比较研究》，陕西师范大学2013年，第43页。

② 参见陈红红：《论〈公孙龙子〉的语言学思想》，陕西师范大学2013年，第1—5页。

③ 参见陈红红：《论〈公孙龙子〉的语言学思想》，陕西师范大学2013年，第7—18页。

④ 参见陈红红：《论〈公孙龙子〉的语言学思想》，陕西师范大学2013年，第19—28页。

⑤ 参见陈红红：《论〈公孙龙子〉的语言学思想》，陕西师范大学2013年，第29—40页。

⑥ 参见陈红红：《论〈公孙龙子〉的语言学思想》，陕西师范大学2013年，第41—42页。

⑦ 参见本论文的"创新之处"及"摘要"部分。

人的内部世界来探讨。公孙龙在《名实论》中对“名”“物”“实”“位”作了界定，其中的“名”是用来称谓“实”的，“实”是客观世界中的“物”被移入人的内部而形成的（“实”其实指概念），“位”是“实”在内部世界中的位置（“位”其实指概念与概念之间的关系），这样，名实关系就被转化成“名”“物”“实”“位”四位一体的关系。就此而言，“正名”需要先正“实”，并以“唯乎彼此，当乎彼此”为其原则。此外，“正名”还需要注意名和实的变化性。

第三章要点：撰者通过分析《指物论》与《坚白论》，认为《公孙龙子》的语义学思想主要表现在三个方面：其一，在《指物论》中，公孙龙已经意识到人可以通过“指认”这种认识过程将外部世界中的客观事物内化为人的精神意识内容。因而，人可以在内部世界中观察和把握这些精神意识内容。由于语义是这些内容的一部分，所以，在公孙龙那里，语义存在于人的内部世界。其二，公孙龙在《坚白论》中讨论了语义的形成，认为人可以通过“视”（视觉器官）、“拊”（触觉器官）等感觉器官将客观事物内化为语义。其三，公孙龙虽然没有用到言语意义和语言意义等现代语义学术语，但是他的《坚白论》已经意识到语义可以分为言语意义和语言意义两种不同的类型。此外，撰者还对公孙龙的语义学思想在先秦时期的价值作了探讨，并引入“语义三角”理论阐析了公孙龙关于“名”“实”“物”三者关系的看法。

第四章要点：《公孙龙子》的语法学思想十分丰富，早在2000多年前，他就对语素、词、短语及其关系有了初步的认识。公孙龙在《白马论》和《通变论》中讨论语法问题的时候，虽然没有用到语素、词、短语等语法学术语，但他已经意识到语言中存在语素、合成词、短语、联合短语等语法单位，语素能够结合成词，词和构词成分不一样（就合成词而言，合成词的构词成分既不能单独具有合成词的意义和价值，也不能单独称说合成词），语法单位是变化发展的，词和词相结合能构成短语，有些短语则会演变为词。

在“结语”部分，撰者概括了本论文所取得的主要研究成果，并指出了仍然存在的不足之处。此外，撰者在“附录”部分[①]，按照《迹府》《白马论》《指物论》《通变论》《坚白论》《名实论》的顺序，将现存《公孙龙子》六篇作了注释与翻译。

13. 薛命煌撰《〈指物论〉解析》

黑龙江大学逻辑学专业硕士学位论文，2014年3月完成，指导教师周璇教授。

本论文包括“绪论”“结语”和三章内容。在“绪论”部分[②]，撰者首先爬梳了国内外有关《公孙龙子・指物论》的研究状况，在此基础上对《指物论》研究的发展趋势作了说明。

第一章至第三章是本论文的主体部分，分别为“《指物论》概述”“《指物论》的基本概念及其关系”“《指物论》的逻辑分析”。在“《指物论》概述”一章[③]，撰者首先从《指物论》的中心论题“物莫非指，而指非指”谈起，简要阐述了以往各家从哲学本体论或认识论方面对“指”“物”关系作出的解读，认为从认识论这一方面进行解读更有意义，且赞同相关学者将《指物论》视为公孙龙针对墨家指物观而作的辩驳这一观点。接着，撰者探讨了《指物论》在《公孙龙子》中的地位问题。在撰者看来，《指物论》在《公孙龙子》一书中的篇次给人一种“非位”的感觉，其所处的位置使公孙龙的思想体系显得支离破碎。基于此，撰者简要阐述了以往各家对《指物论》地位的认可，并联系《公孙龙子》其他各篇的内容揭示了它们之间的内在关联，认为《指物论》探讨的“指”“物”“名”三者的关系是公孙龙思想体系的基础，进而认可《迹府》《指物论》《白马论》《坚白论》《通变论》《名实论》这样的篇次排列，以凸显其在《公孙龙子》中的重要地位。然后，撰者探讨了《指物论》的体式问题，认为体式未明也是造成本篇难解的原因之一。有不少学者将其确定为主客对辩体，但与《公孙龙子》一书中的其他各篇相

---

① 参见陈红红：《论〈公孙龙子〉的语言学思想》，陕西师范大学2013年，第47—71页。

② 参见薛命煌：《〈指物论〉解析》，黑龙江大学2014年，第1—4页。

③ 参见薛命煌：《〈指物论〉解析》，黑龙江大学2014年，第5—16页。

参照，则会发现诸多不同之处，而且将其确定为主客对辩体的学者也都难以自圆其说，反而容易导致文中前后语意不一致的情况。在辨析的基础上，撰者认可胡曲园等人的看法，将《指物论》的体式厘定为论述体。最后，撰者对《指物论》原文作了分节、标点与校勘。为求行文方便，撰者将所理解的《指物论》全文抄录。由于研究《指物论》的学者有很多都主张本篇是主客对辩体，且他们的解读中也有可取之处，因此在校勘时将其引入作为参考。在撰者看来，《指物论》可分为立论、引论、前提和反论、论证、论述六个部分。[①]

在"《指物论》的基本概念及其关系"一章[②]，撰者首先对《指物论》中"指""物""名"三个基本概念作了解析，援引了以往诸家对"指"的论说，进而对三者的关系进行了讨论。通过阐述，撰者认为"指"是人用来认识事物的一种认知活动。公孙龙的"物莫非指"中的"指"字兼含二义，而且这个"指"是动态的。而"指非指"中的"指"字则可以一个取兼含二义之"指"，一个取"以实示人"之"指"或"以名示人"之指，这两种指则为静态的。由于撰者认可《指物论》是公孙龙针对墨家指物观所作的辩驳，所以在对其进行解读时，撰者仅以两种静态的指作为文章的解释。"物"与"名"虽也有多种含义，但撰者也仅取"事物"和"名称"之意。就"指""物""名"三者的关系而言，撰者认为指与物之间是相应而相异的关系，物与名之间是一种代表但并非反映的关系，而指与名则是皆为主观造作，但却是由指生名、名复入指的关系。[③]

在"《指物论》的逻辑分析"一章[④]，撰者认为运用西方逻辑的推理方法对《指物论》进行解读，一方面可以减少古文中语意繁琐带来的困扰，一方面也能更好地理解《指物论》的内在逻辑结构。基于这种看法，撰者首先对《指物论》中的基本概念用英文字母加以界定，继而根据所理解的语意加入相关的逻辑联结词，将原文中的句子形式化，以便进行推导。[⑤] 接着，撰者

① 参见第一章"本章小结"部分。薛命煌：《〈指物论〉解析》，黑龙江大学2014年，第15—16页。

② 参见薛命煌：《〈指物论〉解析》，黑龙江大学2014年，第17—27页。

③ 参见第二章"本章小结"部分。薛命煌：《〈指物论〉解析》，黑龙江大学2014年，第27页。

④ 参见薛命煌：《〈指物论〉解析》，黑龙江大学2014年，第28—41页。

⑤ 参见第三章"本章小结"部分。薛命煌：《〈指物论〉解析》，黑龙江大学2014年，第40页。

又以真值树法对《指物论》中的句子进行了归谬分析。由于撰者认为本篇并非主客辩难体，且认可本篇是针对墨家“以实示人”为“指”而“以名示人”则不为“指”的观点所作的驳论，因此以“指也者，天下之所无也”“物也者，天下之所有也”以及“生于物之各有名”这三个句子作为进行分析的前提。撰者希冀本文其他论述在以上述句子为前提的情况下都能得出合理的判断，最终的目的则是论证“物莫非指，而指非指”这一中心论题。[①]

在“结语”部分[②]，撰者对本论文的运思理路与基本观点进行了总结。

14. 周俊杰撰《公孙龙逻辑思想探究——以〈坚白论〉〈白马论〉为例》

南京师范大学逻辑学专业硕士学位论文，2015 年 3 月完成，指导教师翟玉章教授。

本论文包括“绪论”与三章内容。在“绪论”部分[③]，撰者简要介绍了研究公孙龙逻辑思想的意义、当前的研究状况以及本论文的研究思路。

第一章至第三章是本论文的主体部分，分别为“公孙龙及其生活时代”“公孙龙的学说内容”“逻辑学家抑或诡辩论者”。在“公孙龙及其生活时代”一章[④]，撰者主要介绍了公孙龙其人其事及其所处的时代文化背景。

在“公孙龙的学说内容”一章[⑤]，撰者首先介绍了《公孙龙子》一书，对其真伪问题和篇目顺序问题进行了探究。撰者并不认同“全伪说”和“全真说”，而是支持“残真”说，认为《公孙龙子》一书虽为“残真”，但不影响我们对其进行研究。在篇目顺序上，撰者采取的排序是《坚白论》《指物论》《名实论》《通变论》《白马论》。接着，撰者以《坚白论》《白马论》为例阐析

---

① 参见第三章第二节“《指物论》的树形法分析”的导语部分。薛命煌:《〈指物论〉解析》，黑龙江大学 2014 年，第 33—34 页。

② 参见薛命煌:《〈指物论〉解析》，黑龙江大学 2014 年，第 42 页。

③ 参见周俊杰:《公孙龙逻辑思想探究——以〈坚白论〉〈白马论〉为例》，南京师范大学 2015 年，第 1—2 页。

④ 参见周俊杰:《公孙龙逻辑思想探究——以〈坚白论〉〈白马论〉为例》，南京师范大学 2015 年，第 3—5 页。

⑤ 参见周俊杰:《公孙龙逻辑思想探究——以〈坚白论〉〈白马论〉为例》，南京师范大学 2015 年，第 6—20 页。

了公孙龙的逻辑思想。在撰者看来，《坚白论》是公孙龙思想的基础，"离坚白"是其核心论点。基于这种看法，撰者结合《坚白论》的相关论题，对公孙龙论证"离坚白"的过程作了层层深入的阐析。在阐析的基础上，撰者指出"离也者，天下故独而正"乃是《坚白论》所要达到的目的，其重要性在于："公孙龙所做的就是将感性认识获得的各种性质相互独立，然后上升为各种性质的概念，再将这些概念的形式统一起来形成正确的经验。……公孙龙至此已经准备好了感性认识和在感性认识的基础上抽象出的概念，而进一步地运用正确的认识为天下正名就是水到渠成的事了。"[①]在探讨《白马论》时，撰者认为本篇的中心论题是"白马非马"，进而对公孙龙论证"白马非马"的过程进行了阐析。在阐析的基础上，撰者对《白马论》作了评价，认为"本篇通过'假物取譬'的方法，展示了公孙龙的逻辑思想如何具体运用和发挥"[②]。"白马非马"之说看似违反常识，其实是有理有据的："从形式逻辑来看，白马和马是种概念与属概念的区别，这个区别体现在两者内涵与外延的不同上。马是属概念，其内涵小（只命形），外延大（黄黑马可致），白马是种概念，内涵大于其上一层的属概念（同样命形，但是外加命色），外延小于属概念（黄黑马不可致）。因为两者内涵外延皆不同，根据其名实关系'不过不旷'的原则，白马与马之间的系词用'是'显然不对，因而只能用'非'。明确种概念和属概念不可混为一谈，不可相互代替，这是非常有道理的，也是非常重要的。这是坚持了概念的自我同一性，而概念自我同一性的确立在整个形式逻辑中都有举足轻重的地位，公孙龙那么早就认识到了两者的区别是难能可贵的。"[③]当然，公孙龙的"白马非马"之说并非没有问题，其根本的问题在于："他只是清楚认识到了种属概念间是不同的，不能混淆的，但是没有认识到两者间深层的关系包含关系，或者说是没有彻底搞清楚两者关系导致了混淆。"[④]最后，撰者进一步指出："公孙龙在《白马论》中追求白马之名与白马之实的完全对应，从而忽视了白马和马之间的同一性，这样他就从思维过程中

① 周俊杰：《公孙龙逻辑思想探究——以〈坚白论〉〈白马论〉为例》，南京师范大学 2015 年，第 13 页。
② 周俊杰：《公孙龙逻辑思想探究——以〈坚白论〉〈白马论〉为例》，南京师范大学 2015 年，第 18 页。
③ 周俊杰：《公孙龙逻辑思想探究——以〈坚白论〉〈白马论〉为例》，南京师范大学 2015 年，第 19 页。
④ 周俊杰：《公孙龙逻辑思想探究——以〈坚白论〉〈白马论〉为例》，南京师范大学 2015 年，第 19 页。

需要概念的确定性和一致性，变成了事物绝对的同一，将‘A 是 A’的思维规则变成了具体要求。所以公孙龙认定白马是马是不对的，只能是白马非马。然而我们在拥有了现在发达的逻辑知识后来批判当时的谬误是不难的，但是公孙龙在当时就能利用‘是’‘非’的含义大做文章，可见其在当时就认识到了‘是’虽然是‘最普遍的概念’但同时也是‘晦暗’的。”[①]

在“逻辑学家抑或诡辩论者”一章[②]，撰者首先探讨了公孙龙从“离坚白”到“白马非马”转变的理路，认为“从‘离坚白’的思想出发到得出‘白马非马’并不是一条笔直的大道，更不是必然得出的结果，是公孙龙慎重考虑后作出的选择。……《坚白论》确实强调了‘离’的分析方法，但是并没有忽视综合统一，同样他也有‘相与’的思想。在那个过分强调‘合’的时代，着重提出‘离’的分析方法是难能可贵的，而不是忽视综合。公孙龙从正确的理论出发，却绕着弯子走向了明显错误的结论，其过程着实是奇诡，让人难免会怀疑其动机何在”[③]。接着，撰者结合“从逻辑走向诡辩”这个话题，着重探讨了公孙龙的逻辑成果，并对其最终走向诡辩的原因作了探究。就其逻辑成果而言，公孙龙不仅提出了正名实的思想、实体概念和属性概念、概念的外延和内涵、单独概念和普遍概念、概念差异的比较方法、概念的限定和概括方法等多方面的内容，还提出了概念通过“并”运算符合以及“并”运算的交换律，尤其是阐述了同一律、矛盾律和排中律等形式逻辑规律，这些都确立了公孙龙在中国逻辑史上的重要地位。然而，公孙龙的逻辑学说仍存在不足之处，其“白马非马”之说最终还是走向了诡辩。在撰者看来，公孙龙的“白马非马”命题选择用“非”这个容易被人误读的字眼导致了其屡遭误解与诟病。而且公孙龙的逻辑思想由于欠缺形式性和精确性，因而没能提出规则化、系统化的推理理论，只是得出了一些朴素的知性思维原理，“当然这并不是公孙龙的失败，这和当时的时代背景以及中国古代文化发展的严重偏科有极大的关系”[④]。

---

① 周俊杰:《公孙龙逻辑思想探究——以〈坚白论〉〈白马论〉为例》，南京师范大学 2015 年，第 20 页。

② 参见周俊杰:《公孙龙逻辑思想探究——以〈坚白论〉〈白马论〉为例》，南京师范大学 2015 年，第 21—32 页。

③ 周俊杰:《公孙龙逻辑思想探究——以〈坚白论〉〈白马论〉为例》，南京师范大学 2015 年，第 22 页。

④ 周俊杰:《公孙龙逻辑思想探究——以〈坚白论〉〈白马论〉为例》，南京师范大学 2015 年，第 29 页。

15. 王玲撰《公孙龙的名实思想及发展脉络》

陕西师范大学语言学及应用语言学专业硕士学位论文，2015年5月完成，指导教师韩宝育教授。

本论文包括六章内容。第一章为“绪论”[①]，撰者首先交代了公孙龙与名家的基本情况，接着介绍了《公孙龙子》一书的版本与研究概况，然后对本论文的创新之处和研究方法作了说明。

第二章至第六章是本论文的主体部分，撰者按照《白马论》《指物论》《通变论》《坚白论》《名实论》的顺序，对《公孙龙子》五篇的主旨、主要概念、论证过程、论证方法以及各篇间的联系依次进行了阐析。

第二章[②]旨在阐析《白马论》的名实思想。撰者首先就《白马论》的主旨指出：“《白马论》所讨论的不是种属问题，而是名实问题。公孙龙在名实问题的范畴内论证了‘白马非马’，对该命题的具体论证也就如实地反映着公孙龙的名实思想。”[③]具体来说，公孙龙借“白马非马”命题表达了“实非，则名非”的名实观：“‘实非，则名非’主要表现在两个方面，一是‘白马’、‘黄马’与‘马’的‘实非’，一是‘白马’、‘黄马’与‘马’的‘名非’。‘实非’主要表现在‘白马’、‘黄马’与‘马’在‘实’上的不同。‘名非’主要表现为‘白马’、‘黄马’与‘马’在‘名’的构成上的不同。”[④]撰者进一步指出，在这种“实非，则名非”的名实观中，“名”与“实”的地位并不是平分秋色的，而是“实”决定“名”：“公孙龙在论证‘白马非马’的过程中，还借‘马’的‘有色’、‘无色’论证了‘实’对‘名’的决定作用。这种‘实’决定论则是‘实非，则名非’的重要理论支撑。公孙龙用‘马固有色，故有白马’、‘使马无色，有马如已耳，安取白马’这两句论证了‘实’决定‘名’。”[⑤]基于对《白马论》主旨的上述认识，撰者对公孙龙论证“白马非马”的过程进行了具体分析，在此基础上揭示了《白马论》与其他各篇的关系：“《白马论》是其他各篇的发端，正是因‘白马非马’表达了‘实非，则名非’这样的名实关系，才有了

---

① 参见王玲：《公孙龙的名实思想及发展脉络》，陕西师范大学2015年，第1—5页。

② 参见王玲：《公孙龙的名实思想及发展脉络》，陕西师范大学2015年，第7—12页。

③ 王玲：《公孙龙的名实思想及发展脉络》，陕西师范大学2015年，第7页。

④ 王玲：《公孙龙的名实思想及发展脉络》，陕西师范大学2015年，第8页。

⑤ 王玲：《公孙龙的名实思想及发展脉络》，陕西师范大学2015年，第8—9页。

公孙龙在其他各篇对名实问题的探索。公孙龙在《白马论》中看到了‘实’对‘名’的决定作用，才有了《指物论》中关于‘实’的获得方式——‘指’的探索，才有了《通变论》中对‘求实’方式的探究，才有了《坚白论》中对‘实’的获得过程的具体探究，才有了《名实论》中以‘实’为中心的语言体系和‘正名实’的标准和方法。而且《白马论》中谈到的‘白者不定所白’，正是《通变论》中‘二无一’、‘有与则变’思想的基石。《白马论》中对名实对应关系的探究，是《名实论》中‘唯乎其彼此’的正名标准的前奏。”[①]最后，撰者对《白马论》的名实思想作了总结与评说，主要有如下三点：其一，“《白马论》是一篇逻辑严密、论证严谨的文章。它分别从‘名’和‘实’的角度对‘白马’和‘马’做了区分，将名实问题独立分析，是公孙龙对‘实’的一大区分和贡献。公孙龙区分‘白马’和‘马’有其内在的进步性，捋清了人们关于马与白马的认识。公孙龙通过‘求白马’和‘求马’的不同结果，旨在让人们认识到‘白马’和‘马’在‘实’上是不同的。我们所认识的‘马’，只是关于马之形的描述，我们所认识的‘白马’，才是关于马之形与色的描述。我们的认识不同，白马与马的‘实’不同，自然白马与马的‘名’不同。所以，白马与马无论从‘实’上讲，还是从‘名’上讲，都是不同的，不能简单地将两者等同起来，认为‘白马是马’”[②]。其二，“《白马论》从某种角度上来说，是公孙龙对于‘位’的探讨。对‘白马’来说，它的‘实’就不能‘旷’，不能只认为其只有形（马），而没有色（白）。对‘马’来说，它的‘实’就不能‘过’，不能认为其既能指形（马），又能指色（白）。‘位’是对‘实’本质的描述，所以，马之形色结合就是白马的‘位’，马之形是马的‘位’。辨清白马和马的‘实’的过程，实际上就是在正它们的‘位’”[③]。其三，“《白马论》之缺点或许就是公孙龙只谈了‘白马非马’，而没有谈‘白马非白’，尽管后者不需论证。但如果在论证的过程中添上白马非白，就容易使人们认清公孙龙所想讨论的问题，而不会与种属问题相混淆，从而认为‘白马非马’是诡辩了”[④]。

---

① 王玲：《公孙龙的名实思想及发展脉络》，陕西师范大学2015年，第11页。
② 王玲：《公孙龙的名实思想及发展脉络》，陕西师范大学2015年，第12页。
③ 王玲：《公孙龙的名实思想及发展脉络》，陕西师范大学2015年，第12页。
④ 王玲：《公孙龙的名实思想及发展脉络》，陕西师范大学2015年，第12页。

第三章[1]旨在阐析《指物论》的名实思想。撰者首先对“指”以及“非指”“无指”“为指”等概念的内涵进行了辨析，借此探讨了《指物论》的主旨，认为《指物论》是公孙龙名实思想演变的关键点。接着，撰者聚焦于本篇的中心论题“物莫非指，而指非指”探讨了对“物”进行“指”的周遍性，并对“物”与“指”的关系进行了探究。撰者就此指出：“公孙龙认为‘物’都是能被‘指’的，但时人认为‘指’却不具有周遍性，并不是所有的‘物’都需要‘指’。所以公孙龙对周遍性的论证，使人们对获得‘实’的方式打开了一扇窗，让人们认识到‘实’并不是由‘名’而来，而是对‘物’进行‘指’才得来的。这反映了公孙龙的以‘实’正‘名’的主张，而不是主流的以‘名’正‘实’的主张。公孙龙子看到‘指’在‘物’‘实’之间的桥梁作用，看到了‘实’是对‘物’进行‘指’得来的，而不是从‘名’来。在名实问题上的‘实决定论’就是公孙龙学说的独特之处。”[2]最后，撰者对《指物论》与其他篇目的联系作了探讨：“《指物论》与《名实论》的关系最为密切，因为两篇都出现了‘物’这一表达。《指物论》在‘指’与‘名’的关系上也有着《名实论》中‘物’、‘实’、‘名’的影子，且‘指’还是连接‘物’和‘实’的桥梁。或者说正是在‘指’‘物’思想下，公孙龙的‘物’、‘实’、‘位’、‘正’体系理论才会完善。所以《指物论》毫无疑问是《名实论》的先驱。但并不是说《指物论》就能直接推出《名实论》，因为从《白马论》到《指物论》都仅仅围绕着一个中心，那就是‘实’。《白马论》讨论的是‘实’对‘名’的影响，《指物论》讨论的是‘实’的获得方式。只有对‘实’继续进行探讨，才会最终得出‘位’、‘正’，继而完善整个体系。”[3]“《指物论》中的焦点‘指’在《指物论》中出现后，就不再出现于其他篇目，但并不是说其他篇目就没有‘指’的影响。《白马论》对‘白马’和‘马’在‘名’和‘实’方面做了对比分析，而两者‘实’自然是通过对‘白马’和‘马’进行‘指’而得来的。在‘实’方面的讨论就是在进行‘指’。对《通变论》来说，其中关于‘羊牛马’、‘牛羊鸡’的外形的对比和‘青白黄’、‘白青碧’色的比较，就是通过‘形’和‘色’的手段去推

---

① 参见王玲：《公孙龙的名实思想及发展脉络》，陕西师范大学 2015 年，第 13—22 页。

② 王玲：《公孙龙的名实思想及发展脉络》，陕西师范大学 2015 年，第 21—22 页。

③ 王玲：《公孙龙的名实思想及发展脉络》，陕西师范大学 2015 年，第 21 页。

‘实’，而这些‘形’和‘色’比较的实质就是在进行‘指实’。《坚白论》中对‘坚’和‘白’的讨论也是在‘指实’，但是侧重点不同。《白马论》和《通变论》侧重‘实’的内容，《坚白论》侧重的是‘实’内容的获得渠道。而这些对‘实’的分析讨论都是建立在对‘物’进行‘指实’的基础上的。没有对‘物’进行‘指实’，‘实’也就无从谈起。”[①]

第四章[②]旨在阐析《通变论》的名实思想。撰者首先就《通变论》的主旨指出：“《通变论》从篇名上讲就是‘通晓变化之道’，而公孙龙正是用‘二无一’、‘有与则变’来阐述自己关于‘变化之道’的见解，‘羊合牛非马，牛合羊非鸡’、‘青以白非黄，白以青非碧’这两大论题就是对这一问题的具体论证。但是公孙龙所说的‘变化之道’不是针对事物本身，而是针对‘名’。他试图探讨‘名’的变化规律。他将‘羊’与‘牛’、‘青’与‘白’分别组合，得到新‘名’：‘羊牛’、‘牛羊’、‘青白’、‘白青’，并试图在‘形’和‘色’的框架内，找寻新‘名’所对应的新‘实’。在‘形’的框架内，公孙龙在内部将‘羊’与‘牛’进行比较，在外部将‘羊牛’放在一起与‘马’、‘鸡’进行同异比较。在‘色’的框架内，公孙龙以‘位’代‘色’，用‘青’与‘白’所代表的‘五行方位’，去讨论‘青白’的‘实’。所以就有了在内‘青白’中‘青’与‘白’两者之‘位’的讨论，就有了在外‘青白’与‘黄’、‘碧’之间‘位’的对比。”[③]基于这种观点，撰者对《通变论》的中心论题进行了阐析，进而对“以形责实”与“以位责实”进行了分辨，然后对《通变论》与其他篇目的联系作了探讨：“对《通变论》来说，其中心论点‘二无一’是其本篇和《白马论》‘白马非马’的理论根基。因为只有‘二无一’才会因‘无一’而‘二非一’。在《白马论》中，客多次诘难就是认为‘白马’这个‘二’中有‘马’这个‘一’，才会觉得‘白马非马’（‘二非一’）是站不住脚的。而根据‘有与则变’的观点，‘马’与‘白’结合后，就变了，‘白马’中就已经找不到未相与的‘马’。因‘无马’而‘非马’，所以‘白马非马’。所以说，‘二无一’是‘二非一’的理论根基。”[④]“《指物论》在提出‘指’这个获得‘实’的方式后，紧接着《通变

① 王玲：《公孙龙的名实思想及发展脉络》，陕西师范大学 2015 年，第 21 页。
② 参见王玲：《公孙龙的名实思想及发展脉络》，陕西师范大学 2015 年，第 23—30 页。
③ 王玲：《公孙龙的名实思想及发展脉络》，陕西师范大学 2015 年，第 23 页。
④ 王玲：《公孙龙的名实思想及发展脉络》，陕西师范大学 2015 年，第 29 页。

论》就分别以'形'和'色'(位)对'指'做了实践。确切地说,是在指实行为中探究'实'。《通变论》中'以形责实'和'以位责实',就是在探究'实'可以通过哪种方式获得,或者'实'究竟反映了关于'物'的哪方面内容,以及'实'所对应的'名'内部的构成及关系。而且《通变论》在具体的论证中,展现了'以形责实'和'以位责实'的优缺点,为丰富'指'的方式方法做了一定贡献。所以说,《通变论》是对《指物论》的具体延伸和拓展。"[①]"《通变论》与《坚白论》联系较为紧密,因为这两篇都是围绕'指'而展开的。《通变论》说的是获得'实'的方式,即从哪方面获得'实',是相对于'物'而言。而《坚白论》说的是获得'实'的具体渠道,是相对于'人'而言。对'物'来说,先秦时期的人们认为它是描写的'形'和'色'两方面,所以公孙龙从'形'、'色'方面对'物'的'实'进行归纳概括。而《坚白论》中之所以谈到触觉和视觉,是因为人们需要借助这些感觉通道,才能感知到'物'的'实'。'物'的'实'有多个方面,而正是借由人的感觉通道,这些'实'才能被人们所感知。或者说,人们通过触觉去感知'物',才有了'坚'或'不坚'这样的'实',人们用眼睛去感知物,才有了'形'和'色'这样的'实'。"[②]"《通变论》中对'物'进行'以形责实、以位责实',对公孙龙在《名实论》中的'物'、'实'、'位'、'正'体系的形成有很大的贡献。因为在《通变论》一篇当中这四个概念已经全部出现了,尽管着墨不多。'物'是'羊'、'牛'、'青'、'白','位'是五行方位,'正'有'黄'(正举)和'碧'(非正举)做对比,'实'就更加不用说了,文章大部分都在'以形责实''以位责实'。在具体的比较过程中,也会使人对四者的关系有个初步的认识。"[③]最后,撰者对《通变论》的名实思想作了总结与评说:"《通变论》作为《公孙龙子》最中间的一篇,有着承上启下的作用。它既受到了《白马论》、《指物论》的影响,也对《坚白论》、《名实论》有一定的指引。……《通变论》虽然也着重推理,但其推理在现今的人们看来是有些奇怪的。不管是以'形'论'羊牛'与'马',还是以'足'论'牛羊'与'鸡',都不太符合今人的逻辑。但这些又在

① 王玲:《公孙龙的名实思想及发展脉络》,陕西师范大学 2015 年,第 29 页。
② 王玲:《公孙龙的名实思想及发展脉络》,陕西师范大学 2015 年,第 29 页。
③ 王玲:《公孙龙的名实思想及发展脉络》,陕西师范大学 2015 年,第 29 页。

先秦的大背景下是合适的，究其原因还是先秦人们对‘物’对‘名’的认识有其独特的地方。所以，《通变论》在找寻先秦人们认识的大趋势方面，还是有一定的功用的。”[①]

第五章[②]旨在阐析《坚白论》的名实思想。撰者首先就《坚白论》的主旨指出：“公孙龙在《坚白论》中论述了占据名家半壁江山的‘离坚白’主张，发出了‘离也者天下，故独而正’的感慨。公孙龙为什么要论证‘离’，他的‘离’又是从哪来呢？这正是公孙龙想借助《坚白论》来说明的。纵观全文，刚开始是石之‘坚’与石之‘白’是‘离’的，紧随其后是‘坚’、‘白’与石是‘离’的，最后是‘坚’与石之‘坚’、‘白’与石之‘白’是‘离’的。也就是说公孙龙所论证的‘离’是紧紧围绕着‘坚’、‘白’进行的，而‘坚’、‘白’与石之‘坚’、‘白’是‘不定’与‘定’的关系。从石之‘坚’、‘白’到‘坚’、‘白’，人们进行‘指’的方式从具体的‘视’、‘拊’到无形的‘神’知。所以，公孙龙借《坚白论》向我们具体地展示了怎样对‘物’进行‘指’，以及如何对‘指’之结果再次进行‘指’。这代表着人们认识的深化，也代表‘指’方式的进化。‘指’方式的进化代表在把握‘实’的程度上更加精确，是公孙龙在‘实’问题上的一大进步。这在当时毫无疑问是无人超越的。”[③]基于这种观点，撰者对《坚白论》的核心范畴“离”进行了诠解，对“定”之“坚、白”与“不定”之“坚、白”进行了分辨，进而对公孙龙论证“离坚白”的过程进行了阐析。在此基础上，撰者揭示了《坚白论》与其他各篇之间的联系：“《坚白论》与《指物论》、《通变论》在联系上最为紧密。公孙龙在《指物论》论证了‘指’这一获得物‘实’的方式，然后《通变论》就在论证‘指’物时所‘指’方面之问题，而《坚白论》所论证的正是‘指’之具体方法、具体过程的问题。”[④]“在《坚白论》中，我们可以看到‘物白焉，不定其所白；物坚焉，不定其所坚。不定者，兼’这样的句子。虽然除了这句，公孙龙全篇当中再无‘定’、‘不定’这样的字眼，‘坚、白’当中也没有刻意强调。可是只要认真分析，就会看到公孙龙无形中将定之‘坚、白’与不定之‘坚、白’区分了开

---

① 王玲：《公孙龙的名实思想及发展脉络》，陕西师范大学2015年，第29—30页。

② 参见王玲：《公孙龙的名实思想及发展脉络》，陕西师范大学2015年，第31—36页。

③ 王玲：《公孙龙的名实思想及发展脉络》，陕西师范大学2015年，第31页。

④ 王玲：《公孙龙的名实思想及发展脉络》，陕西师范大学2015年，第34—35页。

来，而它们也是整篇文章中论述的中心。公孙龙关于‘定’与‘不定’的观点在《白马论》、《通变论》中都可见其踪影。但是《通变论》的中心观点‘有与则变’，与‘定’与‘不定’联系却十分紧密。‘未与’为‘不定’，‘有与’则‘定’，定则变。这就是‘有与则变’，而这也是‘定’与‘不定’。两篇重要理论支撑联系如此紧密，但两篇却是完全不同的主张。由此推之，《坚白论》是对《通变论》在另一方面的继续拓展和延伸。”[①]“《坚白论》与《名实论》联系也十分紧密，这种联系是隐性的。《名实论》中有四大概念‘物’‘实’‘位’‘正’，诚然《坚白论》是在探讨如何‘指’‘坚、白’之实，可是《坚白论》的中心观点‘离’却是对《名实论》中四大概念所组成的语言体系的隐形支撑。正是因为在认识事物时，事物的某一性质显现，其他性质就会隐藏，所以我们才能一一认识性质，直至完全认识事物，获得‘物’之‘实’。也就是说《坚白论》所论证的种种的‘离’，都为人们获得‘实’提供了可能。这种‘离’也是‘指’的特性，即指实过程是‘离’的。指实过程的‘离’，所带来的就是‘实’‘物’相离（‘坚、白’藏）、‘实’‘实’相离（‘坚’‘白’离）。‘实’‘实’相离带来的就是‘位’‘位’相离。而正是它们具有‘离’的性质，所以才能以‘位’正‘实’，以‘实’正‘名’，从而达到公孙龙‘正名实’的目的。”[②]最后，撰者对《坚白论》的名实思想作了总结与评说：“公孙龙在《坚白论》中全篇就说了一个字‘离’，而且他认为这种‘离’是天下万物都具有的性质。整篇文章说理清晰，层层递进。文章以‘坚白石二’开篇，以‘离也者天下’结尾，起承转合毫无艰涩之感，堪称《公孙龙子》中说理最为周密的一篇。而在‘名实’问题上，本篇是‘指’之具体实践，是‘坚’‘实’、‘白’‘实’的具体获得，是对‘实’的本质的具体论述。《坚白论》是对《指物论》、《通变论》的具体实践，也是对‘位’的继续思考。我们通过‘指’得到关于‘物’的‘实’，我们也可以通过‘神’，得到关于‘实’的‘位’，因为‘神’是感知‘实’的唯一方式。所以《坚白论》既是对前面几篇的实践，也是公孙龙思想走向完全总结前的最后思考。”[③]

---

① 王玲：《公孙龙的名实思想及发展脉络》，陕西师范大学2015年，第35页。
② 王玲：《公孙龙的名实思想及发展脉络》，陕西师范大学2015年，第35页。
③ 王玲：《公孙龙的名实思想及发展脉络》，陕西师范大学2015年，第35—36页。

第六章[①]旨在阐析《名实论》的名实思想。撰者首先指出:"《名实论》是公孙龙思想走向完全总结的标志,是公孙龙名实思想的高度概括。在《名实论》中没有具体的'物'、具体的'名'、具体的'实',但是全篇论述的却都是它们。公孙龙在《名实论》中所构建的体系,是在其他几篇的基础上成形的,也超越了具体物的桎梏,是非常成熟的语言理论。《名实论》是《公孙龙子》中唯一一篇非主客辩论体裁的文章,但其观点清晰,语言整饬,条理清晰,是公孙龙思想的集大成者。"[②]基于这种观点,撰者首先探讨了《名实论》的主旨,认为"公孙龙在《名实论》中主要做了两件事,一是构建了自己的语言理论体系,一是提出了正名标准。其语言体系的构建为他的正名标准提供了理论依据,是其正名标准的基础"[③]。围绕着《名实论》的主旨,撰者对"物""实""位""正"四个术语进行了解读,对"以位正实,以实正名"的正名方法进行了阐释,对"实"决定"名"、"名"影响"实"的名实关系进行了探究,对"唯乎其彼此"的正名标准作了阐发,并结合"当"与"不当"以及"夫名,实谓也"等说法进一步阐说了公孙龙论证"其名正则唯乎其彼此焉"的过程。在此基础上,撰者揭示了《名实论》与其他各篇之间的联系:"在《白马论》中,公孙龙借'白马非马'这一命题,表达了自己'实非,则名非'的名实对应观点。在《通变论》中,公孙龙以'二无一'这一命题,表达了'名变,则实变'的名实对应观点。而这两篇名实对应观点的结合,就成了公孙龙的正名标准'唯乎彼此焉'。因为只有名实之间'唯乎彼此',才能'实非,则名非'、'名变,则实变'。也就是说,支持公孙龙所发现名实规律正常运转的,是隐藏在其表面下的名实相当。"[④]"在《指物论》中,公孙龙借'物莫非指,而指非指'的辩论,论证了对'物'进行'指'的周遍性。同时也借客'天下无指,物无可以谓物''有名不为指'等说法,暗示了'指'为'实'获得方式这一观点,为公孙龙在'实'方面的'物'决定论奠定了基础。而《指物论》与探讨'物'被'指'之方面的《通变论》和'指'之具

① 参见王玲:《公孙龙的名实思想及发展脉络》,陕西师范大学2015年,第37—45页。
② 王玲:《公孙龙的名实思想及发展脉络》,陕西师范大学2015年,第37页。
③ 王玲:《公孙龙的名实思想及发展脉络》,陕西师范大学2015年,第37页。
④ 王玲:《公孙龙的名实思想及发展脉络》,陕西师范大学2015年,第44页。

体形式的《坚白论》一起，形成了公孙龙在《名实论》中的'实'——'物以物其所物而不过焉，实也'。"[①]"在《通变论》中，公孙龙借'二无一'的论题，探讨了复名中的名实对应问题。在对'羊牛'、'青白'的评价问题上，'以形责实'无法分清'材不材'；但'以位责实'却能清楚地分清'正举'和'非正举'。《通变论》中这种对'实'的评价与《坚白论》中'实'的本质'离'，一起形成了《名实论》中的'位'——'实以实其所实而不过焉，位也'。"[②]"在《坚白论》中，公孙龙借'坚白石二'的辩题，对'坚''白'进行了'指'之具体实践。从'视'、'拊'到'神'，完全将'指'之结果——'实'纳入到了内部世界中。'物''实'关系也正式确立。对'离天下'的'独而正'的看法，再加上《通变论》中关于'青白''黄''碧'等的'五行方位'之探讨，就形成了《名实论》中的'正'——'出其所位非位，位其所位焉，正也'。"[③]"而《名实论》正是在前面几篇的基础上发展而来的。公孙龙在《名实论》中展示了他的语言理论体系，并论证了其正名标准。语言体系不是凭空而来，也不是对前几篇的简单概括，而是对其的概括升华。"[④]最后，撰者对《名实论》的名实思想作了总结："《名实论》是对各篇的高度总结，是公孙龙名实思想的高度浓缩。作为一篇总结性质的文章，其他各篇对《名实论》的影响都集中到了语言体系上。《指物论》为从'物'到'实'提供了可能、《通变论》为'位'概念的提出做了铺垫、《通变论》和《坚白论》对'实'的分类进行了研究，为'位'概念的提出做了准备。正是其余几篇对'实'的探索，才使得公孙龙建立了以'实'为中心的语言体系。"[⑤]

在本论文的"结语"部分，撰者首先阐述了自己对公孙龙名实思想的整体看法："公孙龙作为'名家'，他将自己对'名实'的理解融入到对事、对物的讨论中，并用逻辑形式将之表达了出来。其著作《公孙龙子》也是每篇一主旨、每篇有联系，体系性非常强。本文逐一对各篇的主旨，各篇主

---

① 王玲：《公孙龙的名实思想及发展脉络》，陕西师范大学 2015 年，第 44 页。
② 王玲：《公孙龙的名实思想及发展脉络》，陕西师范大学 2015 年，第 44 页。
③ 王玲：《公孙龙的名实思想及发展脉络》，陕西师范大学 2015 年，第 44 页。
④ 王玲：《公孙龙的名实思想及发展脉络》，陕西师范大学 2015 年，第 44 页。
⑤ 王玲：《公孙龙的名实思想及发展脉络》，陕西师范大学 2015 年，第 45 页。

要观点之论证，各篇之间的联系进行了解读，发现了《公孙龙子》隐藏的暗线。”[①]接着，撰者对《公孙龙子》五篇的旨趣、运思理路及各篇间的联系再次作了提点：关于《白马论》：“在《白马论》中，公孙龙用‘白马非马’的辩题让大家看到了复名，第一次接触到‘相与’‘不相与’‘命形’‘命色’等名实概念。虽然有关‘名’的概念较多，但其论证‘白马非马’还是倾向于从语言角度论证名实对应关系。在具体的论证过程中，没有直接正面解答客‘有白马不可谓无马’的问题。客之所以会提出这个问题，因为客将名实当中的有马无马，看成了是现实当中的有马无马。而对这一问题的根本解答也就放到了《通变论》的‘有与则变’中。”[②]关于《指物论》：“在《指物论》中，公孙龙主要对‘物’的能‘指’性进行了周遍的论证，并对‘物’和‘指’的关系进行了论证。从这一篇起，公孙龙强调了我们对‘物’的认识即‘实’从‘指’而来，就将自己讨论问题的焦点集中到了‘指’的结果‘实’上。”[③]关于《通变论》：“在《通变论》中，呼应《白马论》所提之复名，探究了‘复名’的内部关系，并以此对‘指’之方向进行了实践，试图找寻出可行的‘指’之方向，‘位’意识由此初步萌芽。没有解决的问题是‘右有与’后的称谓问题。”[④]关于《坚白论》：“在《坚白论》中，继续探究复名的结合问题，探究了‘指’的具体方式，并以此对‘指’的结果‘实’进行了细致的探究，论证了其本质属性‘离’，点明了‘指’结果‘实’的储藏位置。结合‘有与则变’与《坚白论》对‘指’结果‘实’的分析，解决‘右有与’的称谓问题。”[⑤]关于《名实论》：“在《名实论》中，建立语言理论体系，正名实。‘物’为‘指’‘物’之‘物’，‘实’为‘指’之结果，‘位’为‘实’之定位，‘正’指‘物’‘实’‘位’一一对应。论述其正名实的方法及标准。‘实’是《指物论》《通变论》《坚白论》之综合，‘位’是《通变论》《坚白论》之综合，‘名实关系’来自《白马论》和《通变论》之综合。”[⑥]最后，撰者总结道：“综上所述，公孙龙以‘指’

① 王玲：《公孙龙的名实思想及发展脉络》，陕西师范大学2015年，第47页。
② 王玲：《公孙龙的名实思想及发展脉络》，陕西师范大学2015年，第47页。
③ 王玲：《公孙龙的名实思想及发展脉络》，陕西师范大学2015年，第47页。
④ 王玲：《公孙龙的名实思想及发展脉络》，陕西师范大学2015年，第47页。
⑤ 王玲：《公孙龙的名实思想及发展脉络》，陕西师范大学2015年，第47页。
⑥ 王玲：《公孙龙的名实思想及发展脉络》，陕西师范大学2015年，第47页。

为引，以'名'为切入点，探究'实'的相关问题及本质，建立了严谨的语言体系。其名实思想'二无一'、'有与则变'、'白者不定所白'等有着内在的紧密联系。"[①]

16. 申弘怡撰《公孙龙的语言观和世界观》

陕西师范大学语言学及应用语言学专业硕士学位论文，2015 年 5 月完成，指导教师韩宝育教授。

本论文包括五章内容，分别为"绪论""公孙龙的语言与世界""公孙龙的语形观""公孙龙之名实观""结语"。在"绪论"部分[②]，撰者首先交代了公孙龙所处的时代精神状况，并将《公孙龙子》一书产生的契机置于"疾名实之散乱"精神危局下作了提示，进而对属于名家学说的《公孙龙子》与儒家、墨家学的关系及其历史遭际进行了说明。接着，撰者扼要评述了《公孙龙子》研究的概况与趋势，在此基础上提出了自己的看法："本人认为，对于《公孙龙子》的研究，可以是一个哲学问题，也可以是一个逻辑问题，但它首先应当是一个语言问题。因为无论是哲学还是逻辑都离不开思维，而语言作为思维的载体是与之形影不离的。倘若避开语言谈哲学或逻辑学，则无异于舍本逐末，其论断就犹如无源之水，无本之木。"[③]基于这种看法，撰者确立了本论文的研究视角："本论文结合哲学与语言学知识，以认知语言学为起点，通过语义、语形两个方面的探讨，进而拨开缭绕在《公孙龙子》之上的迷雾，以观其真实面貌。与之前学界的研究一样，论文以哲学为基础。个人认为，如若要正确地研究《公孙龙子》，无论是从什么角度出发，事实上都无法真正绕开哲学问题，考察其语言学思想亦是如此。"[④]为了能够将公孙龙的学说置于现代哲学及语言学的框架下予以新的解读、重建并挖掘其真正的价值，撰者对自己所采取的语言研究视角作了两点说明："首先公孙龙的语言学属于描写语言学而非历时语言学。由

---

① 王玲：《公孙龙的名实思想及发展脉络》，陕西师范大学 2015 年，第 47 页。

② 参见申弘怡：《公孙龙的语言观和世界观》，陕西师范大学 2015 年，第 1—4 页。

③ 申弘怡：《公孙龙的语言观和世界观》，陕西师范大学 2015 年，第 3 页。

④ 申弘怡：《公孙龙的语言观和世界观》，陕西师范大学 2015 年，第 3 页。

于对其语言学思想范畴的认识迷糊，导致许多学者从历时语言学的角度去理解公孙龙的思想从而产生了许多对龙学的误解。其次，公孙龙是在内部世界对语言现象进行讨论，而不是将其置于外部，准确地说，人类外部没有语言，这一点也正是正确理解公孙龙的语言思想的关键所在。如果能从这些角度去解读《公孙龙子》，人们会发现公孙龙呈现给我们的是一个真实的语言世界。”①

第二章至第四章是本论文的主体部分，撰者着眼于人类语言的认知世界，从语言的语义、语形、名实关系三方面对《公孙龙子》展开了分析。

在“公孙龙的语言与世界”一章②，撰者首先借鉴胡塞尔的“生活世界”概念，对公孙龙的“语言世界”进行了探究。在撰者看来，“如果从现代哲学视角出发对胡塞尔的生活世界进行概括，不妨这样总结：生活世界是一个主观化的世界，它为人的精神意识所把握，需要人凭借认知进行感知与分析”③。基于这种看法，撰者以语言与外部的关系探讨为起点，通过分析《指物论》中“指”对“物”的指认作用④以及《坚白论》中的“视”“拊”与“神”之于“白”“坚”的感知与“神见”功能，展现了公孙龙通过人的主观能动性而形成语言这种精神意识内容的整个过程，强调感觉器官和意识器官对语言形成的重要作用，阐明语言存在于人的内部世界，进而对“白马非马”的论题从认知语言学视角进行解读。接着，撰者围绕着公孙龙的“语义范畴化”问题展开了讨论，认为“语义的形成与人类对客观世界的类属化关系密切，而类属划分又是以范畴化为基础的。所以就本质来看，范畴化分也是一个语义形成的过程”⑤。基于这种看法，撰者分析了《坚白论》中的“离”所具有的“范畴化”意趣以及《通变论》引用牛、羊、马、鸡的例子和青色、黄色、白色、碧色的例子来论证“正举”和“乱举”所体现的分类意识，并借此阐明了公孙龙的语义观。

---

① 申弘怡：《公孙龙的语言观和世界观》，陕西师范大学2015年，第4页。

② 参见申弘怡：《公孙龙的语言观和世界观》，陕西师范大学2015年，第5—15页。

③ 申弘怡：《公孙龙的语言观和世界观》，陕西师范大学2015年，第5页。

④ 申弘怡以《指物论》中“指”对“物”的指认作用为重点，结合西方语义研究的观点并加以对比，从而为公孙龙“语言世界”的形成机制及其语义观的科学性找到了有力的依据。

⑤ 申弘怡：《公孙龙的语言观和世界观》，陕西师范大学2015年，第12页。

在“公孙龙的语形观”一章[①]，撰者首先对公孙龙的“语形范畴化”问题进行了探讨。在撰者看来，“语形的范畴化主要体现在语言单位的结构分类上，是对语言外部形式的研究。如果说前面关于语义范畴化的论述是公孙龙对人类认识世界的方式及语言内容的探寻，那么语形范畴化则是他自觉运用这一方法来认识语言本身”[②]。基于这种看法，撰者分析了公孙龙那里的两种语形范畴化现象：其一，“公孙龙划分了单名和复名，并认识到语素是复名的构成要素”[③]。撰者主要结合《白马论》中的相关论题阐说了这种现象。其二，“公孙龙区别了词和短语，……短语是语言中能够组合搭配的语言单位，又叫做词组，是大于词而又没有句调，即不成句的语法单位。应该清楚的是，短语和词作为基本的语法单位，二者之间存在‘量’的区别”[④]。撰者主要结合《通变论》中的相关论题阐说了这种现象。接着，撰者以索绪尔的“价值论”为参照，对公孙龙的“价值论”作了探讨。一方面，撰者通过语义对语形加以区别和讨论，另一方面从语言结构出发论述语义价值的存在与语义的相对确定性问题，以证明公孙龙对于语言结构框架和语言意义关系的深刻认识。在探讨时，撰者主要分析了《通变论》论证“二无一”的过程，认为“在其‘二无一’的思想中，每一个语言要素的价值都不会受到外界因素的干扰，完全取决于它们内在系统各个要素之间的相互关系。即每一个要素都不是孤立的，想界定任何一个语言要素都必须对同一系统中的其他要素、对形成的整体进行了解。换言之，语言是由彼此依存的要素组成的体系，在这个体系中每个要素的价值都取决于与它同时存在的其他要素。不难发现在‘二无一’的思想里，公孙龙所强调的是语言的系统性，他早已清楚地认识到‘二’这一整体对‘一一’这些要素的意义”[⑤]。最后，撰者又结合认知视角下的“与”字探讨了语词间的组合（结合、搭配）问题，从而在真正意义上理解语言单位组合关系的机制。在撰者看来，“一般认为语词能否搭配，是由句法或语义上的‘选择

---

① 参见申弘怡：《公孙龙的语言观和世界观》，陕西师范大学 2015 年，第 17—23 页。

② 申弘怡：《公孙龙的语言观和世界观》，陕西师范大学 2015 年，第 17 页。

③ 申弘怡：《公孙龙的语言观和世界观》，陕西师范大学 2015 年，第 17 页。

④ 申弘怡：《公孙龙的语言观和世界观》，陕西师范大学 2015 年，第 18 页。

⑤ 申弘怡：《公孙龙的语言观和世界观》，陕西师范大学 2015 年，第 22 页。

性'决定的。事实上,并非如此简单,从问题的根本着眼,它取决于某个语言社团共享的'规约性',而'规约性'则取决于该社会团体人们的认知方式,这里依旧要涉及意识焦点问题"[①]。撰者以"白"与"马"组成"白马"为例对此作了说明:"'白马'中的'白'和'马'就是不同输入框架下的不同要素,之所以人们会造出'白马'这个词,而不说'马马',在它们类属不同范畴的背后,实质上是认知作用的结果。'白'和'马'在进行结合时,'白'作为颜色范畴的词多从属于事物的性质,而'马'作为物是诸多属性的承载体,颜色是其属性之一。当人们在脑海中出现'马'这一概念图式时,意识焦点会同时照亮其他与之相关的属性。当'白'出现在脑海中时,意识焦点同样照亮了与白色相关的许许多多的其他事物。这时,两个要素在各自的领域内都唤醒激活了彼此,即'白'激活了'马',而'马'也同时激活了'白',这样一来一往,二者就搭配成为了一个具有整合意义的语词。因此,修饰语同中心语两种形式的搭配适应过程,是中心词属性特征对修饰形式映射激活的选择过程,同时又是修饰语属性与中心词的匹配过程,实质是两个概念域中的共性激活连通所导致形成的。"[②]撰者同时提醒人们,由于历史的限制(中国古代没有语法学),公孙龙也许还没有科学地认识到语词间的组合问题,进而通过与西方语言哲学的比较对公孙龙在这一方面的探索作了进一步的评说:"从亚里士多德到当代西方语言分析哲学家,为发展语言哲学,都始终以语法为起点。中国古代没有语法学,虽然一定程度上对思维的严密性、精细性、形式性都有影响,但是并不代表中国古代语言没有语法和不讲究语法,这也不代表中国古代语言学家完全没有意识到语法。公孙龙生活的时代还没有形成现成的汉语语法学,但他在进行论证时对语句结构做出了语法分析,但由于他并未使用规范的语法术语,所以他的分析只能被称作是一种'粗疏的原则性思想'。"[③]

第四章"公孙龙之'名实观'"[④]是本论文和《公孙龙子》的论证核心所在,即公孙龙的"正名"思想之考察。撰者首先对"正名"的历史进行了追

① 申弘怡:《公孙龙的语言观和世界观》,陕西师范大学2015年,第22—23页。
② 申弘怡:《公孙龙的语言观和世界观》,陕西师范大学2015年,第23页。
③ 申弘怡:《公孙龙的语言观和世界观》,陕西师范大学2015年,第23页。
④ 参见申弘怡:《公孙龙的语言观和世界观》,陕西师范大学2015年,第25—34页。

溯，认为“正名”在西方和我国古代都有着深刻的社会背景和悠久的历史源流。公孙龙在传承发扬的基础上自成一家，系统地阐发了自己的正名思想。接着，撰者以《名实论》为立足点，对“物”“实”“名”“位”四个概念分别进行了解析，并以认知语言学为分析工具，对四者的内在关系进行了梳理，从而廓清了公孙龙所建构的“物”—“名”—“实”—“位”四位一体的语言结构。在此基础上，撰者进一步考察了“名”与“实”之间的关系，突出了“名”与“实”在公孙龙正名思想中的内部存在性，即“公孙龙不讨论此‘名’与此‘实’是如何形成的，它们是否符合人们的习惯和规约。而是以‘正名’为目的，着眼于语言内部，从二者的对应性这一角度出发的”[①]。基于这种看法，撰者从两个方面阐析了公孙龙所谈的“名实”关系：从语言结构的角度来看，公孙龙主张“其正者，正其所实也；正其所实者，正其名也”，意思是说，“当反映某一物的实处在了它应处的位置上时，指称该物的名也就正确了。显然语言作为一个一体两面的内在之物，其称说形式与意义内容是一体的，相应的纠正、规范一方，另一方就必定会随之发生改变。所以不妨说虽谓‘正名’，实为正‘实’”[②]。再从指谓关系来看，“‘名’与‘实’的关系在‘名正’的前提下呈现为最理想的状态。这种理想关系公孙龙称为‘唯乎其彼此’，即‘名’与‘实’保持一一对应的关系”[③]。聚焦于“唯乎其彼此”的正名原则，撰者进一步阐发了公孙龙的“正名”机制，并针对有人批评公孙龙的这一观点不符合语言实际之类的说法进行了分辨，认为“关于这样的评价其就语言本身来说是不可否认的，但对于公孙龙的说法是否正确，应当着眼于他的学说整体和考虑其现实背景，就具体问题进行具体分析。而非一味地用语言理论、语法知识去生搬硬套”[④]。撰者就此提醒了两点：“首先，就公孙龙的语言研究范畴而言，是属于描写语言学，而非历时语言学，他是就春秋战国时期的语言面貌进行分析的。在当时虽然语言得到了较为充分的发展，但是就词汇方面来看，专名较多，意义单一。所以‘唯乎其彼此’在公孙龙的时代是有条件实现的。其次，以

---

① 申弘怡：《公孙龙的语言观和世界观》，陕西师范大学 2015 年，第 32 页。

② 申弘怡：《公孙龙的语言观和世界观》，陕西师范大学 2015 年，第 32 页。

③ 申弘怡：《公孙龙的语言观和世界观》，陕西师范大学 2015 年，第 32 页。

④ 申弘怡：《公孙龙的语言观和世界观》，陕西师范大学 2015 年，第 33—34 页。

龙学的整体为背景，‘唯乎其彼此’这一原则是符合其‘正名’学说的，甚至可以说，要达到‘正名’的目的，必须做到‘唯乎其彼此’。”[①]由此可见，公孙龙的“正名”问题不仅是一个社会问题，也是一个实实在在的语言问题，它从语言出发，最终又回归于语言。《公孙龙子》围绕着“正名”而构建的语言体系是全面的，公孙龙对于语言的认识是深刻的。

“结语”部分是对全文的总结，其中有言：“生于衰周之世的公孙龙可以算得上是中国哲学史上争论分歧最大的人物之一，他的著作《公孙龙子》的许多语言学观点引发了众多学者的争议，因此而被称为是我国历史上的一部‘奇书’。但公孙龙子有别于一味地以是为非，以非为是，使人在似是而非中不得要领的名辩之士。他是一位力图通过考察语言本身，进而建立起一套完整的名实体系的思想家。整部《公孙龙子》以语言哲学为中心，首先从语义出发，通过语言分析建立起了本体论和认识论，将‘名—实’关系的思考从语言与实在成功地转向了语言与认知和思维，超前性地提出了人们认识外部世界的方式——范畴化，清楚地呈现了人类语言的内部形成机制。其次他以此为基础建立了关于语言本身的哲学学说，对语言结构进行了细致的剖析，探索语言规律，划分了语言本身的多个范畴，并体现了最初的语法自觉。最后，将整个‘名实观’和盘托出，这是公孙龙整个论述系统的核心所在、论证所在。他从语言出发，最终又回归语言，通过‘名’、‘实’、‘物’、‘位’的阐释，以点构面，搭建了一个完整的‘正名’体系，论述有理有据。让人们不仅知其然，而且能知其所以然。所以公孙龙不仅对中国哲学发展做出了巨大贡献，并且为语言学及语言哲学发展拓宽了道路。他以思辨为思维方式，以哲学为理论基石，以认知为探索途径对语言进行探索。因此也就注定了公孙龙的语言哲学思想是深邃的，是触及人类语言本质的。他运用他的世界观和语言观为我们勾绘出了一个与众不同的世界，一个人类真正存在、人类的语言真正存在的世界——内部世界。正是将语言问题置于内部加以讨论，才在真正意义上实现了对语言的科学、充分、深入的认识。所以其论著中许多语言学的命题、思想如‘白马非马’、‘离坚白’等无一不是超越了历史，站在世界的巅

① 申弘怡：《公孙龙的语言观和世界观》，陕西师范大学2015年，第34页。

峰审视语言问题的，所以公孙龙可以称得上是时代的巨人，他对语言学所做出的贡献是划时代的。”[①]

在“附录”部分[②]，撰者按照《迹府》《白马论》《指物论》《通变论》《坚白论》《名实论》的顺序，对现存《公孙龙子》六篇一一进行了疏释。

17. 张若琳撰《从哲学到语言学：对〈公孙龙子〉思想的解读》

陕西师范大学语言学及应用语言学专业硕士学位论文，2015 年 5 月完成，指导教师韩宝育教授。

本文包括五章内容，分别为“绪论”“中国哲学角度”“西方哲学角度”“语言学角度”“结语”。在“绪论”部分[③]，撰者首先介绍了公孙龙的生平及其著作，接着对研究状况作了评说，然后提出了本论文的研究角度及创新之处。就研究角度而言，“本文选取哲学和语言学的角度，对《公孙龙子》的思想进行解读，并对以前研究中没有涉及的问题进行补充，整理和理顺《公孙龙子》一书的语言学思想体系”[④]。就创新之处而言，撰者提到了两点：其一，“本文在对公孙龙思想研究的过程中将公孙龙的名实观与中国哲学的名实观进行了比较，以期使人们能够认识到公孙龙思想在哲学方面的重要贡献。同时在这一部分还增加了公孙龙思想与明代思想家王阳明心学思想的比较，是以前研究没有涉及的方面”[⑤]；其二，“本文对公孙龙的语言学思想的研究，是在以前学者研究的基础上进行了整理，使公孙龙的思想体系能够更易被人们接受和理解，通过这个体系的整理也期望能够更全面地概括公孙龙的思想”[⑥]。

第二章至第四章是本论文的主体部分。在“中国哲学角度”一章[⑦]，撰

---

① 申弘怡：《公孙龙的语言观和世界观》，陕西师范大学 2015 年，第 35 页。

② 参见申弘怡：《公孙龙的语言观和世界观》，陕西师范大学 2015 年，第 39—64 页。

③ 参见张若琳：《从哲学到语言学：对〈公孙龙子〉思想的解读》，陕西师范大学 2015 年，第 1—4 页。

④ 张若琳：《从哲学到语言学：对〈公孙龙子〉思想的解读》，陕西师范大学 2015 年，第 4 页。

⑤ 张若琳：《从哲学到语言学：对〈公孙龙子〉思想的解读》，陕西师范大学 2015 年，第 4 页。

⑥ 张若琳：《从哲学到语言学：对〈公孙龙子〉思想的解读》，陕西师范大学 2015 年，第 4 页。

⑦ 参见张若琳：《从哲学到语言学：对〈公孙龙子〉思想的解读》，陕西师范大学 2015 年，第 5—14 页。

者首先将公孙龙的名实观置于先秦哲学名实问题大讨论的背景下作了解读，认为他的名实观具有一定的独特性与超前性，主要体现在三个方面：其一，他对“名”“实”“物”“位”四个概念进行了区分，不同于孔子的名实不分的名实观；其二，他与荀子一样看到了“名”的来源问题，亦即人的认识的来源问题，认为人的认识都来自人的感官对事物的感知；其三，他认识到了“名”与“实”的对应具有唯一性，这在先秦名辩思潮中是独树一帜的。接着，撰者对公孙龙哲学与王阳明心学进行了比较分析，认为“王阳明哲学思想的‘心和理’、‘心和物’关系，在哲学上与公孙龙哲学思想有一定的相似性”[①]。具体而言，“作为心学家王阳明关注‘心’与‘理’的关系，而属名家一派的公孙龙则关注‘物’与‘实’的关系，并都关注到了感觉器官作为沟通内外的感觉通道问题”[②]；“王阳明的心与物的关系则关系到王阳明哲学本体论的构建，而其本体论的构建与公孙龙‘物’与‘指’的哲学关系有相似之处”[③]。

在“西方哲学角度”一章[④]，撰者在西方哲学的视角下解读公孙龙哲学，首先探讨了其哲学鲜明的思辨性特征，认为这种思辨性主要表现在两个方面：其一，“界定了一系列哲学范畴，并且给它们以严格的定义，形成了类似术语的概念”[⑤]；其二，“充分运用理论思维进行分析，在对术语性概念和概念之间的关系阐述的过程中形成了其哲学体系”[⑥]。接着，撰者探讨了公孙龙哲学的知性特征，认为公孙龙的哲学是知性哲学，而非理性哲学，并将其与康德关于知性的理论进行了对照分析，认为二者具有两点相似之处：其一，“通过概念来认识和把握‘物’”[⑦]；其二，“对事物性质的知性‘综合’”[⑧]。最后，撰者将公孙龙的哲学放在西方现代哲学的视角下进行

---

① 张若琳：《从哲学到语言学：对〈公孙龙子〉思想的解读》，陕西师范大学2015年，第10页。

② 张若琳：《从哲学到语言学：对〈公孙龙子〉思想的解读》，陕西师范大学2015年，第11页。

③ 张若琳：《从哲学到语言学：对〈公孙龙子〉思想的解读》，陕西师范大学2015年，第12页。

④ 参见张若琳：《从哲学到语言学：对〈公孙龙子〉思想的解读》，陕西师范大学2015年，第15—21页。

⑤ 张若琳：《从哲学到语言学：对〈公孙龙子〉思想的解读》，陕西师范大学2015年，第15页。

⑥ 张若琳：《从哲学到语言学：对〈公孙龙子〉思想的解读》，陕西师范大学2015年，第15—16页。

⑦ 张若琳：《从哲学到语言学：对〈公孙龙子〉思想的解读》，陕西师范大学2015年，第17页。

⑧ 张若琳：《从哲学到语言学：对〈公孙龙子〉思想的解读》，陕西师范大学2015年，第18页。

分析，认为公孙龙的哲学“无疑是语言哲学”[①]。基于这种看法，撰者引入弗雷格的意义和指称理论对公孙龙的名实思想进行了分析，认为“公孙龙虽然没有如弗雷格一样明确提出意义和指称的理论，但是公孙龙哲学是在中国哲学史上较早意识并讨论这一问题的，并对‘物’、‘实’、‘位’、‘名’的关系作了明确的界定，说明公孙龙在2000多年前关于‘名实’问题的讨论中就已经萌生了区分意义和指称的语言哲学思想”[②]。

在“语言学角度”一章[③]，撰者主要从语义学和词汇学两方面对公孙龙思想进行了解读。其一，在语义学方面，撰者重点通过对“指”的解读，阐明了公孙龙关于语义生成过程的思想，认为公孙龙以“名”与“实”紧密结合建构出来的语义学体系同索绪尔的语言思想如出一辙。此外，撰者还从语义学的角度对“白马非马”进行了阐释，借以说明公孙龙的思想并不是所谓的诡辩。其二，在词汇学方面，撰者从词义的整体性和词的结构两方面对公孙龙关于词的思想进行了解读。就词义的整体性而言，公孙龙认为单名和复名要做整体性理解，单名一旦组合成为复名就失去了独立的意义。在撰者看来，词义的整体性还表现在公孙龙对“二无一”的论证上。公孙龙的论证旨在说明，词是一个整体，其中任何一个组成它的语言单位都不能单独代表词的意义。另就词的结构而言，撰者通过分析公孙龙所举的“羊牛”“青白”“君臣”等例子，认为“公孙龙对词语的结构问题已经有了初步的思考，虽然他站在古代汉语角度对以上三种词的结构持否定态度，但是他能够意识到去讨论词的结构问题，以及构成词的各要素之间的关系问题，在那个人们对古汉语语法还没有深入研究的时代已实属不易，这是公孙龙在语言学研究方面超前性的又一体现”[④]。

“结语”部分[⑤]是对全文的总结，撰者首先重申了本论文的运思理路和

---

① 张若琳:《从哲学到语言学:对〈公孙龙子〉思想的解读》,陕西师范大学2015年,第19页。

② 张若琳:《从哲学到语言学:对〈公孙龙子〉思想的解读》,陕西师范大学2015年,第21页。

③ 参见张若琳:《从哲学到语言学:对〈公孙龙子〉思想的解读》,陕西师范大学2015年,第23—33页。

④ 张若琳:《从哲学到语言学:对〈公孙龙子〉思想的解读》,陕西师范大学2015年,第33页。

⑤ 参见张若琳:《从哲学到语言学:对〈公孙龙子〉思想的解读》,陕西师范大学2015年,第35—36页。

主要观点：其一，“从中国哲学视角看公孙龙的思想，其思想紧紧围绕名实问题展开，他的名实观受到了战国时期名实问题讨论的影响，以孔子提出的‘正名’为目的，同时又受到了墨家名实观的启发，形成了公孙龙独树一帜又自成一家的名实观。他的名实观的独特价值体现在，第一，将‘名’超前性地放在人的精神意识领域中讨论；第二，公孙龙界定了‘物、实、位、名’四个哲学范畴，通过四者之间关系的论述，阐明了‘正名’的关键在于在人精神意识领域当中给‘实’找到正确的位置，并且这个位置具有唯一性；第三，‘夫名，实谓也’，公孙龙超前性地认识到了‘名’与‘实’之间是形式与内容的关系，进一步来说是认识到了，‘名’是语言形式，‘实’是语义内容。另外，公孙龙与明代思想家王阳明的思想有相似之处，这可以为研究公孙龙的思想提供新的思路和视角”[①]。其二，“从西方哲学角度看公孙龙的思想，首先，我们发现公孙龙的哲学思想具有思辨性，因而其思想具有较强的系统性。其次，我们发现公孙龙哲学思想具有知性的特点，主要是通过概念来认识和把握‘物’，并对事物性质进行知性的‘综合’，认识到公孙龙哲学的知性特点将有利于我们更好地理解公孙龙的哲学思想。最后，随着20世纪西方哲学发生了‘语言转向’，更多的哲学开始关注语言问题，这为我们解读公孙龙提供了更多的有价值的理论，特别是借助弗雷格的意义和指称理论可以使我们更易理解公孙龙的思想”[②]。其三，“从语言学角度看公孙龙的思想，有利于我们发掘公孙龙的思想在语义学和语法学方面的价值。在语义学方面，公孙龙特别提到了‘指认’在语义生成过程中的重要作用，这对于当时正处在语文时期的中国语言学研究来说是一项超前性的认识。在语法学方面，公孙龙更是超前地讨论了词义的整体性问题，对‘单名与复名’、‘二无一’的讨论，说明公孙龙在当时已经有了关于词义的整体性问题和词的结构问题的初步思考，但是由于其思想的超前性，当时人们认识的局限性，使得当时的人们未能理解其思想，这也是其思想在漫长的历史中被忽视的原因”[③]。最后，撰者总结道：“通

① 张若琳：《从哲学到语言学：对〈公孙龙子〉思想的解读》，陕西师范大学2015年，第35页。

② 张若琳：《从哲学到语言学：对〈公孙龙子〉思想的解读》，陕西师范大学2015年，第35页。

③ 张若琳：《从哲学到语言学：对〈公孙龙子〉思想的解读》，陕西师范大学2015年，第35页。

过从哲学到语言学对公孙龙思想的解读和研究，笔者发现公孙龙以讨论‘名实’的哲学思想为基础，以达到‘正名’为目的，以讨论‘白马非马’‘单名与复名’‘二无一’这样的语言学问题为依托，在先秦时期比较超前讨论了有关哲学和语言学的诸多问题。虽然其思想在过去的历史中没有受到重视，但是在今天的理论和认识的条件下，我们能够对其思想进行更好的解读和阐释，因此在当代我们应当重视起对《公孙龙子》在哲学和语言学方面重要思想价值的研究。”[①]

在“附录”部分[②]，撰者按照《迹府》《白马论》《指物论》《通变论》《坚白论》《名实论》的顺序，对现存《公孙龙子》六篇一一进行了疏释。

18. 王庆东撰《公孙龙子形名学思想研究》

辽宁大学中国哲学专业硕士学位论文，2018 年 4 月完成，指导教师王雅教授。

本论文包括“绪论”与五章内容。在“绪论”部分[③]，撰者首先介绍了选题意义，接着对研究状况作了综述，然后提出了本论文的研究方法及创新之处。就创新之处而言，撰者认为“本文的创新之处在于把《公孙龙子》的哲学思想在传统考据的思路下加以梳理，运用逻辑学体系进行论证和解读，并在语言哲学视角下进行新的解读。尽量向世人展现一个全面而真实的公孙龙子，继而证明他不是诡辩家，而是思想的先觉者”[④]。

第一章至第五章是本论文的主体部分，分别为“公孙龙子考辨”“公孙龙子的名实思想”“公孙龙子的名辩思想”“公孙龙子的形名思想”“公孙龙子哲学思想研究的意义”。在“公孙龙子考辨”一章[⑤]中，撰者主要运用历史考据的方法，对公孙龙其人及其书进行了考辨，以辨明其时代特点及其著作的真伪性。在此基础上，撰者对公孙龙的形名学作了简要介绍：“形

① 张若琳：《从哲学到语言学：对〈公孙龙子〉思想的解读》，陕西师范大学 2015 年，第 35—36 页。

② 参见张若琳：《从哲学到语言学：对〈公孙龙子〉思想的解读》，陕西师范大学 2015 年，第 39—69 页。

③ 参见王庆东：《公孙龙子形名学思想研究》，辽宁大学 2018 年，第 1—6 页。

④ 王庆东：《公孙龙子形名学思想研究》，辽宁大学 2018 年，第 6 页。

⑤ 参见王庆东：《公孙龙子形名学思想研究》，辽宁大学 2018 年，第 7—12 页。

名学作为公孙龙哲学思想的肯綮，主要通过名实、名辩和形名三个方面展开。……形名问题又可以称之为名实和名辩问题的总论。名实问题体现于形名问题中就是'校实定名'，'白马'、'坚白'诸论就是要确定概念的使用界限，使得符合'唯乎其彼此'的名实原则。名辩问题体现于形名问题中就是'辩名析理'，《指物论》作为公孙龙形名学的典范，很好地诠释了'指不至'即事物的现象不可能达到实体，这类似于西方哲学所提及的'不可知论'，但确乎要高出许多。'指物论'之所以高妙，这里不仅可以探究名实一致、形名确实诸问题，甚至可以引申到形上形下、现象与本质等问题。总之，公孙龙形名学即是公孙龙之学。"[①]

在"公孙龙子的名实思想"一章[②]，撰者主要以《名实论》为基础，对公孙龙的正名理论进行了探究。撰者首先介绍了公孙龙名实思想的起源与含义，接着揭示了其名实思想的三个特点，即"专决于名""超越常识""假物取譬"。然后，撰者对公孙龙"以其所正，正其所不正"的正名方法和"唯乎其彼此"的正名原则作了阐述。就"唯乎其彼此"的正名原则而言，这一原则也体现在《白马论》《坚白论》诸篇之中，"总的来说这一原则是公孙龙名学的理论基石。从符号学的角度来看，公孙龙的'唯乎其彼此'的正名原则，反映了语词符号'名'与指称对象之间的对应关系"[③]。

在"公孙龙子的名辩思想"一章[④]，撰者首先介绍公孙龙名辩思想的起源，认为"作为'辩者之徒'的公孙龙子，其思想是与墨家相关的，墨家后学的发展也是建立在对公孙龙辩学的批判和反思的基础之上。然而，作为先秦诸子中独成一家的名家，公孙龙的名辩思想最终是源于当时'礼崩乐坏'、'名实相怨'的社会大背景下"[⑤]。接着，撰者从"欲推是辩，以正名实""辩名以指实"两个方面探讨了公孙龙名辩思想的内容。最后，撰者对其名辩思想的原则进行了阐析，认为"从公孙龙子的文本看，其使用的'辩'

---

① 王庆东:《公孙龙子形名学思想研究》，辽宁大学2018年，第11—12页。

② 参见王庆东:《公孙龙子形名学思想研究》，辽宁大学2018年，第13—21页。

③ 王庆东:《公孙龙子形名学思想研究》，辽宁大学2018年，第21页。

④ 参见王庆东:《公孙龙子形名学思想研究》，辽宁大学2018年，第22—41。

⑤ 王庆东:《公孙龙子形名学思想研究》，辽宁大学2018年，第23—24页。

兼有‘认识之辩’和‘言语之辩’两重含义”[①]。

在“公孙龙子的形名思想”一章[②]，撰者首先对“刑名”与“形名”进行了辨析，并介绍了邓析的“刑名之辩”与尹文子的形名思想，借此探讨了公孙龙形名思想的起源问题，认为“所谓‘刑名’与‘形名’在辩名析理的意义上几无所异，……公孙龙子的形名思想与邓析、尹文子相类，出自于战国时期名实散乱、天下失道的社会大背景下”[③]。在撰者看来，名家的形名思想展现为其语言特色之下的思想传承。公孙龙所提出的“白马非马”“物莫非指”“坚白石二”等命题所展现出来的形名思想可以与西方的语言哲学思想相媲美。基于这种看法，撰者接下来对“白马非马”“物莫非指”“坚白石二”三个命题分别进行了考辨。

在“公孙龙子哲学思想研究的意义”一章[④]，撰者从“理性思辨下的正名”“逻辑名辩化的思维扩展”“符号学意义下的形名展望”三个方面，对研究公孙龙哲学思想的意义进行了总结。就第一个方面来看，“公孙龙‘专决于名’的奇辞怪论，以当下的哲学思维去审视，却让我们发现了精确分析的思维方式。他区分主体和客体的论证方式，以及对单名和兼名的准确界定，类似于近代以来的西方认识论问题。公孙龙区别‘名’的类别和性质，进而厘清名实之间的关系，从人的认知到表达，名的生成到反思，无一不是纯粹理性思辨的讨论。当我们立足于现代视角，重新回到古代社会，发现公孙龙以理性思辨的方式想要完成‘欲推是辩，以正名实，而化天下焉’的理想创举。且不论结果如何，公孙龙这种迥然有别于其他诸子的思维方式，正是中国哲学传统思维宝库需要发掘和传承的”[⑤]。就第二个方面而言，“‘名辩逻辑’业已成为中国逻辑学界普遍公认的专用概念。公孙龙子在《名实论》中区分了‘物、实、位、正’，并分别对‘实’和‘名’做了界定，这为《白马论》中展开‘白马非马’的论辩作了有效的铺垫。公孙龙的名辩哲学不同于西方传统逻辑之处在于其辩学思想具有认识之辩和言语

---

① 王庆东:《公孙龙子形名学思想研究》,辽宁大学 2018 年,第 27 页。

② 参见王庆东:《公孙龙子形名学思想研究》,辽宁大学 2018 年,第 30—41 页。

③ 王庆东:《公孙龙子形名学思想研究》,辽宁大学 2018 年,第 32 页。

④ 参见王庆东:《公孙龙子形名学思想研究》,辽宁大学 2018 年,第 42—44 页。

⑤ 王庆东:《公孙龙子形名学思想研究》,辽宁大学 2018 年,第 42 页。

之辩的两重特色，而不是纯粹的形式逻辑推导或者逻辑公式推绎。……‘名辩逻辑化’的倾向，容易使得名家思想在逻辑语言分析的解构下显得更加支离难懂”[1]。就第三个方面而言，“从符号学的角度来看，‘白马非马’的中心论题主要解决的是‘白马’与‘马’两个符号的名称，即‘指’与‘指’的关系问题。《名实论》界定了‘物’、‘实’、‘位’、‘正’等几个重要的名学范畴，明确了名实关系，并规定了‘审其名实，慎其所谓’的正名原则。而《指物论》以‘物莫非指，而指非指’这一主题贯通全文，其中所讨论的‘指’与‘物’、‘指’与‘非指’的关系成为公孙龙形名思想之下最切近于西方符号学理论的一篇文章。《坚白论》中提出了‘坚白石二’的观点，可以看作是符号所指称的对象与对象本身属性之间的关系。总之，从符号学视野下重新审视公孙龙子的名实思想，会发现很多有趣的东西。……符号学作为一种时新的研究方法，固然能给予公孙龙子形名思想的研究注入新鲜血液。但是，需要特别注意的是在借鉴西方哲学方法论对中西思想进行格义会通时，一定要使公孙龙子回到其‘形名学’的历史原典之下，只有这样才能全面正确地理解公孙龙的哲学思想，并且最终对于重新丰富和建构中国哲学学科范式和思维体系具有重要意义”[2]。

在最后的“结束语”中，撰者对本论文的主要观点作了总结，重点申说了公孙龙哲学思想的特质：“他能够秉承正名思想的渊源，以名辩为理论工具，形成了独有的形名相应的形名学理论。名家不同于儒家，儒家讲究心性、体用，是一种功夫修养和道德实践；而名家把名辩逻辑发挥到了极致，使得名家哲学就有纯然理性的思辨却脱离了道德实践。公孙龙的‘白马非马’、‘坚白石二’、‘二无一’等思想的产生，也是从超越常识的视角去考察，其指物论和名实论则重点探讨了符号和对象、名称与实体的关系。这种超然于理论实用性的纯理性、纯思辨的探讨，异于先秦其他诸子在政治、伦理、生活方面的关怀，这也正是公孙龙子形名学思想的价值所在。”[3]

---

① 王庆东：《公孙龙子形名学思想研究》，辽宁大学 2018 年，第 43 页。

② 王庆东：《公孙龙子形名学思想研究》，辽宁大学 2018 年，第 43—44 页。

③ 王庆东：《公孙龙子形名学思想研究》，辽宁大学 2018 年，第 45 页。

19. 胡诗逸撰《"白马非马"思维形式在现代招贴设计中的应用》

武汉工程大学艺术设计专业硕士学位论文，2019 年 5 月完成，指导教师汪尚麟教授。

本论文包括六章内容，分别为"绪论""白马非马与逻辑、反逻辑思维""'白马非马'思维形式对招贴设计的影响""'白马非马'思维形式在现代招贴中的应用""基于'白马非马'思维的系列招贴设计作品及衍生""对现代招贴设计发展展望"。在"绪论"部分[①]，撰者介绍了本论文的选题来源及研究背景、研究目的及意义、研究内容与创新点、研究思路和方法。[②] 现依据撰者对"研究内容"所作的介绍[③]，将此后与"白马非马"之论关系相对密切的第二章至第四章的主要内容分述如下：

第二章[④]主要阐述"白马非马"的由来及其思维方式上的逻辑与反逻辑，从而为后续分析其在艺术创作上的潜在可能性打下基础。逻辑思维对于设计，尤其是招贴设计来说，是实现更具有创意的设计思维与视觉图形画面的重要构成因素。本论文以"白马非马"之论所带来的一系列逻辑与反逻辑的拓展式思维模式为契机，探索如何为招贴设计带来新的思考，而不是笼统地强行拼凑或是单纯地从某种具体形式出发去探索外在表

---

① 参见胡诗逸：《"白马非马"思维形式在现代招贴设计中的应用》，武汉工程大学 2019 年，第 1—12 页。

② 相较之下，胡诗逸在"摘要"部分对本论文的选题缘起、研究目的、创新所在等的介绍更为恰切些，其中有言："'白马非马'作为我国思想文化百花齐放的潮流时期——诸子百家时期的'名家'的著名论点，其思辨思维为设计提供了一种对事物的创新的认知方式与表达方式。它在设计中的表现，更多的在于力求打破常规，打破传统的秩序形式，迸发出新的火花。设计的创造力从未停歇过，如何将潜藏于思维深处的创造力牵引出来，从而将设计形式发展出更多多样化的表达，是本文的核心所在。将'白马非马'这种逻辑与反逻辑交织的思维方式投入现代招贴视觉表达中，具有着独特的、非常态的新鲜感。本文也通过对各式各样极具影响力的艺术派别招贴案例分析对比，梳理出属于'白马非马'形式的艺术化呈现以及其创新思维，为笔者，也为更多的设计师在设计一途上提供更多的思考方向。"见胡诗逸：《"白马非马"思维形式在现代招贴设计中的应用》，武汉工程大学 2019 年，摘要第 1—2 页。

③ 参见胡诗逸：《"白马非马"思维形式在现代招贴设计中的应用》，武汉工程大学 2019 年，第 8—10 页。

④ 参见胡诗逸：《"白马非马"思维形式在现代招贴设计中的应用》，武汉工程大学 2019 年，第 13—21 页。

象。这种开放性的思维对招贴设计的表现力来说十分重要，不仅是用另一种方式去进行设计者与受众之间的情感传达，还能引导受众对设计者展现出来的问题进行思考，以便后文进一步展开对招贴视觉创作与内涵的研究。

第三章[①]主要研究“白马非马”思维对招贴设计的影响。撰者首先对“招贴设计”进行了界定，然后从设计思维、招贴视觉创作、现代招贴的发展三个角度分析“白马非马”如何对招贴设计产生影响。从中可以看出，思维与创意以及表达方式对招贴设计来说是其灵魂与根本，只有不断地尝试创新才能不被现有的形式所拘束，从而设计出优秀的招贴作品。本章除了以上的内容外，还对比分析了各类艺术风格、逻辑思维对于招贴设计的影响，以及“白马非马”的反逻辑思维的特殊性，这种将差异性无限放大以至于突出“特性”与“一般”分离的创造性思考方式，给现代招贴设计带来了思维方式的转变、独特的视觉表现形式，以至对增强招贴传播功能起到了推动作用。

第四章[②]主要研究“白马非马”思维方式在招贴设计中的呈现和应用，撰者从创作思维、表现手法、信息传达三个角度展开了阐述。在创作思维中，强调“白马非马”的逻辑与反逻辑对于创造想象力的突破性作用。在表现手法中，根据“白马非马”的思维特征将其从物质的特质放大与维度的特质放大的两个角度去研究，其中又各自分两到三个枝干向下衍生，包括形状、质感、色调、空间、新旧、虚实等。借助无局限的开放性思维，将招贴设计的创造力无限放大开去，便可在招贴中实现思辨美。最后在信息传达的部分中，从梦幻的思考、深度挖掘的内核两个方面剖析了“白马非马”借助招贴设计的思维呈现，以不拘一格的逻辑构建出其独特的传达模式。

---

① 参见胡诗逸：《“白马非马”思维形式在现代招贴设计中的应用》，武汉工程大学2019年，第23—38页。

② 参见胡诗逸：《“白马非马”思维形式在现代招贴设计中的应用》，武汉工程大学2019年，第39—50页。

20. 尹晓晓撰《公孙龙"名学"理论研究》

河北大学逻辑学专业硕士学位论文，2019 年 5 月完成，指导教师赵贤副教授。

本论文包括"引言""结语"与四章内容。在"引言"部分[1]，撰者首先简要介绍了公孙龙其人其书的情况和研究状况，然后交代了本论文的研究视角和主要内容。

第一章至第四章是本论文的主体部分，撰者采用曾昭式的"正名—用名"理论类型，对公孙龙的"名学"理论进行了研究。四章的标题分别为"公孙龙'名学'理论产生的背景""公孙龙的'正名'理论""公孙龙的'用名'理论""公孙龙'名学'理论的价值和意义"。

第一章[2]旨在介绍公孙龙"名学"理论产生的社会背景和理论背景。就其社会背景而言，撰者以《公孙龙子·迹府》为主要依据进行了探讨；就其理论背景而言，撰者结合战国时期的名辩思潮进行了阐析："战国时期，就先秦逻辑的发展来说，名辩思潮对于当时逻辑的萌芽和发展有着极其重要的作用。孔子的'正名'理论对于中国古代逻辑具有启蒙的作用。公孙龙是历史上第一个从逻辑角度去论证'正名'理论的人。后期墨家总结发展了儒家、墨家、名家的理论学说，建立了相对完整的逻辑体系等等。总的来说，名辩思潮的影响是巨大且深远的，不仅推动了当时政治经济的发展，而且也为中国古代逻辑的发展提供了理论的土壤和发展空间。"[3]

在第二章"公孙龙的'正名'理论"[4]中，撰者首先指出："公孙龙的'正名'理论，主要体现在《公孙龙子》中的《名实论》和《指物论》两篇中。《名实论》首先给'物'、'实'、'位'、'正'和'名'等'正名'理论的基本概念下定义，论述'名'与'实'的关系，指出'名实当'也是一种逻辑关系；其次论述了'正名'的基本方法以及'正名'的具体标准；最后公孙龙论述了'正名'的宗旨。公孙龙论述'正名'理论的另一篇文章是《指物论》。《指物论》通

---

[1] 参见尹晓晓：《公孙龙"名学"理论研究》，河北大学 2019 年，第 1—3 页。

[2] 参见尹晓晓：《公孙龙"名学"理论研究》，河北大学 2019 年，第 4—8 页。

[3] 尹晓晓：《公孙龙"名学"理论研究》，河北大学 2019 年，第 8 页。

[4] 参见尹晓晓：《公孙龙"名学"理论研究》，河北大学 2019 年，第 9—20 页。

篇都在论证一个中心命题,即‘物莫非指,而知非指’。理解这句话的关键就是掌握‘指’这个概念和‘物’这个概念的含义,以及它们的区别。‘指’指的就是概念。‘物’就是天地与其所产。《指物论》的全篇都是在论述‘指’、‘物’的区别和相对独立性,掌握了‘指’、‘物’、‘物指’的含义及其三者的区别,就把握了《指物论》的全部内容。公孙龙的‘正名’理论就全部包含在这两篇内容里。”[①]基于这种看法,撰者首先对公孙龙“正名”理论的基本概念“物”“实”“位”“正”“名”“指”等分别进行了解释。接着,撰者一一阐析了公孙龙提出的“以其所正,正其所不正;不以其所不正,疑其所正”的“正名”方法、“唯乎其彼此”的“正名”标准以及“审其名实,慎其所谓”的“正名”宗旨。最后,撰者对公孙龙的“正名”理论作了总结:“综上所述,公孙龙的‘正名’理论包括‘正名’理论的基本概念、‘正名’的基本方法、‘正名’的具体标准和‘正名’的宗旨。公孙龙首先给‘正名’的基本概念‘物’、‘实’、‘位’、‘正’、‘名’、‘指’下了定义,即‘天地与其所产焉,物也。物以物其所物而不过焉,实也。实以实其所实而不旷焉,位也。出其所位非位,位其所位焉,正也’。其次,公孙龙提出了‘正名’的基本方法,即‘以其所正,正其所不正,不以其所不正,疑其所正’。这就是说可以用那些规范的、名实一致的‘名’去纠正那些不规范的、名实不符的‘名’。不能用‘出其所位’的不正的‘名’去怀疑‘位其所位’的正的‘名’。在给出了‘正名’理论的基本概念和‘正名’的方法之后,公孙龙接下来又提出了‘正名’的具体标准,即‘唯乎其彼此’。‘唯乎其彼此’的意思是说,在给事物命名的时候,要使彼名称谓彼物且唯乎彼物、使此名称谓此物且唯乎此物。最后公孙龙总结了‘正名’的宗旨,即‘审其名实,慎其所谓’。这句话的意思是说,在给事物命名的时候,要考察事物的名与实,慎重地给它们称呼。至此,公孙龙的‘正名’理论都已介绍清楚。只有准确掌握了‘正名’理论的基本概念、‘正名’的方法和‘正名’的具体标准,才能论证分析公孙龙的‘用名’理论。”[②]

---

① 尹晓晓:《公孙龙“名学”理论研究》,河北大学2019年,第9页。

② 尹晓晓:《公孙龙“名学”理论研究》,河北大学2019年,第19—20页。

在第三章“公孙龙的‘用名’理论”[①]中，撰者首先指出：“公孙龙的‘用名’理论是其‘正名’理论的具体运用。其‘用名’理论包含了对‘白马非马’、‘坚白石二’和‘二无一’三个命题的论证。这三个命题的论证分别在公孙龙的《白马论》、《坚白论》、《通变论》篇中进行了详细的论述。其中，‘白马非马’论证是基础，‘坚白石二’论证和‘二无一’论证是佐证‘白马非马’论证的。”[②]基于这种看法，撰者对公孙龙的“白马非马”“坚白石二”“二无一”三个命题分别进行了阐析：其一，关于“白马非马”的论证。撰者阐析了公孙龙论证“白马非马”的过程，认为其中至少包含“命名论证”“求实论证”“正位论证”“援式与譬式论证”“定谓论证”五种论证方式。概而言之，“公孙龙从五个方面论证了‘白马非马’这个命题的合理性。即从‘命色者非命形也’的命名论证、‘黄、黑马不可以应有白马’的求实论证、‘白马者，马与白也’的定位论证、‘黄马非马’援式与譬式论证以及‘言白，定所白’的定谓论证分别论述了‘白马非马’的合理性。这五个方面的论证均以‘正名’理论基本概念的内涵为基础，严格按照‘唯乎其彼此’的‘正名’标准进行论证分析的”[③]。其二，关于“坚白石二”的论证。在撰者看来，公孙龙从两个角度论证了“坚白二”这个命题：“一是从‘视’、‘拊’异任的角度来论证‘坚白石二’，即从人的不同感官的作用不同来论证。二是从‘坚’与‘白’的相离自藏的角度来论证‘坚白石二’。第一个角度是从人的感性认识来分析的。第二个角度则是表现出了从感性认识到理性认识的飞跃。这两方面的论证是相辅相成的，第一个论证是第二个论证的基础，第二个论证也是第一个论证的必然发展，强调了抽象思维活动在认识中的作用。这两个论证缺一不可地论述了‘离也者天下，故独而正’的中心思想”[④]。其三，关于“二无一”的论证。撰者认为，“《通变论》全篇从假‘位’取譬、假‘形’取譬、假‘色’取譬三部分来论证‘二无一’命题。假‘位’取譬，是假借‘左’、‘右’之‘位’来论证‘二无一’的。‘左’不可谓‘二’，

---

① 参见尹晓晓：《公孙龙“名学”理论研究》，河北大学2019年，第21—36页。

② 尹晓晓：《公孙龙“名学”理论研究》，河北大学2019年，第21页。

③ 尹晓晓：《公孙龙“名学”理论研究》，河北大学2019年，第27页。

④ 尹晓晓：《公孙龙“名学”理论研究》，河北大学2019年，第28页。

‘右’不可谓‘二’,‘左右’可谓‘二’。其中的‘左’和‘右’是逻辑名词,不做语言层面的解释。假‘形’取譬的论证中对‘羊’、‘牛’、‘马’、‘鸡’的外貌特征进行分类,以此来论证‘二无一’的合理性。假‘色’取譬的论证用了‘青’、‘白’、‘黄’、‘碧’这类表达颜色的词,又根据古代五行的知识,来论证‘二无一’这个命题的合理性”[①]。

第四章[②]旨在介绍公孙龙“名学”理论的价值及其影响。就其理论价值而言,主要表现在三个方面:一是“从内涵和外延对概念的分析”[③],二是“形式逻辑基本规律的论及”[④],三是“多个论辩推理形式的使用”[⑤]。就其影响而言,公孙龙的“名学”理论不仅奠定了中国古代逻辑的基础[⑥],而且对当代逻辑与科技文化的发展具有重要的启示作用。

最后,撰者在“结语”部分[⑦]对本论文的基本观点作了概说,这里不再赘述。

---

① 尹晓晓:《公孙龙“名学”理论研究》,河北大学2019年,第33页。

② 参见尹晓晓:《公孙龙“名学”理论研究》,河北大学2019年,第37—40页。

③ 尹晓晓:《公孙龙“名学”理论研究》,河北大学2019年,第37页。

④ 尹晓晓:《公孙龙“名学”理论研究》,河北大学2019年,第37页。

⑤ 尹晓晓:《公孙龙“名学”理论研究》,河北大学2019年,第38页。

⑥ 尹晓晓就此指出:“公孙龙把‘名实’关系从逻辑的角度进行分析,首次从逻辑的角度提出了正名的学说,使‘名辩’学说开始成为一门独立的学说,因而公孙龙在中国古代逻辑发展史上具有开创性的意义。《公孙龙子》从逻辑的角度阐述了正名的原则、方法,更重要的是公孙龙使我们通过语言文字而不是符号,看到了对形式逻辑概念论的基本内容和形式逻辑的基本规律,表明了中国古代对逻辑思维基本规律的认识达到了一定的高度。公孙龙的‘名学’理论集中表达了公孙龙的逻辑学说。正是在公孙龙的理论学说的基础上,后期墨家总结各家思想建立了相对完整的逻辑体系,荀子在正名理论上进一步丰富了墨辩逻辑,韩非子提出了‘矛盾之说’进一步完善了逻辑规律理论,从而使中国古代逻辑在先秦时期的发展达到了顶峰。公孙龙的逻辑学说为我们研究中国古代逻辑提供了重要的素材。公孙龙所表达的逻辑学说集中体现了中国古代逻辑学家宝贵的精神财富,我们在研究和学习的过程中应该给予十分的重视。在这个意义上,公孙龙的‘名学’理论奠定了中国古代逻辑的基础。”见尹晓晓:《公孙龙“名学”理论研究》,河北大学2019年,第39页。

⑦ 参见尹晓晓:《公孙龙“名学”理论研究》,河北大学2019年,第41页。

四、期刊类文献(目录索引)

1980 年

1. 姜玉华:《论〈公孙龙子〉》,《齐齐哈尔师范学院学报(哲学社会科学版)》1980 年第 1 期。

2. 李元庆:《公孙龙的逻辑思想不是朴素辩证法,而是形而上学诡辩》,《山西大学学报(哲学社会科学版)》1980 年第 4 期。

3. 王煦华:《公孙龙〈白马论〉诠释》,《中国历史文献研究集刊》(第 1 集),湖南人民出版社 1980 年 9 月第 1 版,第 60—64 页。

4. 祝瑞开:《名辩思潮是废除和维护臧获制的一场争论》,《人文杂志》1980 年第 5 期。

5. 许抗生:《公孙龙哲学思想研究》,《中国哲学史研究集刊》(第 1 辑),上海人民出版社 1980 年 7 月第 1 版,第 79—91 页。

1981 年

1. 施大纲:《"白马非马"刍议》,《青海师专学报》1981 年第 1 期。

2. 杨芾荪:《〈公孙龙子〉非伪作辨》,《哲学研究》1981 年第 4 期。

3. 李叔毅:《〈白马论〉辨释》,《信阳师范学院学报(综合版)》1981 年第 1 期。

4. 蔡尚思:《论公孙龙的违反辩证法——与冯友兰先生论"白马非马"》,《哲学研究》1981 年第 7 期。

5. 张成权:《公孙龙"指""物"二元论思想浅析》,《安徽大学学报(哲学社会科学版)》1981 年第 4 期。

6. 周山:《重新认识公孙龙》,《学术月刊》1981 年第 11 期。

1982 年

1. 李淑毅:《〈指物论〉辨释》,《信阳师范学院学报(哲学社会科学版)》1982 年第 1 期。

2. 钟罗:《评对公孙龙"白马非马"的种种误解》,《天津师院学报》1982 年第 2 期。

3. 李树琦:《公孙龙正名实的"唯谓"逻辑思想》,《晋阳学刊》1982 年第2期。

4.周学根:《公孙龙及〈公孙龙子〉》,《华中师院学报(哲学社会科学版)》1982年第3期。

5.王德裕:《〈公孙龙子〉译解(上)》,《重庆师范学院学报(哲学社会科学版)》1982年第3期。

6.王德裕:《〈公孙龙子〉译解(中)》,《重庆师范学院学报(哲学社会科学版)》1982年第4期。

7.赵吉惠:《关于公孙龙学派及其若干佚存辩题之试析——公孙龙研究之三》,《西北师大学报(社会科学版)》1982年第4期。

8.王煦华:《公孙龙〈坚白论〉评说》,《社会科学》1982年第4期。

9.林铭钧:《"白马非马"逻辑思想的再探讨》,《学术研究》1982年第5期。

1983年

1.王德裕:《〈公孙龙子〉译解(下)》,《重庆师范学院学报(哲学社会科学版)》1983年第1期。

2.周云之:《对先秦名家分为两个诡辩学派的异议》,《哲学研究》1983年第1期。

3.胡曲园、陈进坤:《先秦逻辑大师——公孙龙》,《社会科学战线》1983年第1期。

4.胡曲园、陈进坤:《"离坚白、若悬寓"的认识论意义》,《学术月刊》1983年第1期。

5.李树琦:《关于"白马非马"的推证方法》,《河北大学学报(哲学社会科学版)》1983年第1期。

6.张成权:《〈公孙龙子〉辨析》,《安徽大学学报(哲学社会科学版)》1983年第2期。

7.罗契、郑伟宏:《"白马非马"论辨》,《学术研究》1983年第2期。

8.裘昌淞:《评庄周驳公孙龙的诡辩》,《郑州大学学报(哲学社会科学版)》1983年第3期。

9.胡曲园、陈进坤:《〈指物论〉的朴素唯物主义与辩证法》,《东岳论丛》1983 年第 3 期。

10. 谭其骧、蓝绎圣:《"白马非马"是一个诡辩命题》,《青海社会科学》1983 年第 3 期。

11. 胡曲园、陈进坤:《"白马非马"是名实相应的逻辑命题》,《复旦学报(社会科学版)》1983 年第 3 期。

12. 郭树森:《公孙龙不懂得"个别就是一般"的道理吗?——与屈志清同志商榷》,《江西社会科学》1983 年第 4 期。

13. 高明光:《公孙龙的辩证思想与诡辩》,《青海社会科学》1983 年第 6 期。

14. 胡曲园、陈进坤:《〈通变论〉是公孙龙的逻辑分类理论》,《学术月刊》1983 年第 12 期。

15. 陈红映:《先秦诸子起源新探》,《思想战线》1983 年第 6 期。

1984 年

1. 谭业谦:《先秦逻辑学的光辉遗产——〈通变论〉——公孙龙文新诠》,《汉江大学学报》1984 年第 1 期。

2. 王松茂:《评公孙龙论语言和思维》,《齐齐哈尔师范学院学报》1984 年第 3 期。

3. 李树琦:《以数理逻辑解析〈指物论〉的一个尝试》,《学习与思考》1984 年第 3 期。

4. 李树琦:《论公孙龙的"正名"思想》,《社会科学》1984 年第 8 期。

5. 王仲:《"白马非马"是辩证命题吗?》,《哲学研究》1984 年第 12 期。

1985 年

1. 黄森:《读〈公孙龙子〉札记》,《求索》1985 年第 2 期。

2. 陈善钊:《建议删去"白马非马"一例》,《课程·教材·教法》1985 年第 2 期。

3. 李元庆:《简论公孙龙子及其逻辑思想》,《运城师专学报》1985 年第 3 期。

4. 田力刚:《试论公孙龙概念学说的内在联系》,《河北大学学报(哲学社会科学版)》1985 年第 4 期。

5. 赵纪彬:《〈释一二〉之六——从惠施的“合同异”到公孙龙的“离坚白”》,《河南大学学报(哲学社会科学版)》1985年第4期。

6. 杨俊光:《〈公孙龙子·迹府〉札记》,《文史》1985年总第25期。

1986年

1. 吴士栋:《对公孙龙诡辩的逻辑分析》,《江西师范大学学报(哲学社会科学版)》1986年第1期。

2. 吴邛:《“白马非马”不是诡辩命题》,《探索》1986年第2期。

3. 李树琦:《先秦名辩思想的两个特点》,《中州学刊》1986年第2期。

4. 吴兆熊、吴惠勤:《公孙龙是中国第一个把符号用于逻辑学的人》,《齐鲁学刊》1986年第5期。

5. 邓祝仁:《公孙龙收弟子》,《文史知识》1986年第11期。

1987年

1. 蒙应、吴耀立:《〈公孙龙子〉的逻辑价值及其地位》,《广西师范大学学报(哲学社会科学版)》1987年第4期。

2. 蒙应、甘安顺:《〈公孙龙子〉传统评价异议》,《河池师专学报(文科版)》1987年第4期。

3. 陈秉新:《“白马非马”解诂》,《淮北煤师院学报(社会科学版)》1987年第4期。

4. 林恒森:《论公孙龙的正名实思想》,《贵州教育学院学报(社会科学版)》1987年第4期。

5. 朱志凯:《评公孙龙“白马非马”的诡辩命题》,《复旦学报(社会科学版)》1987年第5期;收入朱志凯:《先秦诸子思想研究》,复旦大学出版社2010年版(第108—121页)。

1988年

1. 赵绍鸿:《公孙龙唯物主义的“名实观”》,《孔子研究》1988年第2期。

2. 胡绳生、余卫国:《〈指物论〉:文化史上第一篇符号学论文》,《宝鸡师院学报(哲学社会科学版)》1988年第3期。

3. 刘学智:《先秦同异之辩的历史考察》,《陕西师范大学学报(哲学社会科学版)》1988 年第 4 期。

4. 杨俊光:《〈公孙龙子〉研究回顾之随想》,《南京大学学报(哲学·人文科学·社会科学版)》1988 年第 4 期。

5. 杨玲:《"白马非马"新论》,《求是学刊》1988 年第 6 期。

1989 年

1. 谷方:《"白马非马"与诡辩哲学》,《管子学刊》1989 年第 1 期。

2. 张俊杰:《公孙龙、墨家、荀子概念论的比较》,《内蒙古师大学报(哲学社会科学版)》1989 年第 2 期。

3. 傅永庆:《〈指物论〉的语言逻辑思想》,《逻辑与语言学习》1989 年第 2 期。

4. 黄家森:《读〈惠施、公孙龙子的逻辑思想〉有感》,《汕头大学学报(人文科学版)》1989 年第 3 期。

5. 刘宗棠:《〈指物论〉与指号学》,《哲学研究》1989 年第 12 期。

6. 龚家淮:《试析公孙龙的〈白马论〉》,《内蒙古师大学报(汉文哲学社会科学版)》1989 年第 4 期增刊。

1990 年

1. 朱泽安:《〈指物论〉的朴素唯物主论思想:〈公孙龙子〉研究之一》,《重庆教育学院学报》1990 年第 2 期。

2. 余福智:《〈指物论〉索解》,《佛山大学佛山师专学报(社会科学版)》1990 年第 3 期。

3. 乐逸鸥:《〈"白马非马"与诡辩哲学〉一文的逻辑分析有误》,《管子学刊》1990 年第 4 期。

4. 张慧:《论公孙龙"白马非马"中的逻辑思想》,《绥化师专学报(社会科学版)》1990 年第 4 期。

5. 杨哲昆:《从公孙龙子的名实理论看"白马非马"》,《逻辑与语言学习》1990 年第 2 期。

6. 葛荣晋:《先秦"名实"概念的历史演变》,《江淮论坛》1990 年第 5 期。

1991年

1. 李树真:《从语词歧义到命题的不同理解——“白马非马”命题新解》,《逻辑与语言学习》1991年第1期。

2. 吕国强:《对公孙龙“物莫非指,而指非指”哲学命题的探讨》,《张掖师专学报(综合版)》1991年第1期。

3. 龚家淮:《诡辩终归为诡辩——与主张“白马非马”不是诡辩命题的同志商榷》,《内蒙古师大学报(哲学社会科学版)》1991年第2期。

4. 王心铭:《“白马非马”是关于概念论的逻辑命题》,《运城高专学报》1991年第3期。

5. 冯耀明:《中国哲学中的语言哲学问题——物质名词理论的商榷》,《自然辩证法通讯》1991年第3期。

6. 陈孟麟:《并不存在公孙龙逻辑思想》,《山东师大学报(社会科学版)》1991年第5期。

1992年

1. 王金玉:《从逻辑哲学看公孙龙的“白马论”》,《复旦学报(社会科学版)》1992年第1期。

2. 姜振周:《公孙龙“离坚白”新解》,《哲学研究》1992年第2期。

3. 畅筠:《〈公孙龙子·指物论〉臆说》,《运城高专学报》1992年第3期。

4. 刘强:《“白马非马”包含的逻辑思想》,《昭乌达蒙族师专学报(汉文哲学社会科学版)》1992年第1期。

1993年

1. 萧默:《“白马非马”及其他——“建筑艺术”的概念及其属性》,《华中建筑》1993年第2期。

2. 张志哲:《公孙龙新评》,《学术研究》1993年第4期。

3. 刘玉俊:《评〈坚白论〉的哲学思想》,《宝鸡文理学院学报(哲学社会科学版)》1993年第4期。

4. 李先焜:《公孙龙〈名实论〉中的符号学理论》,《哲学研究》1993年第6期。

5. 枣北子:《"白马非马"及其他》,《理论月刊》1993年第9期。

1994年

1. 杨恒森:《论〈公孙龙子〉思想体系的结构》,《贵州教育学院学报(社会科学版)》1994年第1期。

2. 李其祥:《"白马非马"不是诡辩》,《华侨大学学报(哲学社会科学版)》1994年第1期。

3. 田心军:《公孙龙"白马非马"之我见》,《周口师专学报(社会科学版)》1994年第1期。

4. 谭佛佑:《先秦名家谈传学论辩过程中的科学方法》,《教育评论》1994年第2期。

5. 杨韩生:《儒家名家法家与老子的名辩论》,《福建师范大学学报(哲社版)》1994年第2期。

6. 赵平:《评公孙龙〈白马论〉的内涵主义语义学——兼析〈白马论〉的论辩》,《吴中学刊(社会科学版)》1994年第3期。

7. 刘玉俊:《论〈指物论〉的哲学思想》,《陕西师大学报(哲学社会科学版)》1994年第3期。

8. 曾昭式:《墨家对先秦各学派名理论的发展》,《信阳师范学院学报(哲学社会科学版)》1994年第4期。

9. 徐锦中:《"白马非马"是一个合理的命题》,《云南师范大学社会科学学报》1994年第5期。

1995年

1. 张章騄、王四达:《"白马非马"还是诡辩——与李其祥先生商榷》,《华侨大学学报(哲学社会科学版)》1995年第1期。

2. 林颖:《浅议公孙龙的"白马非马"论》,《宁德师专学报(哲学社会科学版)》1995年第2期。

3. 谢根成、田心军:《公孙龙"白马非马"新解》,《河南教育学院学报(哲学社会科学版)》1995年第2期。

4. 董英哲:《〈公孙龙子〉真伪考辨》,《西北大学学报(哲学社会科学版)》1995年第3期。

5. 刘恒健:《〈指物论〉发微》,《人文杂志》1995年第3期。

6. 刘大生:《试论“白马非白马”——公孙龙〈指物论〉新解及其现实意义》,《唯实》1995年第3期。

7. 熊超:《简论公孙龙的最高哲学范畴》,《湖湘论坛》1995年第4期。

8. 黄亚平:《中国古代名家的“名”“谓”概念及对现代语言研究的启示》,《甘肃理论学刊》1995年第4期。

9. 李先焜:《论先秦名家的符号学》,《湖北大学学报(哲学社会科学版)》1995年第5期。

10. 苟志效:《论先秦哲学的符号学致思趋向》,《学术论坛》1995年第6期。

1996年

1. 赵平:《公孙龙的心智哲学:〈公孙龙子·指物论〉新探》,《吴中学刊(社会科学版)》1996年第1期。

2. 曾昭式:《后期墨家对先秦名家逻辑思想的批判》,《河南师范大学学报(哲学社会科学版)》1996年第1期。

3. 林铭钧、曾祥云:《以符号学析“白马非马之辩”》,《学术研究》1996年第2期。

4. 周建设:《先秦语义经典论著〈指物论〉》,《湘潭大学学报(哲学社会科学版)》1996年第3期。

5. 蔡尚枪:《“白马非马”刍议——辩证法与形式逻辑》,《福州大学学报(社会科学版)》1996年第3期。

6. 陈孟麟:《先秦名家之学并非名学》,《文史哲》1996年第3期。

7. 刘玉俊:《试评对先秦名家的批判》,《陕西师范大学学报(哲学社会科学版)》1996年第3期。

8. 帅国文:《“白马非马”是诡辩命题吗?——兼与林颖同志商榷》,《宁德师专学报(哲学社会科学版)》1996年第4期。

9. 周云之:《中国正名学说中的意义理论》,《哲学研究》1996年第4期。

10. 胡旭晟:《先秦名家学派法律观阐释——以理论逻辑的分析为主

体》,《法学研究》1996 年第 6 期。

11. 王永祥:《公孙龙唯物主义哲学思想初探》,《河北学刊》1996 年第 6 期。

12. 王左立:《公孙龙的名实观》,《自然辩证法研究》1996 年第 12 卷增刊。

1997 年

1. 杜音:《论公孙龙与后期墨家的正名学说》,《长沙大学学报(哲学社会科学版)》1997 年第 1 期。

2. 张小燕、耿昭:《“白马非马”论析》,《北方论坛》1997 年第 1 期。

3. 康中乾:《“白马非马”小议》,《中州学刊》1997 年第 2 期。

4. 陈建中:《〈坚白论〉:数字与认知》,《黄淮学刊(哲学社会科学版)》1997 年第 2 期。

5. 朱前鸿:《以符号学析公孙龙子的〈指物论〉》,《学术研究》1997 年第 2 期。

6. 刘奋荣:《从数理逻辑的分析方法看“白马非马”——学习〈白马论〉札记》,《山西大学学报(哲学社会科学版)》1997 年第 3 期。

7. 赵平:《直观和物的实现:〈公孙龙子·坚白论〉新释》,《吴中学刊》1997 年第 4 期。

8. 陈建中:《翻译即阐释——〈名实论〉之名与实》,《外语与外语教学》1997 年第 6 期。

9. 崔清田:《名学、辩学与逻辑》,《广东社会科学》1997 年第 3 期。

1998 年

1. 张涅:《〈公孙龙子〉关于个体的自觉》,《内蒙古师大学报(哲学社会科学版)》1998 年第 1 期。

2. 曾祥云:《为公孙龙正名——〈白马论〉新探》,《湖南大学学报(社会科学版)》1998 年第 3 期。

3. 董英哲:《试论先秦名家的价值观》,《西北大学学报(哲学社会科学版)》1998 年第 3 期。

4. 江向东:《先秦名家政治思想概论》,《西北大学学报(哲学社会科学版)》1998年第4期。

5. 陈筠泉:《〈公孙龙子〉的逻辑正名思想》,《中国社会科学院研究生院学报》1998年第5期。

6. 吴毓江:《谢绛与〈公孙龙子〉》,《文史杂志》1998年第4期。

7. 张家龙:《论沈有鼎的"两个公孙龙"假说——纪念沈有鼎先生诞辰90周年》,《哲学研究》1998年第9期。

8. 王左立:《〈公孙龙子〉的语言意义理论》,《自然辩证法研究》1998年第14卷增刊。

1999年

1. 吴毓江:《公孙龙的"白马非马"与"而指非指"》,《文史杂志》1999年第1期。

2. 曾祥云:《〈公孙龙子·指物论〉疏解》,《湖南大学学报(社会科学版)》1999年第1期。

3. 颜文皎:《公孙龙的名实现》,《玉林师专学报(哲学社会科学版)》1999年第2期。

4. 王维国:《"白马非马"论哲学思想之我见》,《廊坊师专学报》1999年第2期。

5. 张路安:《"白马非马"的逻辑价值》,《邯郸师专学报》1999年第2期。

6. 铁索:《白马非马》,《中国律师》,1999年第9期。

7. 曾昭式、王克喜:《名学、辩学的文化解读》,《哲学动态》1999年第6期。

8. 吴毓江:《校释〈公孙龙子〉点滴》,《文史杂志》1999年第4期。

2000年

1. 陈建中:《〈指物论〉解读:指物与抽象》,《甘肃教育学院学报(社会科学版)》2000年第1期。

2. 郑良树:《论〈公孙龙子·迹府〉的成书年代》,《文献》2000年第2期。

3. 程水金:《公孙龙正名学说发微》,《南昌大学学报(社会科学版)》

2000 年第 3 期。

4. 张远山:《公孙龙〈指物论〉奥义》,《书屋》2000 年第 9 期。

5. 秦彦士:《名辩思潮与芝诺悖论的历史命运》,《文史哲》2000 年第 5 期。

6. 陈建中:《〈通变论〉解读:数术和命名》,《天中学刊》2000 年第 6 期。

7. 唐辉:《公孙龙名实学发微》,《云梦学刊》2000 年第 6 期。

8. 焦勇勤、生连科:《〈公孙龙子〉与抽象思维》,《山东青年管理干部学院学报》2000 年第 6 期。

9. 董英哲、江向东:《"名家"界说新议》,《社会科学》2000 年第 12 期。

2001 年

1. 张春泉:《白马非马:修辞式推论》,《修辞学习》2001 年第 1 期。

2. 曾祥云:《"坚白石二"立论之谜——〈公孙龙子·坚白论〉新探》,《长沙电力学院学报(哲学社会科学版)》2001 年第 1 期。

3. 黄克剑:《先秦名家琦辞辨微》,《东南学术》2001 年第 1 期。

4. 段景莲:《公孙龙〈坚白论〉辨析》,《河北职工大学学报》2001 年第 2 期。

5. 张长明、曾祥云:《〈公孙龙子·名实论〉的现代解读》,《湖南大学学报(社会科学版)》2001 年第 2 期。

6. 董英哲、江向东:《先秦名家科学思想概论》,《科学技术与辩证法》2001 年第 2 期。

7. 翟锦程:《先秦名家论名及其谬误》,《中州学刊》2001 年第 2 期。

8. 张井:《"白马非马"和"哈巴狗是狗"——〈广义经济学〉评介》,《南方经济》2001 年第 4 期。

9. 白计明:《要善待"白马非马"》,《中学政治教学参考》2001 年第 8 期。

10. 晏云凤:《会计概念中的"白马非马"逻辑错误》,《四川会计》2001 年第 11 期。

2002年

1. 王兆礼:《我看“白马非马”》,《大庆高等专科学校学报》2002年第1期。

2. 徐阳春:《公孙龙之“白马非马”辨析》,《江西行政学院学报》2002年第1期。

3. 朱前鸿:《公孙龙子〈指物论〉逻辑哲学思想分析》,《学术研究》2002年第1期。

4. 段景莲:《公孙龙〈指物论〉再析简说》,《哲学研究》2002年第3期。

5. 段景莲:《试谈“白马非马”的论证逻辑》,《河北工程技术职业学院学报》2002年第4期。

6. 周山:《解读〈指物论〉》,《哲学研究》2002年第6期。

2003年

1. 方尔加:《公孙龙:邯郸人民的骄傲——谈公孙龙论辩的时代根据及价值》,《邯郸学院学报》2003年第1期。

2. 夏国军:《公孙龙的逻辑思想再探》,《内蒙古民族大学学报(哲学社会科学版)》2003年第1期。

3. 曾祥云:《论公孙龙哲学的特征》,《湖南大学学报(社会科学版)》2003年第1期。

4. 夏国军:《孔子与公孙龙“正名”思想之比较》,《攀枝花学院学报》2003年第1期。

5. 王永祥:《关于公孙龙“白马非马”所谓“诡辩论”的质疑》,《邯郸师专学报》2003年第2期。

6. 苏永利:《〈周易〉与“白马非马”——试论易学的对象和研究方法》,《周易研究》2003年第2期。

7. 沈跃春:《是诡辩家还是辩证法大师——谈“白马非马”悖论》,《政治课教学》2003年第2期。

8. 刘明明:《“白马非马”论的文化解读》,《社会科学辑刊》2003年第3期。

9. 程树铭、张忠义:《也谈公孙龙的“白马非马”》,《佳木斯大学社会科学学报》2003 年第 4 期。

10. 周山:《"同异"、"坚白"之争新解读》,《学术月刊》2003 年第 6 期。

11. 陈来:《〈公孙龙子〉与公孙龙的哲学》,《国学研究》2003 年第 12 期。

2004 年

1. 韩学本:《黑犬是犬,白马非马及其他:先秦名辩学派三题》,《国学论衡》2004 年第 3 辑。

2. 曾祥云:《对公孙龙哲学评价的质疑》,《学术界》2004 年第 4 期。

3. 王左立:《先秦名家辨析》,《河南社会科学》2004 年第 5 期。

4. 翟锦程:《近代先秦名学研究的文化意义与价值》,《南开学报(哲学社会科学版)》2004 年第 5 期。

5. 张路安:《从〈公孙龙子〉反观当下的逻辑教学》,《教育与职业》2004 年第 24 期。

6. 王左立:《论公孙龙子中的指—物关系》,《社会科学辑刊》2004 年第 6 期。

2005 年

1. 张晓云:《管中窥豹,可见一斑——以"白马非马论"见先秦名学之特质》,《船山学刊》2005 年第 1 期。

2. 张娟娟、董志铁:《中国名实论与西方指称理论之比较》,《山东师范大学学报(人文社会科学版)》2005 年第 3 期。

3. 杨文:《公孙龙"名实论"的逻辑哲学意义》,《南通大学学报(社会科学版)》2005 年第 4 期。

4. 刘利民:《论先秦名家"诡辩"的语言哲学意义——从"使用"与"提及"的观点看》,《四川大学学报(哲学社会科学版)》2005 年第 6 期。

2006 年

1. 庞朴:《重新评价公孙龙》,《邯郸学院学报》2006 年第 1 期。

2. 方尔加:《生活实际是今人与公孙龙对话的基础——评庞朴先生〈重新评价公孙龙〉》,《邯郸学院学报》2006 年第 1 期。

3. 张路安:《公孙龙与荀子名学思想上的文化差异》,《邯郸学院学报》

2006年第1期。

4.张路安:《公孙龙〈指物论〉新解》,《邯郸职业技术学院学报》2006年第1期。

5.郑海凌:《“白马非马”——现象翻译与实在翻译分离释证》,《外语与外语教学》2006年第1期。

6.郑远攀、张青田、李定启:《运用同一律浅析“白马非马”》,《河南理工大学学报(社会科学版)》2006年第1期。

7.康香阁:《应重视邯郸哲理性成语典故的研究——以〈公孙龙子〉为例》,《河北建筑科技学院学报(社科版)》2006年第3期。

8.吕进:《〈指物论〉意义探析》,《毕节学院学报》2006年第3期。

9.刘志刚:《公孙龙〈白马论〉逻辑思想简析》,《职大学报》2006年第4期。

10.沈顺福:《先秦名家知识论研究》,《现代哲学》2006年第4期。

11.张茂泽:《先秦“名”学派别及发展阶段》,《人文杂志》2006年第4期。

12.曾辉:《另一个视角看“白马非马”》,《佳木斯大学社会科学学报》2006年第5期。

13.邢滔滔:《〈白马论〉一解》,《科学文化评论》2006年第5期。

14.杜文静:《试论先秦名家的名实观》,《中山大学学报论丛》2006年第11期。

15.赵小兵:《语言哲学中的指称论(名实论)与翻译的意义观》,《重庆大学学报(社会科学版)》2006年第6期。

16.刘利民:《公孙龙三大“诡辩”命题的语言哲学思想》,《首都外语论坛》2006年卷。

2007年

1.段景莲:《解读〈指物论〉》,《河北大学学报(哲学社会科学版)》2007年第1期。

2.王永祥:《中国古代逻辑的创始人公孙龙论纲》,《邯郸学院学报》2007年第2期。

3. 高会军:《试以公孙龙"白马非马"命题思辨武术套路节奏》,《玉林师范学院学报(自然科学版)》2007年第3期。

4. 郭智勇:《"藏三牙"新解及其它——论相同命题在〈吕氏春秋〉和〈公孙龙子〉中的不同意义》,《船山学刊》2007年第4期。

5. 任远、刘玉宇:《公孙龙白马论中的指称问题》,《逻辑与认知》2007年第4期。

6. 张长明:《〈公孙龙子·通变论〉的现代解读——从语词符号的角度》,《湘潭大学学报(哲学社会科学版)》2007年第4期。

7. 姜芝娟:《关于中国名家中抽象性概念问题的论证》,《齐鲁学刊》2007年第5期。

8. 刘体胜:《公孙龙〈指物论〉篇新释》,《人文论丛》2007年卷。

2008年

1. 秦裕:《公孙龙"白马非马"之我见》,《船山学刊》2008年第1期。

2. 陈声柏、李巍:《从"物"、"实"之别看公孙龙名学的价值——以荀况为参照》,《中国哲学史》2008年第1期。

3. 尚杰:《好微眇之言 持无穷之辩——公孙龙学说及其在当代语言学—美学的意义》,《中国社会科学院研究生院学报》2008年第2期。

4. 郭永良:《从〈白马论〉看中国名辩学与西方传统逻辑之不同》,《重庆工学院学报(社会科学版)》2008年第2期。

5. 李瑾:《先秦诸子的名实论与符号学》,《山东教育学院学报》2008年第2期。

6. 卜庆祥:《白马非马》,《青年文学》2008年第8期。

7. 余林:《公孙龙的白马非马研究》,《网络财富》2008年第10期。

8. 孙波:《略论先秦时期的名辩思潮》,《学习论坛》2008年第5期。

9. 刘利民:《语言切分出的意义世界——索绪尔与公孙龙语言认知思想比较研究》,《四川大学学报(哲学社会科学版)》2008年第6期。

2009年

1. 刘丽梅:《公孙龙名辩思想与古赵文化传统的渊源关系探析》,《河北师范大学学报(哲学社会科学版)》2009年第1期。

2. 史宁中:《论定义中的殊相与共相——公孙龙子〈指物论〉评析》,《古代文明》2009年第1期。

3. 曾祥云:《论〈公孙龙子〉与〈墨经〉的关系》,《湖南社会科学》2009年第2期。

4. 李巍:《〈公孙龙子·指物论〉之"指"——从系动词的观点看》,《北京青年政治学院学报》2009年第2期。

5. 曾祥云:《〈公孙龙子·指物论〉非对辩体论》,《中南林业科技大学学报(社会科学版)》2009年第2期。

6. 梅晓丽:《"白马非马"究竟是不是诡辩?——观张章騄、王四达驳李其祥》,《内蒙古农业大学学报(社会科学版)》2009年第2期。

7. 曾祥云:《名学、辩学与逻辑》,《逻辑学研究》2009年第2期。

8. 彭羽寒:《公孙龙与后期墨家正名思想比较》,《财经界》2009年第3期。

9. 黄克剑:《公孙龙"离坚白"之辩探赜》,《哲学研究》2009年第6期。

10. 梁晓声:《话说公孙龙过关》,《杂文学刊(上旬刊)》2009年第7期。

11. 曾祥云:《〈公孙龙子〉辩题求解——从语言哲学的角度》,《湖湘论坛》2009年第4期。

12. 许元政、任芳:《论"白马非马"》,《大连大学学报》2009年第4期。

13. 陈玮:《论"白马非马"的语义学价值》,《内蒙古农业大学学报(社会科学版)》2009年第4期。

14. 曾祥云:《论公孙龙哲学的理论贡献》,《学术界》2009年第5期。

15. 刘利民:《先秦名家在形容词语义中的哲学盘旋》,《外语学刊》2009年第5期。

16. 邢滔滔:《中国逻辑史研究中的"现代主义"》,《科学文化评论》2009年第5期。

17. 曾祥云:《关于〈公孙龙子〉研究的若干问题》,《哲学研究》2009年第10期。

18. 海娜:《用摹状词理论解析"白马非马"》,《安徽文学》2009年第

10期。

19.解京:《“白马非马”,是逻辑还是诡辩》,《法制与社会》2009年第36期。

20.陈凤贵、刘天佐、董群:《证据制度的“白马非马论”——论证据的概念与属性》,《管理观察》2009年第6期。

21.刘湘平:《〈公孙龙子·指物论〉“指”义新探》,《人文论丛》2009年卷。

2010年

1.何杨:《“正名”视野下的〈白马论〉》,《逻辑学研究》2010年第1期。

2.胡燕巧:《论〈墨辩〉对〈公孙龙子〉正名思想的阐发》,《邵阳学院学报(社会科学版)》2010年第1期。

3.曾祥云:《〈公孙龙子〉与〈墨经〉:一种比较》,《湖湘论坛》2010年第2期。

4.侯玉丽:《公孙龙与芝诺的历史命运》,《中小企业管理与科技(上旬刊)》2010年第3期。

5.余江舟:《认识的主观性特质对公孙龙思想作用研究》,《船山学刊》2010年第4期。

6.张颖杰:《从公孙龙子的语言观看“白马非马”的合理性》,《语文学刊》2010年第7期。

7.李瀚:《“藏象本质”与“白马非马”》,《中医药理论研究》2010年第9期。

8.牛军:《〈公孙龙子〉中“离”之辨析》,《理论界》2010年第10期。

9.景阳、张路安:《公孙龙名辩思想的文化特征探析》,《人民论坛》2010年第20期。

2011年

1.江向东:《〈公孙龙子·指物论〉新诠》,《中国哲学史》2011年第1期。

2.刘利民:《关于如何正确说话的理性反思——公孙龙语言认知哲学思想研究》,《外国语文》2011年第1期。

3.刘利民:《语言元范畴化与公孙龙语言哲学》,《外语学刊》2011年第1期。

4.郭智勇:《战国语境下的“白马非马”新解》,《华南理工大学学报(社会科学版)》2011年第1期。

5.闫宏伟:《公孙龙与后期墨家思想比较》,《科学大众·科学教育》2011年第2期。

6.吴中博:《从〈名实论〉看公孙龙六篇的关系、再评公孙龙》,《青年文学家》2011年第3期。

7.张春泉:《〈公孙龙子〉的术语学思想——兼析〈荀子〉与〈公孙龙子〉术语学思想的“共相”》,《长沙理工大学学报(社会科学版)》2011年第4期。

8.赵渊杰:《略论公孙龙子与经院哲学的共相观之异同》,《重庆与世界》2011年第4期。

9.刘体胜:《公孙龙〈指物论〉篇悬解》,《学术研究》2011年第7期。

10.孙启勤:《基于汉语术语学的公孙龙〈名实论〉研究》,《术语标准化与信息技术》2011年第4期。

11.牛海龙:《“白马非马”是谁说的》,《咬文嚼字》2011年第7期。

2012年

1.朱长河:《〈公孙龙子〉与认知语言学的语言哲学观》,《外国语文》2012年第1期。

2.杨新宾:《经验与概念的对话——公孙龙“名”学思想浅析》,《华夏文化》2012年第1期。

3.林彦虎:《对“白马非马”论证失误的考察》,《中共济南市委党校学报》2012年第2期。

4.刘玉宇、任远:《公孙龙〈白马论〉中的名实观与复合名词》,《现代哲学》2012年第3期。

5.傅奠基:《“白狗黑”是诡辩,还是真知?——先秦名家学派对物体颜色本性的追问》,《西南大学学报(哲学社会科学版)》2012年第3期。

6.孙茜:《白马非马——当代工笔画创作中的形色问题》,《艺海》2012

年第 4 期。

7. 肖珂、森文:《“名”与“实”之辨——“白马非马之辩”对设计创新思维的启示》,《艺术生活》2012 年第 5 期。

8. 曾祥云:《〈公孙龙子·白马论〉疏解》,《长沙理工大学学报(社会科学版)》2012 年第 5 期。

9. 曾祥云:《〈公孙龙子·名实论〉疏解》,《中南林业科技大学学报(社会科学版)》2012 年第 5 期。

10. 唐云志:《公孙龙“离坚白”的认识论意义》,《剑南文学(经典教苑)》2012 年第 6 期。

11. 陈红红:《试论公孙龙的语言学思想》,《青春岁月》2012 年第 6 期。

12. 周光庆:《公孙龙正名理论发微》,《华中学术》2012 年第 2 辑(总第 6 辑)。

2013 年

1. 周光庆:《公孙龙名实关系理论发微》,《江汉学术》2013 年第 1 期。

2. 孙晓磊:《公孙龙“离坚白”思想发微》,《华夏文化论坛》2013 年第 2 辑(总第 10 辑)。

3. 曾祥云:《从符号学观点看公孙龙的兼名独立性思想》,《湖北大学学报(哲学社会科学版)》2013 年第 3 期。

4. 裴蕾圮:《中国古代逻辑学大师——公孙龙》,《大科技·百科新说》2013 年第 3 期。

5. 程水金:《公孙龙名字解诂与〈孟子〉“龙断”语义探原》,《孔子研究》2013 年第 4 期。

6. 周光庆:《先秦“名实论”哲学的源流、旨趣、内容及定位——先秦人文主义语言哲学思想发微》,《宝鸡文理学院学报(社会科学版)》2013 年第 6 期。

2014 年

1. 杨菊生:《〈公孙龙子〉新解》,《邯郸学院学报》2014 年第 1 期。

2. 曾祥云:《从符号学观点看公孙龙的“兼名”合成思想》,《湖北大学学报(哲学社会科学版)》2014年第1期。

3.孙晓磊:《公孙龙“白马非马”思想发微》,《华夏文化论坛》2014年第2辑(总第12辑)。

4.张淑慧:《论“二无一”与“白马非马”的诡辩性》,《湖北函授大学学报》2014年第5期。

5.许运斐:《先秦名家的“语义”思辨解析》,《兰州教育学院学报》2014年第8期。

6.栗志恒:《公孙龙研究辨正之一种的分析》,《时代文学(下半月)》2014年第9期。

7.杨玲、吴涛:《论先秦法家与名家的关系》,《甘肃高师学报》2014年第6期。

8.李巍:《中国古代语言学思想的萌芽——先秦“名家”语言学观点解析》,《安徽文学(下半月)》2014年第6期。

2015年

1.陈鑫:《公孙龙〈指物论〉诠释与今译》,《海南师范大学学报(社会科学版)》2015年第1期。

2.王永、冯浩:《从〈指物论〉和〈名实论〉看公孙龙的语言哲学思想》,《燕山大学学报(哲学社会科学版)》2015年第2期。

3.胡子悦、张小燕:《从“物莫非指,而指非指”到思维认知——公孙龙子〈指物论〉的解析与启示》,《广西民族师范学院学报》2015年第2期。

4.孙晓磊:《论公孙龙的“通变”思想》,《华夏文化论坛》2015年第2辑(总第14辑)。

5.程水金:《〈尹文子〉序之写作年代论略——以公孙龙的学术史资料为观照背景》,《长江学术》2015年第3期。

6.李振宇:《相容性与相对性之辩——论〈墨经〉对〈坚白论〉的破斥与修正》,《河南社会科学》2015年第9期。

7.江向东:《〈公孙龙子·白马论〉新诠》,《哲学研究》2015年第12期。

8.曹峰:《作为一种政治思想的“形名”论、“正名”论、“名实”论》,《社会科学》2015年第12期。

9. 赵映香、杨正华:《战国名家公孙龙"白马论"考辩》,《兰台世界》2015年第33期。

10. 杨巍:《从荀子与公孙龙看先秦语言观》,《现代交际》2015年第8期。

11. 席煜翔:《探究公孙龙"白马论"逻辑学思想》,《河北企业》2015年第9期。

12. 任朝瑞:《公孙龙子"指物"与"名实"思想指要》,《鸭绿江(下半月版)》2015年第7期。

13. 于珊珊:《白马非马的时代——浅析公孙龙诡辩之说》,《青春岁月》2015年第17期。

2016年

1. 刘亚楠:《"白马非马"论及其对思想政治教育的启示》,《重庆第二师范学院学报》2016年第1期。

2. 孙晓磊:《公孙龙"指物"思想发微》,《华夏文化论坛》2016年第2辑(总第16辑)。

3. 李元骏:《〈坚白论〉〈墨辩〉"坚白"之论略考》,《职大学报》2016年第3期。

4. 曹晓虎:《论公孙龙、庄子和憨山德清的"非指"之辩》,《中国哲学史》2016年第3期。

5. 胡志刚:《高尔吉亚和公孙龙语言哲学的同异之辨》,《学术交流》2016年第5期。

6. 黄克剑:《〈庄子·齐物论〉"指"、"马"之喻别裁》,《哲学动态》2016年第8期。

7. 李巍:《物的可指性——〈公孙龙子·指物论〉新解》,《哲学研究》2016年第11期。

8. 向巍:《试析公孙龙子〈名实论〉》,《唐山文学》2016年第2期。

2017年

1. 于静:《〈公孙龙子〉与〈墨经〉比较分析》,《教育现代化》2017年第

1 期。

2. 刘静贤:《公孙龙遇见弗雷格:中西哲学中的“马悖论”》,《教育现代化》2017 年第 1 期。

3. 周昌忠:《“白马论”:实质的语言分析哲学思想——兼论今本〈公孙龙子〉作为残真本》,《自然辩证法通讯》2017 年第 3 期。

4. 魏义霞:《论公孙龙在康有为视界中的身份迷失》,《烟台大学学报(哲学社会科学版)》2017 年第 6 期。

5. 郭云飞:《浅论公孙龙子之“白马非马”说》,《报刊荟萃》2017 年第 4 期。

6. 周建设:《先秦语言哲学思想探析》,《中国社会科学》2017 年第 7 期。

2018 年

1. 林胜强、田凤琳:《“物莫非指,而指非指”——公孙龙指称论语义学思想》,《湖北大学学报(哲学社会科学版)》2018 年第 1 期。

2. 黄海、王克喜:《公孙龙论证中个体多元观念的引入》,《前沿》2018 年第 1 期。

3. 叶蓓卿:《〈公孙龙子〉前言》,《诸子学刊》2018 年第 1 期。

4. 匡钊:《先秦哲学对属性与本质的思考——以“白马论”为中心的讨论》,《逻辑学研究》2018 年第 3 期。

5. 李巍:《性质语词与命名难题——“白马非马”再审视》,《逻辑学研究》2018 年第 3 期。

6. 刘玉宇、任远:《重论陈汉生“质料名词假说”与公孙龙〈白马论〉解释》,《中国哲学史》2018 年第 3 期。

7. 刘体胜:《公孙龙子〈名实论〉新诠——以“物”概念为线索》,《现代哲学》2018 年第 3 期。

8. 杨武金:《从批判性思维的观点看公孙龙“白马论”》,《江淮论坛》2018 年第 4 期。

9. 刘琨、贺圆圆:《从〈指物论〉和〈坚白论〉看公孙龙的语义学思想》,《榆林学院学报》2018 年第 5 期。

10. 郭桥:《立破之间——公孙龙“白马非马”的说理分析》,《贵州民族大学学报(哲学社会科学版)》2018 年第 5 期。

11. 崔文芊:《西方〈指物论〉逻辑研究的历史发展与特点》,《重庆理工大学学报(社会科学版)》2018 年第 5 期。

12. 赵映香、杨正华:《先秦名家公孙龙“名实论”考辩》,《大理大学学报》2018 年第 9 期。

13. 吴汉民:《概念发生与公孙龙〈指物论〉的解读》,《暨南学报(哲学社会科学版)》2018 年第 11 期。

14. 刘利民、潘晓霞:《论句子最小语义与意义整体论的兼容:公孙龙“‘马’者所以命形也”命题的启示》,《四川大学学报(哲学社会科学版)》2018 年第 6 期。

15. 魏义霞:《康有为视界中的公孙龙》,《北京师范大学学报(哲学社会科学版)》2018 年第 6 期。

16. 张鹏飞:《从语义学角度论证“白马非马”的正确性》,《河北北方学院学报(社会科学版)》2018 年第 4 期。

17. 刘明明:《公孙龙“正名”思想新探》,《贵州民族大学学报(哲学社会科学版)》2018 年第 3 期。

18. 刘恒、李讷:《解读〈白马论〉》,《法制与社会》2018 年第 19 期。

2019 年

1. 张长明、肖中云、曾祥云:《关于〈公孙龙子〉的论说方式及其意义》,《广东社会科学》2019 年第 2 期。

2. 谢倩:《“白马非马”的形式化与非形式化》,《汉字文化》2019 年第 10 期。

3. 肖中云、张长明:《从尹文和公孙龙的兼名思想看其传承关系》,《湘潭大学学报(哲学社会科学版)》2019 年第 4 期。

4. 张荣明:《〈指物论〉研究》,《南开学报(哲学社会科学版)》2019 年第 5 期。

5. 何鹏程:《因明学视域下的白马论》,《新西部》2019 年第 29 期。

6. 崔文芊:《〈白马论〉“Mass Nouns”解释探析》,《重庆理工大学学报

(社会科学版)》2019 年第 11 期。

7. 刘利民:《"马"给出的是什么意义——语词的最小语义内容问题管窥》,《外语学刊》2019 年第 1 期。

8. 刘利民:《〈"公孙龙子"重释与重译〉简介》,《外语学刊》2019 年第 6 期。

2020 年

1. 肖中云、张长明:《墨家、名家与儒家:三种指物观的比较分析》,《广东社会科学》2020 年第 2 期。

2. 吴汉民:《概念发生与公孙龙子诸论篇的解读》,《广东社会科学》2020 年第 2 期。

3. 黎佳晔:《〈公孙龙子〉名实思想探赜》,《中国语言文学研究》2020 年春之卷。

4. 郭凯峰、牛革平:《名辩逻辑家公孙龙师承渊源儒家的逻辑明辨》,《邯郸学院学报》2020 年第 3 期。

5. 赵晓蕾、田立刚:《名墨"唯谓之辩"异议》,《重庆理工大学学报(社会科学版)》2020 年第 4 期。

6. 孙德贤:《明清〈公孙龙子〉版本源流考索》,《古籍整理研究学刊》2020 年第 5 期。

7. 闻菲:《公孙龙名辩思想研究进路》,《前沿》2020 年第 5 期。

8. 罗曼、庞昕:《从公孙龙"白马非马"辩看汉语的存在论两可》,《思想与文化》2020 年第 2 辑。

第五编　港澳台地区公孙龙子文献

一、专著类文献

1. 徐复观著《公孙龙子讲疏》

徐复观(1903—1982),原名秉常,字佛观。所著《公孙龙子讲疏》一书,(台北)台湾学生书局1966年12月初版,1976年10月第3版(学一版),1979年4月第4版(学再版);(台中)民主评论社1966年12月初版,1970年1月再版。

本书包括三部分内容:第一部分是“先秦名学与名家”[①](这篇“代序”成稿于1966年9月28日),第二部分是对《公孙龙子》六篇的疏解[②],第三部分是“附录”[③]。

第一部分从七个方面阐说了先秦名学与名家的大致情况:(1)“名的起源问题”[④]。著者认为,探究“名”的起源问题,主要有两条途径:一是考察“名”的语源与字源,二是考察制名的原则。在著者看来,第一条路径是行不通的:“名的发生,乃与人类自身同其久远;文字之出现,则远在其后。加以造‘名’字之人,决不能以一字说明名之所由起。所以我们探讨名的起源问题,应放弃语源字源的讨论。甚至可以说,我们很难从历史上明确地找出名的起源问题。”[⑤]至于第二条路径,著者又将制名的原则区分为

---

① 参见徐复观:《公孙龙子讲疏》,台湾学生书局1966年版,代序第1—19页。

② 参见徐复观:《公孙龙子讲疏》,台湾学生书局1966年版,第1—43页。

③ 参见徐复观:《公孙龙子讲疏》,台湾学生书局1966年版,第45—72页。

④ 参见徐复观:《公孙龙子讲疏》,台湾学生书局1966年版,代序第1—2页。

⑤ 徐复观:《公孙龙子讲疏》,台湾学生书局1966年版,代序第1页。

"理想的"与"现实的"两派:前者以董仲舒所说的"名生于真"(《春秋繁露·深察名号》)为代表,著者认为这种说法"是把名的制定说得太理想化了;在事实上,名并非出于圣人;即使是圣人制名,也无法使名能恰如其实的"[①]。相比之下,著者认同现实派代表荀子所说的"约定俗成,谓之实名",强调这种说法"不仅把名的神秘性完全打破了,并且认为名对实物而言,只是一种符号;这在现代的语言学中,依然有其重大意义"[②]。(2)"名的特别意义及孔子的正名思想"[③]。著者认为孔子的"正名"思想是对"名"的问题划时代的发展,它"是经过一段相当长时期对名的自觉而始能出现的。所谓对名的自觉,是不认为名的自身即有其神秘性的意义,而须另外赋与某种意义,使某种意义成为某种名之实,某种名乃代表某种实的符号"[④]。基于这一观点来考察孔子就子路问政而提出的"正名"说,可以看到孔子的"正名"说是在政治伦理上立论的,"作为名的正与不正的标准之实,不是政治伦理上所居之位,而是对所居之位的价值要求"[⑤]。以价值上所应尽的责任为"实",以"实"为"名"正不正的标准,这样一来就打破了政治上"名"("位")自身的神秘性与命定性,从而肯定了依照"实"来衡鉴政治上所居之"位"正与不正的督责、革新力量。孔子提出的"正名"思想对战国时代各家的思想产生了重要的影响。(3)"辩者与名家"[⑥]。著者结合司马谈《论六家要旨》、班固《汉书·艺文志》以及《庄子》《荀子》等古籍中的相关载述,对"名家"与先秦其他各家的区别以及"名家"与"辩者"的关系作了分辨。就前者而言,"名家之所以为名家,乃在于他们是'专决于名'。他们之所谓实,乃是专从名的本身去认定实。……在其他各家,对名与实之是否相符,乃是以观察等方法,先把握住实;再由内外经验性的效果以证明实,看名是否与此实相符;这是'专决于实',而不是'专决于名'。换言之,诸家是由事实来决定名;而公孙龙这一派,则倒转过来成为

---

① 徐复观:《公孙龙子讲疏》,台湾学生书局 1966 年版,代序第 2 页。
② 徐复观:《公孙龙子讲疏》,台湾学生书局 1966 年版,代序第 2 页。
③ 参见徐复观:《公孙龙子讲疏》,台湾学生书局 1966 年版,代序第 2—8 页。
④ 徐复观:《公孙龙子讲疏》,台湾学生书局 1966 年版,代序第 3 页。
⑤ 徐复观:《公孙龙子讲疏》,台湾学生书局 1966 年版,代序第 5 页。
⑥ 参见徐复观:《公孙龙子讲疏》,台湾学生书局 1966 年版,代序第 8—10 页。

由名来决定事实；他们是以语言的分析来代替经验事实，而成为玩弄语言魔术的诡辩家。司马谈乃至许多人对他们的批评，皆由此而来；所以把他们特称之为名家，以与其他主张正名各家的思想作一区别，并无不当”[①]。至于“名家”与“辩者”的关系问题，就稍显复杂了，著者认为问题的混淆出在《汉书·艺文志》：“汉志一方面以正名为此派主要的内容；而将此派的特色，仅归之于‘敫者’。同时又把‘合同异’的惠施一派，也归在名家里面；惠施可以说是‘辩者’中的一派；但他实属于《荀子·解蔽篇》所说的‘惑于用实以乱名’的一派，而不应属于‘专决于名’的一派。……总之，‘辩者’一词，可以包括当时合同异与离坚白的两派；而‘名家’一词，可以指的是‘辩者’中离坚白的一派。”[②]（4）“公孙龙及《公孙龙子》”[③]。著者首先对名家公孙龙与孔子弟子公孙龙进行了区分，接着对《公孙龙子》一书的真伪问题以及《公孙龙子》与《守白论》的关系问题进行了分辨。（5）“公孙龙的批判者”[④]。著者首先指出：“公孙龙的坚白异同之论，从当时一直到汉初，发生了很大的影响，也引起了很多的批评。因为他以专决于名的方法来正名实，事实上，是把常识上的名实关系都破坏了，这便引起人对客观世界认识上的混乱。”[⑤]接着，著者结合《庄子》《墨经》《吕氏春秋》《荀子》《孔丛子》《史记》等古籍中的相关载述，对公孙龙在先秦遭到的批判进行了辨析。（6）“先秦正名思想的完成”[⑥]。著者认同荀子“以实正名”的方法，认为他以这种方法对公孙龙的以名乱实加以纠正，使孔子的正名思想重新回到应有的轨道。在著者看来，荀子对当时的“诡辩派”提出了扼要的斥破方法，其最大的贡献，“除了对于名提出了‘约定俗成’的最合理的说明之外，更提出了‘制名之枢要’。这可以说是先秦正名思想的完成”[⑦]。在对荀子的“制名之枢要”进行疏释的基础上，著者对公孙龙与荀子的正名思想作了进一步的比较，认为公孙龙的弱点主要表现在两个方面：其

① 徐复观：《公孙龙子讲疏》，台湾学生书局1966年版，代序第9—10页。
② 徐复观：《公孙龙子讲疏》，台湾学生书局1966年版，代序第10页。
③ 参见徐复观：《公孙龙子讲疏》，台湾学生书局1966年版，代序第10—12页。
④ 参见徐复观：《公孙龙子讲疏》，台湾学生书局1966年版，代序第12—14页。
⑤ 徐复观：《公孙龙子讲疏》，台湾学生书局1966年版，代序第12页。
⑥ 参见徐复观：《公孙龙子讲疏》，台湾学生书局1966年版，代序第15—17页。
⑦ 徐复观：《公孙龙子讲疏》，台湾学生书局1966年版，代序第15页。

一,“他以为名有固实,因而执名以为实。此与荀子名无固实者相反”[①];其二,“荀子对共名别名的提出,乃由认识客观事物之分类系统,以形成名之分类系统;必如此而始能建立认识秩序。公孙龙则似乎完全缺少此种观念,或故意抹煞此种观念;所以他只是停顿在感觉上,以玩弄语言的魔术;是轶出于正名思想之外的诡辩”[②]。(7)“名家的价值”[③]。著者对公孙龙及其《公孙龙子》一书的研究价值给予了充分肯定,认为主要表现在如下两个方面:其一,“关于战国中期盛极一时的辩者,除了《公孙龙子》以外,只留下仅有结论而没有立论根据的若干片鳞只爪,仅足供后人猜哑谜之用。……现时所能看到的《公孙龙子》,虽系残缺之余,但剩下的五篇,皆首尾完具,犹得以考察其立论的根据和理论的线索。只凭这一点,已经有思想史上的价值”[④];其二,“中国传统文化中,注重具体而忽于抽象,深于体验而短于思辨。公孙龙因为是‘专决于名’,执名为实;于是他的辩论,主要是顺着语言的自身所展开的、离开了具体地经验地事物的辩论”[⑤]。譬如,公孙龙对“离坚白”的辨析,那“不定其所白”“不定其所坚”而“自藏”的“白”“坚”,便与柏拉图所说的“共相”相类,表现出很高的抽象能力。“这种抽象能力,是倚赖他的思辨能力,才可以达到的。他之所以能困百家之知,是因为他的辩论,有严密地抽象思辨能力,发挥了很严密地抽象推理作用”[⑥]。就公孙龙的抽象推理而言,他运用的纯思维法则颇近于古代希腊的形式逻辑。著者就此揭示了研究《公孙龙子》的重点,“是在如何能把握到他所运用的思辨的法式;或者可以说,是在如何能把握到他的立论的‘理路’,顺着他的理路推演下去”[⑦]。此外,著者还结合公孙龙的“故独而正”的论点揭示了他的现实政治关切,认为公孙龙是以迂曲的方式,要求每个人都从隶属于人君的政治结构中解放出来,“以保持每一个人的

---

① 徐复观:《公孙龙子讲疏》,台湾学生书局 1966 年版,代序第 17 页。

② 徐复观:《公孙龙子讲疏》,台湾学生书局 1966 年版,代序第 17 页。

③ 参见徐复观:《公孙龙子讲疏》,台湾学生书局 1966 年版,代序第 17—19 页。

④ 徐复观:《公孙龙子讲疏》,台湾学生书局 1966 年版,代序第 17 页。

⑤ 徐复观:《公孙龙子讲疏》,台湾学生书局 1966 年版,代序第 17 页。

⑥ 徐复观:《公孙龙子讲疏》,台湾学生书局 1966 年版,代序第 18 页。

⑦ 徐复观:《公孙龙子讲疏》,台湾学生书局 1966 年版,代序第 18 页。

独立存在。如用现在的名词说，他可能是一个近于杨朱的个人主义者”[①]。

第二部分是本书的主体，著者按照《迹府》《白马论》《指物论》《通变论》《坚白论》《名实论》的顺序，对《公孙龙子》六篇逐篇进行了疏释。著者援引了谢希深、俞樾、谭戒甫、王启湘、孙诒让、汪奠基等学人的观点，并将诸多古籍（如《庄子》《孟子》《列子》《墨子》《国语》《吕氏春秋》《孔丛子》《春秋繁露》《隋书·经籍志》《唐书·艺文志》《经传释词》等）中的相关记载融入自己的疏释之中。此外，著者在疏释过程中还参酌了诸多《公孙龙子》传本（如《道藏》本、《崇文百子》本、《子汇》本、守山阁本、《绎史》本、傅山本等）。

第三部分为“附录”，包括两部分内容：附录一是“释公孙龙子《指物论》之‘指’”[②]。著者从“各家解释略评”“指字的一般用法”“《指物论》的指字意义”“庄子与公孙龙的纠葛”四个方面，对公孙龙《指物论》中“指”字的含义进行了阐说，认为“公孙龙《指物论》，系由指与物的关系，以说明人对客观世界认识之所以成立。故此指字说的不是客观事物进入到主观中所形成的价值判断，而说的是客观事物经过感官带进到主观中所形成的一种认识判断。此认识判断的内容，就《指物论》的内容衡量，还未达到严格地概念（英 Concept，德 Beguff）的程度，我称之为‘映象’，即客观反映在主观中的一种影象”[③]。附录二是“有关公孙龙之若干资料”[④]，著者撮录了历代古籍以及近现代有代表性的研究文献中有关公孙龙其人其说的记载与论说，具有较高的文献参考价值。

2. 何启民著《公孙龙与〈公孙龙子〉》

何启民（1926—1999）所著《公孙龙与〈公孙龙子〉》一书，（台北）台湾商务印书馆 1967 年 12 月初版，（台北）台湾学生书局 1981 年 7 月第 3 版（学再版）。

---

① 徐复观：《公孙龙子讲疏》，台湾学生书局 1966 年版，代序第 19 页。
② 参见徐复观：《公孙龙子讲疏》，台湾学生书局 1966 年版，第 45—52 页。
③ 徐复观：《公孙龙子讲疏》，台湾学生书局 1966 年版，第 49 页。
④ 参见徐复观：《公孙龙子讲疏》，台湾学生书局 1966 年版，第 53—72 页。

本书正文前载有著者撰写的“自序”，成稿于 1967 年 10 月。著者在序文中简要介绍了自己研究公孙龙其人其书的历程：“民国四十八年冬日，方从事魏晋南北朝谈风之系列研究。遂因名理而形名，因形名而白马非马，因白马非马而及于公孙龙矣。复因公孙龙而及于《公孙龙子》，因《公孙龙子》而旁及有关之论著。追迹往源，虽复时有会心，以非专务，除草成马非马与白马非马等一二短文外，迄未有系统之作。往岁，竹林七贤研究、魏晋思想与谈风既相继刊行，乃董理旧稿，以成完篇。自惟用力数载，差有创获，非敢谓我是而他非，但以途径不同，立论遂迥异于前人耳。”[①]

本书分为上、中、下三编，主要是对前人关于公孙龙和《公孙龙子》的研究状况所进行的爬梳与辨析。上编为“有关公孙龙与《公孙龙子》诸家异说之剖析”[②]，包括三部分内容，分别是“有关公孙龙名号年世乡里之争论”[③]、“有关《公孙龙子》其书真伪之争论”[④]、“有关公孙龙学说思想渊源之争论”[⑤]。著者对撰写本编文字的心曲作了如下说明：“千百年来，治先秦诸子，于名家者流，必也称引公孙龙；论其学，则往往据《公孙龙子》而为之说。盖其书见存，文虽六篇，而诡辞强辩，奇趣天成，独绝千古，故为世所重。然公孙龙其人其事其学，及《公孙龙子》其书其论其理，虽予人以极大探讨之兴味，而存世载籍，所能提供之资料，实未能满足吾人之欲求，遂导致诸般争论。今分举其说，并依时序之先后，排比诸家之文，以见论争焦点之所在，与乎理据之归依焉。”[⑥]

中编为“公孙龙传说之历史演变”[⑦]，包括七部分内容，分别是“公孙龙之事迹及其年世”[⑧]、“公孙龙学说思想之时代背景”[⑨]、“公孙龙学说思想之

① 何启民：《公孙龙与〈公孙龙子〉》，台湾学生书局 1981 年版，自序第 1 页。

② 参见何启民：《公孙龙与〈公孙龙子〉》，台湾学生书局 1981 年版，第 1—84 页。

③ 参见何启民：《公孙龙与〈公孙龙子〉》，台湾学生书局 1981 年版，第 1—27 页。

④ 参见何启民：《公孙龙与〈公孙龙子〉》，台湾学生书局 1981 年版，第 28—56 页。

⑤ 参见何启民：《公孙龙与〈公孙龙子〉》，台湾学生书局 1981 年版，第 56—79 页。

⑥ 何启民：《公孙龙与〈公孙龙子〉》，台湾学生书局 1981 年版，第 1 页。

⑦ 参见何启民：《公孙龙与〈公孙龙子〉》，台湾学生书局 1981 年版，第 85—210 页。

⑧ 参见何启民：《公孙龙与〈公孙龙子〉》，台湾学生书局 1981 年版，第 86—99 页。

⑨ 参见何启民：《公孙龙与〈公孙龙子〉》，台湾学生书局 1981 年版，第 99—119 页。

早期记载"[①]、"惠施邓析公孙龙地位之升降"[②]、"马非马与白马非马"[③]、"说坚白"[④]、"公孙龙学说思想之次期记载"[⑤]。著者对撰写本编文字的心曲作了如下说明："此篇所欲论者，非仲尼弟子之公孙龙，而为六国时辩者之公孙龙。其事迹，散见于诸家之书。然时代不同，书言有异，致后人与龙，多所误解。就前所引录诸家有关公孙龙与《公孙龙子》之争论以观之，吾人可得如下概念：或据片面之孤证，而发为议论。或据晚出之材料，而发为议论。或据前人之论点，而发为议论。以此为出发点，其结果自难臻于理想之境。因无确切之认识，故所说似是而实非。或为证成其理论，而强加附会。亦有忘其所具备之时空特质，论虽新奇可喜，要非的当之论。缘是而争论蜂起，舍显然不能成立者外，就其所据而论其说，殊难定其是非，故有重加考订之必要，使免于厚诬古人，而稍存历史之真焉。今兹所欲探讨者，固在求得公孙龙其人其事其学之本来面目，亦思自众家载籍中，寻取其人学说思想因时序之变易，而引起后人对其认识之变易也。"[⑥]

下编为"今本《公孙龙子》及其他有关论著"[⑦]，包括六部分内容，分别为"今本《公孙龙子》成书年时考"[⑧]、"杂论今本《公孙龙子·迹府》前段与《白马论》"[⑨]、"见于诸家著录之今本《公孙龙子》板本"(附外文译本)[⑩]、"今本《公孙龙子》校注考"[⑪]、"今本《公孙龙子》集校"[⑫]、"其他有关公孙龙及《公孙龙子》之论著"(含专著、论文、日人论著、其他外文论著)[⑬]。本编重在爬梳《公孙龙子》的成书时间、版本以及诸家校注、集注与论说。著者辑

---

① 参见何启民：《公孙龙与〈公孙龙子〉》，台湾学生书局1981年版，第119—129页。
② 参见何启民：《公孙龙与〈公孙龙子〉》，台湾学生书局1981年版，第129—152页。
③ 参见何启民：《公孙龙与〈公孙龙子〉》，台湾学生书局1981年版，第152—168页。
④ 参见何启民：《公孙龙与〈公孙龙子〉》，台湾学生书局1981年版，第168—181页。
⑤ 参见何启民：《公孙龙与〈公孙龙子〉》，台湾学生书局1981年版，第182—196页。
⑥ 何启民：《公孙龙与〈公孙龙子〉》，台湾学生书局1981年版，第85—86页。
⑦ 参见何启民：《公孙龙与〈公孙龙子〉》，台湾学生书局1981年版，第211—312页。
⑧ 参见何启民：《公孙龙与〈公孙龙子〉》，台湾学生书局1981年版，第211—220页。
⑨ 参见何启民：《公孙龙与〈公孙龙子〉》，台湾学生书局1981年版，第220—222页。
⑩ 参见何启民：《公孙龙与〈公孙龙子〉》，台湾学生书局1981年版，第222—229页。
⑪ 参见何启民：《公孙龙与〈公孙龙子〉》，台湾学生书局1981年版，第230—266页。
⑫ 参见何启民：《公孙龙与〈公孙龙子〉》，台湾学生书局1981年版，第266—300页。
⑬ 参见何启民：《公孙龙与〈公孙龙子〉》，台湾学生书局1981年版，第300—312页。

录了今本《公孙龙子》不同版本的名称、卷数、校注者、出版社、序跋。在“今本《公孙龙子》集校”部分，著者以正统《道藏》本为底本(但并未进行分卷)，按照《迹府》《白马论》《指物论》《通变论》《坚白论》《名实论》的顺序一一进行了集校。对于诸家文字、章节、断句等不同之处，著者一并收录，便于读者参考对照。著者对撰写本编文字的心曲作了如下说明：“前所研讨，似但就公孙龙之见于载籍诸条，予以析解，然后知乎世人之于公孙龙，其认识固因时有所不同，变迹显然。而独不及于《公孙龙子》其书。盖汉志虽著录《公孙龙子》十四篇，未见流传于中世。以迄于唐初，乃复再现。窃疑其已非汉志之旧矣。即汉志所有者，亦不必为先秦之书。兹篇所论，除于今本《公孙龙子》成书年时有所发明外，并著录所见所闻《公孙龙子》之板本，以及古今诸家之有关公孙龙及今本《公孙龙子》之论著，虽非完貌，要可考见究此学者之所趋向焉。而今本《公孙龙子》伪误脱衍殊甚，难以卒读，世人阐释是书者，辄系于文字之考订，仁智互见，各有所得，孰是孰非，难为确切之定论。集校所作，但存众贤之旧，以备读者之探讨，各寻所安；非敢谓能发乎幽明，而独创异说也。”[①]

3. 陈癸淼著《公孙龙子疏释》

陈癸淼(1934—2014)所著《公孙龙子疏释》一书，(台北)兰台书局1970年2月第1版。

本书以《道藏》本为底本(同时参照守山阁本、《墨海金壶》本、《百子全书》本、陈澧本、《绎史》本等版本)，博采诸家(谢希深、俞樾、陈柱、孙诒让、王琯、胡适、钱基博、谭戒甫、王启湘、冯友兰、杨寿籛、金受申、伍非百、徐复观、牟宗三、劳思光等)之说，对《公孙龙子》六篇一一进行了疏释。在疏释时，著者对六篇的顺序作了调整，依次为《白马论》《指物论》《通变论》《坚白论》《名实论》《迹府》。

本书正文前载有著者撰写的“《公孙龙子疏释》凡例”，对本书的体例作了六点说明：其一，“本书旨在讲明《公孙龙子》之章句，以发明其义理”；

---

① 何启民：《公孙龙与〈公孙龙子〉》，台湾学生书局1981年版，第211页。

其二,“今存《公孙龙子》共六篇,其篇目依次为:《迹府》、《白马论》、《指物论》、《通变论》、《坚白论》、《名实论》。后五篇之内容皆有其独特而完整之思想,故均详加疏释。而《迹府》篇乃后人汇记的公孙龙事迹之文,本书既以阐发公孙龙之思想为旨归,故于《迹府》篇仅录其原文附于书末,以备参阅,而不加疏释”;其三,“每篇之疏释皆分三部分:一、绪言;二、原文疏释;三、余论”;其四,“绪言旨在说明该篇问题重心之所在,并提示把握全篇思想之线索,以便于原文之疏释”;其五,“原文疏释为全书重心之所在。共分两部分:一、校注;二、疏解”;其六,“余论旨在对《公孙龙子》各篇之思想略作评论”。[①]

在《白马论》“绪言”部分[②],著者认为“‘白马非马’是公孙龙思想的主要内容之一”[③],《白马论》的主旨就是“讨论‘白马非马’这一命题之真假性”[④]。“白马非马”与“白马是马”从表面上看是一组互相矛盾的命题,实际上辩论双方的立论是可以同真的。双方之所以仍各执一词,究其症结主要有二:其一,“双方立论的根据不一致”[⑤];其二,“双方对‘白马非马’的‘非’字及‘白马是马’的‘是’字,在字义上有不同的认取”[⑥]。“白马”是否是“马”这场辩论,从根底处看关涉的是名实问题。就立论根据而言,“公孙龙是从‘名’(概念)上言‘白马非马’,而难者则从‘实’上言‘白马是马’”[⑦]。再就双方对“非”“是”二字的不同理解看,“公孙龙所说的‘白马非马’之‘非’字,不是内容的否定,因为‘白马’有‘马’的属性,这是公孙龙所不能抹煞或否认的事实。复次,‘白马非马’之‘非’字亦非指类与类间的排拒关系,因为白马类包含于马类中,这亦是公孙龙所不得不承认的”[⑧]。其实,“公孙龙对于‘白马非马’的‘非’字所认取的意义只是‘异’或‘不等’之意,但是难者却把它看成是‘否定’之意,因此他不能同意‘白马

① 陈癸淼:《公孙龙子疏释》,兰台书局1970年版,凡例第1页。

② 参见陈癸淼:《公孙龙子疏释》,兰台书局1970年版,第1—5页。

③ 陈癸淼:《公孙龙子疏释》,兰台书局1970年版,第1页。

④ 陈癸淼:《公孙龙子疏释》,兰台书局1970年版,第1页。

⑤ 陈癸淼:《公孙龙子疏释》,兰台书局1970年版,第1页。

⑥ 陈癸淼:《公孙龙子疏释》,兰台书局1970年版,第1页。

⑦ 陈癸淼:《公孙龙子疏释》,兰台书局1970年版,第1页。

⑧ 陈癸淼:《公孙龙子疏释》,兰台书局1970年版,第3页。

非马'之说。……同样的,公孙龙对于难者亦有误解与曲解。难者对于'白马是马'的'是'字所取的意义只是内容的肯定与类的包含关系,但是公孙龙却把它曲解为'相等'之意"[①]。概言之,"这一场'白马'是否是'马'的辩论,本来双方在立论的根据上已不一致,现在又加上彼此不肯冷静地去了解对方对'是'、'非'二字所取的确切意义,因而使这场辩论更形复杂了。如果我们能认清公孙龙是从'名'(概念)的内容与外延上主张'白马'非'马',而难者则是从'物质'上主张'白马'是'马';同时又能知道双方在辩论过程中对'是、非'二字所认取的意义的差异所在,则这一场辩论的种种纠缠就可迎刃而解,'白马'是否是'马'的问题也可厘清了"[②]。

在《指物论》"绪言" 部分[③],著者认为《指物论》是公孙龙的认识论,其旨归在于探讨"指"与"物"的关系,其中心命题是"物莫非指,而指非指",理解全篇的难点与关键则在于厘定"指"的含义。在著者看来,如果说"物"是客观的实有(天地万物,即《名实论》所谓"天地与其所产焉,物也"),那么"指"就是"指谓或论谓客观实有之物的'概念'"[④]。这样便可在认识论的框架内把"物莫非指,而指非指"这一命题的确切含义作如下总结:"'天地万物'人对之都可以有某种程度的认识,依据各人的认识可以形成某(些)概念来指谓一切物,而说'一切物是××(指)'。由此可以得出'凡物是指'这一命题,此即'物莫非指'之意。而一般人却自觉或不自觉地把'凡物是指'看成'凡物等于是指'。公孙龙就顺着这误解而以'指非指'来阐述'是指之物非指'之旨,以破斥凡'物'等于'指'之说。故'指非指'即'物非指',而'物非指'如实说来应是:'是指之物并不等于指'之意。依此,'物莫非指而指非指'应解作:一切物都可以说它是指,但是'是物之指'并不就等于指。这样的解说,不仅在《指物论》中有根据,且可顺通《指物论》全文。"[⑤]

① 陈癸淼:《公孙龙子疏释》,兰台书局 1970 年版,第 4 页。
② 陈癸淼:《公孙龙子疏释》,兰台书局 1970 年版,第 5 页。
③ 参见陈癸淼:《公孙龙子疏释》,兰台书局 1970 年版,第 23—30 页。
④ 陈癸淼:《公孙龙子疏释》,兰台书局 1970 年版,第 26 页。
⑤ 陈癸淼:《公孙龙子疏释》,兰台书局 1970 年版,第 30 页。

在《通变论》“绪言”[①]部分，著者首先指出《通变论》的主旨是“阐明‘变’与‘不变’之理”[②]，接着对此作了进一步的阐说：“天下一切‘物’或‘名’皆有它所特具的内容。此独特之内容使一切‘物’或‘名’永远‘是它自己而非他’。在公孙龙看来，使一切‘物’或‘名’永远‘是它自己而非他’的内容，是永远不变的。通变中所说的不变即是指此而言。不过他在《通变论》中只是举出某些特定的事例来说明变与不变。而没有将变与不变之理作一理论性的阐述。倒是其他各篇的某些理论可以作为《通变论》思想的理论根据。”[③]

在《坚白论》“绪言”部分[④]，著者首先对各家在谈及公孙龙的“离坚白”时所持的讥刺乃至贬损态度进行了剖判，认为“其实各家都是站在自己的立场，是其所是，非其所非之故，各家的批评皆是不相应的”[⑤]。在著者看来，我们只有尊重公孙龙的思维特色与义理层次，才能对公孙龙的“离坚白”思想作出中肯的评价。著者就此指出：“以‘纯理智的思辨’来处理逻辑及认识论上的问题，是公孙龙的特色及其长处，而这正是各家之所短。复次，各家所欣趣的是政教上的‘道’或形而上学的‘道’，而公孙龙的兴趣却不在此。故无论就思想之方法或内容上，公孙龙与先秦诸子都是迥异其趣的。故各家对公孙龙之批评不但不相应，而且是不公平，不称理的。为求客观如实地了解公孙龙，唯有摆脱各家的批评，直就其原文加以探究，方能确知其思想之内容及特色。”[⑥]从《坚白论》原文看，“‘离也者天下，故独而正’是公孙龙最基本的思想，他的一切学说皆由此一根而发。换言之，‘离独而正’是了解公孙龙思想最基本，且最重要的线索”[⑦]。

在《名实论》“绪言”部分[⑧]，著者认为“研究《公孙龙子》，从其各篇次第

---

① 参见陈癸淼：《公孙龙子疏释》，兰台书局1970年版，第42—43页。
② 陈癸淼：《公孙龙子疏释》，兰台书局1970年版，第42页。
③ 陈癸淼：《公孙龙子疏释》，兰台书局1970年版，第42页。
④ 参见陈癸淼：《公孙龙子疏释》，兰台书局1970年版，第68页。
⑤ 陈癸淼：《公孙龙子疏释》，兰台书局1970年版，第68页。
⑥ 陈癸淼：《公孙龙子疏释》，兰台书局1970年版，第68页。
⑦ 陈癸淼：《公孙龙子疏释》，兰台书局1970年版，第68页。
⑧ 参见陈癸淼：《公孙龙子疏释》，兰台书局1970年版，第89—90页。

而言，应先通过《名实论》，而后再及他篇，才能有一个总持的了解"[①]。至于其中的缘由，主要有如下两点：其一，从内容上看，《名实论》所谓"审其名实，慎其所谓"(即正名实)乃是公孙龙立论的旨趣，《公孙龙子》其他各篇"虽也接触到名实与称谓问题，但是都是只就某一个特殊的名实问题加以探讨"[②]。相比之下，《名实论》则完全以"名实"为主题，就此而言，它乃是《公孙龙子》一书的总纲；其二，从体式上看，"除《指物论》外，《白马》、《坚白》、《通变》各篇都是用对话，彼此论难的方式写成，而《名实论》则是完全用直叙的方式，把个人对名实问题的见解加以阐述，并且把它摆在最后，有总结前面各篇意义之意。所以《名实论》可以把它当作是公孙龙各种学说的通论或总论"[③]。

4. 萧登福著《公孙龙子与名家》

萧登福(1950—)所著《公孙龙子与名家》一书，(台北)文津出版社1984年10月第1版。

本书正文前载有著者撰写的"序"[④]，成稿于1984年8月。著者首先介绍了名家的基本情况，其中有言："名家善于析理，长于论辩。名家的思想在某些层次上有似墨家；在论辩技巧上的讲求上，则近于纵横家。这些'辩者'在当时影响各家较深的，应为'正名实'的观念，与'白马非马'等吊诡不俗的论题。'正名'的思想，从春秋到战国，各家都曾讨论过，几乎已成为先秦各家所共许的了。至于名家论题，如白马非马、坚白石等，在当时也都是大家所耳熟能详的，且为数恐怕很多；今日所见于诸子书中的名家论题，还约有五十条，其中《庄子·天下篇》及《墨子》书中已占去大半，其余散见于《列子》、《吕氏春秋》、《荀子》、《邓析子》、《尹文子》等书中，但保存名家理论最为完整的，则当为《公孙龙子》一书。"[⑤]接着，著者介绍了本书的内容、结构以及成书过程。就成书过程而言，"本书初稿撰于民国

① 陈癸淼：《公孙龙子疏释》，兰台书局1970年版，第89页。

② 陈癸淼：《公孙龙子疏释》，兰台书局1970年版，第89页。

③ 陈癸淼：《公孙龙子疏释》，兰台书局1970年版，第89—90页。

④ 参见萧登福：《公孙龙子与名家》，文津出版社1984年版，序第1—2页。

⑤ 萧登福：《公孙龙子与名家》，文津出版社1984年版，序第1页。

六十九年十月，其后屡加增缮，并于六十九年、七十年陆续发表于学报及学术期刊中”[1]。

本书分为上、下两编。上编为“《公孙龙子》译注”[2]，旨在阐释《公孙龙子》的学说思想。著者首先根据古代典籍中的相关记载爬梳了“公孙龙其人其书”[3]，然后按照《迹府》《白马论》《指物论》《通变论》《坚白论》《名实论》的次第，对《公孙龙子》六篇一一进行了疏释。在疏释过程中，著者首先采用“注”“案”“译”的体例对各篇逐段作了译注，接着于各篇译注之后均附以探义，以探求《公孙龙子》各篇的要旨。

在“《迹府篇》探义”[4]中，著者首先将该篇全文划分为三大部分来探讨：“第一部分叙述公孙龙之所以提倡《白马论》，其原因在于‘疾名实之散乱’，其目的则在于‘欲推是辩，以正名实，而化育天下焉’。换句话说：公孙龙整个学说的目的在于正名实，并想用名辩的道理来化育天下。因而第一部分也可以说是全篇的主旨所在。第二部分叙述公孙龙与孔穿之论辩。第三部分则可分为前后半。前半所载与第二部分相同，后半所载齐王与尹文问答之事，则与《吕氏春秋·正名篇》相同。关于这两部分，我们应留意的是公孙龙的论辩技巧。”[5]接着，著者对该篇第二、第三部分出现的两段几近雷同的叙述进行了探讨，认为可由如下两种情形来加以解说：其一，“《迹府篇》乃纂辑诸书而成，撰者收集了许多不同来源的资料，为了要使资料保留的更完密起见，因而让两件记载相同的事迹并排出现。这种处理方式，有点类似于后世所谓的辑佚”[6]。其二，“可能是后人读书至此，将自己在他书中所看到有相关的或相类似的记载，附录于旁，以便参考。再经后人的辗转抄写，于是遂把附注之资料误抄入本文；因而造成了前后两段相类似，甚至相重复的记载并排出现”[7]。在著者看来，“上述两种情形对《公孙龙子》而言，都有可能发生。但由于年代久远，我们已很难

---

① 萧登福：《公孙龙子与名家》，文津出版社 1984 年版，序第 2 页。

② 参见萧登福：《公孙龙子与名家》，文津出版社 1984 年版，第 3—173 页。

③ 参见萧登福：《公孙龙子与名家》，文津出版社 1984 年版，第 5—16 页。

④ 参见萧登福：《公孙龙子与名家》，文津出版社 1984 年版，第 30—32 页。

⑤ 萧登福：《公孙龙子与名家》，文津出版社 1984 年版，第 30 页。

⑥ 萧登福：《公孙龙子与名家》，文津出版社 1984 年版，第 31 页。

⑦ 萧登福：《公孙龙子与名家》，文津出版社 1984 年版，第 31 页。

看出，究竟是哪种情形，才是造成《迹府篇》前后两段相雷同的原因了”[①]。最后，著者对《迹府篇》的撰写年代进行了推定，认为它“应当是名家后学所作，并且应在其他五篇之后，……最早不会超过《吕氏春秋》成书前，最迟不得迟于《孔丛子》”[②]。

在“《白马论》探义”[③]中，著者首先指出名噪一时的《白马论》“采取了宾主问答的方式，来说明‘白马非马’的道理”[④]，认为这种主客问答的方式可以“藉着往返论难，畅所欲言，曲尽其意蕴”[⑤]。接着，著者指出理解《白马论》的关键，是如何把握“白马非马”中“非”字的意义。在著者看来，“非”字在《白马论》中有两个意义：一是解作“不是”，这里的“非”为“是”的反义词；二是解作“不同”“有别”“不等”，这里的“非”为“异”的同义词。著者认为，“这两种解释，它的意义是相近的，但在否定的层次上则不同。‘不是’和‘不等’‘不同’，前者显然在语气上是较决断较强烈的。这两层意义应严加区分，并择一而用，但在《白马论》中对这两种不同层次的意义，公孙龙却常常含混的用一个‘非’字来代表它，并利用中国文字一词多义的特色，做为论辩时退守攻取的利器，这种取巧的情形我们在《白马论》中不难看得出来。……以‘异’和‘非’互释，显然是在玩弄文字魔术，以愚弄对方。这可以说是《白马论》中的一个小瑕疵。然而大体而言，《白马论》可以说是一篇说服力极强，也极成功的作品”[⑥]。然后，著者对公孙龙的“白马非马”说何以会盛行一时的原因进行了推断，认为“大概和公孙龙的善于分析，善于运用譬侔援推的论辩技巧有关”[⑦]。为了证明这一推断的合理性，著者将公孙龙的理据归纳为如下三点：一是“由‘命色者非命形’论白马非马”[⑧]，二是“由‘集合’的观念上看白马非马”[⑨]，三是“由共相

---

① 萧登福：《公孙龙子与名家》，文津出版社 1984 年版，第 31 页。
② 萧登福：《公孙龙子与名家》，文津出版社 1984 年版，第 31 页。
③ 参见萧登福：《公孙龙子与名家》，文津出版社 1984 年版，第 42—49 页。
④ 萧登福：《公孙龙子与名家》，文津出版社 1984 年版，第 42 页。
⑤ 萧登福：《公孙龙子与名家》，文津出版社 1984 年版，第 43 页。
⑥ 萧登福：《公孙龙子与名家》，文津出版社 1984 年版，第 43 页。
⑦ 萧登福：《公孙龙子与名家》，文津出版社 1984 年版，第 44 页。
⑧ 萧登福：《公孙龙子与名家》，文津出版社 1984 年版，第 44 页。
⑨ 萧登福：《公孙龙子与名家》，文津出版社 1984 年版，第 46 页。

和自相的差异上看白马非马"[①]。简言之,"公孙龙《白马论》,不外依形色之别、意涵之大小及共相自相等问题来说明白马非马"[②]。

在"《指物论》探义"[③](原载《中华文化复兴月刊》1983年第8期)中,著者首先剖析了《指物论》艰深、难懂的原因,认为"实在是因为《指物论》中所使用的文字过于精简所致"[④]。接着,著者阐说了《指物论》的要旨所在以及把握其要旨的关键:"《指物论》的要义在'物莫非指,而指非指'一句上,且《指物论》乃在探讨'指'与'物'两者的关系。因此,只要我们能确知《指物论》中'指'与'物'的意涵,那么全篇大意也就可以迎刃而解了。"[⑤]基于此,著者通过辨析诸家之说,就"指"与"物"的意涵提出了个人的见解。关于"指"的意涵:"凡是以语言名相来诠说事物,表达出事物的旨趣的,我们都可称之为'指'。更简单的来说,一切用以解说事物的名相、称谓也都可称之为'指'。"[⑥]关于"物"的意涵:"'物'兼做'事'解,在古籍中信手拈来,比比皆是,……公孙龙《指物论》中的'物'字,当亦兼指'事'与'物'两者而言的,'物'字乃指天地,及天地间所有的物与事而言。切不可将'物'字看死了,仅将它做具有形体的物质解。"[⑦]在厘定"指"与"物"的意涵的基础上,著者对关涉《指物论》全篇大旨的"物莫非指,而指非指"一句进行了诠解:"'物莫非指',是使用双重否定的句法,来说明'物'与'指'的关系。'物'为事物;'指'为事物之义涵,或用以诠示事物之语言名相。事物自己无法将它的特性内涵告诉我们,任何事物都必须借重于语言文字的诠说,而后才能为我们所明白。因而'物莫非指'这句话,我们可以用底下浅近的白话来解说它:事物没有不借重语言名相而能显现其义旨的。"[⑧]"'指非指'一句乃在否定'指'字自身,亦即在说明'指'的属性是无实体,不存在的。一切用以诠说事物的语言名相,都是依随事物而立,随时间空

---

① 萧登福:《公孙龙子与名家》,文津出版社1984年版,第47页。
② 萧登福:《公孙龙子与名家》,文津出版社1984年版,第49页。
③ 参见萧登福:《公孙龙子与名家》,文津出版社1984年版,第59—69页。
④ 萧登福:《公孙龙子与名家》,文津出版社1984年版,第59页。
⑤ 萧登福:《公孙龙子与名家》,文津出版社1984年版,第59页。
⑥ 萧登福:《公孙龙子与名家》,文津出版社1984年版,第63页。
⑦ 萧登福:《公孙龙子与名家》,文津出版社1984年版,第65页。
⑧ 萧登福:《公孙龙子与名家》,文津出版社1984年版,第66页。

间而改变，并无实体可寻。……‘指’既无实体，因而说是‘指非指’。”[①]“事物须依指而为吾人所认识，指须依附于事物而后方能存在。因而说是：‘物莫非指，而指非指。’”[②]此外，著者还关联着《名实论》中的“名”“实”问题进一步阐说了“指”“物”问题，认为“我们如将‘指’‘物’与‘名’‘实’相对照看，便不难发现，‘指’以明‘物’，‘名’以谓‘实’，两者文义相同，且‘实’即是‘物’之实体，那么‘指’的涵义也应该是相当于‘名’了。因而‘指物’问题，其实就是‘名实’问题的延伸。只是两者所采取的角度不同，因此所用以论说的证据也就不同了”[③]。另需注意的是，著者在最后附以“《公孙龙子・指物论》全文表解”[④]，其目的在于把《指物论》全文的大意更加显豁地呈现出来。

在“《通变论》探义”[⑤]中，著者首先阐说了《通变论》的要旨：“‘通变论’，顾名思义，即是在讨论‘变’与‘不变’的问题；亦即是在探讨组合体与组成分子间的种种关系。所谓组合体，是指由两个或两个以上之组成分子所组成之事物。所谓组成分子，则是指构成组合体之各要素。以本文中之‘二’与‘一’而言，‘二’是由两个‘一’组合而成的，‘二’是组合体，‘一’为组成分子。再如‘羊牛’由‘羊’与‘牛’组合而成，那么‘羊牛’为组合体，‘羊’与‘牛’为组成分子。任何事物，个体与群体间的关系，我们都可以把它看成组合体与组成分子间的关系。而这两者间所产生的种种问题，我们又可归结到‘变’与‘不变’的问题上来，这也是《通变论》的主旨所在。”[⑥]接着，著者根据《通变论》全文的文义，将其划分成三个部分：“第一部分旨在由‘变’的观点，来阐述组合体与组成分子之关系。第二部分在说明‘变’与‘不变’的问题，第三部分作者（公孙龙——引者注）举出了四个例子，藉以证成上述二说，并附带的谈到了推类与论辩间的问题。”[⑦]基

---

① 萧登福：《公孙龙子与名家》，文津出版社 1984 年版，第 66 页。
② 萧登福：《公孙龙子与名家》，文津出版社 1984 年版，第 66 页。
③ 萧登福：《公孙龙子与名家》，文津出版社 1984 年版，第 67 页。
④ 萧登福：《公孙龙子与名家》，文津出版社 1984 年版，第 69 页。
⑤ 参见萧登福：《公孙龙子与名家》，文津出版社 1984 年版，第 99—120 页。
⑥ 萧登福：《公孙龙子与名家》，文津出版社 1984 年版，第 99—100 页。
⑦ 萧登福：《公孙龙子与名家》，文津出版社 1984 年版，第 100 页。

于此，著者从如下四个方面依次进行了阐述：一是“由‘变’的观点看组合体与组成分子”[①]，二是“‘变’与‘不变’的问题”[②]，三是“《通变论》中四个例子之探讨”[③]，四是“《墨经》中有关通变问题之探讨”[④]。

在“《坚白论》探义”[⑤]（原载《成功大学学报》第16卷人文篇，1981年6月）中，著者首先阐析了《坚白论》的体式、层次、主旨等问题：“《坚白论》一文，通篇是以主客问答的方式，来说明坚白石为二非三的道理。”[⑥]“全文依坚白相离、坚白石相离、手不能知、眼不能见、知见离神识等论证，循序渐进，层层相引，如剥蕉寻心，叶在心外，心在叶中，既叶叶剥却，除叶无心。其始以坚白石为二，至其后则不惟非二非三，坚白石亦且可离而为非坚非白非石。而‘离也者，天下故独而正’一语，斯为通篇主旨所在。”[⑦]基于此，著者从如下四个层次对《坚白论》本文进行了探讨：一是“由感官之异任，论坚白之相离”[⑧]，二是“由共相可兼及他物，论坚白之离于石”[⑨]，三是“由自性之有无，看坚白与石之盈离”[⑩]，四是“由缘起性空上，看万物皆离”[⑪]。然后，著者对《坚白论》与《白马论》的关系进行了辨析，认为“本文与《白马论》虽然同样提到了共相自相的问题，但两者所取之论点各异。《白马论》着重于自相上之阐述，《坚白论》则从共相之特性上加以发挥”[⑫]。最后，著者在“结语”部分除了对上述探讨进行总结外，还谈及“《坚白论》的论辩方式，在有些地方跟《指物论》是很相似的。《指物论》先由‘指’谈到‘非指’，再由‘指’与‘物’相对待谈到‘指非非指’，最后则直以‘指’本身无实体，不必与‘物’相待即知其不存在作结”[⑬]。

---

① 萧登福：《公孙龙子与名家》，文津出版社1984年版，第100页。
② 萧登福：《公孙龙子与名家》，文津出版社1984年版，第103页。
③ 萧登福：《公孙龙子与名家》，文津出版社1984年版，第105页。
④ 萧登福：《公孙龙子与名家》，文津出版社1984年版，第117页。
⑤ 参见萧登福：《公孙龙子与名家》，文津出版社1984年版，第140—153页。
⑥ 萧登福：《公孙龙子与名家》，文津出版社1984年版，第141页。
⑦ 萧登福：《公孙龙子与名家》，文津出版社1984年版，第141页。
⑧ 萧登福：《公孙龙子与名家》，文津出版社1984年版，第142页。
⑨ 萧登福：《公孙龙子与名家》，文津出版社1984年版，第145页。
⑩ 萧登福：《公孙龙子与名家》，文津出版社1984年版，第146页。
⑪ 萧登福：《公孙龙子与名家》，文津出版社1984年版，第148页。
⑫ 萧登福：《公孙龙子与名家》，文津出版社1984年版，第151页。
⑬ 萧登福：《公孙龙子与名家》，文津出版社1984年版，第153页。

在"《名实论》探义"[①]中，著者首先点明了《名实论》的主旨，认为"《名实论》旨在探讨'名'与'实'的问题"[②]。接着，著者对"实""物""位""名"的含义及其关系问题进行了辨析："'实'字一词在《公孙龙子》书中，大约有广义与狭义之分。名实的'实'，用的是广义的：'实'即是'物'的代称词。而所谓'物'，在《名实论》中曾给它下了一个定义，那就是：'天地与其所产焉，物也。'于是天地本身及天地间所有的一切都可算做是'物'。"[③]"至于构成'物'的要素，《名实论》中也曾谈到，公孙龙以为'物'是由'实'与'位'两者所构成。在这里我们所要注意的是，'实、位'里的'实'，用的是狭义的'实'，它是指事物所赖以成为事物之特质与形相而言。而'位'，则是指事物所占之界域与分守而言。此外，还有所谓之'名'；'名'是用以诠示或表达事物实体的。因而《名实论》云：'夫名，实谓也。'职是之故，'物'必具有'名''实''位'三者；'实''位'以成'物'，'名'以谓'物'。'名'无'物'不能自立，'物'无'名'不能自行。"[④]然后，著者就"名实问题"在先秦诸子思想中的地位作了说明："名实(物)问题，是先秦诸子中所曾广泛探讨的热门论题，也是名家人物所标榜以成家的。先秦学者著说谈此问题者颇多，但其中较有系统，较能具体的道出名实两者的关系者，则当为《公孙龙子・名实论》、《荀子・正名篇》及《尹子文・大道上》。"[⑤]基于此，著者对《荀子・正名篇》《尹子文・大道上》《公孙龙子・名实论》中有关"名实问题"的说法一一进行了阐析。

下编为"名家研究"[⑥]，旨在阐析名家的相关论题以及名家与先秦诸子的关系。本编包括著者先期发表过的五篇文字，分别是《名家与先秦诸子》[⑦](原载《中华文化复兴月刊》1980 年第 4 期)、《从先秦诸子对论辩之主张上看诸子与名家》[⑧](原载《中华文化复兴月刊》1981 年第 4 期)、《名

① 参见萧登福：《公孙龙子与名家》，文津出版社 1984 年版，第 167—173 页。
② 萧登福：《公孙龙子与名家》，文津出版社 1984 年版，第 167 页。
③ 萧登福：《公孙龙子与名家》，文津出版社 1984 年版，第 167—168 页。
④ 萧登福：《公孙龙子与名家》，文津出版社 1984 年版，第 168 页。
⑤ 萧登福：《公孙龙子与名家》，文津出版社 1984 年版，第 168 页。
⑥ 参见萧登福：《公孙龙子与名家》，文津出版社 1984 年版，第 175—352 页。
⑦ 参见萧登福：《公孙龙子与名家》，文津出版社 1984 年版，第 177—223 页。
⑧ 参见萧登福：《公孙龙子与名家》，文津出版社 1984 年版，第 224—255 页。

家之辩学》[1](原载《中华文化复兴月刊》1980年第7期)、《由几则论题中看先秦学术之相互影响》[2](原载《中华文化复兴月刊》1981年第9期)、《先秦诸子书中所见之名家论题》[3](原载《成功大学学报》第15卷人文篇,1980年5月)。

本书正文后载有五个附录,分别是"邓析子参考资料"[4]、"惠施参考资料"[5]、"公孙龙参考资料"[6]、"尹文子参考资料"[7]、"宋荣子参考资料"[8],这些附录具有一定的文献参考价值。

5. 姜涛主编《中华经典欣赏全集:孙子·公孙龙子》

(台北)庄严出版社1985年3月第1版。

本书包括两部分内容,分别为"孙子""公孙龙子"。在"公孙龙子"部分[9],编者首先附以简短的"前言"[10],主要对公孙龙其人其书作了介绍;接着,编者按照《迹府》《白马论》《指物论》《通变论》《坚白论》《名实论》的顺序,对《公孙龙子》六篇依次进行了疏释[11];然后,编者就《公孙龙子》一书的真伪问题作了考辨[12];本书最后载有四个附录[13],分别为"事略""评说""著录""注释"。

在疏释《公孙龙子》六篇时,编者首先对各篇的篇题及大旨等作了简

---

① 参见萧登福:《公孙龙子与名家》,文津出版社1984年版,第256—272页。
② 参见萧登福:《公孙龙子与名家》,文津出版社1984年版,第273—294页。
③ 参见萧登福:《公孙龙子与名家》,文津出版社1984年版,第295—352页。
④ 参见萧登福:《公孙龙子与名家》,文津出版社1984年版,第353—360页。
⑤ 参见萧登福:《公孙龙子与名家》,文津出版社1984年版,第361—372页。
⑥ 参见萧登福:《公孙龙子与名家》,文津出版社1984年版,第373—393页。
⑦ 参见萧登福:《公孙龙子与名家》,文津出版社1984年版,第394—396页。
⑧ 参见萧登福:《公孙龙子与名家》,文津出版社1984年版,第397—400页。
⑨ 参见姜涛主编:《中华经典欣赏全集:孙子·公孙龙子》,庄严出版社1985年版,第343—447页。
⑩ 参见姜涛主编:《中华经典欣赏全集:孙子·公孙龙子》,庄严出版社1985年版,第344页。
⑪ 参见姜涛主编:《中华经典欣赏全集:孙子·公孙龙子》,庄严出版社1985年版,第345—403页。
⑫ 参见姜涛主编:《中华经典欣赏全集:孙子·公孙龙子》,庄严出版社1985年版,第405—421页。
⑬ 参见姜涛主编:《中华经典欣赏全集:孙子·公孙龙子》,庄严出版社1985年版,第423—446页。

要说明，接着将各篇原文划分成若干段落并解释其中的重要字句，最后把各篇一一翻译成现代汉语。这里仅把各篇的说明撮录如下：

《迹府》篇说明："本篇是公孙龙弟子们编纂的公孙龙传略。'迹'是事迹，'府'是聚藏；'迹府'就是事迹汇编或传略。开篇第一句说：'公孙龙，六国时辩士也。'这'六国'二字，是秦以后人对'战国时期'的称呼，可证它的编成年代，不早于秦的统一。"[①]"作为一篇传略，对于研究者来说，《迹府》的内容，实在太简短了。无奈当时的体裁就是如此。它重在记言，所记的当然是最主要的言论。从这一点来说，它又为研究公孙龙学说提示了线索，使我们能抓住重点，不为别的现象所干扰。因而，《迹府篇》虽非公孙龙手笔，仍值得重视。"[②]

《白马论》说明："'白马非马'为公孙龙的成名论题。《迹府篇》说：'龙之所以为名者，乃以白马之论尔。'又说公孙龙'以"守白"辩'。有的书上透露，公孙龙以前已经有人提出'白马非马'说，……是否公孙龙独曰白马非马，也不一定。白马非马说由谁首倡，已难考实。但是，公孙龙充分论证了白马非马说，并以此闻名，则是可以肯定的。按，公孙龙以为'白马'一词，兼'命色'、'命形'两义；'马'则仅为命形之辞。若以'白马'为'马'，则系以色＋形＝形，此种等号是不能成立的。故白马非马之形式为白(色)＋马(形)≠马。"[③]

《指物论》说明："《公孙龙子》是诸子书中最难读的一本，而《指物论》又是《公孙龙子》中最难读的一篇。它除去具有其他各篇共有的诡辩特点因而难读外，自己还有两个特殊的难点：一个是，它也是对辩体，却未用'曰'字标明双方的界限；文中客难主答，一气呵成，稍不留心，难免张冠李戴。另个是，它的论辩过程一波三折，层出不穷，在这个意义上肯定了的东西，到另一意义上又把它否定，为的是最后再把它肯定，愈转愈深，如走龙蛇，偶一疏忽，便觉不知所云。"[④]"《指物论》也是全书中最重要的一篇。它是公孙龙思想的理论基础，回答的是物质和意识的关系问题。所谓

① 姜涛主编：《中华经典欣赏全集：孙子·公孙龙子》，庄严出版社 1985 年版，第 345 页。
② 姜涛主编：《中华经典欣赏全集：孙子·公孙龙子》，庄严出版社 1985 年版，第 345 页。
③ 姜涛主编：《中华经典欣赏全集：孙子·公孙龙子》，庄严出版社 1985 年版，第 357 页。
④ 姜涛主编：《中华经典欣赏全集：孙子·公孙龙子》，庄严出版社 1985 年版，第 367 页。

‘物’，就是物质或存在；所谓‘指’，就是意识和思维。‘指’的本义是手指，是一个具体名词；因为人总是用手指来指指划划，所以‘指’又成了动词，如‘千夫所指’，以及今语中的‘指使’、‘指示’等；后来更由此一转又成名词，成为抽象名词，出现了‘恉’字‘旨’字，和‘意’字相近。《指物论》中的‘指’，多半是这三种意义。”①“这种意义的‘指’，在语辞上，当远在公孙龙以前便已通用；而做为哲学范畴来使用和论证，大概从公孙龙始。《庄子·齐物论》提到‘指’和‘非指’、‘马’和‘非马’，应该是针对公孙龙而来的。可见《指物论》造成的影响，也不在白马说之下。”②

《通变论》说明：“公孙龙在《通变论》中建立了自己的方法论原则，表述了他的变化观。通，达也，察也；通变论，即通达变化之论，其目的在于弄通变化的道理。”③“他的变化观或方法论，概括在‘二无一’这个命题里。所谓‘二无一’，包含有两个意思：一是说，两个东西（‘二’）不能合成一个东西（‘一’，第三者，新的一）；一是说，由两个要素合成的东西（‘二’），不再含有其所由形成的要素（‘一’）。”④“这两个意思，似乎不能并存。既然说‘两个东西不能合成一个东西’，为什么又承认有‘由两个要素合成的东西’存在？这个难题，在公孙龙是不存在的。他并不认为‘由两个要素合成的东西’是‘一个’新东西，而只不过是两个要素的复合物而已，所以他称之为‘二’。复合物的存在，在他看来，正是‘二无一’的铁证，正好证明了‘两个东西不能合成一个东西’。”⑤“‘二无一’命题的另一种说法，是‘一与一为二’，它由‘二无一’换质换位后得来。‘一与一为二’，并非用来证明一加一得二的常识，而是用来否认对立统一（一与一为新一）规律的。”⑥“由于否认对立统一规律，《通变论》也就否认了运动和变化。否认变化，正是《通变论》的通达变化之论。”⑦

《坚白论》说明：“‘合同异’、‘离坚白’，是先秦名家中的两大学派。就

① 姜涛主编：《中华经典欣赏全集：孙子·公孙龙子》，庄严出版社1985年版，第367页。
② 姜涛主编：《中华经典欣赏全集：孙子·公孙龙子》，庄严出版社1985年版，第367页。
③ 姜涛主编：《中华经典欣赏全集：孙子·公孙龙子》，庄严出版社1985年版，第375页。
④ 姜涛主编：《中华经典欣赏全集：孙子·公孙龙子》，庄严出版社1985年版，第375页。
⑤ 姜涛主编：《中华经典欣赏全集：孙子·公孙龙子》，庄严出版社1985年版，第375页。
⑥ 姜涛主编：《中华经典欣赏全集：孙子·公孙龙子》，庄严出版社1985年版，第375页。
⑦ 姜涛主编：《中华经典欣赏全集：孙子·公孙龙子》，庄严出版社1985年版，第375页。

时间顺序说，'合'派在先，'离'派在后，所以'离'派也谈'同异'问题，即所谓的'别同异'。"[①]"公孙龙是'离'派的代表人物。在《坚白论》中，完整地保存了这一派的'坚白'观。他们认为，一块'坚白石'，其'坚'、其'白'、其'石'，都是各自分离的，不可同时被感知的。这样，他们就将'白马说'的观点，作了进一步的发挥。在'白马'问题上，他们论证了色形不同，个别和一般分离，物自体不可知，理性认识不可靠，以及概念的外延和内涵绝对对立等；而在'坚白石'问题上，则进而认为色、性、质互不相关，人的各种感觉一一分离，现象也不可知，感性认识也不可靠，一切事物均各自独立而且离开现象世界藏于彼岸。'坚白石'使'离'派的观点得到充分表现。所以，公孙龙以'白马说'成名，却以'离坚白'成家。"[②]

《名实论》说明："《名实论》是公孙龙哲学的纲领性文件。在这里，他表明自己哲学的基本任务在于'审其名实，慎其所谓'，即考察事物的名和实，慎重地给它们以称呼。在当时，这叫做'正名'的工夫。当时各家各派都主张正名，使名和实、实和名一致起来；只是由于政治利益的不同，大家所谓的正与不正的标准也不一样，因而'正名'的内容与方法也互有差异，甚至根本对立。名家是从哲学上来解决'正名'问题、研究名实关系的，这是他们同其他学派的最大区别。名家各派学说的背后，当然也隐藏着一定的政治利益。"[③]"《名实论》也可说是《公孙龙子》全书的绪论，这里给一些基本范畴都下了定义，提出了'正名'的原则，同其他几篇共同构成了一个学说体系。秦、汉人写书喜欢把叙放在最后，这一篇因而也被编在末尾。"[④]

6．陈癸淼注译《公孙龙子今注今译》

本书系台湾商务印书馆陆续出版的《古籍今注今译》丛书之一种，（台北）台湾商务印书馆 1986 年 1 月第 1 版。

---

① 姜涛主编：《中华经典欣赏全集：孙子・公孙龙子》，庄严出版社 1985 年版，第 389 页。
② 姜涛主编：《中华经典欣赏全集：孙子・公孙龙子》，庄严出版社 1985 年版，第 389 页。
③ 姜涛主编：《中华经典欣赏全集：孙子・公孙龙子》，庄严出版社 1985 年版，第 399 页。
④ 姜涛主编：《中华经典欣赏全集：孙子・公孙龙子》，庄严出版社 1985 年版，第 399 页。

本书正文前载有三篇序文、一篇凡例:王云五撰写的序成稿于1972年4月20日,这篇序文重点介绍了编纂本套丛书的缘起、历程、体例等。从中可知,由王云五主编的第一批《古籍今注今译》计十二种;谷凤翔撰写的序成稿于1975年8月19日,重点介绍了出版本套丛书的背景、重要性、整体规划等。从中可知,由中华文化复兴运动推行委员会、国立编译馆中华丛书编审委员会主编的第二批《古籍今注今译》计二十九种,加上此前王云五主编的十二种,已有四十一种;陈奇禄撰写的序成稿于1984年1月17日,主要介绍了出版本套丛书的目的、重要性、历程等。从中可知,由中华文化复兴运动推行委员会、国立编译馆中华丛书编审委员会主编的第三批《古籍今注今译》计十五种,陈癸淼注译的《公孙龙子今注今译》便位列其中。至此,本套丛书总计出版五十六种,其注译的古籍均是中国历代学术名著。

至于"《公孙龙子今注今译》凡例",其与附于陈癸淼此前出版的《公孙龙子疏释》(兰台书局1970年版)一书正文前的"凡例"大致相同(其中一个微小的区别是,著者把《白马论》《指物论》《通变论》《坚白论》《名实论》五篇篇题后的"绪言"改为"解题"),在此不再赘述。从内容上看,《公孙龙子今注今译》一书与前书也大致相同,在此亦不再赘述。两书相较,其不同之处主要表现在对《公孙龙子》六篇的排序上:本书的排序是《迹府》《白马论》《指物论》《通变论》《坚白论》《名实论》,而前书则将《迹府》移为最后一篇。

7. 丁成泉注译、黄志民校阅《新译公孙龙子》

本书系三民书局出版的《古籍今注新译丛书》之一种,(台北)三民书局1996年1月初版,2008年第2版。

本书正文前载有刘振强撰写的"刊印古籍今注新译丛书缘起",其中有言:"人类历史发展,每至偏执一端,往而不返的关头,总有一股新兴的反本运动继起,要求回顾过往的源头,从中汲取新生的创造力量。孔子所谓的述而不作,温故知新,以及西方文艺复兴所强调的再生精神,都体现了创造源头这股日新不竭的力量。古典之所以重要,古籍之所以不可不读，正在这层寻本与启示的意义上。处于现代世界而倡言读古书，并不是迷信传统，更不是故步自封；而是当我们愈懂得聆听来自根源的声音，我们就愈懂得如何向历史追问，也就愈能够清醒正对当世的苦厄。要扩大心量，冥契古今心灵，会通宇宙精神，不能不由学会读古书这一层根本的工夫做起。”[①]“基于这样的想法，本局自草创以来，即怀着注译传统重要典籍的理想，由第一部的四书做起，希望藉由文字障碍的扫除，帮助有心的读者，打开禁锢于古老话语中的丰沛宝藏。我们工作的原则是‘兼取诸家，直注明解’。一方面熔铸众说，择善而从；一方面也力求明白可喻，达到学术普及化的要求。”[②]

本书包括两部分内容：一是“导读”，二“注译”。在“导读”部分[③]，著者主要谈论了三个方面的话题：其一，著者结合古代典籍（如《庄子·天下篇》《吕氏春秋》《战国策·赵策》等）中的相关载述，对公孙龙的生平、事迹作了爬梳。其二，著者介绍了先秦名家的发展脉络、主要代表人物及其理论主张，对比分析了公孙龙与惠施的不同之处，重点通过考察《白马论》《坚白论》《指物论》《通变论》《名实论》的旨趣，对如何把握公孙龙学说的大旨作了阐析，认为“公孙龙的学说，主要是关于‘名’的学说，在他的文章里，虽也有时说到‘实’，其目的仍然是为了论述‘名’的绝对性”[④]。其三，著者对历代有关《公孙龙子》的评议进行了辨析，认为“由于种种原因，例如学派不同，或时代思潮的不同，评议者往往各是其是，各非其非，情况比较复杂”[⑤]。经过爬梳与分辨，著者得出了下述结论：“综观历代人对《公孙龙子》的评议，使我们不无遗憾的是，粗略的议论多，细致的分析少；着眼于实用价值的多，考虑其学术价值的少。历史事实已是如此，这是无可如何的。进入现代社会以后，哲学有了长足的发展，学术界对于《公孙龙子》在哲学上和逻辑上的成就，获得了不少新的认识，诸如《白马论》、《坚白论》中，严格区分一般与个别，并能仔细地从概念的内涵、外延等各个方

① 丁成泉注译，黄志民校阅：《新译公孙龙子》，三民书局2008年版，缘起第1页。

② 丁成泉注译，黄志民校阅：《新译公孙龙子》，三民书局2008年版，缘起第2页。

③ 参见丁成泉注译，黄志民校阅：《新译公孙龙子》，三民书局2008年版，导读第1—31页。

④ 丁成泉注译，黄志民校阅：《新译公孙龙子》，三民书局2008年版，导读第23页。

⑤ 丁成泉注译，黄志民校阅：《新译公孙龙子》，三民书局2008年版，导读第25页。

面，找出一般与个别的差异，将马、白、白马的概念，严格地区分开来；又严格区分物体的各种不同属性，根据人们认识事物时所用眼、手等感觉器官的不同功能，找出物体的各种不同的属性，将坚白石的坚性、白色、石形严格区别开来。这种高度重视事物的差异性的思想，对于提高人类认识事物的能力，以及丰富古代的辩证法理论，都是不可忽视的贡献。又如在《通变论》中，不仅仔细地区分了牛和羊的相同与相异之点，指出牛、羊、马属于同类而不同种，还指出了牛、羊与鸡不是一类，因而'牛合羊非鸡'的举例是错误的，这对于丰富古代的逻辑理论，也是很有意义的。再如《指物论》，对于'指'和'物'的关系，做了有益的探讨，肯定了先有'物'，后有'指'，还肯定了凡'物'都可以用'指'来表示，这对于丰富古代的唯物论的理论，也是一种重要的贡献。在《指物论》的姊妹篇《名实论》中，他不仅给'物'做出了相当正确的定义，而且还深入地论证了'物'的存在形式——位，即物体的时空位置，这在古代的唯物论中是不多见的。以上这些对于《公孙龙子》学说的新的认识，都远远超过了历代人的种种粗枝大叶的评议。"[①]"《公孙龙子》这部书，除了具有上述的长处与价值，它在思想和观点上，也的确存在不少局限乃至错误，这些局限与错误，有的早已被前人所发现，而在现代的研究者的论著中，有着更加深入也更加系统的清理，对于这些研究成果，我们都已吸收进来，写在各篇的题解、章旨、注释之中了。"[②]

在"注译"[③]部分，著者按照《迹府》《白马论》《指物论》《通变论》《坚白论》《名实论》的顺序，对《公孙龙子》六篇一一进行了疏释；每篇疏释均包含"题解""章旨""注释""语译"四部分，其中"解题"部分有助于读者从整体上把握各篇的大旨。此外，著者还用汉语注音符号对《公孙龙子》六篇原文进行了注音。

在《迹府》篇"题解"中，著者首先对本篇的大旨、辑佚等情况作了说明："本篇标题'迹府'，迹，指事迹；府，本是收藏文书的地方，这里取其收

---

① 丁成泉注译，黄志民校阅：《新译公孙龙子》，三民书局 2008 年版，导读第 30—31 页。

② 丁成泉注译，黄志民校阅：《新译公孙龙子》，三民书局 2008 年版，导读第 31 页。

③ 参见丁成泉注译，黄志民校阅：《新译公孙龙子》，三民书局 2008 年版，第 1—109 页。

藏之义。迹府二字连文，是收藏事迹。用为篇名，即搜集公孙龙的事迹而记载于此的意思。文章开头说：'公孙龙，六国时辩士也。'这语气使人一望而知，本篇不是出自公孙龙本人之手，而是在他身后，由他的弟子或名家学派里的人，搜集他的轶事写成的，是一篇带有传略性质的文字。将它置于全书之首，有介绍作者的用意。"[①]接着，著者对本篇的运思理路作了梳理："这篇文章首先介绍的，是公孙龙活动的年代，以及他的'辩士'身分。接着，便记述他的事迹：其一，创立'白马非马'的学说。文章扼要介绍了这一学说的主要论点，指出他创立这一学说的用意是，有感于战国时期的天下纷争，诸侯僭越，名实混乱，企图用《白马论》、《坚白论》的学说，来纠正名实不符的现象，以教育和开导天下的人。其二，与孔子的后裔孔穿的辩论。文章记述了辩论双方的论点，其中孔穿否定《白马论》的论点，比较笼统而抽象；公孙龙的辩驳，则具体而充分，尤其是他举出孔子'异楚人于所谓人'的例子，和齐王与尹文关于'士'的辩论的例子，有力地驳倒了孔穿，维护了'白马非马'的学说。文章通过以上两件事的记述，表现了公孙龙机智善辩的'辩士'的本色。"[②]

在《白马论》"题解"中，著者对本篇的大旨以及公孙龙论证"白马非马"这一命题的"诡辩"方法作了阐析："《白马论》是公孙龙的成名之作，是专门论证'白马非马'这一著名论题的文章。按我们通常的理解，说白马不是马，这简直是奇谈怪论。因为白马也是马，是马的一个类别。借用西方逻辑学的术语来说，马是'种概念'，白马是'类概念'，种概念包括类概念，马包括了白马。公孙龙说白马不是马，将白马排斥在马之外，这是不合逻辑的，也是违背常识的。然而，他却振振有词，从马是形体，白是颜色，称呼颜色的词不是称呼形体；马对颜色没有取舍，白马对颜色有取舍；马和白是两个不同的概念，不能相混合等几个方面进行论证。既然他的论题违背了逻辑和常识，他的论证就只有采取诡辩的方法了。在这篇文章里，他所采取的诡辩方法，一是割断事物的状态与事物之间的密切联系，坚持说白马的'白'与'马'不能结合，只能是'白'与'马'、'马'与'白'，

① 丁成泉注译，黄志民校阅：《新译公孙龙子》，三民书局2008年版，第1页。

② 丁成泉注译，黄志民校阅：《新译公孙龙子》，三民书局2008年版，第1—2页。

而不承认白是马的白，马是白的马。二是频繁地抽换概念，来维护其错误论断。因为他的论辩是诡辩，有时便自相矛盾，例如他反复说白马不是马，偶尔又承认有白马；又如他说白马不是马，却又说黄马、黑马是马等等。这篇文章的影响很大，于是他在历代人的心目中，便成为一位诡辩家了。”[①]

在《指物论》“题解”中，著者认为本篇的大旨是论述“指”与“物”的关系，并对这两个范畴的内涵以及公孙龙使用的循环论证方法等作了阐析：“本篇所论述的是‘指’和‘物’的关系。指、物二字在文中的涵义，不同于一般，它们是一个哲学范畴。指，通‘恉’、‘旨’，本意是意指、意趣，文中是称谓的意思。作为哲学范畴的‘指’，属于主观世界方面，相当于现代哲学所说的概念、思惟、精神等等。物，物质。作为哲学范畴的‘物’，属于客观世界方面，相当于现代哲学所说的物质、存在、客观实在等等。公孙龙论述‘指’和‘物’的关系，其主要论点是：凡物都有称谓，没有无称谓的物，也没有无物的称谓。这个主要论点，也就是全篇的中心论题，全篇都是围绕这个中心论题展开论述的。公孙龙对于‘指’和‘物’的关系的论述，还停留在很浅的层次上。而他所使用的论证方法，是有严重缺陷的循环论证的方式，即以论题做论据，再回到论题上。这种论证方法，也妨碍了他对‘指’和‘物’的关系的深入论证。不过他毕竟认识到了‘物’和‘指’的严格区别，这是应该予以肯定的。全文仍然采用主客论辩的表达方式。”[②]

在《通变论》“题解”中，著者首先对本篇的大旨作了说明：“本篇论述事物的‘通变’。通，指不同事物的相互融通。变，指不同事物经过相互融通而产生变化。这是公孙龙论述事物变化的一篇专题论文。”[③]接着，著者对本篇的中心论点及其运思理路作了阐析：“全文的中心论点是‘二无一’，围绕这个中心论点，著者还提出了‘二无左’、‘二无右’、‘左与右可谓二’、‘变非不变’等观点。所谓‘二无一’，是说两个不同的物质，不能通变成为另一新的物质。这个论点表明：公孙龙所说的通变，只能是局部的、

---

① 丁成泉注译，黄志民校阅：《新译公孙龙子》，三民书局 2008 年版，第 29—30 页。

② 丁成泉注译，黄志民校阅：《新译公孙龙子》，三民书局 2008 年版，第 45—46 页。

③ 丁成泉注译，黄志民校阅：《新译公孙龙子》，三民书局 2008 年版，第 55 页。

有限的、非本质的。简言之，他只承认事物有量变，而不承认事物有质变。文章在论证中列举了两个例子，一个是‘羊合牛非马，牛合羊非鸡’；另一个是‘青以白非黄，白以青非碧’。作者从知识论的角度，对牛、羊、马、鸡、青、白、黄、碧的类别，作了细致的区分，不仅指出这些事物的某些相同之处，更严格地辨别了它们的许多相异之处，这对于深入的认识事物是颇为有益的。他还指出，用‘牛合羊非鸡’、‘白以青非碧’的例子来论证‘二无一’，是错误的举例，更是丰富了当时的逻辑理论。”[①]最后，著者指出了本篇所存在的主要问题：“本篇题为‘通变’，而文章讲到事物的变化的却很少。例如当客人问到‘右有与，可谓变乎’、‘变奚’这个重要问题时，他却虚晃一枪，狡猾的避开了。不难看出，谈论事物的变化，而却不承认有质变，这就难免陷于窘境。还有，文章关于‘鸡足三，牛羊足五’的那段论述，与本篇论旨无关，显然是藉机宣扬他的形而上学，是故弄玄虚，毫不可取。”[②]

在《坚白论》“题解”中，著者首先对本篇的重要性及其影响作了说明：“这篇《坚白论》，是公孙龙的又一著名代表作品，和他的《白马论》一样，在当时就有很大的影响。庄子在《秋水》里说到公孙龙，就曾称述其‘合同异，离坚白’的学说，所谓离坚白，指的就是这篇《坚白论》所提出的论点。”[③]接着，著者对本篇的行文方式及其运思理路作了阐析：“文章仍采用主客相互问答、辩论的方式行文，从人的手和眼等感觉器官在认识事物中的不同作用着眼，依据‘视不得其所坚而得其所白’，‘拊不得其所白而得其所坚’的事实，得出如下的两个结论：其一，坚白石的坚性与白色，不可能在一个认识过程中同时知道，可见坚性与白色是各自独立的，互相分离的；其二，由此推知，天下万物也都是各自独立，各各分离的，这是客观世界的正常状态。这就是文章的结语所说的‘故独而正’。”[④]“作者在与客的论辩中，还具体地分析了坚与白都依附在石上，并且它们又都是兼及天下万物的。而不依附于任何物体的坚和白，则是隐藏着的。此外，还指出手和眼能分别感知坚和白，那也是有条件的，眼如果失明，手如果麻木了，还

① 丁成泉注译，黄志民校阅：《新译公孙龙子》，三民书局 2008 年版，第 55—56 页。

② 丁成泉注译，黄志民校阅：《新译公孙龙子》，三民书局 2008 年版，第 56 页。

③ 丁成泉注译，黄志民校阅：《新译公孙龙子》，三民书局 2008 年版，第 77 页。

④ 丁成泉注译，黄志民校阅：《新译公孙龙子》，三民书局 2008 年版，第 77—78 页。

是不能知道坚和白。以上这些分析，都能言之成理，有可取之处。”①最后，著者指出了本篇所存在的主要问题：“通观全文，公孙龙只承认坚与白的分离，而不承认二者的联系，客所提出的‘坚白域于石’的正确观点，他也不予承认。他无视人对于物体的综合认识能力，按照他的观点，人只能分别认识坚石和白石，而永远不可能认识坚白石了，这就是他的‘离坚白’的观点的极端片面性之所在。”②

在《名实论》“题解”中，著者首先对本篇在《公孙龙子》一书中所具有的特殊性作了阐析：“除去《迹府》为他人所作外，其余五论中，这篇《名实论》具有明显的特殊性，其他四论都是从各个不同的侧面谈论名和实，本篇则是从总体上论述名实关系的掌握和运用，这就使得本篇具有了统领全书的性质。而按照先秦书籍将序言置于全书末尾的惯例，本篇又恰是排在五论之末，因此，说《名实论》是《公孙龙子》全书的序言，不是没有理由的。”③接着，著者对本篇的运思理路及其主要观点作了阐说：“文章首先给‘物’下定义，认为天地和它们所生的一切都是物，而物是由它自身的质素所构成的，是不依赖人的主观意识而独立存在的实体，这实体处在一定的时空位置上。这些论断，表明了作者鲜明的朴素唯物论观点。文章接着用较多的笔墨详细论述了名和实的关系，提出了以下三点：要纠正名实关系的混乱状态，最重要的是纠正‘实’的位置；一个正确的名称，必须正确的使用；如果‘实’发生了变化，就不应该再使用原来的‘名’了。所有这些论点，都表明了一个极为可贵的思想，这就是‘实’决定‘名’，而‘名’必须随着‘实’的变化而改变的朴素辩证法观点。”④最后，著者对上述观点在《公孙龙子》其他四论（《白马论》《指物论》《通变论》《坚白论》）中的贯彻情况作了说明：“诚然，公孙龙在其他四论中，并没有完全按照上述的观点与思想，去论述名实关系的种种问题，而是掺入了不少形上学和诡辩论，但那不是《公孙龙子》的主流，则是可以断定的。”⑤

① 丁成泉注译，黄志民校阅：《新译公孙龙子》，三民书局 2008 年版，第 78 页。
② 丁成泉注译，黄志民校阅：《新译公孙龙子》，三民书局 2008 年版，第 78 页。
③ 丁成泉注译，黄志民校阅：《新译公孙龙子》，三民书局 2008 年版，第 97 页。
④ 丁成泉注译，黄志民校阅：《新译公孙龙子》，三民书局 2008 年版，第 97—98 页。
⑤ 丁成泉注译，黄志民校阅：《新译公孙龙子》，三民书局 2008 年版，第 98 页。

本书正文后载有著者撰成于 1995 年 10 月的"后记"，对本书的体例及相关情况作了四点说明：其一，"本书的原文，主要是根据两个旧注本，即宋朝谢希深注的《公孙龙子》，和清朝辛从益的《公孙龙子注》，也参校了近代和现代人的一些注释本。对于原文中的许多异文，本书择善而从，还吸收了现代人对异文的考订成果。取舍的原则是晓畅易读，不追求版本的名贵。为节约篇幅计，不出校记"[①]；其二，"在注释方面，本书力求详细，不仅注字词，也注整句，目的在于求得文意的贯通，方便于读懂原文。语译的原则是，尽可能的贴近原文，而又通顺易读，不做过多的文字修饰，以防走样"[②]；其三，"《公孙龙子》书的文字简古，说理多迂回曲折，因而颇多歧义，往往一字一语的理解不同，便影响到文章的大旨，例如白马非马的'非'字，有的解释为'不是'，有的解释为'不同于'，白马不是马，和白马不同于马，两个解释相去甚远，这已关系到本篇的命题的性质，故本书特意在导读中做了辨析，以备一解"[③]；其四，"本书的撰写，曾经广泛参阅了几种旧注和多种今注本，还参考了几种有影响的哲学史专著，并从中吸收了一些见解"[④]。

8. 冯耀明著《公孙龙子》

本书系《世界哲学家丛书》(傅伟勋、韦正通主编)之一种，(台北)东大图书公司 2000 年 1 月初版。

本书正文前载有著者撰写的"自序"[⑤]。首先，著者依据冯友兰的说法阐说了中国古代哲学的主流及其特色，就此剖析了作为非主流的名家以及后期墨家在历史上不受重视甚至屡遭贬抑、几成绝学的原因："中国古代哲学的特色，依据冯友兰的说法，在内容方面以'内圣外王'和'天人合一'为主题，在方法及表达方式方面则是重实践而轻知识，长于暗示而短于论证。在主流之外，有名家与后期墨家，特重理论思辨与语言分析，颇

---

① 丁成泉注译，黄志民校阅：《新译公孙龙子》，三民书局 2008 年版，第 111 页。

② 丁成泉注译，黄志民校阅：《新译公孙龙子》，三民书局 2008 年版，第 111 页。

③ 丁成泉注译，黄志民校阅：《新译公孙龙子》，三民书局 2008 年版，第 111—112 页。

④ 丁成泉注译，黄志民校阅：《新译公孙龙子》，三民书局 2008 年版，第 112 页。

⑤ 参见冯耀明：《公孙龙子》，东大图书公司 2000 年版，自序第 1—3 页。

与西方哲学之宗趣接近。惟中国传统学术向不重思辨与分析，公孙龙一类的辩者更被斥为‘诡辩’。……名、墨二家的思辨、分析之学，一直不受重视，其学之传习或断或续，不成体统，亦可见一斑。”[①]接着，著者对名墨研究的现状及其趋势进行了评骘：“有关名、墨二家的思辩、分析之学，一般中国学者认为其主要内容乃是中国逻辑学的研究对象。然而，严格言之，除了《墨经》或《墨辩》上有若干条目论及推理或类比的方式及限制外，绝大部分的材料都与逻辑学无关。《公孙龙子》与《墨经》最为关注的共同课题，乃是名实问题。而他们的名实问题又与儒、法二家的名实问题不同，特别注重语言与实在(世界)之间的关系。若依西方哲学的方式来理解，此种名实问题既有形上学的成分，而又特重语言哲学与逻辑哲学的探究。此种特重语言与逻辑的哲学思想能够在中国哲学史的舞台上出现，而且曾经风动一时，可谓异数。自从西方敞开传统中国的大门以后，名、墨二家的研究与日俱增。而重实践而轻思辩的主流思想(包括儒、道、释三家)也在中西文化交汇的夹缝中不断地被理论化、思辩化及分析化。‘工夫’与‘工夫论’之混淆被澄清，以及‘不可言说’的神话被破灭之后，主流与非主流的哲学思想一视同仁地要作理论建构和概念分析的工作，乃是不可逆转的一个学术方向。中国哲学要与西方哲学对话，中国哲学要被现代的中国心灵认识，都必须走往此一方向。”[②]然后，著者阐说了自己研究《公孙龙子》的理路与方法：“《公孙龙子》研究是我对中国古代的语言哲学和逻辑哲学研究计划中的一部分。计划中尚有《墨经》或《墨辩》的研究，先秦诸子(包括《庄子》、《荀子》等)的语言哲学和逻辑哲学的研究，魏晋玄学中的言意问题的研究，佛家中的语言与逻辑的哲学问题的研究，以及古汉语的逻辑哲学的研究(包括否定词、量词、数词、物质名称、模态词、指示词等)。整体研究计划基本上都是应用当代分析哲学的方法来处理问题，而本书更着重逻辑分析方法的运用。”[③]

本书包括九章内容：第一章是“生平与著作”[④]，谈及三个方面的话题，

---

① 冯耀明：《公孙龙子》，东大图书公司 2000 年版，自序第 1 页。

② 冯耀明：《公孙龙子》，东大图书公司 2000 年版，自序第 1—2 页。

③ 冯耀明：《公孙龙子》，东大图书公司 2000 年版，自序第 2 页。

④ 参见冯耀明：《公孙龙子》，东大图书公司 2000 年版，第 1—24 页。

分别为“古籍所载公孙龙”“辩者公孙龙的生平”“《公孙龙子》的真伪”。第二章是“学术思想与研究方法”[1]，谈及三个方面的话题，分别为“学术流派”“思想概要”“研究方法”。第三章是“《白马论》分析”[2]，谈及七个方面的话题，分别为“‘形色’论证”“‘求马’论证”“‘马与白非马’论证”“‘异黄马于马’论证”“‘不定所白’论证”“谓词与个体名的区分”“哲学涵义”。第四章是“《指物论》分析”[3]，谈及三个方面的话题，分别为“指涉理论的问题”“‘指’、‘物’、‘物指’”“《指物论》的存有论论旨”。第五章是“《坚白论》分析”[4]，谈及四个方面的话题，分别为“‘坚白离盈’之辩”“‘视拊不得’论证”“‘不定者兼’论证”“形上离藏论”。第六章是“《通变论》与《名实论》分析”[5]，分别谈及《通变论》《名实论》中的相关辩题。第七章是“《公孙龙子》的指涉问题”[6]，谈及三个方面的话题，分别为“各种抽象解释的要点和缺点”“物质名称假设的要点和缺点”“实在论新说”。第八章是“物质名词假设与诠释问题”[7]，谈及三个方面的话题，分别为“物质名词假设”“古代汉语的名词没有抽象指涉吗”“《公孙龙子》的诠释问题”。第九章是“中外学者对《公孙龙子》的研究”[8]，著者在对“中国学者的研究方法与成果”“西方学者的研究方法与成果”分别进行评骘的基础上，认为在包括胡适的“表德”说、冯友兰的“共相”说、劳思光和 J. Chmielewski 的“集合”说、C. D. Hansen 的“分体论”下的“材质”说及 A. C. Graham 的“分体论”下的“非材质”说等中外各家之说中，冯友兰的“共相”说较为可取：“我和冯友兰一样，都肯定《公孙龙子》中的形上学或存有论有实在论的倾向；我和冯友兰不一样的地方，是我透过分析的方法来探究《公孙龙子》的语言之存有承诺（ontological commitment），从而肯定公孙龙的语言是一种实在论的语言。从存有论的角度看的实在论，可以叫做‘实质的实在论’；从语言分析的角度看的实在

---

① 参见冯耀明：《公孙龙子》，东大图书公司 2000 年版，第 25—40 页。

② 参见冯耀明：《公孙龙子》，东大图书公司 2000 年版，第 41—70 页。

③ 参见冯耀明：《公孙龙子》，东大图书公司 2000 年版，第 71—103 页。

④ 参见冯耀明：《公孙龙子》，东大图书公司 2000 年版，第 105—124 页。

⑤ 参见冯耀明：《公孙龙子》，东大图书公司 2000 年版，第 125—147 页。

⑥ 参见冯耀明：《公孙龙子》，东大图书公司 2000 年版，第 149—176 页。

⑦ 参见冯耀明：《公孙龙子》，东大图书公司 2000 年版，第 177—202 页。

⑧ 参见冯耀明：《公孙龙子》，东大图书公司 2000 年版，第 203—240 页。

论，可以称为'形式的实在论'。本书的研究，基本上是兼顾这两方面的观点而进行的。虽然我们的方法与冯友兰的多有不同，但结论却是一致的。"[①]

本书正文后载有"历代典籍所记公孙龙学说与事迹辑要"[②]，具有一定的文献参考价值。

李贤中的《评介冯耀明的〈公孙龙子〉》，刊于《哲学与文化》2001 年第 9 期。

9．叶鹰著《公孙龙子析注译》

(香港)当代文艺出版社 2000 年 3 月第 1 版。

本书包括"前言""注译"两部分内容。在"前言"部分[③]，著者主要结合《公孙龙子》诸篇的相关论题，对公孙龙学说的旨趣作了阐说。在"注译"部分[④]，著者主要以王琯的《公孙龙子悬解》、谭戒甫的《公孙龙子形名发微》为参照，按照《迹府》《白马论》《指物论》《通变论》《坚白论》《名实论》的顺序[⑤]，对《公孙龙子》六篇一一进行了疏解。

本书对《公孙龙子》各篇的疏解均包括三部分内容：其一，"引言"。著者或结合前人的评说，或结合历史故事、现实事例，或融会西方哲学、逻辑学、现象学的相关知识，对如何把握《公孙龙子》各篇的大旨进行了阐析；其二，"注译"。根据各篇的文意与脉络，著者首先将其原文划分成若干段落，接着对其中的关键词及重要语段进行注解，然后将其翻译成现代汉语；其三，"后言"。著者围绕着《公孙龙子》各篇的大旨，或借题发挥，或将公孙龙学说置于中国思想史的整体脉络中予以探究，提出了某些引人深思的看法。

本书正文后载有"后语"[⑥]，成稿于 1999 年 10 月 24 日，著者对自己研

① 冯耀明：《公孙龙子》，东大图书公司 2000 年版，第 236 页。

② 参见冯耀明：《公孙龙子》，东大图书公司 2000 年版，第 241—248 页。

③ 参见叶鹰：《公孙龙子析注译》，当代文艺出版社 2000 年版，第 1—6 页。

④ 参见叶鹰：《公孙龙子析注译》，当代文艺出版社 2000 年版，第 7—401 页。

⑤ 本书正文前载有"凡例"，其中有言："除《迹府》有似简介示事外，其他五篇则可不分先后。"见叶鹰：《公孙龙子析注译》，当代文艺出版社 2000 年版，凡例第 1 页。

⑥ 参见叶鹰：《公孙龙子析注译》，当代文艺出版社 2000 年版，第 402—404 页。

究公孙龙学说的心迹与心得作了说明。

10. 刘福增著《公孙龙子新论》

本书系《文史哲大系》之一种,(台北)文津出版社 2002 年 6 月第 1 版。

本书正文前载有著者撰写的“序”[①],重点谈了三个方面的话题:(1)阅读本书的次序。著者提出了两点建议:其一,首先阅读第一章“引言”,在把握本书的体例并抓住除《迹府》篇以外的《公孙龙子》其他五篇的要点与头绪后,再阅读第二章(对现存《公孙龙子》首篇《迹府》篇的探讨),其中的原委在于:“原书《迹府》篇不是公孙龙自己写的,而是后人写的;应是为公孙龙写的传略,不是特地为《公孙龙子》写的序。但事迹简略,重在讲述公孙龙子的思想论辩。但非常糟糕的,《迹府》讲述的,不是错误重述公孙龙子的论辩,就是与它不相干。因此,《迹府》的讲述本身,虽然可读性很高,甚至‘很好玩’,但为了避免被误导而混淆,在读完其他篇,并且弄的有点头绪以前,不要读本篇。这样,读者在读完本书第一章后,先‘略(越)过’第二章。”[②]其二,“依原书其他各篇传习篇次写的第三至第七章,也可不依章序读。因为,一则原书这几篇之间,不但问题和内容上没有什么关连,而且在它们的了解上,也没有什么互补;二则,这几章我也独立写成。这样,读者可依自己的兴趣,甚至直感选读各章。但第五章,也就是讨论原书《通变论》篇的,最好最后读;因为这篇要讲什么要点,很不清楚,说明和论证也很费解”[③]。(2)本书各章节可对各种读者提供有益的帮助:“对上《公孙龙子》原著导读课的学生,本书各章前三节一定有用。第一节可帮助抓住各篇讨论要点。第二节的原文语译,相信提供一种比较清楚,好理解的‘语句意义’的白话翻译。第三节文句解说与析评,相信能帮助‘解开’原著较难懂的思路和内容。对想探讨《公孙龙子》的论辩思想的学生,各章第四节,可提供讨论的线索和基础。第五节也可提供反面思考的借鉴和警戒。想对先秦名家做研究的人,相信会在各章节看到点点滴滴,甚

---

① 参见刘福增:《公孙龙子新论》,文津出版社 2002 年版,序第 1—2 页。

② 刘福增:《公孙龙子新论》,文津出版社 2002 年版,序第 1 页。

③ 刘福增:《公孙龙子新论》,文津出版社 2002 年版,序第 1 页。

或一些基本性的参考。”[①](3)从语言哲学的层面把握《公孙龙子》一书的性质及其智慧颇为重要。著者认为,“从当代的哲学来观照,即使从较严格的标准来说,公元二千二百五十年前的《公孙龙子》一书,无疑是语言哲学(但不是逻辑,尤其不是演绎逻辑)高水准的开创之作。可惜立即中断,没有后继传承和发展”[②]。鉴于此,著者以现代语言哲学研究者自任,“希望本书的撰写,能够对《公孙龙子》做较清楚的解释,有用的批评,和可靠的评定哲学思想史的地位”[③]。

本书包括五章内容,可分为两大部分:第一部分是“引言”,即本书的第一章;第二部分是对《公孙龙子》六篇的探讨,即本书的第二章至第七章。著者按照《迹府》《白马论》《指物论》《通变论》《坚白论》《名实论》的顺序,对《公孙龙子》六篇一一进行了探讨。从第二章起,每章探讨一篇,其标题分别为“公孙龙——战国时名家辩士也”“白马非马”“物莫非指”“二无一与变不变”“坚白石三乎”“名实谓也”。

在“引言”部分[④],著者首先对先秦名家特别是《公孙龙子》的研究状况作了述评,在此基础上提出了自己研究《公孙龙子》的具体想法与做法,主要有如下三点:

(1)有必要将《公孙龙子》置于“周遭的背景思想”中予以探究。“所谓周遭的背景思想,不但指《公孙龙子》之前以及同时代的,而且指相当直接在后的。之前和同时代的背景思想,很可能会影响《公孙龙子》的,或与它交互影响。能够看到这实际的影响,无疑有助了解《公孙龙子》本身。直接在后的背景思想,是对《公孙龙子》的直接反响。我们很可以从这些看到在《公孙龙子》本身看不到或不容易看到,但对《公孙龙子》的研究和了解有用的东西”[⑤]。在著者看来,《公孙龙子》与两大背景思想密切相关,“即正名和名实相符的思潮,以及说而不休和欲以胜人的谈辩与诡辩之风。《公孙龙子》是这两种名辩风潮激荡的产物。但在当代的研究里,时

---

① 刘福增:《公孙龙子新论》,文津出版社 2002 年版,序第 1—2 页。

② 刘福增:《公孙龙子新论》,文津出版社 2002 年版,序第 2 页。

③ 刘福增:《公孙龙子新论》,文津出版社 2002 年版,序第 2 页。

④ 参见刘福增:《公孙龙子新论》,文津出版社 2002 年版,第 1—11 页。

⑤ 刘福增:《公孙龙子新论》,文津出版社 2002 年版,第 3 页。

常没有抓住激荡的要点”[①]。至于如何在《公孙龙子》研究里适当联系上述两种思想背景，著者认为，“知道有名实和谈辩这两个思想背景，并适当利用该背景就可以了，不必计较和评比其细节。一则因为名家之间没有什么理论性的概念，更谈不上有这种概念之间的彼此激荡。二则，《公孙龙子》所讲的，也不是建立在什么理论上的，尤其是什么名家理论上的东西。它所讲的，可以说是在很好的常识加上公孙龙自己相当不错的玄思(speculate 和 sophisticate)所得。因此，只要从常识追索几步，应该可以掌握所讲的。从现在看，《公孙龙子》的解释，难在语句意义，不在‘理论’或什么精深的概念”[②]。

(2)在研究次序上，针对过去的研究者通常先对他人的研究进行检讨然后提出个人见解的做法，著者指出自己的研究则采取了不同的次序：“首先，当然我会把有用的诸研究了解一番，并把握可参考的正面和负面要点。然后，把这些正负要点当‘心中’的参考，先写自己的解释和观点。只在很必要的时候，也提出别人的观点做评比。在最后，才检讨别人的研究和观点。我不先检讨诸研究，是因为华文传统哲学著作章句词语意义和语句意义，时常不清楚，十个人几乎有十个以上的解释。向来的研究，对词语意义和语句意义也没做应有的分析和讨论。讨论的主题也时常不清楚，没交集。因此很不容易抓住适当的主线当检讨的依据和参考点。这样，我只好以自己讲的当主线来检讨别人的。我以前研究《老子》的时候，多半采用这种次序。《公孙龙子》的研究，我也要这样。”[③]进而言之，面对《公孙龙子》这样的传统哲学著作，研究者也不要上来就进行一通检讨与批评，而是要抱着同情理解的态度，“主要在发现和呈现‘原意’，次要的，如果要做的话，才是检讨和批评它的主张、立论和讲法。在做检讨和批评时，主要也只就它内部逻辑的适当性去检视，而少从，甚至不从今天知识的标杆去衡量和批评它的‘是非’。在《公孙龙子》的研究上，当然首先要发现和呈现原意，并且就它内部逻辑的适当性进行检讨。但一样重

① 刘福增：《公孙龙子新论》，文津出版社 2002 年版，第 3—4 页。

② 刘福增：《公孙龙子新论》，文津出版社 2002 年版，第 4—5 页。

③ 刘福增：《公孙龙子新论》，文津出版社 2002 年版，第 5—6 页。

要的,我也要相当从当今有关知识的标杆,对它的逻辑适当性和知识的正确做必要的检视。我要做当今标杆的检视,主要是因为,《公孙龙子》,不像《老子》和《庄子》,它不是在'猜天,猜地,和猜人',而是在讲相当有'是非'可讲的逻辑观念、论证、语言和知识等。不论什么时代,凡是讲这些东西的讨论和著作,都可以,而且也应要拿当代知识标准去衡量和检视"[①]。当然,这种衡量和检视"要尽量避免把现代或别人的概念'植入'或'走私'到公孙龙的思想和说法里。我会小心翼翼把现代概念当后视概念(metaconcepts)来处理公孙龙的。毕竟,我要讲的是公孙龙的思想和说法,不是我自己的。我也要尽量不讲过少和过多。过少,没有充分呈现原意。过多,讲了与主点不相干的东西。我也不借题发挥——毕竟我是在讲《公孙龙子》,不是讲我自己的观点——除非是在做华文传统哲学研究本身的反省,尤其是方法上的反省"[②]。

(3)区分清楚研究对象的主点(焦点)和涉点是颇为必要和重要的。"所谓主点,指作者所要讲和主张的主要之点。所谓涉点,指与所讲的东西相关或相触,或从所讲的联想到的东西,这些东西未必与主点紧要相关,甚至不相干。弄清主点,才能对准主点了解、解释和评论。不把不是主点的涉点当主点处理,避免偏离主题"[③]。然而,要想把捉华文传统哲学著作的主点并不是一件容易的事。"华文传统哲学著作没有明文说出主点的习惯。因此读者和研究者经常需要自己去找作者企图的主点,时常也会找错,或是混淆"[④]。就《公孙龙子》研究而言,"《公孙龙子》的五篇论著本身也没有明文交代主点。《白马论》的主点是什么?有不同的回答。有的十分错误。整篇只就例子讲述,没有讲述一般化的。《指物论》的主点大都认为是第一句话'物莫非指,而指非指'。但没有举例说明,这句话有非常多种可能的解释。在我的研究中,要特别注意每篇的主点在哪里,公孙龙自己的讨论和研究者的研究,有没有抓住和偏离主点"[⑤]。

---

① 刘福增:《公孙龙子新论》,文津出版社 2002 年版,第 6 页。
② 刘福增:《公孙龙子新论》,文津出版社 2002 年版,第 7 页。
③ 刘福增:《公孙龙子新论》,文津出版社 2002 年版,第 6—7 页。
④ 刘福增:《公孙龙子新论》,文津出版社 2002 年版,第 7 页。
⑤ 刘福增:《公孙龙子新论》,文津出版社 2002 年版,第 7 页。

在对《公孙龙子》六篇分别进行探讨的第二章至第七章里，每一章均分为五节，著者在“引言”里对各节的主要内容作了简要的说明：

第一节为“小引”，主要在于“指出该篇的主点，大意，公孙龙处理问题的方式，重要词语的简单理解，阅读该篇应特别注意之点，和我处理该篇的方式等等”①。

第二节为“原文与语译”，主要是“做原文的语句意义的语译，原文词语的简单注解”②。为了发现和呈现语句的原意，“我的语译要做，而且只做语句意义的‘翻译’，不做‘解释’，更不做发挥。我希望尽量做到依我的语译就可讨论《公孙龙子》的主张和思想。原文的歧义和词语，做必要的保持”③。此外，著者还对本节的安排和做法作了七点说明：其一，“为了便于原文与语译的逐句严格对照和原文的了解，原文与语译逐句左右整齐对排”④；其二，“整篇原文分成若干段，其目的不在内容的分段，而在方便阅读原文与语译对照时，容易‘看到’或查到原文[注释]的地方，避免东翻西找。[注释]的词语用圆圈数字表示”⑤；其三，“原文左边的数码，标示一个语句——单句或复句。这是方便参引设计的。整篇重复的词句不少，如果没有这种设计，参引时容易混淆”⑥；其四，“在语译部分出现的括号数字，为第三节以后参引标识的”⑦；其五，“《公孙龙子》除了《迹府》和《名实论》两篇，其他四篇都是用对辩或问答体写成。现代的编者和研究者，为方便阅读和研究，时常给代表公孙龙立场和观点的文段标为：‘主’，‘公孙龙’、‘A(答)’、‘sophist’(辩者)，或‘thesis’(持题)；而给代表质问或反对立场的文段标为‘客’、‘难者’、‘Q(问)’、‘objector’(反对者)，或‘antithesis’(反持题)。这种标别的确可帮助我们阅读和了解文章中论辩和思考的进行。我现在要给代表‘主’等的标为‘K’，代表‘客’等的标为‘C’。‘K’代表‘Kung’(公)，即公孙龙，表示这是公孙龙的立场和观点，至少表

① 刘福增：《公孙龙子新论》，文津出版社 2002 年版，第 8 页。
② 刘福增：《公孙龙子新论》，文津出版社 2002 年版，第 8 页。
③ 刘福增：《公孙龙子新论》，文津出版社 2002 年版，第 8 页。
④ 刘福增：《公孙龙子新论》，文津出版社 2002 年版，第 8 页。
⑤ 刘福增：《公孙龙子新论》，文津出版社 2002 年版，第 8 页。
⑥ 刘福增：《公孙龙子新论》，文津出版社 2002 年版，第 8 页。
⑦ 刘福增：《公孙龙子新论》，文津出版社 2002 年版，第 9 页。

面上是如此。'C'代表'反考虑'(counter-consideration)。一个会思考的人在提出一个主张及其理由时，时常也会对这个主张及理由，做反面，即反对的思考。这个反对的思考，相对于原主张和理由，是为反考虑。反考虑固然是主张提出者做的，但在逻辑上，也可视为别人做的。我用代表'反考虑'的'C'，可以有歧义的表示公孙龙自己的反考虑，或别人的反对，至少表面上是如此。用'客'，'难'，和'反对者'好像就是'别人反对者'，其实很可能只是公孙龙自己的反考虑，甚至是他自己真实的主张"①；其六，"我参考一些研究者的建议，更改少数原文。除非必要我没有注出建议者。对这些更改，我负辩护责任"②；其七，"在注释，尽量采取简洁明了的方式，除非必要也不引据"③。

第三节为"文句解说与析评"："除了对语译及其与原文的关联，及各段论点做必要讨论以外，也要对这些语句的适当性做检讨。在这些语句出现的语境中遇有遗缺(missing)的前提或结论，必要时找出来。这些讨论，也为第四节的分析与批评做准备。"④

第四节为"论证与观点：综合观察与批评"，主要在于对整篇的论证与观点做整体的分析与批评，进而为探讨《公孙龙子》的论辩思想提供线索和基础。

第五节为"评论"，主要是"选择一些研究者值得注意的处理，解释与观点——不论是正面或是负面的——做检讨与批评。在比较之下，希望对我自己的诠释能有更好的了解"⑤。在这一部分中，著者援引诸多学人(如庞朴、周云之、丁成泉、冯友兰、陈癸淼、曾祥云、胡适、梅贻宝、牟宗三、唐格理[K. O. Thompson]等)的看法，在检讨与批评这些看法的基础上提出了个人的一些新见。譬如，在第七章第五节中，著者反对陈癸淼所谓"《公孙龙子》各篇虽也接触到名实与称谓问题，但均只就某一特殊名实问题加以探讨，至于完全以'名实'为主题，而作一个总论性地探究的，则是

① 刘福增：《公孙龙子新论》，文津出版社 2002 年版，第 9 页。
② 刘福增：《公孙龙子新论》，文津出版社 2002 年版，第 9 页。
③ 刘福增：《公孙龙子新论》，文津出版社 2002 年版，第 9 页。
④ 刘福增：《公孙龙子新论》，文津出版社 2002 年版，第 9—10 页。
⑤ 刘福增：《公孙龙子新论》，文津出版社 2002 年版，第 10 页。

《名实论》。……《名实论》可以把它当作是公孙龙各种学说的通论或总论”[①]这一说法，认为“陈癸淼恐怕没有弄清楚‘总论性探究’与‘一般性或抽象性探究’的不同。……《公孙龙子》里的《指物论》和《名实论》两篇，不是就《公孙龙子》各篇，做总论性探究，它们只是就指物和名实问题的某些根本问题，做一般性和抽象性探究而已”[②]。与此相关，著者也否认《公孙龙子》各篇之间存在有机的联系：“我不觉得《公孙龙子》的各篇之间，有什么明显的、紧密的逻辑和思想的关连。它们各篇只是公孙龙在他自己的‘直觉的统一性’下，写出的各自独立的篇章。它们不但看不出有明显的逻辑关连，而且在阅读理解上，也感觉不出有互补的作用。这样，《名实论》实在没有什么好做公孙龙各种学说的通论或总论的。了解公孙龙的思想旨趣，也没有先通过《名实论》的必要。透过《名实论》，对了解其他各篇也没有特别帮助。”[③]

11. 李贤中著《公孙龙子有关认识问题之研究》

本书系著者在辅仁大学哲学研究所读研期间撰写的硕士学位论文（指导教师丁原植教授），收入林庆彰主编《中国学术思想研究辑刊》（第11编第18册），（新北市）花木兰文化出版社2011年3月初版。

著者在为本书撰写的“提要”中首先写道：“本书是笔者26前写成的硕士论文，现在读起来，虽然在文字表达上略感生硬，但其中的思想是这二十几年来教学研究的泉源；现在的许多想法早在当时已经萌芽。因此，读起来倍感亲切。在《公孙龙子》的理解方面，有些部分已不同于当年，但是由于这篇论文当年构思精密，是一完整的系统，难以更动，因此还是保存原本的面貌呈现；如此，比较笔者之后的相关作品，也可以看到思想发展的变化线索。”[④]接着，著者从认识论的视域出发，把《公孙龙子》所处理的认识问题归纳为如下十个：“1. 人如何认识对象物？2. 认识作用如何可

① 刘福增：《公孙龙子新论》，文津出版社2002年版，第203页。

② 刘福增：《公孙龙子新论》，文津出版社2002年版，第204页。

③ 刘福增：《公孙龙子新论》，文津出版社2002年版，第204页。

④ 参见林庆彰主编：《中国学术思想研究辑刊》（第11编第18册），花木兰文化出版社2011年版，提要第1页。

能？3.认识作用所能达到的程度为何？4.认识的结果如何表达？5.怎样才是正确的表达？6.概念如何形成？7.概念具有哪些性质？8.概念与实在界的关系如何？9.指向性认识论的形上思想为何？10.《公孙龙子》整体的思路脉络为何？”[①]最后，著者阐说了《公孙龙子》的“认知”思想在先秦时期占有的特殊地位。

本书包括七章内容，分别为“绪论”“公孙龙子有关‘认识’的探讨”“公孙龙子有关‘表达’的探讨”“公孙龙子有关‘变化’的探讨”“公孙龙子有关‘概念’的探讨”“做为公孙龙子指向性认识依据的形上思想”“结论”。在“绪论”部分[②]，著者首先介绍了研究目的与范围。著者认为，现存《公孙龙子》六篇“除《迹府》为其弟子或后人所编集之外，每篇都直接涉及‘认识’问题，并且有其完整的理论体系，为研究中国早期认识问题极重要之资料，因此本文就以‘公孙龙子有关认识问题之研究’为题，尽可能系统地解析、展示他的思想，以做为日后研究中国‘认识’思想的一个起点”[③]。接着，著者介绍了研究态度与方法。著者认同劳思光在《中国哲学史》的序言中提出的“基源问题研究法”，主张依循公孙龙所欲解决问题的先后次序，找出其中的主要问题与次要问题。“所谓主要问题是指在作者动机中，较先发现而欲解决[④]问题，此类问题大都是由现实中所产生的。而所谓次要问题则是指：为解答主要问题所产生的问题，或主要问题的前行问题。例如，战国时代，诸子百家，各种学派众说纷纭，而有名实混乱的问题产生，故公孙龙子于其《名实论》中，就有：‘如何能达到正确表达？’的问题产生，为解决此一问题首先必须说明：‘正确的表达为何？’此即为次要或前行问题，前者即主要问题。又如为解答何为正确的表达必涉及有关‘认识’的问题，于是在其《指物论》中就说明了‘何为正确的认识？’‘认识如何可能？’以及‘认识的范围如何’……等等问题。由为解决事实的主要问题

① 参见林庆彰主编：《中国学术思想研究辑刊》（第11编第18册），花木兰文化出版社2011年版，提要第1页。

② 参见林庆彰主编：《中国学术思想研究辑刊》（第11编第18册），花木兰文化出版社2011年版，第1—9页。

③ 林庆彰主编：《中国学术思想研究辑刊》（第11编第18册），花木兰文化出版社2011年版，第3页。

④ 此处加“的”字。

层层上推，或步步下演，即可透显出作者的哲学思想。吾人亦可透过这种哲学问题的发展，而系统化地展示其整体哲学理论”[①]。然后，著者对研究内容作了概述。

第二章至第六章是本书的主体部分，著者按照《指物论》《名实论》《通变论》《白马论》《坚白论》的顺序，对《公孙龙子》五篇所涉及的认识问题一一进行了探讨。

“公孙龙子有关‘认识’的探讨”一章[②]是对《指物论》所涉及的认识问题的探讨。著者就此指出：“公孙龙子的思想基本上是为解决有关认识方法的问题，故于本文第二章首先开始即探讨其指向性的认识理论，说明其在《指物论》中所涉及的问题，包括：(一)吾人如何认识对象物？在此一问题的处理上，除对认识条件、认识过程的说明外，已经预设着认识作用是可以完成的，亦即肯定吾人可以认识对象物。因此，他又必须解决(二)‘认识作用如何可能？’此一问题，进而说明(三)认识作用所能达到的范围为何？亦即认识可能达到的程度为何？而由此认识程度的说明就呈显出认识主体与对象之性质与关系。此外，本章还包括了一些对上述问题提出解答之后所遭遇的问题。”[③]在著者看来，《指物论》的基本论题是“物莫非指，而指非指”，鉴于此，本章分四节探讨了《指物论》所涉及的认识问题：其一，“‘指、物’的意义”[④]，旨在厘清“指”与“物”的内涵；其二，“强调指向性的认识论”[⑤]，旨在探究公孙龙是如何证成及说明“物莫非指，而指非指”这一基本论题的；其三，“从指、物的存有性质论指向性认识的可能

① 林庆彰主编：《中国学术思想研究辑刊》(第11编第18册)，花木兰文化出版社2011年版，第6—7页。

② 参见林庆彰主编：《中国学术思想研究辑刊》(第11编第18册)，花木兰文化出版社2011年版，第11—24页。

③ 林庆彰主编：《中国学术思想研究辑刊》(第11编第18册)，花木兰文化出版社2011年版，第8页。

④ 参见林庆彰主编：《中国学术思想研究辑刊》(第11编第18册)，花木兰文化出版社2011年版，第12—15页。

⑤ 参见林庆彰主编：《中国学术思想研究辑刊》(第11编第18册)，花木兰文化出版社2011年版，第15—18页。

性”[①]，旨在从“指、物”的形上意义考察基本论题在成立上遭遇的难题；其四，“指向性认识的可能程度及其过程”[②]，旨在综摄立、难两面，以透显出“物莫非指，而指非指”真正所要说明的思想。

“公孙龙子有关‘表达’的探讨”一章[③]是对《名实论》所涉及的认识问题的探讨。著者就此指出：“认识包含着表达，因概念或‘名’的内含必须在使用、运作中方可确定，所谓的使用或运作不仅是说出或写出，也包括了思想中以之而进行的思考过程，故认识的结果乃是透过表达而呈显，并且，表达的正确性及表达的内容皆与认识作用有着密切的关系。认识过程的正确性影响着内容的正确性，故公孙龙子于其《名实论》中即探讨：(一)概念与对象物之间的关系为何？以及(二)如何才是正确的表达？(三)如何才能达到正确的表达？此亦涉及在使表达成为正确的过程中应以什么做为标准？并且由上述问题的探讨亦须解明(四)表达如何可能？等问题。这些即本文第三章所欲研究的主要问题。”[④]在著者看来，“‘名’何以表达‘实’？其理论的基础即在于《指物论》中肯定了认识的可能性；因认识是可能的，如此，被表达的一端——‘实’才能够确立。如此才能进一步探讨‘名’如何谓‘实’的问题”[⑤]。鉴于此，著者分三节探讨了《名实论》所涉及的认识问题：其一，“名与实的关系”[⑥]，旨在讨论“名”与“实”之间存在怎样的对应关系，进而讨论什么才是正确的表达以及正确表达的标准为何等问题；其二，“正确表达的方法与步骤”[⑦]，旨在探讨如何才能达

---

① 参见林庆彰主编：《中国学术思想研究辑刊》(第 11 编第 18 册)，花木兰文化出版社 2011 年版，第 18—20 页。

② 参见林庆彰主编：《中国学术思想研究辑刊》(第 11 编第 18 册)，花木兰文化出版社 2011 年版，第 20—24 页。

③ 参见林庆彰主编：《中国学术思想研究辑刊》(第 11 编第 18 册)，花木兰文化出版社 2011 年版，第 25—34 页。

④ 林庆彰主编：《中国学术思想研究辑刊》(第 11 编第 18 册)，花木兰文化出版社 2011 年版，第 8 页。

⑤ 林庆彰主编：《中国学术思想研究辑刊》(第 11 编第 18 册)，花木兰文化出版社 2011 年版，第 26 页。

⑥ 参见林庆彰主编：《中国学术思想研究辑刊》(第 11 编第 18 册)，花木兰文化出版社 2011 年版，第 27—29 页。

⑦ 参见林庆彰主编：《中国学术思想研究辑刊》(第 11 编第 18 册)，花木兰文化出版社 2011 年版，第 29—32 页。

成正确的表达等问题；其三，“在变化与指向性认识下的正确表达”[①]，旨在探究在变化与指向性认识下，其表达的限制与困难等问题。

“公孙龙子有关‘变化’的探讨”一章[②]是对《通变论》所涉及的认识问题的探讨。著者就此指出：“在认识与表达如何可能的问题探讨中，皆肯定了‘变化’，亦即在此变动不居的世界上，吾人应如何认识及表达？公孙龙子则在其《通变论》中讨论有关：（一）概念在认识上的形成及表达上的使用有怎样的变化？若两概念可共同形成一个新的概念，那么（二）如何判断两概念的同异、离合？所组成新的概念其内涵为何？又变化相对于不变而有，那么（三）在认识与表达的过程中，何者为不变呢？故本文第四章即以‘名’的变化、‘实’的变化、‘位’的贞定及变与不变的问题，分四节加以探讨。”[③]鉴于此，著者分四节探讨了《通变论》所涉及的认识问题：其一，“名的变化”[④]；其二，“实的变化”[⑤]；其三，“位的贞定”[⑥]；其四，“变与不变”[⑦]。

“公孙龙子有关‘概念’的探讨”一章[⑧]是对《白马论》所涉及的认识问题的探讨。著者就此指出：“认识的结果在思想中形成了概念，并且在第四章第二问中涉及了概念性质与关系的问题，因此本文第五章即以《白马论》为研究对象，特别探讨其中有关概念所涉及之问题，包括：（一）透过认

---

① 参见林庆彰主编：《中国学术思想研究辑刊》（第 11 编第 18 册），花木兰文化出版社 2011 年版，第 32—34 页。

② 参见林庆彰主编：《中国学术思想研究辑刊》（第 11 编第 18 册），花木兰文化出版社 2011 年版，第 35—47 页。

③ 林庆彰主编：《中国学术思想研究辑刊》（第 11 编第 18 册），花木兰文化出版社 2011 年版，第 8 页。

④ 参见林庆彰主编：《中国学术思想研究辑刊》（第 11 编第 18 册），花木兰文化出版社 2011 年版，第 35—39 页。

⑤ 参见林庆彰主编：《中国学术思想研究辑刊》（第 11 编第 18 册），花木兰文化出版社 2011 年版，第 39—43 页。

⑥ 参见林庆彰主编：《中国学术思想研究辑刊》（第 11 编第 18 册），花木兰文化出版社 2011 年版，第 43—45 页。

⑦ 参见林庆彰主编：《中国学术思想研究辑刊》（第 11 编第 18 册），花木兰文化出版社 2011 年版，第 45—47 页。

⑧ 参见林庆彰主编：《中国学术思想研究辑刊》（第 11 编第 18 册），花木兰文化出版社 2011 年版，第 49—57 页。

识所产生之概念其性质如何？所产生的概念之间必有所联系而形成判断，而联系的标准又视其间的关系而定，故须探究（二）概念与概念之间的关系为何？以及（三）概念与实在界的关系如何？概念是否具有实在性？此乃第五章所欲加以探讨的主要问题。”[①]鉴于此，撰者分三节探讨了《白马论》所涉及的认识问题：其一，“概念的性质”；其二，“概念相互间的关系”，旨在探讨概念在表达上的离、合关系；其三，“概念与实在界的关系”，在揭示概念与实在界关系的基础上，进一步说明概念的独立性与实在性等问题。在著者看来，“透过《白马论》此篇的探讨，可使吾人对‘名’‘实’‘物’的关系有进一步的澄清”[②]。

“做为公孙龙子指向性认识依据的形上思想”一章[③]是对《坚白论》所涉及的认识问题的探讨。撰者就此指出：“承接第五章对概念性质的探讨，公孙龙子又返回‘认识’及其形上基础的问题，指出（一）人如何透过感官作用而认识对象物？进而如何获得普遍的概念？（二）从各官能而来的不同结果，相互比较下反映了对象是如何的存有物？以及其与认识主体的关系为何？（三）对上述问题的解答，产生了如何的形上思想？以作为其整个理论架构的基础？以上的三大问题即本文第六章所探讨的主要问题。并且，《坚白论》就公孙龙子的思想而言，他虽然藉着对坚白石此一对象认识过程与结果的说明，实亦包含着他整体思想的一个结论。”[④]鉴于此，著者分三节探讨了《坚白论》所涉及的认识问题：其一，“从感官作用说明概念自身的独立自藏”[⑤]；其二，“异于感觉官能的认识能力”[⑥]；其三，“公

① 林庆彰主编：《中国学术思想研究辑刊》（第11编第18册），花木兰文化出版社2011年版，第8—9页。

② 林庆彰主编：《中国学术思想研究辑刊》（第11编第18册），花木兰文化出版社2011年版，第49页。

③ 参见林庆彰主编：《中国学术思想研究辑刊》（第11编第18册），花木兰文化出版社2011年版，第59—67页。

④ 林庆彰主编：《中国学术思想研究辑刊》（第11编第18册），花木兰文化出版社2011年版，第9页。

⑤ 参见林庆彰主编：《中国学术思想研究辑刊》（第11编第18册），花木兰文化出版社2011年版，第60—62页。

⑥ 参见林庆彰主编：《中国学术思想研究辑刊》（第11编第18册），花木兰文化出版社2011年版，第62—66页。

孙龙子认识论的形上基础”①。

在“结论”部分②，著者从三个方面对公孙龙的认识思想进行了总结：其一，“公孙龙子认识思想构作之理路”③。著者就此指出：“公孙龙子的思想，……其根本欲解决的是：在其所处时代名、实混乱的现实问题，亦即为解决‘什么才是正确的表达？’然而，‘表达’之前必须有所‘认识’；因此，公孙龙子思路的起点是探讨‘认识’的问题，而其终点则是为解决‘表达’的问题。此由《指物论》的第一句‘物莫非指，而指非指’及《坚白论》的最后一句‘离也者，天下故独而正’可见。物、指的问题即其认识理论，‘独而正’的思想，其所‘正’者即‘名’‘实’，亦即为解决表达的问题。在其思路进行当中，首先说明‘认识’乃主、客的对立，由认识主体指涉认识对象而得到认识的结果。”④其二，“公孙龙子思想在其它观点下的评价与比较”⑤。著者在对庄子、墨子、荀子有关公孙龙的论述进行分辨并对惠施与公孙龙进行比较的基础上，认为“他的《指物论》是在主客二元对立的认知结构下，来谈指向性的认识过程与认识范围；从‘物莫非指’的普遍肯定，到‘而指非指’的怀疑态度，再在⑥到‘指固自为非指，奚待于物而乃与为指’的不可知立场。此与墨家的素朴实在论、惠施‘万物毕同毕异’的相对论，以及庄子‘道通为一’、‘有真人而后有真知’的神秘主义，构成了先秦认识理论的全面谱系，值得我们细细研读比较”⑦。其三，“公孙龙子认识理论本身

① 参见林庆彰主编：《中国学术思想研究辑刊》（第11编第18册），花木兰文化出版社2011年版，第66—67页。

② 参见林庆彰主编：《中国学术思想研究辑刊》（第11编第18册），花木兰文化出版社2011年版，第69—78页。

③ 参见林庆彰主编：《中国学术思想研究辑刊》（第11编第18册），花木兰文化出版社2011年版，第69—71页。

④ 林庆彰主编：《中国学术思想研究辑刊》（第11编第18册），花木兰文化出版社2011年版，第69页。

⑤ 参见林庆彰主编：《中国学术思想研究辑刊》（第11编第18册），花木兰文化出版社2011年版，第71—76页。

⑥ 此处的“在”系衍文。

⑦ 林庆彰主编：《中国学术思想研究辑刊》（第11编第18册），花木兰文化出版社2011年版，提要第1页。

的问题及可能发展之方向”[1]。就公孙龙认识理论本身的问题而言，著者认为“公孙龙子指向性的认识论，以多向的思考方式，同时处理了许多不同层次的问题，涉及了认识论、逻辑、形而上学等不同的领域，其理论本身难免产生了许多有待解决的困难”[2]，进而将其理论本身的问题归纳为如下四点：第一点，“指向性认识最基本的论题即‘物莫非指，而指非指’，然而此命题本身就产生了困难。……就‘物莫非指’而言，必须肯定有原本之物存在；但就‘而指非指’而言，则无法肯定有原本之物存在。故就‘原本之物是否存在？’此一问题来看，‘物莫非指，而指非指’此两句即产生了矛盾”[3]；第二点，“指向性认识在表达上主要的目[4]要求即‘一名一实，名符其实’，但倘若完全地一名一实，在表达的沟通作用上是否可能，因我们一般语言的习惯用法，常将‘类’中的个别分子以‘类名’代称，如‘张三是人’。此由表达的沟通作用上看，十分重要。倘若不以这种用‘类名’代称个别分子的方式，而严守一名一实的原则，人与人之间彼此的沟通将成为不可能；……另从《公孙龙子》五篇思想所使用概念的多义性来看，可知其本人亦无法严格遵守一名一实的原则，于是其理论本身表达就与其理论的内容相违”[5]；第三点，“公孙龙子赖以成名的《白马论》中含有错误推论”[6]；第四点，“指向性认识的认识官能，在《坚白论》指出感觉官能与‘神’的关系乃断离的，‘神’无法将得自感官的认识结果加以综合，亦即并不具有抽象、普遍化的作用。但是，其曰：‘无坚得白，其举也二；无白得坚，其举也二。’其中的‘二’如何成立？……倘若其认为可以举之为‘二’，即表示已有异于感官之认识官能在作用，而此作用正是综合，显示‘神’与感官

---

① 参见林庆彰主编：《中国学术思想研究辑刊》（第 11 编第 18 册），花木兰文化出版社 2011 年版，第 76—78 页。

② 林庆彰主编：《中国学术思想研究辑刊》（第 11 编第 18 册），花木兰文化出版社 2011 年版，第 76 页。

③ 林庆彰主编：《中国学术思想研究辑刊》（第 11 编第 18 册），花木兰文化出版社 2011 年版，第 76 页。

④ 此处的“目”系衍文。

⑤ 林庆彰主编：《中国学术思想研究辑刊》（第 11 编第 18 册），花木兰文化出版社 2011 年版，第 76—77 页。

⑥ 林庆彰主编：《中国学术思想研究辑刊》（第 11 编第 18 册），花木兰文化出版社 2011 年版，第 77 页。

无法彼此断离。再者，倘若万物皆独立互离，认识主体就只能于自身认识自身，那么主、客对立的指向性可认识如何可能?"[①]再就公孙龙认识理论可能的发展方向而言，著者认为，"以上就公孙龙子理论本身所提的问题，以《公孙龙子》现在的五篇内容来看是无法完满解答的；然而，这正也是他的思想可能继续发展的起点。并且，吾人还可以从推论、表达、认识论本身三方面继续研究下去"[②]。就推论方面而言，"吾人可以当代语言哲学、逻辑学的研究成果，对公孙龙子推论的形式、规则、逻辑结构等加以分析"[③]；就表达方面而言，"公孙龙子的'谓'值得深入研究"[④]；从认识论本身看，"从公孙龙子的思想吾人可以继续反省认识论本身的问题。亦即在对'认识'的探讨上，应以什么方法来探讨认识作用？如果对于人类认识作用的探讨，仍运用其方法欲解决之对象为方法，所得之结论是否足以支持、说明人类'认识'的真实性？如果人类只能在'认识'之下来建立一切理论，那么真实完备的认识理论是否能够建立？如果吾人可以不必透过'认识'或不单从'认识'来建立'认识'的理论，那么还能从'什么'来建立'认识'的理论？……"[⑤]著者最后指出："凡是愿意追求真理的人，都可对上述的问题继续探讨下去，然而本论文旨在系统展示公孙龙子有关'认识'的思想，及反省其中所产生的问题，至于反省后之问题的解决，似乎就逾越了本文的范围，且此亦为个人目前学力所不逮，唯有待日后继续之钻研努力了。"[⑥]

---

① 林庆彰主编:《中国学术思想研究辑刊》(第 11 编第 18 册)，花木兰文化出版社 2011 年版，第 78 页。

② 林庆彰主编:《中国学术思想研究辑刊》(第 11 编第 18 册)，花木兰文化出版社 2011 年版，第 78 页。

③ 林庆彰主编:《中国学术思想研究辑刊》(第 11 编第 18 册)，花木兰文化出版社 2011 年版，第 78 页。

④ 林庆彰主编:《中国学术思想研究辑刊》(第 11 编第 18 册)，花木兰文化出版社 2011 年版，第 78 页。

⑤ 林庆彰主编:《中国学术思想研究辑刊》(第 11 编第 18 册)，花木兰文化出版社 2011 年版，第 78 页。

⑥ 林庆彰主编:《中国学术思想研究辑刊》(第 11 编第 18 册)，花木兰文化出版社 2011 年版，第 78 页。

本书正文后附有“《公孙龙子》原文”[1]，其对《公孙龙子》六篇的排列次序为《迹府》《白马论》《指物论》《通变论》《坚白论》《名实论》。

12. 尉迟淦著《公孙龙思想的理解与批判》

尉迟淦所著《公孙龙思想的理解与批判》系其博士学位论文（辅仁大学哲学研究所博士学位论文，辅仁大学图书馆存），1989年5月完成，指导教师李震教授。

该著包括“前言”与七章内容。在“前言”部分[2]，著者对写作动机、写作范围与目标、写作方法与程序一一作了说明。就写作动机而言：“基于此一中西哲学之差异对比，吾人发现中国哲学虽有丰盛之内涵，却因表达之不再合乎时代，与理性建构之不足，造成今日之困境。若思有所突破，势必强化理性之功能，凸显理性之角色。此一工作之完成，不是单纯借用西方之成果便足以为功，而须更进一步深入中国哲学之源头开发自身本有之理性的可能根源，扎根于自家之土地上。因此，对应于西方哲学之认识，尤其是士林哲学之涵养，吾人选择被一般人视为诡辩家之公孙龙作为重返中国与重建中国之思想桥梁。因为，其思想中含藏着中国人一般所欠缺之理性认知的种子。”[3]就写作范围而言：“今本《公孙龙子》六篇，……有人疑非残稿，而为完整之作；但因严整仅为大体之架构，而非整体之严整，故仍有余义之可能，足可断言今本之非全本。在确定今本《公孙龙子》之可靠性后，吾人之研究即以此书为基本材料，并辅之以历代相关之记载、注释、诠释与批评。”[4]就写作目标而言：“针对上述理性开发之诉求，重点放在公孙龙思想中理性特点之揭露。透过此一揭露，本文之题目遂界定为《公孙龙思想的理解与批判》。希望一方面藉着对传统理解之批判勾勒出其异于传统之理性特色；一方面藉着对现代理解之批判为其理性之内涵定位。由之，完成公孙龙思想之本来面目的客观还原工作，并提供中

① 参见林庆彰主编：《中国学术思想研究辑刊》（第11编第18册），花木兰文化出版社2011年版，第81—86页。

② 参见尉迟淦：《公孙龙思想的理解与批判》，辅仁大学1989年，第1—6页。

③ 尉迟淦：《公孙龙思想的理解与批判》，辅仁大学1989年，第1—2页。

④ 尉迟淦：《公孙龙思想的理解与批判》，辅仁大学1989年，第2页。

西文化交流之理性融入的适当契机。”[①]就写作方法而言：“吾人之初步方法构思即以‘存而不论’作为探讨的第一步。在指出传统与现代理解之外的可能性后，吾人进而面对公孙龙思想自身。经由基源问题之确认，其思想乃可环绕此一问题而重构。重构之步骤并非采用系统建构之演绎法，而是采用层层深入之还原法。依据意识呈现之始点，由思维之直接体会的分析，步步回返含藏于意识深层之存在意向关系，终于存有自身之定位。在完成其思想之系统理解后，最后予以各诠释系统之评价，抉择较适切之理解方式。历经上述之存而不论、系统还原重构与诠释系统之对比等方法学之运作，吾人可后设地反省方法运作之结果，并贯穿历史进入现代，以完成诠释之自觉意识与存在使命。”[②]就写作程序而言，该著分七章展开探讨，著者继而对各章的安排作了介绍。

第一章为“理解与批判”[③]，其运思理路与结构安排如下：“在回顾有关公孙龙思想之传统与现代之理解过程中，吾人发现一十分有趣之现象；即传统之理解以实践立场为主，故批评多，理解少；现代之理解则是基于理论之立场，故理解多，批评少。由此理解之趋势，可知客观理解之可能。为了达成较圆满之客观理解的目标，首先吾人须将一切可能觉察得到的理解定论‘存而不论’；透过此一化定论为可能之参考点的过程，吾人一方面可了解传统何以会产生‘难解’之理由，一方面可了解现代何以会有多元理解之原因；如是方能真正回返基本文献本身，而予以客观之面对。相应于此，本章分三节探讨：（一）传统理解的存而不论；（二）现代理解的存而不论；（三）理解与起点。”[④]

第二章为“名实问题的新观点”[⑤]，其中论及《迹府》篇与《名实论》的相关内容。著者首先将公孙龙思想的基源问题确定为“名实问题”，继而对本章的运思理路与结构安排作了说明：“在确定何者为基源问题之后，吾人须进一步厘清其意义，以为往后系统建构之依据。此一厘清工作可就

---

① 尉迟淦：《公孙龙思想的理解与批判》，辅仁大学1989年，第3页。

② 尉迟淦：《公孙龙思想的理解与批判》，辅仁大学1989年，第3—4页。

③ 参见尉迟淦：《公孙龙思想的理解与批判》，辅仁大学1989年，第7—23页。

④ 尉迟淦：《公孙龙思想的理解与批判》，辅仁大学1989年，第7—8页。

⑤ 参见尉迟淦：《公孙龙思想的理解与批判》，辅仁大学1989年，第24—48页。

三方面为之：一是实存根源之厘清，目的在于确定其存在之社会背景；一是历史根源之厘清，目的在于确定其思想之历史根源；一是公孙龙自身理解角度之厘清，目的在于确定其思维之具体意义。相应地，本章分四节探讨：（一）周文疲弊与重建；（二）伦理的定位；（三）形上的超越；（四）认识的落实。”①

第三章为“概念论”②，其中论及《通变论》《白马论》与《名实论》的相关内容。著者首先认为“名不单是表达之名，亦为认识之名，即概念之名”③，继而对本章的运思理路与结构安排作了说明：“既知名为谓实之概念，吾人可进而探讨概念之种种关系。首先，就概念之离合关系探讨概念与概念间之归类问题；其次，就概念之类型关系探讨概念与概念间之结构问题；再次，就概念之性质探讨概念之外延与内涵关系；最后，就概念存在先后探讨认识之基本单位的问题。依此，本章分四节探讨：（一）同类与异类；（二）类的结构；（三）概念的逻辑性质；（四）基本的认识单位。”④

第四章为“指物论”⑤，主要论及《指物论》的相关内容。著者首先认为《指物论》的基本课题是“有关指物关系之认识问题”⑥，继而对本章的运思理路与结构安排作了说明：“在点出《指物论》之基本课题后，吾人可正式进入指物问题之相关理解中。首先，透过历来有关指之理解的反省，厘清指的意义，确保探讨方向的正确；其次，反省历来有关指物一元化之化约论点，确认指物之二元关系；再次，反省历来有关指物二元化之彻底二分观点，确认指物之一元关系；最后，综合上述反省成果，指出指物间不一不异、又一又二之意向关系。依此，本章分四节探讨：（一）指的意义；（二）指物一元观；（三）指物二元观；（四）指物意向观。”⑦

第五章为“物论”⑧，其中论及《坚白论》与《名实论》的相关内容。著者

① 尉迟淦：《公孙龙思想的理解与批判》，辅仁大学1989年，第24—25页。

② 参见尉迟淦：《公孙龙思想的理解与批判》，辅仁大学1989年，第49—72页。

③ 尉迟淦：《公孙龙思想的理解与批判》，辅仁大学1989年，第49页。

④ 尉迟淦：《公孙龙思想的理解与批判》，辅仁大学1989年，第49—50页。

⑤ 参见尉迟淦：《公孙龙思想的理解与批判》，辅仁大学1989年，第73—97页。

⑥ 尉迟淦：《公孙龙思想的理解与批判》，辅仁大学1989年，第73页。

⑦ 尉迟淦：《公孙龙思想的理解与批判》，辅仁大学1989年，第73—74页。

⑧ 参见尉迟淦：《公孙龙思想的理解与批判》，辅仁大学1989年，第98—121页。

对本章的运思理路与结构安排作了说明："《坚白论》既为公孙龙思想之基础，吾人在进入之前，须先藉由《名实论》之物的解说，确定物之意义；其次，因着指物之关系，进入物之基本存在方式的探讨；再次，为物之存在方式定位，探讨物之多元的存有地位；最后，透过物之关联性的发现，探讨物之多元、一元之关系。因而，本章可相应地分成四节：（一）物的意义；（二）物的基本存在方式；（三）物的多元观；（四）物的虚—实多观。"[①]

第六章为"思想系统的定位与批判"[②]，本章是在前述五章的基础上对公孙龙思想系统所作的理解与总结。著者对本章的运思理路与结构安排作了说明："回应上述第一章之存而不论的初步质疑，有关传统与现代之种种可能诠释系统，吾人现可进而决定何者始为最佳之理解。由于诠释系统基本上以唯物论、唯象论、唯心论三系为主，因此反省之对象亦以此三系为限。藉着对此三系之批判，吾人尝试提出第四种诠释之可能，即实在论。依此，本章分四节探讨：（一）唯物论诠释系统的省察；（二）唯象论诠释系统的省察；（三）唯心论诠释系统的省察；（四）实在论诠释系统的定位。"[③]

第七章为"结论"[④]。著者对本章的运思理路与结构安排作了说明："所有的探讨都有开始，但也都有终结。一旦上述之公孙龙思想定位之工作完成，整个系统性之探讨亦当告一段落。此时，最重要之任务就在于检视探讨之结果，观其结论与不足，圆满整个诠释精神之自觉要求。但系统认识不单止于思想内部之理解，亦且关怀思想之历史际遇。因此，其数千年来之历史遭遇，也是吾人结论中之关怀点之一。此外，依公孙龙之心愿与中国传统之使命倾向，吾人有必要进一步阐述其思想在现代中国之意义。因此，本章分三节论述：（一）本文的结论与反省；（二）历史命运的形成；（三）现代的可能任务。"[⑤]

---

① 尉迟淦：《公孙龙思想的理解与批判》，辅仁大学 1989 年，第 99 页。
② 参见尉迟淦：《公孙龙思想的理解与批判》，辅仁大学 1989 年，第 122—143 页。
③ 尉迟淦：《公孙龙思想的理解与批判》，辅仁大学 1989 年，第 122 页。
④ 参见尉迟淦：《公孙龙思想的理解与批判》，辅仁大学 1989 年，第 144—156 页。
⑤ 尉迟淦：《公孙龙思想的理解与批判》，辅仁大学 1989 年，第 144 页。

13. 景鸿鑫著《景注公孙龙与名家：图象思维的再诠释》

（台南）成大出版社 2015 年 11 月第 1 版。

本书正文前载有著者撰写的“自序”，其中有言：“本书跳脱我国传统思想的局限，同时避开西方哲学的偏见，从最根本的思维方式出发，重新解读名家与公孙龙的所有言论。本书首先厘清我国基于汉字的图象思维、以及西方基于字母拼音文字的线型思维之来源与运作方式，以及二者之间的对比，说明何以从我国传统思想的角度出发会认定名家诡辩，以及又为什么从西方哲学的观点看名家的时候，会得到不合逻辑的结论。本书同时针对公孙龙的五篇文章，以及邓析、惠施与其他不知名辩者的所有论题，从图象思维的角度，进行逐字的解读，提出不同于古人、也不同于今人的全新诠释。本书所提出的诠释首尾一贯，一气呵成，毫无窒碍难行之处，更没有自相矛盾的地方，充分说明了思维方式确实是一个诠释名家最合理的角度。”[①]“由于名家与公孙龙在我国文化思想史上的角色太诡异了，本书同时以西方希腊哲学史上的诡辩学派为对照，说明我国名家的真正历史意义。同时对比于西方哲学之父苏格拉底，阐明公孙龙对中国思想的真正贡献，以及所应该具有的历史地位，希望能彻底还原名家与公孙龙的真正本来面貌，并进一步为建构中国哲学建立扎实的基础。”[②]

本书包括九章内容，分别为“如何理解公孙龙”“名实论”“指物论”“白马论”“坚白论”“通变论”“名家相关言论解析”“公孙龙与苏格拉底”“公孙龙——中国哲学之父”。

在“如何理解公孙龙”一章[③]，著者主要阐析了四个问题，分别为“公孙龙的生平”“世人对公孙龙的评价”“中西思维的基本差异”“公孙龙的思想体系”。在“公孙龙的生平”部分[④]，著者首先介绍了公孙龙其人其书的基本情况，继而摆出了迄今仍令人迷惑难解的诸多问题：“如此一位风云人物何以最后在一片批判声中被平原君罢黜放逐？甚至，名家亦自此一蹶

---

① 景鸿鑫：《景注公孙龙与名家：图象思维的再诠释》，成大出版社 2015 年版，自序第 2 页。

② 景鸿鑫：《景注公孙龙与名家：图象思维的再诠释》，成大出版社 2015 年版，自序第 3 页。

③ 参见景鸿鑫：《景注公孙龙与名家：图象思维的再诠释》，成大出版社 2015 年版，第 1—84 页。

④ 参见景鸿鑫：《景注公孙龙与名家：图象思维的再诠释》，成大出版社 2015 年版，第 1—29 页。

不振，并逐渐走向灭亡。还有，名家言论与思想何以不见容于中国传统的主流思想？仅仅是因为门户之见、学统之争（董英哲，2014）吗？……面对名家现象延续了两千多年的困惑，虽然经过无数学者的探索至今依然不得要领。公孙龙及名家的言论到底在讨论什么？其思想真相又是什么？历史意义何在？其兴盛与衰亡能否提供我们什么启示？”[①]针对上述难题，著者提出了自己的解题路径：“为了破解公孙龙与名家的千古谜团，本书先从公孙龙的生平开始谈起。从仅有的公孙龙记载之中，了解公孙龙的生平、遭遇及其言论与思想，逐步发掘公孙龙与名家的真正历史意义。本书并非考据之书，对于公孙龙生平的确实经历及各相关年代之各种真伪的讨论将不再著墨，对于公孙龙与名家的言论与思想也不会进行字斟句酌式的探究。本书追求的目标是真实呈现公孙龙思想与名家言论的原始面貌，及其在中国思想发展史上的意义与地位。本书首先以《公孙龙子·迹府》的内容为主要依据，辅以其他古书上的记载，如《吕氏春秋》、《战国策》、《别录》等来讨论公孙龙的生平及其相关事迹。”[②]基于这种考虑，著者将《迹府》篇原文划分成若干段落，并按照“语译”“注解”的体例对其进行了翻译与疏释。然后，著者撮录《吕氏春秋·审应览·审应》《吕氏春秋·审应览·应言》《吕氏春秋·审应览·淫辞》诸篇以及《战国策·赵策》《别录》等古籍中的相关记载，并一一作了“语译”与“注解”。

在“世人对公孙龙的评价”部分[③]，著者首先就“古人对公孙龙的评价”问题作了探讨，探讨过程中广涉《庄子·天下》《庄子·秋水》《列子·仲尼》《吕氏春秋·正名》《淮南子·诠言》《孔丛子·公孙龙》《论衡·案书》《抱朴子·外篇》《文心雕龙·诸子》《四库全书》等古籍中的相关记载。在一一评述的基础上，著者认为“清朝出版的《四库全书》可以算是古人对公孙龙评价的总结，因为之后对公孙龙的评价就明显受到西风东渐的影响了。《四库全书》在面对公孙龙的态度（上）可以说相对持平，不算偏颇。《四库全书》肯定公孙龙追求正名实的精神与态度，只是‘理究不足以相

① 景鸿鑫：《景注公孙龙与名家：图象思维的再诠释》，成大出版社 2015 年版，第 2—3 页。

② 景鸿鑫：《景注公孙龙与名家：图象思维的再诠释》，成大出版社 2015 年版，第 3 页。

③ 参见景鸿鑫：《景注公孙龙与名家：图象思维的再诠释》，成大出版社 2015 年版，第 29—49 页。

胜’，换句话说，就是在说理方面，公孙龙并没有特别的说服力，以致于让人无法接受他的论点。因此，公孙龙愈辩而名实愈混淆。可是，《四库全书》依然肯定公孙龙‘义虽恢诞，文颇博辩’，就是虽然内容怪异荒诞，但言论仍然雄辩滔滔，无人能及。所以，《四库全书》同意《孔丛子》对公孙龙的最后评价：‘词胜于理’”[①]。接着，著者将“今人对公孙龙的评价”分成两种情况作了探讨：第一种情况是，以胡适、冯友兰、劳思光、牟宗三、孙中原、董英哲等学人为代表，他们均从西方哲学的角度来看待公孙龙与名家。“在现代学者当中，一般而言，只要从西方哲学的角度来看名家，都会肯定名家确实在讨论逻辑，但也同时认定名家的学说不合逻辑。因此，从西方哲学的角度来看名家，本身就隐含着内在的自我矛盾。而且，随着现代学者对西方哲学的理解愈加深入，从西方哲学的角度理解名家所造成的自我矛盾就更为深化。……因此，要看清名家思想的真面目，无疑必须要有超越西方哲学的观点才有可能”[②]。第二种情况则以伍非百、钱穆等学人为代表，他们都没有使用西方哲学的观点来讨论公孙龙与名家，而是将公孙龙与名家的言论置于中国古代文化传统（特别是《墨经》系统）中加以解说。就伍非百的解说而言，“伍非百评公孙龙的方式与古人差异不大，常采用《墨经》中的名词定义来检视公孙龙的言论，……对公孙龙的总结则是‘唯谓’”[③]。伍氏就此从“唯谓”的角度揭示了公孙龙何以被认为诡辩的原因，“原来公孙龙是坚持‘唯谓’太过，以致于‘苛察缴绕，使人检而善失真’，因而落入诡辩的下场。而‘唯谓’到什么地步为恰到好处？如果‘唯谓’是正确的，焉有太过之理？伍氏对此并无进一步的解释与说明。显然，用‘唯谓’来解释公孙龙的思想似乎仍不够究竟”[④]。与伍非百的“唯谓论”不同，钱穆则从“唯象”的角度来解读公孙龙与名家。“钱穆认为公孙龙倡‘唯象’之论（钱穆，2011），指出名家认识世界的方式是：‘由物起意，由意得名’，因此，名家乃‘见名字言说之悉本于意象也。’换句话说，名家的所有的文字言论都是基于‘意象’而发。于此，公孙龙更认为：‘证心物

---

① 景鸿鑫：《景注公孙龙与名家：图象思维的再诠释》，成大出版社 2015 年版，第 32—33 页。

② 景鸿鑫：《景注公孙龙与名家：图象思维的再诠释》，成大出版社 2015 年版，第 43—44 页。

③ 景鸿鑫：《景注公孙龙与名家：图象思维的再诠释》，成大出版社 2015 年版，第 44 页。

④ 景鸿鑫：《景注公孙龙与名家：图象思维的再诠释》，成大出版社 2015 年版，第 45 页。

之皆虚，心物既虚，则在我唯意象，在物唯表德，而更无客观实体之存在矣。'也就是说，钱穆指出公孙龙似不认为意象之外别有存在，名相以外别有实体。故钱穆从'意象'的角度解读公孙龙的思想言论，与古人今人相比确有其独到之处"[①]。在著者看来，"古人所说的'象'，很类似于今人所说的'特征'。公孙龙与名家思想的基础确实是特征，因为特征正是我国基于汉字的图象思维运作的基础。因此，钱穆的解读其合理性很高。据此，要说钱穆已经相当程度的掌握到了公孙龙的思想也不为过。钱穆的看法说明了一定要站稳我国传统文化的立足点，从我国传统思维的角度出发，对名家与公孙龙的理解才有可能比较正确，西方哲学对我们而言只是参考而已，绝不可以引为依据"[②]。然后，著者就"古今比较及其意义"问题谈了自己的看法："古人对公孙龙的评价可以《四库全书》为代表：'词胜于理'，今人对公孙龙的评价则多属：'不合逻辑'，除了少数坚持中国固有思维的学者之外。对于公孙龙及名家，千百年来的人似乎大多数倾向持负面的看法，有没有可能古人与今人的看法都是一面之词？如果确实如此，真相到底如何？又该如何解读才正确？如果真的都是一面之词，又何以会发生这种令人难解的现象？显然，名家千古之谜仍在等待着后人的努力探索。"[③]基于这种考虑，著者就如何解开名家的千古之谜，尤其就如何在古人与西方人的思维方式之间作出适当的取舍问题提出了自己的观点："自古以来，中国人的思维方式就不同于西方人。基于汉字所塑造的中国图象思维，与基于拼音文字所塑造的西方线型思维，从根本上就大相径庭。因此，我们本来就不应该将西方思维的框架直接套在中国古圣先贤的思想上，虽然西方思维确实有其伟大辉煌之处。我们应该做的，不是直接套用西方哲学的框架，而是学习西方哲学的思想，也就是学习西方哲学如何'思考'方法与工具，与如何'形塑'方法与工具，以及如何'使用'方法与工具，而不是直接拿西方哲学的方法与工具来使用。所有这一切都牵涉到西方人是如何思维的。因此，深入比较中西思维的差异，对于名家

① 景鸿鑫：《景注公孙龙与名家：图象思维的再诠释》，成大出版社 2015 年版，第 47 页。
② 景鸿鑫：《景注公孙龙与名家：图象思维的再诠释》，成大出版社 2015 年版，第 48 页。
③ 景鸿鑫：《景注公孙龙与名家：图象思维的再诠释》，成大出版社 2015 年版，第 48 页。

思想与言论的解读，不失为一条值得尝试的途径。”[①]

在“中西思维的基本差异”部分[②]，著者首先指出：“我国的汉字与甲骨文一脉相承，数千年来未曾间断。西方现今使用的字母拼音文字则是来自融合苏美楔形文与埃及象形文的希腊字母文字。如果再加上从文字开始萌芽到成熟的时间，我国汉字与西方字母文字的历史可以追溯到八千年前是一个很合理的估计。在如此漫长的时间里，循着各自不同的演化之路，加上高度可塑性的人类大脑，日积月累地使用特定的语言与文字来传递思想、表达情感，中西之间形成各有特色的大脑神经网络的运作方式，或是思维方式，是再自然也不过的事。因此，从一个文明所使用的文字，来推估该文明的思维方式，并进而理解该文明的风貌与意义系统是完全合理、而且正确的。”[③]基于这种看法，著者继而从“人类的文字及其发展”[④]、“西方线型思维的起源与运作”[⑤]、“我国图象思维的起源与运作”[⑥]、“思维方式与文明基因”[⑦]四个方面进行了探讨。在著者看来，西方基于拼音文字所塑造的线型思维在“形式”上可描述为“对象－拆解－单元－排列”[⑧]，在“内容”上可描述为“对象－归纳－本质－演绎”[⑨]。“这种思维方式也可以称为‘一维思维’，因为任何要传递的讯息都要表达成随时间变动的一维讯号形式。或者也可以称为‘语言思维’，因为这种思维方式必须受到语言的规范，也必须透过语言的规律才能充分表达”[⑩]。其特色主要有两个，即“讲顺序、重逻辑”[⑪]。相较之下，我国基于汉字所塑造的图象思维“依赖视觉运作，则是一种二维思维，独立变数有二个，(除了时间一

① 景鸿鑫：《景注公孙龙与名家：图象思维的再诠释》，成大出版社 2015 年版，第 49 页。
② 参见景鸿鑫：《景注公孙龙与名家：图象思维的再诠释》，成大出版社 2015 年版，第 49—76 页。
③ 景鸿鑫：《景注公孙龙与名家：图象思维的再诠释》，成大出版社 2015 年版，第 52—53 页。
④ 参见景鸿鑫：《景注公孙龙与名家：图象思维的再诠释》，成大出版社 2015 年版，第 53—55 页。
⑤ 参见景鸿鑫：《景注公孙龙与名家：图象思维的再诠释》，成大出版社 2015 年版，第 55—62 页。
⑥ 参见景鸿鑫：《景注公孙龙与名家：图象思维的再诠释》，成大出版社 2015 年版，第 62—72 页。
⑦ 参见景鸿鑫：《景注公孙龙与名家：图象思维的再诠释》，成大出版社 2015 年版，第 72—76 页。
⑧ 景鸿鑫：《景注公孙龙与名家：图象思维的再诠释》，成大出版社 2015 年版，第 59 页。
⑨ 景鸿鑫：《景注公孙龙与名家：图象思维的再诠释》，成大出版社 2015 年版，第 60 页。
⑩ 景鸿鑫：《景注公孙龙与名家：图象思维的再诠释》，成大出版社 2015 年版，第 59 页。
⑪ 景鸿鑫：《景注公孙龙与名家：图象思维的再诠释》，成大出版社 2015 年版，第 60 页。

维外，另一维——引者加）就是平面空间”[①]。“如果我们同样也将图象思维分成‘形式’与‘内容’两部分，则‘对象－类比－特征－关联’当然是图象思维运作的‘内容’，其‘形式’则是‘对象－展开－模态－叠加’”[②]。这种二维的图象思维“讲究整体，重视平衡，所呈现出来的最大特色则是长于洞察”[③]。另须注意的是，“对于我们中国人而言，汉语当然是一种语言，尽管汉语的伦次与拼音语言大不相同，但靠声音传递资讯的本质并无二致。只要靠声音传递，其资讯即属一维的形式。然而，汉语虽属线型之一维形式，我们的汉字却是一种二维型式的资讯系统。因为，我国的汉字并非用来记录汉语，我国也因而形成了言文分裂的文化传统。受到汉字的影响，我们的思维属二维的图象思维，所形成的各类思想自然也是二维的形式”[④]。

在“公孙龙的思想体系”部分[⑤]，著者首先指出：“西方人的语言与文字都属一维形式的资讯，我们的语言文字则分属一维与二维，形成了我国二维的图象思维，而西方人则形成了一维的语言思维。要理解公孙龙与名家的思想与言论，如果不能厘清汉语与汉字对思维的影响差异，误解将在所难免。古人批评公孙龙‘词胜于理’，明显是从二维思维的角度看待公孙龙的一维言论，而把重点放在公孙龙的言论缺乏内容之上。今人批评公孙龙‘不合逻辑’，则是从一维言论的角度看待公孙龙的二维思想，而认定公孙龙一维言论的形式缺乏条理。古人与今人的评论当然都有所本，但都只是各偏一隅而已。公孙龙与名家的根本问题在于名家先贤没有选择地不得不使用一维的汉语来陈述受汉字影响的二维思维，因而落入一维汉语与二维汉字之间的广大灰色地带。”[⑥]基于这种看法，著者将人类思维的基本循环形式描述为“变－离－常－合”，进而将公孙龙的《名实论》《指物论》《白马论》《坚白论》《通变论》纳入这一思维形式下进行了阐说。就《名实论》而言，著者反对人们将其视为公孙龙思想的总结，“因为《名实论》并没有将五篇

---

① 景鸿鑫：《景注公孙龙与名家：图象思维的再诠释》，成大出版社 2015 年版，第 67 页。
② 景鸿鑫：《景注公孙龙与名家：图象思维的再诠释》，成大出版社 2015 年版，第 68 页。
③ 景鸿鑫：《景注公孙龙与名家：图象思维的再诠释》，成大出版社 2015 年版，第 69 页。
④ 景鸿鑫：《景注公孙龙与名家：图象思维的再诠释》，成大出版社 2015 年版，第 75 页。
⑤ 参见景鸿鑫：《景注公孙龙与名家：图象思维的再诠释》，成大出版社 2015 年版，第 76—84 页。
⑥ 景鸿鑫：《景注公孙龙与名家：图象思维的再诠释》，成大出版社 2015 年版，第 76—77 页。

文章的内容串成一个有意义的体系，充其量只能说是属于一种简介的性质，故《名实论》只能作为公孙龙思想的起点，也就是思维对象”[①]。在著者看来，《指物论》才是公孙龙思想的核心，其中的关键之处就是“指”的提出。就“指”的含义与《指物论》的主旨而言，“‘指’就是二维图象思维循环中的‘模态’或‘特征’。根据公孙龙的《指物论》，‘指’是任何的‘名’之所以是该‘名’的核心内容。换句话说，‘指’就是‘名’所具有的最显著特征，可以用来陈述该‘名’之所以是它自己的关键陈述。因此，《指物论》就是针对思维对象之‘特征’所进行的论述，‘指’也就是公孙龙用来建构所有的‘名’的基本出发点”[②]。在确立《指物论》的核心地位并厘定“指”的含义以及《指物论》主旨的基础上，著者对公孙龙的另外三篇文章《白马论》《坚白论》《通变论》作了阐析，认为它们分别探讨了“离”“独”“正”的问题。[③]这样一来，“公孙龙以‘指’为核心的正名思想体系就可以由《白马论》、《坚白论》与《通变论》初步整合而成”[④]。最后，著者对公孙龙以“指”为枢机的正名思想体系作了评说：“当然，公孙龙的言论与思想尚未能构成一个完整的体系，或许在失传的部分里面有更完整的说明，但已经永远无法得知。尽管如此，在仅存的五篇之中，公孙龙已经点出了中国图象思维的重要组成部分，并初步厘清了图象思维循环的运作。……对照西方哲学二千五百年的发展，公孙龙对中国思维的贡献绝不亚于苏格拉底对希腊哲学的贡献。苏格拉底最大的贡献是概念论与苏格拉底法，也就是归纳法（景洪鑫，2012），却并未触碰到范畴的议题。苏格拉底虽也强调语言的重要，却同样未能对逻辑有所著墨。公孙龙则不但提出了与概念论并驾齐驱的指物论，还提出‘离—独一正’作为完整思维循环运作的各个部分，境界已经远远超过苏格拉底。如果苏格拉底被尊称为‘西方哲学之父’，则公孙龙被尊为‘中国哲学之父’更将当之无愧。”[⑤]

---

① 景鸿鑫：《景注公孙龙与名家：图象思维的再诠释》，成大出版社 2015 年版，第 80 页。

② 景鸿鑫：《景注公孙龙与名家：图象思维的再诠释》，成大出版社 2015 年版，第 81 页。

③ 景鸿鑫指出：“公孙龙的‘离一独一正’堪称是一个震古烁今的真知灼见，因为公孙龙仅用三个字就将人类思维的运作一语道破！不论是一维的语言思维，还是二维的图象思维。”见景鸿鑫：《景注公孙龙与名家：图象思维的再诠释》，成大出版社 2015 年版，第 82 页。

④ 景鸿鑫：《景注公孙龙与名家：图象思维的再诠释》，成大出版社 2015 年版，第 83 页。

⑤ 景鸿鑫：《景注公孙龙与名家：图象思维的再诠释》，成大出版社 2015 年版，第 84 页。

从第二章至第六章，著者按照《名实论》《指物论》《白马论》《坚白论》《通变论》的顺序，对《公孙龙子》五篇依次作了疏释。在疏释时，著者首先将各篇的原文划分成若干段落，并按照“语译”“注解”的体例对其进行了翻译与解释。最后，著者以“后论”的形式，对各篇的大旨及其运思理路作了阐析。这里仅将各篇的“后论”部分一一撮录如下：

《名实论》“后论”部分：“《名实论》的内容其实属平铺直叙，并无深奥难懂之处。全篇内容只有一句话：‘夫名，实谓也’，任何的名都应该是不多不少的称谓。因此，所谓的正名也只是：‘正其所实者，正其名也’。在公孙龙眼里，正名显然非常的简单，只要‘实谓’即可，但自古以来却很少有人能够做到，做得到的就是‘古之明王’了。”[①]“不过，公孙龙还是提出了‘正’的内涵与程序。《名实论》开宗明义就提出了四个定义：‘物—实—位—正’，并分别加以解释。‘天地与其所产者，物也’。此处的‘物’显然是指‘万事万物’，包含了天地本身及天地所衍生出来的一切事物。其次，公孙龙提出‘实’的定义：‘物以物其所物而不过焉，实也’。显然，公孙龙认为‘实’就是‘充满’之意。一个物充满它自己，一点多出来的都没有就是实。当然，这里需要进一步解释。公孙龙讲‘实’是指‘物以物其所物而不过焉’，所以，‘实’是针对‘物’而言的。但是公孙龙的‘实’应当不是指‘物’的本身，因为物本身无所谓实不实的问题。加上本篇中公孙龙提到‘夫名，实谓也’，显然，‘实’应该是指物的‘称谓’，而‘实谓’也就是物的称谓充满它自己，一点多出来的都没有。”[②]“接下来，公孙龙对‘位’提出了说明：‘实以实其所实而不旷焉，位也’。也就是说，对于物的称谓，该充满的都充满了，而没有任何的不足。根据公孙龙的说明，‘位’就是‘充满而不缺’之意。简单的说，位就是不缺。有了不缺，公孙龙提出对正的解释：‘出其所位非位，而位其所位焉，正也。’如果我们直译这句话，就是：‘离开了应该不缺的就不是不缺，不缺应该不缺就是正。’结合以上所述，‘物—实—位—正’显然是一个有先后次序的完整过程。如果我们把‘物—实—位—正’连在一起讲，就可以用一句很简单的话来表示：‘对于万事万物的

① 景鸿鑫：《景注公孙龙与名家：图象思维的再诠释》，成大出版社2015年版，第90页。

② 景鸿鑫：《景注公孙龙与名家：图象思维的再诠释》，成大出版社2015年版，第90页。

称谓，能做到不多不少就是正。'"[①]"有很多人把《名实论》看成公孙龙整个论述的核心或总结(任继愈主编，1983)，这样的看法可信度似乎并不高。纵观公孙龙所有的文章，《名实论》不但最简单，还最没有内容，更缺乏深度。因此，《名实论》更像一篇简介，不像总结。不仅如此，公孙龙的其他四篇文章《白马》《指物》《坚白》《通变》，言辞之间所呈现细致精微的思维与《名实论》相比简直天差地别。《名实论》平铺直叙，完全没有表达出任何的思维运作。也就是不需要思考，就可以完全了解，让人很难跟公孙龙一贯给人雄辩天下的形象相连。而其他四篇，即使绞尽脑汁还是不知道公孙龙在说什么，就算两千多年后的今天，依然还没有一个定论。如此南辕北辙的文章，实在很难让人相信出自同一人之手，使人不禁怀疑《名实论》是不是公孙龙所作。不过，这只是猜测，如果把《名实论》视为公孙龙全书的简介，倒是还可以跟其余四篇构成一个体系。"[②]

《指物论》"后论"部分："综观《指物论》全篇，我们可以发现，公孙龙不断反覆阐述'名'与'物'之间需要'指'才能连结，才能成为沟通的工具，而'指'却未必须要'名'与'物'即可独立存在。如果从今天脑神经科学的角度来看，公孙龙的看法毫无疑问是正确的。任何人类的认识对象，不论是'名'是'物'都需要'指'的连结，也就是都要在大脑神经网路中产生特定的电流活动型态，即内建代表，才能完成认识的程序，因为这是人类意识产生的来源。"[③]"人类对万事万物的认识'物—指—名'缺一不可，而且'指'是其中不可或缺的连结。因此，当大家都在争论'正名'的时候，公孙龙独排众议，宣称任何一个'名'都要先厘清其何所'指'，'指'不先厘清，名实不会相符。换句话说，公孙龙所一再强调的是使用任何的语言文字，不论是马、白马、坚石、白石，或者是牛、羊、马、鸡等等，都应先说明该'名'到底在讲什么。否则，如一般人本能的顾名思义，或者望文生义常常容易造成名实混乱，完全无助于正名实。"[④]"如果我们从厘清语言文字在讲什

---

① 景鸿鑫：《景注公孙龙与名家：图象思维的再诠释》，成大出版社 2015 年版，第 90—91 页。
② 景鸿鑫：《景注公孙龙与名家：图象思维的再诠释》，成大出版社 2015 年版，第 91 页。
③ 景鸿鑫：《景注公孙龙与名家：图象思维的再诠释》，成大出版社 2015 年版，第 109 页。
④ 景鸿鑫：《景注公孙龙与名家：图象思维的再诠释》，成大出版社 2015 年版，第 110 页。

么的角度来看公孙龙的《指物论》，则‘指物论’跟希腊哲学家苏格拉底所提出的‘概念论’非常类似。苏格拉底常常与人讨论‘什么是道德’、‘什么是勇敢’、‘什么是美’等议题，就是针对‘名’在追寻一个明确的定义。一个明确的定义就是用一组文字来表明一个概念。当然，指绝对不是概念，但指与概念这种思维工具所追寻的目标：‘把名讲清楚’，则完全一致。”[①]“然而，指物论的真正意义却不仅只是说明了‘物’与‘名’都需要‘指’，而‘指’却可以独立存在而已；或者‘指’只是‘名’的意义与内涵、甚至定义而已。指物论的提出在我国学术思想史上是一件开天辟地的创举，因为公孙龙藉着指物论首次明确的指出‘思想的工具’的存在，因为‘指’本身就是一种‘思想的工具’，如同西方的‘概念’一般。如果我们用西方哲学的发展来对照的话，指物论可以认为是中国哲学第一个具有真正意义的开端，就像概念论在西方哲学中的地位一样。”[②]

《白马论》“后论”部分：“《白马论》一般接受为公孙龙最有名的一篇文章。一般讨论的重点大致放在白马到底是不是马，或者白马为何不是马，以及‘非’到底是何意等议题上。所有公孙龙的文章必然出自他的某些想法，换句话说，应该从整体思想的角度来解读公孙龙的文章，比较能够厘清公孙龙到底在讲什么。《指物论》是大家公认公孙龙的文章中最难懂、但也最能代表公孙龙思想的核心。因此，要理解《白马论》，就必须与《指物论》连在一起来看，才能理解公孙龙的白马非马到底何所指。”[③]“从《指物论》‘物莫非指’的角度来看，‘马’、‘白’与‘白马’都是‘指’，都是特征，而不是单元式的概念。在《白马论》中，公孙龙反覆强调‘马’指‘形’的特征，‘白’指‘色’的特征，而且‘形’、‘色’特征不可混为一谈。论者则反覆质疑：‘天下非有无色之马’、‘是相与以不相与为名，未可’、‘有白马不可谓有马者，离白之谓也’。两相对照之下，我们可以很容易发现，两者最主要的冲突点显然是在‘离’与‘独立’之上。论者认为白与马不能分离，否则会造成混淆；公孙龙则强调必须分离，才能将对象说明清楚。不止如

---

① 景鸿鑫：《景注公孙龙与名家：图象思维的再诠释》，成大出版社 2015 年版，第 110 页。
② 景鸿鑫：《景注公孙龙与名家：图象思维的再诠释》，成大出版社 2015 年版，第 110 页。
③ 景鸿鑫：《景注公孙龙与名家：图象思维的再诠释》，成大出版社 2015 年版，第 129 页。

此，论者认为白与马不能互相独立，公孙龙则认为当然可以互相独立。藉着论者的说法，公孙龙在本篇里所欲突显的当然就是‘离’，即任何的思维对象都可以分离出好几个不同的特征，唯有当这些分离的特征都说明清楚了，正名实才有可能做到。甚至，公孙龙更进一步认为特征必须互相独立。”[①]“论者的说法显然是基于语言思维的运作。虽然我国传统的思维属非语言式的图象思维，但却由于不得不使用汉语来沟通，因而带有语言思维的部分特色，让论者得以提出反驳。语言思维存在所谓的‘实体’范畴与‘属性’范畴，例如‘马’与‘白’。‘实体’是一切‘属性’的载体，如‘马’是‘颜色’的载体。只有‘实体’可以离开所有‘属性’而独立存在，而所有的‘属性’都不能离开‘实体’而存在，只能依附在‘实体’之下。因此，才有论者的‘天下非有无色之马’、‘是相与以不相与为名，未可’、‘有白马不可谓有马者，离白之谓也’等论述。然而，对公孙龙而言，马的‘形状特征’与‘颜色特征’却必须互相独立、互不统属，否则无以建立‘白马非马’的论述。换句话说，论者将‘马’、‘白’视为语言思维中的‘概念’，而公孙龙却将‘马’、‘白’当做互相独立的特征。论者与公孙龙的歧异正根植于此！因此，公孙龙的‘指’不可能是西方哲学的‘概念’，否则不会产生这些论辩。”[②]“此外，论者并非西方人，不可能知道‘概念’是什么，更不曾会有‘范畴’的想法，也就是说，论者不会知道什么是‘实体’、什么是‘属性’。论者所有的论述必然全部只能来自于汉语的本身，而公孙龙的论述却来自于汉字所塑造的图象思维。难怪‘白马非马’能够引发上千年的争议，确实是有原因的。原来我们的汉语与汉字不在同一个空间，对于思维的塑造因而大相径庭。而‘白马非马’正好落在我们的‘一维汉语’与‘二维汉字’之间的广大灰色地带，因而引发了两千多年的争论，到今天依然还在持续。”[③]

《坚白论》“后论”部分：“比起《白马论》中的‘离’，《坚白论》的内容又多了一个字‘藏’，而且前后共出现了九次。如果再细看其内容，‘藏’字毫无疑问是公孙龙本篇讨论的核心。就字面上来说，藏就是隐藏。隐藏什

① 景鸿鑫：《景注公孙龙与名家：图象思维的再诠释》，成大出版社 2015 年版，第 129—130 页。
② 景鸿鑫：《景注公孙龙与名家：图象思维的再诠释》，成大出版社 2015 年版，第 130 页。
③ 景鸿鑫：《景注公孙龙与名家：图象思维的再诠释》，成大出版社 2015 年版，第 130—131 页。

么？根据'物莫非指'，公孙龙所谓的藏当然是指特征的隐藏。颜色特征对触觉隐藏，坚硬特征对视觉隐藏，而且它们是自动隐藏，并非人类主观意愿所为。接下来公孙龙进一步说明藏的来由：'见与不见相与藏'，原来公孙龙所谓的藏是以'见'与'不见'为依据，当然，此处的'见'与'不见'是指'感知'得到与否，并非只是看得到与否而已。当公孙龙说：'一二不相盈，故离。离也者，藏也。'我们终于明白，原来公孙龙所说的'藏'想要表达的正是现代西方科学中的'正交'。因此，坚白一二不相盈的原因是因为在公孙龙眼里，'坚'与'白'是两个互相正交的特征，当然无法相盈。"[①]"公孙龙在《坚白论》中一再表达'坚'与'白'的互相独立与自藏，说明了公孙龙在讨论的正是'范畴'。虽然坚白都跟石头结合，但是，不论使用哪一种感官来认识，'坚'、'白'都一定要分开，独立出来处理。因此，当公孙龙用'藏'来说明坚白两个特征互不相盈的时候，就是从跟西方哲学中范畴一样的角度，来说明在思维中'坚'与'白'本就是互相正交的二项特征。因此，公孙龙实际上已经建立了中国第一个离型的图象思维范畴论。对我国的图象思维而言，特征的范畴即可以模仿西方哲学定义成：互相独立、互不统属的正交特征分类。"[②]"在本篇中，公孙龙不仅说明了特征具有'藏'的性质，还说明了特征的非附属性。在与论者的论辩之中，论者从必须依附于主体之属性的角度否定特征能够隐藏：'坚白域于石，恶乎藏？''而石必得以相盈，其自藏奈何？'公孙龙则强调特征的独立性而能够隐藏：'物白焉，不定其所白；物坚焉，不定其所坚。不定者兼，恶乎其石也？''天下未有若坚，而坚藏。'公孙龙的论点说明了我国图象思维一个极为特殊的地方，也是建立真正图象思维范畴论所必须解决的一个根本问题。"[③]'公孙龙所留下的相关著作中，并没有提到所有的天下万物该如何依其'指'进行分类，分成多少类，分成多少项，以及各个类别都是些什么，就像亚里士多德所提出的十范畴，或康德的十二范畴一样。至于公孙龙是否真的未曾尝试提出过，后人已经无法得知。……公孙龙的言论亡佚的至

① 景鸿鑫：《景注公孙龙与名家：图象思维的再诠释》，成大出版社 2015 年版，第 152—153 页。
② 景鸿鑫：《景注公孙龙与名家：图象思维的再诠释》，成大出版社 2015 年版，第 154—155 页。
③ 景鸿鑫：《景注公孙龙与名家：图象思维的再诠释》，成大出版社 2015 年版，第 155 页。

少占十分之七八以上，或许公孙龙真的曾经提出过特征的分类，也就是范畴论，也讨论过范畴该如何运用，只是不幸没有流传下来而已。”[①]

《通变论》“后论”部分：“如果我们要从本篇再选一个字来代表全篇的核心，非出现十次的‘与’莫属。综观全篇，‘与’就是‘合’之意，也就是一般所谓‘合同异’的‘合’。‘合’可以简单解释成‘放在一起’。根据‘物莫非指’，公孙龙‘合’的对象自然是特征，换句话说，‘合’就是将特征放在一起，放在一起自然要进行比较以便讨论。如果将具有‘把特征放在一起’涵意的字一起计入，如‘合’、‘举’、‘以’、‘一’，字数就更多了。”[②]“在公孙龙的所有论述中，不论是指或物、白或马、坚或白，或是牛、羊、马、鸡与青、白、黄、碧等，谈的都是特征，及其间的分离、合成、正交、独立、相依等运作，并以此作为基础，尝试来建构陈述的合理性或追求名实相符。在公孙龙仅存的五篇文章中，本篇特别集中在特征的结合上，即如何将同类或不同类的特征放在一起来正确无误地描述万事万物。”[③]“基于汉字‘一名多指’的困境，‘指’如何连结到‘名’就成为我国图象思维是否能够清晰的核心关键。本篇可以显示公孙龙在这一方面的努力。如前所述，本篇的核心议题是特征的结合，如果再考虑正名实的目的，本篇的宗旨可以视为：‘指应该如何正确的结合成名，以达到匡正名实的目的。’换句话说，本篇讲的是名与特征之间的关联，也就是特征应如何才能正确的建立与名的联系，即如何从特征正确的联系到名。此即公孙龙所谓的‘正名之道’，也是《坚白论》中最后一句‘离也者天下，故独而正’里面‘正’字的真正意涵。”[④]“要理解公孙龙如何尝试厘清指与名之间的困惑，就不能透过西方的逻辑，而是要直接从公孙龙的本意去揣摩。公孙龙一再强调有些特征可以拿来相提并论，有些特征不可以。把可以相提并论的举出来，公孙龙称之为‘正举’，将不可以相提并论的特征放在一起，公孙龙称之为‘狂举’，而正举与狂举的分野就在于可否相提并论。换句话说，特征要合在一起是有条件的，条件不合却硬合在一起就是狂举，就如同概念不按逻辑

① 景鸿鑫：《景注公孙龙与名家：图象思维的再诠释》，成大出版社 2015 年版，第 156 页。

② 景鸿鑫：《景注公孙龙与名家：图象思维的再诠释》，成大出版社 2015 年版，第 181—182 页。

③ 景鸿鑫：《景注公孙龙与名家：图象思维的再诠释》，成大出版社 2015 年版，第 182 页。

④ 景鸿鑫：《景注公孙龙与名家：图象思维的再诠释》，成大出版社 2015 年版，第 182—183 页。

规律排列的话就称为'语无伦次'一样。"[①]"本篇中，公孙龙的论题只有三条：'二无一'、'羊合牛非马、牛合羊非鸡'、'青以白非黄，白以青非碧'，这三条却都没有谈到所谓的'正名之道'，只是举例说明了特征结合的可与不可。两个'一'相加要成为'二'，特征要符合，否则即不能相加。牛跟羊的结合不论是马还是鸡，都要看所选的特征，是齿？是角？或是尾？还是足？否则即是狂举。青白相加是黄还是碧，依然要看所代表的特征为何。因为五色来自五行，因而具备了方位的特征，故颜色的结合还要看所代表的方位。方位不合则非正举矣，非正举则争而两明，两明则道丧，道丧则无有以正焉。"[②]"然而，虽然举了几个论题及相关的陈述，公孙龙却依然未能提出特征该如何结合，或是特征的结合要符合什么样的条件或规律。显然公孙龙未能将特征如何结合成'名'，来将事物陈述清楚的规律厘清，也就是'正名之道'终究未能建立。原因也很简单，因为范畴论尚未建立。"[③]"虽然公孙龙最终未能建立范畴论，但是，他能够藉着《坚白论》提出建构范畴论的核心基础：'藏'，也就是现代科学中的正交。再透过《通变论》说明特征结合之正举与狂举，来呈现正名之道建立的核心关键，已足以永垂不朽，堪称中国哲学之父也不为过，如果我们也用'哲学'来形容我国名家的思想的话。"[④]

在"名家相关言论解析"一章[⑤]，著者首先指出："公孙龙并非我国名家唯一之人，名家虽至公孙龙而亡绝，却也绵延了数百年。一般接受名家应该从邓析开始起算，若从邓析启动名家相关论述开始，到公孙龙被逐出平原君门下为止，前后接近三百年。名家的思想与言论在本质上与中华文化的主流差异极大，即使在这段不算长的时间里，也大多不见容于当道，所留下来的资料因而极为贫乏。不仅人数不多，相关言论亦极为稀少。在名家诸公里面，公孙龙还算幸运，其论述的一小部分流传了下来，不管

① 景鸿鑫：《景注公孙龙与名家：图象思维的再诠释》，成大出版社 2015 年版，第 184 页。
② 景鸿鑫：《景注公孙龙与名家：图象思维的再诠释》，成大出版社 2015 年版，第 184—185 页。
③ 景鸿鑫：《景注公孙龙与名家：图象思维的再诠释》，成大出版社 2015 年版，第 185 页。
④ 景鸿鑫：《景注公孙龙与名家：图象思维的再诠释》，成大出版社 2015 年版，第 185 页。
⑤ 参见景鸿鑫：《景注公孙龙与名家：图象思维的再诠释》，成大出版社 2015 年版，第 187—246 页。

我们同不同意，至少我们还能够知道公孙龙讲了些什么。至于其他的人则仅仅留下了一些让人不知所云的论题。对于这些没有内容的论题，自古以来当然存在一些解释，千百年下来，也约略出现了一些共识，但定论依然不存在，因为名家先贤的原始论述早已失传，所有后人的讨论都仅止于猜测。然而，一套绵延数百年的思想，必然有其可见的组织结构与内在的遗传资讯，否则如何能存活数百年？既然号称名家，自然存在精神上的某种传承。因此，这些论题虽然只有题目而没有内容，但其精神相信与公孙龙必然一脉相承。在公孙龙的论述里面，一定存在贯穿这些论题的名家精神传统。故本书尝试基于从公孙龙论述里面所呈现的名家精神，以及中西思维的差异，来解读这些已经千百年的论题，提供一个不一样的诠释，一个符合名家一脉相承之精神的诠释，作为大家的参考。”[①]基于上述看法，著者继而分四个部分解析了名家的相关言论，分别为“邓析”[②]、“惠施”[③]、“辩者二十一事”[④]、“公孙龙七说”[⑤]，这里不再详述。

在“公孙龙与苏格拉底”一章[⑥]，著者主要阐说了四个问题，分别为“古希腊诡辩学派”[⑦]、“苏格拉底的生平”[⑧]、“公孙龙与苏格拉底”[⑨]、“名家的历史意义”[⑩]。就公孙龙与苏格拉底的比较而言，著者认为二人的相似之处

---

① 景鸿鑫：《景注公孙龙与名家：图象思维的再诠释》，成大出版社2015年版，第187—188页。

② 参见景鸿鑫：《景注公孙龙与名家：图象思维的再诠释》，成大出版社2015年版，第188—197页。

③ 参见景鸿鑫：《景注公孙龙与名家：图象思维的再诠释》，成大出版社2015年版，第197—215页。

④ 参见景鸿鑫：《景注公孙龙与名家：图象思维的再诠释》，成大出版社2015年版，第215—239页。

⑤ 参见景鸿鑫：《景注公孙龙与名家：图象思维的再诠释》，成大出版社2015年版，第240—246页。

⑥ 参见景鸿鑫：《景注公孙龙与名家：图象思维的再诠释》，成大出版社2015年版，第247—270页。

⑦ 参见景鸿鑫：《景注公孙龙与名家：图象思维的再诠释》，成大出版社2015年版，第247—251页。

⑧ 参见景鸿鑫：《景注公孙龙与名家：图象思维的再诠释》，成大出版社2015年版，第252—257页。

⑨ 参见景鸿鑫：《景注公孙龙与名家：图象思维的再诠释》，成大出版社2015年版，第257—266页。

⑩ 参见景鸿鑫：《景注公孙龙与名家：图象思维的再诠释》，成大出版社2015年版，第266—270页。

主要有四：其一，“他们都被认为是诡辩派”[①]；其二，“公孙龙与苏格拉底的下场似乎也有些许的相似”[②]；其三，“他们毕生都在追寻正名，所谓的正名就是把要表达的意思说清楚”[③]；其四，“他们都很努力地寻找正名的工具”[④]。在著者看来，公孙龙对于人类思维运作的理解要比苏格拉底更为透彻，主要表现在两个方面：其一，“作为二维图象思维的基本特征，公孙龙的‘指’同时包含了可以言说的部分与不可言说的部分。因此，《指物论》对于厘清人类思维的贡献毫无疑问大过（苏格拉底的）概念论”[⑤]；其二，“公孙龙在《名实论》与《坚白论》中的陈述，充分说明了他对范畴的理解，已经远远超过苏格拉底，虽然他并没有使用‘范畴’这两个字”[⑥]。就名家的历史意义而言，著者认为“名家是我国自古以来唯一探讨过中国图象思维工具的学派，如果我们使用黑格尔对哲学的定义‘思想的思想’，毫无疑问，名家可以称之为中国唯一的哲学学派”[⑦]。

在最后一章“公孙龙——中国哲学之父”[⑧]，著者首先探讨了“中国哲学的合法性问题”[⑨]，认为“欲彻底解决中国哲学的合法性问题，让中国学术得以健康发展，唯一正确之路只有建立中国图象思维的标准化工具，以及描述图象思维方式的学问，也就是要建立真正的‘中国哲学’！让中国学者得以使用属于自己的正确思维工具，来自汉字所塑造的图象思维工具，舍弃错误的、而且有害的西方线型思维工具，来整理中国固有的各类思想，并进而创造出具有中国特色的新思想，从而建立具有中国特色的中国学术新典范，让中国哲学的合法性问题永远消失”[⑩]。接着，著者阐析了

① 景鸿鑫：《景注公孙龙与名家：图象思维的再诠释》，成大出版社 2015 年版，第 257 页。

② 景鸿鑫：《景注公孙龙与名家：图象思维的再诠释》，成大出版社 2015 年版，第 258 页。

③ 景鸿鑫：《景注公孙龙与名家：图象思维的再诠释》，成大出版社 2015 年版，第 259 页。

④ 景鸿鑫：《景注公孙龙与名家：图象思维的再诠释》，成大出版社 2015 年版，第 261 页。

⑤ 景鸿鑫：《景注公孙龙与名家：图象思维的再诠释》，成大出版社 2015 年版，第 265 页。

⑥ 景鸿鑫：《景注公孙龙与名家：图象思维的再诠释》，成大出版社 2015 年版，第 265 页。

⑦ 景鸿鑫：《景注公孙龙与名家：图象思维的再诠释》，成大出版社 2015 年版，第 269—270 页。

⑧ 参见景鸿鑫：《景注公孙龙与名家：图象思维的再诠释》，成大出版社 2015 年版，第 271—308 页。

⑨ 参见景鸿鑫：《景注公孙龙与名家：图象思维的再诠释》，成大出版社 2015 年版，第 271—280 页。

⑩ 景鸿鑫：《景注公孙龙与名家：图象思维的再诠释》，成大出版社 2015 年版，第 280 页。

"图象思维工具论之必要"[①]，认为"不论是中国领先全世界上千年，还是西方后来居上超越中国，所有人类文明发展上的关键起伏，均一再地彰显出思维工具的决定性角色。如果中国二维的图象思维工具能够标准化并普及化，中华文化的演化速度必将数倍于西方"[②]。最后，著者围绕着"公孙龙——中国哲学之父"[③]这一话题谈了自己的见解。在著者看来，"如果我们同意：哲学就是关于思维工具之学，则中国当然有哲学，但却不是孔、孟、老、庄等的学说，……中国唯一可以跟哲学扯上关系的学派是名家，因为只有名家讨论过中国的图象思维工具，并试图将其描绘清楚"[④]。从名家内部的情况看，"中国哲学虽然始于邓析，但中国哲学真正可以称为一门学问则要从公孙龙开始"[⑤]。再就公孙龙所建构的图象思维工具及其思想系统而言，"公孙龙所有已建立的部分当然只是雏形而已，有的甚至只有方向，但中国哲学完全可以在公孙龙所建立的基础上继续发展。基于人类共通的思维循环：变—离—常—合，最终完整的图象思维循环至少应该包括：实象论—类比论—指物论（含范畴论）—关联论。'实象论'作为图象思维循环的起点，必须详细的规范'实象'该如何从万事万物中提取，而不仅只是提供一个'名'而已。公孙龙的'名实论'当然是一个初始的起点，但必须加以修正。'类比论'一定要基于我国特有之图象思维的取象比类法的运作，加以厘清，并将其过程或步骤予以清楚规定，再加以标准化。'白马论'会是一个很好的参考。至于'指物论'，必须说明如何将'实象'分离为'指'，以及'指'该如何分类，也就是要一并提出'范畴论'。当然，这一部分必须包括公孙龙的'坚白论'。最后，我国特有的关联性思维必须仔细厘清，并将其运作过程予以标准化，从而建立相关的'关联论'，让一切的正举有一个标准作业程序，公孙龙的'通变论'已经提供了一个

---

① 参见景鸿鑫：《景注公孙龙与名家：图象思维的再诠释》，成大出版社 2015 年版，第 281—298 页。

② 景鸿鑫：《景注公孙龙与名家：图象思维的再诠释》，成大出版社 2015 年版，第 298 页。

③ 参见景鸿鑫：《景注公孙龙与名家：图象思维的再诠释》，成大出版社 2015 年版，第 299—308 页。

④ 景鸿鑫：《景注公孙龙与名家：图象思维的再诠释》，成大出版社 2015 年版，第 300 页。

⑤ 景鸿鑫：《景注公孙龙与名家：图象思维的再诠释》，成大出版社 2015 年版，第 303 页。

很好的基础”[①]。通过上述阐析，著者得出了如下结论：“公孙龙完成的部分确实已经展现出中国图象思维工具相当完整的基本雏形。比起苏格拉底所完成部分的真正残缺，公孙龙的贡献已经令人叹为观止。以一人之力，能够将复杂难解的二维图象思维工具的所有关键点均指了出来，‘中国哲学之父’的名号当之无愧！”[②]

二、其他著作类文献

1. 陈大齐著《名理论丛》

（台北）正中书局 1957 年 4 月台初版、1970 年 8 月台第 3 版。

本书由著者发表于报刊杂志上的三十五篇文章编纂而成，虽没有贯穿全书的中心问题与首尾一贯的体系，但多数篇什是从逻辑学的角度对先秦诸家有关“名理”问题所作的阐述。

本书正文前载有著者撰写的“自序”[③]，成稿于 1956 年 3 月。著者首先对本书的成书过程及其体例作了说明：“八九年来，在杂志报章上发表了许多篇浅陋的文字，或为多年的积虑，或为一时的感想。其所说内容，虽亦有涉及名理以外的，但大多数是有关名理的阐述，不过有些比较直接，有些比较间接而已。现在把这些有关名理的文字搜集起来，略加次第，辑为一编，名曰《名理论丛》。……编纂次第，大体上以研讨古人名理学说者居首，以依据名理的观点评议古人言论者次之，以阐述名理义蕴者又次之，以依据名理的观点评述他事者居末。各文写作时期，先后不一，且又各自独立成篇，故所说内容不免时或重复，所用资料亦不免一引再引。在编纂的时候虽经发觉此一缺点，但若加以删节，不免要损害各文的完整性，所以姑仍其旧。”[④]接着，著者谈及本书的基本观点与基本态度。就

① 景鸿鑫：《景注公孙龙与名家：图象思维的再诠释》，成大出版社 2015 年版，第 306 页。

② 景鸿鑫：《景注公孙龙与名家：图象思维的再诠释》，成大出版社 2015 年版，第 307 页。

③ 参见陈大齐：《名理论丛》，正中书局 1970 年版，自序第 1—2 页。

④ 陈大齐：《名理论丛》，正中书局 1970 年版，自序第 1 页。

基本观点而言，主要有如下两点：其一，“一切正理，自其实质言之，在其所可适用的范围内莫不具有绝对性。……实质上的绝对性是不可否认的，假如否认，则一切言论都成赘疣，而一切学问亦无从建立了”[①]；其二，“事实的认识与价值的衡量，各有任务，两不相同。事实认识的任务在于致真，价值衡量的任务在于致善。真与善虽时相一致，却不一定一致。若误认其为必相一致，从真的一边来衡量善，则原属善者或且因而失其为善的价值，从善的一边来衡量真，则原属真者或且因而失其为真的价值。又若强认其互相一致，势且不免抑真从善，而以善害真，或抑善从真，而以真害善。故真与善混为一谈，则各受其害，分别论断，则各得其便”[②]。就基本态度而言，主要有如下两点：其一，“务作分别而不笼统的论断”[③]；其二，“务作周遍而无所偏的审察”[④]。

本书所收录的《“异白马于所谓马”与“白马非马”》[⑤]一文是对公孙龙的论辩思想所作的阐释，该文原刊于 1951 年 1 月 31 日《大陆杂志》第 2 卷第 2 期。著者首先对本文的选题缘起与主旨作了说明：“公孙龙子倡‘白马非马’之说，其用分析方法研究事理，在吾国的哲学史上确实放了异彩。但因其过于偏重分析，留连忘返，虽其所说之中包含着一部分的至理，而流弊所届，其结论不能与事理相符合，尤其与常识相距太远，不能为一般人所承受，终成惊世骇俗之谈。公孙龙子之主张白马非马，其立论根据不止一端，其与孔穿的论辩中，是用‘异白马于所谓马’以为‘白马非马’的论据。本文主旨不在讨论白马非马说的是非得失，只想就上述论据，一究其是否确有证明的能力。”[⑥]接下来，著者以《公孙龙子·迹府》为文本依据，将其所载公孙龙与孔穿的论辩分为两段：“其第一论辩，文中已明白表示的，是依据孔子的‘异楚人于所谓人’，以证明其自己所主张的‘异白马于所谓马’。其第二论辩，文中虽说得不很

---

① 陈大齐：《名理论丛》，正中书局 1970 年版，自序第 1—2 页。

② 陈大齐：《名理论丛》，正中书局 1970 年版，自序第 2 页。

③ 陈大齐：《名理论丛》，正中书局 1970 年版，自序第 2 页。

④ 陈大齐：《名理论丛》，正中书局 1970 年版，自序第 2 页。

⑤ 参见陈大齐：《名理论丛》，正中书局 1970 年版，第 27—41 页。

⑥ 陈大齐：《名理论丛》，正中书局 1970 年版，第 27 页。

明白，但观其所云‘且白马非马乃仲尼之所取’，可见其欲依据‘异白马于所谓马’以证明‘白马非马’。第一论辩平妥确当，无可责难，怪不得‘孔穿无以应焉’。第二论辩能否成立，大有问题，所惜孔穿未及细察，竟亦无以难之。”[①]就第一段论辩而言，著者认为公孙龙所采用的论辩方式即是墨子所说的“援”，并对公孙龙“援”孔子的“异楚人于所谓人”来证成“异白马于所谓马”的做法给予了肯定。然而就第二段论辩而言，公孙龙则滥用了“同是异非”原则，因而由“异白马于所谓马”并不能得出“白马非马”这一结论来。基于这层考虑，著者首先对逻辑上的“同是异非”原则及其适用情况进行了分辨，认为“完全相同及全偏相同之以小类为主词、以大类为谓词者，均应联以是字，其余则均应离以非字。此为逻辑之所许，亦合于是非二字之通常用法。由此可见，同是异非之原则颇多限制，决不可见同便是、见异便非，必先考察其同为何种的同，其异为何种的异，方可决定其宜用是字抑或宜用非字”[②]。紧接着，著者便对公孙龙第二段论辩的逻辑瑕疵进行了阐析：“试持此义以观公孙龙子的第二论辩，可见其滥用异非之原则。异者固可以非，但亦有不可以非者，未可一概而论。白马与马是全偏相同，而白马是小类，马是大类。故若以白马为主词，以马为谓词，自应联以是字，不得离以非字。全偏相同者诚亦全偏相异，当其小类为主词大类为谓词时，应取其同，及大类为主词小类为谓词时，始可取其异。公孙龙子于此未加分别，遂取白马与马之有异，以证白马之非马，实属有欠精密。公孙龙子研究事理，以分析为其主要方法，而于异非之原则，含混适用，不予分析，以自毁其独特的长处，这不能不为公孙龙可惜。”[③]然后，著者依据逻辑上关于判断基本性质的一般说法，将公孙龙关于判断基本性质的见解认定为“相等说”，并将此说与西方代数逻辑的“相等说”进行了对比，认为“公孙龙子与代数逻辑之相等说从同一观点出发，驰赴极端，彻底诚然是彻底了，却因此丧失了代数逻辑权变的长处。其结果遂致违背事理，不合是

---

① 陈大齐：《名理论丛》，正中书局 1970 年版，第 28 页。

② 陈大齐：《名理论丛》，正中书局 1970 年版，第 37 页。

③ 陈大齐：《名理论丛》，正中书局 1970 年版，第 37 页。

非二字之通常用法，且亦有害科学之所要求”[①]。

本书所收录的其他文章中亦有某些谈及《公孙龙子》相关内容之处，由于它们均不是著者所阐说的中心话题，这里不再一一赘述。

2. 唐君毅著《中国哲学原论·原道篇》

唐君毅(1909—1978)所著《中国哲学原论·原道篇》一书，(香港)人生出版社1966年3月第1版，(香港)新亚书院研究所1973年5月第1版，1976年5月修订再版(台初版)，1978年4月第3版(台再版)；(北京)中国社会科学出版社2006年12月第1版，(北京)九州出版社2016年8月第1版。

本书包括三编内容：第一编重在探究周秦诸子之道，从“孔子之仁道”到“《易传》之即易道以观天之神道”，凡二十五章；第二编重在探究秦汉至魏晋的哲学之道，从“阴阳家与秦汉学者顺天应时之道及其历史演变意识”到“魏晋之玄理与文学艺术中之道”，凡十一章；第三编重在阐说南北朝至隋唐及宋以后中国固有的哲学之道与佛道之间的交涉，从“中国固有哲学中之道与佛道之交涉”到“略论佛学以外之南北朝至隋唐学术中之道，及宋以后学术中之重守道及辨道”，凡十六章。

在第一编第十八、十九章中，著者对周秦诸子的“名言”之道进行了探究。[②] 第十八章是“周秦诸子对‘名言’之道(上)”[③]。本章包括四部分内容，分别为“论名言之道为一义上之高一层次之道”“名字、名谥、孔子正名

---

① 陈大齐：《名理论丛》，正中书局1970年版，第41页。

② 唐君毅在为《中国哲学原论·原道篇》撰写的“自序”[成稿于辛亥年除夕(1972年2月14日)]中，对本书专论周秦诸子的“名言”之道的第十八章、第十九章的主要内容作了介绍：“此乃总论周秦思想中环绕于中国所固有之‘名’之一名之思想之发展，而于人之名字、名谥、名位、名教、名义、名闻、名誉、名实、形名之名，皆统而观其有关思想之如何次第衍生。于惠施公孙龙之名实之论，世所视为属逻辑知识论之问题者，今则视之为一更广大之对名之道中之一节，其前有所承，后有所归，皆在此一道上。而世之于其言视为怪说诡辞，异释纷披者，今皆洁裘而振之，以归其宗趣于至简，以见其实为此广大之对名之道上之一节，中国之名言哲学之一隅；更无如在西方哲学中之逻辑知识论在哲学中居优先地位之情形。旨在使彼苛察缴绕之小言，涵摄于今兹所重之大道。至于吾之释惠施公孙龙之遗文，与他人所释之同异得失，则非今所暇辨也。”见唐君毅：《中国哲学原论·原道篇》，新亚书院研究所1973年版，自序第12—13页。

③ 参见唐君毅：《中国哲学原论·原道篇卷二》，新亚书院研究所1973年版，第543—565页。

之教、及墨子之‘言’‘义’之义”“道家对名闻及以名言成辩之态度与儒墨之异同”“惠施之辩与其归趣”；第十九章是“周秦诸子对‘名言’之道（下）”[①]。本章专论公孙龙的“名言”之道，包括五部分内容，分别为“公孙龙之《名实论》”“公孙龙之《白马论》《坚白论》”“公孙龙之《通变论》”“公孙龙之《指物论》”“公孙龙至《墨辩》及荀子正名、法家言名至尹文子言名之发展”。

在“公孙龙之《名实论》”部分[②]，著者首先将公孙龙的名实之论置于周秦名实之辩的整体语境下进行了考察：“公孙龙书重正名实，而自言其论名实，合于孔子之教，亦明王之道之一端。故初亦非如西方之逻辑家知识论者之为论名实而论名实者。此名实之论，乃孔墨所先重，初固为在伦理道德政治意义上，谓当有‘实’以合于人之‘名位’，及人所言之‘德’与‘义’。至道家之老庄，而重言‘德荡乎名’‘行名失己’及名不亲于身之义，而倡不言之教，不辩之道。道家所谓名，则或指名位名闻之名，或指成辩之名言之名。惠施破一般之名言之分别，以见天地万物之一体，为一大实。公孙龙则要在克就世间之名，言有其分别，以言其应各有所定指之实，而不使名与名相乱，方为正名之事。得合孔子言正名以成治之旨。故其《迹府》篇引及孔子之言。公孙龙之名实之论，亦原属儒墨道之名实思想之大流中之一节。彼亦自认为如此。则吾人亦当循此名实思想之大流，以了解其用心之方向，与其言之价值所在。不必先存西方之逻辑知识论或存在论之说在心，以释公孙龙之言。亦不可以公孙龙之引及孔子之言，为装点门面语也。”[③]接着，著者对“名”与“正名”的含义作了辨析。就“名”的含义而言，“公孙龙之言名实之名，乃指种种客观存在之实有之物者。……如‘白’即指实有之物之白之性相，‘黑’即指实有之物之黑之性相，‘马’即指有马相之马类之物，‘牛’即指有牛相之牛类之物。白、黑、马、牛之名之分别，乃直依客观存在而实有之物，原有其性相之分别，而有其种类之分别而立。则不能轻言其名之分别之可泯，而通以为一。此乃

① 参见唐君毅：《中国哲学原论・原道篇卷二》，新亚书院研究所1973年版，第566—595页。

② 参见唐君毅：《中国哲学原论・原道篇卷二》，新亚书院研究所1973年版，第566—572页。

③ 唐君毅：《中国哲学原论・原道篇卷二》，新亚书院研究所1973年版，第566页。

公孙龙之思想方向之所注，而与惠施思想方向之所注，大不同者也”[①]。就“正名”的含义而言，“公孙龙之言正名，乃就客观存在之实物，其性相之不同，而言其种类之不同，以正名。近人则以为此纯属逻辑知识论存在论之说，与中国昔人之言名字名谥及他家之言名位名闻之名，风马牛互不相及。但我不以此说为然。盖在中国思想史之发展上看，此二者未尝不相及。至纯自理论上看，则人之有名字名谥名位名闻，乃始于人在他人心中有一存在地位。此与客观之事物之有一名、始于客观之物之在吾人心中，有一存在地位，正复相类”[②]。在厘定“名”与“正名”之含义的基础上，著者撮录《名实论》全文，认为该篇是现存《公孙龙子》一书其他诸篇的总旨，进而结合原文对公孙龙的名实思想作了详密的阐析。著者最后指出：“吾人之如此释公孙龙之《名实论》，乃通贯全文，而以其后文所说，与前文所说，照应而观，方有是释。故与他人所释，颇有异同。读者更可细勘之。”[③]

在“公孙龙之《白马论》《坚白论》”部分[④]，著者首先指出：“公孙龙在当时以言‘白马非马’，及主‘离坚白’，名于世。其书有《白马论》《坚白论》二篇。”[⑤]接着，著者对《白马论》《坚白论》二篇的归趣及其运思理路分别作了阐析。就《白马论》而言，“《白马论》思路甚清楚，归趣则实甚单纯。其谓‘白马非马’，只是就其各是一名，各有其所指所定之实而说。在白马之名中，自是兼有白与马，以兼定马之色与形之实；而马之一名，只定马之形之实。二名所命所定之实不同，则二名不同，而此名非彼名。……即依此二名之不同，而言‘白马非马’，此固皆无问题，亦无奥义诡辩也”[⑥]。至于《白马论》中唯一有意味的讨论，乃是“问者谓白马之一名，由白与马二字合成，而其中有一马之一字或马之名，今暂抽掉其中之白之一字、白之一名，唯存马之字，马之名，则岂不可说其是

① 唐君毅：《中国哲学原论 · 原道篇卷二》，新亚书院研究所 1973 年版，第 567 页。

② 唐君毅：《中国哲学原论 · 原道篇卷二》，新亚书院研究所 1973 年版，第 567—568 页。

③ 唐君毅：《中国哲学原论 · 原道篇卷二》，新亚书院研究所 1973 年版，第 572 页。

④ 参见唐君毅：《中国哲学原论 · 原道篇卷二》，新亚书院研究所 1973 年版，第 572—578 页。

⑤ 唐君毅：《中国哲学原论 · 原道篇卷二》，新亚书院研究所 1973 年版，第 572 页。

⑥ 唐君毅：《中国哲学原论 · 原道篇卷二》，新亚书院研究所 1973 年版，第 572—573 页。

马？但公孙龙此之答则谓：白马乃一整个之名。此白马中之马，乃已为白所规定之马，而此白马即合成一整个之名。既已合成一整个之名，则不能再抽掉其中之白，而单就其中之有马字，而谓之为马也”[①]。在著者看来，“此整个之白马之名，自别于马之一名。故曰‘白马非马’也。要之此‘白马非马’之论，乃纯从此是二名，各有其所指之实而说。于此不须连西方逻辑中之内包外延、种与类以及类之包涵关系等而说，以另生枝节，则原文即简单明了，亦无奥义诡辩。唯此说与常识及一般逻辑之于一实物可说白马者，亦可说为马似相违反，故觉其中别有奥妙，亦似为诡辩。实则即在常识与一般逻辑，于一物说为白马者，更说之为马，亦同时意许马与白马是相异之二名。公孙龙不过就此人所原所意许之其为二名，而自觉的说出其为二名，而此名非彼名，以见此名彼名，各有其义，亦各有其所指之实之异，使人知此‘名之异’与‘其所指之实之异’，当有‘一对一之相应关系’之存在，以正名，而正其所指之实之位而已”[②]。再就《坚白论》而言，“公孙龙之《坚白论》，归趣亦甚单纯，唯其文句稍缠绕，故易引起人对之作种种歧想，而化之为复杂难解”[③]。鉴于此，著者结合《坚白论》原文，对该篇归趣及其运思理路进行了条分缕析的阐发。著者最后指出：“公孙龙之《坚白论》之所以必谓‘坚白离’，乃归在言坚白分别对人所用之目火或手捶而表现，以为人之心神所分别所知之实而说。此所知之实自分别，则坚白二名，亦自分别。”[④]

在“公孙龙之《通变论》”部分[⑤]，著者首先点明了《通变论》的归趣：“公孙龙之《通变论》，文句似较为难解。其所谓通变，乃自实变其名亦当相随而变说。然未变之实，与已变之实，必相别异，人之变用其名，亦必求足以表此别异，以保存名实间之对应关系。”[⑥]接着，著者撮录《通变论》全文，并结合原文对该篇的归趣及其运思理路进行了缜密的分析。著者最后指

① 唐君毅：《中国哲学原论・原道篇卷二》，新亚书院研究所 1973 年版，第 573 页。
② 唐君毅：《中国哲学原论・原道篇卷二》，新亚书院研究所 1973 年版，第 574 页。
③ 唐君毅：《中国哲学原论・原道篇卷二》，新亚书院研究所 1973 年版，第 574 页。
④ 唐君毅：《中国哲学原论・原道篇卷二》，新亚书院研究所 1973 年版，第 577 页。
⑤ 参见唐君毅：《中国哲学原论・原道篇卷二》，新亚书院研究所 1973 年版，第 578—583 页。
⑥ 唐君毅：《中国哲学原论・原道篇卷二》，新亚书院研究所 1973 年版，第 578 页。

出:“正举者,名实之异俱彰,如君臣之异职而相辅。非正举者,名实之异不彰,如争光两明,以相淆乱,如君臣之争暴。欲去此两明之争暴,以使名实之异俱彰,则唯赖于不同之名所指之实,互无其所有之处着眼,以辨其异。此即同于其前文之自二中之无一、无右、无左,右中左中之无二,以辨‘左’‘右’与‘二’之名之异也。然此固不碍合左右以成二之实,可以‘左与右’谓之,亦可以‘二’谓之,亦如牛不二羊不二,合牛羊而可谓之二也。”[①]

在“公孙龙之《指物论》”部分[②],著者首先对《指物论》的艰深难解以及破解该篇大旨的要点作了阐说:“《公孙龙子》之最难解者为《指物论》。吾亦尝玩之数十年,自屡易其解,终觉其文如龙蛇夭矫,缚拿不住。后乃渐知此篇不能单独而解,必须通《公孙龙子》全书之旨而解。其要在知此中之‘物’,即《名实篇》之物,而‘指’则‘举名用名以指物之实’。”[③]接着,著者结合《名实论》《白马论》以及《公孙龙子》全书的宗旨,对“物”“指”的含义及其与“名”“实”的关联进行了辨析:“物属天地之所产,用名指物,则吾人正名,以使物之实得其正位之事。所谓名,自有其所表之意义,即物之性相之实。此意义或性相之存于心,则为人之意象观念。指物必用名,人用名时,亦自有将此名所代表之‘意象观念’,与为其内容之‘意义’或物之性相,一齐指向于物,或指目物之事。然此指之一名在公孙龙,则非专表此指向之活动之自身,亦非专表此名所代表之意象观念之意义、或物之性相等,而当是表此整个之‘用名与其所表示者,以指物之实之事’。公孙龙书初未对此事之内涵作分析。今世之论者,务于此作分析。或谓此指专表此指向之活动,或谓此‘指’专表‘此名’,或此名所表之意象观念或意义,性相,此皆翻失其全旨。公孙龙只于上述之一事实,总名之曰指。而此‘指’即‘用名指物’。故此指中亦自有名在。公孙龙言指物,其要点唯在言人主观所造之种种名,乃用以指客观之物之实,如马之名乃人用以指马之形,白马之名乃人用以兼指马之形与色。分别之名,皆只分别负其指物之责。然此种种名,却

① 唐君毅:《中国哲学原论·原道篇卷二》,新亚书院研究所1973年版,第583页。
② 参见唐君毅:《中国哲学原论·原道篇卷二》,新亚书院研究所1973年版,第583—590页。
③ 唐君毅:《中国哲学原论·原道篇卷二》,新亚书院研究所1973年版,第583页。

初非用以指此‘用名指物’之事，与其中‘所用之名’者。故马之名不可以指白马。如马之名可用以指白马之名，则人可由白马之名中有一马字，将如《白马论》中所引之问者之言，以谓此马字即马字，而谓白马是马矣。公孙龙在《白马论》中之答问者之疑之道，是自此白马之是整个之名说，如上所述。而其所以整个是一名，则因其只对其所指之实，即马之形与色，而负责。此名之用，只限于指其实。此‘名’属于能指，‘实’是所指。然此能指中之名，则不可同时更化为所指。如再化为所指，则吾人亦可就此白马之名中，指出其有此一马字，以谓白马是马矣。知上述之义，而吾人即可契入此《指物论》全文矣。”[①]然后，著者结合《指物论》原文，对该篇归趣及其运思理路进行了阐析。著者最后指出：“此篇之文，前半之意在言能指非所指，而能指与其名不得黏附于物，而所指之物亦不能成为能指。使天下无物指以下文，则言此能指之亦待所指之物，以成其为能指，以补足另一面之义。其文义之次序，固显然可见。”[②]

在“公孙龙至《墨辩》及荀子正名、法家言名至尹文子言名之发展”部分[③]，著者首先对公孙龙子学说的归趣进行了总结，进而关联着《公孙龙子》与《墨辩》之间的差异，带出了《墨辩》的名言观这一话题：“上文述公孙龙五篇之大旨，至其余一篇《迹府》，无异公孙龙小传，可不论。此五篇之文，因有反覆之问答，立义亦颇精密。但其归趣，则实甚单纯。即不外使一一用以指实之名之同异，与实之同异，处处求有对应关系、以正此一一之名。对此公孙龙所提之诸论点之讨论，则《墨辩·经说下》于坚白问题，仍主不相外而相盈之说。”[④]接着，著者立足于周秦名实之辩的整体发展脉络，对《墨辩》、荀子、法家、尹文子的名言观一一进行了阐析。最后，著者结合尹文子的“名有三科说”，对周秦诸子乃至此后的名言观进行了评说：“总而观之，则尹文子乃谓名：有只表客观之事实形状者，有表主观对客观之价值判断者，有表主观心理中情意状态者。故谓名有三科。唯于此第

① 唐君毅：《中国哲学原论·原道篇卷二》，新亚书院研究所1973年版，第583—584页。

② 唐君毅：《中国哲学原论·原道篇卷二》，新亚书院研究所1973年版，第589页。

③ 参见唐君毅：《中国哲学原论·原道篇卷二》，新亚书院研究所1973年版，第590—595页。

④ 唐君毅：《中国哲学原论·原道篇卷二》，新亚书院研究所1973年版，第590页。

二科之名，又谓之为‘称’，于第三科之名，又谓之为‘分’耳。彼名家之惠施公孙龙，唯知定客观之形之同异之名，而不知有以主观定客观之物之善恶贵贱价值之名。此则唯荀子兼知之。故谓其《正名篇》有‘上以别同异，下以明贵贱’之语。然于专表主观之心理上情意之名，则荀子亦未能特加以标出，以成第三种之名。尹文子之分名为三科，则较荀子所言，又更为备足。可谓一能总持周秦诸子言用名、对名之道以为论者。周秦以后之言名，亦大皆有此三科之名。汉魏之所谓名理之论，初亦兼及于辨客观之物之同异，辨善恶贵贱之事，与人之主观心理上之情意状态，而分别与之名者。故刘劭、钟会之论才性同异，亦在名理之列。此其原皆在周秦诸子之言用名，对名之道，原有此种种之故。今人只以惠施、公孙龙等，论客观之名实者，方为能言此人用名对名之道之名家，其见亦狭矣。未尝知周秦诸子言用名、对名之道之大者也。”[①]

从根底处看，著者是从儒家的正名观出发探讨周秦诸子的“名言”之道的，这一运思理路在其《〈荀子·正名〉与先秦名学三宗》(《新亚学报》1963年8月第5卷第2期)一文中表现得尤为明显。该文收入著者所著的《中国哲学原论·导论篇》，列为第五章“原名：《荀子·正名》与先秦名学三宗”[②]。在这篇文字中，著者结合荀子所指陈的“三惑”(“以名乱名”“以实乱名”“以名乱实”，荀子斥之为三类“离正道”的“邪说辟言”)，把荀子“正名”派之外的先秦名学厘定为“三宗”，分别为：以墨者为代表的“以名乱名”派，以惠施及道家为代表的“以实乱名”派，以公孙龙为代表的“以名乱实”派。在“公孙龙派之言名，与以名乱实”部分[③]，著者将公孙龙一派的理论总结为“由名之相异而多，而意其所指之实，亦相异而非一”[④]，认为这种理论的要点，“不在用分别之名，以直往指实，而使之如附著于实，而在直接就名之分别，而意其所指之实，亦必分别。于是凡名之可相分别者，皆谓其应指不同之实”[⑤]。基于此，著者以

① 唐君毅：《中国哲学原论·原道篇卷二》，新亚书院研究所1973年版，第595页。
② 参见唐君毅：《中国哲学原论·导论篇》，中国社会科学出版社2005年版，第89—105页。
③ 参见唐君毅：《中国哲学原论·导论篇》，中国社会科学出版社2005年版，第101—104页。
④ 唐君毅：《中国哲学原论·导论篇》，中国社会科学出版社2005年版，第101页。
⑤ 唐君毅：《中国哲学原论·导论篇》，中国社会科学出版社2005年版，第101页。

《白马论》《坚白论》为例，对其中的某些命题进行了阐析："如公孙龙谓白马非马，其根据即在白马与马，为二分别之名，而各有所表。马之名命马之形，亦所以表马之形；而白马之白，则命马之色，而表马之色。命形非命色，故'白马'与'马'所指之实，各不同。白马所指之实，限于白色之马；马所指之实，则为黄骊白黄[①]诸色之一切马。因此二名所指之实不同，而白马非马。公孙龙又主离坚白。……其主坚白相离，亦唯由此坚之名，乃所以表手所得之坚，白之名乃所以表目所得之白之故。盖以坚白二名原相异而为多，故彼实际之石，于以手触之之时，可谓其为坚，而不当谓其为曰[②]，以目视之之时，可谓其有白，而不当谓其为坚，乃有坚石与白石，而无坚白之一石。用'坚'与'石'二名，可，用'白'与'石'二名亦可，用'坚''白''石'三名，以结为'坚白之石'则不可。此亦由名之异而为多，以论所指之实不同而非一之论。"[③]接着，著者分别从常识(直觉)与理论上对公孙龙"以名乱实"之说的妄诞进行了揭示。最后，著者依循荀子的正名原则，对这种"以名乱实"之说所以为妄诞的根源进行了探究："人之为白马非马，牛马非马等，以名乱实之说者，其所以为妄之根源，在其所受与所辞之相悖，亦在其有见于名之多，遂忽略其所指之实之一。人之有此忽略之根源，则正在其分别用多名，以直往指实时，即透过此名之多以观实，乃直往意其所指之实，而未尝反溯此多名之'所以次第制立，而约定以成'之基本原则。"[④]

著者以名实之辩为中核问题，深入探究了周秦诸子的名言之道。在对公孙龙的名实之论进行学术史定位的基础上，他透过公孙龙留下的"苛察缴绕"之文，化繁为简，对《公孙龙子》五篇的大旨及其原文作了一种前后一贯的疏释，自成一家之言。霍韬晦在"《中国哲学原论》〈原道篇〉(1973)导读"[⑤]中，对唐君毅关于周秦诸子名言之道的探讨有所评述，其中有言："唐先生在分论周秦诸子之道之后，更辟专章讨论周秦诸子之名言

---

① "黄"疑作"黑"。

② "曰"当作"白"。

③ 唐君毅：《中国哲学原论・导论篇》，中国社会科学出版社 2005 年版，第 101—102 页。

④ 唐君毅：《中国哲学原论・导论篇》，中国社会科学出版社 2005 年版，第 103 页。

⑤ 参见唐君毅：《中国哲学原论・原道篇》，中国社会科学出版社 2006 年版，导读第 1—13 页。

之道。唐先生认为：名言之道较之以名言直说之人生、宇宙之道为更高一层之道，此亦即西方哲学家所说之'后设'层次。唐先生首先从名字、名谥出发，显示中国文化之重德精神。故孔子之正名，即是以名为教，使人名实相符；墨子则提出种种义行，如兼爱、非攻之类，望天下人共行，但由于理解不同，人亦可相争、相杀。所以墨家渐发展为墨辩，以求统一（尚同）；道家则厌恶辩难，因此亦不求名，兼由名所系属之德亦要忘却，以隐遁于世。唐先生指出：如以更上一层之观点言之，'无名'亦是一名；盖人不求名，名亦可自至，故不可逃；真正原因，则在名之出，亦有一公心在，人欲窃之，方为枷锁，所以孔子最后说'人不知而不愠，不亦君子乎'？道德修养为自得之境，此即不须赖外在之名位。"[①]"但真正对名言之使用，有一自觉的反省的，是惠施、公孙龙子之称为名家者，唐先生指出：依惠施所说之十事视之，其实是对语言的相对性与差别性的破除，因此唐先生说为实家而非名家；至于公孙龙子，近人受西方思维影响，以为纯属逻辑知识论问题，唐先生不同意，指出仍须置于中国思想史上看，方见其在儒家之正名之教后，不重名之价值意义，而只重客观事物之性相种类，故更精细，但亦可以说是更狭小。如白马非马之论，不过是从'白马'与'马'分属两名而说，此固不须连于西方逻辑中之内包外延，或种、类之包涵关系。再如〈通变论〉，亦不过是说名与实有对应关系，故实变，名亦当与之俱变，方可维持其对应。较难解者为〈指物论〉，唐先生自谓'玩之数十年，屡易其解'，最后方悟此篇不能单独立论，须通过公孙龙子全书而得明白。盖'指'即用名指物，物不同，名即不同；名是能指，物（实）是所指，两者虽对应，但名不能化为实（所指），否则白马可为马，所以说'物莫非指，而指非指'；能指之名不能化作所指之物，两者一方面有严格之区分，一方面指不能自指，又必须待物以成其指也。唐先生如此疏解公孙龙子，可谓直探骊珠，而廓清民国以来无数疏家迷雾。"[②]

唐君毅关于公孙龙的名实之辩（乃至周秦诸子的名言之道）的探究产生了一定的影响。如尉迟淦所撰的《试论唐君毅先生有关公孙龙思想的

---

① 唐君毅：《中国哲学原论·原道篇》，中国社会科学出版社2006年版，导读第4—5页。

② 唐君毅：《中国哲学原论·原道篇》，中国社会科学出版社2006年版，导读第5页。

理解与评价》(《鹅湖月刊》1994 年第 20 卷第 1 期，总 229 期)一文，从唐君毅的方法论构想、理解与评价方式、理解与评价的成果、关于公孙龙思想的评价与反思四个层面，对唐先生的公孙龙思想研究进行了评说，并得出了“徒法不足以自行”的结论。

3. 邓公玄著《中国先秦思维方法论》

邓公玄(1901—1977)，字太初。所著《中国先秦思维方法论》一书，(台北)台湾商务印书馆 1969 年 9 月初版、1972 年 7 月第 2 版。

本书正文前载有著者撰写的“自序”[①]，成稿于 1969 年 4 月。著者在序文中服膺国父孙中山的“知难行易”说，特意撮引《孙文学说》数段言论，旨在强调：“国父之所以深慨我国缺乏逻辑体系者，固不仅谓我国古人未能致力及此为可惜而已，盖因其深知乎世间事物惟知之为最难，而知之之所以难，要在不明求知方法之故耳。”[②]在此基础上，著者对本书的成书过程作了介绍：“作者自幼治哲学及逻辑，近二十年来，且在各大学讲授理则学，深感国父遗教之昭示，于是从先秦诸子百家中寻求我国先哲之思维方法，因知自孔子以次，所有儒、墨、名、法、道诸家，无不各有其对思维方法之贡献，惟自秦汉以后，此道遂湮没不彰而已。兹将历年搜求所得，撰为《中国先秦思维方法论》一书。”[③]

本书包括五章内容，分别为“儒家之理则学”“墨辩与思维方法”“名家与理则学”“法家与理则学”“道家之非逻辑理论”。其中“名家与理则学”一章[④]探讨了五个方面的话题，分别为“何谓名家”“邓析子之学说”“尹文子之学说”“惠施之辩说”“公孙龙之学说”。在第五部分中，著者从两个方面探讨了公孙龙的学说：一是“公孙龙与辩者二十一事”，二是“公孙龙之哲理与名学”。

在“公孙龙与辩者二十一事”部分[⑤]，著者认为《庄子・天下篇》所载的

---

① 参见邓公玄：《中国先秦思维方法论》，台湾商务印书馆 1972 年版，自序第 1—3 页。

② 邓公玄：《中国先秦思维方法论》，台湾商务印书馆 1972 年版，自序第 2 页。

③ 邓公玄：《中国先秦思维方法论》，台湾商务印书馆 1972 年版，自序第 2 页。

④ 参见邓公玄：《中国先秦思维方法论》，台湾商务印书馆 1972 年版，第 57—83 页。

⑤ 参见邓公玄：《中国先秦思维方法论》，台湾商务印书馆 1972 年版，第 66—69 页。

辩者二十一事"乃公孙龙辈与惠施相应之论点"[①]，胡适、章太炎对此均作过分析。在著者看来，他们所作的分析"盖以今日哲学眼光而出之"[②]，若仅关注其中与逻辑相涉的部分，其实只有如下三事——"犬可以为羊""白狗黑"以及"孤驹未尝有母"。从逻辑的眼光看，上述三事"虽亦可谓为属于'名'的范围，但实际仍不过为诡辩而已。且其意不外谓一切一切'名'皆属人为，惟其由于人为，故不妨以命'羊'之名以命'犬'，如是，则'犬'当然可以为'羊'。又若吾人如以'白'为代表'黑'之符号，或'黑''白'之名易位而行，则谓'白犬黑'，宜[③]无不可。至于'孤驹未尝有母'亦然，盖既云'孤驹'则当然无母，有母则不得谓为'孤驹'。今既云'孤驹'，则谓其为'未尝有母'，不亦可乎？在表面上看，辩者之言殊堪惊异，然吾人如从逻辑基本原则以观察之，则其强辞夺理之情形，立可洞见；否则，吾人不免为其奇辞怪论所陷矣"[④]。

在"公孙龙之哲理与名学"部分[⑤]，著者首先指出："在名家之遗著中，《公孙龙子》一书最为完整，虽其间亦不免有错讹之处，但大体则可读。本书除《迹府第一》属于绪论或公孙龙传略性质，系后人所附入者外，其余各篇皆为专题之讨论，且能就题发挥其精义，殊可喜也。"[⑥]鉴于此，著者主要对《指物论》《坚白论》《白马论》《名实论》进行了阐析，认为上述四论分别是公孙龙的本体论、认识论、诡辩论、正名论。在阐析其内蕴的哲理与逻辑思想的基础上，著者对公孙龙的全部学说进行了评价，认为《指物论》与《坚白论》"较具创见"[⑦]，至于《白马论》与《名实论》，"虽亦略有发明，然从逻辑学立场观之，其建树亦殊有限"[⑧]，"其所讨论者仍不过为有关名词之厘定而已，此固逻辑上开端之问题，盖所谓入门之工作耳"[⑨]。最后，著者

---

① 邓公玄：《中国先秦思维方法论》，台湾商务印书馆1972年版，第68页。

② 邓公玄：《中国先秦思维方法论》，台湾商务印书馆1972年版，第69页。

③ "宜"当作"亦"。

④ 邓公玄：《中国先秦思维方法论》，台湾商务印书馆1972年版，第69页。

⑤ 参见邓公玄：《中国先秦思维方法论》，台湾商务印书馆1972年版，第69—83页。

⑥ 邓公玄：《中国先秦思维方法论》，台湾商务印书馆1972年版，第70页。

⑦ 邓公玄：《中国先秦思维方法论》，台湾商务印书馆1972年版，第80页。

⑧ 邓公玄：《中国先秦思维方法论》，台湾商务印书馆1972年版，第81页。

⑨ 邓公玄：《中国先秦思维方法论》，台湾商务印书馆1972年版，第81页。

对以惠施、公孙龙为代表的先秦名家进行了反省，同时对名家的历史遭遇发表了看法："若惠施、公孙龙者诚亦才智之士也，惜其用力而不得其当，故虽能显赫一时，而结果徒成为班固所谓'警者'而止，岂不可衰耶？倘自先秦以来，我国而能产生一个亚里士多德，将过去各家学说分析归纳，使其成为一套名学理论体系，则我国科学思想殆不难早具规模，不幸反名学之思潮竟乘其弊而起，于是二千年之间，此一早经萌芽之逻辑思维方法，遂沉沦而不能发扬光大，直至晚近东西交通之后，学者始由故纸堆中寻求其余绪而表出之，可胜叹哉！"[①]

本书正文后载有五个附录，均是此前发表过的文章，分别为《国父与理则学》，原刊《革命思想月刊》第5卷第5期；《论思想与思维方法》，原刊《学术季刊》第1卷第2期；《科学与思维方法》，原刊政治大学《理则汇刊》第12期；《语文与逻辑》，原刊政治大学《理则汇刊》第11期；《苏俄为何提倡形式逻辑》，原刊1958年《问题与研究》月刊。

4. 林正弘著《白马非马》

（台北）三民书局1975年1月初版、1980年12月再版。

本书正文前载有著者撰写的"序"[②]，成稿于1974年3月12日。著者在这篇序文中介绍了本书的内容与结构安排，其中写道："这里所收集的十二篇长短不齐的文章都是在杂志上发表过的。内容以逻辑和语意学为主，有两、三篇涉及科学哲学。"[③]从结构上看，本书包括三部分内容，分别为"浅释"[④]、"书评"[⑤]、"专题论著"[⑥]。

第一部分包括五篇文章，分别为《白马非马》[⑦]（原载《现代学苑》1973年第7期）、《科学说明》[⑧]（原载《东方杂志》1968年第3期）、《卡纳普的意

---

① 邓公玄：《中国先秦思维方法论》，台湾商务印书馆1972年版，第81页。

② 参见林正弘：《白马非马》，三民书局1980年版，序第1—2页。

③ 林正弘：《白马非马》，三民书局1980年版，序第1页。

④ 参见林正弘：《白马非马》，三民书局1980年版，第1—64页。

⑤ 参见林正弘：《白马非马》，三民书局1980年版，第65—111页。

⑥ 参见林正弘：《白马非马》，三民书局1980年版，第112—163页。

⑦ 参见林正弘：《白马非马》，三民书局1980年版，第1—7页。

⑧ 参见林正弘：《白马非马》，三民书局1980年版，第8—25页。

义标准》[1](原载台大《大学论坛》第32期卡纳普纪念专栏,1970年12月10日)、《形上学的摈弃》[2](原载《大学杂志》)、《内涵逻辑浅说》[3]。这五篇文章用浅显易懂的方式对一些基本概念进行了介绍。其中《白马非马》一文并不是对公孙龙《白马论》作的注释或诠解,而是著者假设公孙龙与《迹府》篇所谈及的孔穿都具备现代人的知识,他们二人用现代人的语言就“白马非马”命题展开了论辩。论辩的结局是,公孙龙所谓的“白马非马”,“只不过是说‘白马’和‘马’两词所指的对象不完全相同而已”,而孔穿所谓的“甲是乙”,则意在表明“甲所指的对象同时也是乙所指的对象;但乙所指的对象倒不一定是甲所指的对象”,二人所争论的其实“不是同一个问题”。[4] 著者认为,这篇文字对所涉及的逻辑和语意学基本原则都有浅显的说明,于是便把它归入第一部分。“其实,把它归属于第二部分亦无不可”[5]。

第二部分包括六篇书评,评说的对象依次是徐道鄰著《语意学概要》(香港友联出版社1945年印行),著者的评说文字[6]原载《公论报》1965年6月10日副刊,修改后重载于《书评书目》1973年第2期;A. H. Basson和D. J. O'Connor合著、刘增福编译《现代逻辑引论》(台湾商务印书馆1959年8月印行),著者的评说文字[7]原载《书评书目》1973年第8期;《公设彼此矛盾的结果》,见李新民、徐道宁、郭燮昌等人合编的高级中学数学第一册(东华书局1973年8月修订第1版),著者的评说文字[8]原载《太平洋杂志》创刊号(1973年10月30日);何秀煌著《记号学导论》,著者的评说文字[9]原载《书评书目》1973年第6期;Mary Hesse论Nelson Goodman的简单性理论,见Paul Edwards主编的《哲学百科全书》(*The Ency-*

---

① 参见林正弘:《白马非马》,三民书局1980年版,第26—33页。
② 参见林正弘:《白马非马》,三民书局1980年版,第34—48页。
③ 参见林正弘:《白马非马》,三民书局1980年版,第49—64页。
④ 林正弘:《白马非马》,三民书局1980年版,第6—7页。
⑤ 林正弘:《白马非马》,三民书局1980年版,序第1页。
⑥ 参见林正弘:《白马非马》,三民书局1980年版,第65—76页。
⑦ 参见林正弘:《白马非马》,三民书局1980年版,第77—92页。
⑧ 参见林正弘:《白马非马》,三民书局1980年版,第93—95页。
⑨ 参见林正弘:《白马非马》,三民书局1980年版,第96—97页。

clopedia of Philosophy），著者的评说文字[①]原载台大《哲学评论》1973 年第 3 期；Richard M. Martin 著 *Truth and Denotation*（University of Chicago Press，1958），著者的评说文字[②]原载台大《哲学评论》1971 年第 1 期。据著者介绍，这些书评“主要是指出原著的错误，其目的是希望读者能够受用原著的优点，而不致被它的错误所误导”[③]。

第三部分包括一篇专论《确定描述词与运算符号》（原载台大文学院《文史哲学报》1973 年第 22 期）。据著者介绍，“它详细比较各家描述论的得失利弊；其中有些论点是我自己的研究心得，希望能够引致讨论与辩难。这篇文章要读过初等符号逻辑才能了解。我把它编入本书，是因为它可以当做初等逻辑的补充读物”[④]。

5. 劳思光著《中国哲学史》

劳思光（1927—2012），本名荣玮，字仲琼，号韦斋，笔名思光。所著《中国哲学史》一书，（台北）华世出版社 1975 年 6 月初版；（台北）三民书局 1981 年 1 月初版；《新编中国哲学史》，（桂林）广西师范大学出版社 2005 年 10 月第 1 版；《新编中国哲学史》（增订本），（北京）生活·读书·新知三联书店 2019 年 11 月第 1 版。

本书第一卷正文前载有著者撰写的“序言”[⑤]，副标题为“论中国哲学史之方法”，包括四部分内容，分别为“已往成绩之检讨”“中国哲学史的方法问题”“哲学史的任务与基源问题研究法”“中国哲学史的特殊问题”。著者认为，“哲学史既是一种‘史’，又是以理论为其记载内容的；而整个哲学史的功能，则在于描述人类智慧之发展。内在的心灵境界，外在的文化成果，都要统摄于此”[⑥]。基于这种考虑，著者在第三部分中主张研究者立足于中国哲学史自身的内在问题来构建中国哲学发展的版图，进而提出

① 参见林正弘：《白马非马》，三民书局 1980 年版，第 98—103 页。
② 参见林正弘：《白马非马》，三民书局 1980 年版，第 104—111 页。
③ 林正弘：《白马非马》，三民书局 1980 年版，序第 1 页。
④ 林正弘：《白马非马》，三民书局 1980 年版，序第 2 页。
⑤ 参见劳思光：《中国哲学史》（第一卷），华世出版社 1975 年版，序言第 1—22 页。
⑥ 劳思光：《中国哲学史》（第一卷），华世出版社 1975 年版，序言第 15 页。

了著名的"基源问题研究法"[①]。

本书第一卷包括八章内容与"后序",其中第八章为"名家与名学"[②]。本章又包括三部分内容,分别为"名家之立场及特性""《公孙龙子》之理论""关于'名学'一词之讨论"。在"名家之立场及特性"部分[③],著者认为名家的立场是"纯作认知探究之立场",其特性主要有如下三点:"其一:在课题方面,'名家'只探索逻辑问题及形上学问题;而非政治及道德问题。其二:在立说之依据及归宿方面,'名家'只依据纯粹思考,归于逻辑理论或思辨形上学理论之建构;既不依于传统,亦不落在历史文化之方向问题上。其三,就名家已有之理论视之,其思想成熟程度实在早期形上学之阶段,故多用诡辩。此点亦是最为当时及后世评论者所注意之特性。"[④]

---

① 劳思光指出:"所谓'基源问题研究法',是以逻辑意义的理论还原为始点,而以史学考证工作为助力,以统摄个别哲学活动于一定设准之下为归宿。""基源问题研究法"包括三个相互贯通的程序,其要点如下:其一,"我们着手整理哲学理论的时候,我们首先有一个基本了解,就是一切个人或学派的思想理论,根本上必是对某一问题的答覆或解答。……这样,我们就称这个问题为基源问题"。"基源问题虽是每一学说的根源,但有很多学人每每并不明显地说出来。因此,我们自己常需要做一番工作,以发现此一学说的基源问题是什么。这里就需要逻辑意义的理论还原的工作了"。"所谓理论还原的工作,就是从许多论证中逐步反溯其根本意向所在。根本意向发现了,配合一定材料,我们即可以明白基源问题应如何表述"。"掌握基源问题,虽以解析工作为主,但也要涉及考证问题。因为这时所据的材料,都是客观的,所以理论还原工作,并不致妨害材料的真实性"。其二,"掌握了基源问题,我们就可以将所关的理论重新作一个展示,在这个展示过程中,步步都是由基源问题的要求衍生的探索。因此,一个基源问题引出许多次级的问题;每一问题皆有一解答,即形成理论的一部分。最后一层层的理论组成一整体,这就完成了个别理论的展示工作"。"发现基源问题,与由基源问题展示一理论的全象,这都是不需要任何特殊识见的工作。这只是叙述性质、介绍性质的工作。但要作全面性的判断,则情形就大不相同了"。其三,"我们将各时代的基源问题,排列起来,原即可以发现整个哲学史上的理论趋势,但这仍不足以提供一种作全面判断的理论根据。要作全面的判断,对哲学思想的进程及趋向作一种估价,则我们必须另有一套设准"。"基源问题研究法,最后必与一套设准配合。这一套设准虽不与基源问题研究有什么直接关系,但它是以作者的哲学了解为根据的。基源问题的研究,对作者在哲学方面的了解的增进,无疑有一定的助力。因此,我们仍可以说,如果一个哲学史工作者,真能运用基源问题研究法来整理各家学说,则最后他提出设准的时候,也决不致像用解析法的研究者那样空疏了"。具体阐述可参见劳思光:《中国哲学史》(第一卷),华世出版社 1975 年版,序言第 16—19 页。劳思光提出的"基源问题研究法"在哲学研究方法论以及中国哲学史的诠释建构上产生了广泛的影响,对包括公孙龙在内的先秦名家研究也产生了积极的影响。李贤中在其硕士学位论文《公孙龙子有关认识问题之研究》中就明确运用了"基源问题研究法"。

② 参见劳思光:《中国哲学史》(第一卷),华世出版社 1975 年版,第 305—329 页。

③ 参见劳思光:《中国哲学史》(第一卷),华世出版社 1975 年版,第 305—310 页。

④ 劳思光:《中国哲学史》(第一卷),华世出版社 1975 年版,第 310 页。

"《公孙龙子》之理论"部分[1]是专就《公孙龙子》一书来阐述名家的学说。著者首先对公孙龙其人其书作了介绍，认为"今本《公孙龙子》，存六篇，其中《迹府》一篇，乃后人所作，介绍公孙龙其人者；若就其理论说，则仅有五篇可作为研究资料"[2]。接着，著者对《公孙龙子》五篇的情况作了介绍，认为《指物论》是各篇的中心与总根据："公孙龙之书中，最为世人所熟知者为《白马》《坚白》二篇；本书论《墨辩》时，曾述其大旨[3]。但最足代表公孙龙之说者，实为《指物》一篇。他篇之议论大抵皆为此篇论旨之发挥或应用。虽五篇各有特殊论点，其总根据或中心实在《指物》一篇。兹先略述《指物》之旨，再观察此说与其他各篇之关系。"[4]基于上述考虑，著者分三部分探讨了《公孙龙子》五篇的大旨及其蕴含的逻辑问题与形而上学问题：一是"指物"，二是"白马"与"坚白"，三是"通变"与"名实"。

在"指物"部分[5]，著者首先对"指"与"物"的含义进行了阐析："所谓'指'，即表意义。盖'指'在先秦文献中，常假借以代'恉'字，而'恉'即'意义'，或书为'旨'。所谓'物'，则指具体对象，即表'个别事物'。故《指物》一篇中所论者实即'概念'与'个别事物'之性质及关系；倘用逻辑词语称之，亦可说'指'表'类'，'物'表'分子'。譬如'白'是一意义，'某白物'则

---

① 参见劳思光：《中国哲学史》（第一卷），华世出版社 1975 年版，第 310—321 页。

② 劳思光：《中国哲学史》（第一卷），华世出版社 1975 年版，第 310—311 页。

③ 劳思光在本书第一卷第五章"墨子与墨辩"中曾关联着与《墨辩》的比较而对《白马论》《坚白论》二篇之大旨等问题作过阐述。就《白马论》而言，著者认为"公孙龙一则以'非'字作含混之否定，故论证所及只是二类'不相等'之问题，而结论则似乎否定一切包含关系。二则指出'白概念'非'马概念'。'马概念'亦非'白概念'。因'白'与'马'互相限制，而有'白马'一概念，故'白马'乃由两概念组成。而二者中之一与'马'无涉，遂谓'白马非马'"。"若以哲学史眼光观其历史意义，则可说公孙龙此一理论乃中国最早论及'性质'之独立存在之说，与柏拉图在《巴门尼底斯》篇中所述之理念说有近似处。盖从个别事物中抽离其性质，而视之为独立之存在，就古代思想言，仍是一重要进步。公孙龙所立'白马非马'之论，其贡献在此，而关于此一问题，在《坚白论》中所说尤详"。再就《坚白论》而言，著者认为，"公孙龙之'离坚白'，实以'性质'之独立存在为理论基础，其论证则以二者呈现于不同知觉中为据；故只能讲'坚'与'白'之离，而不能言'石'与二者之离；此所以谓'三'为'不可'。冯友兰氏纯以'普遍'与'特殊'之理论释公孙龙之说，则不能说明何以'三'为'不可'"。"总之，'离坚白'之说，主旨在于说明'性质'可有独立存在性。此本无奇处，但公孙龙只就知觉一面证之，则两种知觉是否即表两种存在，仍有问题，故日后《墨经》就在此驳之"。具体阐述可参见劳思光：《中国哲学史》（第一卷），华世出版社 1975 年版，第 236—241 页。

④ 劳思光：《中国哲学史》（第一卷），华世出版社 1975 年版，第 311 页。

⑤ 参见劳思光：《中国哲学史》（第一卷），华世出版社 1975 年版，第 311—314 页。

是一个别事物，视‘白’为一‘类’，则‘某白物’即是一‘分子’。此是‘指物’二字之词义。词义说明，全文即不难解。”[①]接着，著者撮录《指物论》全文，指出此篇有衍文、省文阙文及形误之字，故素称难读。[②] 然后，著者从三个方面阐说了《指物论》的大旨：其一，“《指物》篇主旨在立‘物莫非指’与‘指非指’二论点。所谓‘物莫非指’，即谓：每一个体必属于某类；……其次，‘指非指’者，即谓，类本身不能再属于某类；换言之，‘类’不是一‘分子’。此理在近代逻辑发展后，即已成为常识；……但在古代思想中，此种对‘分子’与‘类’之区分，则常不明显。公孙龙书特别注重此种论点，正代表其逻辑思考及形上学思考”[③]；其二，“‘指’非时空中之存在，与‘物’不同。……所谓‘非有非指’，即表一切‘否定类’（如‘非白’，‘非红’等），并无实在性。此亦早期形上学常有之看法。盖一性质可视为有实在性；一性质之‘缺乏’则不应有实在性也。柏拉图理念说中即有此论点。而此论点出现于《指物》篇中，则足代表公孙龙思想中之形上学成分”[④]；其三，“公孙龙分别‘非’字之各意义；‘非’字加于一概念前，即形成‘否定类’，在此篇称为‘非指’；此种‘否定类’与原类穷尽排斥；故说：‘指，非非指也。’此语与‘指非指’合看，表面似成矛盾；其实此语中前一‘非’字，表‘等同’之否定；其下‘非指’则表‘否定类’。……此两种系词意义之划分，亦表示公孙龙逻辑思考之成绩”[⑤]。最后，著者对《指物论》的要点进行了总结：“总之，《指物》篇中显示公孙龙有两重要论点，其一是‘类’与‘分子’不同；其二是‘类’有实在性，‘否定类’无实在性。前者属逻辑范围，后者属形上学范围。此即公孙龙基本旨趣所在。”[⑥]

在“白马”与“坚白”部分[⑦]，著者对《白马论》与《坚白论》的要旨分别进行了探讨：(1)关于《白马论》的要旨。著者首先指出：“‘白马非马’之论，

---

① 劳思光：《中国哲学史》（第一卷），华世出版社 1975 年版，第 311 页。

② 详细的疏正，可参见劳思光所撰的《公孙龙子指物篇疏正》，原载香港《崇基学报》1966 年 11 月第 6 卷第 1 期。

③ 劳思光：《中国哲学史》（第一卷），华世出版社 1975 年版，第 312—313 页。

④ 劳思光：《中国哲学史》（第一卷），华世出版社 1975 年版，第 313 页。

⑤ 劳思光：《中国哲学史》（第一卷），华世出版社 1975 年版，第 313—314 页。

⑥ 劳思光：《中国哲学史》（第一卷），华世出版社 1975 年版，第 314 页。

⑦ 参见劳思光：《中国哲学史》（第一卷），华世出版社 1975 年版，第 314—320 页。

最为世人所熟知。汉代以前,言及公孙龙者,大抵皆以'白马之论'代表其学说;实则'白马'之辩,乃以'指物'之理论为基础,顾以所说之题材较为人所熟悉,故亦易为人所注意耳。"[①]接着,著者以"指物"理论为依据阐说了《白马论》的要点,认为其要点主要有二:其一,"'白'与'马'各表一属性,因之即各表一'类';此二'类'皆有实在性:故视为同级之实在"[②]。"此种观点自即由'指'之实在性而来;应视为属形上学范围之论点。由此论点推之,'白马'作为二类之并列组合,又成为另一实在。此'白马非马'一命题,在形上学方面之意义"[③];其二,"'白马非马'在逻辑上之意义,则表'包括关系'与'等同关系'之殊异。此一'非'字乃对'等同关系'之否定。盖'白马'一类,乃'白类'与'马类'之交叠部分,此在稍通逻辑者皆知之,不待解说。但公孙龙时对'类'之讨论尚在萌芽时代,故特别指出'包括'与'等同'之异。'白马'虽'包括'于'马'类中,但'白马'不与'马'等同;'马类'中尚有'不白而是马'之分子也"[④]。然后,著者由第一点(以"白"与"马"为同级之实在)引出另一属于形上学的问题,即如何分别"实体"与"属性"的问题。著者征引伪书《孔丛子》所载孔穿与平原君的对话"先举其色,后名其质,万物之所同,圣贤之所常"对此问题作了说明:"此当是后人驳公孙龙之语,伪托于孔穿者。然其立场正是对'白'与'马'同级之否认。而其根据是语法习惯中'主词'与'谓词'之分别。此一分别反映于形上学问题上,即'实体'与'属性'之分别。所谓'色'与'质',指'白'与'马'而言;而此'质'字乃'实'之意,非后世所谓'性质'之'质',正表'实体'。盖取表'属性'与表'实体'之概念比观之,此二者在认知活动中之呈现,显有先后之殊;例如,吾人认知'白'时,必通过一知觉;而在此知觉中,'白'

---

① 劳思光:《中国哲学史》(第一卷),华世出版社 1975 年版,第 314 页。

② 劳思光:《中国哲学史》(第一卷),华世出版社 1975 年版,第 314 页。

③ 劳思光:《中国哲学史》(第一卷),华世出版社 1975 年版,第 315 页。

④ 劳思光:《中国哲学史》(第一卷),华世出版社 1975 年版,第 315 页。当然,人们既不能夸大公孙龙在逻辑思考方面的贡献,也不能否定其逻辑思考的历史意义。劳思光就此指出:"此种讨论,就逻辑要求言,实未足为严格;且所涉问题亦至浅。且公孙龙原文并未指出'包括关系',故以上所论虽涉及'等同'与'包括'之殊异,毕竟公孙龙自身对'包括关系'如何了解,仍属未可决定者。依此,论者亦可说,公孙龙在逻辑思考方面之贡献不大。然若就历史过程着眼,则公孙龙之说乃首先讨论'类'之性质者,则亦不可谓无意义也。"见劳思光:《中国哲学史》(第一卷),华世出版社 1975 年版,第 315—316 页。

必呈现为‘某物之白’，否则即不能被知觉。而此时之‘某物’，本身乃成为‘某物之白’被知觉时之预设条件，本身又不被知觉。此即亚里斯多德所谓‘Substratum’之本义。即知一切‘性’皆附于某一‘体’上，方能被知觉，则‘体’与‘性’似不能视为同级矣。此一问题亦是早期形上学中常见之问题。公孙龙未尝不注意及之。然公孙龙之立场，仍是坚持‘一切类有同级实在性’；不过不能不谓‘实体’与‘属性’亦有不同；于是遂有‘坚白’之论。”[①]（2）关于《坚白论》的要旨。著者首先指出：“‘坚白’之论，所涉问题稍繁，其中最为人所熟知者则为‘离坚白’一点；墨辩驳公孙龙说时，对此问题亦甚重视。本书前章论‘墨辩’时，对所谓‘离坚白’即就与墨辩有关之范围予以解说。[②] 此处则须进一步说明全篇要点所在。”[③]接着，著者撮录《坚白论》首段原文，认为公孙龙在此开宗明义地点出了“实体”与“属性”的分别问题，其中“可”与“不可”二语尤值得注意：“所谓‘坚、白、石’本为三个类，何以谓为‘三’则不可？盖‘坚’与‘白’表‘属性’，‘石’表‘实体’；三者虽同为‘类’，又有分别可说。以为‘二’，何曰‘可’？盖‘属性’必依于‘实体’，但二‘属性’彼此间则无依从关系；故‘石’与‘坚’及‘白’，虽不可并列为‘三’，但‘石与坚’及‘石与白’则又可视为二组‘体性关系’，具同级实在性。所谓‘其举也二’，即指此二组关系言。”[④]然后，著者结合《坚白论》原文及其运思理路，由“体性问题”论及知觉过程，继而由“视”与“拊”两种知觉能力的不同论及“白”与“坚”两种属性的彼此相离、相藏问题：“‘坚’与‘白’相离，即各为‘独立之实在’之意。至于在知觉中，则有呈现者，有不呈现者，其不呈现者即谓之‘藏’；但此非谓‘坚’或‘白’能‘藏’于个体中，故原文又提出‘自藏’一语，以表‘坚’与‘白’有自己之实在性。”[⑤]在辨析“离”与“藏”的含义及其关系的基础上，著者认为公孙龙“最末则言每一知觉皆由一组条件决定，而每一条件均不是此知觉，故谓知觉

① 劳思光：《中国哲学史》（第一卷），华世出版社 1975 年版，第 316—317 页。

② 参见劳思光：《中国哲学史》（第一卷），华世出版社 1975 年版，第 236—241 页。

③ 劳思光：《中国哲学史》（第一卷），华世出版社 1975 年版，第 317 页。

④ 劳思光：《中国哲学史》（第一卷），华世出版社 1975 年版，第 317—318 页。

⑤ 劳思光：《中国哲学史》（第一卷），华世出版社 1975 年版，第 318 页。

本身亦‘离’(即有‘独立实在性’之意);诡辩气味甚重”[①]。最后,著者对《坚白论》的要旨及其与《白马论》的关系作了总结:“总观‘坚白’之论,其所涉及之问题,主要在于‘体性关系’上,但时时表明‘类’之实在性;盖一面承‘白马’之说一面又注意知觉过程;亦可说其思想之形上学倾向于此益见明显。此亦见‘白马’、‘坚白’二说同中有异也。”[②]

在“通变”与“名实”部分[③],著者对《通变论》与《名实论》的要旨分别进行了探讨:(1)关于《通变论》的要旨。著者首先指出:“在前章论墨辩时,曾对《通变》一篇对‘类’之关系之讨论有所说明。[④] 此篇疏证,亦待专文。兹但举其要旨。”[⑤]接着,著者结合《通变论》原文,将该篇的要旨归结为三点:其一,“每一‘类’皆为独立之实在,故取二‘类’论之,无‘上下’或‘高低’可说”[⑥]。就此而言,“所谓‘二’者,泛指两个‘类’或两个‘普遍者’。‘二无一’那是说‘两个类不能等于另一类’。‘二无左’及‘二无右’即是说‘两个类无上下可分’”[⑦]。其二,“‘通’指一般性讲,‘变’指特定性讲。故‘通’与‘变’之别,实即‘Generalization’与‘Specialization’之别。就一般性讲,则每一‘类’皆为一实在,彼此不能比较;此是‘类’之通性。但就特定性讲,每一特定之‘类’又必有一组特定之定义条件;此种定义条件,遂使原始之‘全类’经不同分化历程,而成为各种‘特定之类’;此一历程亦可看作由‘全类’之分化而‘变’为各‘特定之类’之历程。故即以‘变’说之。观此,可知公孙龙论‘类’,基本上从‘内包’着手,而不取‘外延观点’,故每一类皆不能与另一类相等(案:此所谓‘不相等’,既非取外延意义,则与近代逻辑之类论,有基本殊异)。因此,‘通变’之论亦可看作‘白马’之论之理论基础;至少,‘白马’之论所取之理论立场,经‘通变’之论阐说,始转明朗”[⑧]。其三,“原文以‘马、牛、羊、鸡’及‘青、白、黄、碧’类,分两组作为例

① 劳思光:《中国哲学史》(第一卷),华世出版社1975年版,第319页。
② 劳思光:《中国哲学史》(第一卷),华世出版社1975年版,第319—320页。
③ 参见劳思光:《中国哲学史》(第一卷),华世出版社1975年版,第320—321页。
④ 参见劳思光:《中国哲学史》(第一卷),华世出版社1975年版,第241—242页。
⑤ 劳思光:《中国哲学史》(第一卷),华世出版社1975年版,第320页。
⑥ 劳思光:《中国哲学史》(第一卷),华世出版社1975年版,第320页。
⑦ 劳思光:《中国哲学史》(第一卷),华世出版社1975年版,第320页。
⑧ 劳思光:《中国哲学史》(第一卷),华世出版社1975年版,第320—321页。

示，说明‘类’之独一性。其疏解颇多问题，但例示之目的仍在阐释上述之理论。学者知其主旨，则对此种例示亦不须字字能解也”[①]。(2)关于《名实论》的要旨。著者认为，《名实论》是《公孙龙子》五篇中最易解的一篇，其内容亦颇为简单，因此，他仅对其大旨作了如下说明：“至于《名实》一篇，主要在说明其学说所处理之基本问题；首以‘物’指一切对象；其次以‘实’指每一物所以为此物之属性或意义；然后以‘位’表‘属性’或‘意义’各得正当决定之状态；最后以能造成此种正当决定之思考努力为‘正’。此即名家所谓之‘正名’，基本旨趣是纯认知之倾向，非实践倾向。”[②]

6. 严灵峰编著《周秦汉魏诸子知见书目》

严灵峰(1904—1999)所编《周秦汉魏诸子知见书目》一书[③]，凡六卷，(台北)正中书局陆续出版，其中第一卷、第二卷出版于1975年，第三卷、第四卷出版于1977年，第五卷、第六卷分别出版于1978年、1979年；该书全六册，(北京)中华书局1993年4月第1版。

关于公孙龙子的书目，见本书第五部“名墨”部分“目二五”[④]，与墨子、邓析子、尹文子、惠子一并编入第三册(卷)。编者按照“中国公孙龙子书目录”“日本公孙龙子书目录”“英法德文公孙龙子书目录”的编次，对其所知的有关公孙龙子的书目一一作了著录，为全面了解中外公孙龙子书目概况提供了重要参考。

7. 周骏富等著《公孙龙·吕不韦·韩非·陆贾》

周骏富、朱永嘉、萧木、杨树藩、王更生所著《公孙龙·吕不韦·韩非·陆贾》一书，系王寿南总编辑的《中国历代思想家》第三册，(台北)台湾商务印书馆1978年5月初版、1979年3月第2版，1999年2月更新版第1次印刷、1999年6月更新版第2次印刷。2011年3月，(北京)九州出版

---

① 劳思光：《中国哲学史》(第一卷)，华世出版社1975年版，第321页。

② 劳思光：《中国哲学史》(第一卷)，华世出版社1975年版，第321页。

③ 本书著录了古今中外有关周秦汉魏六朝诸子的各种著述(包括注释、校勘、今译、论著，及世界主要语种的译著等)，共达六千余种，是一部研究唐以前诸子书的重要工具书。

④ 参见严灵峰编著：《周秦汉魏诸子知见书目》(第三册)，中华书局1993年版，第543—565页。

社以简体字出版这套中国历代思想家传记，公孙龙被纳入先秦部分，与孟子、荀子、吕不韦、韩非合并为一册（十四册中的第二册）。

本书关于公孙龙的文字[①]，由周骏富撰写。著者首先介绍了公孙龙的"传略"[②]，称公孙龙是智慧高深的辩士、偃兵非攻的说客、赵惠文王的谋士、赵平原君的智囊、孔穿和魏牟的良师，可惜邹衍过赵后受绌。结合公孙龙所处的时代文化背景，"他的思想是属于救世派"[③]，其"偃兵思想"和"正名思想"便是其救世主张的具体体现。接着，著者从"学术"与"著述"两个方面阐述了公孙龙的思想。

在"学术"部分[④]，著者首先阐述了公孙龙的哲学思想。在著者看来，"他善于运用逻辑理论来分析事物的原理，且能得到有价值的结论。常人对于事物原理的分析，大都本之于感觉所得的知识为根据，但公孙龙则运用理智观察事物，所得结论异乎常人。常人以为对的，他却反以为不对；常人以为不对，他却反以为对的。他这样的持论，往往被人攻击他是'诡辩'者，其实，他的学说，是有名理的根据，司马谈所谓'专决于名'，似乎很当"[⑤]。"公孙龙的哲学，无论是辩论原则、具体论式、抽象概念，大都仍袭前人所用名词，……也以这些名词为论据，结合了主观的心灵和客观的事物，产生了他的名理思维"[⑥]。基于这种看法，著者介绍了公孙龙的主要论点（如"辨同异""离坚白""正名实"）及其与先秦名辩思潮（主要是《墨经》）的密切联系，就此勾勒了公孙龙思想系统的框架，认为"辨同异"是其辩论原则的基础，"离坚白"是其辩论形式的表现，"正名实"是其实现理想的目标。接着，著者将公孙龙的哲学理论分为"知识论""辨证论""名实论"三个层面并一一作了介绍。

---

① 参见周骏富等：《公孙龙・吕不韦・韩非・陆贾》，台湾商务印书馆1999年更新版，第1—42页。

② 参见周骏富等：《公孙龙・吕不韦・韩非・陆贾》，台湾商务印书馆1999年更新版，第5—13页。

③ 周骏富等：《公孙龙・吕不韦・韩非・陆贾》，台湾商务印书馆1999年更新版，第12页。

④ 参见周骏富等：《公孙龙・吕不韦・韩非・陆贾》，台湾商务印书馆1999年更新版，第14—19页。

⑤ 周骏富等：《公孙龙・吕不韦・韩非・陆贾》，台湾商务印书馆1999年更新版，第14页。

⑥ 周骏富等：《公孙龙・吕不韦・韩非・陆贾》，台湾商务印书馆1999年更新版，第14页。

在“著述”部分[1]，著者首先介绍了《公孙龙子》一书的基本情况，接着按照《迹府》《白马论》《指物论》《通变论》《坚白论》《名实论》的顺序，对现存《公孙龙子》六篇作了提纲式的评述。值得一提的是，著者在评述各篇的主要思想时，采用了命题分析、图表释义等简明扼要的方式。

在“结论”部分[2]，著者对公孙龙的学术影响及其在学术史上受到的评价进行了说明。此外，最后的“附录”部分附有“公孙龙年表”[3]。

8. 牟宗三著《名家与荀子》

牟宗三(1909—1995)，字离中。所著《名家与荀子》一书，(台北)台湾学生书局 1979 年 3 月初版、1982 年 5 月再版；收入《牟宗三先生全集》，(台北)联合报系文化基金会联经出版公司 2003 年 4 月第 1 版，(长春)吉林出版集团有限责任公司 2012 年 12 月第 1 版；收入吴兴文主编《牟宗三文集》，(长春)吉林出版集团有限责任公司 2010 年 4 月第 1 版。

本书正文前载有著者撰写的“序”[4]，成稿于 1978 年。著者在序文中主要谈了三个方面的话题：(1)本书成书的相关情况：“此书中各篇皆旧作。《荀学大略》曾于民国四十二年出版，为一独立的小册。关于《公孙龙子》诸篇则曾于民国五十二年发表于《民主评论》杂志[5]，关于惠施者则曾于民国五十六年发表于香港大学《东方文化》。今辑于一起名曰《名家与荀子》。”[6](2)本书疏解《公孙龙子》的情况以及著者没有专门疏解《指物论》的缘由。著者首先指出：“关于《公孙龙子》，吾只疏解其《白马论》、《通

① 参见周骏富等：《公孙龙・吕不韦・韩非・陆贾》，台湾商务印书馆 1999 年更新版，第 20—33 页。

② 参见周骏富等：《公孙龙・吕不韦・韩非・陆贾》，台湾商务印书馆 1999 年更新版，第 34—37 页。

③ 参见周骏富等：《公孙龙・吕不韦・韩非・陆贾》，台湾商务印书馆 1999 年更新版，第 38—39 页。

④ 参见牟宗三：《名家与荀子》，台湾学生书局 1979 年版，序第 1—5 页。

⑤ 《公孙龙之名理》，《民主评论》1963 年第 14 卷第 1 期；《〈公孙龙子・白马论〉篇疏解》，《民主评论》1963 年第 14 卷第 2 期；《〈公孙龙子・通变论〉篇疏解》，《民主评论》1963 年第 14 卷第 3 期；《〈公孙龙子・坚白论〉篇疏解》，《民主评论》1963 年第 14 卷第 5 期。此外，这些文字另刊于《鹅湖》1977 年第 2、3、4、6、7 期(总第 20、21、22、24、25 期)。

⑥ 牟宗三：《名家与荀子》，台湾学生书局 1979 年版，序第 1 页。

变论》、《坚白论》、《名实论》四篇，《指物论》则缺。此篇难得的解，未能着笔。历来解《指物论》者多矣，皆以为能得其解。实则如将作者所参加之思想抽掉，原文仍看不出确定的表意。惟陈癸淼君所作的疏释比较自然而顺适。但对于该文最后两句‘且夫指固自为非指，奚待于物而乃与为指’之疏释仍有刺谬。甚矣其难解也！陈君之疏释如将此最后两句能解得妥当，则将为一可取之解法。”[①]接着，著者对陈癸淼关于《指物论》最后两句的解法进行了指谬，进而提出了自己的一种解法：“陈君随从金受申及伍非百以为此两句中后一句之‘而乃与为指’，‘指’上脱一‘非’字，当为‘而乃与为非指’，是则固可与前句‘且夫指固自为非指’相顺承。但如此，便与全篇前文之疏释相刺谬，陈君亦知之，然其解释却不妥当。吾人是否可换一个想法，即并非‘而乃与为指’指上脱非字，而乃是‘且夫指固自为非指’句中衍‘非’字，或不衍，而是‘非’上更脱一‘非’字。如是，则此最后两句是进而说‘且夫指固自为非非指（指固自为指），奚待于物而乃与为指？’此是承前文‘指非非指也’句而来。如此，若再以‘离也者天下故（固）独而正’之义释之，似乎当较顺适。”[②]通过审慎的分辨，著者对陈癸淼的解法进行了补正。另外，著者认为邝锦伦给出的一种疏释也值得借鉴：“邝锦伦君亦有一疏释文（《公孙龙子指物篇试释》——引者注）刊在《幼狮月刊》第四十卷第五期。此文甚美。他的讲法大体同于陈癸淼君，而表达义理较为严整。他亦说‘而指非指’句中首‘指’字当该是所指之物，即当改为‘物’字。……此外，他有一个眉目很清的分别，即他点出通篇只反复申说两种关系：认识论的关系与存有论的关系。此两种关系可并存。‘物莫非指’是认识论的关系，‘物非指’或‘指与物（物指）非指’是存有论的关系。推之，指是指，物是物，则当是存有论的离独之反身关系。这个分别甚好，可把篇中的纠缠及反复申说弄得眉目分明，厘然可辨。但他疏释末段‘指非非指也，指与物非指也’以下，则又弄得头绪太多而迷失，而且又把‘且夫指固自为（非）非指（固自为指），奚待于物而乃与为指？’这最后两

① 牟宗三：《名家与荀子》，台湾学生书局 1979 年版，序第 1 页。

② 牟宗三：《名家与荀子》，台湾学生书局 1979 年版，序第 1—2 页。

句改成另一种语法，此则不合理。”[①]著者认为，综合吸纳陈癸淼、邝锦伦两君的讲法并按其提议加以补正，《指物论》便有了顺适的疏解，因而也就没有重释该篇的必要了：“我今顺陈君之讲法，对此末段提出另一讲法，可使全文无顶撞处。邝君之文，若再将此末段之文予以如此之修改，将成为《指物论》疏释中最顺适之文，亦是最逼近原义之文。读者取陈、邝两君之文合看，再加上吾以上所提议者，当可理解此一难解之古典矣。吾亦不须再为之疏释矣。”[②]（3）出版本书的指归之所在：“吾将名家与荀子连在一起，旨在明中国文化发展中重智之一面，并明先秦名家通过《墨辩》而至荀子乃为一系相承之逻辑心灵之发展，此后断绝而无继起之相续为可惜。凡此，吾皆郑重言之于正文，兹再略提于此，以期读者之注意。”[③]

本书包括三章内容，分别为“惠施与辩者之徒之怪说”“公孙龙之名理”“荀学大略”。其中“公孙龙之名理”一章[④]除“小序”外，另有五节内容，分别为“引言”“《名实论》篇疏解”“《白马论》篇疏解”“《通变论》篇疏解”“《坚白论》篇疏解”。

著者在“小序”[⑤]中首先介绍了自己研究先秦名家的历程：“近来整理先秦名家，先写《惠施与辩者之徒之怪说》一文，交港大《东方研究》。该文就《庄子・天下篇》所记，先讲明惠施之思理，次明‘辩者之徒’怪说二十一事。夫既为怪说，则其隐僻难解可知。又为单辞孤义，不详其立说之原委。若单凭臆测，无异画鬼。近人冯友兰以为此怪说二十一事可以分为两组：一组是合同异，属惠施之思理；一组是离坚白，属公孙龙之思理。此大体可从。如是，增加此怪说之表意性不小。”[⑥]“人皆笼统以‘合同异、离坚白’说当时名家。实则‘离坚白’乃是公孙龙之主张，而‘合同异’则是惠施之倾向。此两者各代表一种思理。”[⑦]接着，著者将公孙龙的思理纳入

① 牟宗三：《名家与荀子》，台湾学生书局 1979 年版，序第 4—5 页。
② 牟宗三：《名家与荀子》，台湾学生书局 1979 年版，序第 5 页。
③ 牟宗三：《名家与荀子》，台湾学生书局 1979 年版，序第 5 页。
④ 参见牟宗三：《名家与荀子》，台湾学生书局 1979 年版，第 73—189 页。
⑤ 参见牟宗三：《名家与荀子》，台湾学生书局 1979 年版，第 73—74 页。
⑥ 牟宗三：《名家与荀子》，台湾学生书局 1979 年版，第 73 页。
⑦ 牟宗三：《名家与荀子》，台湾学生书局 1979 年版，第 73 页。

"离坚白"一派，并明确了自己所作疏解的范围："今《公孙龙子》，只有《迹府》、《白马》、《指物》、《通变》、《坚白》、《名实》六篇。《迹府》篇记载公孙龙之故事，余五篇纯为名理之谈。本文想于此五篇一一予以详细疏解。关于《指物》篇详见本书序文。"[①]

在第一节"引言"[②]中，著者就清《四库全书总目提要》所载公孙龙的相关内容进行了申说或辨正，主要有如下四点：其一，关于公孙龙其人："《史记·仲尼弟子列传》：公孙龙字子石。少孔子五十三岁。裴骃《史记集解》，因郑玄说，以为楚人。而《史记·孟子荀卿列传》则又载另一公孙龙，赵人，为坚白异同之辩。是则有两公孙龙。今兹名家之公孙龙即赵人之公孙龙，字子秉。非仲尼弟子之公孙龙也。"[③]其二，关于公孙龙的学说："《史记》言公孙龙'为坚白异同之辩'，此是史家记载史实，就名家全部笼统言之，非必能分别名家中各人之特殊主张。就今存《公孙龙子》中六篇而言，其中无论异同者。"[④]著者认同冯友兰"辩者之中，当分二派：一派为合同异，一派为离坚白。前者以惠施为首领，后者以公孙龙为首领"[⑤]之说，认为"就现存之六篇观之，其主张坚白离，乃甚确定者"[⑥]。其三，对公孙龙学说所遭误解的申辩："中国知识分子之失其学统，丧其思理，由来已久。不自清末民初始。《提要》云：'其书大旨，疾名器乖实，乃假指物以混是非，借白马而齐物我。'此直闭眼瞎说，成何大旨？夫混是非，齐物我，乃庄生之玄理。《公孙龙子》中所存之六篇曾何处有此义乎？其中《名实论》正是定彼此，明是非。《指物论》虽不甚可解，然大体是指物对举，明指与物之关系。白马非马，坚白离，则明每一概念皆有其独立之自性，各是一独立之存有。凡此诸论所表之思理曾有一毫混是非，齐物我之义乎？《总目提要》之说亦非由读过此书而得者，而乃抄自旧注。"[⑦]"然此旧注实多妄言盲语，亦不能总龙书之思理。惟于顺通字句，亦间有当者。此种简略晦

---

① 牟宗三：《名家与荀子》，台湾学生书局 1979 年版，第 74 页。
② 参见牟宗三：《名家与荀子》，台湾学生书局 1979 年版，第 75—82 页。
③ 牟宗三：《名家与荀子》，台湾学生书局 1979 年版，第 76 页。
④ 牟宗三：《名家与荀子》，台湾学生书局 1979 年版，第 76 页。
⑤ 牟宗三：《名家与荀子》，台湾学生书局 1979 年版，第 76 页。
⑥ 牟宗三：《名家与荀子》，台湾学生书局 1979 年版，第 76 页。
⑦ 牟宗三：《名家与荀子》，台湾学生书局 1979 年版，第 79—80 页。

涩无人整理之书，有此注亦不无少补。”[①]其四，关于《公孙龙子》诸篇的顺序：“原书六篇，其序为：《迹府》第一，《白马论》第二，《指物论》第三，《通变论》第四，《坚白论》第五，《名实论》第六。《迹府》第一记载公孙龙之故实。此可作简略之小传，无关名理。其余五篇，纯为名理之谈，顺其思理，重整如下：1.《名实论》。2.《白马论》。3.《坚白论》。4.《通变论》。5.《指物论》。”[②]

第二节至第五节，著者主要从逻辑学和哲学两个层面，对《名实论》《白马论》《坚白论》《通变论》四篇一一进行了疏解。在顺着原文进行疏解的过程中，著者援引诸多前人（如俞樾、孙诒让、王启湘、谭戒甫等）的看法，对原文中的疑文、脱误之处进行了校正，并综合儒、墨、道诸家的学思进行阐析，以判明公孙龙在名实等问题上与其他各家的差异。著者尤其注重公孙龙与《墨经》之间的比照阐释，认为公孙龙对逻辑问题、认识论问题和存有论问题等皆有讨论。

在第二节“《名实论》篇疏解”[③]中，著者对该篇首段“天地与其所产焉，物也。物以物其所物，而不过焉，实也。实以实其所实，（而）不旷焉，位也”作了阐释：“以上是由物以定实，由实以定位。物是存在，实是称谓，位是如其实之情况（Situation），样相（Form），或态势（modality），即如其实而自持其实，不过不旷，不失不废。”[④]接着，著者在解释“出其所位，非位。位其所位焉，正也。以其所正，正其所不正，（疑）其所正。其正者，正其所实也。正其所实者，正其名也”[⑤]一段时认为，“由物定实，由实定位，由位定正，此皆是由客观面直接推演而成。由实之正而至名之正，则是主客两面对待说。逻辑言之，物、实、位、正，皆是属于存在一面之词，而‘名’则是符号一面之词”[⑥]。最能凸显著者理解结构的是他对该篇最后一段“至矣

① 牟宗三：《名家与荀子》，台湾学生书局1979年版，第81页。
② 牟宗三：《名家与荀子》，台湾学生书局1979年版，第81—82页。
③ 参见牟宗三：《名家与荀子》，台湾学生书局1979年版，第82—99页。
④ 牟宗三：《名家与荀子》，台湾学生书局1979年版，第84页。
⑤ 牟宗三：《名家与荀子》，台湾学生书局1979年版，第84页。
⑥ 牟宗三：《名家与荀子》，台湾学生书局1979年版，第85页。

哉！古之明王！审其名实，慎其所谓。至矣哉！古之明王”[①]所作的阐释：“公孙龙之归赞明王，亦只明其纯名理之辩之现实因缘，并明其纯名理之辩亦有实用之意义而已。实则此实用之意义并不直接，只提及之以壮声势而已。名家之本质的意义实在其进一步而为纯名理之谈也。由现实之因缘解放而为一般化抽象化之名实，纯名理地谈之，不为政教方面之名实所限，此则更显‘理智之俊逸’。公孙龙之《名实论》即名家名理意义之名实之典型也。”[②]

在第三节“《白马论》篇疏解”[③]中，著者对该篇中心论题“白马非马”作了解释：“‘白马非马’只是白马异于马，‘非’字乃‘异’义。故此句并非‘白马是马’之否定，只是另立一义耳。白马与马之间当然有一种差别。就此差别而谓其‘异’，并不函对于‘白马是马’之否定，而谓其不是马也。……然则‘白马非马’之辩，此中真正问题乃在‘是’字与‘非’字之意义，而‘白马非马’一语之逻辑意义与价值……不在‘白马非马’一语本身也。”[④]在著者看来，“白马非马”之辩的逻辑意义与价值有三：“一、显示‘是’字与‘非’字各有不同的意义。二、显示‘存在’与‘存有’之区别，个体名与别名共名之区别。三、显示对于‘概念之存有’有一种存有论的洞见(Ontological insight)。”[⑤]就此而言，《白马论》有两个方面的发展：其一，“由是非两字各具有不同的意义一点，它向《通变论》发展，在那里，公孙龙讨论类的别异问题，与‘积类与其所包含的分子’之关系问题”[⑥]；其二，“由概念自性的存有，它向《坚白论》发展，在那里，公孙龙接触了认识论与存有论的问题”[⑦]。

在第四节“《通变论》篇疏解”[⑧]中，著者认为《通变论》是公孙龙对逻辑问题的探讨，所谓“二无一”“二无左”“二无右”之类的命题“并不真能说明

① 牟宗三：《名家与荀子》，台湾学生书局 1979 年版，第 93 页。
② 牟宗三：《名家与荀子》，台湾学生书局 1979 年版，第 93 页。
③ 参见牟宗三：《名家与荀子》，台湾学生书局 1979 年版，第 99—124 页。
④ 牟宗三：《名家与荀子》，台湾学生书局 1979 年版，第 101—102 页。
⑤ 牟宗三：《名家与荀子》，台湾学生书局 1979 年版，第 107 页。
⑥ 牟宗三：《名家与荀子》，台湾学生书局 1979 年版，第 124 页。
⑦ 牟宗三：《名家与荀子》，台湾学生书局 1979 年版，第 124 页。
⑧ 参见牟宗三：《名家与荀子》，台湾学生书局 1979 年版，第 125—158 页。

数目二对于左、右之关系。但由此例之说明，乃牵连及类之别异问题以及积类与其所包含的分子之关系问题，此复引生一新的逻辑真理也”[①]。就“羊合牛非马，牛合羊非鸡”之辩所显示出的积类之意义而言，这个辩题已显示出函有两组引申的结论：其一，“就‘牛合羊’是‘而牛而羊’言，则可函有两命题：‘牛羊是牛’，‘牛羊是羊’。此‘是’字是‘函蕴’义。此即‘羊牛之非羊也，非牛也，未可’一句之所示”[②]；其二，“‘羊牛’积类既只函着牛，而不就是牛，既只函着羊，而不就是羊，故又可引申出两个命题：‘羊牛非羊’，‘羊牛非牛’。此‘非’字是‘不等’义”[③]。在对上述辩题进行逻辑分析后，著者就《通变论》中的其他相关辩题与《墨经》作了比较，对前人（孙诒让、冯友兰、沈有鼎以及高亨、谭戒甫、汪奠基等）所作的解释进行了批评。

在第五节“《坚白论》篇疏解”[④]中，著者认为《坚白论》重点探讨了认识论与存有论的问题。就认识论问题而言，“《坚白论》通篇分两半。前半篇第二、三、四问答，是从官觉上辩离藏，此可说是认识论之辩论。但此种由主观感觉来论辩，光说视不得坚而得白，拊不得白而得坚，尚不能证明客观方面坚白不相盈，即离藏。难者于后半篇第七问答中，以手目‘异任’来辩，并非不合理。官觉‘异任’上之离藏只是某官觉上见不见得不得的问题，并不能由此证明客观方面坚白不相盈”[⑤]。就存有论问题而言，公孙龙在第五问答中提出“物白焉，不定其所白；物坚焉，不定其所坚。不定者，兼”之说。“兼即表示坚、白自己是普遍者，亦可以说是共相：可以到处应用，即可兼与任何有坚有白之物而为坚为白，亦可以不与任何物为坚为白而抽离地只自持其自己，此即共相自存义。或一般言之，概念自存义，即每一概念皆有一独立自存之意义，皆是一独立之自存体，亦即所谓潜存体。此义自甚精。此中含有一种凌空地对于‘存有’之洞见，此是公孙龙思理之特别处，此是一种抽象思考之心态。当人类心灵能进至此境，把握此义时，自是人类智思之解放。在一特富具体心灵之民族中，惟公孙龙特

① 牟宗三：《名家与荀子》，台湾学生书局 1979 年版，第 130 页。
② 牟宗三：《名家与荀子》，台湾学生书局 1979 年版，第 139 页。
③ 牟宗三：《名家与荀子》，台湾学生书局 1979 年版，第 140 页。
④ 参见牟宗三：《名家与荀子》，台湾学生书局 1979 年版，第 159—189 页。
⑤ 牟宗三：《名家与荀子》，台湾学生书局 1979 年版，第 181 页。

显此异彩。不与任何物为坚为白而抽离地只自持其自己，此即是坚白之离藏。此离藏义是如此：(1)其自身是'存有'，概念的存有；(2)不与任何物相与，即不表现为具体的坚，具体的白，不表现为一具体物如石之性质。此为存有论的离藏"[①]。在分辨《坚白论》所涉及的认识论问题与存有论问题的过程中，著者发现了一个更有趣的问题——从概念之存有的意义上所谈的离藏并不能答复官觉"异任相盈"之类的论难。著者进而指出："概念自存是一义，官觉异任之见不见得不得又是一义，此两者竟不能证明'坚白石二'之主张。坚白概念之自存与官觉异任之见不见得不得毫无关系。因为概念自存之坚白并不是眼所能见，手所能拊。而眼之所见与手之所拊者亦不是那概念自存之坚白，而是具体的白与坚，具体的性质或官觉现象。概念自存不函官觉现象之不相盈，而见不见得不得亦不函官觉现象之不相盈。"[②]在著者看来，"至少必须在以下之情形下，始能证明于具体的石上坚白不相盈，即：官觉现象纯是主观的，如白依存于视，坚依存于拊。但此义，公孙龙并未触及"[③]。在公孙龙的盲视处，著者对他的思理进行了反省："公孙龙当初朦胧间实是有一种存有论之洞见，他直觉到个个概念之自存，其初所见者似乎即是此种意义之离藏，及至落于具体物上而欲作具体的说明，则将其所洞见之概念自存之离藏滑转而为官觉认知上见不见得不得之离藏，以为可以主张'坚白不相盈'，而不知该两种离藏义并不相同，亦未细审'坚白不相盈'一主张如何始能极成，未知此中之复杂。《坚白论》篇提出并函有许多观念，而此等观念间之逻辑关系，归结如何，则未能深入辨明。是以吾人必须予以疏导，以复其义理滋长之生机，未可顺其混扰滑转，而强为之说，以增其怪也。"[④]著者最后强调："'白马非马'之辩，'坚白石二'之辩，其价值不在此两主断本身，乃在由之可以引发出许多逻辑真理以及认识论与存有论之问题。"[⑤]事实上，这也正是著者对公孙龙全部学说所持的一种态度。

① 牟宗三：《名家与荀子》，台湾学生书局 1979 年版，第 183—184 页。
② 牟宗三：《名家与荀子》，台湾学生书局 1979 年版，第 184—185 页。
③ 牟宗三：《名家与荀子》，台湾学生书局 1979 年版，第 185 页。
④ 牟宗三：《名家与荀子》，台湾学生书局 1979 年版，第 188—189 页。
⑤ 牟宗三：《名家与荀子》，台湾学生书局 1979 年版，第 189 页。

9. 韦政通著《中国思想史》

韦政通(1927—2018)所著《中国思想史》一书,(台北)大林出版社1979年11月初版、1980年12月再版、1981年11月第4版;上海书店2003年12月第1版;(长春)吉林出版集团有限公司2009年8月第1版。

本书包括四十七章内容,其中第七章是"惠施与公孙龙"[①]。该章又分为六节,分别为"古籍中所见的惠施""惠施思想的特征及其思想史的地位""惠施思想十论""公孙龙思想渊源问题""惠施与公孙龙""公孙龙五论",其中第四节至第六节对公孙龙的思想进行了阐析。

在"公孙龙思想渊源问题"一节[②],著者首先对学术史上惠施、公孙龙皆祖述墨学(晋人鲁胜肇其端,清人张惠言、陈澧沿其说)、"其学实出于墨"(梁启超肇其端)之类的说法进行了质疑。在质疑的基础上,著者提出了自己的看法:"公孙龙讨论的论题,如白马、坚白之类,这些概念早就存在,如坚、白之概念曾见于《论语》,白马之概念则见于孟子与告子的论辩,但这些概念在公孙龙的思想里,完全赋予了新的意义和新的论式,成了一家之言;就如仁与性的概念,在孔、孟以前早就有了,他们却利用来发展出一套仁学和人性论的情形正相同。战国中期以后的诸子,由于儒、墨、道三家思想已风行,诸子没有不受其影响的,公孙龙也不例外。如要问公孙龙与三家的关系孰深孰浅,大体说,与儒家的关系最远,与道家的关系,已不及惠施为近。比较起来,在三家中,他与墨家的关系确实最近,但绝非如鲁胜所说'祖述其学',他们之间并无渊源的关系。"[③]"就今存的《公孙龙子》看,从文字的表达式到思想的内容,他的确代表一个独特的心灵,风格上和他最相似的,是他的前辈惠施,这两位齐名于世的辩者之间是否有渊源上的关系,由于文献缺乏,今亦不可考。"[④]

"惠施与公孙龙"一节[⑤]重点探讨了公孙龙与惠施的异同。著者首先对前人(如胡适、冯友兰)的相关看法作了辨析,接着将历代文献中关于公

① 参见韦政通:《中国思想史》,吉林出版集团有限公司2009年版,第151—176页。

② 参见韦政通:《中国思想史》,吉林出版集团有限公司2009年版,第162—164页。

③ 韦政通:《中国思想史》,吉林出版集团有限公司2009年版,第163页。

④ 韦政通:《中国思想史》,吉林出版集团有限公司2009年版,第164页。

⑤ 参见韦政通:《中国思想史》,吉林出版集团有限公司2009年版,第164—169页。

孙龙的资料加以归类[①]，并与文献资料中所见的惠施加以比较，在此基础上指出了二人的相同与相异之处。二人的相同之处表现在三个方面：其一，“二人都有‘偃兵’的主张。惠子会提到‘王、霸’和‘时’的观念，公孙龙则自述‘少学先王之道，长而明仁义之行’。可见他们都会受儒、墨的影响”[②]；其二，“依据鲁胜的说法，二人与墨辩都有渊源上的关系”[③]；其三，“二人都被认为是诡辩者，但惠施是别人对他的观感，公孙龙却有诡辩的事例”[④]。二人的不同之处表现在两个方面：其一，“惠施是一位具有科学兴趣的思想家，公孙龙的思想与科学无直接关系”[⑤]；其二，“惠施表达意见，极擅长运用类比论证的方法，公孙龙具有上乘的口才，机灵的头脑，但在他的纵横折冲之术中，从来没有使用过这种方法。就这一点说，惠施似乎受墨子影响较深”[⑥]。

在“公孙龙五论”一节[⑦]，著者首先指出：“今存《公孙龙子》除《迹府篇》之外，共有五篇论文。这五篇论文，不谈政治、社会，也不谈道德和生命的问题，它开辟了一条纯知的思路。其中处理的问题与墨辩有类似者，但处理的方式和使用的概念又不同。它的确代表一套独立的论述。”[⑧]接着，著者按照《白马论》《指物论》《通变论》《坚白论》《名实论》的顺序，对公孙龙的五论一一进行了阐析。

在阐析《白马论》时，著者首先指出：“此论由五个问答组成，企图证成的只有一个命题：‘白马非马。’由于结论是预定的，所以问答只在形、色等概念上缴绕，并不是一种开放性的讨论，可以使理论有一层又进一层的展现。李约瑟认为‘其问答文体类似柏拉图格式’，亦只是格式上的类似而

---

① 韦政通将历代文献中关于公孙龙的资料分成六类，分别为“言及公孙龙的思想在合（别）同异、离坚白者”“足以显示公孙龙为诡辩家者”“公孙龙为主张偃兵兼爱之说者”“公孙龙的纵横折冲之术”“公孙龙为邹衍所绌”“言公孙龙的思想在指物与白马者”。参见韦政通：《中国思想史》，吉林出版集团有限公司 2009 年版，第 166—168 页。

② 韦政通：《中国思想史》，吉林出版集团有限公司 2009 年版，第 168 页。

③ 韦政通：《中国思想史》，吉林出版集团有限公司 2009 年版，第 168 页。

④ 韦政通：《中国思想史》，吉林出版集团有限公司 2009 年版，第 168 页。

⑤ 韦政通：《中国思想史》，吉林出版集团有限公司 2009 年版，第 169 页。

⑥ 韦政通：《中国思想史》，吉林出版集团有限公司 2009 年版，第 169 页。

⑦ 参见韦政通：《中国思想史》，吉林出版集团有限公司 2009 年版，第 169—176 页。

⑧ 韦政通：《中国思想史》，吉林出版集团有限公司 2009 年版，第 169 页。

已，思想的深度，是不能相比的。”[①]接着，著者对《白马论》的五个问答分别作了解读。在解读的基础上，著者最后总结道：“由第五问答，可知公孙龙的白马论，命意所在是企图建立共相的理论。这个理论与感觉世界对立，是极端反经验的，以此为出发点，可以与柏拉图式的认识论、形上学相接。这个共相的理论，在第一问答中，由于有‘马者所以命形’之说，所以还不明显。以马为形体之名，很容易在一开始就起一种误导作用，因为‘形’与‘色’都是具体的感觉对象，从这个层面所了解的‘马’与‘白’，显然与共相论的要求不合。”[②]

在阐析《指物论》时，著者首先指出：“此论的宗趣，不容易把握，加上原文不完整，又有错字，更增加了理解上的困难。全文都在说明‘指’与‘物’的关系，‘物’就是外物，是认识的对象，这很好了解。‘指’是什么意思，就很难说了。”[③]接着，著者就徐复观、劳思光等学人关于“指”的解释作了分辨。在分辨的基础上，著者对《指物论》的中心论题“物莫非指，而指非指”进行了解说：“参考柏拉图的理念，‘指’相当于‘理型’，它是万物的实体、原本，物不过是它的模本，并无实体的意义。‘物莫非指’，是说‘物’没有不是从‘指’出，也就是‘物’不过是‘指’的模本，物本身不是真实的。‘而指非指’，要通过此文最后一句‘且夫指固自为非指，奚待于物，而乃与为指’才能了解，‘而指非指’，就是‘指固自为非指’，因为‘指’是理型，是物的原本，物乃由指自为而出，正说明物非实体。‘非指’就是物，因物非实体，乃指的模本，它不能同于指，所以说‘非指’。因指能自动转化（自为）出物，所以它不与物相对待（‘奚待于物，而乃与为指?’）。”[④]在著者看来，弄清楚了“物莫非指，而指非指”一句的意味，也就可以把握全文的主旨了。基于这种考虑，著者接下来对其余的相关论题进行了阐析：“‘天[⑤]无指物，无可以谓物’，是说天下如没有出自指的物，就不可以说是物，因物皆由指自动转化而出。‘非指者，天下而（徐复观：而犹是也）物，可谓指

① 韦政通：《中国思想史》，吉林出版集团有限公司2009年版，第169页。
② 韦政通：《中国思想史》，吉林出版集团有限公司2009年版，第171页。
③ 韦政通：《中国思想史》，吉林出版集团有限公司2009年版，第171页。
④ 韦政通：《中国思想史》，吉林出版集团有限公司2009年版，第172—173页。
⑤ 此处补“下”字。

乎？'‘非指’即‘物’。物皆来自指，若说天下都是物，物好像独存的实体，还可以说指吗？‘指’是‘理型’，是理性的对象，不是感觉的对象，所以是‘天下之所无’。‘物’虽出自‘指’，既产出之后，就落入感觉世界之中，所以是‘天下之所有’。以‘物’为‘指’，以‘物’去证明‘指’，都是不对的。天下既然无指，而物又不可说是指；物不可说是指，所以说它是‘非指’。物虽不可说是指（非指者），物没有不是从指产生出的（物莫非指也）。‘天下无指，而物不可谓指者，非有非指也。’‘非有’对‘指’而言，即上文‘天下之所无’之义；‘非指’对‘物’而言，即上文‘天下之所有’之义。‘指’虽是‘非有’，‘物’虽是‘非指’，但物没有不是从指产出的。”[①]

在阐析《通变论》时，著者首先指出：“此文甚难解。由于脱落和错简，更增加了解上的困难。文为问答体，一开始就给人一个闷棍。”[②]接着，著者结合《通变论》开篇的几句话，对体现此文主旨的“二无一”命题进行了解释。围绕着如何把握“一”与“二”两个术语的含义以及整个命题的旨趣，著者分析了徐复观、劳思光等学人的看法，认为劳思光的看法较为合理：“徐复观先生认为‘二’与‘一’都是独立的概念，认定二便只是二，一便只是一。这样文字上可以说得通，命意仍然难知。劳思光先生解‘二无一’，是说‘两个类不能等于另一类’，这就有了进一步的了解。从‘类’的概念来解释，是一种比较合理的解释，应用到上引的文字中，完全可以说得通。同时，根据这个了解，下文‘羊合牛，非马。牛合羊，非鸡’，以及‘青以白，非黄。白以青，非碧’，也都是在说明‘两个类不能等于另一类’之义。”[③]

在阐析《坚白论》时，著者首先指出：“坚白与白马两论，是公孙龙思想的标志，亦最为后世所悉知者。但两论的主旨不相同，白马论在建立共相的理论，坚白论反复所要说明的，就在‘离坚白’这个命题。”[④]接着，著者结合《坚白论》的相关论题，对公孙龙论证“离坚白”的过程进行了层层深入的分析。在分析的基础上，著者最后指出：“从‘离坚白’，到坚、白与石离，

① 韦政通：《中国思想史》，吉林出版集团有限公司 2009 年版，第 173 页。
② 韦政通：《中国思想史》，吉林出版集团有限公司 2009 年版，第 173 页。
③ 韦政通：《中国思想史》，吉林出版集团有限公司 2009 年版，第 174 页。
④ 韦政通：《中国思想史》，吉林出版集团有限公司 2009 年版，第 174 页。

可以使我们很清楚地了解到，公孙龙的坚白论，主要的命意所在，就在最后一句：'离也者，天下故独而正。'是说天地万物，个个都是独立自存的。"[①]

在阐析《名实论》时，著者首先对开篇提出的"物""实""位""正"四个概念进行了解读：其一，关于"物"："'天地与其所产焉，物也。'这是说盈天地间皆物。"[②]其二，关于"实"："'物以物其所物而不过焉，实也。'第一个'物'，是承上句泛称之'物'，第二个'物'是动词，'所物'是客观的个体物。由天地（物）产出的个体，而恰如其分（不过），这就是'实'。"[③]其三，关于"位"："'实以实其所实，而不旷焉，位也。'以前一句为例，第一个'实'是泛称之实，第二个'实'是动词，'所实'是个体之实。个体之实，恰好占满它自己的空间（不旷），这就叫做'位'。"[④]其四，关于"正"："'出其所位，非位；位其所位焉，正也。'越出它自己的空间，就是非位；在它自己应有的位上，这就叫做'正'。正其位，就是正其实，'名者，实之宾'。正其实，然后能正其名。所以下文说：'其正者，正其所实也。正其所实者，正其名也。'"[⑤]在解读"物""实""位""正"四个概念的基础上，著者最后对公孙龙的"名实论"进行了评说："公孙龙所说正名，其成就远不及荀子，名实论主旨不过在说明'审其名实，慎其所谓（称谓）'而已。"[⑥]

10. 牟宗三著《中国哲学十九讲》

（台北）台湾学生书局 1983 年 10 月初版；上海古籍出版社 2005 年 4 月第 1 版；收入《牟宗三先生全集》，（台北）联合报系文化基金会联经出版公司 2003 年 4 月第 1 版，（长春）吉林出版集团有限责任公司 2012 年 12 月第 1 版；收入吴兴文主编《牟宗三文集》，（长春）吉林出版集团有限责任公司 2010 年 4 月第 1 版。

---

① 韦政通：《中国思想史》，吉林出版集团有限公司 2009 年版，第 176 页。
② 韦政通：《中国思想史》，吉林出版集团有限公司 2009 年版，第 176 页。
③ 韦政通：《中国思想史》，吉林出版集团有限公司 2009 年版，第 176 页。
④ 韦政通：《中国思想史》，吉林出版集团有限公司 2009 年版，第 176 页。
⑤ 韦政通：《中国思想史》，吉林出版集团有限公司 2009 年版，第 176 页。
⑥ 韦政通：《中国思想史》，吉林出版集团有限公司 2009 年版，第 176 页。

本书正文前载有著者撰写的“序”(成稿于1983年7月)，其中有言：“此《十九讲》乃1978年对台大哲学研究所诸生所讲者。当时口讲本无意成书。诸同学认为将各讲由录音整理成文可供学者悟入中国哲学之津梁，否则茫茫大海，渺无头绪，何由而知中国哲学之面貌耶？如是由陈博政、胡以娴、何淑静、尤惠贞、吴登台、李明辉六位同学分任其责，而以胡以娴同学尽力独多。诸同学之辛劳甚可感也。吾顺其记述稍加润饰，期于辞达意明，虽非吾之行文，然较具体而轻松，读者易顺之而悟入也。于所述者尽举大体之纲格，不广征博引，……综述已，则各期思想之内在义理可明，而其所启发之问题亦昭然若揭。故此《十九讲》之副题曰‘中国哲学之简述及其所涵蕴之问题’。简述明固有义理之性格，问题则示未来发展之轨辙。继往开来，有所持循，于以知慧命之相续绳绳不已也。”[①]

本书包括十九讲内容，分别为“中国哲学之特殊性问题”“两种真理以及其普遍性之不同”“中国哲学之重点以及先秦诸子之起源问题”“儒家系统之性格”“道家玄理之性格”“玄理系统之性格——纵贯横讲”“道之‘作用的表象’”“法家之兴起及其事业”“法家所开出的政治格局之意义”“先秦名家之性格及其内容之概述”“魏晋玄学的主要课题以及玄理之内容与价值”“略说魏晋梁朝非主流的思想并略论佛教‘缘起性空’一义所牵连到的诸哲学理境与问题”“二谛与三性：如何安排科学知识”“《大乘起信论》之‘一心开二门’”“佛教中圆教底意义”“分别说与非分别说以及‘表达圆教’之模式”“圆教与圆善”“宋明儒学概述”“纵贯系统的圆熟”。

在第十讲“先秦名家之性格及其内容之概述”[②]中，著者首先介绍了先秦名家兴起的现实机缘，认为这机缘即是孔子的“正名”说：“先秦名家不如儒、墨、道、法等家那么整饬而有系统，也不同于它们是针对周文疲弊而发，因此名家本身与周文没有直接的关系。儒、墨、道、法等家都是针对周文疲弊而发，然一发出那些思想，就连带地引出名家所讨论的那些问题，所以名家是派生出来的，而其所以派生的机缘仍与周文疲弊有间接的关

① 牟宗三：《中国哲学十九讲》，上海古籍出版社2005年版，序第1页。

② 本讲由何淑静记录。参见牟宗三：《中国哲学十九讲》，上海古籍出版社2005年版，第157—173页。

系，这现实的机缘即是孔子的‘正名’。”[①]基于这种看法，著者对孔子的“正名”说所欲解决的问题——“名实乖乱”“名器乖乱”——进行了剖析，认为这些问题正是促发名家兴起的现实机缘，但这机缘并不就是它的本质。就此而言，“我们首先必须将名家的本质与名家现实上兴起的机缘区别开来。名家的本质是一回事，派生出名家的现实机缘又是一回事。依此，孔子的‘正名’只是名家兴起的一个现实机缘，并不是名家的本质，如此孔子不是名家，而我们也可以脱离孔子而独立的了解名家的本质”[②]。

接着，著者对学术史上关于名家之本质的主流看法——如司马谈的“苛察缴绕”之说、荀子的“琦辞怪说”之评——进行了辨析，进而指出：“一般的学术史论名家都由孔子的‘正名’说起，而对名家的批评又以‘苛察缴绕’与‘琦辞怪说’这两句话为准，因而掩蔽了名家的本质，名家的学问也因此传不下来。我们现在就要来重新检查。首先我们把名家的现实机缘——孔子的‘正名’——与名家的本质分开，二者是不同的。其次要客观地检查名家的本质是否真的是劣义的‘苛察缴绕’、‘琦辞怪说’，即先秦名家究竟有没有客观的价值。”[③]

在廓清上述问题之后，著者继而对先秦名家的概貌进行了勾勒：“名家大体分成两个学派：一派是惠施所代表的，一派是公孙龙所代表的。这是两种不同的形态，但一般人往往将二者混同，都被视为作坚白同异之辩。事实上，‘离坚白’与‘合同异’分别属于两个不同的形态，前者属公孙龙的思理，后者属惠施的思理，是两种不同的思路。”[④]鉴于此，著者结合《庄子·天下篇》所载惠施的“历物之意”，对其“合同异”之说[⑤]作了阐析；另结合《天下篇》所载“辩者二十一事”，对“合同异”与“离坚白”两派的不同思理进行了辨析，认为“惠施的‘合同异’虽不是玄理，但却趋向玄理，是个形而上学的问题。此即形而上学的名理。……这里所谓的‘名理’是广

---

① 牟宗三：《中国哲学十九讲》，上海古籍出版社2005年版，第157页。

② 牟宗三：《中国哲学十九讲》，上海古籍出版社2005年版，第158页。

③ 牟宗三：《中国哲学十九讲》，上海古籍出版社2005年版，第160页。

④ 牟宗三：《中国哲学十九讲》，上海古籍出版社2005年版，第160页。

⑤ 牟宗三认为，《庄子·天下篇》关于惠施“合同异”的记载，实际上只有八条，而不是一般所认为的十条。参见牟宗三：《中国哲学十九讲》，上海古籍出版社2005年版，第161页。

义的。‘合同异’是一套想法，它表示了一种意境。可是单单的一句话，如‘卵有毛’、‘白狗黑’等表示不出它的意境，所以不易了解”[①]。相较之下，“属于‘离坚白’的几条，大体可以按照‘离坚白’的原则来了解，因为它们较易显出‘离’的意义”[②]。基于这种看法，著者首先阐析了《坚白论》的“离坚白”原则，然后按照这一原则，对“二十一事”中属于“离坚白”的几条命题以及《公孙龙子》诸篇的相关命题进行了讲解。

著者就《坚白论》“离坚白”的原则指出：“首先我们必须了解公孙龙‘离坚白’的意义。‘坚’是个触觉的观念，‘白’是个视觉的观念。‘离坚白’就是《坚白石论篇》(《坚白论》——引者注)中的‘坚白离’。依公孙龙的说法，对一块石头，我们看它是白颜色的，因此由视觉我们只能得到‘白’这个观念，并不能得到‘坚’这个观念；用手去摸它，所得的只是‘坚’，并不能得到‘白’。由此推知‘坚’与‘白’‘离’，即坚与白两个观念不能同时并具于一个官觉中，因而也不能并存于石头中，因此说‘离坚白’。又由‘离’说‘藏’。坚、白、石是三个观念，这三个观念我们不能于一官觉中同时俱得，能同时俱得的只是‘坚石’或‘白石’，故说‘坚白石’是‘二’不是‘三’。这就是‘藏三’，意为‘三泯灭不可得’，因白与坚总是‘离’。在‘离’、‘藏’的观念中，公孙龙有个 ontological insight(存有论的洞见)：每个概念皆各自独立，各有自性，互不凌驾，因此他说‘离也者，天下故(固)独而正’(《坚白论篇》)。在‘离坚白’中，公孙龙有两个主要的观点：一个是 Ontological(存有论的)，一个是 Epistemological(认识论的)，虽然在他的文章中并未分别清楚。视觉得白不得坚，触觉得坚不得白，从认识论来看，可说是主观的观念论。但这仍可争辩，我在《名家与荀子》一书中都已提了出来。公孙龙的思路很特别，属于抽象的思考，因此他的著作大体都可理解。因此，客观地看，它并不是‘苛察缴绕’、‘琦辞怪说’。”[③]

对“臧三耳”之说的讲解：“‘臧三耳’是‘藏三’的误传。公孙龙的‘藏三’是就坚、白不能同时存在于石而成为三个观念而说的，‘藏三’被误为

---

① 牟宗三：《中国哲学十九讲》，上海古籍出版社 2005 年版，第 166 页。

② 牟宗三：《中国哲学十九讲》，上海古籍出版社 2005 年版，第 166 页。

③ 牟宗三：《中国哲学十九讲》，上海古籍出版社 2005 年版，第 166—167 页。

‘臧三耳’，再误解‘而已’之‘耳[①]’为‘耳目’之‘耳’，如此以讹传讹，将‘藏三耳’说成‘臧有三个耳朵’才成了个‘怪说’，又引出许多无谓的辩论来。”[②]

对“鸡三足”之说的讲解。著者首先指出：“‘鸡三足’也是个误传。一般人不仔细看公孙龙的文献，就依据《庄子·天下篇》所记的‘鸡三足’来随便臆想，甚至有人解释第三只鸡足为神经，理由是没有神经不能走路[③]。但神经并不是足，这根本是乱讲。由这些例子可看出《天下篇》中的记载有许多是误传，再加上后人的随意解释，于是掩蔽了名家的本质，更使名家的学问不能传续，这是很可惜的。”[④]接着，著者结合《通变论》的相关论说对“鸡三足”作了辨析：“‘鸡三足’应是‘鸡足，三’。公孙龙在《通变论篇》中说：‘谓鸡足，一；数足，二。二而一，故三。谓牛、羊足，一；数足，四。四而一，故五。牛、羊足，五；鸡足，三。故曰：牛合羊非鸡。’他认为‘谓鸡足’是‘一’，‘数鸡足’是‘二’，一和二是‘三’，所以从‘鸡足’可以说到‘三’；‘谓牛、羊足’是‘一’，‘数牛、羊足’是‘四’，一和四是‘五’，所以从‘牛、羊足’可以说到‘五’。公孙龙只表示由‘鸡足’可以说到‘三’，并未说‘鸡三足’，鸡足还是二不是三，牛、羊足还是四不是五。”[⑤]然后，著者对这个辩题所涵蕴的名理作了推阐：“‘谓鸡足，是一’是指 foot in general，也就是‘足一般’或‘一般说的足’。这个意义的‘足’是个抽象的概念，是笼统地说‘足’这个概念本身，故是‘一’；‘数鸡足’是散开来而将‘足’落实于具体的‘鸡’上而去数一数鸡足的数目，这当然是‘二’。说鸡足与数鸡足是两个不同层次上的事，这是种抽象的思考，很有逻辑性，能提出并且表达出这两层次的差别是很不容易的。虽然由此来区别鸡与牛、羊的不同，并没有多大的意义，只是个游戏(intellectual play)，但仍可训练吾人的思考而使人了解‘足’的概念与现实的鸡足数目不同，于牛羊足亦然，这就是

① “耳”当作“而”。

② 牟宗三：《中国哲学十九讲》，上海古籍出版社 2005 年版，第 167 页。

③ 持此种见解者，如谢无量(见其著《中国哲学史》)、范寿康(见其著《中国哲学史纲要》)。

④ 牟宗三：《中国哲学十九讲》，上海古籍出版社 2005 年版，第 167—168 页。

⑤ 牟宗三：《中国哲学十九讲》，上海古籍出版社 2005 年版，第 168 页。

名理。”[①]

对“白马非马”之说的讲解：“‘白马非马’主要在说明‘白马’与‘马’这两个概念不同，‘非’是‘不等’的意思。逻辑中‘是’、‘非’有许多种意义。如‘A是A’之‘是’不是主谓关系，而是反身关系，代表同一律。‘白马是马’的‘是’，若内容地讲，是表示主谓关系；若外延地讲，是表示类属(class，sub-class)关系。而‘牛羊是牛，牛羊是羊’的‘是’又是另一种关系。一般逻辑分析中‘是’共有四种意义。公孙龙言‘白马非马’之‘非’是‘异’、‘不等’的意思，表示‘白马’与‘马’这两个概念之内容外延不同，因此并不是‘怪说’。但公孙龙只说了‘白马非马’，而未说一般人所知道的‘白马是马’。亚里士多德的逻辑就是要说明‘白马是马’这个类属关系，即‘白马’这个目(Species)属于‘马’这个纲(Genus)。‘白马非马’并不构成对‘白马是马’的否定，二者并不冲突。可见公孙龙还不是健全的逻辑头脑，因此不周备，但并不是‘怪说’。因此《白马论篇》可以疏解清楚。《名实论篇》也一样可以讲明白。此中有些句子很精当，并无怪说。”[②]

对《通变论》的讲解。著者首先以《墨经》的相关命题作比照，进而以“积类”的观念来发明《通变论》的意味：“《通变论篇》主要在讨论‘牛羊是牛，牛羊非牛；牛羊是羊，牛羊非羊’，此与《墨经》所论的‘而牛马非牛非马，无难’是同一问题，二者并不冲突。‘牛羊是牛是羊’与‘牛羊非牛非羊’都不是主谓命题，‘牛羊’是个‘积类’，‘牛羊是牛是羊’这命题表示积类与部分的关系，‘是’指‘涵蕴’(imply)。‘牛羊非牛非羊’之‘非’则是‘不等’。二者意义不同，并不构成矛盾。”[③]接着，著者结合辩题“左右，二”对《通变论》的大旨作了推阐：“《通变论篇》的重点就在讨论这个问题，从‘左右，二’即数目二说起。罗素认为数目是类之类(class of classes)，数目二就是一切偶类所成的类。偶类就是对偶，左右、上下、男女等都是对偶，这一切偶类所成的类就是数目二(number 2)，而数目二中却没有男女、左右、上下。但公孙龙一开始就没有分辨清楚，他说：‘……曰：左与右

① 牟宗三：《中国哲学十九讲》，上海古籍出版社2005年版，第168页。
② 牟宗三：《中国哲学十九讲》，上海古籍出版社2005年版，第168—169页。
③ 牟宗三：《中国哲学十九讲》，上海古籍出版社2005年版，第169页。

可谓二乎？曰：可。'若'二'指两者，即'左与右两者'，那么'二'中就'既有左也有右'，那就只是偶类中的一个类，而不是数目二。数目二乃是个高于左、右之上的抽象概念。他由此讨论到'牛羊涵着牛并涵着羊，牛羊不等于羊，不等于牛'的问题，这是个'积类'的问题，其实很简单。说'牛羊是牛'与'白马是马'，二个'是'字的意义显然不一样。《墨经》中没有'积类'的观念，但有'兼'的观念。'兼'意指'二者兼而有之'。"[①]

像《名家与荀子》一样，著者在本书中也没有专门讲解《指物论》，只是交代了自己思考该篇之大旨的心路历程。著者在前书的自序中对此已作过说明[②]，这里不再赘述。

在上述讲解的基础上，著者最后以中西比较的视野对先秦名家的学说作了评骘："孔子的正名是名家兴起的现实机缘，在此之前有邓析，在此之后有真正的名家惠施与公孙龙，但他们所作的都还不是对逻辑本身的分析。惠施的'合同异'虽是'名理'，但却趋向人生的目标'泛爱万物，天地一体也'。公孙龙之'离坚白'也有其目标，他有存在论的洞见，可从'离'这个观念看出，这近乎西方人的思路，每个概念都定得住。顺着这个思路，公孙龙可以作 Plato、Husserl 式的分析。Husserl 现象学的方法(phenomenological method)就是要让对象自己呈现，这是纯粹的客观主义。公孙龙主张每个概念各自独立自存，就有这个倾向，所以说他属于西方式的思路。……惠施与公孙龙虽称为名家，但他们所讲的都只是名学的初步或预备，因为它们讨论的还不是逻辑本身的问题，后来名家的学问又断了，因此中国的名家始终没有发展到讨论逻辑本身问题的程度。"[③]

牟宗三关于公孙龙(乃至先秦名家)的名理之学的研究产生了一定的影响。如陈奎淼所撰的《牟先生论先秦名理之学》一文，收入牟宗三先生七十寿庆论文集编辑组编《牟宗三先生的哲学与著作》，(台北)台湾学生书局 1978 年 9 月版(第 447—488 页)；尉迟淦所撰的《试论牟宗三先生有关公孙龙思想的理解与评价》一文，收入李明辉主编《当代新儒家人物

① 牟宗三：《中国哲学十九讲》，上海古籍出版社 2005 年版，第 169—170 页。
② 参见牟宗三：《名家与荀子》，台湾学生书局 1979 年版，序第 1—5 页。
③ 牟宗三：《中国哲学十九讲》，上海古籍出版社 2005 年版，第 171 页。

论》,(台北)文津出版社1994年2月初版(第169—185页)。

以后文为例,尉迟淦首先在"前言"中阐析了牟宗三研究公孙龙乃至先秦名家思想的缘由:"自满清末年至今,我中华文化面临生死关头的考验,如何从西方重智文化的挑战中重新肯定自身的价值,是当前的首要课题。身为中华文化首要成员的新儒家,自然也应面对此一课题,给一合理的交代。根据牟先生深入反省的结果,他认为当代新儒家的时代使命有三:'一、道统之肯定,此即肯定道德宗教之价值,护住孔孟所开辟之人生宇宙之本源。二、学统之开出,此即转出"知性主体"以融纳希腊传统,开出学术之独立性。三、政统之继续,此即由认识政体之发展而肯定民主政治为必然。'就第一点而言,道统的肯定代表传统文化面对西方挑战的自我肯定;就第二、三点而言,学统的开出与政统的延续代表传统文化面对西方挑战的自我调整与补充。然而,无论是自我肯定、调整或补充,关键均在重德文化如何面对重智文化的挑战而自我定位上,即有关重智文化如何吸纳与定位上。由是,如何在重德文化中寻出吸纳重智文化之可能性,就成为重德文化自我转化的初步课题。依牟先生之研究,他论断从'先秦名家通过墨辩而至荀子乃为一系相承之逻辑心灵之发展',为'中国文化发展中重智之一面'。此中,又以哲学最能表达西方重智文化抽象思考的本质,而先秦名家正好是此一传统的源头。由此可知,牟先生何以要研究先秦名家的理由,亦可知本文何以研究此一主题的目的。"[1]接着,撰者从"辨诬""定位""定性""理解""评价"五个方面,对牟宗三的公孙龙思想研究进行了阐述。在阐述的基础上,撰者在"结论"部分既作了肯定性的评价,也作了建设性的批评。

就肯定性的评价而言,撰者指出:"根据上述之论述,可见牟先生有关公孙龙思想之研究有多广博深入。对于此一甚少人注意之思想,能有如此功力的研究,诚属不易。虽然,在他之前有不少前辈作过类似的研究,如谭戒甫之《公孙龙子形名发微》、冯友兰之《中国哲学史》,但没有一人像他那样如实完整地了解公孙龙思想之源起、本质、意义、成就、限度,也没

---

① 尉迟淦:《试论牟宗三先生有关公孙龙思想的理解与评价》,见李明辉主编:《当代新儒家人物论》,文津出版社1994年版,第169—170页。

有一人像他那样细致、费心地对历来的注疏家重点地批驳导正，并对公孙龙思想之本身给予适切的疏通与反省。”[①]

就建设性的批评而言，撰者指出：“然而，牟先生的研究似仍有些微的不足。如批驳导正他人见解时，有时未予以详尽说明，指出其不可能处，仅价值地论断其不能成立。又如《指物论》的疏解极为重要，但牟先生仅在序中简单疏解交代，并未慎重地给予必要的疏解、评价，显示牟先生未能如实完成有关公孙龙思想的整体理解与评价，殊为可惜。最后，牟先生在《坚白论》疏解中之问题疏导部分，曾指出公孙龙思想究是概念唯名论？亦或客观主义、实在论？并无一定论。在《中国哲学十九讲》中，也提及有主观观念论之可能。问题是，或许公孙龙子之文献记载的确无法让吾人有一定论。但是如此一来，牟先生又如何依此作出对公孙龙思想之整体论述与评价，认为其思想可进至柏拉图、胡塞尔呢？又如何断言公孙龙思想是逻辑域往向存有域呢？于此，牟先生似乎应有更进一步的解说才是。”[②]

11. 蔡仁厚著《中国哲学史大纲》

本书除“引论”外，主体部分包括五卷内容，分别为“先秦时期：中国文化原初形态之百花齐放”“两汉魏晋：儒学转型而趋衰与道家玄理之再现”“南北朝隋唐：佛教介入——异质文化之吸收与消化”“宋明时期：儒家心性之学的新开展”“近三百年：文化生命之歪曲、冲击与新生”。其中第一卷“先秦时期：中国文化原初形态之百花齐放”又分为十章，分别为“上古思想之趋势”“孔子的仁教”“墨子的思想”“孟子的心性之学”“老子的哲学”“庄子的智慧”“名家与墨辩”“中庸易传的形上思想”“荀子的学说”“法家与秦政”。

在“名家与墨辩”一章[③]，著者首先指出：“名家通过墨辩而至荀子之正

---

① 尉迟淦：《试论牟宗三先生有关公孙龙思想的理解与评价》，见李明辉主编：《当代新儒家人物论》，文津出版社 1994 年版，第 180 页。

② 尉迟淦：《试论牟宗三先生有关公孙龙思想的理解与评价》，见李明辉主编：《当代新儒家人物论》，文津出版社 1994 年版，第 180—181 页。

③ 参见蔡仁厚：《中国哲学史大纲》，吉林出版集团有限责任公司 2009 年版，第 42—51 页。

名，可视为一系相承的逻辑心灵之发展，代表中国文化‘重智’的一面。名家的代表人物是惠施与公孙龙，二人之生卒年皆不可确考，惠施与庄子同时而稍早，公孙龙与荀子并世而先卒。墨辩之理论，即针对名家而发。”① 接着，著者分四节介绍了名家与墨辩的思想，分别为“惠施之‘合同异’”“公孙龙之‘离坚白’”“辩者之徒的怪说”“墨辩中哲学性的理论”。在第二节“公孙龙之‘离坚白’”②中，著者主要依据牟宗三的《名家与荀子》与陈癸淼的《公孙龙子疏释》，对《公孙龙子》五篇《名实论》《通变论》《指物论》《白马论》《坚白论》的题旨或相关论题作了扼要的评析：

《名实论》评析：“旨在‘审名实，慎所谓’。（按：孔子之正名，后来向两路发展，一是儒家正名分之春秋教，另一即是名家纯名理之名理域。）”③

《通变论》评析：“旨在阐述变与不变之理。（此文多用譬喻，故内容拉杂，义理欠明确。）”④

《指物论》评析：“以首二句‘物莫非指，而指非指’为全文之张本，旨在说明‘物’与‘指’之关系。首句表示认识论之关系，一切‘物’皆可用‘指’来指谓它，亦即可用概念来描述它。通过概念，方可对物有所认识。而吾人平常所说的各种‘物’，也无非就是概念所描述的那个物，故曰‘物莫非指’（离开概念的指述，吾人便不能对物有认识）。但所指之物的内涵，并不等于用来指述物的那个概念，故又曰‘而指非指’（前指字，指所指之物）。”⑤“又，次句可引出两层解释。第一层是说，‘物’不等于用来指谓物的那个概念（如花是最美的东西，但花并不等于最美的东西）。第二层是说，‘物本身’的内涵，不等于‘用概念指述出来的那个物’的内涵，此便涉及存有论的问题。公孙龙的本意究竟如何？由于文献的限制及其论辩之诡异性，颇难确定。可能只是第一层，可能也兼含第二层，但两层皆表示‘离’的思理。”⑥

---

① 蔡仁厚：《中国哲学史大纲》，吉林出版集团有限责任公司 2009 年版，第 42 页。
② 参见蔡仁厚：《中国哲学史大纲》，吉林出版集团有限责任公司 2009 年版，第 44—47 页。
③ 蔡仁厚：《中国哲学史大纲》，吉林出版集团有限责任公司 2009 年版，第 45 页。
④ 蔡仁厚：《中国哲学史大纲》，吉林出版集团有限责任公司 2009 年版，第 45 页。
⑤ 蔡仁厚：《中国哲学史大纲》，吉林出版集团有限责任公司 2009 年版，第 45 页。
⑥ 蔡仁厚：《中国哲学史大纲》，吉林出版集团有限责任公司 2009 年版，第 45 页。

《白马论》评析："……(此处引用的《白马论》原文从略——引者注)按：从外延想，'马'含各色之马，'白马'则限于白色之马。从内容想，'马'概念无白之内容，'白马'概念中则有。二者之外延内容皆不同，故曰'白马非马'(此'非'字，不是内容之否定，亦非类与类之排斥，乃'不相等'之意)。"[①]"……(此处引用的《白马论》原文从略——引者注)按：限定于所白之物的'白'(殊相之白)，并非'白'概念本身(共相之白)。此是中国最早讨论'性质'之独立存在者。将性质从个体物中抽离出来，而视为独立之存在，乃思想史上一大进步。"[②]

《坚白论》评析："……(此处引用的《坚白论》原文从略——引者注)按：以上皆从主观之感官功能说。但客观地说，坚与白实相盈于石(域于石)，故公孙龙进而从物之普遍的自性(共相)以言坚白离。"[③]"'物白焉(物有白的颜色)，不定其所白(但白之共相却不限定于它所白的这个物)。物坚焉，不定其所坚。不定者兼(那不受限定的白之自性，可以兼"白物"而却不限定于白物，故白之自性可离白物而自存。坚，亦同此解)，恶乎其石也(如何能说它限定于石呢)?'"[④]

12. 李贤中著《先秦名家"名实"思想探析》

本书系李贤中在辅仁大学哲学研究所的博士学位论文(指导教师是李震教授)[⑤]，(台北)文史哲出版社 1992 年 8 月初版。另收入林庆彰主编《中国学术思想研究辑刊》(第 13 编第 8 册)，(新北市)花木兰文化出版社 2012 年 3 月初版(第 1—195 页)，题名由《先秦名家"名实"思想探析》改

① 蔡仁厚：《中国哲学史大纲》，吉林出版集团有限责任公司 2009 年版，第 46 页。

② 蔡仁厚：《中国哲学史大纲》，吉林出版集团有限责任公司 2009 年版，第 46 页。

③ 蔡仁厚：《中国哲学史大纲》，吉林出版集团有限责任公司 2009 年版，第 46 页。

④ 蔡仁厚：《中国哲学史大纲》，吉林出版集团有限责任公司 2009 年版，第 46—47 页。

⑤ 李贤中的博士论文是在其硕士论文《公孙龙子有关认识问题之研究》的基础上，对先秦名家的"名实"思想所作的系统研究。著者在"绪论"中坦言："本人对于先秦名学中认知、思维、表达的相关问题甚感兴趣，亦关切此一研究方向，曾于硕士论文《公孙龙子有关认识问题之研究》作过初步探讨。本论文《先秦名家'名实'思想探析》即为同一研究方向之延续，期能对先秦名家思想作进一步之解析，呈现其合于理性、逻辑的一面，并反省其思考、表达的方法，盼能从其中撷取些许精华，而有助于中国哲学之未来发展。"见李贤中：《先秦名家"名实"思想探析》，文史哲出版社 1992 年版，第 4—5 页。

为《名家哲学研究》。[①]

本书正文前载有著者撰写的“自序”[②]，成稿于1992年2月。著者首先阐说了研究先秦名家“名实”思想的动机：“探索‘名实’思想的原本动机，是希望能从天马行空、不着边际的中国哲学里，找出一条比较可行的路。因为当我们面对传统哲学时，首先碰触的就是文字资料，以及文字背后的意义问题。至于将范围设定在先秦名家，乃因他们是比较有意识地注意到‘方法’问题的一家，因此本书尝试藉着这一条曾被遗忘，甚至被排斥的曲径，做为面对传统哲学思想研究的锁钥。”[③]接着，著者对本书的研究对象及其探讨的主要问题作了介绍：“本书是笔者在辅仁大学哲学研究所的博士论文，探讨汉志名家中邓析、尹文、惠施、公孙龙等人的思想，涉及他们在认识与表达上的许多问题，诸如：我们是如何认识到这世界的事物？我们所认识到的这些东西究竟是什么？我们要怎么样来说明所认识到的东西，别人才不会误解？我们可以用语言来说明天地万物的整体吗？我们又应该如何来了解别人或不同时代的思想理论呢？……若能从前人对这些哲学问题的思考中，领略出一点心得或方法，相信必将有助于面对今日的中国哲学；如此信念一直是笔者治学的方向与期许，这本书只是一个小小的起点。”[④]然后，著者阐说了先秦名家的价值及其在方法论层面的主要特色：“名家的名实思想虽然有其理论上的含糊，也有研究上的困难，但其根本价值是在‘方法’上的提示，则是可以肯定的；诚如本书结论所指出的：名家名实思想的‘方法’特色在于（一）强调哲学思想中概念意义的确定性，（二）思想发展递衍的逻辑性，（三）理论架构的开放性，（四）系统学说的完整性。循此继续发展更精确的‘方法’要求，应可为中国哲学开

① 与《先秦名家“名实”思想探析》相比，《名家哲学研究》的附录中增加了两篇论文：第一篇是《儒家正名思想对于名家的影响与辨正》（本文系著者为韩国木浦大学校2011年6月所举办的“2011韩国儒教学会国际学术大会‘韩国儒学研究的反省与现代人文学科的沟通’”提交的会议论文），第二篇是《从〈公孙龙子〉的诠释比较看经典诠释之方法问题》（本文系著者为山东大学文史哲研究院2010年8月举办的“第七届诠释学与中国经典诠释学术探讨会”提交的会议论文）。

② 参见李贤中：《先秦名家“名实”思想探析》，文史哲出版社1992年版，自序第1—2页。

③ 李贤中：《先秦名家“名实”思想探析》，文史哲出版社1992年版，自序第1页。

④ 李贤中：《先秦名家“名实”思想探析》，文史哲出版社1992年版，自序第1—2页。

展另一番新的面貌。”[1]

本书包括七章内容，分别为“绪论”“先秦名家的形成”“名家名实思想的主要内涵”“名家名实思想的相关内涵”“名实思想的基本架构”“名与实的关系”“结论”。

在“绪论”部分[2]，著者首先介绍了“研究动机与目标”[3]，其中有言：“在先秦哲学的研究中，相对于儒、墨、道、法各家而言，有关名家的研究甚少；当然，这一方面涉及历来学者对它的排斥，仅以诡辩或玩弄文字游戏视之，认为没有研究的价值。另一方面则因为名家学者反省思辨的性格，往往不见容于政治上当权者，如《汉书·艺文志》列为名家第一人的邓析即被郑国当时执政的郑驷歂所杀；因而典籍流失，杂伪并陈，造成研究上极大的困难。再者，部分残真的材料，由于探讨的领域不同、表达方式特异，而显得文字艰涩、义理难解，即使有人愿意研究亦难有佳绩。”[4]“然而，不被重视、毁多誉少、材料不足、研究困难等皆不足以完全抹杀名家思想在中国哲学史中的价值。劳思光说：‘名家以纯思辨之旨趣为其特色，乃先秦思想之特殊学派，所代表者为早期形上学及初步逻辑思想；其影响虽不大，哲学史中固不能不承认其地位也。’衡诸今日中国哲学的发展，在受到西方文化冲击之后，加入理性反省、纯粹思辨及方法自觉的质素是有其必要性的；而回到中国哲学发源区去找寻被埋藏、遗忘的线索，也应是可行的途径之一。研究上虽然困难重重，但从某一角度而言，‘研究’本身正是一种克服困难或厘清问题的过程。”[5]接着，著者介绍了“研究范围与方法”[6]。就研究范围而言，“以汉代所谓的‘名家’作为研究的范围，并非就此排斥或否认其他学派相关的名学思想，而是在方法、程序上先确立‘名家’之思想内涵，掌握其思想性格，再以之探究其他学派的名家思想；这与立于正统的儒家思想予以批判，或以当代逻辑思想的水平普遍地处理先

① 李贤中：《先秦名家“名实”思想探析》，文史哲出版社1992年版，自序第2页。

② 参见李贤中：《先秦名家“名实”思想探析》，文史哲出版社1992年版，第1—18页。

③ 参见李贤中：《先秦名家“名实”思想探析》，文史哲出版社1992年版，第1—4页。

④ 李贤中：《先秦名家“名实”思想探析》，文史哲出版社1992年版，第3页。

⑤ 李贤中：《先秦名家“名实”思想探析》，文史哲出版社1992年版，第4页。

⑥ 参见李贤中：《先秦名家“名实”思想探析》，文史哲出版社1992年版，第5—10页。

秦辩者之言，所得到的结果必然有所不同”[①]。就研究方法而言，著者主要采用了四种方法，分别为解析法、综合法、基源问题研究法、对比法。最后，著者专辟“本文内容概要”一节[②]，对第二章至第七章的运思理路依次作了说明。

关于第二章“先秦名家的形成”[③]的运思理路，著者作了如下说明：“第二章首先要探讨的是‘名实’思想所从出的先秦名家是如何形成的？试图就同一时代背景相关思潮的理论内涵，来考察形成名家思想的各种因素。其中包括其基源问题方面的思想渊源、思路进展与思考方法的影响因素、及促成其理论内容的互动因素等；因此第一节论正名思想的渊源，以孔子正名思想为主。第二节论无名思想的转化，以老子无名思想为主。第三节论立名思想的訾应，以墨辩的立名思想为主。”[④]

著者认为，廓清先秦名家形成的主要因素，有助于进入解析名家名实思想的历史文化情境。基于这种看法，著者接下来聚焦于“名家有关名实思想的内涵为何？”这一问题，根据所依据材料的真实性将其分为“可靠的主要内涵”与“不确定的相关内涵”，并以两章的篇幅展开了探讨。在第三章“名家名实思想的主要内涵”[⑤]中，著者以问题串联的方式，分两节分别解析了公孙龙与惠施的名实思想。在第一节“公孙龙之名实论”[⑥]中，著者将公孙龙的名实论所涉及的问题归纳为六项：“1. 何谓‘物’？ 2. 何谓‘指’？ 3. 如何认识对象物？ 4. 如何呈显认识的结果？ 5. 怎样才是正确的表达？ 6. 如何达成正确的表达？”[⑦]接着，著者在第二节“惠施之‘历物十事’”中将惠施的名实思想所涉及的问题归纳为八项：“1. 天地万物的整体为何？ 2. 何谓‘小一’，其与‘大一’的关系如何？ 3. 物与物之间的关系如何？ 4. ‘历’与‘物’的关系如何？ 5. 如何历物？ 6. ‘历物’的性质如何？

---

① 李贤中：《先秦名家“名实”思想探析》，文史哲出版社 1992 年版，第 6 页。

② 参见李贤中：《先秦名家“名实”思想探析》，文史哲出版社 1992 年版，第 10—14 页。

③ 参见李贤中：《先秦名家“名实”思想探析》，文史哲出版社 1992 年版，第 19—58 页。

④ 李贤中：《先秦名家“名实”思想探析》，文史哲出版社 1992 年版，第 10—11 页。

⑤ 参见李贤中：《先秦名家“名实”思想探析》，文史哲出版社 1992 年版，第 59—106 页。

⑥ 参见李贤中：《先秦名家“名实”思想探析》，文史哲出版社 1992 年版，第 59—75 页。

⑦ 李贤中：《先秦名家“名实”思想探析》，文史哲出版社 1992 年版，第 11 页。

7.‘物论’是否可解？8.如何悟天地一体？”①

在第四章“名家名实思想的相关内涵”②中，著者以上一章的理论形态、思路特性作为取择引用文献的依据，同样以问答串联的方式对尹文与邓析的思想分别进行了解析。著者在第一节“尹文之形名分析”中将尹文的形名思想所涉及的问题归结为六项：“1.如何确立宇宙万象的秩序性？2.‘名’有哪些类别？3.‘名’的作用为何？4.‘名’与‘形’的关系如何？5.如何正形名？6.名实不符的谬误如何产生？”③接着，著者在第二节“邓析之循名责实”中将邓析的“循名责实”论所涉及的问题亦归结为六项：“1.如何成明君以治世？2.如何循名？3.如何求诸己？4.如何责实？5.为何言辩？6.如何言辩？”④

在以上第三、四章中，著者通过基源问题研究法，将名家有关名实思想的内涵归结为二十六个问题进行了解析，进而构成先秦名家“名实”思想逻辑意义的理论还原。在接下来的第五章“名实思想的基本架构”⑤中，著者采取了如下运思理路：“以对比法呈现‘名实’思想的基本构架，此是以名家四子名实思想的整体，作为理论架构的范围，因此第一节先论名家四子名实思想的关联性，分别以四子其中之一为主，与另三子对比，归结出在结构上的三个主要问题，九个核心概念。第二节论意、历、指，探讨认知主体之能力与作用为何？第三节论物、形、实，探讨主体所认知之对象为何？第四节论名、正、谓，探讨如何正确的认识，无误的表达出来。”⑥

通过上述第二章至第五章的探源、解析、建构工作，著者已层层递进地探向先秦名家名实思想中最根本的一个问题——“名与实的关系”问题。于是，著者在第六章“名与实的关系”⑦中，便对这个问题进行了探究。本章分为三节：“第一节论变与不变的思考进路；将从变化的观点考察名

① 李贤中：《先秦名家“名实”思想探析》，文史哲出版社1992年版，第11—12页。
② 参见李贤中：《先秦名家“名实”思想探析》，文史哲出版社1992年版，第107—142页。
③ 李贤中：《先秦名家“名实”思想探析》，文史哲出版社1992年版，第12页。
④ 李贤中：《先秦名家“名实”思想探析》，文史哲出版社1992年版，第12—13页。
⑤ 参见李贤中：《先秦名家“名实”思想探析》，文史哲出版社1992年版，第143—181页。
⑥ 李贤中：《先秦名家“名实”思想探析》，文史哲出版社1992年版，第13页。
⑦ 参见李贤中：《先秦名家“名实”思想探析》，文史哲出版社1992年版，第183—206页。

实思想。第二节论‘实’的变化与确立；进一步探讨认知对象的本质。第三节论‘名’的性质与名实相符的辩证关系；说明‘名’在变与不变思路下的不同性质与作用，并以变动的观点说明名符其实的意义。至此，先秦名家‘名实’思想的内涵与理论意义已清楚可见。”①

在“结论”部分②，著者分三节总结了全文：“第一节是对先秦名家名实思想的反省，从形而上学、认识论的立场加以批判，以呈现其理论之缺陷及本来可能建构的方向。第二节论名家名实思想在中国哲学里的价值，提出其对中国哲学未来发展的可能助益。第三节论名家名实思想的方法论提示。透过名家‘名实’思想的探析，最后希望能从探讨过程中的种种启发，尝试勾勒出对中国哲学有效的方法论之轮廓。”③

本书正文后载有“名家四子原文”④，具有一定的文献参考价值。

13. 陈孟麟著《先秦名家与先秦名学》

本书系《文史丛书》之一种，(台北)水牛出版社 1998 年 10 月初版。

本书包括“先秦名家”“先秦名学”两编内容，每编均分为“概论”“专题”“附录”三章，其中第一编“先秦名家”的三章对公孙龙的思想都有所涉及。

在第一编第一章“概论：先秦名家之学并非名学”⑤中，著者首先对“名学”一词作了溯源，认为其来源可追溯到鲁胜《墨辩注序》的“墨子著书，作辩经以立名本”这句话，其含义指的是“逻辑”，就此而言，“中国古代逻辑以《墨辩》为代表”⑥。接着，著者考察了“名家”一词的来源，认为它最初见于司马谈《论六家要旨》，其所谓“名家苛察缴绕，使人不得反其意，专决于名而失人情，故曰‘使人俭而善失真’。若夫控名责实，参伍不失，此不可不察也”，乃是对“名家”之内涵的最早且最恰切的揭示。若以司马谈所揭

① 李贤中：《先秦名家“名实”思想探析》，文史哲出版社 1992 年版，第 13—14 页。
② 参见李贤中：《先秦名家“名实”思想探析》，文史哲出版社 1992 年版，第 207—226 页。
③ 李贤中：《先秦名家“名实”思想探析》，文史哲出版社 1992 年版，第 14 页。
④ 参见李贤中：《先秦名家“名实”思想探析》，文史哲出版社 1992 年版，第 237—270 页。
⑤ 参见陈孟麟：《先秦名家与先秦名学》，水牛出版社 1998 年版，第 1—8 页。
⑥ 陈孟麟：《先秦名家与先秦名学》，水牛出版社 1998 年版，第 2 页。

示的“名家”这一术语的内涵(研究对象、研究特点和学说特征[①])为依据，则可推知:“先秦名家的学说与逻辑意义的先秦名学并不符合。因为后者是以思维形式及其规律为研究对象的。虽然名学也讲名实关系,但它把名实关系的理论作为自己认识论基础而间接地涉及的。形式逻辑并不研究哲学方法论,演绎、归纳和类比虽具有思维方法的意义,但它属于一般科学方法论而和探索主观世界与客观世界相一致的最普遍的方法理论——哲学方法论存在着层次上的差别。哲学方法论是以一定世界观为根据,是一定的世界观原则在认识过程中的表现,这正是先秦名家学说(比如惠施的‘合’和公孙龙的‘离’)方法论的实质。”[②]在廓清“名家”与“名学”之内涵上的分野的基础上,著者继而依据司马谈所揭示的“名家”的内涵考察了班固《汉书・艺文志》所列的名家七家、三十六篇,认为“先秦名家所指的确切人物至今有籍可考的,就有邓析、惠施和公孙龙三家了”[③]。在著者看来,以邓析、惠施、公孙龙为代表的先秦名家,无论是其运思特点、科学取向,还是其面对的时代问题、承担的学思任务以及在历史上屡遭诟病的命运,他们都和古希腊的智者学派颇为相似,就此而言,“先秦名家可以看作中国古代的智者学派”[④]。

基于上述看法,著者在第一编第二章分列三个专题,分别探讨了邓析、惠施、公孙龙的学说。在著者看来,“邓析作为中国智者学派第一人,是先秦文化史上具有启蒙作用和积极意义的先驱。这要比说他是中国逻辑史的创建人,远为符合事实”[⑤]。至于惠施,从《庄子・天下篇》所载“历物十事”中则可以看出他的哲学具有两个鲜明的特点:其一,“普遍联系是惠施哲学思想的主旨”[⑥];其二,“发展观点的贫乏”[⑦]。

---

① 在陈孟麟看来,先秦名家之学的研究对象是“正名实”(即名如何反映实),其研究特点是“苛察缴绕、专决于名而失人情”,其学说特征是“俭而善失真”。参见陈孟麟:《先秦名家与先秦名学》,水牛出版社 1998 年版,第 3—4 页。

② 陈孟麟:《先秦名家与先秦名学》,水牛出版社 1998 年版,第 4 页。

③ 陈孟麟:《先秦名家与先秦名学》,水牛出版社 1998 年版,第 6 页。

④ 陈孟麟:《先秦名家与先秦名学》,水牛出版社 1998 年版,第 7 页。

⑤ 陈孟麟:《先秦名家与先秦名学》,水牛出版社 1998 年版,第 20 页。

⑥ 陈孟麟:《先秦名家与先秦名学》,水牛出版社 1998 年版,第 31 页。

⑦ 陈孟麟:《先秦名家与先秦名学》,水牛出版社 1998 年版,第 34 页。

在第一编第二章第三节“并不存在公孙龙逻辑思想”[①]中，著者对公孙龙的学说进行了辨析。著者首先指出：“公孙龙是名家一位著名人物，‘离’正是他正名实的独特的方法论。其‘白马非马’，是通过诡辩和逻辑两个途径加以论证的。其诡辩有‘苛察缴绕，使人不得反其意’的显著特点，然其‘控名责实，参伍不失’，又是他论证包含的逻辑内容。”[②]基于这种看法，著者将探究的问题纳入一个焦点：“公孙龙的逻辑运用，是否能说明他具有逻辑思想。”[③]围绕着这个问题，著者从如下三个方面进行了辨析：

其一，“形成逻辑思想的理论基础与公孙龙思想相背谬”[④]。著者认为，“类是古代逻辑的一个基本范畴，离开类，不可能有古代逻辑思想。这是因为，类意味着从联系中考察事物”[⑤]。“然而公孙龙却认为世界上不存在类——‘无类’”[⑥]。基于这种看法，著者结合公孙龙的相关命题对其以“离”反“类”的思维方法进行了阐析：“公孙龙苦心孤诣论证的一个方法论问题是‘离’，认为具体事物总是具体的，不能抽象，这是‘白马非马’一命题的唯名论实质。这样，公孙龙的概念观就只能如黑格尔所说的‘建立一感性的无思想性的感觉多样性，在这种多样性里没有理性’，而对‘类’进行彻底地否定了。《通变论》中‘二无一’(其含义是个别中没有一般)，这实际对此作了总结。而《坚白论》‘离也者，天下故独而正’，把离夸大为世界事物的固有特性(‘独’)以及人们正确认识世界的思维方法(‘正’)，明确地说出来了，任何‘类’的可能性，都不存在了。所以公孙龙没有也不可能具有推论思想，决不是偶然的。”[⑦]接下来，著者以主张类思维的《墨辩》为对照，重点对《通变论》《名实论》中的反类思维进行了推阐。以《通变论》为例：“《通变论》是公孙龙拒绝承认事物联系和规律的宣言书。‘羊合牛非马、牛合羊非鸡’意思是两个不同的形体，不能归结为另一形体。‘青

① 参见陈孟麟：《先秦名家与先秦名学》，水牛出版社1998年版，第36—48页。
② 陈孟麟：《先秦名家与先秦名学》，水牛出版社1998年版，第36页。
③ 陈孟麟：《先秦名家与先秦名学》，水牛出版社1998年版，第37页。
④ 参见陈孟麟：《先秦名家与先秦名学》，水牛出版社1998年版，第37—43页。
⑤ 陈孟麟：《先秦名家与先秦名学》，水牛出版社1998年版，第37页。
⑥ 陈孟麟：《先秦名家与先秦名学》，水牛出版社1998年版，第38页。
⑦ 陈孟麟：《先秦名家与先秦名学》，水牛出版社1998年版，第38—39页。

以白非黄、白以青非碧’意思是两种不同的颜色，不能归结为另一种颜色，这就是说，试图在万物中寻找任何统一的因素是不可能的。所以结论是‘二无一’和‘离也者天下故独而正’。”[①]在上述阐析的基础上，著者最后总结道：“类是概念的本质、是判断的依据、是推理的基础，是逻辑学不能须臾离开的一个根本观念，公孙龙之所以没有也不可能具有名学思想，不是别的，其根本原因在于否认类。”[②]

其二，“《名实论》说明的并非同一律思想”[③]。著者首先指出：“认为《名实论》‘其名正则唯乎其彼此焉’是公孙龙关于正名的确定性原则，这大家有相同看法。但这种确定性，是说明公孙龙逻辑思想（同一律），还是说明公孙龙哲学思想（名实观的形而上学），就有问题了。”[④]基于这一问题意识，著者继而辨析了逻辑学的确定性（同一律）与形而上学的确定性（绝对的排他性）的不同，进而将公孙龙的名实观厘定为一种具有绝对的排他性的形而上学：“公孙龙是以‘离坚白’名家的，‘离’历来被看作公孙龙思想的主要标志。……离具有绝对的排他性，是明显地作为世界事物的固有特性以及正确认识世界的思维方法来理解的。如果我们认为公孙龙思想是一贯的话，那么可以看出，《名实论》‘唯乎其彼此’的原则，正是这种方法在名实观上的说明，所以，《名实论》的确定性，是公孙龙哲学思想（名实观的形而上学），而不是逻辑思想（同一律），两者是必须区别清楚的。”[⑤]

其三，“《白马论》的诡辩基调”[⑥]。有的学者将“白马非马”解为“异白马于所谓马”（而不是解为“白马不是马”），认为公孙龙不但看到了白马与马的同一（即白马是马），而且看到了白马与马的差异。针对这种观点，著者从如下两个方面进行了反驳：首先，“如果公孙龙承认白马是马，那就不可能作出‘马者所以命形也，白者所以命色也，命色者非命形也，故曰白马非马’的论证。公孙龙意思是，既然‘命色者非命形也’（‘非’说明两个全

① 陈孟麟：《先秦名家与先秦名学》，水牛出版社1998年版，第42页。
② 陈孟麟：《先秦名家与先秦名学》，水牛出版社1998年版，第43页。
③ 参见陈孟麟：《先秦名家与先秦名学》，水牛出版社1998年版，第43—45页。
④ 陈孟麟：《先秦名家与先秦名学》，水牛出版社1998年版，第43页。
⑤ 陈孟麟：《先秦名家与先秦名学》，水牛出版社1998年版，第44页。
⑥ 参见陈孟麟：《先秦名家与先秦名学》，水牛出版社1998年版，第45—48页。

异的类)，那么，白马全异于马('非'的含义一致)，自然无可置疑。否则论证不能成立。这是公孙龙认为'白马'和'马'不可能同一的最明确的揭示，是公孙龙《白马论》开宗明义的基调，其余假借，则属诡辩"[①]。其次，"公孙龙'白马非马'的含义是白马无马：'有白马不可谓无马者，离白之谓也。不离者，有白马不可谓有马也'、'非以白马为有马'。'有白马不可谓有马也'即白马无马；'非以白马为有马'同样是白马无马。'非'意味着'无'，是公孙龙明确了的。《通变论》'非马者，无马也'，恰恰对此作了规定。白马无马，即'命色者非命形也'的含义，两者思想是一致的"[②]。在著者看来，"既然白马无马，那么要让公孙龙承认白马是马是不可能的"[③]。归根结底，"《白马论》试图证明的，其真正含义是个别在客观上不存在一般。它旨在说明，那种试图把万物看成一个整体(惠施：'天地一体也')，并想在这个整体中寻找万物的始基，都是没有根据的。这正如想在白马黑马中寻找一个共同因素——马，是不可能的一样。可见，'白马非马'，真正论证的是一个哲学问题，而不是在讲逻辑"[④]。

在上述辨析的基础上，著者最后总结道："以上从产生逻辑的理论前提看，从公孙龙的绝对主义看，从《白马论》的诡辩看，我们只能得出这样的结论：不存在公孙龙逻辑思想。至于人们从逻辑的角度去解剖他，那是另一回事。"[⑤]

第一编第三章"附录"部分包括三节内容，分别为"公孙龙哲学平议""《公孙龙子》注译""惠施和惠施一派学说资料"。在"《公孙龙子》注译"一节[⑥]，著者首先简要介绍了公孙龙其人其书，然后按照《迹府》《白马论》《指物论》《通变论》《坚白论》《名实论》的顺序，对现存《公孙龙子》六篇一一进行了注释与翻译。在"公孙龙哲学平议"一节[⑦]，著者从《公孙龙子》五篇(《指物论》《白马论》《通变论》《坚白论》《名实论》)的考证分析入手，对公

---

① 陈孟麟：《先秦名家与先秦名学》，水牛出版社 1998 年版，第 45—46 页。

② 陈孟麟：《先秦名家与先秦名学》，水牛出版社 1998 年版，第 46 页。

③ 陈孟麟：《先秦名家与先秦名学》，水牛出版社 1998 年版，第 46 页。

④ 陈孟麟：《先秦名家与先秦名学》，水牛出版社 1998 年版，第 47 页。

⑤ 陈孟麟：《先秦名家与先秦名学》，水牛出版社 1998 年版，第 47 页。

⑥ 参见陈孟麟：《先秦名家与先秦名学》，水牛出版社 1998 年版，第 68—108 页。

⑦ 参见陈孟麟：《先秦名家与先秦名学》，水牛出版社 1998 年版，第 49—68 页。

孙龙的哲学思想及其性质进行了探究，并对学术史上居于主流地位的一种观点——公孙龙是一位客观唯心主义者——进行了质疑。整体而言，著者的看法主要有如下两点：

其一，从遮诠的方面说，“公孙龙并非一个客观唯心主义者”[①]。著者首先摆出反方的观点以作靶子：“断定公孙龙是客观唯心主义的学者认为，公孙龙的‘指’是和柏拉图‘理念’相同的东西，它是超然于具体事物的抽象存在，是具体事物的制造者，是现象世界的本体。‘指’显现而为具体事物，叫做‘物指’。‘物指’是‘指’的有所定、有所与和有所兼。可见，在思维和存在的关系问题上，公孙龙作了客观唯心主义解决。但公孙龙客观唯心主义还有他的特殊形态——多元的客观唯心主义。有的学者指出，在柏拉图那里，‘形而上与形而下的统一是以一种一元化的形式体现出来的，即万有事物统一于一个总的理念’。而公孙龙的理则是由感觉分析出发，是由感觉性的‘物’、‘物指’，达到非感觉性的‘指’。物有多少属性，就有多少指。这种多种多样的‘指’，又是互离自藏而不相统属的。”[②]接着，著者对上述观点进行了质疑：“归结为实质是一个目的论的神，作为世界的最后本体，这是柏拉图主义的内在逻辑，也是一切客观唯心主义难免的归宿。然而公孙龙一不谈神，二不谈合（联系），现在，既认为公孙龙的‘指’是多元的，是各自‘独立分离’的，那么，这些坚的指，白的指，总之，事物具有多少属性，就有多少相应的，绝对分离的‘指’，又依据什么意志，凭藉什么动因，来创造一个具体世界呢？断言公孙龙这点不同于柏拉图而又不失为柏拉图主义，这在逻辑上是讲不通的。”[③]然后，著者又对亚里士多德的“形式”、莱布尼兹的“单子”以及黑格尔的“绝对理念”作了辨析，认为这些带有神性目的论的终极设定均与公孙龙所谈的“指”无关。就此而言，“客观唯心主义是一条通向僧侣主义的道路，这是它的实质。认为公孙龙是客观唯心主义者，事实上既不如此，理论上看尤其不是这样”[④]。

---

① 陈孟麟：《先秦名家与先秦名学》，水牛出版社 1998 年版，第 63 页。
② 陈孟麟：《先秦名家与先秦名学》，水牛出版社 1998 年版，第 63 页。
③ 陈孟麟：《先秦名家与先秦名学》，水牛出版社 1998 年版，第 64 页。
④ 陈孟麟：《先秦名家与先秦名学》，水牛出版社 1998 年版，第 66 页。

其二，从表诠的方面说，“公孙龙是中国古代的一位实在论者”[①]。这个断制，也是著者对公孙龙学说之性质的判定。在著者看来，“他（公孙龙——引者注）所谓实在，就是独立于人心之外的客观存在。实在是个别事物的总和而不是有机结合。他们每一个体都有区别于其他个体的自我同一性。同时每一个体的属性都有区别于其余属性的自我同一性。没有必要也不可能再去他们的后面去寻找另外的实体。这种实在，可以称之为中国古代的个体实在论”[②]。基于这种看法，著者结合公孙龙的相关命题（如《名实论》的“天地与其所产焉，物也”“离也者，天下故独而正”等），对其“个体实在论”的立场进行了阐析，并在阐析的基础上作了整体性的评说：“可见，公孙龙哲学上坚持实在是第一性的观点，但他从感觉经验出发，并停留在这个水平上（这说明，经验主义者在进行理性思维时还把自己的认识，局限在感性领域来理解这个事实），这是他形而上学的孤立的、凝固的认识根源。因而陷入在名的来源、实质和意义问题上，和西方中世纪唯名论者同一境地。”[③]就此而言，“公孙龙存在于他著作中的某些诡辩，只有从他的形而上学去追索，才能找到它的真正来源，历来对公孙龙一些谩骂性的指责，是不能真正解决公孙龙的问题的”[④]。

另需说明的是，本书关于公孙龙学说的部分文稿已先期发表在期刊上：《并不存在公孙龙逻辑思想》，刊于《山东师大学报（社会科学版）》1991年第5期；《先秦名家之学并非名学》，刊于《文史哲》1996年第3期。

14. 陈癸淼著《名家与名学：先秦诡辩学派研究》

（台北）台湾学生书局2010年4月初版。

本书正文前载有两篇序文：一是王邦雄撰写的“序”（成稿于2009年12月），其中有言：“放眼当代中国哲学的研究状况，名家与名学，可以说是最被轻忽，也是最弱的一环。被轻忽的可能理由，一在重要感的认定，

---

① 陈孟麟：《先秦名家与先秦名学》，水牛出版社1998年版，第66页。

② 陈孟麟：《先秦名家与先秦名学》，水牛出版社1998年版，第66页。

③ 陈孟麟：《先秦名家与先秦名学》，水牛出版社1998年版，第67—68页。

④ 陈孟麟：《先秦名家与先秦名学》，水牛出版社1998年版，第68页。

似乎名家的学问，少有玄理奥义，难登大雅之堂，二在学术训练的局限，哲学出身的学者，对所谓历物十事与二十一条怪说，一者文字有隔而解读不来，二者欠缺敬意，因为远不如西方数理逻辑的精密，而国学出身的学者，文言解读不成问题，却嫌言之无物，以为仅是因概念歧义而逞其辩说，不过是概念游戏的空论而已！故贬之为诡辩学派。实则名家名学，亦自有名理可说，正与儒学性理、道家玄理，鼎足而三。《公孙龙子》五篇，与《墨辩》六篇，在癸淼先生的解读下，不仅理路清晰，还凸显知识方法论的精彩。"①

二是陈癸淼撰写的"自序"，其中谈及如何通过对诸子学说的合理分类来把握名家一派的特性与价值："要而言之，诸子学说可把它分为：'道术之学'与'知识之学'两大类。如此分类才能点出名家的特性与价值。名家以外各家大都可以把它划归于'道术之学'。有的重'道'，有的重'术'，有的'道''术'并重。总而言之'道术之学'旨在'修身而济世'。反之，名家则既不谈道也不谈术。换言之，名家不谈主观的心灵之修为，也不讲求客观济世之方，名家是另一种心灵。道术之学者都有一股强烈的使命感，都想自己好，而且还要改变世道，使世界更好。但是追求知识之学的名家则是抱持冷静地去观察分析的心态，只想去认识客观世界的事事物物，并把它所蕴含的事理抽离出来，而成就知识。他们只想理解世界而不去改变世界。道术之学着眼在'应该如何'，而名家注重的是'是什么'。以此标准来区隔，才能看出名家与其他诸子之差异，同时也更能真正了解名家学术之价值。"②基于上述观点，著者对如何根据名家的特性正确理解包括公孙龙在内的名家代表人物的学说而不至于误解他们津津乐道的重要论题提出了自己的看法："在芸芸诸子之中都太重视道术之故，所以视名家之学术为离经叛道而鄙视之。其实名家根本不管道术之学这一范畴的东西，尤有进者，名家常常讲一些违反常识或一般常识所不及的东西。所以不能得到如实的了解与尊重。例如：公孙龙子的'白马非马'就是违反常识之论。而公孙龙子之主张白马非马之论是基于传统逻辑的

---

① 陈癸淼：《名家与名学：先秦诡辩学派研究》，台湾学生书局 2010 年版，序第 2 页。

② 陈癸淼：《名家与名学：先秦诡辩学派研究》，台湾学生书局 2010 年版，序第 5 页。

'内容'(Intension)与'外延'(Extension)的不相等而得出白马非马的结论。'白马'只能指称白色的马,而不能指称非白色的黑马,黄马……。马的外延大于白马的外延,所以白马非马。反过来讲,'白马'除了有马的内容外,又多了一个白的内容,而'马'则是少了'白马'中的'白'的内容,所以二者是不相等。总之,公孙龙子是从概念的内容与外延的不相等而主张'白马非马'。"[①]著者对名家之学与道术之学的区分受到了乃师牟宗三的影响:"道术家之心态都太严肃、太神圣、太有使命感,而名家则把此心态完全抛开,轻松地,潇潇洒洒,毫无压力地观察客观而外在的世界。所以牟师宗三先生特别将名家之心灵称为'理智的俊逸'。儒、道成就了中华文化中的道统,名家则由于既不能善述——普遍地、抽象地陈述其论调,而且又没有'善继'者,所以无法在中华文化中建立古希腊式的学统,实在可惜。"[②]另需注意的是,除了惠施、公孙龙外,著者把《墨辩》六篇也纳入了先秦名家研究的范围:"名家学说在春秋战国时期盛极一时,其开基祖师应推惠施。……惠施之于名家犹孔子、老子之于儒家、道家。史载有《惠子》一书,惟现已不传。只能从散记于诸子的吉光片羽窥其学术。公孙龙有《公孙龙子》一书传世。公孙龙之于名家,犹孟子、庄子之于儒家、道家。原始墨家是诸子中道德感、使命感最强的学派,且最重视实践。但是战国时期的墨家则与名家合流,原本实践的墨家成了谈辩的墨徒。今天《墨子》一书中的《经上》、《经下》、《经说上》、《经说下》、《大取》、《小取》六篇应是谈辩的墨家谈辩的实录。与其说它是墨家的著作,不如把它归为名家较为恰当。"[③]

本书正文包括四部分内容,分别为"惠施研究""公孙龙子疏释""墨辩研究""先秦名学综论";前三部分为专论,第四部分为综论(综合论述了先秦各家的名学思想以及它们之间的差异),其中第二部分"公孙龙子疏释"[④]和第四部分第三章"名家之名学思想"[⑤]是对《公孙龙子》的疏释以及

① 陈癸淼:《名家与名学:先秦诡辩学派研究》,台湾学生书局 2010 年版,序第 5—6 页。

② 陈癸淼:《名家与名学:先秦诡辩学派研究》,台湾学生书局 2010 年版,序第 8 页。

③ 陈癸淼:《名家与名学:先秦诡辩学派研究》,台湾学生书局 2010 年版,序第 8 页。

④ 参见陈癸淼:《名家与名学:先秦诡辩学派研究》,台湾学生书局 2010 年版,第 107—227 页。

⑤ 参见陈癸淼:《名家与名学:先秦诡辩学派研究》,台湾学生书局 2010 年版,第 585—597 页。

公孙龙思想的综论。“公孙龙子疏释”部分的内容与著者此前出版的《公孙龙子疏释》（兰台书局1970年版）一书大致相同，在此不再赘述。

“名家之名学思想”一章包括两部分内容：（1）“公孙龙之逻辑思想”[①]。著者首先将名家的名学思想置于先秦诸子共同关注的名实问题这一论域下进行了评说：“先秦诸子可以说或多或少都谈到名实问题，只是各家的着眼点不同，因而所得出来的结论是迥异其趣的。孔子是从政制、礼乐、及人伦上言正名，谈名实；道家则自道的立场，哲学的观点论语言（名）及知识之价值；到了名家则把政制、人伦及哲学抛开，而纯名理地谈名理问题。就名学观点而言，这是一种解放，也是一种进步。而且由于名家的倡导，谈名理之风盛极一时，其他各家也深受其影响，尤其是后墨（或称为三墨、别墨）之说，可以说多数是由名家所引发的。遗憾的是，到今天名家著作大都已散失。《庄子·天下篇》说惠施其书五车，《汉书·艺文志》有《惠子》一篇，今已全失。只在《庄子·天下篇》记载了惠施‘历物十事’。《公孙龙子》汉志录有十四篇，今仅存六篇，其中《迹府》篇是后人之作。所以今天所能看到名家著作实际上只有《公孙龙子》之《白马论》、《指物论》、《通变论》、《坚白论》及《名实论》与《天下篇》所记惠施‘历物十事’。历物十事，绝大部分是属于哲学上的问题，而与名理问题之关系较少，故本章所要讨论的是以公孙龙之名理思想为主。”[②]鉴于本书第二部分“公孙龙子疏释”已对《白马论》《指物论》《通变论》《坚白论》《名实论》的内容作了详细的阐说，“本章不以公孙龙之学说、内容为讨论对象，而是要探讨由这些学说所接触到的有关逻辑的问题”[③]。在著者看来，“‘概念论’是传统逻辑的重要课题，在《公孙龙子》一书中，西方传统逻辑概念论中的概念、类与类的关系、共相、殊相、概念之内容与外延等主要问题，公孙龙都接触到了”[④]，而且能用来作为他著书立说的根据及与人论辩的工具。基于此，著者结合《公孙龙子》各篇中的相关论题，对其中所包含的逻辑思想进行了阐析，并于最后作出如下评价：“在先秦诸子中公孙龙是最具逻辑心灵的

① 参见陈癸淼：《名家与名学：先秦诡辩学派研究》，台湾学生书局2010年版，第585—591页。
② 陈癸淼：《名家与名学：先秦诡辩学派研究》，台湾学生书局2010年版，第585页。
③ 陈癸淼：《名家与名学：先秦诡辩学派研究》，台湾学生书局2010年版，第586页。
④ 陈癸淼：《名家与名学：先秦诡辩学派研究》，台湾学生书局2010年版，第586页。

一个思想家。甚至于在中国哲学史上，在这方面的成就亦无有出其右者。这是公孙龙的可贵处。但是公孙龙只是一个辩论家（在历史上公孙龙被目为是'诡辩'家），而没有开出如西方的逻辑。这其中的关键在于中国人讲学问的心态比较偏向于'术'，而不重视'学'。故在公孙龙只有逻辑'术'，辩论'术'，而在西方却有逻辑'学'。"[①]（2）"公孙龙的正名思想"[②]。著者认为，"在春秋战国时期，'正名主义'是一种普遍的呼声。儒、名、墨、法诸家皆有正名之主张，尤其孔子与荀子更是重视与强调正名思想之重要性"[③]，其中公孙龙的正名思想因立基于其名理学说而显得独树一帜。在这一部分中，著者主要结合《迹府》《名实论》《白马论》诸篇的相关论述，对公孙龙看重正名问题的现实契机以及公孙龙提出的正名的内涵、原则等进行了阐说。

15. 张丽珠[④]著《中国哲学史三十讲》

（北京）北京师范大学出版社 2010 年 8 月第 1 版。

本书包括三十讲内容，其中第十一讲是"析名辨实的名家逻辑"[⑤]。在这一讲中，著者首先介绍了名辩思潮形成的社会文化背景，接着介绍了名家的旨趣及其分派："名家，是战国时期以论辩名实问题为核心的一个学派。由于学说之内在精神歧异，又可以分成两派：一是以惠施为代表的'合同异'派，所重在'合'，强调事物间彼此的联系性，认为名言概念只是相对存在；一是以公孙龙为代表的'离坚白'派，所重在'离'，要求对于名言概念应加精确辨析。"[⑥]基于这种看法，著者从"惠施与'历物十事'""公孙龙的名实论"两个方面，对先秦名家代表人物惠施、公孙龙的思想进行了阐析。

---

① 陈癸淼：《名家与名学：先秦诡辩学派研究》，台湾学生书局 2010 年版，第 591 页。

② 参见陈癸淼：《名家与名学：先秦诡辩学派研究》，台湾学生书局 2010 年版，第 591—597 页。

③ 陈癸淼：《名家与名学：先秦诡辩学派研究》，台湾学生书局 2010 年版，第 591 页。

④ 张丽珠是台湾彰化师范大学国文系教授。

⑤ 参见张丽珠：《中国哲学史三十讲》，北京师范大学出版社 2010 年版，第 112—121 页。

⑥ 张丽珠：《中国哲学史三十讲》，北京师范大学出版社 2010 年版，第 112 页。

在阐析“公孙龙的名实论”[1]时，著者首先指出：“公孙龙有许多思想站在惠施‘合同异’、重视事物同一性且不信任名言概念之对立面；也即公孙龙系强调名言辨析、重视事物之差异性的，他循名责实地致力于辨明概念与事实，即名实之间的相对应关系，故所重在‘离’。也因此公孙龙最有名的代表性思想，即讲求概念精确性的‘白马非马’与‘离坚白’等著名命题。”[2]基于这种看法，著者对公孙龙的“指物论”与“白马非马”之论以及“离坚白”之说分别进行了阐析。

(1)“指物论”阐析。著者首先指出：“先秦各家所热烈讨论的名实论，其‘名’又可以分为对某一事物称谓的名词，即由约定俗成而来的‘所以谓’之名，以及对此名词的内涵或事物属性之认识等主观概念反映，如对美丑、高下、长短、大小等名言深入认识的概念两方面言之。一般说来，各家所力要破除的，多指后者对名词的内涵，即所反映事物及其属性的概念、既有的价值成见而言。如庄子之破执，力阐现象概念与价值皆流变无常；惠施亦极力阐明概念之相对性、不确定性，故主张合异于同。公孙龙虽然命义不同，但他在对于名言精确性的要求下，固也强调名言不等于实，但一切事物均依概念而为人知，是以仍应该要求名实之辨析精当。”[3]基于这种考虑，著者重点对《指物论》开篇的“物莫非指，而指非指。……以天下之所有为天下之所无，未可”进行了解说：“吾人所认识的物，实际上都不过是世人的‘指’罢了，故曰‘物莫非指’。就是通过这些‘指’——‘名’与‘谓’，我们才得以认识物之形、色、性等种种物之‘德’的。也就是说事物都要透过概念表达，天下如果没有概念，事物也就无法被说明了。但是从另一个角度来说，这些‘指’并不等于物自身，故又曰‘而指非指’。《名实论》也说：‘名实，谓也。知此(名)之非此(实)也，知此(实)之不在此(名)也。’所以‘名’固以指‘实’，不错，如果‘天下无指’的话，人将无所凭借以认识现象诸物。但是须知‘名’只为虚名，‘名’绝非就是‘实’，且必须是名实当，才能称之为‘谓’。是以公孙龙也曾称道‘至矣哉古之明王！审

① 参见张丽珠：《中国哲学史三十讲》，北京师范大学出版社 2010 年版，第 116—121 页。

② 张丽珠：《中国哲学史三十讲》，北京师范大学出版社 2010 年版，第 116—117 页。

③ 张丽珠：《中国哲学史三十讲》，北京师范大学出版社 2010 年版，第 117 页。

其名实，慎其谓。'是故于此，我们一方面要求'名'必须符'实'；但另一方面也必须知道虚名并非实物，'指非指'，'以天下之所有，为天下之所无，未可'。"[①]

(2)"白马非马"论阐析。著者首先指出："'白马非马'论为战国时著名论题。儿说[②]，宋之善辩者，亦持'白马，非马也'以服齐稷下学者；不过对于'白马非马'论充分发挥其中义理者，是公孙龙。'白马非马'论还成为了公孙龙最重要的论题之一。"[③]接着，著者从如下三个方面进行了解析：

其一，"白马非马"论的意趣所在："其所强调在于精确辨析'名'与'实'的对应关系，即对于名言概念与其涵摄范围的探讨。'白马非马'论涉及一般与个别称谓的辩证关系，主张不同层次的'名'——如'共名'之与'别名'、'大类名'之与'小类名'，不可混为一谈，因为其所涵盖的范围不同。故公孙龙说'白马非马'，是说用以特称马之色白者的'白马'与泛称马类之一切'马'者，其非独名称为异，所涵盖范围实际上也并不相同，也就是说'白马'与'马'，其'名'之外延与内包、范围与属性，也即所指向的'实'，迥不相侔，那么'白马'和'马'当然就不能是'所求一也'了。"[④]

其二，关联着"守白之论"这个别称对"白马非马"论所作的阐释。著者首先指出："公孙龙的'白马非马'论被时人称为'守白之论'，……'守白'论者主张'白马'是'色名'与'形名'合言的'复名'，是'马与白'两个概念，所以不能偏去其色名、而径指其形名地称之为'马'。此亦《荀子·正名》之论'单足以喻则单，单不足以喻则兼'。对于'单名'与'复名'有所区别；也即《墨经》之区别'达、类、私'等'名'之不同范畴者。而公孙龙此论则针对时人之持'有白马者，不可谓无马'的'离白'论者而发。'离'就是《墨经》之所谓'偏去'也，持'有白马为有马'者，其'白'的属性条件已经偏去，是为'离'矣。不过'离白'说是符合一般人常识判断之思维逻辑的，常人多从'有白马为有马'的'类'概念出发。是以公孙龙此一颠倒了名言与

① 张丽珠：《中国哲学史三十讲》，北京师范大学出版社 2010 年版，第 117 页。

② 在其他文献中，"儿说"多作"兒说"。

③ 张丽珠：《中国哲学史三十讲》，北京师范大学出版社 2010 年版，第 118 页。

④ 张丽珠：《中国哲学史三十讲》，北京师范大学出版社 2010 年版，第 118 页。

存在关系的论辩，虽说是有感于名实混乱之社会普遍现象而有此之辨，但在一新耳目之余，却也引来了时人认为诡辩之不能认同与质疑。”[①]接着，著者以《公孙龙子·迹府》所载公孙龙与孔穿的论辩为例，借“仲尼异楚人于所谓人”来类比“龙异白马于所谓马”，就此揭穿了孔穿试图让公孙龙去此“以白马为非马”之说的悖谬：“‘人’之外延大于‘楚人’，楚人对人不周遍；‘马’之外延大于‘白马’，白马对马亦不能周遍，故不能以名乱实地以‘白马’为‘马’、或以有‘马’为有‘白马’。这里公孙龙是将自己的论辩理由，类比于孔子也曾经采用借以立说的名辞周遍法则，以证明己论为是。这一番话说得孔穿结舌不能对。”[②]

其三，关联着《名实论》的“正名”说对“白马非马”论所作的分析与评说：“‘白马非马’论正是公孙龙借以强调‘正名’——‘正其所实者，正其名也’的著名论断。在《白马论》中公孙龙运用了问答体，透过立场不同之双方交相诘难方式，以铺陈其所主张的析名辨实理论。……（这里所引《白马论》原文从略）严格说来，公孙龙和辩者虽然共同使用了‘白马’和‘马’等几个名词概念，但其实他们没有真正对焦。辩者意在论白马的马类归属问题，白马亦是马属，有白马自是有马；公孙龙则意在辨析‘名’、‘实’间的相对应问题，他强调不同层次的名便不能混用，因为其概念所涵摄的范围绝不相同。不过要之，公孙龙主张名言概念不同，其外延与内涵亦随之不同，应加以严格对待。这确是我国逻辑发展史上极重要且难得的辩证思维与论证。可惜在自后两千多年儒家主流的学术思想史上，名家思想如昙花一现般，只留下短暂光芒的惊鸿一瞥，便响消声沉了。”[③]

（3）“离坚白”说阐析。著者首先对“离坚白”之说与“守白”之论的关联进行了分析：“公孙龙既为‘守白’之论，坚持合形、色为名的‘白马’，不可以‘离白’地称之为‘马’，那么是否也应该将坚（性）、白（色）、石（形）三种概念合一地称为‘坚白石’呢？对此公孙龙则持反对意见，因为建立称名，必须精确地涵盖属性条件，所以不可偏去其一地称‘白马’为‘马’。但

① 张丽珠：《中国哲学史三十讲》，北京师范大学出版社2010年版，第118—119页。

② 张丽珠：《中国哲学史三十讲》，北京师范大学出版社2010年版，第119页。

③ 张丽珠：《中国哲学史三十讲》，北京师范大学出版社2010年版，第119—120页。

是说到有关概念的认识活动时，他认为首先要厘清的是这些概念间是否彼此‘相盈’而‘不相外’？倘使概念与概念在同一时间点上吾人有‘知与不知’、‘见与不见’之别，那么其彼此间是‘相外’、‘不相盈’的，就不可以合称，而必须要‘离’之了……‘坚、白’就是这样地不能同时并存于人认知中的两种关系，当‘石’与‘坚、白’的概念相结合时，能够同时存在的就只有‘坚、石’或‘白、石’概念，所以是‘其举也二’。以坚或白必须偏去其一，故其论称为‘离坚白’。”[1]接着，著者结合《坚白论》的相关论题对公孙龙论证“离坚白”的过程进行了阐析。在此基础上，著者最后总结道：“公孙龙‘离坚白’所论，实已涉及概念与事实、概念与概念间的辩证关系了。他还指出人借由认知所认识到的概念与事实（物）的关系，也不必是一种限定的对应关系。总之，公孙龙力求概念内涵的精确性，此其思想之独到处；而‘白马非马’论虽是他最有名的代表性命题，‘离坚白’说其实更是他发人所未发的精辟见解，故公孙龙称为名家‘离坚白’派的代表人物，而这也就是中国名辩思想发展潮的最高峰。”[2]

16. 曾春海著《中国哲学史纲》

（台北）五南图书出版股份有限公司 2012 年 8 月第 1 版，（上海）华东师范大学出版社 2013 年 12 月第 1 版。

本书包括六篇内容，分别为“先秦哲学”“两汉魏晋哲学”“南北朝和隋唐的儒学和佛学”“宋元明清的理学”“明清之际及清代的哲学”“当代中国哲学”。第一篇“先秦哲学”分为六章，分别为“先秦儒家学派”“先秦道家学派”“墨家学派”“法家学派”“析名辨实的名家逻辑学”“阴阳家学派”。第五章“析名辨实的名家逻辑学”又分为两节，分别为“邓析与《尹文子》”“惠施与公孙龙子”。在第二节“惠施与公孙龙子”[3]中，著者阐析了“惠施名学中的逻辑思想”与“公孙龙子的主要名学命题”。

---

① 张丽珠：《中国哲学史三十讲》，北京师范大学出版社 2010 年版，第 120 页。

② 张丽珠：《中国哲学史三十讲》，北京师范大学出版社 2010 年版，第 121 页。

③ 参见曾春海：《中国哲学史纲》，华东师范大学出版社 2013 年版，第 134—140 页。

在阐析"公孙龙子的主要名学命题"[1]时，著者首先简要介绍了公孙龙其人其书，认为"公孙龙开拓了先秦名家许多重要的命题和逻辑思想资源。据《汉书·艺文志》记载，公孙龙的著作计有十四篇，现存六篇，……目前，多数学者认定《迹府》是《公孙龙子》的序言，其他五篇分别为：《白马论》、《指物论》、《通变论》、《坚白论》、《名实论》，皆独立成篇，却有内在相贯通的理脉。《指物论》是公孙龙名学的纲领。《白马论》是他的成名作。五篇中的《坚白论》、《白马论》、《通变论》采哲学对话体，藉主、客对辩，巧妙地论述主方所立的论点。孔子的正名旨在拨乱返治，公孙龙不只是正名，他的问题意识在《迹府》所言：'疾名实之散乱'，而企求端正名实相符应以正实。他与墨辩之异同，《墨经》或《墨辩》除了与公孙龙一样的提出一些名辩论题外，更着力于逻辑推理和科学知识的建立，包括公孙龙在内的先秦名家则多论及由名实关系所引发出来的语言哲学和形上学问题"[2]。接着，著者按照《指物论》《名实论》《通变论》《白马论》《坚白论》的顺序，对各篇的主要论题逐一进行了解说。

《指物论》解说："'指'在先秦文献中，常假借以代'恉'字，'恉'书为'旨'，'恉'即'意义'或人对事物的概念化知识。……(此处引用《指物论》原文从略——引者注)人的理性对事物的认知乃是由'名'与'谓'所构成的'恉'或概念涵义。'名'指对某事物称谓的名词，亦即经由约定俗成而来的'所以谓'之名言符号。名词不但可称谓所对应的客观事物，也反映名词使用者对此客观事物的概念认知。《指物论》中所谓'物'，指具体对象，亦即个别事物，所谓'实'指'概念'，与个别事物所具有之属性。若以逻辑用语来表示，'指'表诸个别事物间的共相或类因，'物'指隶属于类别中同类事物所涵之个别事物或分子。例如，'白'是一类因或共相，'某白物'则是隶属于此类因之外延的个别事物，或分子。'指'为'名'，'物'为'谓'，由'指'与'物'的单称名词组合成'指物'这一复合名词，扼要言之，就是藉'名'来称谓所认知的对象及所反映的概念认知涵义。"[3]

---

① 参见曾春海：《中国哲学史纲》，华东师范大学出版社 2013 年版，第 136—140 页。

② 曾春海：《中国哲学史纲》，华东师范大学出版社 2013 年版，第 136—137 页。

③ 曾春海：《中国哲学史纲》，华东师范大学出版社 2013 年版，第 137 页。

《名实论》解说："《名实论》的论旨在端正名言符号与其所称谓的对象之间的对应或符合一致关系，所谓：'夫名，实谓也。知此之非此也，知此之不在此也，则不谓也；知彼之非彼也，知彼之不在彼也，则不谓也。''名'为能知[①]，'实'为所知[②]。名实关系可说是以能知来指所知的关系。若能指之此名所称谓的所指不是此物，或者此名能指称的对象不局限于此物，则这一称谓是不恰当的。同时，若一名称与其所称谓的对象（所指）不相符应，则这一名称的使用可说是不恰当的。因此，《名实论》所论述的不只是语意学所探究的名实关系问题，也涉及语言使用者如何使用语言符号的语用学问题。公孙龙在《名实论》中界定了'物'、'实'、'位'（属性）、'正'这几项先秦名学的基本范畴，再以这四个范畴及其间的相互关系，提出'以其所正，正其所不正'的正名方法和'唯乎其彼此'的正名原则。"[③]

《通变论》解说："此论既名曰'通变'，则意指变的历程中实有不变的所以然之理。《通变论》谓'变非不变'，此篇重点在探讨先秦名学的一大论题，亦即同异关系的辩证问题。文中提出'二无一'、'羊合牛非马，牛合羊非鸡'、'青以白非黄，白以青非碧'等三大论题，其中以'二无一'是《通变论》的核心论题。该命题有两种可能的理解方式：1. 由一'质名'与一'物名'形成单一的复名，其中'质名'是表述属性的通称，'物名'是具形质性的个物，质名对物名具有修饰或限制作用。例如'白色'可用来修饰'马'，也可用来限制'石'等个物，当然，'石'除了白、绿等颜色特征外，也可兼具形状、坚硬度等特征。由此衍生出复名指称的对象不同于单名指称的对象，例如：'白'指依附在某自立体上的属性，'白马'指作为依据附属白色的属性依附在作为某自立体'马'身上，而可以'白马'这复名指称，'白'系单名指称。因此，就'白'这一'单名'而言，与'白马'这一'复名'在指称的对象上有异。同时，构成'复名'的'单名'不再是独立的符号，而是复名组成的元素，形成与复名为整体与部分的关系。2.'二无一'的'二'是由两个物字所构成的复名。组成复名的这两个物名是并列关系，所构

① "能知"当作"能指"，下同。

② "所知"当作"所指"，下同。

③ 曾春海：《中国哲学史纲》，华东师范大学出版社 2013 年版，第 137—138 页。

成的复名，亦即新名，是一集合名词。例如：'羊合牛'构成'羊牛'，这是由两个言物的类名所构成的集合名词。羊类和牛类，这两个动物类别，皆构成'羊牛'类这一新集合名词的外延分子。就类概念的逻辑而言，'羊牛'不等于'羊'，也不等于'牛'。公孙龙'二无一'命题的取材与墨辩有关。《墨子·经说下》说：'牛不二，马不二，而牛马二。则牛不非牛，马不非马，而牛马非牛非马，无难。''牛马'是由单名'牛'和'马'所构成的复名，'牛马'是集合名词，'牛'、'马'皆为这一集合名词之内涵所概括到的外延分子，故'牛马'既非'牛'，亦非'马'。总而言之，'二无一'可理解成由单名'一'所构成的复名'二'，此时，'一'是'二'的构成要素，名的使用变化必然引起内包(内涵)与外延(指称)的变化，做为构成要素的'一'不再享有独立的内包和外延了。公孙龙的'通变'说，或许可如此予以理解。这一理论也可延展至公孙龙的'白马非马'论以及'离坚白'说。"①

《白马论》解说："'白马非马'论是战国时代著名的一项论题，至公孙龙而发展出成熟的论述。这是结合了公孙龙的'指物论'、'名实论'、'通变论'三种论点所构成的命题。若由严密的辨名析理之逻辑分析法来析论'名'与'实'的相对应关系，则'白马非马'这一命题关涉到'共名'与'别名'或'大类名'的区别，也涉及蕴含关系(P∪Q)或等同关系(P=Q)的不同。'白马'与'马'的各自内包不同，则其外延指称的对象或分子也不同。就两者的逻辑关系而言，'马'是'白马'的共名、大类名，'白马'是'马'的别名、小类名。因此，'白马非马'的'非'字在逻辑上的意义是对'等同'关系(P=Q)的否定，因为马与白马的逻辑关系是蕴含关系，'马'蕴含'白马'(马∪白马)。我们只能由肯定'马'来肯定'白马'，不能由肯定后项来肯定前项。换言之，P∪Q，肯定 P，才能肯定 Q，不能由肯定 Q 来肯定 P。若由前述'二无一'来解说，则单名'白'与单名'马'构成复名'白马'。此时，单名'马'不再享有独立的概念内包和概念外延指称了，复名'白马'的概念内包不容割裂，与'马'的概念内包不等同，由'二无一'可证成'白马非马'命题。"②

---

① 曾春海：《中国哲学史纲》，华东师范大学出版社 2013 年版，第 138—139 页。
② 曾春海：《中国哲学史纲》，华东师范大学出版社 2013 年版，第 139 页。

《坚白论》解说："《坚白论》的文体采主客问难的对话论辩形式进行。……(此处引用《坚白论》原文从略)'坚白石三[①]'是主方的核心命题，意指每一知觉皆由一组条件决定，若为两种性质不同的知觉，则分别由两组条件所决定。'坚'、'白'、'石'为三种可析离的物性概念，'石'为自立体，亦即独立存在的实体。'坚'与'白'非独立自存的自立体，而系两种不同的可知觉到的物质属性。'坚'是由人的触觉感官所知觉到的物质属性，亦即硬度，'白'是由人的视觉感官所知觉到的物质属性，亦即颜色。我们可以藉视觉器官知觉到依附在'石'头这一自立体的依附体'白'颜色，亦眼睛的视觉可看到白色的石头，却不得感觉到硬度的知觉。同理，我们可以藉触觉器官知觉到依附在石头上的物质属性'坚'硬度，而无法也获致'白'颜色的物质属性，这就是文中所谓的'二可'而'不可'同时兼具三者。然而，就认识论而言，我们在知觉世界中仅感觉到具感觉与料(sense data)的可经验之个体，而非此个体所属的分'类'。因为'类'是在思想界的抽象化概念，并非在客观经验世界中存在的具体个物。在依形定名，以名称物的名实对应关系里，《坚白论》说：'得其白，得其坚，见与不见离。一一不相盈，故离。离也者，藏也。'所谓'离'与'藏'是两组感觉认知，是分开的，亦即'二可'，故'白'色的石头这一知觉认识呈现时，另一组感觉经验'坚'硬的石头隐而不显，反之亦然。公孙龙不但从分析的方法断定'坚'与'白'的物质属性可分辨可相离成两个分析命题，另一方面也从综合判断肯定'坚白石'这三类可结合成一综合命题，《坚白论》所谓：'物白焉，不定其所白。物坚焉，不定其所坚。不定者兼，恶乎其石也？'"[②]

三、论文类文献(目录索引)

1. 陈大齐：《"异白马于所谓马"与"白马非马"》，《大陆杂志》1952 年第 2 期。

---

① "三"疑作"二"。

② 曾春海：《中国哲学史纲》，华东师范大学出版社 2013 年版，第 139—140 页。

2. 郑康民:《名家起于三晋说》,《大陆杂志》1957年第2期。

3. 曾子友:《中国理哲学思想与符号逻辑——公孙龙子的“白马非马”的阐释》,《革命思想》1958年1月第4卷第1期。

4. 周骏富:《〈公孙龙子〉文例》,《师大国文研究所集刊》1958年第2期。

5. 阮廷章:《论今本公孙龙子出现的年代及其真伪》,《大陆杂志》1959年第12期。

6. 蒙传铭:《公孙龙子考》,国科会报告,1960年。

7. 牟宗三:《公孙龙之名理》,《民主评论》1963年1月第14卷第1期。

8. 牟宗三:《〈公孙龙子·白马论〉篇疏解》,《民主评论》1963年1月第14卷第2期。

9. 牟宗三:《〈公孙龙子·通变论〉篇疏解》,《民主评论》1963年2月第14卷第3期。

10. 牟宗三:《〈公孙龙子·坚白论〉篇疏解》,《民主评论》1963年3月第14卷第5期。

11. 何启民:《“马非马”与“白马非马”》,《幼狮学志》1964年12月第3卷第3、4期,增补后收入《公孙龙与公孙龙子》(台湾学生书局1981年版)一书第五节。

12. 林正弘:《再论“白马非马”》,《大公报》1965年7月10日。

13. 崇道:《论名家学说的思想》,《国魂》1966年7月第260期。

14. 徐复观:《释〈公孙龙子·指物论〉之“指”》,《出版月刊》1966年10月第2卷第5期,收入徐复观:《公孙龙子讲疏》(台湾学生书局1966年版)附录一。

15. 劳思光:《〈公孙龙子·指物论〉疏证》,《崇基学报》1966年11月第6卷第1期。

16. 林澄波:《〈公孙龙子·指物论〉与〈庄子·齐物论〉之分析》,台湾大学哲学研究所硕士学位论文,1966年。

17. 徐复观:《先秦名学与名家》,《人生》1967年4月第31卷第12期。

18. 江天:《公孙龙欲正名实》,《青年战士报》1967年12月15、16日。

19. 李华汉:《公孙龙子研究》,辅仁大学哲学研究所硕士学位论文,1967 年。[①]

20. 李华汉:《〈公孙龙子〉探微》,《哲学年刊》1968 年 11 月第 5 期,收入中国哲学会主编《哲学论文集》第二辑,台湾商务印书馆 1968 年版,第 108—166 页。

21. 吴康:《晚周名家思想概述》,《幼狮学志》1968 年 12 月第 7 卷第 4 期。

22. 李铭辉:《先秦名学概况》,《文史学报》1969 年第 6 期。

23. 张柳云:《名墨两家逻辑思想之异同》,《中华文化复兴月刊》1969 年 11 月第 2 卷第 11 期。

24. 吴杰超:《浅论公孙龙及其学说》,《文史学报》1970 年第 7 期。

25. 李富华:《春秋战国时代的名辩思潮》,《文史学报》1970 年第 7 期。

26. 周世辅:《论公孙龙的哲学思想》,《自由报》1970 年 10 月第 1103—1105 期。

27.《中国哲学家——公孙龙》,《哲学与文化》1970 年 12 月第 67 期。

28. 陈癸淼:《先秦名学研究》,国科会报告 1971 年。

29. 陈癸淼:《公孙龙子与墨辩之比较研究》,《文史学报》(中兴)1972 年第 2 期。

30. 王梦鸥:《战国时代的名家》,《中央研究院历史语言研究所集刊》1972 年 10 月第 44 卷第 3 期。

31. 杨志源:《关于公孙龙思想的讨论》,《淡江学报》1973 年第 11 期。

32. 秋木:《公孙龙指物论研究》,《台湾日报》1974 年 6 月 3 日。

33. 岑溢成:《公孙龙及惠施之思想研究》,《哲学与文化》1974 年 6 月第 4 期。

34. 邝锦伦:《公孙龙子指物篇试释》,《幼狮月刊》1974 年 11 月第 40 卷第 5 期。

---

① 本论文包括绪论、本论、余论三部分内容,重点阐析了公孙龙的名学思想及其与墨辩、惠施的关系。嘉新水泥公司 1969 年印行。

35. 杨志源:《公孙龙思想的比较研究》,《革命思想》1975 年 8、9 月第 39 卷第 2—3 期。

36. 叶伟平:《公孙龙子释论(白马论)》,《文风》1976 年 1 月第 28 期。

37. 叶伟平:《公孙龙子释论(坚白论)》,《文风》1976 年 6 月第 29 期。

38. 周南山:《从公孙龙"白马非马"谈起》,《中央日报》1976 年 10 月 12 日。

39. 冯君:《公孙龙哲学》,《哲学先秦》1976 年 10 月。

40. 牟宗三:《公孙龙之名理》,《鹅湖》1977 年 2 月、7 月第 1 卷第 1 期、第 2 卷第 8 期。

41. 赖榕祥:《先秦诸子的名学思想》,《中国国学》1977 年 4 月第 5 期。

42. 郭宏才:《公孙龙子研究》,《师大国文研究所集刊》1978 年 6 月第 22 期。

43. 萧登福:《名家与先秦诸子》,《中华文化复兴月刊》1980 年 4 月第 13 卷第 4 期。

44. 萧登福:《先秦诸子所见之名家论题》,《成功大学学报》1980 年 5 月第 13 卷第 15 期。

45. 萧登福:《名家之辩学》,《中华文化复兴月刊》1980 年 7 月第 13 卷第 7 期。

46. 杨博清:《〈公孙龙子·通变论〉试析》,《鹅湖》1980 年 7 月第 6 卷第 1 期。

47. 牟宗三:《先秦名家之性格及其内容之概述》,《中华文化月刊》1980 年 11 月第 13 期。

48. 萧登福:《〈公孙龙子·坚白论〉探义》,《成功大学学报》1981 年 6 月第 16 期。

49. 郭为:《名家之研究》,《高雄师院学报》1982 年第 10 期。

50. 郭为:《公孙龙〈指物论〉释义》,《高雄师院学报》1983 年 4 月第 11 期。

51. 萧登福:《〈公孙龙子·指物论〉探义》,《中华文化复兴月刊》1983 年 8 月第 16 卷第 8 期。

52. 李元庆:《关于惠施、公孙龙哲学思想的评价问题》,《中国哲学史论》1983 年。

53. 冯耀明:《公孙龙是唯名论者吗?——一个方法论的检讨》,《鹅湖》1984 年 3 月第 9 卷第 9 期。

54. 冯耀明:《"白马非马"的逻辑分析:个体(名)与谓之争》,《鹅湖》1984 年 5 月第 9 卷第 11 期。

55. 刘兆祐:《公孙龙子及其文学》,《幼狮月刊》1984 年 11 月第 60 卷第 5 期。

56. 冯耀明:《"白马论"的逻辑结构及其哲学意味》,《鹅湖》1985 年 3 月第 10 卷第 9 期。

57. 邝芷人:《公孙龙子"指物论"篇释述》,《东海学报》1985 年 6 月第 26 卷第 6 期。

58. 周庆华:《名家的历史地位》,《中原文献》1989 年 1 月第 21 卷第 1 期。

59. 尉迟淦:《公孙龙思想的理解与批判》,辅仁大学哲学研究所博士学位论文,1989 年。

60. 刘见成:《公孙龙之名实论及其问题》,《中国文化月刊》1993 年第 168 期。

61. 兵界勇:《公孙龙子"物指"与"非指"之探究》,《中国文学研究》1995 年第 8 期。

62. 李贤中:《公孙龙子》,《哲学与文化》1995 年第 9 期。

63. 叶锦明:《对"白马论"的逻辑分析》,《人文中国学报》1996 年第 3 期。

64. 叶锦明:《论对公孙龙的两种评价》,《哲学研究》1998 年增刊。

65. 陈声柏、李巍:《从"物"、"实"之别看公孙龙名学的价值——以荀况为参照》,《国立台湾大学哲学评论》2008 年第 35 期。

66. (香港)黄展骥:《"白马非马"与"窜改词义"谬误——从与冯友兰不同的视角批判公孙龙》,《燕山大学学报(哲学社会科学版)》,2006 年第 2 期。

附录　汉译与日英法德文公孙龙子研究文献（目录索引）

（一）著作类

1.[日]小柳司气太:《国译公孙龙子》,国民文库刊行会,1923 年排印。

2.[日]渡边秀方:《中国哲学史概论》,刘侃元译,(上海)商务印书馆,1926 年版。

3.[日]天野镇雄:《公孙龙子》,(东京)明德出版社,1967 年版。

4.[日]加地伸行:《中国人の論理学》,(东京)中央公论社,1977 年版。

5.[英]李约瑟:《中国古代科学思想史》,陈立夫主译,(南昌)江西人民出版社,1990 年版。

6.[日]末木刚博:《东方合理思想》,孙中原译,(南昌)江西人民出版社,1990 年版。

7.[日]户川芳郎:《古代中国的思想》,姜镇庆译,(北京)北京大学出版社,1994 年版。

8.[美]陈汉生:《中国古代的语言和逻辑》,周云之、张清宇、崔清田译,(北京)社会科学文献出版社,1998 年版。

9.[英]葛瑞汉:《论道者——中国古代哲学论辩》,张海晏译,(北京)中国社会科学出版社,2003 年版。

10.[美]牟复礼:《中国思想之渊源》,王立刚译,(北京)北京大学出版社,2009 年版。

11. Max Perleberg, *The works of Kung-sun Lung-tzu*, Hongkong: The Local Printing Press, 1952.

12. Ignace Kou Pao-Koh, *Deux Sophistes Chinois: Houei Che et Kong-Souen Long*, *Paris*, *Imprimerie Nationale*, Presses Universitaires de France, 1953.

13. Bernard S. Solomon, *On the School of Names in Ancient China*, Steyler Verlag, 2013.

(二)论文类

1.[美]C. 翰森:《公孙龙和"白马非马"》,周云之译,《哲学译丛》1985年第5期。

2.[美]C. 翰森:《〈公孙龙子·白马论〉的翻译、评注和总看法》,周云之译,《哲学动态》1988年第3期。

3.[美]成中英、理查德·斯万:《公孙龙〈指物论〉中的逻辑和本体论》,胡星铭译,《浙江大学学报(人文社会科学版)》2009年第3期。

4.[日]谷口勇:《公孙龙子〈白马论〉的符号学意义》,卢德平译,《解放军外国语学院学报》2001年第4期。

5. A. Forke, "Traduction du Kong-Souen Long-Tseu", Shanghai, Journal of the China Branch of the Royal Asiatic Society, 1901-1902.

6. Lohmann J., "Der Sophismus des Kung-sun Lung, zur Ontologischen Amphibolie des Chinoschen", Lexis, 2(1949), pp. 3-11.

7. Mei Y. P., "The Kung-sun Lung Tzu With a Translation Into English", Harvard Journal of Asiatic Studies, Volume 16, 3/4(1953), pp. 404-437.

8. Graham A. C., "Kung-sun Lung, s Essay on Meanings and Things", Journal of Oriental Studies, 2(1955), pp. 282-301.

9. Graham A. C., "The Composition of the Kungsuen Long Tzyy", New Series, 5/2(1957), pp. 147-183.

10. Chmielewski Janusz, "Notes on Early Chinese Logic", Part 1, Rocznik Orient Alisty Czny, 26/1(1962), pp. 7-22.

11. Graham A. C., "Two Dialogues in the Kung-sun Lung Tzu: 'White Horse' and 'Left and Right'", Asia Major, New Series, Vol. XI, 2 (1965), pp. 128-152.

12. Graham A. C., "The 'Hard and White' Disputations of Chinese Sophists", Bulletin of the School of Oriental and African Studies, Vol. XXX, Part 2(1967), pp. 358-368.

13. "Logic and Ontology in the Chih Wu Lun of Kung-sun Lung Tzu", Philosophy East and West, Volume 20, 2(1970), pp. 137-154.

14. Fred Rieman, "On Linguistic Skepticism in Wittgenstein and Kung-sun Lung", Philosophy East and West, Volume 27, 2(1977), pp. 183-193.

15. "Kung-sun Lung, Designated Things, and Logic", Philosophy East and West, Volume 30, 3(1980), pp. 305-319.

16. Bernard S. Solomon, "KUNG-SUN LUNG TZU IV AND VI", Monumenta Serica, Volume 35, 1981, pp. 235-273.

17. Chung-ying Cheng, "Kung-sun Lung: White Horse and Other Issues", Philosophy East and West, vol. 33, (1983), pp. 341-354.

18. "The Disputation of Kung-sun Lung as Argument about Whole and Part", Philosophy East and West, Volume 36, 2(1986), pp. 89-106.

19. Thierry Lucas, "Hui Shih and Kung Sun Lung: an approach from contemporary logic", Journal of Chinese Philosophy, 20(1993), pp. 211-255.

20. Whalen Lai, "Kung-sun lung on the point of pointing: The moral rhetoric of names", Asian Philosophy, Volume 7, 1(1997), pp. 47-58.

21. Reding Jean-Paul, "Gongsun Long on What Is Not: Steps Toward the Deciphering of the Zhiwulun", Philosophy East and West, 52/2 (2002), pp. 190-206.

22. Shen Yu ting, "On Appraisal of the Kung-Sun Lung Tzu", Chinese Studies in Philosophy, Volume 10, 3(2014), pp. 20-27.

后　记

《公孙龙子文献撮要》一书终于脱稿了。这里就本书的“凡例”及编纂过程作几点必要的说明：

一、本书遵循文献整理类著述的体例，勉力让文献自身来说话。历代著述，各家观点，统统被置于文献史的舞台上展示后，其高低上下，深浅正谬，自显其相，读者自有分判。

二、本书旨在呈现历代公孙龙子文献的原初风貌、运思理路和主要观点，书名中的“撮要”一词，其意便在于此。这里的“撮要”与“咀华”相对，意指“撮其要点而录之”。这个词的选择，颇费了一番思量。开始时打算谓之为“提要”，取来《四库全书总目提要》对照，发现不对路，因为本书并没有采取概述的方式（一开始曾想采取这种方式，但整理了一些文献特别是新中国前三十年甚至 20 世纪 80 年代以来大陆地区的某些文献后，发现不少文献千孔一面，若依然一一概述其要点，整理出来的文字将会枯燥乏味、不堪卒读，于是否弃了这种方式），而是摘录了大量原始文献中的文字；后来又想谓之为“索引”，但本书除了注明文献的出处等必要的信息外，大部分文字仍是在爬梳文献的思路并撮录其要点。苦思冥想之际，荀悦《汉纪·高祖皇帝纪》中的“撮要举凡，存其大体”一句启发了我。这里的“撮要”，即是“摘取要点”之意。此时，我仍不放心，于是翻检前人著作，发现已有先例，如清人高静亭的《正音撮要》。更为欣喜的是，顺着《正音撮要》翻检其他文献，又发现清人莎彝尊有一部《正音咀华》，其中的“咀华”一词乃与“撮要”相对，意指“吸取其精华”，语出韩愈《进学解》“沉浸浓郁，含英咀华”。值此之际，我终于下定决心，将这部书稿勉强命名为《公孙龙子文献撮要》，至于如何"咀华"，那就是下一步要做的事情了。

三、在结构上，本书大体上按照历史发展阶段来谋篇布局。全书分为五编，其标题分别为"先秦至清代公孙龙子文献""民国时期公孙龙子文献""新中国前三十年公孙龙子文献""20 世纪 80 年代以来公孙龙子文献""港澳台地区公孙龙子文献"。如此布局谋篇，既可以彰显出各个历史阶段不同的理解结构，亦可揭示出时代精神处境对这些理解结构所产生的影响。更重要的是，每个时代都有少数超出一般思维水准的思想家，他们的著述往往代表着其所在时代的精神高度，故将"港澳台地区公孙龙子文献"别立一编；在大陆地区，因前三十年与 20 世纪 80 年代以来的学术氛围及思维结构大为不同（加之后一阶段的文献非常多），于是又将"20 世纪 80 年代以来公孙龙子文献"别立一编。此外，附录"汉译与日英法德文公孙龙子研究文献（目录索引）"，旨在为国人的公孙龙子研究提供一种"他者"的视野。

四、在同一历史阶段，本书大体上依照著述的类别进行整理，如著作类、论文类。在专门研究公孙龙子的著作较多的民国时期、20 世纪 80 时代以来的大陆地区以及港澳台地区，又从"著作"中析出"专著类"予以单列。此外，在硕博论文较多的 20 世纪 80 时代以来的大陆地区，又从"论文"中析出"硕博论文类"予以单列。在同一类中，原则上按时间早晚的顺序排列文献。需要说明的是，有的文献虽然正式出版的时间较晚，但其成书的时间较早，为尊重历史，我依据成书时间安排其出场的次序。比如伍非百的《公孙龙子发微》，该书初稿大半为陈柱《公孙龙子集解》（商务印书馆 1937 年版）所采录。之后，伍非百将其编入《中国古名家言》一书（列为第四种），1949 年自费石印一百部，可惜流传不广。1981 年该书由中国社会科学出版社出版，这才流传开来。不过，本书仍将其列入"民国时期公孙龙子文献"中进行了整理。

五、在详略方面，本书采用了"详古略今"的做法，尤其对民国时期的期刊论文，凡目力所及者，均一一撮录。对新中国成立以来的期刊论文，仅按时间早晚列出目录索引，不再一一撮录。之所以这样做，主要基于如下考虑：民国时期的期刊论文数量有限，且多数具有较高的学术水准。相较之下，新中国成立以来的期刊论文参差不齐，特别是20世纪80年代以来的期刊论文数量太多，若一一撮录，书稿的篇幅就更大了，加之这些论文在知网等资源库中都易查到，没有一一撮录的必要。而民国时期的期刊论文查检起来则难度较大，且多为繁体竖排，因而有必要用简体字撮录其要点，以方便读者参阅。

六、本书第一编"先秦至清代公孙龙子文献"用力颇多。其中"古代文献中有关公孙龙及其学说的记载"部分，凡目力所及者，均小心分辨，一一照录；"古代《公孙龙子》传本举要"部分，凡白文本、注释本、节选本、校勘本、批校本、稿抄本，力求搜罗殆尽，并按时间排序，一一进行绍介。本书第五编"港澳台地区公孙龙子文献"亦下了较大工夫。特别是港澳台地区的相关著作（包括专著类文献与其他著作类文献）不太容易找齐，于是我通过各种途径（如黄师克剑先生赠我宝贵的藏书，我另到国家图书馆复印，在当当网、孔夫子旧书网上购买，托友人在台湾地区的大学图书馆复印等），终于备齐了目前所知见的相关著作。对这些著作，均一一撮录。

七、在版本方面，凡有多个版本的著作，尽量列出所知见的版本信息，因目力有限，有的并不全。在撮要时，尽量依据最早的版本。实在无法找到最早版本者，只好依据手头的版本进行整理。

八、本书在文献方面追求"全"而"准"的境地。由于精力有限，有的文献目前尚未进入我的视野，特别是一些散论公孙龙子的著作、论文，未能穷尽，留下了挂一漏万之憾。另有一些文献艰深幽微，由于学养有限，尚不敢断言对其运思理路的把握所能达至的准确程度。

九、本书的缘起可追溯到七年前。2014年元旦刚过，受黄师克剑先生提点，我决意步入公孙龙子研究这一学域。自此，我搜集资料，分类整理，悉心阅读，随手记下点点滴滴心得。2015年年底，文学院动员我申报河北省教育厅人文社会科学研究课题，我遂梳理平时所思所想，以"历代《公孙龙子》注疏研究"为题申报，忝列2016年度重大课题攻关项目（ZD201632）。可随着研究的进展，我发现《公孙龙子》的流传情况颇为复杂，历代注疏、研琢《公孙龙子》的文献也颇为繁多。当务之急，或许并不是对历代的《公孙龙子》注疏进行评骘（没有文献史的基础，无从置喙，更不敢评骘)，而是在整理、爬梳的基础上，对历史上形成的各种有关《公孙龙子》的文献进行编目并一一绍介其要点，以便为此后开展更为深入的研究奠定坚实的基础。于是，我退回到起点处，在周遭热潮不断、喧哗躁动的氛围里，埋首于“故纸”，做起类似“抄古碑”的事情来。2018 年 9 月，我指导的博士生黎君佳晔同学有意探究公孙龙的语言形上智慧，自此，她参与了文献补充、初步整理与文字核校等项工作，为编纂本书倾注颇多心力，故列为第二作者。

十、本书的价值主要体现在文献学方面，希望能够为有志于深研公孙龙子思想的读者提供尽可能完备的一手资料信息和相对清晰的文献史脉络。我们首次撰写文献类著作，对这类著作的体例、写法等尚处在学步阶段，凡错漏之处，一概由我本人负责，恳请方家指谬、赐正。

书稿完成后，我怀着忐忑的心情寄送黄先生审正并祈请赐序。步入古稀之年的先生中断手头正结撰中的《国学概论》，花了半个月的时间阅读文稿(其间眼压几度增高)，手书长序，并指出拙稿中的错讹之处。8 月 22 日，师母将黄先生书之于纸的六页序文拍照发来，我品读着一行行、一页页古朴雅正、遒劲有力的手迹，心里久久不能平静。我的夫人尚琪女士帮着录入、校对先生的手稿，同样令我心生感动。

蒙燕山大学出版社不弃，本书有幸得以面世。陈玉教授、柯亚莉博士为本书的出版付出了大量的心血，在此一并致以诚挚的谢意。

孙秀昌

2021 年 8 月 25 日于石家庄问道斋